D1994381

Radeisen

Lexikon Umsatzsteuer

Lexikon Umsatzsteuer

Handbuch mit CD-ROM

von

Rolf-Rüdiger Radeisen, Steuerberater, Berlin

2. Auflage, 2004

::rehm

Bibliografische Information Der Deutschen Bibliothek

Die Deutsche Bibliothek verzeichnet diese Publikation in der Deutschen Nationalbibliografie; detaillierte bibliografische Daten sind im Internet über http://dnb.ddb.de abrufbar.

ISBN 3-8073-2142-X

Verlagsgruppe Hüthig Jehle Rehm
Heidelberg/München/Berlin

Satz: reemers publishing services gmbh, Krefeld
Druck und Verarbeitung: Druckhaus am Kitzenmarkt, Augsburg

Vorwort

Das heute geltende Umsatzsteuerrecht startete 1968 mit der Idee, die Ermittlung der Besteuerungsgrundlagen für den Unternehmer einfach und transparent zu gestalten. Jeder Unternehmer sollte grundsätzlich in der Lage sein, die Umsatzsteuer-Voranmeldungen selber und ohne Fehler zu erstellen und dabei alle wesentlichen Rechtsgrundlagen zu beachten.

Wahrscheinlich war dieser Anspruch an das Umsatzsteuergesetz schon damals zu hoch gesteckt und kaum einzuhalten. Im Laufe der Jahre hat sich das Umsatzsteuergesetz ständig fortentwickelt, wobei aber jede Entwicklungsstufe mit einer weiteren Verkomplizierung verbunden war. Mittlerweile muss der Unternehmer nicht nur die knapp 70 Paragraphen des Umsatzsteuergesetzes berücksichtigen, er sollte darüber hinaus auch die Auffassung der Finanzverwaltung in den ca. 300 Abschnitten der Umsatzsteuerrichtlinien kennen.

Für die Praxis kaum noch durchschaubar ist das Geflecht der anzuwendenden Rechtsnormen und der zu berücksichtigenden Rechtsprechung. Das Umsatzsteuerrecht ist heute nicht mehr ausschließlich der nationalen Gesetzgebung unterworfen, das Gemeinschaftsrecht der Europäischen Gemeinschaft hat mittlerweile über die gemeinsamen Richtlinien und die Rechtsprechung des Europäischen Gerichtshofes einen entscheidenden Einfluss auch auf die Besteuerung von Umsätzen nur im Inland tätiger Unternehmer gewonnen. Auch in jüngster Zeit sind insbesondere durch das Steueränderungsgesetz 2003 und das Haushaltsbegleitgesetz 2004 erhebliche Änderungen bei der Anwendung der Umsatzsteuer eingetreten.

Wenn der Ratsuchende heute vor ein Bücherregal tritt, um für praktische Anwendungsfälle des Unternehmers eine praxisorientierte Darstellung zu suchen, wird er vom wissenschaftlichen Lehrbuch bis zum mehrbändigen Kommentar eine Vielzahl an Veröffentlichungen finden. Eine auf die Praxis abgestimmte Darstellung, in der er schnell und trotzdem zutreffend eine Lösung für sein Problem findet, wird er aber nur sehr schwer finden. Diese Lücke soll das Lexikon Umsatzsteuer schließen.

Verlag und Autor haben sich bemüht, die Stichworte an den Bedürfnissen der Praxis auszurichten und dem Ratsuchenden innerhalb einer möglichst kurzen Zeit eine praktikable Lösung für sein Problem anzubieten. Es konnte aber trotzdem nicht vermieden werden, dass auch systematische Grundsätze und Voraussetzungen dargelegt werden mussten, da kurze Darstellungen leider häufig auch zu falschen Ergebnissen führen können, wenn der Leser nicht die manchmal feinen Unterschiede bei den Tatbestandsvoraussetzungen unterscheiden kann. Darüber hinaus war es notwendig, in der 2. Auflage noch weitere Stichworte mit aufzunehmen, da seit Erscheinen der 1. Auflage im Frühjahr 2002 nicht nur erhebliche Gesetzesänderungen eingetreten sind, sondern auch die Rechtsprechung von Europäischen Gerichtshof und Bundesfinanzhof weiter fortgeschritten ist. So sind zum Beispiel die Stichworte „Abtretung von Forderungen“, „Mitgliedsbeiträge“ und „Steuerlager“ neu hinzugekommen.

Über Anregungen – auch für die Aufnahme weiterer Stichworte – und Verbesserungsvorschläge der Leser würden sich Verlag und Autor freuen. Wir möchten Sie an dieser Stelle auch auf den E-Mail-Service aufmerksam machen, den Sie mit der beiliegenden Karte in Anspruch nehmen können. Das Umsatzsteuerrecht unterliegt einer ständigen Wandlung. Erkenntnisse, die heute noch richtig sind, können morgen schon falsch sein. Da sich schon wieder weitere Änderungen an dem Umsatzsteuergesetz und weitere Änderungen bei der höchstrichterlichen Rechtsprechung am Horizont abzeichnen, sollten Sie das Angebot auf aktuelle Unterrichtung wahrnehmen.

Berlin, Februar 2004 — Rolf-Rüdiger Radeisen

Inhaltsverzeichnis

Seite

Inhaltsverzeichnis

Inhaltsverzeichnis

Abkürzungsverzeichnis

A	Abschnitt
Abs.	Absatz
AfA	Absetzung für Abnutzung (Abschreibung)
AG	Aktiengesellschaft
AktG	Aktiengesetz
AO	Abgabenordnung
BFH	Bundesfinanzhof
BFH-Urteil	Urteil des Bundesfinanzhofs
BGB	Bürgerliches Gesetzbuch
BStBl.	Bundessteuerblatt
d. h.	das heißt
EG-RL	6. Richtlinie der EG
EU	Europäische Union
EuGH	Europäischer Gerichtshof
EUSt	Einfuhrumsatzsteuer
f., ff.	folgende
ggf.	gegebenenfalls
GmbH	Gesellschaft mit beschränkter Haftung
GmbHG	Gesetz betreffend die Gesellschaften mit beschränkter Haftung
GrESt	Grunderwerbsteuer
GrEStG	Grunderwerbsteuergesetz
HGB	Handelsgesetzbuch
i. d. R.	in der Regel
i. V. m.	in Verbindung mit
Nr.	Nummer

Abkürzungsverzeichnis

R	Richtlinie
s. o./u.	siehe oben/unten
u. a.	unter anderem
u. U.	unter Umständen
UStDV	Umsatzsteuer-Durchführungsverordnung
UStG	Umsatzsteuergesetz
USt-IDNr.	Umsatzsteuer-Identifikationsnummer
USt-VA	Umsatzsteuer-Voranmeldung
VAZ	Voranmeldungszeitraum
vgl.	vergleiche
z. B.	zum Beispiel
ZM	Zusammenfassende Meldung

Abtretung von Forderungen

Abtretung von Forderungen auf einen Blick

1. Rechtsquellen

   § 2 Abs. 1 und § 13c UStG

2. Bedeutung

   Bei der Abtretung von Forderungen muss geprüft werden, ob der Abtretungsempfänger eine unternehmerische Tätigkeit ausführt. Darüber hinaus ergeben sich auch Haftungsrisiken für den Abtretungsempfänger.

3. Weitere Stichworte

   → *Änderung der Bemessungsgrundlage*, → *Haftung*, → *Unternehmer*

1. Leistungsaustausch bei Verkauf einer Forderung

Der Kauf und das Einziehen einer Forderung wurde früher als eine nichtsteuerbare Tätigkeit angesehen, da der Käufer der Forderung weder mit dem Erwerb der Forderung, noch mit dem Einziehen eine Leistung gegen Entgelt erbrachte (sog. echtes Factoring). Durch die Rechtsprechung des EuGH (Urteil v. 26.6.2003, Rs. C-305/01) und des BFH (Urteil v. 4.9.2003, V R 34/99) ist aber klargestellt worden, dass auch das gewerbsmäßige Kaufen von Forderungen und die Einziehung dieser Forderungen eine Dienstleistung gegen Entgelt gegenüber dem Verkäufer der Forderung darstellt. Damit wird auch der Käufer der Forderung – soweit er dies gewerbsmäßig ausführt – als → *Unternehmer* im Rahmen seines Unternehmens tätig.

ACHTUNG!

Die Leistung des Käufers der Forderung ist eine steuerbare und auch nicht steuerbefreite sonstige Leistung. Der Verkauf der Forderung durch den Inhaber der Forderung ist ebenfalls eine steuerbare, aber nach § 4 Nr. 8c UStG steuerfreie sonstige Leistung.

Damit ergeben sich die folgenden Leistungsbeziehungen:

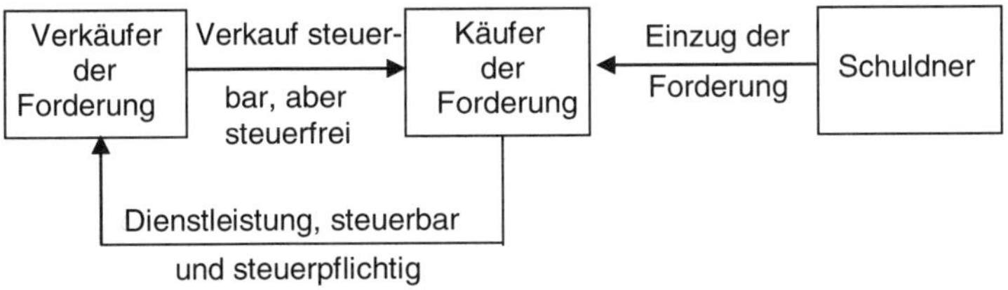

WICHTIG!

Die Finanzverwaltung plant entgegen dieser systematischen Betrachtung, den Verkauf einer werthaltigen Forderung nicht als steuerbare Leistung des Verkäufers zu erfassen. Beim Verkauf einer zahlungsgestörten Forderung soll es hingegen bei einer steuerbaren aber steuerfreien Leistung des Verkäufers bleiben. Der Käufer soll in diesem Fall keine Leistung erbringen.

Wird die Forderung unter dem Nennwert verkauft (Regelfall), ergibt sich für den Verkäufer noch keine Änderung der Bemessungsgrundlage für die, der Forderung zugrunde liegende Leistung, vgl. auch → *Änderung der Bemessungsgrundlage*.

2. Haftung bei Abtretung von Forderungen

Durch das Steueränderungsgesetz 2003 ist eine Haftung des Abtretungsempfängers einer Forderung in das Umsatzsteuergesetz mit aufgenommen worden, wenn eine Forderung abgetreten wird, die aus einem steuerpflichtigen Umsatz resultiert, § 13c Abs. 1 UStG. Mit dieser Haftungsregelung sollen Fälle verhindert werden, in denen der leistende Unternehmer seine aus steuerbaren und steuerpflichtigen Leistungen stammenden Forderungen abtritt oder verpfändet und dann finanziell nicht in der Lage ist, die fällige Umsatzsteuer für seine steuerpflichtigen Leistungen zu entrichten.

Beispiel 1:

Der Unternehmer A erbringt gegenüber dem Unternehmer B eine steuerpflichtige Leistung über 100.000 EUR zuzüglich 16.000 EUR Umsatzsteuer. Die Forderung über 116.000 EUR tritt A seiner Bank ab. Auf Grund finanzieller Schwierigkeiten kann A die fällige Umsatzsteuer von 16.000 EUR nicht an sein Finanzamt zahlen. B bezahlt die offenen 116.000 EUR fristgerecht an den Abtretungsempfänger – die Bank des A. Ohne Haftungsregelung würde sich ein Steuerausfall in Höhe von 16.000 EUR ergeben, da B den vollen Vorsteuerabzug hat, A die Umsatzsteuer nicht entrichtet und die Bank des A ebenfalls keine Steuerschuld hat. Durch die Haftungsregelung des § 13c Abs. 1 UStG haftet jetzt die Bank des A für die in der Forderung enthaltene Umsatzsteuer in Höhe von 16.000 EUR.

ACHTUNG!

Die Haftungsregelung gilt auch bei der Verpfändung oder der Pfändung von Forderungen, § 13c Abs. 3 UStG.

Die Haftung des Abtretungsempfängers ist aber beschränkt auf die Umsatzsteuer, die der leistende Unternehmer nicht entrichtet hat. Darüber hinaus kann sich die Haftung frühestens ab dem Zeitpunkt ergeben, ab dem die geschuldete Umsatzsteuer bei dem leistenden Unternehmer fällig wird und er die Forderung ganz oder teilweise vereinnahmt hat.

Fortsetzung Beispiel 1:

Wenn die Bank des A von dem B tatsächlich nur 58.000 EUR einziehen kann, beschränkt sich die Haftung der Bank auf die in diesem Betrag enthaltene Umsatzsteuer, also 8.000 EUR.

Ohne Vereinnahmung der Forderung durch den Abtretungsempfänger kann sich eine Haftung für die Umsatzsteuer nicht ergeben.

WICHTIG!

Tritt der Abtretungsempfänger seinerseits die Forderung an einen Dritten ab (oder wird die Forderung ge- oder verpfändet), so gilt die Forderung als vollständig vereinnahmt.

TIPP!

Soweit der Unternehmer aufgrund dieser Vereinnahmungsfiktion vom Finanzamt in vollem Umfang in Anspruch genommen wird, obwohl die Forderung unter dem Nennwert abgetreten wurde, sollten rechtliche Schritte erwogen werden, da fraglich ist, ob diese Regelung einer rechtlichen Überprüfung standhält.

Zahlt der leistende Unternehmer (= der die Forderung abtretende Unternehmer) nur einen Teil der beim ihm fälligen Umsatzsteuer, so kann sich die Haftung des Abtretungsempfängers nur noch auf den Restbetrag beschränken.

Beispiel 2:

Der leistende Unternehmer hat aufgrund einer Umsatzsteuer-Voranmeldung einen Betrag in Höhe von 20.000 EUR an das Finanzamt zu entrichten. In der Bemessungsgrundlage für die Umsatzsteuer ist auch ein Forderungsbetrag in Höhe von 100.000 EUR enthalten, der zivilrechtlich zuzüglich 16.000 EUR Umsatzsteuer an den Abtretungsempfänger abgetreten worden ist, den dieser auch vereinnahmt hat. Der leistende Unternehmer entrichtet bei Fälligkeit nur einen Betrag in Höhe von 15.000 EUR an das Finanzamt. Es ist nur eine Haftungsinanspruchnahme in Höhe von 5.000 EUR (20.000 EUR – 15.000 EUR) zulässig.

Änderung der Bemessungsgrundlage

Änderung der Bemessungsgrundlage auf einen Blick

1. Rechtsquellen

   § 17 UStG

   Abschn. 223 UStR 2000

2. Bedeutung

   Die Umsatzsteuer wie auch die Vorsteuerabzugsberechtigung entsteht auf der Basis der Bemessungsgrundlage nach § 10 UStG. Wenn sich diese Bemessungsgrundlage in einem späteren Besteuerungszeitraum verändert, muss sowohl der leistende Unternehmer die geschuldete Umsatzsteuer wie auch der Leistungsempfänger den Vorsteuerabzug korrigieren. Der Gesetzgeber hat darüber hinaus im § 17 Abs. 2 UStG weitere Fälle zusammengefasst, die wie eine Änderung der Bemessungsgrundlage zu behandeln sind.

3. Weitere Stichworte

   → *Anzahlungen*, → *Bemessungsgrundlage*, → *Geschenke*, → *innergemeinschaftlicher Erwerb*, → *Rücklieferung*, → *Steuersatz*

1. Änderung der Bemessungsgrundlage

Die Neutralität des Umsatzsteuersystems gebietet es, dass der entstehenden Umsatzsteuer immer eine gleich hohe Vorsteuerabzugsberechtigung gegenübersteht. Berechnungsgrundlage für die bei dem leistenden Unternehmer entstehende Umsatzsteuer ist die → *Bemessungsgrundlage* nach § 10 UStG. Soweit sich diese Bemessungsgrundlage in einem Besteuerungszeitraum ändert, der auf die Entstehung der Umsatzsteuer oder der Vorsteuerabzugsberechtigung folgt, ergibt sich die Notwendigkeit einer Berichtigung der Umsatzsteuer und der Vorsteuer wegen Änderung der Bemessungsgrundlage nach § 17 Abs. 1 UStG. Unerheblich ist dabei, aus welchem Grund sich die Bemessungsgrundlage geändert hat.

WICHTIG!

Die Berichtigungspflicht bei einer Änderung der Bemessungsgrundlage betrifft immer den leistenden Unternehmer wie auch den Leistungsempfänger bezüglich der gezogenen Vorsteuer.

Typische Fälle der Änderung der Bemessungsgrundlage nach § 17 Abs. 1 UStG sind:

- Nachträgliche Entgeltserhöhungen, wenn der leistende Unternehmer einen höheren Betrag erhält, als für die Leistung vereinbart worden war (z. B. bei nachträglich erhobenen Teuerungszuschlägen oder Stundungszinsen).

- Nachträgliche Entgeltsminderungen, wenn der leistende Unternehmer endgültig einen geringeren Betrag erhält, als vereinbart worden war (z. B. bei Skontoabzug, Gewährung von Boni, nachträglich gewährte Mengenrabatte).

WICHTIG!

Veränderungen der Bemessungsgrundlage betreffen immer die Umsätze, auf die sie sich beziehen. Damit müssen die Beteiligten insbesondere bei Änderung des → *Steuersatzes* eine Verbindung zu dem ursprünglichen Umsatz herstellen.

Die Veränderung bei der Umsatzsteuer und bei der Vorsteuer ist immer in der Voranmeldung des Anmeldezeitraumes durchzuführen, in der sich die Änderung der Bemessungsgrundlage ergeben hat.

Beispiel 1:

Der Bauunternehmer B hat von dem Lieferanten im Kalenderjahr 2003 Baumaterialien im Wert von 1 Mio. EUR zuzüglich Umsatzsteuer abgenommen. Im Februar 2004 erhält er für 2003 einen Jahresbonus in Höhe von 23.200 EUR. Der gewährte Bonus verringert die Bemessungsgrundlage für die an den Bauunternehmer B ausgeführten Lieferungen, er hat im Voranmeldungszeitraum Februar 2004 seinen Vorsteuerabzug um die in 23.200 EUR enthaltene Vorsteuer zu verringern. Damit ist im Februar 2004 der Vorsteuerabzug um 3.200 EUR zu kürzen.

Bezieht sich eine Änderung der Bemessungsgrundlage auf mehrere Umsätze, die unterschiedlichen Steuersätzen unterliegen (z. B. bei der Gewährung von Jahresboni), muss der leistende Unternehmer dem Leistungsempfänger nach § 17 Abs. 4 UStG einen Beleg erteilen, aus dem sich die Zuordnung der Gutschriftsbeträge zu den einzelnen Umsätzen ergibt.

ACHTUNG!

Bei allen Rechnungen, die seit dem 1.1.2004 ausgestellt werden, muss schon in der Rechnung auf eine vorab vereinbarte Entgeltsminderung hingewiesen werden; § 14 Abs. 4 Nr. 7 UStG. Wenn die Höhe der Entgeltsminderung noch nicht feststeht (z.B. bei einer Bonusregelung), reicht ein Hinweis auf die entsprechende Vereinbarung.

2. Anwendungsfälle nach § 17 Abs. 2 UStG

Neben der allgemeinen Anspruchsgrundlage der Pflicht zur Änderung der Bemessungsgrundlage hat der Gesetzgeber in § 17 Abs. 2 UStG weitere Fälle erfasst, bei denen wie bei einer Änderung der Bemessungsgrundlage zu verfahren ist. Diese Gleichstellung bedeutet insbesondere, dass die Veränderung ebenfalls in dem Voranmeldungszeitraum zu erfassen ist, in dem die Veränderung eingetreten ist.

Einer Änderung der Bemessungsgrundlage werden gleichgestellt:

- § 17 Abs. 2 Nr. 1 UStG: Wenn das Entgelt für eine steuerpflichtige Lieferung, sonstige Leistung oder einen innergemeinschaftlichen Erwerb uneinbringlich geworden ist. Wenn die Voraussetzung der Uneinbringlichkeit gegeben ist, kann der leistende Unternehmer die von ihm geschuldete Umsatzsteuer berichtigen, der Leistungsempfänger hat die gezogene Vorsteuer zu korrigieren. Die Frage der Uneinbringlichkeit ist dabei nach kaufmännischem Ermessen zu beurteilen, das heißt, dass die Forderung für geraume Zeit nicht durchsetzbar ist. Fälle der Uneinbringlichkeit liegen insbesondere dann vor, wenn der Leistungsempfänger nachweisbar zahlungsunfähig ist oder die Einrede der Verjährung erheben kann. Auch die Eröffnung des Insolvenzverfahrens führt zu einer Uneinbringlichkeit der Forderung.

ACHTUNG!

Ertragsteuerlich zulässige pauschale Wertberichtigungen oder zulässige Einzelwertberichtigungen führen noch nicht zu einer Uneinbringlichkeit der Forderung und ziehen somit keine Änderung der Bemessungsgrundlage nach sich.

Soweit eine Forderung als uneinbringlich behandelt wurde, später aber dann doch noch eine Zahlung für die damalige Leistung vereinnahmt wird, ist der leistende Unternehmer verpflichtet, die Umsatzsteuer nach den zum Zeitpunkt der damaligen Leistung geltenden Rechtsvorschriften nachzuentrichten, der Leistungsempfänger hat insoweit einen Vorsteuerabzugsanspruch.

Beispiel 2:

Der Unternehmer U hat an den Abnehmer A im März 2000 eine Lieferung im Wert von 116.000 DM ausgeführt. Da eine Zahlung des A nicht erfolgte, wurde die Forderung im Januar 2002 nach Kenntnis über die Eröffnung des Insolvenzverfahrens vom Unternehmer U nach § 17 Abs. 2 Nr. 1 UStG berichtigt. Die für den Voranmeldungszeitraum März 2000 abgeführte Umsatzsteuer in Höhe von 16.000 DM wurde vom Finanzamt im Rahmen der Voranmeldung Januar 2002 erstattet. Nach Abschluss des Insolvenzverfahrens erhält der Unternehmer U im April 2004 noch eine Zahlung in Höhe von 23.200 EUR. U muss im April 2004 eine Umsatzsteuer in Höhe von 16 % aus den erhaltenen 23.200 EUR an sein Finanzamt abführen. Damit entstehen 3.200 EUR an Umsatzsteuer für den nachträglich vereinnahmten Forderungsbetrag.

Der leistende Unternehmer ist nicht verpflichtet, dem Leistungsempfänger Mitteilung davon zu machen, wenn er eine Forderung als uneinbringlich behandelt.

- § 17 Abs. 2 Nr. 2 UStG: Für eine vereinbarte Lieferung oder sonstige Leistung wurde ein Entgelt entrichtet, die Lieferung oder sonstige Leistung wurde jedoch nicht ausgeführt. Diese Vorschrift ist insbesondere dann anzuwenden, wenn der zur Leistung verpflichtete Unternehmer → *Anzahlungen* erhält, die Leistung aber dann nicht erbringt. Unerheblich ist in diesem Fall, ob der Zahlungsempfänger den erhaltenen Betrag an den Anzahlenden herausgibt oder als Schadensersatz einbehält.

Beispiel 3:

Der Tischler T hat den Auftrag angenommen, 50 Holzfenster zu fertigen. Im Dezember 2003 hat er für den Auftrag eine Anzahlung von 11.600 EUR erhalten. Nach § 13 Abs. 1 Nr. 1a Satz 4 UStG hat er aus der erhaltenen Anzahlung für den Voranmeldungszeitraum Dezember 2003 Umsatzsteuer in Höhe von 1.600 EUR an sein Finanzamt abgeführt. Nachdem der Tischler mit der Fertigung der Fenster begonnen hat, wird der Auftrag im April 2004 storniert. Der Auftraggeber und der Tischler einigen sich darüber, dass der Tischler die Anzahlung in Höhe von 11.600 EUR als Schadensersatz einbehalten kann. Die angefangenen Arbeiten werden an den Auftraggeber nicht herausgegeben. Der Tischler kann im Voranmeldungszeitraum April 2004 die im Voranmeldungszeitraum Dezember 2003 abgeführte Umsatzsteuer nach § 17 Abs. 2 Nr. 2 UStG korrigieren. Der Leistungsempfänger muss einen eventuell vorgenommenen Vorsteuerabzug ebenfalls korrigieren. Der Schadensersatz ist in Ermangelung eines Leistungsaustausches nicht steuerbar.

- § 17 Abs. 2 Nr. 3 UStG: Eine steuerpflichtige Lieferung, sonstige Leistung oder ein innergemeinschaftlicher Erwerb wird rückgängig gemacht. Eine Rückgängigmachung liegt vor, wenn es zu einer Aufhebung des ursprünglich vereinbarten Leistungsaustausches kommt. Fälle der Rückgängigmachung eines Leistungsaustausches liegen insbesondere dann vor, wenn der liefernde Unternehmer von seinem Eigentumsvorbehalt Gebrauch macht, ein Gegenstand umgetauscht wird und der dafür gelieferte Gegenstand einen höheren oder einen geringeren Preis hat als der ursprünglich gelieferte Gegenstand oder der gezahlte Kaufpreis zurückgezahlt wird. Die Rückgängigmachung ist dabei von der → *Rücklieferung* abzugrenzen, bei der ein neuer Leistungsaustausch zustande kommt.

- § 17 Abs. 2 Nr. 4 UStG: Ein Unternehmer kann bei einem → *innergemeinschaftlichen Erwerb* den Nachweis nach § 3d Satz 2 UStG führen.

Beispiel 4:

Der Unternehmer U aus Deutschland hat Ware bei einem Unternehmer aus Belgien bestellt. Bei der Bestellung hat der Abnehmer seine USt-IDNr. aus Deutschland verwendet, die Ware gelangt aber im März 2004 tatsächlich direkt in die Betriebsstätte in Spanien. Der Unternehmer U muss neben einem innergemeinschaftlichen Erwerb in Spanien auch einen Erwerb in Deutschland der Besteuerung unterwerfen, da sich der Ort des Erwerbes (auch) in dem Land befindet, aus dem die USt-IDNr. verwendet wurde. Wenn der Unternehmer U in einem späteren Voranmeldungszeitraum gegenüber der deutschen Finanzverwaltung nachweisen kann, dass der Erwerb ordnungsgemäß in Spanien besteuert worden ist, entfällt die Besteuerung des Erwerbes nach § 3d Satz 2 UStG. Der Unternehmer hat in diesem Voranmeldungszeitraum den angemeldeten Erwerb nach § 17 Abs. 2 Nr. 4 UStG zu berichtigen.

- § 17 Abs. 2 Nr. 5 UStG: Der Unternehmer hat Aufwendungen getätigt, für die der Ausschluss vom Vorsteuerabzug nach § 15 Abs. 1a Nr. 1 UStG einschlägig ist. Unter die Regelung fallen insbesondere → *Geschenke*, deren Wert 35 EUR (bis 31.12.2003: 40 EUR) übersteigen, wenn zum Zeitpunkt des Einkaufs noch nicht feststeht, dass es sich um ein Geschenk handelt, oder wenn erst durch ein weiteres Geschenk die Wertgrenze von 35 EUR überschritten wird.

Anschaffungskosten

Anschaffungskosten auf einen Blick

1. Rechtsquellen

   § 255 Abs. 1 HGB

   R 32a EStR

2. Bedeutung

   Die Anschaffungskosten sind handelsrechtlich als Aufwendungen definiert, die geleistet werden, um einen Vermögensgegenstand zu erwerben und in einen betriebsbereiten Zustand zu versetzen.

3. Weitere Stichworte

   → *Vorsteuerberichtigung*

Der Begriff der Anschaffungskosten spielt im Umsatzsteuerrecht nur eine untergeordnete Rolle, es wird insoweit auf die handelsrechtliche Definition Bezug genommen, die auch im Ertragsteuerrecht verwendet wird.

Dabei sind die Anschaffungskosten alle Aufwendungen, die getätigt werden, um einen Vermögensgegenstand zu erwerben und in den betriebsbereiten Zustand zu versetzen. Dazu gehören auch alle Nebenkosten für einen Gegenstand, soweit diese Nebenkosten ihm direkt zuzurechnen sind (z. B. Transportkosten, Aufstellkosten). Nachträgliche Anschaffungskosten, die zu einem späteren Zeitpunkt für den erworbenen Gegenstand aufgewendet werden (z. B. erstmalige Erschließungsbeiträge für ein unbebautes Grundstück), sind ebenfalls den Anschaffungskosten zuzurechnen. Anschaffungspreisminderungen sind von den Anschaffungskosten abzusetzen.

Nach § 15 UStG nicht abzugsfähige Vorsteuerbeträge gehören ebenfalls zu den Anschaffungskosten, § 9b Abs. 1 Satz 1 EStG. Die früher in § 9b Abs. 1 Satz 2 EStG enthaltenen Vereinfachungsregelungen für die nicht abziehbaren Vorsteuerbeträge sind mit Wirkung vom 1.1.2002 entfallen. Soweit es in der Folgezeit zu einer Vorsteuerberichtigung nach § 15a UStG kommt, führen die Berichtigungsbeträge nicht zu einer Änderung der Anschaffungskosten, die Berichtigungsbeträge sind laufende Betriebseinnahmen (bei einer Vorsteuerberichtigung zu Gunsten des Unternehmers) bzw. laufende Betriebsausgaben (bei einer Berichtigung zu Ungunsten des Unternehmers).

Anzahlungen

Anzahlungen auf einen Blick

1. Rechtsquellen

   § 13 Abs. 1 Nr. 1a Satz 4, § 14 Abs. 4 Satz 2, § 14 Abs. 5 und § 15 Abs. 1 Satz 1 Nr. 1 Satz 2 UStG

   Abschn. 181 und Abschn. 187 UStR 2000

2. Bedeutung

   Eine Umsatzsteuer entsteht in jedem Fall mit Ablauf des Voranmeldungszeitraums, in dem der Unternehmer eine Anzahlung (Vorauszahlung) erhält. Der Leistungsempfänger kann in diesem Zeitraum die Vorsteuer abziehen, wenn er eine ordnungsgemäße Rechnung besitzt.

3. Weitere Stichworte

   → *Istversteuerung*, → *Rechnung*, → *Sollbesteuerung*

Die Umsatzsteuer für eine erbrachte Lieferung oder sonstige Leistung entsteht bei der Regelbesteuerung (→ *Sollbesteuerung*) grundsätzlich erst dann, wenn die Leistung oder eine Teilleistung von dem leistenden Unternehmer ausgeführt worden ist. Sobald der leistende Unternehmer aber für eine steuerbare und steuerpflichtige Leistung eine Anzahlung (Vorauszahlung vor Leistungserbringung) erhält, muss er in diesem Voranmeldungszeitraum aus der erhaltenen Anzahlung die Umsatzsteuer abführen.

Der leistende Unternehmer ist nach § 14 Abs. 2 UStG berechtigt und soweit er die Leistung an einen anderen Unternehmer oder eine juristische Person erbringt, sogar verpflichtet, über von ihm angeforderte Anzahlungen eine Rechnung auszustellen, in der der Umsatzsteuerbetrag gesondert ausgewiesen wird. Dies ist wiederum die Voraussetzung, dass der Leistungsempfänger für die von ihm geleistete Anzahlung einen Vorsteuerabzug nach § 15 Abs. 1 Nr. 1 UStG vornehmen kann. Der Unternehmer hat in der Rechnung darauf hinzuweisen, dass es sich um eine Anzahlungsrechnung handelt.

ACHTUNG!

Die Umsatzsteuer für eine Anzahlung entsteht erst dann, wenn die Anzahlung tatsächlich vereinnahmt worden ist. Zahlt der Leistungsempfänger einen geringeren Betrag als in der Anzahlungsrechnung ausgewiesen, entsteht nur aus dem Zahlbetrag die Umsatzsteuer, die Anzahlungsrechnung muss nicht berichtigt werden.

Wenn der Unternehmer über Anzahlungen mit Rechnungen mit gesondert ausgewiesener Umsatzsteuer abgerechnet hat, ist darauf zu achten, dass die Schlussrechnung ordnungsgemäß erstellt wird. Die schon in den Anzahlungsrechnungen gesondert ausgewiesene Umsatzsteuer darf von dem Unternehmer in der Schlussrechnung nicht noch einmal gesondert ausgewiesen werden, sondern ist in der Schlussrechnung offen abzusetzen; § 14 Abs. 5 Satz 2 UStG.

Beispiel 1:

Der Bauunternehmer hat für die Erstellung eines Rohbaus eine Abschlagsrechnung im Januar 2004 über 100.000 EUR zuzüglich 16.000 EUR Umsatzsteuer ausgestellt. Nach Fertigstellung kann die korrekte Schlussrechnung lauten:

Erstellung eines Rohbaus	200.000 EUR
zuzüglich Umsatzsteuer 16 %	32.000 EUR
Gesamtbetrag	232.000 EUR
abzüglich Anzahlungen	-100.000 EUR
abzüglich USt in der Anzahlung	- 16.000 EUR
Restbetrag	116.000 EUR

Wenn in diesem Fall der Bauunternehmer in der Schlussrechnung auf die gesamte Leistung von 200.000 EUR Umsatzsteuer in Höhe von 32.000 EUR ausgewiesen hätte, ohne die in der Anzahlungsrechnung gesondert ausgewiesene Umsatzsteuer gesondert abzusetzen, würde er insgesamt 48.000 EUR Umsatzsteuer in der Anzahlungsrechnung und der Schlussrechnung ausgewiesen haben und damit diesen Betrag schulden.

Es gibt verschiedene Darstellungsformen einer zulässigen Schlussrechnung (vgl. Abschn. 187 Abs. 7 UStR 2000). Alternativ könnte die Schlussrechnung auch wie folgt aussehen:

Erstellung eines Rohbaus	200.000 EUR
abzüglich Anzahlung -netto-	-100.000 EUR
Zwischensumme	100.000 EUR
zuzüglich Umsatzsteuer 16 %	16.000 EUR
Restbetrag	116.000 EUR

WICHTIG!

Soweit in der Schlussrechnung die Umsatzsteuer für die gesamte Leistung angegeben wird, muss die in der Anzahlungsrechnung offen ausgewiesene Umsatzsteuer in der Schlussrechnung auch wieder offen abgesetzt oder angegeben werden.

Eine Anzahlung oder Vorauszahlung kann sich auch bei einem Tausch oder einem tauschähnlichen Umsatz ergeben, wenn der Unternehmer die Gegenleistung schon in einem früheren Voranmeldungszeitraum erhält, als er seine Leistung erbringt.

Beispiel 2:

Der Malermeister M hat mit dem Fahrzeuglieferer F vereinbart, die Ausstellungsräume des F zu renovieren. Als Gegenleistung liefert der F dem Malermeister einen Kleintransporter. Der Kleintransporter wird im März 2004 geliefert, die Renovierungsarbeiten sollen aber vereinbarungsgemäß erst im Mai 2004 ausgeführt werden. Da der Malermeister schon die Gegenleistung für seine Leistung erhalten hat, muss er im März 2004 auf die erhaltene Anzahlung Umsatzsteuer abführen. Bemessungsgrundlage ist hier der gemeine Wert (Verkehrswert des erhaltenen Fahrzeugs) abzüglich der darin enthaltenen Umsatzsteuer.

Damit der Fahrzeuglieferer schon die Umsatzsteuer aus der von ihm durch die Lieferung des Fahrzeugs geleisteten Anzahlung ziehen kann, sollte der Malermeister eine ordnungsgemäße Anzahlungsrechnung stellen.

Arbeitnehmer-Sammelbeförderung

Arbeitnehmer-Sammelbeförderung auf einen Blick

1. Rechtsquellen

   § 3 Abs. 9 und § 3 Abs. 9a UStG

   Abschn. 12 UStR 2000

2. Bedeutung

   Die Beförderung eines Arbeitnehmers von seiner Wohnung oder einem allgemeinen Sammelplatz zu der Arbeitsstätte durch den Arbeitgeber kann im Rahmen einer entgeltlichen Leistung, aber auch im Rahmen einer unentgeltlichen Dienstleistung erfolgen und somit zu einem steuerbaren Umsatz führen. Nur in Ausnahmefällen kann eine nicht steuerbare Beförderung im überwiegenden Interesse des Unternehmers anzunehmen sein.

3. Weitere Stichworte

   → *Beförderungsleistung*

Eine Beförderung eines Arbeitnehmers von seiner Wohnung, seinem gewöhnlichen Aufenthaltsort oder einer allgemeinen Sammelstelle (z. B. Bahnhof) kann sowohl im Rahmen einer entgeltlichen Leistung erfolgen, wenn der Arbeitnehmer dafür ein gesondert berechnetes Entgelt aufwendet oder eine Verknüpfung der Sachzuwendung mit der Arbeitsleistung vorliegt, so dass ein tauschähnlicher Umsatz gegeben ist (z. B. Abzug vom Barlohn oder Abgeltung von geleisteten Diensten). In diesen Fällen ergeben sich, da der Arbeitgeber eine entgeltliche Leistung erbringt, die Besteuerungsfolgen einer entgeltlichen → *Beförderungsleistung*. Die Bemessungsgrundlage kann hier nach den tatsächlichen Aufwendungen des Arbeitnehmers ermittelt werden oder mit den Kosten des Arbeitgebers geschätzt werden. Dabei sind alle Kosten (auch die nicht vorsteuerabzugsberechtigenden Kosten) mit anzusetzen. Auf diese Kosten ist die Umsatzsteuer mit dem Regelsteuersatz aufzuschlagen.

Arbeitnehmer-Sammelbeförderung

ACHTUNG!

In den Fällen einer entgeltlichen Beförderungsleistung ist als Bemessungsgrundlage aber mindestens das anzusetzen, was bei dem Unternehmer an Kosten entstanden ist (sog. Mindestbemessungsgrundlage nach § 10 Abs. 5 Nr. 2 UStG).

Wenn der Arbeitnehmer weder ein gesondert berechnetes Entgelt aufwendet und auch keine Verknüpfung mit der Arbeitsleistung des Arbeitnehmers vorliegt, ergibt sich eine unentgeltliche Leistung des Arbeitgebers im Sinne des § 3 Abs. 9a Nr. 2 UStG, da die Beförderungsleistung in aller Regel nicht im überwiegenden betrieblichen Interesse des Arbeitgebers erfolgt und die Leistung des Arbeitnehmers am Arbeitsort geschuldet wird. Eine solche unentgeltliche Leistung im Sinne des § 3 Abs. 9a Nr. 2 UStG führt zu einem steuerbaren und steuerpflichtigen Umsatz des Unternehmers. Die Bemessungsgrundlage ergibt sich nach § 10 Abs. 4 Nr. 3 UStG mit den Kosten, die dem Unternehmer durch die Beförderung entstanden sind. Dabei sind alle Kosten anzusetzen, auch die nicht zum Vorsteuerabzug führenden Kosten. Die Umsatzsteuer ist auf diesen Wert mit dem Regelsteuersatz heraufzurechnen, eine Steuerermäßigung auf 7 % nach § 12 Abs. 2 Nr. 10b UStG wird nicht in Betracht kommen, da der Unternehmer nicht die Voraussetzungen des genehmigten Linienverkehrs erfüllen wird.

Eine nicht steuerbare Leistung im überwiegenden Interesse des Arbeitgebers wird nur unter besonderen Umständen anzunehmen sein. Solche besonderen Umstände sind nach der Rechtsprechung:

- Beförderung des Arbeitnehmers an ständig wechselnde Tätigkeitsstätten oder an verschiedene Stellen eines weiträumigen Arbeitsgebietes,
- wenn eine Beförderung mit den öffentlichen Verkehrsmitteln nicht oder nur mit unverhältnismäßig hohem Zeitaufwand durchgeführt werden könnte oder
- wenn im Einzelfall Beförderungsleistungen wegen eines außergewöhnlichen Arbeitseinsatzes erforderlich werden oder wenn sie hauptsächlich dem Materialtransport an die Arbeitsstelle dienen und der Arbeitgeber dabei einige Arbeitnehmer unentgeltlich mitnimmt.

ACHTUNG!

Wenn der Arbeitgeber eine nicht steuerbare Leistung im überwiegenden Interesse des Unternehmens geltend macht, muss er die notwendigen Nachweise für dieses überwiegende Interesse erbringen.

Aufbewahrung von Rechnungen

Aufbewahrung von Rechnungen auf einen Blick

1. Rechtsquellen

   § 257 HGB, § 147 AO, § 14b und § 22 UStG

   Abschn. 255 UStR 2000

2. Bedeutung

   Der Unternehmer muss alle wichtigen Unterlagen, die für die Besteuerung von Bedeutung sind, geordnet aufbewahren. Dabei gelten für die Umsatzsteuer grundsätzlich Aufbewahrungsfristen von zehn Jahren. Besonders ist seit 2004 der Aufbewahrungsort für Rechnungen geregelt

3. Weitere Stichworte

   → *Fahrzeuglieferung*, → *innergemeinschaftliche Lieferung*, → *Prüfungen*, → *sonstige Leistung*

1. Allgemeines

Die allgemeinen Aufbewahrungsvorschriften der Abgabenordnung gelten auch für die Aufbewahrung von Unterlagen für Zwecke der Umsatzsteuer. Dabei sind nach § 147 AO die folgenden Aufbewahrungsfristen zu beachten:

Unterlagen	Aufbewahrungsfrist
Bücher und Aufzeichnungen, Inventare, Jahresabschlüsse, Lageberichte, Eröffnungsbilanz, sowie die zu ihrem Verständnis erforderlichen Arbeitsanweisungen und sonstigen Organisationsanweisungen	10 Jahre
Empfangene Handels- oder Geschäftsbriefe	6 Jahre
Wiedergaben der abgesandten Handels- oder Geschäftsbriefe	6 Jahre
Buchungsbelege	10 Jahre
Sonstige Unterlagen, soweit sie für die Besteuerung von Bedeutung sind	6 Jahre

Die Aufbewahrungsfrist beginnt mit dem Schluss des Kalenderjahres, in dem die letzte Eintragung in das Buch gemacht, das Inventar, die Eröffnungsbilanz, der Jahresabschluss oder der Lagebericht aufgestellt, der Handels- oder Geschäftsbrief empfangen oder abgesandt worden oder der Buchungsbeleg entstanden ist, ferner die Aufzeichnungen oder die sonstigen Unterlagen entstanden sind.

ACHTUNG!

Die Aufbewahrungsfrist endet nicht nach einer abgeschlossenen Betriebsprüfung (→ *Prüfungen*), selbst wenn der Vorbehalt der Nachprüfung aufgehoben worden ist.

Im Original sind dabei nur die Jahresabschlüsse und die Eröffnungsbilanz aufzubewahren, die anderen Unterlagen können auch auf Datenträgern aufbewahrt werden, soweit dies den Grundsätzen ordnungsgemäßer Buchführung entspricht. Allerdings müssen diese Unterlagen während der Aufbewahrungsfrist verfügbar sein und jederzeit wieder lesbar gemacht werden können. Mit Wirkung vom 1.1.2002 muss darüber hinaus auch sichergestellt sein, dass die Daten innerhalb der Aufbewahrungsfrist maschinell ausgewertet werden können, dazu wird in aller Regel erforderlich sein, auch bei einem Wechsel der Software eine Version der alten Software aufzubewahren.

WICHTIG!

Soweit die Festsetzungsfrist für eine Steuer noch nicht abgelaufen ist und die Unterlagen für die Steuer noch von Bedeutung sind, läuft die Aufbewahrungsfrist noch nicht ab.

Die Abgabenordnung kennt nach § 169 AO die folgenden Festsetzungsfristen:

Vorgang	Festsetzungsfrist
Zölle, Verbrauchsteuern (ohne Umsatzsteuer), Zollvergütungen und Verbrauchsteuervergütungen	1 Jahr
Alle anderen Steuern (mit Umsatzsteuer) und Steuervergütungen	4 Jahre
Bei leichtfertiger Steuerverkürzung	5 Jahre
Bei Steuerhinterziehung	10 Jahre

Die Festsetzungsfrist beginnt grundsätzlich mit Ablauf des Jahres, in dem die Steuer entstanden ist, wenn eine Steuererklärung oder eine Steueranmeldung einzureichen ist, erst mit Ablauf des Kalenderjahres, in dem die Steuererklärung eingereicht worden ist. Wenn eine Steuererklärung oder eine Steueranmeldung entgegen der gesetzlichen Verpflichtung nicht abgegeben worden ist, so beginnt die Festsetzungsfrist mit Ablauf des dritten Jahres, das auf das Jahr der Steuerentstehung folgt.

Beispiel:

Unternehmer U ist verpflichtet, für 2003 eine Umsatzsteuererklärung abzugeben. Wenn er die Steuererklärung in 2004 abgibt, endet die Festsetzungsfrist mit Ablauf des Jahres 2008, soweit keine leichtfertige Steuerverkürzung oder Steuerhinterziehung vorliegt. Wenn U keine Steuererklärung abgeben sollte, endet die Festsetzungsfrist mit Ablauf des Jahres 2010.

2. Besonderheiten bei der Umsatzsteuer

2.1 Aufbewahrungsfristen

Der Gesetzgeber hat mit Wirkung vom 1.1.2004 die Regelungen zu den Rechnungen vollständig neu gefasst und an die gemeinschaftsrechtlichen Vorgaben angepasst. In diesem Zusammenhang sind auch die Vorschriften für die Aufbewahrung von Rechnungen in der neu geschaffenen Rechtsvorschrift des § 14b UStG zusammengefasst worden. Dabei sind nicht nur Regelungen über die Aufbewahrungsfristen sondern – insbesondere auch bei elektronischen Rechnungen – umfangreiche Vorgaben für den Aufbewahrungsort dieser Rechnungen geschaffen worden.

Der Unternehmer hat ein Doppel seiner Rechnung – von ihm selbst oder von einem Dritten ausgestellt – und alle Eingangsrechnungen nach § 14b Abs. 1 UStG zehn Jahre aufzubewahren. Auch Gutschriften sind zehn Jahre aufzubewahren. Ausdrücklich gesetzlich geregelt wurde auch die Aufbewahrungsverpflichtung in den folgenden Fällen:

- Bei der Lieferung eines neuen Fahrzeugs (→ *Fahrzeuglieferung*) durch eine Privatperson, die über die Regelung des § 2a UStG für diesen Umsatz als Unternehmer behandelt wird, ist ebenfalls ein Doppel der Rechnung zehn Jahre aufzubewahren.
- Der letzte Erwerber innerhalb eines innergemeinschaftlichen Dreiecksgeschäftes muss ebenfalls die Rechnung zehn Jahre lang aufbewahren.
- Der Leistungsempfänger, der nach § 13b UStG (→ *Steuerschuldnerverfahren*) die Steuer für eine an ihn ausgeführte Leistung eines anderen Unternehmers schuldet.

Die Aufbewahrungsfrist beginnt in allen genannten Fällen mit Ablauf des Kalenderjahres, in dem die Rechnung ausgestellt worden ist.

TIPP!

Da für die meisten Unterlagen mittlerweile eine zehnjährige Aufbewahrungspflicht besteht, sollte der Unternehmer grundsätzlich alle Unterlagen zehn Jahre aufbewahren, da die nachträgliche Rekonstruktion der Daten oftmals nicht möglich oder sehr teuer ist, wenn versehentlich Unterlagen schon vor Ablauf der Aufbewahrungsfrist vernichtet worden sind.

2.2 Aufbewahrungsort

Durch das Steueränderungsgesetz 2003 ist mit Wirkung vom 1.1.2004 auch erstmals der Aufbewahrungsort von Rechnungen nach § 14b Abs. 2 UStG gesetzlich geregelt worden. Danach hat der im Inland und in den Gebieten im Sinne des § 1 Abs. 3 UStG ansässige Unternehmer seine Rechnungen im Inland oder in den Freihäfen aufzubewahren.

Werden Rechnungen elektronisch aufbewahrt – unabhängig davon, ob es sich um elektronisch übermittelte Rechnungen oder nur um elektronisch archivierte Rechnungen handelt – so kann der Unternehmer diese Rechnungen auch im übrigen Gemeinschaftsgebiet, im Gebiet von Büsingen oder auf der Insel Helgoland aufbewahren, wenn jederzeit ein Online-Zugriff gewährleistet ist, der das Herunterladen und Verwenden der Daten ermöglicht. Werden die Daten nicht im Inland oder im Freihafen aufbewahrt, muss der Unternehmer den Aufbewahrungsort seinem Finanzamt mitteilen.

Ein nicht im Inland oder den Gebieten nach § 1 Abs. 3 UStG ansässiger Unternehmer kann seine Rechnungen ebenfalls in diesen Gebieten aufbewahren, dabei muss gewährleistet sein, dass er dem deutschen Finanzamt jederzeit die Unterlagen oder die Daten unverzüglich zur Verfügung stellen kann. Falls er dieser Verpflichtung nicht nachkommt, kann das Finanzamt verlangen, dass er seine Rechnungen und Unterlagen im Inland oder in den Gebieten nach § 1 Abs. 3 UStG aufbewahren muss.

ACHTUNG!

Bei elektronisch aufbewahrten Rechnungen muss während der gesamten zehnjährigen Aufbewahrungsfrist gewährleistet sein, dass auf diese Daten zugegriffen werden kann.

Aufmerksamkeiten

Aufmerksamkeiten auf einen Blick

1. Rechtsquellen

   § 3 Abs. 1b und § 3 Abs. 9a UStG

   Abschn. 12 Abs. 3 UStR 2000, R 73 LStR

2. Bedeutung

   Unentgeltliche Zuwendungen des Arbeitgebers an sein Personal stellen dann nicht steuerbare Zuwendungen dar, wenn sie nach ihrer Art und ihrem Wert Geschenken entsprechen, die im gesellschaftlichen Verkehr üblicherweise ausgetauscht werden und zu keiner ins Gewicht fallenden Bereicherung des Arbeitnehmers führen. Als Wertgrenze gelten hier 40 EUR.

3. Weitere Stichworte

   → *Geschenke*, → *Sachzuwendungen an das Personal*

Bei Zuwendungen des Arbeitgebers an sein Personal für dessen privaten Bedarf kann es sich grundsätzlich um folgende Fälle handeln:

- Entgeltliche → *Sachzuwendungen an das Personal:* In diesem Fall handelt es sich um steuerbare Leistungen, für die der Arbeitgeber Umsatzsteuer abzuführen hat. Entgeltliche Leistungen liegen auch dann vor, wenn der Arbeitnehmer zwar keinen

Geldbetrag für die erbrachte Leistung des Arbeitgebers aufwendet, aber in der Arbeitsleistung eine Gegenleistung zu sehen ist, z. B. bei der Überlassung eines Fahrzeuges für private Fahrten.

- Unentgeltliche → *Sachzuwendungen an das Personal:* In diesem Fall muss der Arbeitgeber diese Leistung nach § 3 Abs. 1b Nr. 2 UStG als entgeltliche Lieferung oder nach § 3 Abs. 9a UStG als entgeltliche sonstige Leistung der Umsatzbesteuerung unterwerfen. Eine Ausnahme besteht in diesen Fällen nur dann, wenn es sich um so genannte Aufmerksamkeiten oder um Leistungen handelt, die im überwiegenden Interesse des Arbeitgebers erfolgen.

Aufmerksamkeiten sind dabei Zuwendungen des Arbeitgebers, die nach ihrer Art und nach ihrem Wert Geschenken entsprechen, die im gesellschaftlichen Verkehr üblicherweise ausgetauscht werden und zu keiner ins Gewicht fallenden Bereicherung des Arbeitnehmers führen. Typische Anwendungsfälle für Aufmerksamkeiten sind Zuwendungen (Blumen, Bücher, CD) aus Anlass eines besonderen persönlichen Ereignisses, z. B. des Geburtstages oder der Hochzeit eines Arbeitnehmers. Die Finanzverwaltung hat hier als Grenze für solche Zuwendungen einen Betrag in Höhe von 40 EUR (Stand 1.1.2004) festgelegt. Diese Grenze gilt einheitlich für die Lohnsteuer wie auch für die Umsatzsteuer.

WICHTIG!

Die Wertgrenze in Höhe von 40 EUR gilt pro Zuwendung. Damit können Arbeitnehmern innerhalb eines Besteuerungszeitraumes bei entsprechenden persönlichen Anlässen mehrere Aufmerksamkeiten zugewendet werden.

Als Aufmerksamkeiten gelten auch Getränke und Genussmittel, die der Arbeitgeber den Arbeitnehmern zum Verzehr im Betrieb überlässt, sowie auch Speisen, die der Arbeitgeber den Arbeitnehmern anlässlich einer außergewöhnlichen betrieblichen Besprechung oder Sitzung, im ganz überwiegenden betrieblichen Interesse an einer günstigen Gestaltung des Arbeitsablaufs unentgeltlich überlässt und deren Wert 40 EUR nicht überschreitet.

Die regelmäßige unentgeltliche oder verbilligte Abgabe von Gegenständen für den privaten Bedarf des Personals (z. B. die regelmäßige Lieferung von Lebensmitteln oder Getränken) stellt keine Aufmerksamkeit dar, selbst wenn die maßgebliche Wertgrenze nicht überschritten ist.

Der Vorsteuerabzug des Unternehmers für die im Zusammenhang mit den gewährten Aufmerksamkeiten bezogenen Leistungen bleibt in vollem Umfang bestehen. Eine allgemeine Beschränkung des Vorsteuerabzugs besteht nicht.

Aufzeichnungspflichten

Aufzeichnungspflichten auf einen Blick

1. Rechtsquellen

   § 22 UStG

   § 63 bis § 68 UStDV

   Abschn. 255 bis Abschn. 259 UStR 2000

2. Bedeutung

   Der Unternehmer muss grundsätzlich unabhängig handelsrechtlicher oder anderer steuerlicher Vorschriften alle für die Beurteilung der umsatzsteuerlichen Behandlung notwendigen Aufzeichnungen führen. Die Einhaltung der Aufzeichnungsvorschriften kann Voraussetzung für die Gewährung von Steuerbefreiungen oder Steuerbegünstigungen sein.

3. Weitere Stichworte

   → *Aufbewahrung von Rechnungen*, → *Ausfuhrlieferung*, → *innergemeinschaftliche Lieferung*, → *Steuerlager*

1. Allgemeines

Um die Grundlagen für die Besteuerung (Feststellung der Steuer sowie der Vorsteuerabzugsbeträge) buchmäßig nachzuweisen, muss der Unternehmer im Geltungsbereich des deutschen Umsatzsteuergesetzes umfangreiche Aufzeichnungsvorschriften berücksichtigen. Grundlage dieser Aufzeichnungsvorschriften sind die allgemeinen Vorschriften des § 22 UStG, die darüber hinaus durch weitere Aufzeichnungsvorschriften in einzelnen Sondervorschriften (z. B. bei der steuerfreien → *Ausfuhrlieferung* oder der steuerfreien → *innergemeinschaftlichen Lieferung*) ergänzt werden.

WICHTIG!

Soweit der Unternehmer bei bestimmten Umsätzen die notwendigen Aufzeichnungsvorschriften nicht beachtet, können Steuerbegünstigungen, die an bestimmte Buchnachweise gebunden sind (z. B. Steuerbefreiungen), nicht gewährt werden.

Soweit der Unternehmer außerhalb von bestimmten steuerfreien Umsätzen gegen die Aufzeichnungsvorschriften verstößt, hat diese Verletzung der Vorschriften keine Auswirkungen auf die Steuerentstehung, Steuerbefreiungen und den Vorsteuerabzug. So kann dem Unternehmer z. B. nicht der Vorsteuerabzug bei Vorlage aller Voraussetzungen des § 15 UStG versagt werden, wenn er gegen die Aufzeichnungsvorschriften des § 22 UStG verstößt. Allerdings kann das Finanzamt die Verletzung der Aufzeichnungsvorschriften nach § 379 AO als Steuergefährdung (gilt als Ordnungswidrigkeit –

kann mit bis zu 5.000 EUR geahndet werden) beurteilen oder mit Festsetzung eines Zwangsgeldes nach § 328 ff. AO (Zwangsgelder dürfen nach § 329 AO 25.000 EUR nicht übersteigen) durchzusetzen versuchen.

Bei fehlerhaften oder fehlenden Aufzeichnungen können weiterhin die Besteuerungsgrundlagen von dem zuständigen Finanzamt geschätzt werden. Dies wird in aller Regel, da nach der eindeutigen Rechtsprechung des BFH hier ein Sicherheitszuschlag bei der Schätzung der Besteuerungsgrundlagen zulässig ist, zu nachteiligen Folgen für den Unternehmer führen. Die Schätzung von Vorsteuerbeträgen ist in aller Regel nicht möglich (vgl. dazu auch → *Vorsteuerabzug*).

2. Die allgemeinen Aufzeichnungsvorschriften

Aus den Aufzeichnungen des Steuerpflichtigen müssen grundsätzlich die folgenden Einzelheiten ersichtlich sein:

- Die vereinbarten Entgelte für die vom Unternehmer ausgeführten Lieferungen und sonstigen Leistungen bei der → *Sollbesteuerung*. Dabei müssen die Aufzeichnungen getrennt nach steuerpflichtigen und steuerfreien Umsätzen und bei den steuerpflichtigen Umsätzen getrennt nach Steuersätzen erfolgen.
- Wenn der Unternehmer unentgeltliche Umsätze nach § 3 Abs. 1b UStG oder § 3 Abs. 9a UStG ausführt, gelten diese Vorschriften entsprechend.
- Wenn der Unternehmer einen steuerfreien Umsatz nach § 9 UStG steuerpflichtig behandelt (vgl. → *Option zur Umsatzsteuer*), muss dies aus den Aufzeichnungen eindeutig hervorgehen.
- Die vereinnahmten Entgelte für die vom Unternehmer ausgeführten Lieferungen und sonstigen Leistungen bei der → *Istbesteuerung*. Dabei müssen die Aufzeichnungen getrennt nach steuerpflichtigen und steuerfreien Umsätzen und bei den steuerpflichtigen Umsätzen getrennt nach Steuersätzen erfolgen.
- Bei Vorauszahlungen und Anzahlungen (vgl. → *Anzahlungen*) für noch nicht ausgeführte Lieferungen oder sonstige Leistungen die vereinnahmten Entgelte. Dabei muss ersichtlich sein, wie sich die Entgelte auf steuerpflichtige und steuerfreie Umsätze verteilen. Bei steuerpflichtigen Umsätzen muss aus den Aufzeichnungen ersichtlich sein, welchen Steuersätzen die Anzahlungen unterliegen.
- Wenn der Unternehmer eine zu hohe Steuer in einer Rechnung ausweist (§ 14c Abs. 1 UStG, vgl. → *unrichtiger Steuerausweis*), muss die geschuldete Steuer aufgezeichnet werden.
- Wenn jemand eine Steuer in einem Abrechnungspapier ausweist, ohne dazu berechtigt zu sein (§ 14c Abs. 2 UStG, vgl. → *unberechtigter Steuerausweis*), muss die geschuldete Steuer aufgezeichnet werden.

Aufzeichnungspflichten

- Wenn der Unternehmer eine steuerpflichtige Lieferung oder eine sonstige Leistung für sein Unternehmen empfängt, muss das Entgelt aufgezeichnet werden. Dies gilt entsprechend für vor der Ausführung dieser Leistungen gezahlte Entgelte. Darüber hinaus ist der Steuerbetrag aufzuzeichnen. Wenn der Unternehmer keinen Vorsteuerabzug vornehmen kann, z. B. weil er mit der erhaltenen Leistung eine steuerfreie, den Vorsteuerabzug ausschließende Leistung erbringt, entfällt diese Aufzeichnungsvorschrift.
- Wenn der Unternehmer einen Gegenstand für sein Unternehmen in das Inland einführt (vgl. → *Einfuhr*), muss er die Bemessungsgrundlage sowie die entrichtete Einfuhrumsatzsteuer aufzeichnen. Wenn der Unternehmer keinen Vorsteuerabzug vornehmen kann, z. B. weil er mit der erhaltenen Leistung eine steuerfreie, den Vorsteuerabzug ausschließende Leistung erbringt, entfällt diese Aufzeichnungsvorschrift.
- Wenn der Unternehmer einen → *innergemeinschaftlichen Erwerb* nach § 1a UStG verwirklicht, muss er die entsprechende Bemessungsgrundlage sowie den darauf entfallenden Steuerbetrag aufzeichnen.
- Wenn der Leistungsempfänger nach § 13b UStG zum Steuerschuldner für eine an ihn ausgeführte Leistung wird (vgl. → *Steuerschuldnerverfahren*), muss er die Entgelte – getrennt nach den einzelnen Steuersätzen – sowie gegebenenfalls gezahlte Teilentgelte vor Ausführung der Leistung gesondert aufzeichnen.
- Wenn ein Auslagerer aus einem Steuerlager eine Ware auslagert (vgl. → *Steuerlager*), hat er die Bemessungsgrundlage und die darauf entfallende Umsatzsteuer aufzuzeichnen.
- Wenn der Unternehmer nur zum Teil zum Vorsteuerabzug berechtigt ist (vgl. → *Vorsteueraufteilung*), muss aus den Aufzeichnungen eindeutig und leicht ersichtlich sein, welche Vorsteuerbeträge den abzugsfähigen Ausgangsumsätzen und welche den nur zum Teil zum Abzug berechtigenden Ausgangsumsätzen zuzuordnen sind. Außerdem muss der Unternehmer in diesem Fall die Bemessungsgrundlagen für die Umsätze, die den Vorsteuerabzug ausschließen, getrennt von den Bemessungsgrundlagen der übrigen Umsätze aufzeichnen (Ausnahme bei den Einfuhren und den innergemeinschaftlichen Erwerben).
- Wenn eine → *Vorsteuerberichtigung* nach § 15a UStG vorzunehmen ist, hat der Unternehmer die Berechnungsgrundlagen aufzuzeichnen, die für die Ermittlung des Berichtigungsbetrages notwendig sind.
- Wenn der Unternehmer Gegenstände aus dem Inland in das übrige Gemeinschaftsgebiet zu seiner eigenen Verfügung bringt, müssen diese Gegenstände aufgezeichnet werden, wenn:
  a) an den Gegenständen im übrigen Gemeinschaftsgebiet Arbeiten ausgeführt werden (z. B. bei Reparaturarbeiten),

b) es sich um eine vorübergehende Verwendung handelt, mit den Gegenständen im übrigen Gemeinschaftsgebiet sonstige Leistungen ausgeführt werden und der Unternehmer in dem betreffenden Mitgliedstaat keine Zweigniederlassung hat (z. B. der Unternehmer bringt Baumaschinen in einen anderen Mitgliedstaat, um dort Bauleistungen zu erbringen) oder

c) es sich um eine vorübergehende Verwendung im übrigen Gemeinschaftsgebiet handelt und in entsprechenden Fällen die Einfuhr der Gegenstände aus dem Drittlandsgebiet vollständig steuerfrei wäre. Vgl. dazu auch → *innergemeinschaftliches Verbringen*.

- Wenn der Unternehmer von einem anderen Unternehmer mit USt-IDNr. aus einem anderen Mitgliedstaat einen Gegenstand erhält, um diesen im Inland zu bearbeiten oder zu verarbeiten (Werkleistung nach § 3a Abs. 2 Nr. 3c UStG), müssen die erhaltenen Gegenstände aufgezeichnet werden.

Die Aufzeichnungen sind dabei so zu gestalten, dass sich ein sachverständiger Dritter in einer angemessenen Zeit einen Überblick über die Umsätze und die abziehbaren Vorsteuerbeträge des Unternehmers verschaffen kann.

TIPP!

Soweit eine ordnungsgemäße Buchhaltung unterhalten wird, werden in aller Regel die maßgeblichen Aufzeichnungsvorschriften erfüllt werden.

3. Der Aufzeichnungsverpflichtete

Zur Aufzeichnung sind grundsätzlich die Personen verpflichtet, die die genannten Umsätze bewirken oder die entsprechenden Leistungen erhalten. Auch Personen, die nicht Unternehmer sind, müssen unter bestimmten Voraussetzungen Aufzeichnungen führen. Dies gilt für die Personen, die nach § 14c Abs. 2 UStG unberechtigt Umsatzsteuer in einer Abrechnung gesondert ausweisen, sowie für die Personen, die nach § 13b UStG Steuerschuldner für an sie ausgeführte Leistungen werden.

4. Besonderheiten bei den Aufzeichnungsvorschriften

In bestimmten Sonderfällen sind über diese Verpflichtungen hinaus besondere Aufzeichnungspflichten zu erfüllen. Hier sind insbesondere zu nennen:

- Steuerfreie Ausfuhrlieferungen, vgl. dazu → *Ausfuhrlieferung*.
- Steuerfreie Lohnveredelungen, vgl. dazu → *Lohnveredelung*.
- Steuerfreie innergemeinschaftliche Lieferungen, vgl. dazu → *innergemeinschaftliche Lieferungen*.
- Innergemeinschaftliche Dreiecksgeschäfte: Beim ersten Abnehmer, der eine inländische USt-IDNr. verwendet, müssen das Entgelt der Lieferung sowie der Name und die Anschrift des letzten Abnehmers ersichtlich sein. Bei einem letzten Abnehmer, der eine inländische USt-IDNr. verwendet, müssen die Bemessungsgrundlage

der an ihn ausgeführten Lieferung sowie die darauf entfallende Steuer sowie der Name und die Anschrift des ersten Abnehmers ersichtlich sein. Vgl. dazu auch → *innergemeinschaftliches Dreiecksgeschäft*.

- Umsätze, die der Differenzbesteuerung unterliegen; der Unternehmer muss die Verkaufspreise oder die Werte nach § 10 Abs. 4 UStG, die Einkaufspreise und die ermittelte Bemessungsgrundlage aufzeichnen. Vgl. dazu auch → *Differenzbesteuerung*.
- Unterhält ein Unternehmer als Lagerhalter ein Umsatzsteuerlager, so hat er Bestandsaufzeichnungen über die eingelagerten Gegenstände zu führen. Bei der Auslagerung aus dem Umsatzsteuerlager muss der Lagerhalter den Namen, die Anschrift und die inländische USt-IDNr. des Auslagerers oder dessen Fiskalvertreters aufzeichnen, vgl. dazu auch → *Steuerlager*.

5. Das Steuerheft

Ein Unternehmer, der keine gewerbliche Niederlassung hat oder außerhalb einer solchen Niederlassung von Haus zu Haus oder auf öffentlichen Straßen oder an anderen öffentlichen Orten Umsätze ausführt oder Gegenstände erwirbt, hat ein Steuerheft zu führen, in dem die maßgeblichen Aufzeichnungen niederzulegen sind. Ausnahmen für die Führung dieser Steuerhefte gelten nach § 68 UStDV, wenn der Unternehmer im Inland eine gewerbliche Niederlassung hat und ordnungsgemäße Aufzeichnungen nach § 22 UStG führt, soweit die Sonderregelung für landwirtschaftliche Erzeuger nach § 24 UStG angewendet wird oder bei dem Handel mit Zeitungen und Zeitschriften.

6. Aufzeichnungsvorschriften für Kleinunternehmer

Kleinunternehmer müssen nach § 65 UStDV nur in eingeschränktem Umfang Aufzeichnungen anfertigen. Dabei sind insbesondere aufzuzeichnen:

- die Werte der erhaltenen Gegenleistungen für die von ihnen ausgeführten Lieferungen und sonstigen Leistungen;
- die unentgeltlichen sonstigen Leistungen nach § 3 Abs. 9a Nr. 2 UStG (Ausführung anderer sonstiger Leistungen).

Die Aufzeichnungsvorschriften für unberechtigt ausgewiesene Umsatzsteuer, für Einfuhren, innergemeinschaftliche Erwerbe oder für die Fälle, in denen der Kleinunternehmer Steuerschuldner nach § 13b UStG wird, bleiben unberührt.

7. Vereinfachungen

In bestimmten Fällen ist es einem Unternehmer nicht zuzumuten, dass er – insbesondere bei der Ausführung von steuerpflichtigen Umsätzen, die unterschiedlichen Steuersätzen unterliegen (z. B. im Lebensmitteleinzelhandel, an Zeitungskiosken etc.) – die

Aufzeichnungspflichten bei jedem einzelnen Umsatz entsprechend den Vorschriften des § 22 UStG erfüllt.

Aus diesem Grund kann der Unternehmer bei seinem zuständigen Finanzamt Vereinfachungen für die Aufzeichnungsvorschriften beantragen. Eine wichtige Vereinfachungsmöglichkeit ist, die Ausgangsumsätze nach § 63 Abs. 4 UStDV nachträglich im Verhältnis der Eingangsumsätze aufzuteilen.

ACHTUNG!

Vereinfachungen, die ein Unternehmer bei den Aufzeichnungsvorschriften in Anspruch nehmen will, müssen mit dem zuständigen Finanzamt des Unternehmers abgestimmt werden.

Ausfuhrlieferung

Ausfuhrlieferung auf einen Blick

1. Rechtsquellen

   § 4 Nr. 1a und § 6 UStG

   § 8 bis § 17 UStDV

   Abschn. 128 bis Abschn. 140a UStR 2000

2. Bedeutung

   Lieferungen, bei denen der Gegenstand in das Drittlandsgebiet gelangt (Ausfuhrlieferungen), sind steuerfrei. Der liefernde Unternehmer hat die Voraussetzungen für die Steuerfreiheit durch geeignete Aufzeichnungen nachzuweisen. Der liefernde Unternehmer hat für Vorleistungen den vollen Vorsteuerabzug.

3. Weitere Stichworte

   → *ausländischer Abnehmer*, → *Drittlandsgebiet*, → *Lieferung*

4. Besonderheiten

   Steuerfreie Ausfuhrlieferungen sind in der Umsatzsteuerjahreserklärung 2003 in der Zeile 38 Anlage UR und in der Umsatzsteuervoranmeldung 2004 in der Zeile 24 einzutragen.

1. Allgemeine Voraussetzungen der Ausfuhrlieferungen

Eine steuerfreie Ausfuhrlieferung nach § 4 Nr. 1a UStG kann nur gegeben sein, wenn es sich um eine sog. bewegte Lieferung im Sinne des § 3 Abs. 6 UStG handelt. Der

Lieferort ist in diesem Falle dort, wo die Beförderung des Gegenstandes beginnt oder der Gegenstand einem Beauftragten übergeben wird. Im Zuge der Bewegung des Gegenstandes muss dieser in das → *Drittlandsgebiet* gelangen. Dabei kann der Gegenstand vor der Ausfuhr noch von einem Beauftragten bearbeitet werden.

Da teilweise unterschiedliche Voraussetzungen und Aufzeichnungsvorschriften vorliegen, müssen die Ausfuhrlieferungen in folgende Fälle unterteilt werden:

- Der liefernde Unternehmer befördert oder versendet den Gegenstand in das Drittlandsgebiet, ausgenommen in die deutschen Freihäfen und die Gewässer und Watten zwischen der Hoheitsgrenze und der Strandlinie, § 6 Abs. 1 Nr. 1 UStG.
- Der Abnehmer befördert oder versendet den Gegenstand der Lieferung in das Drittlandsgebiet, ausgenommen in die deutschen Freihäfen und die Gewässer und Watten zwischen der Hoheitsgrenze und der Strandlinie. Der Abnehmer muss ein ausländischer Abnehmer sein, § 6 Abs. 1 Nr. 2 UStG.
- Der Lieferer oder der Abnehmer befördert oder versendet den Gegenstand in einen deutschen Freihafen oder die Gewässer und Watten zwischen der Hoheitsgrenze und der Strandlinie. Der Abnehmer muss den Gegenstand als Unternehmer für sein Unternehmen verwenden oder als ausländischer Abnehmer den Gegenstand anschließend in das übrige Drittlandsgebiet ausführen.

2. Beförderung oder Versendung durch den liefernden Unternehmer

Wenn der liefernde Unternehmer den Gegenstand der Lieferung selber in das Drittlandsgebiet befördert oder durch einen von ihm Beauftragten in das Drittlandsgebiet versendet, liegt eine steuerfreie Ausfuhrlieferung vor, unabhängig davon, wofür der Gegenstand verwendet wird oder wer der Abnehmer der Lieferung ist, § 6 Abs. 1 Nr. 1 UStG. Ausgenommen sind lediglich die Lieferungen in die Gebiete im Sinne des § 1 Abs. 3 UStG (deutsche Freihäfen und die Gewässer und Watten zwischen der Hoheitsgrenze und der Strandlinie), da für diese Lieferungen besondere Vorschriften im § 6 Abs. 1 Nr. 3 UStG enthalten sind.

Beispiel 1:

Der deutsche Abnehmer A bestellt bei dem Lieferanten L aus Kassel Ware, die der liefernde Unternehmer mit eigenem Fahrzeug in die Ferienwohnung des A in der Schweiz bringt. Da der Lieferant L den Gegenstand selbst in das Drittlandsgebiet befördert, liegt eine steuerfreie Ausfuhrlieferung nach § 6 Abs. 1 Nr. 1 UStG vor.

Der liefernde Unternehmer muss die Ausfuhr des Gegenstandes sowohl belegmäßig (§ 9 bis § 11 UStDV) wie auch buchmäßig (§ 13 UStDV) nachweisen. Dabei ist der Ausfuhrnachweis materiellrechtliche Grundlage für die Steuerbefreiung.

ACHTUNG!

Ohne Ausfuhrbeleg keine Steuerfreiheit der Ausfuhrlieferung. Bis alle Voraussetzungen der Steuerfreiheit vorliegen, muss der Unternehmer den Umsatz steuerpflichtig behandeln.

Der Ausfuhrnachweis soll bei einer Ausfuhrlieferung im Beförderungsfall nach § 9 UStDV die folgenden Einzelheiten aufführen:

- den Namen und die Anschrift des liefernden Unternehmers,
- die handelsübliche Bezeichnung und die Menge des ausgeführten Gegenstandes,
- den Ort und den Tag der Ausfuhr,
- eine Ausfuhrbestätigung der den Ausgang des Gegenstandes aus dem Gemeinschaftsgebiet überwachenden Grenzzollstelle eines Mitgliedstaates. Die Ausfuhrbestätigung kann von der Grenzzollstelle dabei auf der Rechnung, dem Lieferschein oder einem vergleichbaren Dokument vorgenommen werden.

WICHTIG!

Die Vorlage nur einer Einfuhrbestätigung eines Drittlandes reicht zum Nachweis der Ausfuhrlieferung nicht aus.

Soweit der Gegenstand im gemeinsamen oder gemeinschaftlichen Versandverfahren oder bei einer Ausfuhr im Carnet TIR (besonderes Ausfuhrverfahren im internationalen Warentransportverkehr) ausgeführt wird, treten an die Stelle der Ausfuhrbestätigung folgende Schriftstücke: Beginnt das Verfahren nicht bei einer Grenzzollstelle, ist entweder eine Ausfuhrbestätigung der Abgangsstelle erforderlich, die bei einer Ausfuhr im gemeinsamen oder im gemeinschaftlichen Versandverfahren nach Eingang des Rückscheins erteilt wird, bei einer Ausfuhr im Carnet TIR nach Eingang der Erledigungsbestätigung erteilt wird, sofern sich daraus die Ausfuhr ergibt, oder es ist eine Abfertigungsbestätigung der Abgangsstelle erforderlich in Verbindung mit einer Eingangsbescheinigung der Bestimmungsstelle im Drittlandsgebiet.

Das gemeinschaftliche Versandverfahren dient der Erleichterung des innergemeinschaftlichen Warenverkehrs (nach Einführung des Binnenmarktes nur noch für Sondergebiete der Gemeinschaft von Bedeutung), während das gemeinsame Versandverfahren den Warenverkehr zwischen der EU und den EFTA-Ländern (Island, Norwegen und Schweiz, einschließlich Liechtenstein; gleichgestellt – bis zum Beitritt in die Europäische Union zum 1. Mai 2004 –: Polen, Ungarn, Tschechien und Slowakei) erleichtert. Beide Verfahren werden im Wesentlichen einheitlich abgewickelt. Bei Ausfuhren im Rahmen dieser Verfahren werden die Grenzzollstellen grundsätzlich nicht eingeschaltet. Die Waren sind bei der Abgangsstelle mit einer Versandanmeldung (Exemplare Nr. 1, 4, 5 und 7 des Einheitspapiers) anzumelden. Die Abgangsstelle bestätigt darin die Überführung in das gemeinschaftliche bzw. gemeinsame Versandverfahren und händigt dem Anmelder/Hauptverpflichteten die Exemplare Nr. 4, 5 und 7 des Versandscheines zur Vorlage bei der Bestimmungsstelle aus. Diese bestätigt auf dem Exemplar Nr. 5

(Rückschein), dass die Waren ihr gestellt worden sind, und übersendet den Rückschein an die Abgangsstelle. Sind die Waren ordnungsgemäß der Bestimmungsstelle gestellt worden, erteilt diese dem Hauptverpflichteten bzw. dessen Vertreter auf Antrag außerdem eine Eingangsbescheinigung nach vorgeschriebenem Muster.

Wird der Gegenstand von einem selbstständigen Beauftragten befördert (Versendungslieferung), sind die belegmäßigen Nachweise für die Ausfuhrlieferung nach § 10 UStDV wie folgt zu führen:

- durch einen Versendungsbeleg, insbesondere durch Frachtbrief, Konnossement, Posteinlieferungsschein oder deren Doppelstücke, oder
- durch einen sonstigen handelsüblichen Beleg, insbesondere durch eine Bescheinigung des beauftragten Spediteurs oder durch eine Versandbestätigung des Lieferers. Der sonstige Beleg soll die folgenden Einzelheiten enthalten:
  a) den Namen und die Anschrift des Ausstellers sowie den Tag der Ausstellung,
  b) den Namen und die Anschrift des Unternehmers sowie des Auftraggebers, wenn dieser nicht Unternehmer ist,
  c) die handelsübliche Bezeichnung und die Menge des ausgeführten Gegenstandes,
  d) den Ort und den Tag der Ausfuhr oder den Ort und den Tag der Versendung in das Drittlandsgebiet,
  e) den Empfänger und den Bestimmungsort im Drittlandsgebiet,
  f) eine Versicherung des Ausstellers, dass die Angaben in dem Beleg aufgrund von Geschäftsunterlagen gemacht wurden, die im Gemeinschaftsgebiet nachprüfbar sind und
  g) die Unterschrift des Ausstellers.

Wenn der Unternehmer im Falle der Versendung den Nachweis nicht in der nach § 10 Abs. 1 UStDV geforderten Form erbringen kann, ist es auch zulässig, den Nachweis wie bei einer Ausfuhrbeförderungslieferung (vgl. oben) zu führen.

WICHTIG!

Bei Postsendungen kommen als Ausfuhrnachweise auch die Einlieferungsbescheinigungen oder die Versandbestätigungen auf vom Absender vorbereiteten Bescheinigungen in Betracht.

Bei der Ausfuhrlieferung von Gegenständen in gewöhnlichen Briefen, für die eine Ausfuhranmeldung oder eine Ausfuhrkontrollmeldung nicht erforderlich ist, kann der Nachweis der Steuerfreiheit auch durch leicht nachprüfbare innerbetriebliche Versendungsunterlagen in Verbindung mit den Aufzeichnungen in der Finanzbuchhaltung geführt werden (z. B. Postausgangsbücher, Portobücher oder Auslieferungslisten).

Die genannten belegmäßigen Voraussetzungen müssen nach § 13 UStDV auch buchmäßig nachgewiesen werden. Dabei hat der leistende Unternehmer die Voraussetzungen so aufzuzeichnen, dass sie eindeutig und leicht nachprüfbar aus der Buchführung zu ersehen sind.

3. Beförderung oder Versendung durch den Abnehmer

Wenn der Abnehmer den Gegenstand der Lieferung in das Drittlandsgebiet befördert oder versendet, sind die oben dargestellten Voraussetzungen ebenfalls zu erfüllen, § 6 Abs. 1 Nr. 2 UStG. Darüber hinaus sind in diesen Fällen folgende Besonderheiten zu beachten:

- Der Abnehmer muss ein ausländischer Abnehmer im Sinne des § 6 Abs. 2 UStG sein.
- Wenn es sich um Gegenstände zur Ausrüstung oder Versorgung eines Beförderungsmittels handelt, sind die Sondervorschriften des § 6 Abs. 3 UStG zu beachten.
- Wenn der Gegenstand nicht für unternehmerische Zwecke erworben wird und im persönlichen Reisegepäck ausgeführt wird, sind die Sondervorschriften des § 6 Abs. 3a UStG zu beachten.

3.1 Ausländischer Abnehmer als Voraussetzung der Steuerfreiheit

Wenn der Abnehmer den Gegenstand der Lieferung in das Drittlandsgebiet – ausgenommen die Freihäfen und der Küstenstreifen zwischen der Hoheitsgrenze und der Strandlinie – befördert oder versendet, liegt eine steuerfreie Ausfuhrlieferung nur dann vor, wenn der Abnehmer ein → *ausländischer Abnehmer* ist.

Ein ausländischer Abnehmer ist ein Abnehmer, der zum Zeitpunkt der Lieferung (maßgeblich ist stets das Erfüllungsgeschäft) seinen Wohnort oder Sitz im Ausland (ohne Freihäfen und dem Küstenstreifen zwischen der Hoheitsgrenze und der Strandlinie) hat. Der Wohnort ist der Ort, an dem der Abnehmer für längere Zeit Wohnung genommen hat und der nicht nur aufgrund subjektiver Willensentscheidung, sondern auch bei objektiver Betrachtung als der örtliche Mittelpunkt seines Lebens anzusehen ist.

WICHTIG!

Der Wohnort im Sinne des § 6 Abs. 2 UStG ist nicht identisch mit dem Begriff des Wohnsitzes nach § 8 AO oder dem Begriff des gewöhnlichen Aufenthaltsorts nach § 9 AO.

Während eine Person mehrere Wohnsitze im Sinne der Abgabenordnung haben kann, besteht immer nur ein Wohnort als der zentrale Mittelpunkt des Lebens.

ACHTUNG!

Wenn eine Person ihren Wohnort in das Drittland verlegt, gilt sie bis zur tatsächlichen Ausreise (Grenzübergang) nicht als ausländischer Abnehmer.

Beispiel 2:

Der Abnehmer A, der bisher seinen Wohnort in Lübeck hatte, kauft bei einem Händler in Hamburg Ausrüstungsgegenstände für eine Werkstatt ein. Unmittelbar nach Einkauf der Gegenstände reist er nach Russland aus, um dort eine Werkstatt zu begründen. Die Ausfuhr der Ausrüstungsgegenstände kann belegmäßig nachgewiesen werden. Da es sich bei dem Abnehmer A noch nicht um einen ausländischen Abnehmer nach § 6 Abs. 2 UStG handelt, ist die Lieferung nicht als steuerfreie Ausfuhrlieferung anzusehen. Der liefernde Unternehmer schuldet die Umsatzsteuer aus der Lieferung.

TIPP!

Ist es zweifelhaft, ob der Abnehmer die Voraussetzungen als ausländischer Abnehmer erfüllt, sollte der liefernde Unternehmer die Gegenstände der Lieferung selber in das Drittlandsgebiet befördern oder versenden, da es in diesen Fällen nicht auf die Eigenschaft des Abnehmers ankommt.

Der liefernde Unternehmer muss die Eigenschaft des ausländischen Abnehmers nachweisen. Dabei kann aus Vereinfachungsgründen bezüglich des Wohnortes auf den im Reisepass oder einem Personalausweis angegebenen Ort Bezug genommen werden. Diese Angaben (Land, Wohnort) müssen in den Ausfuhrbeleg (Rechnung oder ein entsprechender Beleg) übernommen werden.

TIPP!

Zur eigenen Sicherheit sollte der Unternehmer auch die Nummer des Reisedokumentes aufzeichnen oder eine Kopie zu seinen Unterlagen nehmen.

Von der Ausgangszollstelle werden diese Angaben – soweit mit den vorgelegten Reisedokumenten übereinstimmend – bestätigt.

3.2 Gegenstände zur Ausrüstung oder Versorgung eines Beförderungsmittels

Werden von einem ausländischen Abnehmer Ausrüstungsgegenstände für ein Beförderungsmittel oder Gegenstände, die der Versorgung eines Beförderungsmittels dienen, in das Drittlandsgebiet – einschließlich der Freihäfen und des Küstenstreifens zwischen der Strandlinie und der Hoheitsgrenze – befördert oder versendet, liegt eine steuerfreie Ausfuhrlieferung nur dann vor, wenn

- der Abnehmer ein ausländischer Unternehmer ist und
- das Beförderungsmittel den Zwecken des Unternehmens des Abnehmers dient.

Beispiel 3:

Der Schweizer Abnehmer A kommt nach Singen, um einen Ersatzmotor für sein privates Fahrzeug zu erwerben. Er nimmt den Austauschmotor selber mit in die Schweiz. Die Ausfuhr des Motors kann belegmäßig nachgewiesen werden. Es handelt sich nicht um eine steuerfreie Ausfuhrlieferung, da die Voraussetzungen des § 6 Abs. 3 UStG nicht vorliegen. Der liefernde Unternehmer schuldet die Umsatzsteuer für die Lieferung des Motors.

Zu den Beförderungsmitteln gehören neben landbetriebenen Kraftfahrzeugen auch Wasserfahrzeuge und Luftfahrzeuge. Zu den Gegenständen, die der Ausrüstung von Beförderungsmitteln dienen, gehören alle Fahrzeug-, Ersatz- und Zubehörteile. Zu den Ausrüstungsgegenständen gehören neben Treibstoffen und Ölen auch Wasch- und Pflegemittel.

WICHTIG!

Werden solche Ausrüstungs- oder Versorgungsgegenstände im Rahmen einer Werklieferung (z. B. bei einer größeren Reparatur in einer Werkstatt) geliefert, ergibt sich keine Einschränkung bei der Steuerbefreiung.

Der liefernde Unternehmer hat bei der Lieferung solcher Gegenstände stets neben den sowieso notwendigen Aufzeichnungen auch den Gewerbe- oder Berufszweig des Abnehmers sowie den Verwendungszweck des Fahrzeuges aufzuzeichnen.

WICHTIG!

Der Ausschluss bei der Steuerbefreiung für Ausfuhrlieferungen greift auch in den Fällen nicht, in denen der Abnehmer die Teile für eigene unternehmerische Zwecke, aber nicht für sein eigenes Fahrzeug verwendet (z. B. wenn er im Drittlandsgebiet eine Werkstatt unterhält).

3.3 Ausfuhr im persönlichen Reisegepäck

Wenn der ausländische Abnehmer den Gegenstand der Lieferung im persönlichen Reisegepäck mit in das Drittland – einschließlich der Freihäfen und dem Küstenstreifen zwischen der Strandlinie und der Hoheitsgrenze – nimmt, liegt eine steuerfreie Ausfuhrlieferung nur vor, wenn

- der Abnehmer seinen Wohnort oder Sitz im Drittlandsgebiet, ausgenommen die Freihäfen und den Küstenstreifen zwischen der Strandlinie und der Hoheitsgrenze, hat und
- der Gegenstand der Lieferung vor Ablauf des dritten Kalendermonats, der auf den Monat der Lieferung folgt, ausgeführt wird.

Für den Nachweis des Wohnortes im Drittlandsgebiet gelten die gleichen Bestimmungen wie für den grundsätzlichen Nachweis des Wohnortes im Ausland. Die Einhaltung der Dreimonatsfrist für die Ausfuhr wird in der Regel durch die Ausfuhrbestätigung geführt.

ACHTUNG!

Die Ausfuhrlieferung kann erst dann als steuerfrei behandelt werden, wenn alle Buch- und Belegnachweise vorhanden sind.

Beispiel 4:

Der Unternehmer U verkauft an den Abnehmer A aus der Schweiz im März 2004 ein technisches Gerät für 3.000 EUR. Der Ausfuhrnachweis wird dem U erst im Mai 2004 vorgelegt. Die Lieferung ist im März 2004 als steuerpflichtige Lieferung zu behandeln. U muss aus

dieser Lieferung 16 % aus den erhaltenen 3.000 EUR (= 413,79 EUR) an sein Finanzamt abführen. Erst im Mai 2004 sind alle Voraussetzungen für die Steuerfreiheit gegeben, so dass der Umsatz jetzt als steuerfreier Umsatz behandelt werden kann.

Da der liefernde Unternehmer der Steuerschuldner der Umsatzsteuer ist, geht er bei Ausfuhrlieferungen ein Risiko ein, da er bei Nichtvorlage der Ausfuhrpapiere die Umsatzsteuer an sein Finanzamt abführen muss. Aus diesem Grunde ist es ratsam, den Abnehmer bis zur vollständigen Vorlage der notwendigen Ausfuhrbelege mit der Umsatzsteuer zu belasten und die Umsatzsteuer erst nach der Vorlage aller Papiere zu erstatten.

Fortsetzung Beispiel 4:

Um wegen der Vorlage der Ausfuhrpapiere kein Risiko einzugehen, sollte der Unternehmer U dem Abnehmer auf die 3.000 EUR 16 % USt (= 480 EUR) berechnen und diese Umsatzsteuer erst nach Vorlage der Ausfuhrpapiere an den Abnehmer erstatten.

Soweit der Unternehmer den Abnehmer erst einmal mit Umsatzsteuer belastet und diese später nach Vorlage der Ausfuhrbelege wieder erstattet, muss darauf geachtet werden, dass bei eventuell in der Rechnung ausgewiesener Umsatzsteuer diese Rechnung berichtigt wird.

ACHTUNG!

Wird in einer Rechnung über eine steuerfreie Ausfuhrlieferung Umsatzsteuer gesondert ausgewiesen, schuldet der Unternehmer die ausgewiesene Umsatzsteuer nach § 14c Abs. 1 UStG. Dies gilt auch für Kleinbetragsrechnungen, in denen der Steuersatz ausgewiesen ist.

Aus Vereinfachungsgründen kann jedoch auf eine Rechnungsberichtigung verzichtet werden, wenn der liefernde Unternehmer die ursprüngliche Rechnung (oder den Kassenbon) mit der ausgewiesenen Umsatzsteuer im Original zurückerhält und diese Rechnung bei seinen Unterlagen aufbewahrt.

4. Lieferungen in die Freihäfen oder den Küstenstreifen

Wenn der Lieferer oder der Abnehmer den Gegenstand der Lieferung in die Freihäfen oder den Küstenstreifen zwischen der Strandlinie und der Hoheitsgrenze befördert oder versendet, kann eine steuerfreie Ausfuhrlieferung nach § 6 Abs. 1 Nr. 1 UStG oder § 6 Abs. 1 Nr. 2 UStG nicht vorliegen. In diesen Fällen sind die Sondervorschriften des § 6 Abs. 1 Nr. 3 UStG zu beachten. Eine steuerfreie Ausfuhrlieferung kann nur dann vorliegen, wenn

- der Abnehmer ein Unternehmer ist, der den Gegenstand für sein Unternehmen erworben hat, oder
- es sich um einen ausländischen Abnehmer handelt, der aber kein Unternehmer ist, und der Gegenstand in das übrige Drittlandsgebiet gelangt ist.

Zu beachten ist in diesen Fällen, dass die unter 3.2 und 3.3 beschriebenen Einschränkungen auch in diesen Fällen zu prüfen sind.

5. Ausfuhrlieferungen bei unentgeltlichen Lieferungen

Unentgeltliche Lieferungen können unter den Voraussetzungen des § 3 Abs. 1b UStG zu einer Lieferung gegen Entgelt und damit zu einem steuerbaren Umsatz führen. Unabhängig davon, ob der Gegenstand im Zusammenhang mit einer solchen Lieferung in das Drittlandsgebiet gelangt, kann sich eine Steuerbefreiung für diese Lieferung nach § 6 Abs. 5 UStG nicht ergeben.

Beispiel 5:

Im Rahmen eines Preisausschreibens hat der Unternehmer U Stereoanlagen ausgelobt, deren Einkaufspreis jeweils – netto – 500 EUR beträgt. Unter den Gewinnern ist auch ein Teilnehmer aus der Schweiz. Die Stereoanlage wird in die Schweiz zu dem Gewinner versandt. Es handelt sich um eine Lieferung nach § 3 Abs. 1b Nr. 3 UStG, die nach § 3f UStG im Inland ausgeführt und damit steuerbar ist. Eine Steuerbefreiung kommt nach § 6 Abs. 5 UStG nicht in Betracht. Der Unternehmer U muss für diese Lieferung – wie auch für die anderen Preise – eine Umsatzsteuer in Höhe von 16 % auf die Bemessungsgrundlage von 500 EUR (= 80 EUR) entrichten.

Ausland

Ausland auf einen Blick

1. Rechtsquellen

   § 1 Abs. 2 und § 1 Abs. 2a UStG

   Abschn. 13 bis Abschn. 15 UStR 2000

2. Bedeutung

   Umsätze, die im Ausland ausgeführt werden, unterliegen nicht der deutschen Umsatzsteuer.

3. Weitere Stichworte

   → *Freihafen*, → *Gemeinschaftsgebiet*,→ *Inland*

Gebiete, die nach § 1 Abs. 2 UStG nicht zum Inland gehören, stellen das Ausland dar. Dazu gehören auch die zum deutschen Hoheitsgebiet zählenden Gebiete von Büsingen am Hochrhein, der Insel Helgoland, des Kontrolltyps I nach § 1 Abs. 1 Satz 1 des Zollverwaltungsgesetzes (Freihäfen), der Gewässer und Watten zwischen der Hoheitsgrenze (12-Seemeilen-Grenze) und der jeweiligen Strandlinie sowie der deutschen Schiffe und Flugzeuge außerhalb eines Zollgebietes. Ein Umsatz, der in diesen Gebieten ausgeführt wird, kann nicht der deutschen Umsatzsteuer unterliegen. Eine Ausnahme besteht lediglich für bestimmte, in den Freihäfen und den Gewässern und Watten zwischen der Hoheitsgrenze und der jeweiligen Strandlinie ausgeführte Umsätze (→ *Freihafen*).

Das Ausland umfasst den Bereich des Gemeinschaftsgebietes sowie das Drittlandsgebiet. Zum Gemeinschaftsgebiet gehören die Gebiete, die gemeinschaftsrechtlich zu den Mitgliedstaaten der Europäischen Gemeinschaft gehören. Die folgenden Gebiete gehören zwar zum Hoheitsgebiet der jeweiligen Mitgliedstaaten, aber nicht zum Gemeinschaftsgebiet:

Dänemark:	Grönland und die Färöer
Finnland:	Åland-Inseln
Frankreich:	die überseeischen Departements Guadeloupe, Guyana, Martinique und Réunion
Griechenland:	Berg Athos
Italien:	Livigno, Campino d'Italia, San Marino sowie der zum italienischen Hoheitsgebiet gehörende Teil des Luganer Sees
Niederlande:	die überseeischen Gebiete Aruba und die Niederländischen Antillen
Spanien:	Kanarische Inseln, Ceuta und Melilla
England/Nordirland:	überseeische Länder und Gebiete, die Selbstverwaltungsgebiete der Kanalinseln Jersey und Guernsey sowie die britischen Hoheitszonen auf Zypern

Gebiete, die weder zum Inland noch zum übrigen Gemeinschaftsgebiet gehören, stellen das Drittlandsgebiet dar.

ACHTUNG!

Zum 1.5.2004 treten die folgenden Länder der Europäischen Union bei und zählen dann zum Gemeinschaftsgebiet: Estland, Lettland, Litauen, Malta, Polen, Slowakische Republik, Slowenien, Tschechische Republik, Ungarn, Zypern.

Umsätze, die im übrigen Gemeinschaftsgebiet oder im Drittlandsgebiet ausgeführt worden sind, unterliegen in Deutschland nicht der Umsatzsteuer. In aller Regel werden diese Umsätze aber in dem jeweils anderen Land nach den dort vorhandenen Regelungen über die Besteuerung von Umsätzen zu erfassen sein. Es obliegt dem Unternehmer, sich über die einschlägigen Vorschriften im Bestimmungsland zu informieren.

Beispiel:

Der deutsche Unternehmer A errichtet im Auftrag des Leistungsempfängers B in Schweden ein Wohnhaus. Die Werklieferung ist nach § 3 Abs. 7 Satz 1 UStG in Schweden ausgeführt. Damit ist die Lieferung in Deutschland nicht steuerbar. Die Werklieferung unterliegt aber nach den Regelungen des schwedischen Mehrwertsteuergesetzes der Umsatzbesteuerung

in Schweden. Damit muss der Unternehmer A mit einem Steuersatz von 25 % für seine Leistung kalkulieren. Die Steuererhebung in Schweden richtet sich nach schwedischem Recht.

Die Frage der Steuererhebung ist in den einzelnen Mitgliedstaaten der Gemeinschaft unterschiedlich geregelt. So kann der leistende Unternehmer verpflichtet werden, in dem jeweiligen Bestimmungsland einen Fiskalvertreter zu bestellen. Es kann aber auch ein Steuerschuldnerverfahren anzuwenden sein, nach dem der Leistungsempfänger verpflichtet ist, die Umsatzsteuer auf den Rechnungsbetrag zu erheben und an sein Finanzamt abzuführen. Noch unterschiedlicher sind die Besteuerungsfolgen, wenn der deutsche Unternehmer im Drittland Leistungen ausführt.

WICHTIG!

Soweit der Unternehmer eine Leistungserbringung in einem anderen Land plant, sollte er sich vor Rechnungserteilung über die jeweils in diesem Land geltenden Steuererhebungsgrundsätze informieren.

Gute Informationen über die jeweiligen Besteuerungsgrundsätze sowie auch Hilfeleistungen bei der Deklaration von Umsatzsteuerbeträgen im Ausland bieten oftmals die jeweiligen binationalen Handelskammern (siehe Hinweise auf Internet-Adressen).

Ausländischer Abnehmer

Ausländischer Abnehmer auf einen Blick

1. Rechtsquellen

   § 6 Abs. 2 und § 7 Abs. 2 UStG

   Abschn. 129 UStR 2000

2. Bedeutung

   Die Eigenschaft ausländischer Abnehmer (Auftraggeber) ist Voraussetzung für bestimmte steuerfreie Ausfuhrlieferungen oder Lohnveredelungen.

3. Weitere Stichworte

   → *Ausfuhrlieferung*, → *Lohnveredelung*

Der Begriff des ausländischen Abnehmers ist grundsätzlich im § 6 Abs. 2 UStG geregelt. Bei bestimmten Lieferungen in das Drittlandsgebiet ist die Eigenschaft als ausländischer Abnehmer Voraussetzung für eine steuerfreie → *Ausfuhrlieferung*. Als ausländischer Abnehmer gilt dabei eine Person, die

- ihren Wohnort oder Sitz im Drittlandsgebiet, ausgenommen in den Freihäfen und dem Küstenstreifen zwischen der Strandlinie und der Hoheitsgrenze, hat oder

- eine Zweigniederlassung eines im Inland oder in den Freihäfen oder dem Küstenstreifen zwischen der Strandlinie und der Hoheitsgrenze ansässigen Unternehmers mit Sitz im Ausland, die bezeichneten Gebiete ausgenommen, hat, wenn sie das Umsatzgeschäft im eigenen Namen abgeschlossen hat. Eine Zweigniederlassung im Inland oder in den Freihäfen oder dem Küstenstreifen zwischen der Strandlinie und der Hoheitsgrenze ist kein ausländischer Abnehmer.

Der Wohnort ist der Ort, an dem der Abnehmer für längere Zeit Wohnung genommen hat und der nicht nur aufgrund subjektiver Willensentscheidung, sondern auch bei objektiver Betrachtung als der örtliche Mittelpunkt seines Lebens anzusehen ist, dies wird im Regelfall dort sein, wo der Abnehmer sich überwiegend aufhält.

WICHTIG!

Für die Eigenschaft des ausländischen Abnehmers kommt es nicht auf die Staatsangehörigkeit des Abnehmers an. Auch ein deutscher Staatsangehöriger kann ausländischer Abnehmer sein, wenn er seinen Wohnort im Ausland hat.

Bei den → *Lohnveredelungen* ist in den Fällen, in denen der Auftraggeber den Gegenstand nach der Bearbeitung oder Verarbeitung selber in das Drittlandsgebiet ausführt, Voraussetzung für die Steuerbefreiung, dass es sich um einen ausländischen Auftraggeber handelt, § 7 Abs. 2 UStG. Dabei wird für die Voraussetzungen für einen ausländischen Auftraggeber auf die Regelungen zum ausländischen Unternehmer nach § 6 Abs. 2 UStG verwiesen.

Ausländischer Unternehmer

Ausländischer Unternehmer auf einen Blick

1. Rechtsquellen
2. § 13b UStG

   Abschn. 233 Abs. 3 UStR 2000

   Bedeutung

   Soweit ein ausländischer Unternehmer im Inland steuerpflichtige Werklieferungen oder sonstige Leistungen ausführt, wird der Leistungsempfänger Steuerschuldner der beim leistenden Unternehmer entstandenen Umsatzsteuer.
3. Weitere Stichworte

   → *Sonstige Leistung*, → *Steuerschuldnerverfahren*, → *Werklieferung*

Ausländischer Unternehmer

Wenn ein ausländischer Unternehmer im Inland eine steuerpflichtige → *sonstige Leistung* oder eine steuerpflichtige → *Werklieferung* an einen Unternehmer erbringt, wird der Leistungsempfänger Steuerschuldner der durch die Leistung des ausländischen Unternehmers entstandenen Umsatzsteuer. Damit kommt dem Begriff des ausländischen Unternehmers für diese Zwecke eine zentrale Bedeutung zu.

Nach § 13b Abs. 4 UStG ist ein ausländischer Unternehmer ein Unternehmer, der weder im Inland noch auf der Insel Helgoland oder in einem der in § 1 Abs. 3 UStG bezeichneten Gebiete (Freihäfen und Küstenstreifen zwischen der Strandlinie und der Hoheitsgrenze) einen Wohnsitz, seinen Sitz, seine Geschäftsleitung oder eine Zweigniederlassung hat.

ACHTUNG!

Unerheblich ist, ob der ausländische Unternehmer bei einem deutschen Finanzamt zur Umsatzsteuer geführt wird oder nicht. Auch ein im Inland erfasster Unternehmer kann nach diesen Voraussetzungen ausländischer Unternehmer sein.

Ist es zweifelhaft, ob es sich bei dem leistenden Unternehmer um einen ausländischen Unternehmer handelt, kann die Übertragung der Steuerschuldnerschaft nach § 13b UStG nur abgewendet werden, wenn durch eine Bescheinigung des für den leistenden Unternehmer zuständigen Finanzamtes nachgewiesen wird, dass es sich nicht um einen ausländischen Unternehmer handelt. Dabei muss in der Bescheinigung ausdrücklich die Eigenschaft als nicht ausländischer Unternehmer bestätigt werden. Eine allgemeine Bestätigung des Finanzamtes, dass es sich um einen in Deutschland zur Umsatzsteuer erfassten Unternehmer handelt, reicht nicht aus.

WICHTIG!

Eine im Inland belegene Betriebsstätte (mit der Ausnahme einer Zweigniederlassung) führt nicht dazu, dass der leistende Unternehmer kein ausländischer Unternehmer im Sinne des § 13b Abs. 4 UStG ist.

Bauabzugssteuer

Bauabzugssteuer auf einen Blick

1. Rechtsquellen
2. § 48 EStG

   Bedeutung

   Mit Wirkung zum 1.1.2002 hat der Gesetzgeber über das Gesetz zur Eindämmung illegaler Betätigung im Baugewerbe einen Steuerabzug für den Leistungsempfänger geregelt. Diese im Ertragsteuerrecht angesiedelte Regelung nimmt Bezug auf verschiedene Begriffe des Umsatzsteuerrechts.
3. Weitere Stichworte

   → *Steuerschuldnerverfahren*, → *Unternehmer*

1. Allgemeines

Mit Wirkung zum 1.1.2002 muss der Leistungsempfänger einer Bauleistung (alle Leistungen, die der Herstellung, Instandsetzung, Instandhaltung, Änderung oder Beseitigung von Bauwerken dienen) unter bestimmten Umständen einen Abzug in Höhe von 15 % von der Gegenleistung einbehalten. Gegenleistung im Sinne dieser Regelung ist das Entgelt zuzüglich der Umsatzsteuer (Bruttobetrag). Der Steuerabzug ist auch bei Teilzahlungen, Anzahlungen oder Vorauszahlungen vorzunehmen.

ACHTUNG!

Die Bauabzugssteuer ist nicht zu verwechseln mit der vom Leistungsempfänger abzuführenden Umsatzsteuer im Rahmen des → *Steuerschuldnerverfahrens*. Beide Regelungen können grundsätzlich auch zusammen Anwendung finden.

Beispiel 1:

Der deutsche Unternehmer beauftragt den polnischen Unternehmer, im Inland eine Werkhalle zu errichten. Als Entgelt wurden netto 100.000 EUR vereinbart. Der Leistungsempfänger wird nach § 13b UStG wegen der vom polnischen Unternehmer im Inland steuerpflichtigen Werklieferung zum Steuerschuldner der entstehenden Umsatzsteuer und muss 16.000 EUR Umsatzsteuer an sein Finanzamt abführen. Darüber hinaus muss er eine Bauabzugssteuer in Höhe von 15 % des Bruttobetrages, hier also 17.400 EUR, an das für den polnischen Unternehmer zuständige Finanzamt abführen. Dies ist bei ausländischen Unternehmern das Finanzamt, das für die Umsatzsteuer zuständig ist, in diesem Fall das Finanzamt Frankfurt/Oder. An den polnischen Unternehmer können somit noch 82.600 EUR ausgezahlt werden.

2. Zum Einbehalt Verpflichteter

Zum Einbehalt der Bauabzugssteuer ist der Leistungsempfänger verpflichtet, soweit er nach § 2 UStG → *Unternehmer* ist. Dabei kommt es nicht darauf an, dass der Unternehmer auch Umsatzsteuerbeträge schuldet; somit müssen auch Unternehmer die Bauabzugssteuer einbehalten, die nur steuerfreie Umsätze bewirken.

Beispiel 2:

Der Unternehmer U ist ausschließlich als Vermieter tätig, der einen umfangreichen Immobilienbesitz steuerfrei an diverse Mieter vermietet. Soweit U Bauleistungen in Anspruch nimmt, muss er die Vorschriften über die Bauabzugssteuer berücksichtigen.

Wenn der Leistungsempfänger nur Wohnungen vermietet, ist er nicht zur Einbehaltung der Bauabzugssteuer verpflichtet, wenn er nicht mehr als zwei Wohnungen vermietet.

Entgegen dem Wortlaut des Gesetzes wendet die Finanzverwaltung die Bauabzugssteuer aber nur auf die Fälle an, bei denen der Leistungsempfänger die Bauleistung für sein Unternehmen bezieht. Soweit der Unternehmer eine Bauleistung für seinen privaten Bereich bezieht, soll die Bauabzugssteuer nicht einbehalten werden.

3. Ausnahmen von der Bauabzugssteuer

Grundsätzlich sind zwei Ausnahmen von der Bauabzugssteuer geregelt:

- Der leistende Bauunternehmer legt eine Freistellungsbescheinigung seines zuständigen Finanzamtes vor. Diese Freistellungsbescheinigung wird dem Bauunternehmer dann erteilt, wenn der zu sichernde Steuerabzug nicht gefährdet erscheint und ein inländischer Empfangsbevollmächtigter bestellt ist. Da das Verfahren darauf abzielt, die illegale Beschäftigung einzudämmen, wird die Finanzverwaltung bei ordnungsgemäß registrierten Unternehmern solche Freistellungsbescheinigungen erteilen.

ACHTUNG!

Der Leistungsempfänger ist verpflichtet, eine Freistellungsbescheinigung zu überprüfen, insbesondere hat er zu prüfen, ob sie einen Dienstsiegel und eine Sicherheitsnummer trägt. Darüber hinaus kann sich der Unternehmer im Internet beim Bundesamt für Finanzen die Gültigkeit der Freistellungsbescheinigung bestätigen lassen.

- In Bagatellfällen soll ebenfalls keine Abzugsverpflichtung bestehen. Ein Bagatellfall liegt dann vor, wenn von einem Bauunternehmer für einen Leistungsempfänger voraussichtlich im Kalenderjahr Leistungen für nicht mehr als 5.000 EUR erbracht werden. Ist der Leistungsempfänger ein Unternehmer, der ausschließlich steuerfreie Umsätze ausführt, gilt eine Grenze von 15.000 EUR.

4. Anmeldung und Abführung der Bauabzugssteuer

Soweit der Leistungsempfänger eine Bauabzugssteuer einbehalten muss, ist diese bis zum 10. Tag nach Ablauf des Monats, in dem die Gegenleistung (in der Regel die

Zahlung) erbracht worden ist, bei dem Finanzamt, das für den leistenden Unternehmer zuständig ist, anzumelden und auch bis zu diesem Zeitpunkt an dieses Finanzamt zu entrichten.

ACHTUNG!

Die Bauabzugssteuer ist nicht an das Finanzamt des Leistungsempfängers (also des Abzugsverpflichteten), sondern an das Finanzamt des leistenden Unternehmers abzuführen.

Die Bauabzugssteuer ist nach amtlich vorgeschriebenem Formular bei dem jeweiligen Finanzamt anzumelden.

Der Leistungsempfänger muss mit dem leistenden Unternehmer über die einbehaltene Bauabzugssteuer abrechnen.

5. Folgen bei Unterlassung des Einbehalts

Soweit der Leistungsempfänger trotz Verpflichtung zur Einbehaltung die Bauabzugssteuer nicht anmeldet und abführt, haftet er für die nicht oder nicht vollständig abgeführte Steuer. Darüber hinaus kann auch ein Steuerstraftatbestand (Steuerhinterziehung) gegeben sein.

6. Anrechnung der Bauabzugssteuer beim leistenden Unternehmer

Die vom Leistungsempfänger abgeführte Bauabzugssteuer kann bei dem leistenden Unternehmer auf verschiedene Steuerbeträge angerechnet werden. So ist z. B. die Anrechnung auf angemeldete Lohnsteuerbeträge, Vorauszahlungen zur Einkommen- oder Körperschaftsteuer oder die selber abzuführende Bauabzugssteuer möglich.

Beförderungsleistungen

Beförderungsleistungen auf einen Blick

1. Rechtsquellen

   § 3b und § 4 Nr. 3 UStG

   § 2 bis § 7 UStDV

   Abschn. 42a bis Abschn. 42i UStR 2000

2. Bedeutung

   Beförderungsleistungen sind sonstige Leistungen, bei denen der Beförderungsunternehmer Gegenstände oder Personen befördert. In Abhängigkeit der Art der Beförderungsleistung bestimmt sich der Ort dieser Leistung. Für bestimmte Güterbeförderungsleistungen sind Steuerbefreiungen vorhanden.

3. Weitere Stichworte

   → *Steuerschuldnerschaft*

1. Überblick über die verschiedenen Beförderungsleistungen

Die umsatzsteuerliche Behandlung der Beförderungsleistung ist abhängig davon, was befördert wird und wohin die Beförderung erfolgt. Grundsätzlich gibt es bei den Beförderungsleistungen die in der Abbildung auf der folgenden Seite gezeigten Möglichkeiten.

2. Beförderung von Personen

2.1 Grundsätzliche Regelungen bei Personenbeförderungen

Die Beförderung von Personen ist grundsätzlich dort ausgeführt, wo die Beförderung bewirkt wird, § 3b Abs. 1 UStG. Dies ist die jeweilige Beförderungsstrecke. Damit unterliegt die im Inland gefahrene Strecke bei einer Personenbeförderung der Besteuerung im Inland. Eine Steuerbefreiung ist nicht gegeben.

WICHTIG!

Bei einer Personenbeförderung unterliegt jeder im Inland gefahrene Kilometer der inländischen Besteuerung.

Die Aufteilung der Bemessungsgrundlage erfolgt dabei grundsätzlich im Verhältnis der im Inland und im Ausland gefahrenen Kilometer.

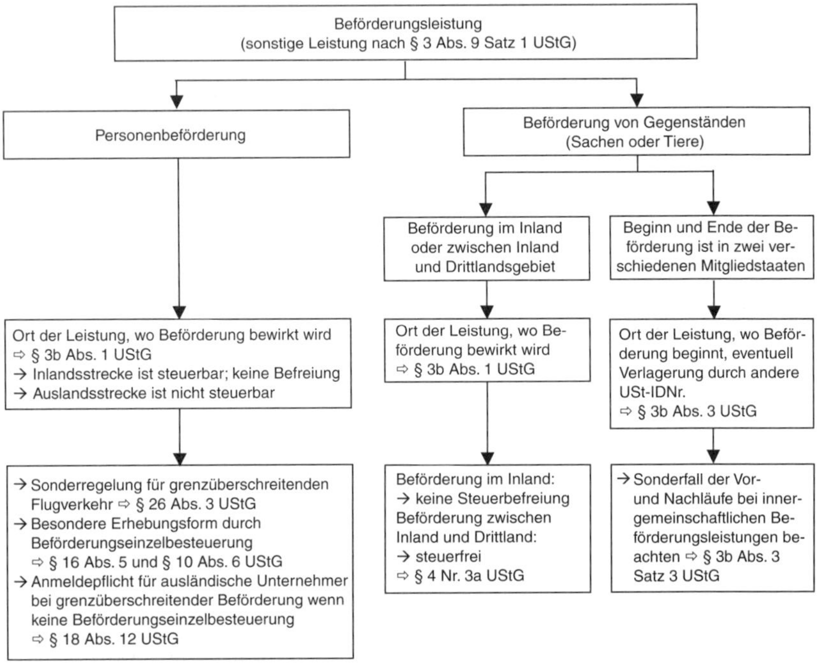

Beispiel 1:

Der Busunternehmer B fährt mit Reisegästen von Berlin nach Prag und zurück. Insgesamt fährt er dabei 540 Kilometer im Inland und 190 Kilometer im Ausland. Von dem vereinnahmten Beförderungsentgelt unterliegt ein Anteil von 540/730 der Besteuerung im Inland.

Soweit die Beförderungsleistung im Schienenbahnverkehr (ohne Bergbahnen), im Verkehr mit Oberleitungsomnibussen, im genehmigten Linienverkehr mit Kraftfahrzeugen, im Kraftdroschkenverkehr (Taxi) und im genehmigten Linienverkehr mit Schiffen sowie die Beförderung im Fährverkehr erfolgt, unterliegt die Leistung dem ermäßigten Steuersatz von 7 % nach § 12 Abs. 2 Nr. 10 UStG, wenn die Leistung innerhalb einer Gemeinde liegt oder wenn die Beförderungsstrecke nicht mehr als 50 Kilometer beträgt.

2.2 Besonderheiten bei der Beförderung von Personen

2.2.1 Beförderungen im Gelegenheitsverkehr

Bei Beförderungen im Gelegenheitsverkehr (in der Regel bei Taxifahrten) ergeben sich Besonderheiten, wenn die Beförderungsleistung grenzüberschreitend ist. Soweit der inländische Anteil einer solchen Beförderungsstrecke in einer Richtung nicht länger als zehn Kilometer ist, ist dieser Teil der Beförderungsstrecke als ausländische Beförderungsstrecke anzusehen. Somit ist die gesamte Beförderungsleistung nicht im Inland steuerbar, § 5 UStDV.

Bei Beförderungsleistungen zwischen dem Inland und den Freihäfen sind die Streckenanteile im Freihafen als inländische Beförderungsstrecken anzusehen, § 6 UStDV.

2.2.2 Beförderungseinzelbesteuerung mit Kraftomnibussen

Bei einer drittlandsgrenzüberschreitenden Personenbeförderung im Gelegenheitsverkehr mit Kraftomnibussen, die nicht im Inland zugelassen sind, wird die Umsatzsteuer in einem besonderen Verfahren (Beförderungseinzelbesteuerung) erhoben, § 16 Abs. 5 UStG. Dabei wird die auf den inländischen Teil der Beförderungsstrecke entfallende Umsatzsteuer sofort von der zuständigen Zolldienststelle erhoben, wenn eine Drittlandsgrenze überschritten wird. Dabei wird auf der Basis der Personenbeförderungskilometer (Anzahl der beförderten Personen x im Inland gefahrene Kilometer) ein Durchschnittsbeförderungsentgelt berechnet, § 10 Abs. 6 UStG. Das Durchschnittsbeförderungsentgelt beträgt 4,43 Cent pro Personenbeförderungskilometer, § 25 UStDV.

Der Unternehmer kann jedoch nach Ablauf des Besteuerungszeitraumes beantragen, dass die Steuer nach den allgemeinen Besteuerungsgrundsätzen zu berechnen ist, § 16 Abs. 5b UStG.

2.2.3 Anmeldeverfahren für ausländische Busunternehmer

Werden grenzüberschreitende Personenbeförderungen mit Kraftomnibussen ausgeführt, entsteht für den inländischen Teil der Beförderungsstrecke im Inland eine Umsatzsteuer. Soweit diese Beförderungsleistung durch einen ausländischen Unternehmer ausgeführt wird, ergeben sich bei der Erhebung der inländischen Umsatzsteuer für die Finanzverwaltung Probleme bezüglich der Erfassung dieser Unternehmer. Die Erhebungsmöglichkeit durch die Beförderungseinzelbesteuerung (vgl. 2.2.2) führt ab Mai 2004 auch nicht mehr zu befriedigenden Ergebnissen, da durch die Erweiterung der Gemeinschaft kaum mehr Drittlandsgrenzen bestehen. Mit Wirkung vom 1.1.2004 ist aus diesem Grunde in § 18 Abs. 12 UStG ein Anmeldeverfahren für ausländische Busunternehmer eingeführt worden. In den Fällen, in denen ausländische Busunternehmer, die nicht unter die Beförderungseinzelbesteuerung fallen, im Inland Beförderungsleistungen ausführen, müssen sie diese Leistungen vorher bei dem für sie in Deutschland zuständigen Finanzamt (bestimmt sich nach der Umsatzsteuer-Zuständigkeitsverordnung) anzeigen. Das Finanzamt erteilt darüber eine Bescheinigung. Diese Bescheinigung ist während der Fahrt mitzuführen. Kann bei einer Kontrolle eine solche Bescheinigung nicht vorgewiesen werden, kann eine Sicherheitsleistung in Höhe der voraussichtlich für diese Beförderungsleistung entstehenden Umsatzsteuer verlangt werden.

2.2.4 Beförderung im grenzüberschreitenden Luftverkehr

Bei einer Personenbeförderung im grenzüberschreitenden Luftverkehr wäre grundsätzlich eine Umsatzsteuer für den inländischen Teil der Beförderungsleistung (soweit im inländischen Luftraum ausgeführt) zu erheben. Zur Vereinfachung des Besteuerungsverfahrens wird diese Steuer bei bestimmten Fluggesellschaften nach § 26 Abs. 3 UStG aber erlassen, wenn diese bestimmten Fluggesellschaften in den Rechnungen/Flugscheinen keine Umsatzsteuer gesondert ausweisen. Die Liste der unter diese Regelungen fallenden, international tätigen Fluggesellschaften wird regelmäßig im Bundessteuerblatt Teil 1 veröffentlicht.

ACHTUNG!

Da in diesen Fällen keine Umsatzsteuer in den Rechnungen ausgewiesen ist, kann der Leistungsempfänger auch keinen Vorsteuerabzug aus der erhaltenen Flugleistung in Anspruch nehmen. Ab 2004 muss die Fluggesellschaft in diesem Fall auf die grenzüberschreitende Beförderung von Personen im Luftverkehr hinweisen; § 34 Abs. 1 Nr. 5 UStDV.

3. Beförderung von Gegenständen

3.1 Beförderungen im Inland

Eine Beförderung von Gegenständen (Sachen oder Tiere) im Inland ist in jedem Falle eine nach § 3b Abs. 1 UStG im Inland ausgeführte Beförderungsleistung, die auch keiner Steuerbefreiung unterliegt. Die Leistung unterliegt dem Regelsteuersatz nach § 12 Abs. 1 UStG.

3.2 Grenzüberschreitende Beförderung im Drittlandsverkehr

Bei einer drittlandsgrenzüberschreitenden Güterbeförderung sowie einer Beförderung im internationalen Eisenbahnfrachtverkehr führt der inländische Teil der Beförderungsstrecke zu einem nach § 3b Abs. 1 UStG im Inland ausgeführten steuerbaren Umsatz. Allerdings ist der inländische Streckenanteil nach § 4 Nr. 3a UStG unter den folgenden Voraussetzungen steuerfrei:

- Beförderung aus dem Inland in das Drittlandsgebiet (§ 4 Nr. 3 Buchst. a Doppelbuchst. aa UStG): Die Beförderungsleistung bezieht sich unmittelbar auf Gegenstände der Ausfuhr oder auf eingeführte Gegenstände, die im externen Versandverfahren (entspricht einer Durchfuhr) in das Drittlandsgebiet befördert werden oder
- Beförderung aus dem Drittland in das Inland (§ 4 Nr. 3 Buchst. a Doppelbuchst. bb UStG): Die Beförderungsleistung bezieht sich auf Gegenstände der Einfuhr in das Gebiet eines Mitgliedstaates der Europäischen Gemeinschaft und die Kosten der Beförderungsleistung sind in der Bemessungsgrundlage für die Einfuhrumsatzsteuer mit enthalten. Diese Voraussetzung ist nach nationalem Recht über § 11 Abs. 3 Nr. 3 UStG erfüllt.

ACHTUNG!

Eine Steuerbefreiung nach § 4 Nr. 3 UStG kann sich grundsätzlich nicht für eine Beförderungsleistung zwischen zwei Mitgliedstaaten der Gemeinschaft ergeben.

Führt die Beförderungsstrecke bei einer Beförderungsleistung, die im Inland beginnt und endet, nur kurz über ausländisches Gebiet, so wird die ausländische Beförderungsstrecke als inländische Beförderungsstrecke behandelt, wenn der ausländische Streckenanteil nicht mehr als zehn Kilometer beträgt (sog. Verbindungsstrecke im Ausland nach § 3 UStDV). Eine inländische Verbindungsstrecke wird dann wie ein ausländischer Streckenteil behandelt, wenn diese Verbindungsstrecke den nächsten oder den verkehrstechnisch günstigsten Weg darstellt und der inländische Streckenanteil nicht mehr als 30 Kilometer beträgt, § 2 UStDV.

3.3 Innergemeinschaftliche Beförderungsleistungen

Eine innergemeinschaftliche Beförderung von Gegenständen liegt vor, wenn der Beginn und das Ende der Beförderungsstrecke in zwei verschiedenen Mitgliedstaaten der Gemeinschaft liegen, § 3b Abs. 3 Satz 1 UStG.

WICHTIG!

Eine innergemeinschaftliche Beförderungsleistung von Gegenständen kann somit auch über Drittlandsgebiet führen. Entscheidend ist nur, dass Beginn und Ende in zwei verschiedenen Mitgliedstaaten liegt.

Bei einer innergemeinschaftlichen Beförderungsleistung erfolgt grundsätzlich keine Aufteilung der Beförderungsstrecke. Die Beförderungsleistung ist einheitlich in einem Mitgliedstaat der Besteuerung zu unterwerfen. Eine Steuerbefreiung nach § 4 UStG greift in diesen Fällen nicht. Der Ort der Beförderungsleistung ist dabei nach der folgenden Reihenfolge zu prüfen:

- Nach § 3b Abs. 3 Satz 1 UStG ist der Ort der Beförderungsleistung grundsätzlich dort, wo die Beförderung beginnt.
- Der Ort der Beförderungsleistung wird jedoch in einen anderen Mitgliedstaat verlagert, wenn der Leistungsempfänger (Auftraggeber für die Beförderungsleistung) den Beförderungsauftrag unter Verwendung einer USt-IDNr. erteilt, die nicht aus dem Land des Beförderungsbeginns stammt.

WICHTIG!

Unerheblich ist, welcher Nationalität Auftraggeber und Beförderungsunternehmer angehören, wo sie ihren Sitz haben oder in welchen Mitgliedstaat die Gegenstände gelangen.

Beispiel 2:

Der Auftraggeber A beauftragt den belgischen Frachtführer F, einen Gegenstand aus den Niederlanden nach Deutschland zu transportieren. Bei Erteilung des Auftrags verwendet A gegenüber dem F seine USt-IDNr. aus Deutschland. Die Beförderungsleistung des F wäre grundsätzlich in den Niederlanden (Beförderungsbeginn!) ausgeführt. Da der A aber seine

USt-IDNr. aus Deutschland verwendet, wird der Ort der Beförderungsleistung nach Deutschland verlagert. Die Beförderungsleistung ist in Deutschland steuerbar und steuerpflichtig. Der Auftraggeber A wird nach § 13b UStG Steuerschuldner der Umsatzsteuer für die Beförderungsleistung.

ACHTUNG!

Bei Verlagerung des Ortes der Beförderungsleistung durch Verwendung einer USt-IDNr. ergibt sich für den Leistungsempfänger häufig die → *Steuerschuldnerschaft* nach § 13b UStG (Haftungsrisiko!).

Die Verwendung einer abweichenden USt-IDNr. sollte grundsätzlich vor Ausführung der Leistung vereinbart werden, z. B. durch Aufnahme in den jeweiligen Dokumenten (Speditionsauftrag o.Ä.). Die Aufnahme der USt-IDNr. in den Briefkopf eines Unternehmens stellt grundsätzlich noch nicht die Verwendung der USt-IDNr. dar.

ACHTUNG!

In der Rechnung des Beförderungsunternehmers ist nach § 14a Abs. 1 UStG die USt-IDNr. des leistenden Unternehmers und die des Leistungsempfängers anzugeben.

Bei Leistungen nach § 3b Abs. 3 bis Abs. 6 UStG ist aus Vereinfachungsgründen der Rechnungsempfänger immer als Leistungsempfänger anzusehen. Dadurch wird erreicht, dass durch die Maßgeblichkeit der USt-IDNr. des Rechnungsempfängers die Leistung in dem Staat besteuert wird, in dem der Rechnungsempfänger steuerlich geführt wird.

TIPP!

Bei nicht zum Vorsteuerabzug berechtigten Auftraggebern kann durch Verwendung einer USt-IDNr. aus einem „Niedrigsteuerland" die umsatzsteuerliche Belastung bei innergemeinschaftlichen Beförderungsleistungen reduziert werden.

Eine Besonderheit ergibt sich bei den sog. Vor- und Nachläufen zu innergemeinschaftlichen Beförderungsleistungen (gebrochene innergemeinschaftliche Beförderungsleistungen): Wenn eine inländische Beförderungsleistung in unmittelbarem Zusammenhang mit einer innergemeinschaftlichen Beförderungsleistung steht, wird diese inländische Beförderungsleistung wie eine innergemeinschaftliche Beförderungsleistung behandelt, § 3b Abs. 3 Satz 3 UStG.

Beispiel 3:

Der Auftraggeber A erteilt dem Frachtführer F den Auftrag, einen Gegenstand von Stockholm (SE) nach München (DE) zu transportieren. Bei der Auftragserteilung verwendet er seine USt-IDNr. aus Deutschland. Der Frachtführer F transportiert die Ware von Stockholm nach Rostock (DE). Weiterhin erteilt F dem deutschen Unterfrachtführer UF den Auftrag, diesen Gegenstand in Rostock abzuholen und nach München zu transportieren. Den Auftrag an UF erteilt F unter Verwendung seiner schwedischen USt-IDNr., dem UF ist der ursprüngliche Abgangsort der Ware bekannt. Die Beförderungsleistung des F wird gegenüber dem A erbracht und umfasst die Gesamtstrecke von Stockholm nach München. Die innergemeinschaftliche Beförderung ist wegen der Verwendung der USt-IDNr. des A aus

Deutschland im Inland ausgeführt und damit steuerbar und steuerpflichtig im Inland. A wird nach § 13b UStG Steuerschuldner dieser Umsatzsteuer. Die Beförderungsleistung des UF ist einer innergemeinschaftlichen Beförderungsleistung gleichgestellt. Da der Auftraggeber F seine USt-IDNr. aus Schweden verwendet, wird der Ort der Beförderungsleistung nach Schweden verlagert, die Beförderungsleistung ist damit in Deutschland nicht steuerbar.

ACHTUNG!

Der unmittelbare Zusammenhang mit einer innergemeinschaftlichen Beförderungsleistung ist belegmäßig unter Verwendung der im Beförderungsgewerbe üblichen Dokumente (z. B. Frachtbrief oder Bordero) oder anderer Bestätigungen nachzuweisen.

4. Leistungen im Zusammenhang mit Beförderungsleistungen

Sonstige Leistungen, die im Zusammenhang mit Beförderungsleistungen erbracht werden, werden nach § 3b Abs. 2 UStG grundsätzlich dort ausgeführt, wo der leistende Unternehmer für diesen Umsatz ausschließlich oder überwiegend tätig wird.

Leistungen im Zusammenhang mit einer Beförderungsleistung sind unter anderem:

- Beladen und Entladen,
- Umschlagen,
- Verpacken,
- Zwischenlagern.

Steht die sonstige Leistung im Zusammenhang mit einer innergemeinschaftlichen Beförderungsleistung, so wird diese Leistung ebenfalls dort ausgeführt, wo der Unternehmer ausschließlich oder überwiegend tätig wird. Verwendet der Leistungsempfänger (Auftraggeber) aber eine USt-IDNr. aus einem anderem Mitgliedstaat als dem, in dem der leistende Unternehmer tätig geworden ist, so wird der Ort der Leistung in das Land verlagert, aus dem die USt-IDNr. stammt.

Bemessungsgrundlage

Bemessungsgrundlage auf einen Blick

1. Rechtsquellen
2. § 10 und § 11 UStG

   § 25 UStDV

   Abschn. 149 bis Abschn. 159 UStR 2000

   Bedeutung

   Ein Unternehmer, der im Inland einen steuerbaren und steuerpflichtigen Umsatz ausführt, muss für diesen Umsatz Umsatzsteuer abführen. Die Umsatzsteuer berechnet sich dabei auf die Bemessungsgrundlage. Bemessungsgrundlage ist alles, was der Leistungsempfänger aufwendet, um die Leistung zu erhalten.
3. Weitere Stichworte

   → Änderung der Bemessungsgrundlage, → durchlaufender Posten, → Hingabe an Zahlungs statt, → Schadensersatz, → Tausch, → tauschähnlicher Umsatz, → Zuschuss

1. Allgemeines

Wenn ein Unternehmer im Inland einen steuerbaren und steuerpflichtigen Umsatz ausführt, schuldet er für diesen Umsatz Umsatzsteuer. Die Umsatzsteuer berechnet sich dabei nach dem für den Umsatz maßgeblichen → *Steuersatz* sowie der Bemessungsgrundlage. Bemessungsgrundlage ist dabei alles, was der Leistungsempfänger aufwendet, um die Leistung zu erhalten. Damit ist die Bemessungsgrundlage nicht aus der Sicht des leistenden Unternehmers, sondern aus der Sicht des Leistungsempfängers zu bestimmen.

Beispiel 1:

Der Versandhändler V erwartet für eine ausgeführte Lieferung eine Bezahlung in Höhe von 580 EUR. Der Kunde zahlt aber wegen eines angeblichen Mangels nur 522 EUR. V verzichtet auf die Geltendmachung der Differenz. Die Bemessungsgrundlage für die ausgeführte Lieferung beträgt 450 EUR. Die Umsatzsteuer beträgt 72 EUR.

ACHTUNG!

Die Bestimmung der Bemessungsgrundlage ist unabhängig davon, ob der Unternehmer seine Umsätze nach vereinbarten Entgelten (→ *Sollbesteuerung*) oder nach vereinnahmten Entgelten (→ *Istbesteuerung*) besteuert.

WICHTIG!

Die vom Unternehmer geschuldete Umsatzsteuer gehört nie zu der Bemessungsgrundlage, die Bemessungsgrundlage entspricht somit immer dem Nettoentgelt.

Die allgemeine Definition der Bemessungsgrundlage gilt für die folgenden Umsätze:

- entgeltliche Lieferungen,
- entgeltliche sonstige Leistungen,
- verbilligte Leistungen an fremde Dritte und
- innergemeinschaftliche Erwerbe.

Bei einer verbilligten Leistung an nahe stehende Personen oder an das Personal ist darüber hinaus auch immer die Mindestbemessungsgrundlage (vgl. unten 4) zu prüfen.

In die Bemessungsgrundlage sind auch grundsätzlich alle Zahlungen mit einzubeziehen, die der Unternehmer für → *Nebenleistungen* erhält. Diese Nebenleistungen teilen umsatzsteuerlich das Schicksal der Hauptleistung und unterliegen damit im gleichen Umfang der Besteuerung wie die Hauptleistung.

Wenn der Unternehmer entgegen seiner Erwartung ein höheres oder niedrigeres Entgelt für seine Leistung erhält, handelt es sich um eine → *Änderung der Bemessungsgrundlage*, die ebenfalls – allerdings erst zu dem Zeitpunkt, an dem die Änderung eintritt – bei der Berechnung der Bemessungsgrundlage zu berücksichtigen ist, § 17 Abs. 1 UStG.

2. Besonderheiten bei entgeltlichen Umsätzen

2.1 Freiwillige Zuzahlungen des Leistungsempfängers

Auch freiwillige Zuzahlungen des Leistungsempfängers gehören mit zu der Bemessungsgrundlage des Unternehmers, wenn ein direkter Zusammenhang mit der erbrachten Leistung besteht. Es kommt für die Bestimmung der Bemessungsgrundlage nicht darauf an, ob der leistende Unternehmer einen Rechtsanspruch auf die Gegenleistung hat, sondern nur darauf, was er konkret als Gegenleistung für eine ausgeführte Leistung erhalten hat.

Beispiel 2:

Der selbstständige Friseur erhält von seinen Kunden Trinkgelder, der selbstständige Taxifahrer erhält von seinen Kunden Trinkgelder. Die Trinkgelder stellen Gegenleistung für die Leistungen der Unternehmer dar und sind somit bei der Ermittlung der Bemessungsgrundlage mit zu berücksichtigen.

Die im Gaststättengewerbe erhobenen Bedienungszuschläge stellen ebenfalls Entgelt des Unternehmers dar, selbst wenn die Beträge von dem Bedienungspersonal direkt einbehalten werden.

ACHTUNG!

Die direkt an das Personal gezahlten Trinkgelder sind bei der Ermittlung der Bemessungsgrundlage aber nicht mit zu berücksichtigen, da insoweit keine Zahlung an den Unternehmer erfolgt.

2.2 Verbrauchsteuer bei innergemeinschaftlichen Erwerben

Bei der Besteuerung eines → *innergemeinschaftlichen Erwerbs* ist der Betrag der Umsatzsteuer zu unterwerfen, den der Leistungsempfänger aufwendet, um die Leistung zu erhalten. Dies wird in der Regel der Betrag sein, den er an den leistenden Unternehmer auszahlt, da bei einer innergemeinschaftlichen Lieferung keine Umsatzsteuer in dem Rechnungsbetrag des leistenden Unternehmers enthalten sein kann. Damit ist die Umsatzsteuer auf diesen Betrag heraufzurechnen.

Soweit Verbrauchsteuer vom Erwerber für den innergemeinschaftlichen Erwerb bestimmter Wirtschaftsgüter geschuldet wird, erhöht diese Verbrauchsteuer die Bemessungsgrundlage des innergemeinschaftlichen Erwerbs, § 10 Abs. 1 Satz 4 UStG.

2.3 Hinzurechnungen bei Umsätzen im Zusammenhang mit einem Steuerlager

Bei der Auslagerung eines Gegenstandes aus einem Steuerlager schuldet der Auslagerer die Umsatzsteuer, die sich auf Grund des Wegfalls der Steuerbefreiung für den vorgeschalteten Umsatz ergibt. In diese Bemessungsgrundlage ist auch die Verbrauchsteuer mit einzubeziehen, die der Auslagerer eventuell schuldet. Darüber hinaus sind auch in die Bemessungsgrundlage die Umsätze mit einzubeziehen, die bisher nach § 4 Nr. 4a Satz 1 Buchst. b UStG steuerfrei im Zusammenhang mit einem Steuerlager ausgeführt wurden (seit dem 1.1.2004 nach § 10 Abs. 1 Satz 5 UStG).

Beispiel 3:

Der Unternehmer U erwirbt in Deutschland im Februar 2004 steuerfrei eine in einem Steuerlager lagernde Ware für 50.000 EUR. An dieser Ware wird von dem Dienstleister D noch im Februar 2004 eine steuerfreie Leistung nach § 4 Nr. 4a Satz 1 Buchst. b UStG (z.B. Behandlung gegen Schädlingsbefall) für 2.000 EUR ausgeführt. Im April 2004 lagert der U diese Ware aus dem Steuerlager aus, in dem er die Ware zur Weiterverarbeitung in eine Betriebsstätte transportiert. Die Bemessungsgrundlage für den Umsatz beträgt 52.000 EUR, da die 2.000 EUR für die Dienstleistung in die Berechnung mit einzubeziehen ist.

2.4 Zahlungen Dritter

Zu der Bemessungsgrundlage gehören auch Zahlungen Dritter, die diese in direktem Zusammenhang mit der erbrachten Leistung an den Unternehmer zahlen. Unerheblich ist es dabei, ob es sich um vertragliche Zahlungen oder ob es sich um freiwillige Zuzahlungen Dritter handelt. Voraussetzung ist lediglich, dass ein direkter (innerer) Zusammenhang zwischen der Leistung und der Zuzahlung besteht.

Beispiel 4:

Das Bundesland Bremen gewährt einem Studentenwerk einen Zuschuss zum Bau eines Studentenwohnheimes. Der Zuschuss wird unmittelbar an den Bauunternehmer ausgezahlt. Für den Bauunternehmer ist die Zahlung eine Zuzahlung eines Dritten, die in direktem Zusammenhang mit der Leistungserbringung steht und damit in die Bemessungsgrundlage einzubeziehen ist.

Eine Zahlung eines Dritten liegt auch in den Fällen vor, in denen ein Grundstück steuerbar und steuerpflichtig (→ *Option zur Umsatzsteuer*) veräußert wird und der Käufer die bei dem Verkauf anfallende Grunderwerbsteuer in vollem Umfang übernimmt. Da Schuldner der Grunderwerbsteuer beide am Kaufvertrag beteiligten Parteien sind, übernimmt der Käufer damit zur Hälfte eine Schuld des Verkäufers. Damit erhöht sich die Bemessungsgrundlage für die Lieferung des Grundstücks um die Hälfte der anfallenden Grunderwerbsteuer.

Beispiel 5:

Der Grundstückshändler G veräußert ein unbebautes Grundstück an einen Unternehmer für netto 200.000 EUR. Bei der Veräußerung des Grundstücks wird auf die Steuerpflicht nach § 9 UStG optiert. Nach den vertraglichen Bestimmungen übernimmt der Käufer die Grunderwerbsteuer in Höhe von 3,5 % des Kaufpreises. Die Bemessungsgrundlage für die Lieferung des Grundstücks beträgt 200.000 EUR zuzüglich der Hälfte der Grunderwerbsteuer, hier also 3.500 EUR. Auf die gesamte Bemessungsgrundlage von 203.500 EUR entfällt eine Umsatzsteuer in Höhe von 32.560 EUR.

ACHTUNG!

Seit dem 1.1.2004 kann bei einem Verkauf eines Grundstücks nur in dem notariellen Kaufvertrag auf die Steuerfreiheit verzichtet werden. Der Erwerber wird zum Steuerschuldner nach § 13b UStG.

2.5 Durchlaufende Posten

Durchlaufende Posten gehören nicht mit zu der Bemessungsgrundlage. Allerdings ist für die Anerkennung eines durchlaufenden Postens entscheidend, dass es zu einer unmittelbaren Rechtsbeziehung zwischen dem Zahlungsverpflichteten und dem Zahlungsempfänger kommt. Zu den Einzelheiten vgl. → *durchlaufender Posten*.

2.6 Zuschüsse

Zahlungen, die unter dem Begriff Zuschuss (Zuwendung, Beihilfe, Prämie o. Ä.) geleistet werden, können Entgelt für eine Leistung des Unternehmers oder auch eine Zuzahlung eines Dritten für eine Leistung des Unternehmers sein. In diesen Fällen des „unechten Zuschusses" wird die Zahlung in die Berechnung der Bemessungsgrundlage mit einbezogen. Nur in den Fällen, in denen der Zuschuss außerhalb eines Leistungsaustauschprozesses gezahlt wird („echter Zuschuss"), wird diese Zahlung nicht mit in die Ermittlung der Bemessungsgrundlage einbezogen. Zu den Einzelheiten vgl. → *Zuschuss*.

2.7 Schadensersatz

Zahlungen, die zum Ausgleich eines Schadens gezahlt werden, werden regelmäßig außerhalb eines Leistungsaustauschprozesses gezahlt. Damit fehlt es bei einem Schadensersatz am Leistungsaustausch, der Schadensersatz ist somit nicht steuerbar. Eine Einbeziehung dieser Zahlung in eine Bemessungsgrundlage kommt damit nicht in Betracht. Zu den Einzelheiten vgl. → *Schadensersatz.*

2.8 Pfandgelder

Pfandgelder, die dem Abnehmer bei jeder Lieferung mit berechnet werden, stellen grundsätzlich Entgelt für die Lieferung der Ware dar. Wenn der Unternehmer bei Rücknahme des Pfandgutes den Pfandbetrag zurückzahlt, liegt eine Entgeltsminderung (→ *Änderung der Bemessungsgrundlage*) vor, die in dem Voranmeldungszeitraum der Rückzahlung zu erklären ist.

Beispiel 6:

Der Einzelhändler E berechnet bei dem Verkauf von Getränken im März 2004 Pfandgelder. Diese berechneten und vereinnahmten Pfandgelder sind als Entgelt der Lieferung mit bei der Berechnung der Umsatzsteuer für den Voranmeldungszeitraum März 2004 zu berücksichtigen. Im April 2004 nimmt E das Pfandgut wieder zurück und zahlt den Pfandbetrag aus. Die Rückzahlung des Pfandbetrags stellt im Voranmeldungszeitraum April 2004 eine Entgeltsminderung dar.

Neben dieser Besteuerung der Pfandgelder kann der Unternehmer auf Antrag bei seinem Finanzamt auch andere Besteuerungsformen wählen, vgl. Abschn. 149 Abs. 8 UStR 2000.

2.9 Tausch, tauschähnlicher Umsatz und Hingabe an Zahlungs statt

Bei einem → *Tausch* (Gegenleistung für eine Lieferung ist eine Lieferung), bei einem → *tauschähnlichen Umsatz* (Gegenleistung für eine sonstige Leistung ist eine Lieferung oder eine sonstige Leistung) sowie bei einer → *Hingabe an Zahlungs statt* ermittelt sich die Bemessungsgrundlage dadurch, dass zu einer eventuell zusätzlich vereinbarten Baraufgabe (Geldzuzahlung) auch der gemeine Wert der erhaltenen Leistung mit berücksichtigt wird, § 10 Abs. 2 Satz 2 UStG. Der gemeine Wert der erhaltenen Leistung bestimmt sich (als Bruttowert) in der Regel nach dem Verkehrswert der erhaltenen Leistung. Zu den Einzelheiten vgl. die entsprechenden Stichworte.

2.10 Pfandscheinumsätze

Bei Umsätzen im Zusammenhang mit Pfandscheinen wird als Entgelt der Betrag zu Grunde gelegt, der sich aus dem Preis des Pfandscheines zuzüglich der Pfandsumme ergibt, § 10 Abs. 2 Satz 1 UStG. Diese Rechtsfolge ergibt sich aber erst, wenn der Pfandschein als solcher veräußert wird, nicht schon bei der Verpfändung eines Gegenstandes.

Beispiel 7:

Der Kleingewerbetreibende K verpfändet bei einem Pfandhaus Schmuck, dessen Wert ca. 6.000 EUR beträgt. Zwischen K und dem Pfandleiher wird eine Pfandsumme in Höhe von 3.000 EUR vereinbart. Kurze Zeit später veräußert der K den Pfandschein zu einem Kaufpreis von 2.500 EUR an einen Erwerber. Insgesamt hat K 5.500 EUR erhalten, so dass aus diesem Betrag die von ihm geschuldete Umsatzsteuer herauszurechnen ist. K muss somit 758,62 EUR an sein Finanzamt abführen.

2.11 Verkauf von Forderungen

Wenn der Unternehmer Forderungen seines Unternehmens zu einem Preis unter dem Nennwert verkauft (Verkauf z. B. an ein Factoring-Institut), führt dieses nicht zu einer Änderung der Bemessungsgrundlage, da sich zu diesem Zeitpunkt noch keine Änderung an dem ergeben hat, was der Leistungsempfänger für die Leistung aufwenden soll. Erst wenn sich später herausstellt, dass der Leistungsempfänger weniger zahlt, als eigentlich vereinbart worden war, führt dies bei dem leistenden Unternehmer zu einer Änderung der Bemessungsgrundlage.

Beispiel 8:

Der Großhändler G hat im Januar 2004 Ware an den Einzelhändler E für 116.000 EUR verkauft. Da der Einzelhändler mit der Zahlung in Verzug kommt, verkauft G die Forderung im Mai 2004 für 80.000 EUR an ein Factoring-Institut (mit Übergang des vollen Ausfallwagnisses). Der Verkauf der Forderung ist für G eine steuerbare, aber steuerfreie Leistung, die noch nicht zu einer Berichtigung der Bemessungsgrundlage für die Lieferung an den E führt. Erst wenn G nachweisen kann, was der E tatsächlich an das Factoring-Institut gezahlt hat, kann gegebenenfalls eine Berichtigung der Bemessungsgrundlage in Frage kommen, wenn der E weniger als 116.000 EUR aufwendet.

ACHTUNG!

In der Praxis wird der Verkäufer einer Forderung in aller Regel keine Kenntnis über das tatsächlich gezahlte Entgelt haben. Dennoch kann eine Änderung der Bemessungsgrundlage auf Grund der Zahlung des Factors nicht in Betracht kommen.

Nach den Feststellungen des EuGH und des BFH erbringt ein Factoring-Unternehmen auch bei dem echten Factoring eine steuerbare und auch nicht steuerfreie Dienstleistung gegenüber dem Unternehmer, von dem es die Forderung aufkauft. Insoweit könnte für den Verkäufer der Forderung ein Verzicht auf die Steuerbefreiung nach § 9 Abs. 1 UStG sinnvoll sein. Für die Ermittlung der Bemessungsgrundlage für den eigentlichen – ursprünglichen – Umsatz ergeben sich aber keine Auswirkungen.

3. Bemessungsgrundlage unentgeltlicher Umsätze

Auch bei unentgeltlichen Umsätzen muss der Unternehmer eine Bemessungsgrundlage ermitteln. Dabei bestimmt sich die Bemessungsgrundlage bei unentgeltlichen Umsätzen nach den Rechtsvorschriften des § 10 Abs. 4 UStG. Unter die unentgeltlichen Leistungen fallen die folgenden Umsätze:

- unentgeltliche Lieferungen nach § 3 Abs. 1b UStG,
- unentgeltliche sonstige Leistungen nach § 3 Abs. 9a UStG,
- innergemeinschaftliche Lieferung im Rahmen eines innergemeinschaftlichen Verbringens nach § 3 Abs. 1a UStG und
- innergemeinschaftlicher Erwerb im Rahmen eines innergemeinschaftlichen Verbringens nach § 1a Abs. 2 UStG.

Soweit es sich um eine → *unentgeltliche Lieferung* oder um einen Vorgang im Rahmen des → *innergemeinschaftlichen Verbringes* handelt, bestimmt sich die Bemessungsgrundlage nach § 10 Abs. 4 Nr. 1 UStG mit dem Einkaufspreis zuzüglich der Nebenkosten für den Gegenstand oder für einen gleichartigen Gegenstand oder mangels eines Einkaufspreises nach den Selbstkosten zum Zeitpunkt der Ausführung des unentgeltlichen Umsatzes. Zu den Einzelheiten vgl. → *unentgeltliche Lieferungen*.

Bei einer → *unentgeltlichen sonstigen Leistung* ist zu unterscheiden, ob es sich um eine Leistung nach § 3 Abs. 9a Nr. 1 UStG (Verwendung eines Gegenstandes) oder um eine Leistung nach § 3 Abs. 9a Nr. 2 UStG (Ausführung einer anderen sonstigen Leistung) handelt. In beiden Fällen sind grundsätzlich die bei der Ausführung des unentgeltlichen Umsatzes angefallenen Kosten zur Berechnung der Bemessungsgrundlage heranzuziehen; wenn es sich um die Verwendung eines Gegenstandes handelt, werden allerdings nur die Kosten in die Bemessungsgrundlage mit einbezogen, die auch zu einem Vorsteuerabzug geführt haben. Zu den Einzelheiten vgl. → *unentgeltliche sonstige Leistungen*.

ACHTUNG!

Bei der Ermittlung der Bemessungsgrundlage einer unentgeltlichen Leistung ist immer auf den Zeitpunkt der Leistungsabgabe abzustellen.

4. Mindestbemessungsgrundlage

Grundsätzlich ist es dem Unternehmer freigestellt, eine Leistung verbilligt, also auch unter seinen eigenen Kosten, am Markt anzubieten. Da das Umsatzsteuerrecht bei der Frage der Steuerbarkeit nur den Leistungstatbestand „entgeltliche Leistung" und den Leistungstatbestand „unentgeltliche Leistung" kennt, führt jeder Umsatz, für den der Unternehmer eine Gegenleistung erhält, zwingend zu einem entgeltlichen Umsatz.

WICHTIG!

Ein einheitlicher Umsatz kann nicht in einen Teil „entgeltlicher Umsatz" und einen Teil „unentgeltlicher Umsatz" aufgeteilt werden.

Da die Bemessungsgrundlage für einen entgeltlichen Umsatz immer von der Gegenleistung des Leistungsempfängers abzuleiten ist, würde es in den Fällen zu Problemen kommen, wenn ein Unternehmer an ihm nahe stehende Personen oder an sein Personal Leistungen zu einem Preis erbringt, der unter seinen Kosten liegt. Der Gesetzgeber hat aus diesem Grunde im § 10 Abs. 5 UStG die Mindestbemessungsgrundlage eingeführt, die in folgenden Fällen immer zu prüfen ist:

- eine Körperschaft, Personenvereinigung, nicht rechtsfähige Personenvereinigung oder Gemeinschaft erbringt eine entgeltliche Lieferung oder sonstige Leistung an Anteilseigner, Gesellschafter, Mitglieder, Teilhaber oder diesen nahe stehende Personen,
- ein Einzelunternehmer erbringt eine entgeltliche Lieferung oder sonstige Leistung an eine ihm nahe stehende Person oder
- ein Unternehmer erbringt eine entgeltliche Lieferung oder sonstige Leistung an sein Personal oder an dessen Angehörige auf Grund des Dienstverhältnisses.

ACHTUNG!

In den genannten Fällen sollte immer überprüft werden, ob die Mindestbemessungsgrundlage anzuwenden ist.

WICHTIG!

Als nahe stehende Person sind nicht nur Familienangehörige zu verstehen, sondern auch alle anderen Personen, zu denen der Unternehmer eine enge rechtliche, wirtschaftliche oder persönliche Beziehung hat.

Wenn zwischen dem leistenden Unternehmer und dem Leistungsempfänger ein solches Naheverhältnis vorliegt, muss zuerst die Bemessungsgrundlage nach den allgemeinen Vorschriften des § 10 Abs. 1 UStG ermittelt werden (tatsächliche Zahlung des Leistungsempfängers abzüglich der darin enthaltenen Umsatzsteuer). Danach muss ermittelt werden, wie hoch die Bemessungsgrundlage bei einem unentgeltlichen Umsatz wäre. Dabei ist die Bemessungsgrundlage nach den Vorschriften des § 10 Abs. 4 UStG zu bestimmen (vgl. oben 3.). Bei einem Vergleich dieser beiden Bemessungsgrundlagen kann es zu den folgenden Ergebnissen kommen:

- Die Bemessungsgrundlage nach § 10 Abs. 1 UStG (also das, was der Leistungsempfänger tatsächlich netto bezahlt hat) ist höher als das, was sich als Bemessungsgrundlage nach § 10 Abs. 4 UStG bei einem unentgeltlichen Umsatz ergeben würde. In diesem Fall ist die Mindestbemessungsgrundlage nicht anzuwenden. Bemessungsgrundlage ist alles das, was der Leistungsempfänger tatsächlich aufgewendet hat, um die Leistung zu erhalten, abzüglich der darin enthaltenen Umsatzsteuer.
- Die Bemessungsgrundlage nach § 10 Abs. 1 UStG (also das, was der Leistungsempfänger tatsächlich netto bezahlt hat) ist niedriger als das, was sich als Bemessungsgrundlage nach § 10 Abs. 4 UStG bei einem unentgeltlichen Umsatz ergeben würde. In diesem Fall ist die Mindestbemessungsgrundlage anzuwenden. Bemessungsgrundlage ist das, was sich im Falle einer Entnahme oder der Ausführung

einer unentgeltlichen sonstigen Leistung für unternehmensfremde Zwecke als Bemessungsgrundlage nach § 10 Abs. 4 UStG ergeben würde.

ACHTUNG!

Wenn die Zahlung der nahe stehenden Person dem entspricht, was auch andere Leistungsempfänger zahlen (marktübliches Entgelt), ist die Mindestbemessungsgrundlage nicht anzuwenden.

Beispiel 9:

Der Unternehmer U vermietet in einem ihm gehörenden Immobilienobjekt eine Gewerbeeinheit an seine ebenfalls unternehmerisch tätige Tochter zu einem Mietzins von 15 EUR/m^2. Bei der Vermietung hat er zulässigerweise auf die Umsatzsteuer nach § 9 UStG optiert. Andere Mieter zahlen ebenfalls eine Gewerbemiete in Höhe von 15 EUR/m^2. Die vorsteuerabzugsbehafteten Kosten aus der Vermietung betragen aber 17 EUR pro m^2. Obwohl hier die Kosten nach § 10 Abs. 4 Nr. 2 UStG über dem tatsächlich gezahlten Entgelt liegen, ist die Mindestbemessungsgrundlage nicht anzuwenden, da die Tochter ein marktübliches Entgelt entrichtet.

Betriebsstätte

Betriebsstätte auf einen Blick

1. Rechtsquellen
2. § 12 AO

   Bedeutung

   Betriebsstätten sind unselbstständige Bestandteile eines Unternehmens. Die Umsätze und Vorsteuerabzugsbeträge sind dem Unternehmer zuzurechnen. Allerdings können Betriebsstätten für die Bestimmung des Ortes einer Leistung von Bedeutung sein.
3. Weitere Stichworte

   → ausländischer Unternehmer, → sonstige Leistung, → Steuerschuldnerverfahren, → unentgeltliche Lieferungen, → unentgeltliche sonstige Leistungen

Eine Betriebsstätte ist nach § 12 AO jede feste Geschäftseinrichtung oder Anlage, die der Tätigkeit eines Unternehmens dient. Umsatzsteuerlich sind diese Betriebsstätten Bestandteil des gesamten Unternehmens. Die Umsätze wie auch die Vorsteuerbeträge sind in der Umsatzsteuer-Voranmeldung und der Jahreserklärung des einheitlichen Unternehmens aufzunehmen.

Betriebsstätten sind insbesondere:

- die Stätte der Geschäftsleitung,
- Zweigniederlassungen,
- Geschäftsstellen,
- Fabrikations- oder Werkstätten,
- Warenlager,
- Ein- oder Verkaufsstellen,
- Bergwerke, Steinbrüche oder andere stehende, örtlich fortschreitende oder schwimmende Stätten der Gewinnung von Bodenschätzen,
- Bauausführungen oder Montagen, auch örtlich fortschreitende oder schwimmende, wenn
  a) die einzelne Bauausführung oder Montage oder
  b) eine von mehreren zeitlich nebeneinander bestehenden Bauausführungen oder Montagen oder
  c) mehrere ohne Unterbrechung aufeinander folgende Bauausführungen oder Montagen länger als sechs Monate dauern.

ACHTUNG!

Für umsatzsteuerliche Zwecke ist immer auf die Definition der Betriebsstätte nach § 12 AO abzustellen. Gegebenenfalls abweichende Definitionen aus Doppelbesteuerungsabkommen sind nicht anwendbar.

Die Definition der Betriebsstätte ist für umsatzsteuerliche Zwecke insbesondere für die Prüfung des Ortes einer Leistung von Bedeutung. So sind bei der Bestimmung des Ortes einer → *sonstigen Leistung* nach § 3a Abs. 1 oder § 3a Abs. 3 UStG bestimmte Leistungen nicht am Sitz eines Unternehmers ausgeführt, sondern dort, wo die leistende (bei § 3a Abs. 1 UStG) oder die leistungsempfangende (bei § 3a Abs. 3 UStG) Betriebsstätte ist.

Beispiel 1:

Der Rechtsanwalt aus Dortmund berät die Osnabrücker Betriebsstätte eines Schweizer Unternehmens in einer rechtlichen Angelegenheit. Der Ort der Beratungsleistung ist nach § 3a Abs. 4 Nr. 3 UStG i. V. m. § 3a Abs. 3 Satz 2 UStG an der Betriebsstätte des Schweizer Unternehmers in Osnabrück. Die Rechtsberatungsleistung ist damit im Inland steuerbar.

Auch bei → *unentgeltlichen Lieferungen* und → *unentgeltlichen sonstigen Leistungen* ist der Ort der Betriebsstätte von Bedeutung, wenn die unentgeltliche Leistung von einer Betriebsstätte aus abgegeben wird, § 3f Satz 2 UStG.

WICHTIG!

Eine inländische Betriebsstätte (mit Ausnahme der Zweigniederlassung) eines → *ausländischen Unternehmers* gilt bezüglich des → *Steuerschuldnerverfahrens* nicht als inländisches Unternehmen. Somit wird der Leistungsempfänger zum Steuerschuldner, soweit Leistungen im Sinne des § 13b UStG ausgeführt werden.

Beispiel 2:

> Der niederländische Bauunternehmer B unterhält seit zehn Jahren in Deutschland eine Betriebsstätte (keine Zweigniederlassung). Nach § 13b UStG gilt diese inländische Betriebsstätte als ausländischer Unternehmer. Soweit Bauleistungen im Inland an Unternehmer erbracht werden, werden diese zum Steuerschuldner der Umsatzsteuer des ausländischen Unternehmers.

Allerdings ist umgekehrt eine ausländische Betriebsstätte eines inländischen Unternehmers kein eigenständiges Unternehmen und fällt damit nicht unter die Definition des ausländischen Unternehmers i.S.d. § 13b Abs. 4 UStG. Der Steuerschuldner für die Leistung bleibt somit der leistende Unternehmer nach § 13a Abs. 1 Nr. 1 UStG. Dieses Ergebnis ändert sich auch nicht, wenn die Leistung unter der ausländischen Anschrift der Betriebsstätte abgerechnet wird. Allerdings sollte in diesem Fall der Leistungsempfänger – um eventuellen Haftungsansprüchen zu entgehen – sich eine Bescheinigung (Formular USt 1 TS) vorlegen lassen, aus der sich ergibt, dass der leistende Unternehmer kein ausländischer Unternehmer i.S. dieser Regelung ist.

Betriebsveranstaltungen

Betriebsveranstaltungen auf einen Blick

1. Rechtsquellen

   R 72 LStR 2002

   Abschn. 12 UStR 2000

2. Bedeutung

   Betriebsveranstaltungen werden in aller Regel im betrieblichen Interesse des Arbeitgebers durchgeführt. In diesen Fällen sind die Zuwendungen an die Arbeitnehmer nicht steuerbar. Soweit aber bestimmte, aus dem Lohnsteuerrecht übernommene Grenzen überschritten werden, liegen steuerbare Zuwendungen an das Personal vor.

3. Weitere Stichworte

   → *Aufmerksamkeit*, → *Sachzuwendungen an das Personal*

Eine Betriebsveranstaltung (Betriebsausflug, Weihnachtsfeier, Jubiläumsfeier) ist im Regelfall im überwiegenden betrieblichen Interesse des Arbeitgebers ausgeführt. Soweit eine solche im Interesse des Arbeitgebers ausgeführte Veranstaltung vorliegt, fehlt es an einem Zuwendungswillen zu Gunsten des Arbeitnehmers. In diesem Fall liegt ein steuerbarer Umsatz nicht vor.

Wenn Betriebsveranstaltungen aber den Rahmen des Üblichen übersteigen, liegt eine Zuwendung des Arbeitgebers gegenüber seinem Personal vor, die eine Steuerbarkeit der Zuwendung nach sich zieht. Im Umsatzsteuerrecht wird dabei auf die Beurteilung im Lohnsteuerrecht (R 72 LStR 2002) abgestellt.

Damit Betriebsveranstaltungen als übliche Veranstaltungen angesehen werden können, müssen die folgenden Punkte beachtet werden:

- Die Betriebsveranstaltung muss grundsätzlich allen Betriebsangehörigen offen stehen. Veranstaltungen, die nur für einen Kreis der Arbeitnehmer von Interesse sind, sind dann noch übliche Betriebsveranstaltungen, wenn sich die Begrenzung des Teilnehmerkreises nicht als Bevorzugung bestimmter Arbeitnehmergruppen darstellt (z. B. für bestimmte Abteilungen, für im Ruhestand befindliche Arbeitnehmer oder für Arbeitnehmer, die bestimmte Jubiläen feiern – nicht jedoch bei der Feier für einen einzelnen Jubilar).
- Als üblich gelten höchstens zwei Betriebsveranstaltungen im Kalenderjahr. Unschädlich ist aber, wenn bestimmte Mitarbeiter aus betrieblichen Gründen an mehr als zwei Betriebsveranstaltungen im Kalenderjahr teilnehmen (z. B. der Personalchef nimmt an mehreren Veranstaltungen verschiedener Abteilungen teil).
- Seit 2002 kommt es nicht mehr auf die Dauer der Betriebsveranstaltung an, so dass auch mehrtägige Veranstaltungen grundsätzlich noch als üblich angesehen werden können.

ACHTUNG!

Bei der Beurteilung der Üblichkeit kommt es aber nicht nur auf die Dauer und die Anzahl der Veranstaltungen an, auch die Höhe der Aufwendungen ist für die Beurteilung von Bedeutung. Da die Übernachtungskosten bei mehrtägigen Veranstaltungen in die Berechnung der Grenzbeträge mit einzubeziehen sind, wird in aller Regel aus diesem Grund die Veranstaltung zu einer steuerbaren Leistung an den Arbeitnehmer.

- Die Höhe der Zuwendungen ist dann noch üblich, wenn die Aufwendungen pro Arbeitnehmer 110 EUR je Veranstaltung nicht übersteigen. Die Wertgrenze ist ein Bruttobetrag, also einschließlich der Umsatzsteuer. Soweit an der Feier Ehepartner oder andere Angehörige teilnehmen, werden die anteiligen Zuwendungen dem jeweiligen Arbeitnehmer zugerechnet.

Beispiel:

An einer Betriebsveranstaltung nehmen 100 Personen teil. Davon sind 80 Personen Betriebsangehörige, 20 Personen sind Ehepartner von Betriebsangehörigen. Insgesamt werden für diese Betriebsveranstaltung 6.000 EUR (brutto) aufgewendet. Bei den 60 Einzelteilnehmern liegen die Aufwendungen deutlich unter 110 EUR, so dass die Aufwendungen als üblich anzusehen sind. Bei den 20 Teilnehmern, die mit Ehepartnern an der Veranstaltung teilnehmen, betragen die zuzurechnenden Aufwendungen 120 EUR, so dass hier nicht mehr von üblichen Aufwendungen auszugehen ist, damit liegen steuerbare Zuwendungen an die Arbeitnehmer vor.

In die Kosten – und damit in die Prüfung der Angemessenheitsgrenze – gehen insbesondere die folgenden Kosten ein:

- Bewirtung mit Speisen, Getränken, Tabakwaren und Süßwaren,
- Übernachtung bei mehrtägigen Veranstaltungen ab 2002,
- Aufwendungen für den äußeren Rahmen (Räume, Musik, Kegelbahn, künstlerische Darbietungen),
- Übernahme von Fahrtkosten,
- Eintrittskarten für kulturelle und sportliche Veranstaltungen, wenn sich die Betriebsveranstaltung nicht im Besuch dieser Veranstaltung erschöpft,
- Geschenke, die keinen bleibenden Wert haben (→ *Aufmerksamkeit*), z. B. Weihnachtspäckchen.

ACHTUNG!

Wird die Angemessenheitsgrenze von 110 EUR pro Arbeitnehmer überschritten, liegt insoweit eine insgesamt steuerpflichtige Zuwendung an den Arbeitnehmer vor.

Soweit Arbeitnehmer im Zusammenhang mit einer Betriebsveranstaltung auch Geschenke erhalten, stellen diese Geschenke Zuwendungen des Arbeitgebers an sein Personal im Sinne des § 3 Abs. 1b Nr. 2 UStG dar, die der Besteuerung unterliegen. Eine Ausnahme ist nur gegeben, wenn der Wert des Geschenkes unter 35 EUR liegt, zu den Einzelheiten vgl. → *Aufmerksamkeiten*.

Zuwendungen im Rahmen von Verlosungen während einer Betriebsveranstaltung stellen dann steuerbare und steuerpflichtige Lieferungen im Rahmen des § 3 Abs. 1b Nr. 2 UStG an die einzelnen Arbeitnehmer dar, wenn die Verlosung nicht allen an der Betriebsveranstaltung teilnehmenden Personen offen steht.

Soweit es sich nicht um eine übliche Betriebsveranstaltung handelt oder wenn im Rahmen von Betriebsveranstaltungen einzelnen Arbeitnehmern Sonderleistungen zugewendet werden, führt dies zu steuerbaren und steuerpflichtigen Leistungen. Der Unternehmer muss für diese Aufwendungen neben Lohnsteuer auch Umsatzsteuer berechnen und abführen. Die Bemessungsgrundlage bestimmt sich dabei nicht nach den Sachbezugswerten, sondern nach den Kosten, die dem Unternehmer bei dieser Betriebsveranstaltung oder bei einzelnen Mitarbeitern bei einer Betriebsveranstaltung entstanden sind (vgl. dazu → *unentgeltliche Lieferungen* und → *unentgeltliche sonstige Leistungen*).

Fortsetzung Beispiel:

Bei den 20 Arbeitnehmern wurden Bruttoaufwendungen in Höhe von 120 EUR festgestellt. Da der Unternehmer den Vorsteuerabzug nach § 15 Abs. 1 UStG hat, stellen die Nettoaufwendungen von 103,45 EUR (soweit alle Aufwendungen dem Regelsteuersatz unterlagen) pro Arbeitnehmer die Bemessungsgrundlage dar, so dass für die 20 Arbeitnehmer jeweils eine Umsatzsteuer in Höhe von 16,55 EUR entsteht.

Bewirtungskosten

Bewirtungskosten auf einen Blick

1. Rechtsquellen

   § 15 UStG und § 4 Abs. 5 Nr. 2 EStG

   R 21 EStR 2003

2. Bedeutung

   Bewirtungskosten aus geschäftlichem Anlass sind grundsätzlich für das Unternehmen bezogene Leistungen. Der Umfang des Vorsteuerabzugs aus diesen Leistungen richtet sich nach der ertragsteuerlichen Beurteilung der Bewirtungskosten.

3. Weitere Stichworte

   → *Kleinbetragsrechnung*, → *Rechnung*, → *Vorsteuerabzug*

Soweit ein Unternehmer eine Bewirtungsleistung für sein Unternehmen bezieht, ist er grundsätzlich nach § 15 Abs. 1 Satz 1 Nr. 1 UStG zum Vorsteuerabzug für die ihm in Rechnung gestellte Umsatzsteuer berechtigt. Allerdings ergibt sich eine Beschränkung des Vorsteuerabzuges auf 70 % der in Rechnung gestellten Umsatzsteuer, wenn es sich um ertragsteuerlich nur zu 70 % als Betriebsausgaben abzugsfähige Bewirtungsaufwendungen nach § 4 Abs. 5 Nr. 2 EStG handelt. Mit Wirkung vom 1.1.2004 sind die abzugsfähigen Bewirtungsaufwendungen auf 70% begrenzt worden (bis 31.12.2003: 80%).

Bewirtungsaufwendungen im Sinne des Ertragsteuerrechtes sind Aufwendungen für den Verzehr von Speisen, Getränken und anderen Genussmitteln, wenn die Darreichung der Speisen und Getränke eindeutig im Vordergrund steht, so zählt z.B. die Darreichung von belegten Brötchen und Getränken während einer Sitzung nicht zu den Bewirtungskosten.

Die Bewirtungsaufwendungen sind dabei in einen geschäftlichen und einen nicht geschäftlichen Anlass zu unterteilen. Ein geschäftlicher Anlass liegt demnach vor, wenn Personen bewirtet werden, zu denen schon eine Geschäftsbeziehung besteht oder eine Geschäftsbeziehung angebahnt werden soll. Darunter fallen nicht nur Geschäftspartner, an die Leistungen erbracht werden sollen (Abnehmer), sondern auch Geschäftspartner, von denen Leistungen empfangen werden. Bei einem solchen geschäftlichen Anlass sind die Bewirtungsaufwendungen ertragsteuerlich nur zu 70 % abzugsfähig, die Vorsteuer ist deshalb nach § 15 Abs. 1a Nr. 1 UStG ebenfalls auf 70 % der gesamten Umsatzsteuer beschränkt.

Bewirtungskosten

ACHTUNG!

Aufwendungen für die Bewirtung von Personen in der Wohnung des Unternehmers gehören regelmäßig nicht zu den Betriebsausgaben, ein Vorsteuerabzug ist für diese Aufwendungen nicht möglich.

Voraussetzungen für den Vorsteuerabzug in Höhe von 70 % sind jedoch:

- Die Bewirtungskosten sind nicht privat veranlasst,
- die Bewirtungsaufwendungen sind nicht unangemessen hoch (hier kommt es jeweils auf den Einzelfall an; u. a. abhängig von Branche und Größe des Unternehmens),
- die Bewirtungsaufwendungen sind ordnungsgemäß nachgewiesen (insbesondere muss eine detaillierte Angabe der Speisen und Getränke erfolgen, der pauschale Hinweis auf „Speisen und Getränke“ reicht nicht aus. Außerdem muss die Rechnung maschinell erstellt und registriert sein.). Der Unternehmer hat die bewirteten Personen, den Anlass der Bewirtung, Namen und Anschrift der Gaststätte sowie den Tag der Bewirtung aufgezeichnet,
- die Bewirtungsaufwendungen werden gesondert in der Buchhaltung des Unternehmens aufgezeichnet und
- es liegt eine dem § 14 UStG entsprechende → *Rechnung* vor. → *Kleinbetragsrechnungen* bis 100 EUR werden selbstverständlich als ordnungsgemäße Rechnungen anerkannt.

WICHTIG!

Die notwendigen Aufzeichnungen können in der Regel nicht unter Berufung auf Berufsgeheimnisse (z. B. Pressegeheimnis bei Journalisten) verweigert werden.

ACHTUNG!

Die nach § 15 Abs. 1a Nr. 1 UStG nicht abzugsfähige Vorsteuer gehört ertragsteuerlich zu den nicht abzugsfähigen Betriebsausgaben.

Nicht geschäftlich, sondern ausschließlich betrieblich veranlasste Bewirtungskosten unterliegen nicht der Vorsteuerbegrenzung auf 70 %. Eine solche rein betriebliche Bewirtung erkennt die Finanzverwaltung ausschließlich bei der Bewirtung von Arbeitnehmern des bewirtenden Unternehmens an.

Bei einer Bewirtung in einer betriebseigenen Kantine wird aus Vereinfachungsgründen zugelassen, dass die Aufwendungen nur aus den Sachkosten der verabreichten Speisen und Getränke sowie den Personalkosten ermittelt werden. Dabei kann nach R 21 Abs. 6 EStR 2003 im Wirtschaftsjahr einheitlich ein Betrag von 15 EUR je Bewirtung angesetzt werden, wenn dieser Ansatz nicht zu einer offenbar unzutreffenden Besteuerung führt.

ACHTUNG!

Bezüglich des Ausschlusses des Vorsteuerabzugs bei den ertragsteuerlich nicht abzugsfähigen 20 % (seit 1.1.2004: 30 %) der Bewirtungskosten hat das Finanzgericht München (Urteil v. 13.11.2003, 14 K 3488/02) ernsthafte Zweifel an der Vereinbarkeit mit dem Gemeinschaftsrecht geäußert. Das FG München hat wegen der Bedeutung des Falles Revision beim BFM zugelassen. Der Unternehmer sollte deshalb Bescheide zur Umsatzsteuer offen halten und Ruhen des Verfahrens beantragen.

Dauerfristverlängerung

Dauerfristverlängerung auf einen Blick

1. Rechtsquellen

   § 18 Abs. 6 UStG

   § 46 bis § 48 UStDV

   Abschn. 228 UStR 2000

2. Bedeutung

   Grundsätzlich hat der Unternehmer seine Umsatzsteuer-Voranmeldung innerhalb von zehn Tagen nach Ablauf des jeweiligen Voranmeldungszeitraumes abzugeben und innerhalb dieser Frist die fällige Umsatzsteuer zu bezahlen. Auf Antrag kann diese Frist jedoch um einen Monat verlängert werden. Bei Unternehmern, die monatliche Voranmeldungen abzugeben haben, ist eine Sondervorauszahlung zu leisten.

3. Weitere Stichworte

   → *Umsatzsteuer-Voranmeldung*

4. Besonderheiten

   Die Sondervorauszahlung ist in der Dezember-Voranmeldung in Zeile 66 abzusetzen.

Der Unternehmer hat seine laufenden → *Umsatzsteuer-Voranmeldungen* innerhalb einer Frist von zehn Tagen nach Ablauf des Voranmeldungszeitraumes bei seinem Finanzamt einzureichen und innerhalb dieser Frist den selbst berechneten Zahlbetrag an sein Finanzamt abzuführen, § 18 Abs. 1 UStG. Diese Frist ist in der Praxis oftmals kaum einzuhalten, insbesondere dann nicht, wenn die Buchhaltung nicht im Unternehmen, sondern extern gefertigt wird.

Der Unternehmer kann deshalb bei seinem Finanzamt einen Antrag stellen, durch den diese Frist um einen Monat verlängert wird, § 18 Abs. 6 UStG in Verbindung mit § 46

UStDV. Das Finanzamt kann den Antrag nur dann ablehnen oder einen einmal genehmigten Antrag für die Zukunft widerrufen, wenn der Steueranspruch gefährdet erscheint. Der Steueranspruch ist in der Regel dann gefährdet, wenn der Unternehmer wiederholt seinen steuerlichen Pflichten nicht oder nur verspätet nachkommt.

ACHTUNG!

Die wiederholte verspätete Abgabe der Voranmeldungen kann zum Widerruf einer erteilten Dauerfristverlängerung führen.

Der Antrag auf Dauerfristverlängerung ist nach amtlich vorgeschriebenem Vordruck, (u. a. bei den Finanzämtern und im Internet erhältlich) zu stellen. Eine wiederholte Antragstellung ist nicht erforderlich. Ist dem Unternehmer die Dauerfristverlängerung gewährt worden, später aber wegen Unterschreiten der Wertgrenzen für die Abgabeverpflichtung keine Umsatzsteuer-Voranmeldung mehr abzugeben, muss bei erneuter Verpflichtung zur Abgabe von Voranmeldungen ein erneuter Antrag gestellt werden.

WICHTIG!

Für die Gewährung der Dauerfristverlängerung ist ein schriftlicher Bescheid nicht notwendig. Der Unternehmer kann die beantragte Fristverlängerung somit in Anspruch nehmen, solange das Finanzamt dem Antrag nicht widerspricht.

Bei Unternehmern, die monatliche Umsatzsteuer-Voranmeldungen abzugeben haben, ist die Dauerfristverlängerung mit einer sog. Sondervorauszahlung verbunden, die 1/11 der Summe der Vorauszahlungen für das vorangegangene Kalenderjahr beträgt. Bei Unternehmern, die nur in einem Teil des vorangegangenen Jahres ihre unternehmerische Tätigkeit ausgeübt haben, ist dieser Vorjahresumsatz in eine Jahressumme umzurechnen, angefangene Monate sind hierbei als volle Monate zu behandeln. Bei Neugründungen im laufenden Kalenderjahr ist die Sondervorauszahlung aufgrund der erwarteten Vorauszahlungen zu berechnen.

WICHTIG!

Seit 2002 sind Unternehmer, die eine Tätigkeit neu aufnehmen, im Jahr der Unternehmensgründung und im Folgejahr verpflichtet, monatliche Voranmeldungen abzugeben. Damit ergibt sich für diese Unternehmer auch eine Verpflichtung zur Zahlung einer Sondervorauszahlung, wenn eine Dauerfristverlängerung beantragt wird.

Die Sondervorauszahlung ist vom Unternehmer selbst zu berechnen und bis zum 10. Februar des jeweiligen Jahres bei seinem zuständigen Finanzamt anzumelden und abzuführen.

WICHTIG!

Wenn der Unternehmer nur zur Abgabe vierteljährlicher Voranmeldungen verpflichtet ist, ist eine Sondervorauszahlung nicht zu leisten.

Die Sondervorauszahlung wird in der Regel in der Umsatzsteuer-Voranmeldung für den Dezember des jeweiligen Jahres auf die Zahllast angerechnet. Wenn der Unternehmer im laufenden Jahr den Antrag auf Dauerfristverlängerung zurückzieht, kann er die Sondervorauszahlung auch in einer anderen Voranmeldung anrechnen. Ab diesem Zeitpunkt sind die Voranmeldungen dann bis zum 10. des Folgemonats abzugeben.

Beispiel:

Der Unternehmer U hat im April 2003 sein Unternehmen gegründet. Die Summe seiner Vorauszahlungen in 2003 betrug 9.000 EUR. Umgerechnet in einen Jahresbetrag entspricht dies einer Summe von 12.000 EUR. Die Sondervorauszahlung beträgt somit 1.090 EUR. Im Juni 2004 beschließt U, ab Juli 2004 seine Voranmeldungen jeweils bis zum 10. des Folgemonats abzugeben. In der Voranmeldung für Juni 2004 kann er die Sondervorauszahlung von 1.090 EUR von seiner errechneten Zahllast abziehen. Die Voranmeldung für Juli 2004 ist dann bis zum 10. August 2004 bei seinem Finanzamt abzugeben.

Wenn die unternehmerische Tätigkeit im laufenden Kalenderjahr eingestellt wird, kann der Unternehmer die geleistete Sondervorauszahlung in der Voranmeldung des Monats anrechnen, in der er seine unternehmerische Betätigung beendet hat.

Wenn die berechnete Sondervorauszahlung offensichtlich zu unzutreffenden Ergebnissen führt, kann das Finanzamt auf Antrag die Sondervorauszahlung auch niedriger festsetzen. Solche Gründe liegen insbesondere vor, wenn:

- die Vorauszahlungen des Vorjahres durch außergewöhnliche Umsätze beeinflusst worden sind, mit deren Wiederholung nicht zu rechnen ist, z. B. umfangreicher Verkauf von Anlagevermögen, oder
- infolge einer Rechtsänderung die Berechnung zu einem offensichtlich unzutreffenden Ergebnis führen würde.

Dienstwagen

Dienstwagen auf einen Blick

1. Rechtsquellen

   § 3 Abs. 9 und Abs. 9a, § 10 UStG

   Abschn. 12 UStR 2000

2. Bedeutung

   Soweit ein Unternehmer seinem Personal ein Fahrzeug des Unternehmensvermögens auch für private Fahrten überlässt, wird eine entgeltliche Leistung im Rahmen des Unternehmens ausgeführt, die zu einer Umsatzsteuerbelastung des Arbeitgebers führt.

3. Weitere Stichworte

   → *Privatnutzung von Fahrzeugen*

Dienstwagen

1. Allgemeines

Die Nutzung eines dem Unternehmensvermögen zugeordneten Fahrzeuges kann aus umsatzsteuerlicher Sicht grundsätzlich wie folgt erfolgen:

- Nutzung des Fahrzeugs für unternehmerisch veranlasste Fahrten,
- Nutzung des Fahrzeugs für private Fahrten des Unternehmers (→ *Privatnutzung von Fahrzeugen*) oder
- Nutzung des Fahrzeugs für private Fahrten des Personals.

Soweit das Fahrzeug für unternehmerische Zwecke verwendet wird, ergibt sich für den Unternehmer kein der Besteuerung unterliegender Ausgangsumsatz. Wenn das Fahrzeug auch für private Zwecke des Unternehmers genutzt wird, vgl. → *Privatnutzung von Fahrzeugen*.

Von einem Dienstwagen (oder Firmenwagen) wird gesprochen, wenn ein Unternehmensfahrzeug dem Personal auch für private Fahrten überlassen wird. Diese Überlassung an das Personal führt bei dem überlassenden Unternehmer zu einem Ausgangsumsatz, der der Umsatzsteuer zu unterwerfen ist.

ACHTUNG!

Voraussetzung ist immer, dass das Fahrzeug zulässigerweise dem Unternehmensvermögen zugeordnet werden konnte. Dazu muss das Fahrzeug zu mindestens zehn Prozent für unternehmerische Zwecke verwendet werden, § 15 Abs. 1 Satz 2 UStG. Die entgeltliche Überlassung des Fahrzeugs an das Personal gehört dabei zu der unternehmerischen Verwendung des Fahrzeugs.

2. Entgeltliche oder unentgeltliche Überlassung

Die Überlassung eines Fahrzeugs für private Zwecke des Personals wird sich im Regelfall als entgeltlicher Umsatz im Rahmen eines → *tauschähnlichen Umsatzes* ergeben, da der Nutzungsüberlassung des Fahrzeugs eine Leistung des Arbeitnehmers (Arbeitsleistung) gegenübersteht.

Von einer unentgeltlichen Überlassung kann nur ausgegangen werden, wenn die vereinbarte private Nutzung des Fahrzeugs derart gering ist, dass sie für die Gehaltsbemessung keine wirtschaftliche Rolle spielt und nach den objektiven Gegebenheiten eine weitergehende private Nutzungsmöglichkeit ausscheidet. Dies wird dann gegeben sein, wenn dem Arbeitnehmer das Fahrzeug nur gelegentlich zu einem besonderen Zweck oder aus einem besonderen Anlass für private Zwecke überlassen wird. Die Finanzverwaltung sieht eine solche geringfügige Überlassung bei einer Überlassung an nicht mehr als fünf Kalendertagen im Kalendermonat als gegeben an.

TIPP!

Da die Finanzverwaltung in den Fällen, in denen Arbeitnehmer Unternehmensfahrzeuge nicht für private Zwecke verwenden dürfen, in aller Regel erhöhte Nachweispflichten von dem Unternehmer fordert, sollten grundsätzlich schriftliche Vereinbarungen getroffen wer-

den. In Dienstanweisungen sollte schriftlich festgehalten werden, dass die Fahrzeuge abends auf dem Firmengelände abzustellen sind sowie die Schlüssel an bestimmten Orten des Unternehmens zu deponieren sind.

3. Steuerbarkeit und Steuerpflicht der Nutzungsüberlassung an das Personal

Bei einer entgeltlichen Überlassung des Fahrzeugs an das Personal handelt es sich um eine steuerbare Leistung des Unternehmers, wenn er sein Unternehmen oder seine Betriebsstätte im Inland hat, da sich der Leistungsort nach § 3a Abs. 1 UStG bestimmt. Unerheblich ist dabei, ob der Arbeitnehmer das Fahrzeug tatsächlich im Inland oder z. B. bei einer Urlaubsreise im Ausland nutzt.

Bei einer unentgeltlichen Überlassung des Fahrzeugs (wie oben dargestellt die Ausnahme) handelt es sich um eine Leistung, die als entgeltliche Leistung angesehen wird, § 3 Abs. 9a Nr. 1 UStG. Der Ort der Leistung ist ebenfalls im Inland, wenn der Unternehmer sein Unternehmen im Inland betreibt, § 3f UStG.

Da keine Steuerbefreiung vorliegt, führt sowohl die entgeltliche wie auch die unentgeltliche Überlassung zu einem steuerpflichtigen Umsatz.

4. Bemessungsgrundlage

4.1 Bei entgeltlicher Überlassung

Bei einer entgeltlichen Überlassung bestimmt sich die Bemessungsgrundlage nach § 10 Abs. 1 UStG, wenn der Arbeitnehmer tatsächlich eine Zahlung für die Fahrzeugüberlassung leistet. In der Praxis erfolgt eine solche Zahlung jedoch nicht, so dass hier die Bemessungsgrundlage für einen → *tauschähnlichen Umsatz* nach § 10 Abs. 1 UStG in Verbindung mit § 10 Abs. 2 Satz 2 UStG zu bestimmen ist. Damit ist grundsätzlich der Wert der Arbeitsleistung des Arbeitnehmers als Gegenleistung der Besteuerung zu unterwerfen. Da dieser Wert in der Praxis kaum ermittelbar ist, lässt die Finanzverwaltung folgende Möglichkeiten für die Ermittlung der Bemessungsgrundlage zu:

- Schätzung auf der Basis der Gesamtkosten für die Überlassung: Die Gesamtkosten (nach Abzug der abzugsfähigen Vorsteuerbeträge) aus der Überlassung des Fahrzeugs können als Bemessungsgrundlage der Besteuerung unterworfen werden. Dabei sind auch die nicht zum Vorsteuerabzug berechtigenden Kosten (z. B. Versicherung) mit in die Berechnung einzubeziehen. Auf diese Kosten ist die Umsatzsteuer heraufzurechnen. Diese Berechnungsmethode wird in der Praxis auf Schwierigkeiten stoßen, da zum einen die Gesamtkosten für dieses spezielle Fahrzeug ermittelt werden müssen, was bei mehreren Unternehmensfahrzeugen getrennte Buchungen in den einzelnen Aufwandspositionen bedeuten würde, zum anderen der private Anteil (private Fahrten, Fahrten zwischen Wohnung und

Arbeitsstätte sowie Heimfahrten bei doppelter Haushaltsführung) der Nutzung des Arbeitnehmers geschätzt werden muss.

- Ermittlung auf Grund der Fahrtenbuchmethode: Soweit der Arbeitnehmer ein ordnungsgemäßes Fahrtenbuch führt, aus denen sich die privaten Fahrten ergeben, kann ebenfalls anhand der durch Belege nachgewiesenen Gesamtkosten die Bemessungsgrundlage ermittelt werden. Dabei sind ebenfalls auch die nicht zum Vorsteuerabzug berechtigenden Kosten mit einzubeziehen. Fahrten zwischen Wohnung und Arbeitsstätte sowie Familienheimfahrten bei doppelter Haushaltsführung sind als private Fahrten des Arbeitnehmers zu behandeln.
- Anwendung der 1%-Regel: Die für die Praxis häufigste und auch praktikabelste Lösung wird die Ermittlung der Bemessungsgrundlage nach der 1%-Regel sein. Dabei sind folgende Ansätze zu berücksichtigen:

Fahrt	Ansatz pro	Wert
Private Fahrten allgemein	Monat	1% des inländischen Bruttolistenneupreises
Fahrten zwischen Wohnung und Arbeitsstätte	Monat	0,03% des inländischen Bruttolistenneupreises pro Entfernungskilometer
Heimfahrten bei doppelter Haushaltsführung	Fahrt	0,002% des inländischen Bruttolistenneupreises pro Entfernungskilometer

Beispiel 1:

Der Unternehmer U überlässt dem Arbeitnehmer ein Unternehmensfahrzeug auch für private Fahrten. Der Bruttolistenneupreis des Fahrzeugs beträgt 25.000 EUR. Der Arbeitnehmer fährt zwischen Wohnung und Arbeitsstätte 24 Kilometer. Im März 2004 fährt der Arbeitnehmer einmal zu dem 300 Kilometer entfernten Wohnsitz seiner Familie. Die Bemessungsgrundlage und die Umsatzsteuer für März 2004 berechnet sich wie folgt:

allgemeine Privatnutzung	
1 % von 25.000 EUR	**250 EUR**
Arbeitsstättenfahrten	
0,03 % von 25.000 EUR für 24 km	**180 EUR**
Heimfahrten bei doppelter Haushaltsführung	
0,002 % von 25.000 EUR für 300 km	**150 EUR**
Gesamtbetrag (brutto)	**580 EUR**
darin enthaltene Umsatzsteuer (16 %)	**80 EUR**
Bemessungsgrundlage	**500 EUR**

In den Fällen, in denen der Arbeitnehmer Zuzahlungen an den Arbeitgeber zu dem Erwerb des Fahrzeugs leistet, hat dies auf die Ermittlung der Bemessungsgrundlage keinen Einfluss. Die Zahlung des Arbeitnehmers an den Arbeitgeber stellt bei dem Arbeitgeber keine steuerpflichtige Einnahme, sondern einen nicht steuerbaren Zuschuss dar.

Beispiel 2:

Der Großhändler G gewährt dem fest angestellten Vertreter V die Privatnutzung eines Firmenfahrzeuges bis zu einem Bruttolistenneupreis in Höhe von 20.000 EUR. Auf Wunsch des Arbeitnehmers erwirbt G ein Fahrzeug für 25.000 EUR. V leistet an den G einen Zuschuss zu den Anschaffungskosten in Höhe von 5.000 EUR. Der G hat aus dem Erwerb des Fahrzeugs einen Vorsteuerabzug in voller Höhe aus den Anschaffungskosten. Der Zuschuss des V ist nicht steuerbar. Die Privatnutzung des Fahrzeugs ist ausgehend von einem Bruttolistenneupreis von 25.000 EUR zu ermitteln.

WICHTIG!

Zusätzliche Sonderausstattungen (z. B. Einbau einer Standheizung), die der Arbeitnehmer auf eigenen Namen erwirbt, gehen nicht in das Unternehmensvermögen des Arbeitgebers ein, er hat somit keinen Vorsteuerabzug aus dieser Anschaffung. Der Wert dieser Teile bleibt bei der Besteuerung der Privatnutzung außer Betracht.

Auch Zuzahlungen zu den Unterhaltskosten mindern nicht die Bemessungsgrundlage für die private Nutzung des Fahrzeugs. Sie führen auch nicht zu einem steuerbaren Entgelt bei dem Unternehmer.

ACHTUNG!

Soweit ein gesondertes Entgelt für die Überlassung des Fahrzeugs zwischen dem Arbeitgeber und dem Arbeitnehmer vereinbart worden ist, müssen als Bemessungsgrundlage mindestens die durch die Privatnutzung verursachten vorsteuerabzugsberechtigenden Kosten angesetzt werden.

4.2 Bei unentgeltlicher Überlassung

Wenn dem Arbeitnehmer nur gelegentlich ein Fahrzeug für private Fahrten unentgeltlich überlassen wird, ermittelt sich die Bemessungsgrundlage grundsätzlich nach der Vorschrift des § 10 Abs. 4 Nr. 2 UStG. Dabei sind allerdings die Kosten aus der Bemessungsgrundlage auszuscheiden, für die sich keine Vorsteuerabzugsberechtigung ergibt (z. B. Kfz-Steuer und Versicherung). Auf diese so ermittelten Kosten (Nettobasis) ist die Umsatzsteuer mit dem Regelsteuersatz von 16 % aufzuschlagen.

Es kann auch eine Ermittlung der Bemessungsgrundlage anhand der lohnsteuerlichen Werte erfolgen; in diesen Fällen ist der lohnsteuerliche Wert als Bruttobetrag anzusetzen, aus dem die Umsatzsteuer mit dem Regelsteuersatz herauszurechnen ist.

5. Besteuerungszeitpunkt

Die Umsatzsteuer für die Überlassung von Fahrzeugen an das Personal ist in den jeweiligen Voranmeldungszeiträumen anzumelden und an das Finanzamt abzuführen. Auch in den Fällen, in denen die Bemessungsgrundlage anhand der tatsächlichen

Kosten ermittelt wird, muss in den einzelnen Voranmeldungszeiträumen eine Besteuerung – notfalls durch sachgerechte Schätzung der Bemessungsgrundlage – erfolgen.

6. Vorsteuerabzug des Unternehmers

Der Unternehmer kann für Fahrzeuge, die er seinem Personal zur Nutzung überlässt, den Vorsteuerabzug vornehmen, soweit er das Fahrzeug in eigenem Namen erworben hat. In der entgeltlichen Überlassung des Fahrzeuges an das Personal ist bis zum 31.12.2003 kein Ausschlussgrund für den Vorsteuerabzug nach § 15 Abs. 1b UStG zu sehen, der Unternehmer kann somit – soweit kein Ausschlussgrund nach § 15 Abs. 2 UStG einschlägig ist (z. B. unternehmerische Nutzung zu steuerfreien, den Vorsteuerabzug ausschließenden Umsätzen als Arzt oder Versicherungsvertreter o. Ä.) – den Vorsteuerabzug zu 100 % vornehmen.

Für Sonderausstattungen, die der Arbeitnehmer auf eigenen Namen erworben hat, ergibt sich für den Unternehmer kein Vorsteuerabzug, da er diese Leistungen nicht für sein Unternehmen empfangen hat.

Differenzbesteuerung

Differenzbesteuerung auf einen Blick

1. **Rechtsquellen**

   § 25a und § 14a Abs. 6 UStG

   Abschn. 276a UStR 2000

2. **Bedeutung**

   Für Gegenstände, die der Unternehmer ohne Vorsteuerabzugsberechtigung erworben hat, entsteht nur eine Umsatzsteuer aus der Differenz zwischen Einkaufs- und Verkaufspreis (Margenbesteuerung). Ab 2004 ist in der Rechnung auf die Anwendung der Differenzbesteuerung hinzuweisen.

3. **Weitere Stichworte**

   → *unberechtigter Steuerausweis*

1. Allgemeines

Die Differenzbesteuerung umfasst alle Gebrauchtwaren, bei denen beim Ankauf durch den Händler Umsatzsteuer nicht entstanden ist (z. B. Erwerb von einem Nichtunternehmer oder steuerfreier Erwerb von einem anderen Unternehmer), Umsatzsteuer nach

§ 19 UStG nicht erhoben wird (Erwerb von einem Kleinunternehmer) oder wenn der Gegenstand im Rahmen der Differenzbesteuerung erworben wurde (differenzbesteuerter Unternehmer verkauft den Gegenstand an einen differenzbesteuerten Unternehmer). Nicht von dieser Regelung erfasst werden jedoch Edelsteine und Edelmetalle. Voraussetzung für die Anwendung der Differenzbesteuerung ist, dass der Gegenstand im Gemeinschaftsgebiet an den Unternehmer geliefert worden ist.

WICHTIG!

Grundsätzlich scheidet damit eine Anwendung der Differenzbesteuerung für die Gegenstände aus, die der Unternehmer im Drittlandsgebiet erworben und dann in das Gemeinschaftsgebiet eingeführt hat. Er hat hier jedoch ein gesondertes Optionsrecht; vgl. unten 2.

Die Differenzbesteuerung ist jedoch nur anzuwenden, wenn der Unternehmer gewerbsmäßig (als sog. „Wiederverkäufer") mit solchen Gegenständen handelt und die Gegenstände für sein Unternehmen erworben hat. Darüber hinaus unterliegt die Lieferung nur dann der Differenzbesteuerung, wenn der gelieferte Gegenstand dem erworbenen Gegenstand entspricht. Wird zum Beispiel aus mehreren Gegenständen ein neuer Gegenstand zusammengesetzt, unterliegt dieser neue Gegenstand nicht der Differenzbesteuerung. Reparaturen an dem Gegenstand sind jedoch für die Anwendung der Differenzbesteuerung unschädlich.

Der Begriff des Wiederverkäufers ist ein Kunstbegriff des Umsatzsteuerrechts. Er besagt, dass es sich bei dem Unternehmer um einen Händler handeln muss, der gewerbsmäßig mit diesen Gegenständen handelt. Es muss sich dabei aber nicht um den Hauptzweck des Unternehmens handeln, sondern kann sich auch auf Teilbereiche des Unternehmens beschränken oder auf gelegentliche Umsätze mit aufgekauften Gegenständen.

Beispiel 1:

Der Elektrohändler E nimmt von einem Privatkunden einen gebrauchten Fernseher für 100 EUR bei einer Lieferung eines neuen Fernsehers in Zahlung. Die Lieferung der Privatperson an den E ist nicht steuerbar, so dass eine Umsatzsteuer für diese Lieferung nicht geschuldet wird. E verkauft kurze Zeit später den Fernseher für 129 EUR weiter. E kann die Differenzbesteuerung nach § 25a UStG anwenden und aus der Differenz von 29 EUR die Umsatzsteuer mit 16 % = 4 EUR herausrechnen.

ACHTUNG!

Gegenstände, die ein Unternehmer für eigene unternehmerische Zwecke langfristig verwendet (z.B. Maschinen, Geräte oder Unternehmensfahrzeuge), können nicht im Rahmen der Differenzbesteuerung verkauft werden.

2. Optionsmöglichkeit für Kunstgegenstände, Sammlungsstücke und Antiquitäten

Der Unternehmer kann bis zur Abgabe der ersten Umsatzsteuervoranmeldung eines Kalenderjahres erklären, dass er die Differenzbesteuerung auch auf Kunstgegenstände,

Sammlungsstücke und Antiquitäten, die er selbst eingeführt hat, oder für Kunstgegenstände, wenn die Lieferung an ihn steuerpflichtig war und nicht von einem Wiederverkäufer ausgeführt wurde (z. B. bei Erwerb eines Kunstgegenstandes von einem lebenden Künstler), anwenden will.

Beispiel 2:

Der Antiquitätenhändler erwirbt häufig in der Schweiz antike Möbel, die er nach Deutschland einführt. Der Antiquitätenhändler kann mit Abgabe der ersten USt-VA für 2004 die Differenzbesteuerung auch auf diese Antiquitäten erweitern. Die von ihm bei der Einfuhr zu entrichtende EUSt ist dann nicht als Vorsteuer abzugsfähig. Bei dem Verkauf der eingeführten Möbel ergibt sich die Bemessungsgrundlage aus der Differenz von erhaltenem Verkaufspreis abzüglich des Zollwertes inklusive der entrichteten EUSt. Aus dieser Marge ist die darin enthaltene Umsatzsteuer von 16 % herauszurechnen.

3. Bemessungsgrundlage und Steuersatz

Die Besteuerung erfolgt nach der Differenz zwischen Einkaufs- und Verkaufspreis oder dem Wert der unentgeltlichen Lieferung. Grundsätzlich ist der Wert jedes einzelnen Gegenstandes nach dieser Vorschrift zu ermitteln. Aus der Differenz zwischen dem Einkaufspreis und dem Verkaufspreis (Marge) hat der Unternehmer die Umsatzsteuer mit dem Regelsteuersatz (zzt. 16 %) herauszurechnen.

WICHTIG!

Grundsätzlich ist bei der Differenzbesteuerung der Regelsteuersatz anzuwenden, auch wenn es sich um gelieferte Gegenstände handelt, die eigentlich dem ermäßigten Steuersatz von 7 % unterliegen würden (z. B. Bücher).

Bei einer Entnahme eines Gegenstandes aus dem Unternehmensvermögen ergibt sich die Bemessungsgrundlage entsprechend, allerdings ist anstelle eines Verkaufspreises der Wert anzusetzen, der sich nach § 10 Abs. 4 Nr. 1 UStG für die Entnahme ergibt, dies entspricht im Wesentlichen den Anschaffungskosten für ein vergleichbares Objekt. Bei einer verbilligten Abgabe des Gegenstandes an eine nahe stehende Person oder an das Personal ist die Mindestbemessungsgrundlage nach § 10 Abs. 5 UStG zu prüfen.

Wurde der Gegenstand vor dem Verkauf repariert oder wurden andere Aufwendungen an diesem Gegenstand getätigt, bleiben diese Kosten ebenso wie Anschaffungsnebenkosten (z. B. Transport o.Ä.) bei der Berechnung der Differenz außer Betracht.

4. Gesamtdifferenzbildung

Um insbesondere für Unternehmer, die mit einer großen Anzahl preiswerter Gegenstände handeln, die Differenzbesteuerung anwendbar zu machen, ist ein Wahlrecht bei der Ermittlung der Bemessungsgrundlage, die sog. Gesamtdifferenz, in § 25a Abs. 4 UStG in das Gesetz aufgenommen worden. Der Unternehmer kann alle Gegenstände im Rahmen einer Gesamtdifferenz bündeln, wenn der Einkaufspreis des einzelnen Gegenstandes 500 EUR nicht übersteigt. Bei Gegenständen, deren Einkaufspreis über

500 EUR liegt, ist eine solche zusammengefasste Betrachtungsweise nicht möglich. Soweit der Unternehmer diese Gesamtdifferenz in Anspruch nimmt, hat er in einem Voranmeldungszeitraum nur die Einkäufe (unabhängig davon, ob die Gegenstände schon wieder verkauft wurden) den Verkäufen dieses Voranmeldungszeitraumes gegenüberzustellen. Aus der Differenz dieser An- und Verkäufe des Voranmeldungszeitraumes ergibt sich die Gesamtmarge, aus der die Steuer mit dem Regelsteuersatz herauszurechnen ist.

WICHTIG!

Eine Option auf die Regelbesteuerung ist bei Anwendung der Gesamtdifferenz nicht möglich.

Kauft der Unternehmer mehrere Gegenstände zu einem Gesamtpreis von mehr als 500 EUR auf, hat er den Gesamtkaufpreis auf die einzelnen Gegenstände zu verteilen, um festzulegen, ob – und wenn, welche – Gegenstände der Gesamtdifferenz unterliegen.

Wenn der Unternehmer die Gesamtdifferenz in Anspruch nimmt, ist er für den gesamten Besteuerungszeitraum an diese Methode gebunden, er muss dann alle Gegenstände bis zu einem Kaufpreis von 500 EUR mit der Gesamtdifferenz erfassen.

Beispiel 3:

Der mit gebrauchten Büchern handelnde Buchhändler wendet die Gesamtdifferenz an. Im VAZ März 2004 kauft er Bücher zu einem Kaufpreis von insgesamt 3.000 EUR an. Bei den Büchern ist kein Buch, das im Einkauf mehr als 500 EUR gekostet hat. Im gleichen VAZ verkauft er Bücher, die im Einkauf nicht mehr als jeweils 500 EUR gekostet haben, für insgesamt 6.480 EUR. Die Bruttomarge im März 2004 beträgt 3.480 EUR. Aus dieser Bruttomarge ist die Umsatzsteuer mit 16 % = 480 EUR herauszurechnen. Die Bemessungsgrundlage für den Voranmeldungszeitraum März 2004 beträgt 3.000 EUR.

Soweit ein Unternehmer die Gesamtdifferenz anwendet, aber auch mit Gegenständen handelt, für die er als Einkaufspreis mehr als 500 EUR aufwenden muss, hat er für diese Gegenstände jeweils die Einzeldifferenz zu bilden, das bedeutet, dass er für diese Gegenstände den Einkaufspreis aufzeichnen und zum Zeitpunkt des Verkaufes dieses Gegenstandes die Differenz ermitteln muss.

Soweit sich bei der Bildung der Gesamtdifferenz in einem Voranmeldungszeitraum eine negative Marge errechnet (wenn die Summe der Einkäufe in dieser Periode höher ist als die Summe der Verkäufe), ergibt sich eine Bemessungsgrundlage von null EUR. In der Jahressteuererklärung kann diese negative Marge mit positiven Margen des selben Besteuerungszeitraumes ausgeglichen werden. Ein Übertrag einer negativen Marge aus einem Kalenderjahr in das nächste Kalenderjahr ist jedoch nicht möglich.

TIPP!

Insbesondere bei einer Neugründung eines Unternehmens ist zu prüfen, in welchem Umfang im ersten Jahr Einkäufe getätigt werden sollten, da eine negative Marge im Rahmen der Gesamtdifferenzbildung nicht auf andere Kalenderjahre vorgetragen werden kann. Deshalb kann es sinnvoll sein, bestimmte Einkäufe in das nächste Kalenderjahr zu verschieben.

5. Vorsteuerabzug, Steuerausweis und Rechnungsangaben

In der Regel kann keine Vorsteuer aus dem Erwerb der Gegenstände entstehen, da die Gegenstände von Nichtunternehmern im Rahmen steuerfreier Lieferungen oder im Rahmen der Differenzbesteuerung erworben wurde. Soweit der Unternehmer bei Kunstgegenständen, Sammlungsstücken oder Antiquitäten auf die Einbeziehung in die Differenzbesteuerung optiert hat (vgl. oben 2), kann EUSt oder auch Umsatzsteuer aus der Lieferung an den Unternehmer entstehen. Diese Vorsteuer ist nicht abzugsfähig. Allerdings kann er im Fall der Einzeloption (vgl. unten 6) die von ihm gezahlte EUSt oder Umsatzsteuer in dem Veranlagungszeitraum geltend machen, in dem er den Gegenstand veräußert hat, § 25a Abs. 8 UStG.

WICHTIG!

Die Vorsteuer aus anderen Aufwendungen des Unternehmers (z. B. aus der Miete, aus Beratungskosten, Telefongebühren etc.) ist für den Unternehmer nach den allgemeinen Regelungen abzugsfähig.

Nach § 14a Abs. 6 Satz 2 UStG finden die Vorschriften über den gesonderten Steuerausweis in Rechnungen nach § 14 UStG keine Anwendung. Der liefernde Unternehmer darf – außer in den Fällen der Option – für seine Lieferung keine Umsatzsteuer in Rechnung stellen.

ACHTUNG!

Soweit der liefernde Unternehmer die Umsatzsteuer aus der Differenz in der Rechnung gesondert ausweist, schuldet er diese nach § 14c Abs. 2 UStG (→ *unberechtigter Steuerausweis*).

Bei Rechnungen über Lieferungen im Rahmen der Differenzbesteuerung, die der Unternehmer ab dem 1.1.2004 ausstellt, hat er aber auf die Anwendung der Differenzbesteuerung hinzuweisen, § 14a Abs. 6 Satz 1 UStG.

6. Differenzbesteuerung im Gemeinschaftsgebiet

Verkauft der Unternehmer einen Gegenstand, den er ohne Umsatzsteuer als Wiederverkäufer erworben hatte, an einen Abnehmer in einem anderen Mitgliedstaat, ergeben sich die beiden folgenden Möglichkeiten:

- Der Abnehmer ist ein Unternehmer: Der Ort der Lieferung ist nach § 3 Abs. 6 UStG in Deutschland. Die Steuerbefreiung nach § 4 Nr. 1b und § 6a UStG ist nicht anzuwenden. Der Umsatz ist somit im Inland steuerbar und steuerpflichtig. Die Bemessungsgrundlage bestimmt sich nach § 25a UStG.

- Der Abnehmer ist ein Nichtunternehmer: Der Ort der Lieferung ist nach § 3 Abs. 6 UStG in Deutschland, § 3c UStG zur Versandhandelsregelung ist grundsätzlich nicht anwendbar. Eine Steuerbefreiung liegt nicht vor. Der Umsatz ist somit im Inland steuerbar und steuerpflichtig. Die Bemessungsgrundlage bestimmt sich nach § 25a UStG.

Hat der Unternehmer einen Gegenstand aus einem andern Mitgliedstaat erworben und hat der Verkäufer in seinem Mitgliedstaat die Differenzbesteuerung angewandt, so unterliegt der innergemeinschaftliche Erwerb bei dem deutschen Erwerber nicht der Erwerbsbesteuerung.

7. Optionsmöglichkeit nach § 25a Abs. 8 UStG

Der Unternehmer kann bei jedem einzelnen Umsatz entscheiden, ob er die Differenzbesteuerung anwenden will oder nicht. Ein Wahlrecht ist jedoch ausgeschlossen, wenn er die Besteuerung im Rahmen der Gesamtdifferenz nach § 25a Abs. 4 UStG anwendet.

Wenn der Unternehmer auf die Differenzbesteuerung verzichtet, sind die allgemeinen Grundsätze des Umsatzsteuergesetzes anzuwenden. Er muss aus dem Verkaufspreis die Umsatzsteuer mit dem Steuersatz herausrechnen, der für diese Gegenstände nach § 12 UStG anzuwenden ist. Insbesondere in zwei Fällen ist die Optionsmöglichkeit für den Unternehmer wirtschaftlich anzuraten:

- Der Käufer des Gegenstandes ist bereit, zu dem Kaufpreis auch die offen ausgewiesene Umsatzsteuer zusätzlich zu bezahlen, da er zum Vorsteuerabzug berechtigt ist.

Beispiel 4:

Ein Gebrauchtwagenhändler erwirbt von einer Privatperson ein gebrauchtes Fahrzeug für 5.000 EUR. Er verkauft dieses Fahrzeug an einen Unternehmer, der dieses Fahrzeug ausschließlich zu unternehmerischen Zwecken verwendet. Der Erwerber ist bereit, entweder 7.000 EUR ohne gesondert ausgewiesener Umsatzsteuer (bei Differenzbesteuerung) oder 8.120 EUR mit gesondert ausgewiesener Umsatzsteuer (bei Regelbesteuerung) zu bezahlen. Soweit der Gebrauchtwagenhändler die Differenzbesteuerung anwendet, muss er aus der Marge von 2.000 EUR die Umsatzsteuer in Höhe von 275,86 EUR abführen, die Nettomarge (gleich Bemessungsgrundlage) beträgt 1.724,14 EUR. Wenn er auf die Regelbesteuerung optiert, muss der Gebrauchtwagenhändler aus den erhaltenen 8.120 EUR 1.120 EUR als Umsatzsteuer an sein Finanzamt abführen, es verbleibt ihm aber eine Nettomarge in Höhe von 2.000 EUR.

- Der Gegenstand unterliegt bei der Regelbesteuerung nur dem ermäßigten Steuersatz bei hohem Verkaufsaufschlag.

Beispiel 5:

Ein Buchhändler erwirbt ein kostbares Buch zum Einkaufspreis von 4.000 EUR. Es gelingt ihm, das Buch an einen privaten Sammler für 8.000 EUR zu verkaufen. Soweit er die Differenzbesteuerung anwendet, ergibt sich eine Bruttomarge von 4.000 EUR, aus der die Umsatzsteuer mit 16 % herauszurechnen ist. Somit entsteht eine Umsatzsteuer in Höhe von 551,72 EUR bei einer Bemessungsgrundlage in Höhe von 3.448,28 EUR. Wenn der Buchhändler die Regelbesteuerung anwendet, muss er aus dem Verkaufspreis die ermäßigte Umsatzsteuer von 7 % herausrechnen, somit entsteht nur eine Umsatzsteuer in Höhe von 523,36 EUR.

Drittlandsgebiet

Drittlandsgebiet auf einen Blick

1. Rechtsquellen

   § 1 Abs. 2 UStG

   Abschn. 13 und Abschn. 13a UStR 2000

2. Bedeutung

   Drittlandsgebiet ist das Gebiet, das weder Inland noch übriges Gemeinschaftsgebiet ist. Umsätze, die im Drittlandsgebiet ausgeführt werden, sind nicht steuerbar. Leistungen im Zusammenhang mit dem Drittlandsgebiet können steuerfrei sein.

3. Weitere Stichworte

   → *Ausfuhrlieferung*, → *Ausland*, → *Freihafen*, → *Gemeinschaftsgebiet*, → *Inland*, → *Lohnveredelung*

Sämtliche Gebiete, die nicht zum → *Inland* oder zum übrigen → *Gemeinschaftsgebiet* gehören, stellen begrifflich Drittlandsgebiet dar. Damit gehören nicht nur Landgebiete zum Drittland, sondern auch Seegebiete. Zum Drittlandsgebiet gehören auch die Sondergebiete, die zwar hoheitsrechtlich zum Gebiet der Bundesrepublik Deutschland gehören, aber nach § 1 Abs. 2 UStG nicht dem Inland zuzurechnen sind (Büsingen am Hochrhein, Helgoland, Schiffe und Flugzeuge außerhalb des Zollgebietes, der Küstenstreifen zwischen der Hoheitsgrenze und der Strandlinie sowie die → *Freihäfen*).

Ein Umsatz, der im Drittland ausgeführt ist, ist im Inland nicht steuerbar.

ACHTUNG!

Soweit ein Unternehmer einen Umsatz im Drittlandsgebiet ausführt, muss er sich darüber informieren, welche steuerlichen Verpflichtungen auf ihn im Bestimmungsland zukommen.

Leistungen, die zwar im Inland ausgeführt werden, die aber anschließend in das Drittlandsgebiet gelangen, sind in der Regel als → *Ausfuhrlieferung* oder als → *Lohnveredelung* steuerfrei, § 4 Nr. 1a UStG.

Durchlaufender Posten

Durchlaufender Posten auf einen Blick

1. Rechtsquellen

   § 10 Abs. 1 UStG

   Abschn. 152 UStR 2000

2. Bedeutung

   Ein durchlaufender Posten gehört bei dem Unternehmer nicht zu dem Entgelt im Sinne des § 10 Abs. 1 UStG. Eine Umsatzsteuer entsteht bei durchlaufenden Posten deshalb nicht. Voraussetzung für einen durchlaufenden Posten ist jedoch, dass der Unternehmer nicht selbst einen Anspruch auf den Betrag hat und auch nicht selber zur Zahlung verpflichtet ist.

3. Weitere Stichworte

   → *Bemessungsgrundlage*

Nach § 10 Abs. 1 Satz 6 UStG gehören die Beträge, die ein Unternehmer im Namen und für Rechnung eines anderen vereinnahmt und verausgabt (durchlaufender Posten), nicht zum Entgelt für eine Leistung. Der Unternehmer nimmt insoweit die Funktion einer Mittelsperson ein. Er darf weder selber einen Anspruch auf die Zahlung des Betrages haben, noch darf er selber zur Zahlung des Betrages verpflichtet sein.

Zwischen dem Zahlungsverpflichteten und dem Zahlungsempfänger muss eine unmittelbare Rechtsbeziehung vorliegen, damit eine Zahlung als durchlaufender Posten angesehen werden kann. Dabei kommt es entscheidend auf die abgeschlossene und durchgeführte zivilrechtliche Vereinbarung an, wer Leistungspartner ist.

WICHTIG!

Eine unmittelbare Rechtsbeziehung zwischen dem Zahlungsverpflichteten und dem Zahlungsempfänger ist nur dann gegeben, wenn die beiden Beteiligten jeweils den Namen des anderen und die Höhe des gezahlten Betrages erfahren.

Ausnahmen von der Voraussetzung, dass der Zahlungsverpflichtete und der Zahlungsempfänger sich gegenseitig namentlich bekannt sein müssen, liegen nur in den folgenden Fällen vor:

- Bei Abgaben und Gebühren, soweit sie nicht vom Unternehmer selbst geschuldet werden.
- Bei Gebühren und Auslagen, die Rechtsanwälte, Notare und Angehörige artverwandter Berufe bei Behörden und ähnlichen Stellen für ihre Auftraggeber auslegen. Voraussetzung ist hier jedoch, dass diese Kosten nach Kosten- oder Gebührenordnungen erhoben werden, aus denen heraus der Auftraggeber als Schuldner bestimmt ist.

Eigenverbrauch

Eigenverbrauch auf einen Blick

1. **Rechtsquellen**
2. **§ 3 Abs. 1b und § 3 Abs. 9a UStG**

   Abschn. 24a bis Abschn. 24c UStR 2000

   Bedeutung

   Die Eigenverbrauchstatbestände des § 1 Abs. 1 Nr. 2 UStG wurden mit Wirkung zum 1.4.1999 durch Bestimmungen zu unentgeltlichen Lieferungen nach § 3 Abs. 1b UStG und unentgeltlichen sonstigen Leistungen nach § 3 Abs. 9a UStG ersetzt. Umgangssprachlich ist aber für viele der dort geregelten Tatbestände der Begriff des Eigenverbrauchs beibehalten worden.
3. **Weitere Stichworte**

   → ***unentgeltliche Lieferungen***, → ***unentgeltliche sonstige Leistungen***

Der Begriff des Eigenverbrauches war bis zum 31.3.1999 geprägt durch die steuerbaren Umsätze nach § 1 Abs. 1 Nr. 2a UStG (Entnahmeeigenverbrauch), § 1 Abs. 1 Nr. 2b UStG (Leistungseigenverbrauch), § 1 Abs. 1 Nr. 2c UStG (Aufwendungseigenverbrauch) sowie dem § 1 Abs. 1 Nr. 3 UStG (Gesellschafterverbrauch). Diese Regelungen sind zum 1.4.1999 gemeinschaftsrechtlich angepasst und zu entgeltlichen Lieferungen (→ *unentgeltliche Lieferungen*) oder entgeltlichen sonstigen Leistungen (→ *unentgeltliche sonstige Leistungen*) nach § 3 Abs. 1b UStG oder § 3 Abs. 9a UStG umdefiniert worden.

Die Umstellung der Eigenverbrauchstatbestände verdeutlicht die folgende Zusammenstellung:

Vorgang	Regelung bis 31.3.1999	Regelung ab 1.4.1999
Entnahme eines Gegenstandes aus dem Unternehmensvermögen für private Zwecke des Unternehmers.	§ 1 Abs. 1 Nr. 2a UStG. Eigene Besteuerungsgrundlage.	§ 3 Abs. 1b Nr. 1 UStG. Gilt als Lieferung gegen Entgelt, wenn der Gegenstand oder seine Bestandteile ganz oder teilweise zum Vorsteuerabzug berechtigt hatten.
Abgabe eines Gegenstandes ohne Entgelt an einen Arbeitnehmer des Unternehmens, Ausnahme Aufmerksamkeit.	§ 1 Abs. 1 Nr. 1 Satz 2b UStG. Steuerbarkeit wurde per Gesetz unterstellt.	§ 3 Abs. 1b Nr. 2 UStG. Gilt als Lieferung gegen Entgelt, wenn der Gegenstand oder seine Bestandteile ganz oder teilweise zum Vorsteuerabzug berechtigt hatte.
Andere unentgeltliche Zuwendungen eines Gegenstandes.	Kein steuerbarer Vorgang, wenn nicht für unternehmensfremde Zwecke oder bei Ausführung von Gesellschaften an Gesellschafter oder deren nahe stehende Personen (§ 1 Abs. 1 Nr. 3 UStG).	§ 3 Abs. 1b Nr. 3 UStG. Gilt als Lieferung gegen Entgelt, wenn der Gegenstand oder seine Bestandteile ganz oder teilweise zum Vorsteuerabzug berechtigt hatten. Ausnahmen sind Warenmuster und Geschenke von geringem Wert.
Nutzung eines Gegenstandes des Unternehmensvermögens für unternehmensfremde Zwecke.	§ 1 Abs. 1 Nr. 2b UStG. Eigene Besteuerungsgrundlage.	§ 3 Abs. 9a Nr. 1 UStG. Gilt als sonstige Leistung gegen Entgelt, wenn der Gegenstand ganz oder teilweise zum Vorsteuerabzug berechtigt hatte.

Eigenverbrauch

Vorgang	Regelung bis 31.3.1999	Regelung ab 1.4.1999
Nutzung eines Gegenstandes des Unternehmensvermögens für private Zwecke eines Arbeitnehmers, soweit keine Aufmerksamkeit vorliegt.	§ 1 Abs. 1 Nr. 1 Satz 2b UStG. Steuerbarkeit wurde per Gesetz unterstellt.	§ 3 Abs. 9a Nr. 1 UStG. Gilt als sonstige Leistung gegen Entgelt, wenn der Gegenstand ganz oder teilweise zum Vorsteuerabzug berechtigt hatte.
Erbringung einer anderen sonstigen Leistung für unternehmensfremde Zwecke.	§ 1 Abs. 1 Nr. 2b UStG. Eigene Besteuerungsgrundlage.	§ 3 Abs. 9a Nr. 2 UStG. Gilt als sonstige Leistung gegen Entgelt.
Erbringung einer anderen sonstigen Leistung für private Zwecke eines Arbeitnehmers, soweit keine Aufmerksamkeit vorliegt.	§ 1 Abs. 1 Nr. 1 Satz 2b UStG. Steuerbarkeit wurde per Gesetz unterstellt.	§ 3 Abs. 9a Nr. 2 UStG. Gilt als sonstige Leistung gegen Entgelt.
Nichtabzugsfähige Aufwendungen im Sinne des § 4 Abs. 5 Nr. 1 bis 7 oder § 4 Abs. 7 oder § 12 Nr. 1 EStG werden getätigt.	§ 1 Abs. 1 Nr. 2c UStG. Eigene Besteuerungsgrundlage.	Kein steuerbarer Umsatz. Ausschluss des Vorsteuerabzuges nach § 15 Abs. 1a Nr. 1 UStG.
Unentgeltliche Leistungen einer Gesellschaft an Teilhaber oder nahe stehende Personen für unternehmerische Zwecke.	§ 1 Abs. 1 Nr. 3 UStG. Eigene Besteuerungsgrundlage.	Kann als Lieferung gegen Entgelt im Sinne des § 3 Abs. 1b UStG oder als sonstige Leistung gegen Entgelt im Sinne des § 3 Abs. 9a UStG gelten.

Einfuhr

Einfuhr auf einen Blick

1. Rechtsquellen

   § 1 Abs. 1 Nr. 4 UStG

2. Bedeutung

   Die Einfuhr von Gegenständen aus dem Drittlandsgebiet im Inland oder in den österreichischen Gebieten Jungholz und Mittelberg führt in Deutschland zu einem steuerbaren Umsatz. Die Definition der Einfuhr ist zum 1.1.2004 geändert worden.

3. Weitere Stichworte

   → *Drittlandsgebiet*, → *Einfuhrumsatzsteuer*, → *Inland*

Wenn ein Gegenstand, der aus dem → *Drittlandsgebiet* stammt, im → *Inland* oder in den österreichischen Gebieten Jungholz und Mittelberg eingeführt wird, stellt dieses einen steuerbaren Umsatz nach § 1 Abs. 1 Nr. 4 UStG dar (→ *Einfuhrumsatzsteuer*).

ACHTUNG!

Durch das Steueränderungsgesetz 2003 ist mit Wirkung vom 1.1.2004 die Definition der Einfuhr verändert worden. Während bis 31.12.2003 unter Einfuhr der tatsächliche körperliche Übergang aus dem Drittland in das Gemeinschaftsgebiet zu verstehen war, ist jetzt die Einfuhr durch die Abfertigung zum freien Verkehr im Gemeinschaftsgebiet gekennzeichnet. Eine Einfuhr im Sinne des § 1 Abs. 1 Nr. 4 UStG kann somit auch im Inland (also nach dem reinen körperlichen Gelangen in das Gemeinschaftsgebiet) stattfinden.

Gegenstand im Sinne dieser Rechtsvorschrift stellen

- Sachen im Sinne des § 90 BGB und
- Tiere im Sinne des § 90a BGB dar.

Allerdings werden auch Dinge erfasst, die im wirtschaftlichen Verkehr als körperliche Sachen angesehen werden (z. B. elektrischer Strom, Wasser, Gas etc.).

Bei einer Einfuhr kommt es nicht darauf an, aus welchem Grunde der Gegenstand im Inland oder in den österreichischen Sondergebieten zum freien Verkehr abgefertigt wird. Es ist auf den tatsächlichen Vorgang abzustellen.

Der Gegenstand der Einfuhr muss endgültig im Inland verbleiben. Die Beurteilung richtet sich dabei grundsätzlich nach den zollrechtlichen Vorschriften. Deshalb kann eine Einfuhr dann nicht vorliegen, wenn der Gegenstand nur durch das Inland durchgeführt wird oder nur zum Zwecke einer Be- oder Verarbeitung in das Inland gebracht wird und anschließend wieder in das Drittlandsgebiet gelangt. In diesen Fällen erfolgt dann keine Abfertigung der Gegenstände zum freien Verkehr.

Der Tatbestand der Einfuhr setzt nicht die Unternehmereigenschaft des Einführenden voraus, auch eine Privatperson verwirklicht eine Einfuhr, wenn sie einen Gegenstand aus dem Drittlandsgebiet in das Inland oder die österreichischen Sondergebiete verbringt und hier zum freien Verkehr abfertigt.

Einfuhrumsatzsteuer

Einfuhrumsatzsteuer auf einen Blick

1. **Rechtsquellen**

   § 1 Abs. 1 Nr. 4, § 5, § 11, § 15 Abs. 1 Nr. 2 und § 21 UStG

   Einfuhrumsatzsteuer-Befreiungsverordnung

2. **Bedeutung**

   Bei einer Einfuhr von Gegenständen im Inland oder in den österreichischen Gebieten Jungholz und Mittelberg entsteht Einfuhrumsatzsteuer, soweit der Vorgang nicht steuerfrei ist. Soweit der Gegenstand von einem Unternehmer für sein Unternehmen eingeführt worden ist, kann unter den weiteren Voraussetzungen des § 15 UStG die EUSt als Vorsteuer abgezogen werden.

3. **Weitere Stichworte**

   → *Drittlandsgebiet*, → *Einfuhr*, → *Inland*, → *Vorsteuerabzug*

1. Steuerbarkeit der Einfuhr

Die Einfuhrumsatzsteuer (EUSt) ist eine Verbrauchsteuer im Sinne der Abgabenordnung. Grundsätzlich gelten für die EUSt die Vorschriften für die Zölle sinngemäß. Soweit ein Gegenstand nicht nur zu einer vorübergehenden Verwendung aus dem → *Drittlandsgebiet* in das → *Inland* oder in die österreichischen Gebiete Jungholz und Mittelberg eingeführt wird, liegt eine → *Einfuhr* vor, die nach § 1 Abs. 1 Nr. 4 UStG steuerbar ist, wenn der Gegenstand im Inland zum freien Verkehr abgefertigt wird.

Grundsätzlich sind für die EUSt die Sondervorschriften des § 21 UStG zu beachten.

Solange sich ein Gegenstand noch in einem Zolllager befindet, ist er im Inland noch nicht zum freien Verkehr abgefertigt, so dass noch keine EUSt entstanden ist. In dieser Zeit unterliegt der Gegenstand einer zollamtlichen Überwachung.

2. Steuerpflicht der Einfuhr

Bei der Erhebung der EUSt sind Steuerbefreiungen zu beachten, die sich z.T. aus den Vorschriften des UStG und anderer Rechtsvorschriften ergeben. So sind die folgenden Gegenstände bei der Einfuhr von der EUSt nach § 5 Abs. 1 UStG befreit:

- Wertpapiere,
- menschliche Organe, menschliches Blut und Frauenmilch,
- Gegenstände für die Seeschifffahrt (Seeschiffe, Ausrüstungsgegenstände, Versorgungsgegenstände),
- Gold, das an Zentralbanken geliefert wird,
- gesetzliche Zahlungsmittel, soweit sie nicht wegen ihres Metallgehaltes oder des Sammlerwertes umgesetzt werden, sowie gültige amtliche Wertzeichen zum aufgedruckten Wert,
- Luftfahrzeuge sowie Ersatzteile und Ausrüstungsgegenstände dafür, soweit die Luftfahrzeuge überwiegend im grenzüberschreitenden Verkehr oder im Ausland eingesetzt werden,
- Gegenstände, die vom Schuldner der EUSt unmittelbar im Anschluss an die Einfuhr zur Ausführung einer steuerfreien innergemeinschaftlichen Lieferung verwendet werden (Hinweis: Hier kann der ausländische Unternehmer sich in Deutschland durch einen → *Fiskalvertreter* vertreten lassen),
- Gegenstände im Sinne der Anlage 1 zum UStG, wenn die Gegenstände nach der Einfuhr zu steuerfreien Umsätzen in einem Steuerlager verwendet werden sollen,
- Gegenstände im Sinne der Anlage 1 zum UStG, wenn die Einfuhr im Zusammenhang mit Lieferung steht, die zu einer Auslagerung aus einem Steuerlager führt und der Lieferer oder sein Beauftragter Schuldner der EUSt ist.

Darüber hinaus sind nach der Einfuhrumsatzsteuer-Befreiungsverordnung bei der Einfuhr alle Gegenstände, die nach Gemeinschaftsrecht zollfrei eingeführt werden können, steuerfrei. Darüber hinaus werden in der Befreiungsverordnung diverse Einzeltatbestände zusammengefasst, die ebenfalls zu steuerfreien Einfuhren führen (von reinrassigen Pferden – unter bestimmten Voraussetzungen – bis zu den Fängen deutscher Fischer).

3. Bemessungsgrundlage für die EUSt

Die Bemessungsgrundlage für die EUSt bestimmt sich nach § 11 UStG grundsätzlich mit dem Zollwert (§ 11 Abs. 1 UStG) oder bei einem im Ausland veredelten Gegenstand mit dem Wert der Veredelung (§ 11 Abs. 2 UStG). Zu diesen Werten sind nach § 11 Abs. 3 UStG noch Hinzurechnungen vorzunehmen, soweit sie nicht schon in den vorigen Werten enthalten sind:

- die im Ausland für den eingeführten Gegenstand geschuldeten Beträge an Einfuhrabgaben, Steuern und sonstigen Abgaben,
- entstehende Einfuhrabgaben und Verbrauchsteuern (ohne EUSt),
- die auf den Gegenstand entfallenden Kosten der Vermittlung der Lieferung und der Beförderung bis zum ersten Bestimmungsort im Gemeinschaftsgebiet bzw. bis zu einem weiteren Bestimmungsort im Gemeinschaftsgebiet, wenn dieser Ort schon bei der Einfuhr feststeht.

Nicht zur Bemessungsgrundlage für die EUSt gehören Preisermäßigungen und Vergütungen, die sich auf den eingeführten Gegenstand beziehen und die im Zeitpunkt der Einfuhr bereits feststehen.

4. Vorsteuerabzug der EUSt

Soweit bei einem Unternehmer EUSt angefallen ist, kann er unter den Voraussetzungen des § 15 Abs. 1 Satz 1 Nr. 2 UStG diese EUSt als Vorsteuer abziehen:

- Es muss sich um eine tatsächlich entrichtete EUSt handeln, allerdings braucht er die EUSt nicht selbst entrichtet zu haben, dies kann auch durch einen Beauftragten erfolgen und
- der Gegenstand muss für sein Unternehmen in das Inland eingeführt worden sein. Dies bedeutet, dass der Gegenstand zum Zeitpunkt der Abfertigung zum freien Verkehr dem Unternehmer schon zuzurechnen sein muss (in der Regel bedeutet dies, dass der Unternehmer zu diesem Zeitpunkt die Verfügungsmacht an dem Gegenstand erhalten haben muss) und
- der Gegenstand muss dem Unternehmensvermögen des Unternehmers zugerechnet werden können (der Gegenstand muss zu mindestens 10 % für unternehmerische Zwecke verwendet werden).

ACHTUNG!

In jedem Fall braucht der Unternehmer einen zollamtlichen Beleg für den Vorsteueranspruch.

WICHTIG!

Für die Abzugsberechtigung der EUSt als Vorsteuer sind selbstverständlich auch die Einschränkungen des § 15 Abs. 1a ff. UStG zu beachten.

Die EUSt ist nach § 16 Abs. 2 UStG grundsätzlich in dem Besteuerungszeitraum abzusetzen, in dem die EUSt tatsächlich entrichtet worden ist. Allerdings ist es als Ausnahme zulässig, dass die EUSt schon im vorigen Besteuerungszeitraum als Vorsteuer angesetzt wird, wenn sie im vorigen Besteuerungszeitraum entstanden und bis zum 16. Tag nach Ablauf des Besteuerungszeitraumes gezahlt wird.

Beispiel 1:

Der Unternehmer U hat einen Gegenstand für sein Unternehmen aus dem Drittlandsgebiet im Inland eingeführt. Der Gegenstand ist am 22. Januar 2004 in Deutschland eingeführt worden. Die EUSt wird von dem U am 7. Februar 2004 gezahlt. U kann die EUSt schon in der USt-VA für Januar 2004 geltend machen.

5. Steuerbefreiung für bestimmte Lieferungen, die einer Einfuhr vorangehen

Unter bestimmten Voraussetzungen sind Lieferungen, die einer Einfuhr vorangehen, ab dem 1.1.2004 nach § 4 Nr. 4b UStG steuerfrei. Mit dieser Befreiung wurden die bis zum 31.12.2003 geltenden Vorschriften der § 41 bis § 42 und § 50 UStDV über die Zurechnung von Einfuhren und über die Nichterhebung von Umsatzsteuer ersetzt.

Beispiel 2:

Der ausländische Aussteller A verbringt im Januar 2004 für eine Messe einen Gegenstand aus dem Drittland in das Inland. Der Gegenstand wird noch nicht zum freien Verkehr in Deutschland abgefertigt. Entgegen der ursprünglichen Planung wird der Gegenstand auf der Messe an den Erwerber E veräußert. Der Gegenstand wird nach der Lieferung für den Erwerber E in Deutschland eingeführt. Die zu diesem Zeitpunkt entstehende EUSt kann von E nach § 15 Abs. 1 Satz 1 Nr. 2 UStG als Vorsteuer abgezogen werden, wenn er die EUSt entrichtet hat. Die im Inland ausgeführte steuerbare Lieferung des A ist aber steuerfrei nach § 4 Nr. 4b UStG. Mit dieser Steuerbefreiung wird eine steuerliche Erfassung des ausländischen Unternehmers in Deutschland vermieden.

Electronic Commerce (e-commerce)

Electronic Commerce auf einen Blick

1. Rechtsquellen

   § 3 und § 3a UStG

2. Bedeutung

   Der elektronische Handel hat in den letzten Jahren deutlich an Bedeutung gewonnen und wird mit der Verbreitung des Internets auch in der Zukunft ein starker Wachstumsmarkt sein. Wird eine Leistung direkt über das Internet erbracht, stellt sich in der Praxis häufig die Frage des Ortes der Leistung. Zum 1.7.2003 sind darüber hinaus neue gesetzliche Regelungen über die Bestimmung des Ortes von Leistungen auf elektronischem Weg aufgenommen worden.

3. Weitere Stichworte

   → *Drittland*, → *Gemeinschaftsgebiet*, → *Lieferung*, → *sonstige Leistung*, → *Steuerschuldnerverfahren*

1. Allgemeines

Mit Verbreitung des Internets in den letzten Jahren haben auch die Umsätze zugenommen, die direkt oder indirekt über das Internet abgewickelt werden. Da der Datenaustausch keine Grenzen kennt, stellt sich bei solchen Leistungen insbesondere die Frage der zutreffenden umsatzsteuerlichen Behandlung. Um zu einer zutreffenden steuerlichen Beurteilung zu kommen, müssen die Geschäfte, die über elektronische Medien angebahnt und abgewickelt werden, in verschiedene Kategorien eingeteilt werden:

- Offline-Geschäfte: Unter Offline-Geschäften werden Umsätze verstanden, die zwar über das Internet angebahnt werden, dann aber auf konventionellem Weg erfüllt werden. In diesen Fällen gelten die allgemeinen Grundsätze für → *Lieferungen* oder für → *sonstige Leistungen*. Für die umsatzsteuerliche Behandlung ist es unbeachtlich, ob eine Bestellung persönlich, telefonisch, per Telefax oder über das Internet erteilt wird. Entscheidend ist allein, wo eine Lieferung oder sonstige Leistung ausgeführt wird und wo der Gegenstand der Lieferung hingelangt.

Beispiel 1:

Der Abnehmer A bestellt bei dem Internetanbieter I Bücher, die Bestellung der Bücher und die Bezahlung mittels Kreditkarte wird über das Internet abgewickelt. Die Auslieferung der Bücher erfolgt durch ein Logistikunternehmen. Da die Lieferung auf konventionellem Weg erfolgt, ergeben sich keine Besonderheiten gegenüber dem „Verkauf über den Ladentisch".

- Online-Geschäfte: Unter Online-Geschäften werden Umsätze verstanden, die nicht nur über das Internet angebahnt werden, sondern auch über das Internet abgewickelt werden. Dabei handelt es sich zum einen um die elektronische Versendung digitaler Güter (Musik, Fotografien, Filme und Videos, Buchinhalte sowie Computersoftware), die entweder direkt als Dateien über das Netz versandt werden oder zum Download zur Verfügung gestellt werden. Andererseits können auch Dienstleistungen über das Internet abgewickelt werden (entgeltliche Börsen-, Verkehrs- oder Wetterdaten, Lotterieannahmen etc.).

2. Abwicklung der Online-Geschäfte

Bei den Online-Geschäften kann es sich umsatzsteuerlich nur um → *sonstige Leistungen* handeln, da eine körperliche Übergabe einer Ware nicht stattfindet. Der Ort der Leistung bestimmt sich somit nach § 3a UStG. Systematisch werden die Online-Geschäfte seit dem 1.7.2003 separat in § 3a Abs. 4 Nr. 14 UStG (auf elektronischem Weg erbrachte sonstige Leistungen) erfasst. Damit bestimmt sich der Ort der sonstigen Leistung grundsätzlich nach den Vorschriften des § 3a Abs. 3 UStG. Aus diesem Grund muss unterschieden werden, ob der Umsatz an einen anderen Unternehmer erbracht wird (Business to Business, B2B) oder ob die Leistung an einen Nichtunternehmer erbracht wird (Business to Consumer, B2C). Für Anbieter, die ihren Sitz oder ihre Betriebsstätte im Drittlandsgebiet haben, sind bei Leistungen an Nichtunternehmer darüber hinaus in bestimmten Fällen besondere Vorschriften zu beachten, § 3a Abs. 3a UStG.

Auf elektronischem Weg erbrachte Dienstleistungen im Sinne des § 3a Abs. 4 Nr. 14 UStG sind insbesondere:

- Bereitstellung von Web-Sites, Webhosting, Fernwartung von Programmen und Ausrüstungen,
- Bereitstellung von Software und deren Aktualisierung,
- Bereitstellung von Bildern, Texten und Informationen sowie Bereitstellung von Datenbanken,
- Bereitstellung von Musik, Filmen und Spielen, einschließlich Glücksspielen und Lotterien, sowie von Sendungen und Veranstaltungen aus dem Bereich Politik, Kultur, Kunst, Sport, Wissenschaft und Unterhaltung,
- Erbringung von Fernunterrichtsleistungen.

WICHTIG!

Wird die Leistung von einem im Ausland ansässigen Unternehmer erbracht und ist der Leistungsempfänger ein Unternehmer (auch wenn er die Leistung nicht für sein Unternehmen bezieht!) oder eine juristische Person, die nicht Unternehmer ist, wird der Leistungsempfänger zum Steuerschuldner für die in Deutschland entstehende Umsatzsteuer, vgl. → *Steuerschuldnerverfahren*.

2.1 Leistung an einen Unternehmer (B2B)

Wenn die Leistung an einen anderen Unternehmer erbracht wird, ist der Ort der sonstigen Leistung grundsätzlich dort, wo der Leistungsempfänger sein Unternehmen betreibt. Es ist dabei unerheblich, ob es sich dabei um einen Unternehmer aus einem anderen Mitgliedstaat oder aus dem Drittlandsgebiet handelt.

Damit können sich bei solchen Umsätzen die folgenden Rechtsfolgen ergeben:

	Leistungsempfänger ist Unternehmer im		
Anbieter kommt aus dem	**Inland**	**übrigen Gemeinschaftsgebiet**	**Drittland**
Inland	Die Leistung ist im Inland steuerbar und steuerpflichtig, der Anbieter ist der Schuldner der Umsatzsteuer.	Die Leistung ist dort steuerbar und steuerpflichtig, wo der Leistungsempfänger sein Unternehmen betreibt. In Deutschland ist die Leistung nicht steuerbar. Der Leistungsempfänger wird in der Regel Schuldner der Umsatzsteuer.	Die Leistung ist dort steuerbar und steuerpflichtig, wo der Leistungsempfänger sein Unternehmen betreibt. In Deutschland ist die Leistung nicht steuerbar. Eventuell muss der deutsche Anbieter im Drittland eine Besteuerung des Umsatzes durchführen.
übrigen Gemeinschaftsgebiet	Die Leistung ist im Inland steuerbar und steuerpflichtig. Der Leistungsempfänger wird nach § 13b UStG der Schuldner der Umsatzsteuer.	Die Leistung ist dort steuerbar und steuerpflichtig, wo der Leistungsempfänger sein Unternehmen betreibt. In Deutschland ist die Leistung nicht steuerbar. Der Leistungsempfänger wird in der Regel Schuldner der Umsatzsteuer.	In Deutschland ist die Leistung nicht steuerbar. Soweit keine nationalen Besonderheiten im Land des Leistungsempfängers bestehen, ist die Leistung dort der Besteuerung zu unterwerfen.

	Leistungsempfänger ist Unternehmer im		
Anbieter kommt aus dem	**Inland**	**übrigen Gemeinschaftsgebiet**	**Drittland**
Drittland	Die Leistung ist im Inland steuerbar und steuerpflichtig. Der Leistungsempfänger wird nach § 13b UStG der Schuldner der Umsatzsteuer.	Die Leistung ist dort steuerbar und steuerpflichtig, wo der Leistungsempfänger sein Unternehmen betreibt. In Deutschland ist die Leistung nicht steuerbar. Der Leistungsempfänger wird in der Regel Schuldner der Umsatzsteuer.	In Deutschland ist die Leistung nicht steuerbar. Soweit keine nationalen Besonderheiten im Land des Leistungsempfängers bestehen, ist die Leistung dort der Besteuerung zu unterwerfen.

Die oben dargestellten Grundsätze gelten entsprechend, wenn die Leistung an eine Betriebsstätte des Leistungsempfängers erbracht wird. In diesem Fall ist der Ort der Betriebsstätte für die Bestimmung des Ortes der Leistung maßgebend.

ACHTUNG!

Das Betreiben eines Servers in einem Land stellt nach herrschender Auffassung noch keine Betriebsstätte des Unternehmers dar.

2.2 Leistung an einen Nichtunternehmer (B2C)

Wenn ein Online-Geschäft an einen Nichtunternehmer (Privatperson oder juristische Person, die nicht Unternehmer ist) erbracht wird, können sich grundsätzlich verschiedene Rechtsfolgen für den Ort der Leistung ergeben:

- Der Leistungsempfänger hat seinen Sitz oder seinen Wohnsitz im → *Drittlandsgebiet*: Der Ort der Leistung ist dort, wo der Leistungsempfänger seinen Sitz oder seinen Wohnsitz hat. Der Sitz oder die Betriebsstätte des Anbieters ist unerheblich.
- Der Leistungsempfänger hat seinen Sitz oder seinen Wohnsitz im → *Gemeinschaftsgebiet*. Der Ort der Leistung ist dort, wo der leistende Unternehmer sein Unternehmen oder die leistungserbringende Betriebsstätte betreibt, wenn sein Unternehmen oder seine Betriebsstätte ebenfalls im Gemeinschaftsgebiet ist.
- Der Leistungsempfänger hat seinen Sitz oder seinen Wohnsitz im → *Gemeinschaftsgebiet*. Der Ort der Leistung ist am Wohnsitz oder Sitz des Leistungsempfängers, wenn der leistende Unternehmer im Drittlandsgebiet ansässig ist oder dort seine Betriebsstätte hat, § 3 Abs. 3a UStG.

Damit können sich bei solchen Umsätzen die folgenden Rechtsfolgen ergeben:

	Leistungsempfänger ist Nichtunternehmer im		
Anbieter kommt aus dem	**Inland**	**übrigen Gemeinschaftsgebiet**	**Drittland**
Inland	Die Leistung ist im Inland steuerbar und steuerpflichtig, der Anbieter ist der Schuldner der Umsatzsteuer.	Die Leistung ist im Inland steuerbar und steuerpflichtig, der Anbieter ist der Schuldner der Umsatzsteuer.	Die Leistung ist dort steuerbar und steuerpflichtig, wo der Leistungsempfänger seinen Wohnsitz oder Sitz hat. In Deutschland ist die Leistung nicht steuerbar. Eventuell muss der deutsche Anbieter im Drittland eine Besteuerung des Umsatzes durchführen.
übrigen Gemeinschaftsgebiet	Die Leistung ist im Inland nicht steuerbar. Die Leistung unterliegt jedoch in dem Mitgliedstaat, aus dem der leistende Unternehmer kommt, der Besteuerung.	Die Leistung ist dort steuerbar und steuerpflichtig, wo der leistende Unternehmer sein Unternehmen betreibt.	In Deutschland ist die Leistung nicht steuerbar. Soweit keine nationalen Besonderheiten im Land des Leistungsempfängers bestehen, ist die Leistung dort der Besteuerung zu unterwerfen.

	Leistungsempfänger ist Nichtunternehmer im		
Anbieter kommt aus dem	Inland	übrigen Gemeinschaftsgebiet	Drittland
Drittland	Die Leistung ist in Deutschland steuerbar und steuerpflichtig. Ist der Leistungsempfänger Unternehmer oder eine juristische Person, wird der Leistungsempfänger nach § 13b UStG Steuerschuldner.	In Deutschland ist die Leistung nicht steuerbar. Die Leistung ist jedoch in dem anderen Mitgliedstaat steuerbar und steuerpflichtig. Es sind die nationalen Bestimmungen über die Steuerschuldnerschaft zu beachten.	In Deutschland ist die Leistung nicht steuerbar. Soweit keine nationalen Besonderheiten bestehen, unterliegt die Leistung der Besteuerung in dem Land, aus dem der leistende Unternehmer kommt.

Bezieht ein Unternehmer in seiner Privatsphäre eine solche sonstige Leistung von einem ausländischen Unternehmer, wird der Leistungsempfänger zum Steuerschuldner nach § 13b Abs. 2 UStG.

Beispiel 2:

Im Januar 2004 lädt sich ein im Inland ansässiger Unternehmer von einem im Drittland ansässigen Internet-Dienstleister Bilder für private Zwecke auf seinen Computer. Die Bezahlung erfolgt durch Abbuchung von dem Kreditkartenkonto des Leistungsempfängers.

Der im Drittlandsgebiet ansässige Anbieter erbringt eine im Inland steuerbare Leistung, der Ort bestimmt sich nach § 3a Abs. 4 Nr. 14 UStG i.V.m. § 3a Abs. 3a UStG. Für die im Inland auch steuerpflichtige Leistung wird der Leistungsempfänger zum Steuerschuldner nach § 13 Abs. 2 UStG, auch wenn er die Leistung für seinen nichtunternehmerischen Bereich empfängt. Er hat auf den Zahlbetrag Umsatzsteuer zu berechnen und in seiner Voranmeldung abzuführen. Ein Vorsteuerabzug steht ihm nicht zu, da er die Leistung nicht für sein Unternehmen bezieht.

2.3 Nachweis der Voraussetzungen

Soweit der leistende Unternehmer nach den oben dargestellten Grundsätzen im Inland steuerbare und steuerpflichtige Umsätze verwirklicht, sind an die umsatzsteuerlichen Nachweise keine besonderen Anforderungen zu stellen. Soweit aber der Ort der Leistung nicht im Inland sein sollte, muss der leistende Unternehmer durch geeignete Aufzeichnungen die entsprechenden Nachweise erbringen. Dabei sind insbesondere die folgenden zwei Fälle zu beachten, bei denen sich der Ort der sonstigen Leistung an dem Ort bestimmt, wo der Leistungsempfänger seinen Sitz oder Wohnsitz hat:

- Der Leistungsempfänger ist Unternehmer und betreibt sein Unternehmen nicht im Inland und
- der Leistungsempfänger ist Nichtunternehmer und hat seinen Sitz oder Wohnsitz im Drittlandsgebiet.

Leider gibt es derzeit keine einheitlichen Regelungen, nach denen im Internethandel die notwendigen Tatbestandsvoraussetzungen nachgewiesen werden können. Auch durch die Umsetzung der e-commerce-Richtlinie der Gemeinschaft zum 1.7.2003 haben sich hier keine strukturellen Verbesserungen ergeben. Es ist ein Charakteristikum der Online-Geschäfte, dass ein Datenaustausch nur auf elektronischem Wege erfolgt. Dabei kann es der leistende Unternehmer nicht überprüfen, ob der Leistungspartner seinen Computer im Nachbargebäude oder an einem beliebigen anderen Ort der Welt betreibt.

Soweit es sich um einen Unternehmer als Leistungsempfänger in einem anderen Mitgliedstaat handeln sollte, wird ein Nachweis über die Angaben der USt-IDNr. des Leistungsempfängers zu führen sein. In den Fällen, in denen der Leistungsempfänger ein Unternehmer im Drittlandsgebiet oder der Abnehmer ein Nichtunternehmer im Drittlandsgebiet ist, kann eigentlich nur auf die Angaben des Leistungsempfängers vertraut werden. Der leistende Unternehmer sollte sich aber grundsätzlich darauf einstellen, dass in diesen Fällen in Ermangelung eines eindeutigen Nachweises des Ortes der Leistung im Ausland eine Besteuerungsverpflichtung im Inland bestehen kann.

TIPP!

Soweit ein Anbieter im größeren Umfang Leistungen im Online-Geschäft über die Grenze erbringt, sollte in Abstimmung mit dem zuständigen Finanzamt geklärt werden, welche Unterlagen zum Nachweis der Nichtsteuerbarkeit im Einzelfall beigebracht werden müssen.

3. Steuersatz

Für die im Online-Geschäft getätigten Umsätze gelten grundsätzlich die allgemeinen Vorschriften über den → *Steuersatz*. Somit wird überwiegend der Regelsteuersatz nach § 12 Abs. 1 UStG zur Anwendung kommen. Insbesondere in den Fällen, in denen Software über das Internet übertragen wird, liegt ein dem Regelsteuersatz unterliegender Umsatz vor, da keine Ermäßigung nach § 12 Abs. 2 UStG einschlägig ist.

Soweit mit einem Online-Geschäft aber eine Einräumung eines sich aus dem Urheberrechtsgesetz ableitenden Rechtes ergibt (z. B. bei der Überlassung von Pressefotos via Internet), kann auch der ermäßigte Steuersatz zur Anwendung kommen.

4. Rechnungserteilung

Soweit eine im Inland ausgeführte steuerpflichtige Leistung vorliegt, sind für die Rechnungserstellung die folgenden Besonderheiten zu beachten:

Anbieter ist im Inland ansässig.	Gesonderter Ausweis der Umsatzsteuer in der Rechnung.
Anbieter ist im Ausland ansässig und Leistungsempfänger ist inländischer Unternehmer.	In der Rechnung darf Umsatzsteuer nicht gesondert ausgewiesen werden, da der Leistungsempfänger zum Steuerschuldner nach § 13b UStG wird, auf den Übergang der Steuerschuldnerschaft ist hinzuweisen.
Anbieter ist im Drittland ansässig und der Leistungsempfänger ist eine inländische juristische Person des öffentlichen Rechts oder Unternehmer, der die Leistung in seiner Privatspähre bezieht.	In der Rechnung darf Umsatzsteuer nicht gesondert ausgewiesen werden, da der Leistungsempfänger zum Steuerschuldner nach § 13b UStG wird, auf den Übergang der Steuerschuldnerschaft ist hinzuweisen.

5. Erfassung ausländischer Unternehmer

Erbringen ausländische Unternehmer im Inland eine steuerbare und steuerpflichtige Leistung, so steht immer auch die Erhebung der Umsatzsteuer im Vordergrund. Da nach Umsetzung der e-commerce-Richtlinie der EU zum 1.7.2003 auch Drittlandsanbieter steuerbare und steuerpflichtige Leistungen gegenüber Nichtunternehmern im Gemeinschaftsgebiet erbringen, ist für diese Anbieter eine besondere Form der Steuererhebung geregelt worden.

In verschiedenen Vorschriften (insbesondere § 18 Abs. 4c und Abs. 4d UStG) wurde die sog. Einlandregistrierung eines im Drittlandsgebiet ansässigen Unternehmer geregelt. Nach dieser Vorschrift kann sich ein Drittlandsunternehmer (wahlweise) in einem Mitgliedstaat der Europäischen Union registrieren lassen, wenn er nur Umsätze nach § 3a Abs. 3a UStG erbringt. Soweit der Unternehmer sich in Deutschland registrieren lässt, muss er im Rahmen einer vierteljährlichen elektronischen Steuererklärung beim Bundesamt für Finanzen alle Umsätze an Privatpersonen im gesamten Gemeinschaftsgebiet im Rahmen von elektronischen Dienstleistungen im Gemeinschaftsgebiet – getrennt nach einzelnen Umsätzen und getrennt nach den unterschiedlichen Steuersätzen der einzelnen Länder – anmelden und besteuern. Die Steuerbeträge werden dann von den einzelnen Mitgliedstaaten untereinander verteilt.

Entgelt

Entgelt auf einen Blick

1. Rechtsquellen

   § 1 Abs. 1 Nr. 1 und § 10 UStG

   Abschn. 1 UStR 2000

2. Bedeutung

   Um einen steuerbaren Umsatz zu bewirken, muss der Unternehmer eine Lieferung oder eine sonstige Leistung gegen Entgelt erbringen. Entgelt ist dabei alles, was der Leistungsempfänger aufwendet, um die Leistung zu erhalten. Nicht zum Entgelt gehört jedoch die für diese Leistung geschuldete Umsatzsteuer. Zum Entgelt gehört auch das, was ein Dritter für die Leistung eines Unternehmers aufwendet.

3. Weitere Stichworte

   → *Bemessungsgrundlage*, → *durchlaufender Posten*, → *Gesellschafterbeitrag*, → *Schadensersatz*

Eine steuerbare Leistung im Sinne des § 1 Abs. 1 Nr. 1 UStG liegt dann vor, wenn der Unternehmer eine Lieferung oder sonstige Leistung im Rahmen seines Unternehmens im Inland gegen Entgelt erbringt. Dem Begriff des Entgelts kommt somit für die Prüfung der Steuerbarkeit eine wichtige Bedeutung zu.

Eine Leistung gegen Entgelt liegt dann vor, wenn der Unternehmer erkennbar um einer Gegenleistung willen tätig wird. Dabei muss das Entgelt nicht in einer Bezahlung in Geld bestehen, das Entgelt kann auch bei einem → *Tausch* oder → *tauschähnlichen Umsatz* in der Gegenleistung des Leistungsempfängers bestehen. Allerdings müssen die Leistung und die Gegenleistung in einem wechselseitigen Zusammenhang stehen, so dass eine steuerbare Leistung nur dann gegeben ist, wenn die Leistung auf eine Gegenleistung gerichtet ist und damit die gewollte, erwartete oder erwartbare Gegenleistung auslöst.

Eine Gegenleistung liegt auch dann vor, wenn sie nicht in das Unternehmen des leistenden Unternehmers eingeht.

Beispiel:

Der Rechtsanwalt R berät einen Malermeister in einer Personalangelegenheit. Als Gegenleistung für die Beratungsleistung wird vereinbart, dass der Malermeister die Privaträume des R renoviert. Die Beratungsleistung des Rechtsanwaltes stellt eine sonstige Leistung gegen Entgelt dar, da ein Leistungsaustausch vorliegt.

Nicht zum Entgelt und damit nicht zu einem steuerbaren Umsatz führen die Zahlung eines → *Schadensersatzes*, die Leistungen im Rahmen eines echten → *Gesellschafterbeitrages* sowie → *durchlaufende Posten*.

Für den Leistungsaustausch ist es grundsätzlich unerheblich, ob die Gegenleistung angemessen ist. Auf die Gleichwertigkeit der Gegenleistung kommt es insoweit nicht an. Die Höhe des Entgeltes ist dann allerdings für die Bemessung der Umsatzsteuer von Bedeutung, vgl. zur Höhe des Entgelts → *Bemessungsgrundlage*.

Fahrausweise

Fahrausweise auf einen Blick

1. **Rechtsquellen**

   § 14 Abs. 6 und § 14a Abs. 6 UStG

   § 34 und § 35 UStDV

   Abschn. 186 und Abschn. 195 UStR 2000

2. **Bedeutung**

   Bei Fahrausweisen kann auf bestimmte Angaben in dem Fahrausweis verzichtet werden, der Fahrausweis wird trotzdem als Rechnung im Sinne des UStG anerkannt, die den Vorsteuerabzug beim Leistungsempfänger ermöglicht.

3. **Weitere Stichworte**

   → *Nebenleistungen*, → *Rechnung*, → *Vorsteuerabzug*

Fahrausweise gelten ebenfalls als → *Rechnungen* im Sinne des § 14 UStG, wenn die Voraussetzungen des § 34 Abs. 1 UStDV erfüllt sind. In dem Fahrausweis müssen der vollständige Name und die vollständige Anschrift des leistenden Unternehmers angegeben sein, sowie das Entgelt und der Steuerbetrag in einer Summe. Der Steuersatz braucht in dem Fahrausweis nur angegeben zu werden, wenn die Beförderungsleistung nicht dem ermäßigten Steuersatz unterliegt. Diese Regelungen treffen insbesondere auf Fahrausweise im öffentlichen Personennahverkehr, im Eisenbahnverkehr und im nationalen Flugverkehr zu.

WICHTIG!

Rechnungen über die Beförderung mit einem Taxi oder die Miete eines Fahrzeuges gelten nicht als Fahrausweise und unterliegen somit nicht diesen Regelungen.

Zu den Fahrausweisen gehören auch die üblicherweise ausgegebenen Zusatzscheine wie Zuschlagkarten für zuschlagspflichtige Züge (z. B. IC-Zuschlag), Platzkarten, Bettkarten und Liegekarten. Diese Zusatzscheine teilen als → *Nebenleistung* das Schicksal der Hauptleistung, es ergibt sich in diesem Fall für den Leistungsempfänger der gleiche Vorsteuerabzug, wie er ihn aus dem Fahrausweis als solchem vornehmen konnte.

Bei Fahrausweisen über die Beförderung im grenzüberschreitenden Personenverkehr ist es erforderlich, dass der leistende Unternehmer in dem Fahrausweis den auf das Inland entfallenden Streckenanteil und den darauf entfallenden Steuersatz mit angibt. Dies dürfte in der Praxis in der Regel nur bei der grenzüberschreitenden Beförderung im Eisenbahnverkehr eine Rolle spielen, da bei grenzüberschreitender Beförderung im Luftverkehr in aller Regel nach § 26 Abs. 3 UStG eine Umsatzsteuer nicht erhoben wird.

ACHTUNG!

Der leistende Unternehmer muss ab dem 1.1.2004 bei Fahrausweisen über eine grenzüberschreitende Beförderung im Luftverkehr, bei der eine Umsatzsteuer nach § 26 Abs. 3 UStG nicht erhoben wird, auf diese Sondervorschrift hinweisen; § 14a Abs. 6 Satz 2 UStG und § 34 Abs. 1 Nr. 5 UStDV.

Fahrzeuglieferung

Fahrzeuglieferung auf einen Blick

1. Rechtsquellen

   § 1a, § 1b und § 2a UStG

   Abschn. 15c UStR 2000

2. Bedeutung

   Die Lieferung und der Erwerb eines neuen Fahrzeuges unterliegen in der europäischen Gemeinschaft besonderen Vorschriften. Auch Privatpersonen müssen in diesen Fällen umsatzsteuerliche Pflichten übernehmen.

3. Weitere Stichworte

   → *Gemeinschaftsgebiet*, → *innergemeinschaftlicher Erwerb*, → *innergemeinschaftliche Lieferung*, → *Vorsteuerabzug*

1. Allgemeines

Der Kauf eines neuen Fahrzeuges führt innerhalb des → *Gemeinschaftsgebietes* immer zu einem → *innergemeinschaftlichen Erwerb*, entweder nach § 1a UStG, wenn der

Abnehmer ein Unternehmer oder eine juristische Person ist, oder nach § 1b UStG, wenn der Abnehmer eine Privatperson ist. Aber auch der Verkauf eines solchen neuen Fahrzeugs an einen Abnehmer aus einem anderen Migliedstaat führt für eine Privatperson im Inland zu bestimmten Rechten und Pflichten.

WICHTIG!

Auch Kleinunternehmer und Unternehmer, die nur steuerfreie Umsätze ausführen, gelten in vollem Umfang als Unternehmer.

2. Definition des neuen Fahrzeuges

Ein neues Fahrzeug liegt nach § 1b Abs. 2 und Abs. 3 UStG in folgenden Fällen vor:

- Bei motorbetriebenen Landfahrzeugen (Hubraum mehr als 48 Kubikzentimeter oder Leistung mehr als 7,2 Kilowatt), wenn das Fahrzeug entweder nicht mehr als 6.000 Kilometer zurückgelegt hat oder bei Erwerb die erste Inbetriebnahme nicht mehr als sechs Monate zurückliegt.
- Bei Wasserfahrzeugen (Länge mehr als 7,5 Meter), wenn das Wasserfahrzeug auf dem Wasser nicht mehr als 100 Betriebsstunden genutzt wurde oder bei Erwerb die erste Inbetriebnahme nicht mehr als drei Monate zurückliegt.
- Bei Luftfahrzeugen (Starthöchstmasse mehr als 1.550 Kilogramm), wenn das Luftfahrzeug nicht mehr als 40 Betriebsstunden genutzt wurde oder bei Erwerb die erste Inbetriebnahme nicht mehr als drei Monate zurückliegt.

ACHTUNG!

Es reicht aus, wenn bei einem Fahrzeug jeweils ein Kriterium erfüllt ist; so ist ein Landfahrzeug auch „neu", wenn es schon 20.000 Kilometer zurückgelegt hat, aber die erste Inbetriebnahme erst vier Monate zurückliegt.

3. Rechtsfolgen beim Lieferer

Die Rechtsfolgen für den Lieferer ergeben sich in Abhängigkeit davon, ob er als Unternehmer auftritt oder ob er als Privatperson handelt.

	Lieferer handelt als Unternehmer	**Lieferer handelt als Privatperson**
Unternehmereigenschaft	§ 2 Abs. 1 UStG.	Lieferer wird für diese Lieferung als Unternehmer behandelt, § 2a UStG.
Ort der Lieferung	§ 3 Abs. 6 UStG, wo die Beförderung des Fahrzeugs beginnt.	§ 3 Abs. 6 UStG, wo die Beförderung des Fahrzeugs beginnt.
Steuerbarkeit	Steuerbar nach § 1 Abs.1 Nr.1 UStG.	Steuerbar nach § 1 Abs.1 Nr.1 UStG.

Fahrzeuglieferung

	Lieferer handelt als Unternehmer	Lieferer handelt als Privatperson
Steuerpflicht	Steuerfrei als innergemeinschaftliche Lieferung, § 6a Abs. 1 UStG.	Steuerfrei als innergemeinschaftliche Lieferung, § 6a Abs. 1 UStG.
Bemessungsgrundlage	Verkaufserlös, § 10 Abs. 1 UStG.	Verkaufserlös, § 10 Abs. 1 UStG.
Belegerfordernis	Der Verkäufer muss eine Rechnung ausstellen, § 14a Abs. 3 UStG. Kein Ausweis einer Umsatzsteuer aber Angabe der relevanten Merkmale des neuen Fahrzeugs, § 14a Abs. 4 UStG.	Der Verkäufer muss eine Rechnung ausstellen, § 14a Abs. 3 UStG. Kein Ausweis einer Umsatzsteuer aber Angabe der relevanten Merkmale des neuen Fahrzeugs, § 14a Abs. 4 UStG.
Erklärungspflichten	Erfassung des Umsatzes in der USt-VA und in der Zusammenfassenden Meldung, wenn der Empfänger eine USt-IDNr. hat. Bei Lieferungen an Privatpersonen ohne USt-IDNr. Aufzeichnung aller relevanten Daten, § 17c Abs. 4 UStDV.	Anmeldung der Lieferung im Rahmen einer USt-VA und einer Jahreserklärung, § 18 Abs. 4a UStG, keine Zusammenfassende Meldung.
Aufbewahrungspflichten	Rechnung muss 10 Jahre aufbewahrt werden, § 14b Abs. 1 Satz 1 UStG.	Rechnung muss 10 Jahre aufbewahrt werden, § 14b Abs. 1 Satz 4 UStG.
Vorsteueranspruch	Regulärer Vorsteuerabzug nach § 15 Abs. 1 UStG.	Beschränkung des Vorsteuerabzuges nach § 15 Abs. 4a UStG.

Beispiel 1:

Die Privatperson P aus Köln hat im Januar 2004 ein fabrikneues Fahrzeug für 30.000 EUR zuzüglich 4.800 EUR Umsatzsteuer erworben und privat genutzt. Im Juni 2004 wird das Fahrzeug für 27.000 EUR an eine Privatperson in Brüssel verkauft. P wird für diese Lieferung als Unternehmer angesehen, § 2a UStG. Die Lieferung in Deutschland ist steuerbar, aber steuerfrei. P hat einen Vorsteueranspruch aus dem Kauf des Fahrzeuges in Höhe von 4.320 EUR (16 % auf 27.000 EUR) nach § 15 Abs. 4a UStG. Die steuerfreie Lieferung und den Vorsteueranspruch muss er in einer USt-VA anmelden.

4. Rechtsfolgen beim Käufer

	Käufer handelt als Unternehmer oder jur. Person	Käufer handelt als Privatperson
Steuertatbestand	Innergemeinschaftlicher Erwerb nach § 1a Abs. 1 UStG.	Innergemeinschaftlicher Erwerb nach § 1b Abs. 1 UStG.
Ort des Erwerbs	Wo sich das Fahrzeug am Ende der Beförderung befindet, § 3d Satz 1 UStG.	Wo sich das Fahrzeug am Ende der Beförderung befindet, § 3d Satz 1 UStG.
Steuerbarkeit	§ 1 Abs. 1 Nr. 5 UStG steuerbar.	§ 1 Abs. 1 Nr. 5 UStG steuerbar.
Steuerpflicht	Keine Steuerbefreiung nach § 4b UStG.	Keine Steuerbefreiung nach § 4b UStG.
Bemessungsgrundlage	Kaufpreis, § 10 Abs. 1 UStG.	Kaufpreis, § 10 Abs. 1 UStG.
Steuersatz	16 %, § 12 Abs. 1 UStG.	16 %, § 12 Abs. 1 UStG.
Steuerentstehung	Mit Ausstellung der Rechnung § 13 Abs. 1 Nr. 6 UStG.	Am Tag des Erwerbs, § 13 Abs. 1 Nr. 7 UStG.
Erklärungspflichten	Erfassung in laufender USt-VA und Jahreserklärung.	Festsetzung als Fahrzeugeinzelbesteuerung, § 16 Abs. 5a UStG, Abgabe einer USt-VA innerhalb von zehn Tagen nach Erwerb, § 18 Abs. 5a UStG.
Vorsteueranspruch	Grundsätzlich ja, eventuell Einschränkung bei steuerfreien Ausgangsleistungen.	Nein.

Beispiel 2:

Die Privatperson P aus Deutschland erwirbt ein Fahrzeug, das noch nicht 6.000 Kilometer zurückgelegt hat, für 25.000 EUR. Das Fahrzeug gelangt aus Frankreich nach Deutschland. P bewirkt in Deutschland einen steuerbaren und steuerpflichtigen innergemeinschaftlichen Erwerb. Er muss innerhalb von zehn Tagen nach Erwerb eine USt-VA bei seinem Finanzamt einreichen und darin 4.000 EUR als Erwerbsteuer ausweisen. Innerhalb dieser Frist hat er die Erwerbsteuer an sein Finanzamt abzuführen.

TIPP!

Beim Erwerb eines neuen Fahrzeuges aus einem anderen Mitgliedstaat muss der Erwerber (unabhängig ob Unternehmer oder Privatperson) den Kaufpreis immer auf Nettobasis kalkulieren, da grundsätzlich in Deutschland für ihn 16 % Erwerbsteuer entsteht.

Fiskalvertreter

Fiskalvertreter auf einen Blick

1. Rechtsquellen

   § 22a bis § 22e UStG

2. Bedeutung

   Die Fiskalvertretung ist eine bestimmte Form der Vertretung in steuerlichen Angelegenheiten. Der Fiskalvertreter tritt in die Rechte und Pflichten des Vertretenen ein. In Deutschland kann sich ein ausländischer Unternehmer nur durch einen Fiskalvertreter vertreten lassen, wenn er ausschließlich steuerfreie Umsätze ausführt und auch keine Vorsteuerbeträge abziehen kann.

3. Weitere Stichworte

   → *ausländischer Unternehmer*, → *Steuerlager*, → *Umsatzsteuererklärung*, → *Zusammenfassende Meldung*

1. Fiskalvertretung in Deutschland

Zum 1.1.1997 ist in Deutschland das Institut des Fiskalvertreters eingeführt worden, um für einen → *ausländischen Unternehmer* in Deutschland die Durchführung des Besteuerungsverfahrens zu vereinfachen. Die Möglichkeit, sich durch einen Fiskalvertreter vertreten zu lassen, ist aber in Deutschland auf die Fälle beschränkt, in denen

- der Vertretene ausschließlich steuerfreie Umsätze im Inland erbringt und
- in Deutschland keine Vorsteuerabzugsberechtigung hat.

Diese Voraussetzungen bedeuten im Ergebnis, dass der ausländische Unternehmer im Inland weder eine Umsatzsteuer schuldet noch einen Erstattungsanspruch gegen die Finanzverwaltung hat, sondern im Inland lediglich melderechtliche Vorschriften zu befolgen hat. Ein solcher Vorgang kann sich insbesondere bei Durchfuhren durch Deutschland oder seit 2004 im Zusammenhang mit einem Steuerlager ergeben. Die Meldepflichten betreffen insbesondere die → *Umsatzsteuererklärung* und die Zusammenfassende Meldung.

Beispiel:

Der Unternehmer S aus der Schweiz verkauft eine Ware „verzollt und versteuert" an den Unternehmer D aus Dänemark. Die Ware wird von dem deutschen Frachtführer F aus der Schweiz nach Dänemark transportiert. Die Ware wird an der deutschen Grenze für den S zum freien Verkehr abgefertigt. S erbringt in Deutschland eine steuerbare Lieferung, da der Ort der Lieferung nach § 3 Abs. 8 UStG im Inland liegt. Die Lieferung ist aber als inner-

gemeinschaftliche Lieferung nach § 4 Nr. 1b und § 6a Abs. 1 UStG steuerfrei. Die Einfuhr der Ware in das Gemeinschaftsgebiet ist steuerfrei nach § 5 Abs. 1 Nr. 3 UStG. Der Lieferer müsste aber im Inland den Umsatz in einer Erklärung und der Zusammenfassenden Meldung aufnehmen. Für diese Meldepflichten kann er in Deutschland einen Fiskalvertreter bestellen.

ACHTUNG!

Wenn ein ausländischer Unternehmer im Inland einen steuerpflichtigen Umsatz ausgeführt hat oder einen Vorsteuerabzug geltend machen konnte, kann er sich bis zum Ende des Besteuerungszeitraumes (Kalenderjahr) nicht mehr durch einen Fiskalvertreter vertreten lassen.

Als Fiskalvertreter können die folgenden Personen bestellt werden:

- Steuerberater, Steuerbevollmächtigte, Steuerberatungsgesellschaften und Wirtschaftsprüfer sowie Wirtschaftsprüfergesellschaften und vereidigte Buchprüfer,
- Rechtsanwälte, niedergelassene europäische Rechtsanwälte und Rechtsanwaltsgesellschaften,
- inländische Speditionsunternehmen, soweit sie Hilfe in Eingangsabgabensachen oder bei der verbrauchsteuerlichen Behandlung von Waren im Warenverkehr mit anderen Mitgliedstaaten der EU leisten und keine Kleinunternehmer sind, sowie
- sonstige inländische gewerbliche Unternehmen, soweit sie im Zusammenhang mit der Zollbehandlung Hilfe in Eingangsabgabensachen leisten und keine Kleinunternehmer sind.

Die Bestellung des Fiskalvertreters erfolgt formlos und in der Regel durch schriftliche Vollmacht, wobei aber eine schriftliche Vollmacht nicht zwingend erforderlich ist.

Das Finanzamt kann dem Fiskalvertreter die Tätigkeit untersagen, wenn der Vertreter wiederholt gegen die ihm obliegenden Pflichten verstößt.

Der Fiskalvertreter erhält für alle von ihm vertretenen ausländischen Unternehmer eine gesonderte Steuernummer von seinem zuständigen Finanzamt sowie eine gesonderte USt-IDNr.

WICHTIG!

Der Fiskalvertreter hat neben seinen eigenen Meldungen für alle von ihm vertretenen Unternehmer eine einheitliche Umsatzsteuererklärung und Zusammenfassende Meldung abzugeben.

Der vertretene Unternehmer hat in seinen Rechnungen auf die Fiskalvertretung hinzuweisen und in der Rechnung darüber hinaus den Namen und die Anschrift des Fiskalvertreters sowie die dem Fiskalvertreter für diese Zwecke erteilte USt-IDNr. anzugeben.

Die Fiskalvertretung endet, wenn der vertretene ausländische Unternehmer dem Fiskalvertreter die Vollmacht entzieht, wenn dem Fiskalvertreter die Tätigkeit von den zuständigen Behörden untersagt worden ist oder wenn der vertretene Unternehmer im Inland steuerpflichtige Umsätze ausführt oder aus Rechnungen den Vorsteuerabzug vornehmen kann.

2. Fiskalvertretung im übrigen Gemeinschaftsgebiet

Auch in anderen Mitgliedstaaten der Gemeinschaft ist das Institut des Fiskalvertreters vorhanden. Allerdings ist die Fiskalvertretung dort nicht auf die Fälle melderechtlicher Art beschränkt, sondern findet dort Anwendung, wo der ausländische Unternehmer in diesem Staat tatsächlich Umsatzsteuerbeträge schuldet und Vorsteuerabzüge vornehmen kann.

ACHTUNG!

Seit 2002 darf nach dem verbindlichen Gemeinschaftsrecht keine Verpflichtung für den leistenden Unternehmer mehr bestehen, sich zwingend durch einen Fiskalvertreter vertreten zu lassen.

TIPP!

Soweit ein deutscher Unternehmer im Gemeinschaftsgebiet Leistungen ausführt, sollte er sich vorab über die steuerlichen Vorschriften des jeweiligen Bestimmungslandes informieren (siehe auch Hinweise auf Internet-Adressen). Im Regelfall wird die Steuer in dem Bestimmungsland durch Übertragung auf den Leistungsempfänger (Steuerschuldnerverfahren) erhoben werden.

Freihafen

Freihafen auf einen Blick

1. Rechtsquellen

   § 1 Abs. 2 und § 1 Abs. 3 UStG

   Abschn. 14 bis Abschn. 15 UStR 2000

2. Bedeutung

   Die Freihäfen gehören nicht zum Inland. Bestimmte Umsätze in den Freihafengebieten werden aber wie Umsätze im Inland behandelt.

3. Weitere Stichworte

   → *Ausfuhrlieferung*, → *Inland*, → *innergemeinschaftlicher Erwerb*

4. Besonderheiten

   Der Freihafen gehört gemeinschaftsrechtlich zum Gebiet der Bundesrepublik Deutschland.

Die Freihäfen als Freizonen des Kontrolltyps I nach § 1 Abs. 1 Satz 1 Zollverwaltungsgesetz (gemäß Art. 166 Zollkodex) gehören nach § 1 Abs. 2 UStG nicht zum Inland. Freihäfen sind besondere Teile der Häfen Bremen, Bremerhaven, Cuxhaven, Deggendorf, Duisburg, Emden, Hamburg und Kiel. Umsätze, die in diesen Gebieten ausgeführt werden, unterliegen grundsätzlich nicht der deutschen Umsatzsteuer.

Nach § 1 Abs. 3 UStG werden aber bestimmte Umsätze in den Freihäfen und in den Gewässern und Watten zwischen der Hoheitsgrenze und der jeweiligen Strandlinie wie Umsätze im Inland behandelt.

WICHTIG!

Damit die Sonderregelung des § 1 Abs. 3 UStG Anwendung finden kann, muss immer erst ermittelt werden, dass der Ort der Lieferung oder der sonstigen Leistung nach den allgemeinen Vorschriften über die Bestimmung des Ortes einer Leistung im Freihafen anzusiedeln ist.

Bei den Leistungen, die nach der Sonderregelung des § 1 Abs. 3 UStG trotz Ausführungsort im Freihafen wie Umsätze im Inland zu behandeln sind und damit die Steuerbarkeit nach sich ziehen, handelt es sich um die folgenden Umsätze:

- Lieferungen von Gegenständen, die zum Gebrauch oder Verbrauch in diesen Gebieten bestimmt sind, sowie die Lieferung von Gegenständen zur Ausrüstung oder Versorgung eines Beförderungsmittels, soweit die Lieferungen nicht für das Unternehmen des Abnehmers bestimmt sind.

Beispiel 1:

Der Verkauf von Tabakwaren und Getränken im Freihafen an einen privaten Abnehmer; die Lieferung von Schiffsausrüstung und Treibstoff an einen privaten Schiffseigentümer.

- Ausführung von sonstigen Leistungen, die nicht für das Unternehmen des Abnehmers ausgeführt werden.

Beispiel 2:

Abgabe von Speisen und Getränken zum Verzehr an Ort und Stelle, Reparatur von Wassersportfahrzeugen privater Schiffseigner, Ausführung von Wassersportlehrgängen.

- Ausführung unentgeltlicher Lieferungen nach § 3 Abs. 1b UStG oder unentgeltlicher sonstiger Leistungen nach § 3 Abs. 9a UStG.

Beispiel 3:

Entnahme eines Gegenstandes aus dem Unternehmensvermögen im Freihafen, Ausführung einer sonstigen Leistung für nichtunternehmerische Zwecke (z. B. Reparatur des eigenen Wassersportfahrzeuges in der Werkstatt im Freihafen).

Freihafen

- Lieferung von Gegenständen, die sich im Zeitpunkt der Lieferung in einem zollamtlich bewilligten Freihafen-Veredelungsverkehr, in einer zollamtlich besonders zugelassenen Freihafenlagerung oder einfuhrumsatzsteuerlich im freien Verkehr befinden.

Beispiel 4:

Unternehmer A aus München lässt im Freihafen vom Freihafen-Unternehmer B aus Stahlblech Formteile herstellen. Die Formteile werden anschließend von B im Auftrag des A zum Abnehmer C nach Berlin transportiert. Die Lieferung des Unternehmers A wird wie eine Lieferung im Inland behandelt, die Formteile unterliegen nicht der EUSt.

Um freie Kapazitäten in einem Lager im Freihafen zu nutzen, lässt der Unternehmer D aus Hannover Stoffballen beim Unternehmer E im Freihafen lagern (zollamtlich besonders zugelassene Freihafenlagerung). Die anschließende Lieferung der Stoffballen aus dem Freihafen an den Abnehmer F in Rostock wird wie eine Lieferung im Inland behandelt, die Stoffballen unterliegen nicht der EUSt.

- Sonstige Leistungen, die im Rahmen eines Veredelungsverkehrs oder einer Freihafenlagerung ausgeführt werden.

Beispiel 5:

Die in vorstehenden Beispielen tätigen Unternehmer B und E erbringen sonstige Leistungen, die zwar im Freihafen ausgeführt worden sind. Diese Leistungen werden aber wie im Inland ausgeführt behandelt und sind damit steuerbar und steuerpflichtig.

- Ein innergemeinschaftlicher Erwerb einer juristischen Person, die nicht Unternehmer ist oder den Gegenstand nicht für ihr Unternehmen erwirbt, soweit der Gegenstand zum Gebrauch oder Verbrauch in diesen Gebieten bestimmt ist oder zur Ausrüstung oder Versorgung eines Beförderungsmittels bestimmt ist.

Beispiel 6:

Eine im Freihafen ansässige Zoll-Dienststelle der Freien und Hansestadt Hamburg erwirbt einen Gegenstand aus einem anderen Mitgliedstaat der Gemeinschaft, die Warenbewegung endet im Freihafen. Der Ort des innergemeinschaftlichen Erwerbs ist nach § 3d Satz 1 UStG im Freihafen, der Erwerb wird aber nach § 1 Abs. 3 UStG wie ein Erwerb im Inland behandelt.

- Der innergemeinschaftliche Erwerb eines neuen Fahrzeugs durch einen Nichtunternehmer oder einen besonderen Unternehmer i.S.d. § 1a Abs. 3 UStG.

Beispiel 7:

Ein privater Schiffseigner lässt sich eine neue Motoryacht (über 7,5 m Länge) aus Belgien in den Freihafen Bremen ausliefern. Der innergemeinschaftliche Erwerb des neuen Fahrzeugs erfolgt zwar im Freihafen (Ort nach § 3d Satz 1 UStG am Ende der Beförderung), der Erwerb wird aber wie ein Erwerb im Inland behandelt.

WICHTIG!

Wenn eine Leistung an eine juristische Person des öffentlichen Rechts erbracht wird, muss der leistende Unternehmer durch entsprechende Unterlagen nachweisen, dass der Leistungsempfänger Unternehmer ist. Soweit dieser Nachweis nicht geführt wird, ist davon auszugehen, dass der Umsatz wie ein Umsatz im Inland zu behandeln ist.

Von den Umsätzen, die in dem Gebiet der Freihäfen ausgeführt sind, müssen die Lieferungen systematisch abgegrenzt werden, die aus dem Inland in das Gebiet eines Freihafens hineingehen. So werden z. B. in den Vorschriften über die Ausfuhrlieferung nach § 6 Abs. 1 Nr. 3 UStG für die Lieferungen, die im Inland ausgeführt sind, aber die Gegenstände dann in den Freihafen gelangen, besondere Anforderungen an die Voraussetzungen der Steuerbefreiung gestellt (→ *Ausfuhrlieferung*).

INLAND	FREIHAFEN
Ort der Leistung im Inland: Umsatz ist steuerbar. Steuerbefreiung nach Warenbewegung § 4 Nr. 1a / § 6 Abs. 1 Nr. 3 UStG prüfen.	Ort der Leistung im Freihafen: Umsatz ist nicht steuerbar. Eventuell wird Umsatz wie Leistung im Inland behandelt.

Gemeinschaftsgebiet

Gemeinschaftsgebiet auf einen Blick

1. Rechtsquellen

   § 1 Abs. 2a UStG

   Abschn. 13a UStR 2000

2. Bedeutung

   Das Gemeinschaftsgebiet umfasst das Gebiet der Europäischen Gemeinschaft. Für dieses Gebiet (Binnenmarkt) gelten bestimmte Regelungen für die Umsatzsteuer. Die nationalen Umsatzsteuergesetze dieser Länder sind weitestgehend durch die 6. EG-RL harmonisiert.

3. Weitere Stichworte

   → *Ausland*, → *Inland*, → *innergemeinschaftlicher Erwerb*, → *innergemeinschaftliche Lieferung*

Das → *Inland* und die übrigen Staaten der Europäischen Gemeinschaft stellen das Gemeinschaftsgebiet dar. Zur sprachlichen Abgrenzung wird das Gemeinschaftsgebiet in Inland und das übrige Gemeinschaftsgebiet (Gemeinschaftsgebiet ohne Bundesrepublik Deutschland) unterteilt.

Zu beachten ist, dass in den einzelnen Mitgliedstaaten der Gemeinschaft Sondergebiete vorhanden sind, die zwar hoheitsrechtlich zu den einzelnen Mitgliedstaaten, aber nicht zum Gemeinschaftsgebiet gehören.

Zum Gemeinschaftsgebiet gehören die folgenden Mitgliedstaaten, allerdings ohne die angegebenen Sondergebiete:

Mitgliedstaat	ohne Sondergebiet
Belgien	
Bundesrepublik Deutschland	Büsingen und Helgoland
Dänemark	Grönland und die Färöer
Finnland	Åland-Inseln
Frankreich mit Fürstentum Monaco	überseeische Departements Guadeloupe, Guyana, Martinique und Réunion
Griechenland	Berg Athos
Irland	
Italien	Livigno, Campione d'Italia, San Marino sowie den zum italienischen Hoheitsgebiet gehörenden Teil des Luganer Sees
Luxemburg	
Niederlande	überseeische Gebiete Aruba und Niederländische Antillen
Österreich	
Portugal mit Madeira und den Azoren	
Schweden	
Spanien mit Balearen	Kanarische Inseln, Ceuta und Melilla
Vereinigtes Königreich und Nordirland sowie mit der Insel Man	überseeische Länder und Gebiete, die Selbstverwaltungsgebiete der Kanalinsel Jersey und Guernsey sowie die britischen Hoheitszonen auf Zypern

ACHTUNG!

Zum 1.5.2004 treten die folgenden Länder der Europäischen Union bei und zählen dann zum Gemeinschaftsgebiet: Estland, Lettland, Litauen, Malta, Polen, Slowakische Republik, Slowenien, Tschechische Republik, Ungarn, Zypern.

Ein Umsatz, der im übrigen Gemeinschaftsgebiet ausgeführt ist, ist im Inland nicht steuerbar.

ACHTUNG!

Soweit ein Unternehmer einen Umsatz im übrigen Gemeinschaftsgebiet ausführt, muss er sich darüber informieren, welche steuerlichen Verpflichtungen auf ihn im Bestimmungsland zukommen.

Leistungen, die zwar im Inland ausgeführt werden, die aber anschließend in das übrige Gemeinschaftsgebiet gelangen, unterliegen besonderen Regelungen des Binnenmarktes. Bei einer Lieferung von Ware zwischen zwei Unternehmern vom Inland in das übrige Gemeinschaftsgebiet liegt eine steuerfreie → *innergemeinschaftliche Lieferung* vor. Der Erwerber hat in seinem Heimatstaat einen → *innergemeinschaftlichen Erwerb* zu besteuern.

Geschäftsführungsleistungen

Geschäftsführungsleistungen auf einen Blick

1. Rechtsquellen

   § 1 Abs. 1 und § 2 Abs. 1 UStG

2. Bedeutung

   Erbringt eine natürliche Person oder eine juristische Person gegenüber einer Personengesellschaft an der sie beteiligt ist gegen Sonderentgelt Geschäftsführungsleistungen, so liegt ein steuerbarer und steuerpflichtiger Umsatz vor.

3. Weitere Stichworte

   → *Gesellschafterbeitrag*

4. Besonderheiten

   Da eine Änderung der Rechtsprechung eingetreten ist, gilt eine Übergangsregelung bis zum 31.3.2004.

1. Allgemeines

Die Geschäftsführungsleistung bei einer Personengesellschaft – insbesondere auch durch eine juristische Person – wurde früher als nicht steuerbarer → *Gesellschafterbei-*

trag angesehen, auch wenn ein Sonderentgelt gezahlt wurde. Nach der Rechtsprechung des BFH (Urteil v. 6.6.2002, V R 43/01) sind diese Tätigkeiten jedoch als steuerbare und steuerpflichtige Leistungen eines Unternehmers anzusehen, wenn für die Geschäftsführungsleistung ein Sonderentgelt und nicht nur ein allgemeiner Anteil am Gewinn gezahlt wird.

2. Leistungsaustausch

2.1 Leistung einer natürlichen Person

Eine natürliche Person kann gegenüber einer Personengesellschaft, an der sie beteiligt ist, eine selbstständige Tätigkeit als Unternehmer ausführen, wenn eine Gegenleistung für die erbrachte Leistung aufgewendet wird. Eine Weisungsgebundenheit, die nach § 2 Abs. 2 Nr. 1 UStG zu einer nichtunternehmerischen Betätigung führen würde, kann in diesem Fall nicht angenommen werden, da der Gesellschafter Mitunternehmer nach § 15 Abs. 1 Satz 1 Nr. 2 EStG ist. Auch ein eventuell vereinbartes Weisungsrecht der Personengesellschaft gegenüber ihrem Gesellschafter kann nicht zu einem anderen Ergebnis führen.

Erbringt eine natürliche Person als Gesellschafter Geschäftsführungs- oder Vertretungsleistungen an eine Kapitalgesellschaft, liegt im Regelfall eine selbstständige Tätigkeit nicht vor, da hier eine weisungsgebundene Eingliederung vorliegt. Da die Selbstständigkeit natürlicher Personen im Umsatzsteuer- und Ertragsteuerrecht nach denselben Grundsätzen beurteilt wird, kann – zumindest in den Fällen, in denen der Gesellschafter Einkünfte nach § 19 EStG aus nichtselbstständiger Tätigkeit erzielt – ein steuerbarer Umsatz nicht vorliegen. Dies ist im Regelfall gegeben, wenn zwischen der Kapitalgesellschaft und dem Gesellschafter ein Arbeitsvertrag abgeschlossen wurde.

2.2 Leistung einer juristischen Person

Juristische Personen erbringen als Gesellschafter grundsätzlich steuerbare Geschäftsführungs- und Vertretungsleistungen gegenüber der Gesellschaft, wenn für diese Leistungen ein Sonderentgelt vereinbart worden ist. Das Weisungsrecht der Gesellschafterversammlung gegenüber dem Geschäftsführer führt nicht zu einer Weisungsebundenheit. Allerdings kann grundsätzlich eine umsatzsteuerliche Organschaft nach § 2 Abs. 2 Nr. 2 UStG vorliegen, die unter diesen Voraussetzungen zu einem einheitlichen Unternehmen führt (→ *Organschaft*). Eine GmbH, die an einer KG als persönlich haftende Gesellschafterin beteiligt ist, kann nach Auffassung der Finanzverwaltung allerdings nicht als Organgesellschaft in das Unternehmen der Kommanditgesellschaft eingegliedert sein.

ACHTUNG!

Eine entgeltliche Geschäftsführungsleistung einer juristischen Person (GmbH oder AG) bei einer Personengesellschaft führt damit fast immer zu einer steuerbaren und steuerpflichtigen sonstigen Leistung.

2.3 Leistung gegen Sonderentgelt

Abzugrenzen sind aber auch weiterhin die nicht steuerbaren → *Gesellschafterbeiträge* (Leistungen, die auf Grund des Gesellschaftsverhältnisses erbracht werden und durch Beteiligung am Gewinn oder Verlust abgegolten sind) von den entgeltlichen Leistungsaustauschprozessen (einer Leistung steht eine konkrete Gegenleistung gegenüber), die einen steuerbaren Umsatz begründen.

ACHTUNG!

Es kommt nicht auf die Bezeichnung der Gegenleistung an, entscheidend ist die wirtschaftliche Betrachtungsweise. So kann auch eine als Gewinnverteilung bezeichnete Zahlung als Teil eines Leistungsaustausches angesehen werden, wenn diese Zahlung nicht nach den allgemeinen Gewinnverteilungsgrundsätzen erfolgt.

Bei Vorabvergütungen unterscheidet die Finanzverwaltung die folgenden Fälle:

- Bei der Verteilung eines Gewinnvorabs aus dem (Handels-)Bilanzgewinn für eine Geschäftsführungs- oder Vertretungsleistung ist dies kein Sonderentgelt für die Leistung.
- Erhält der Gesellschafter eine Vergütung, die im Rahmen der Ergebnisermittlung bei der Handelsbilanz als Aufwand behandelt wird, so liegt – unabhängig von einer Bezeichnung als Vorabvergütung – ein Leistungsaustausch vor.

Auch eine gewinnabhängige Vergütung kann zu einem steuerbaren Leistungsaustausch führen, wenn das Entgelt nicht nach der vermuteten, sondern nach der tatsächlich erbrachten Gesellschafterleistung bemessen wird. Wird für eine Leistung sowohl ein Sonderentgelt wie auch eine gewinnabhängige Vergütung gezahlt, muss eine entsprechende Aufteilung vorgenommen werden.

WICHTIG!

Zur Beurteilung ob ein steuerbarer Leistungsaustausch vorliegt, kommt es auch auf die bilanzielle Erfassung einer gezahlten Vorabvergütung an. Insoweit sollte auch aus umsatzsteuerlichem Interesse geprüft werden, ob die gesellschaftsvertraglichen Regelungen auch korrekt bilanziell umgesetzt werden.

2.4 Sonderproblem Haftungsvergütung

Steuerbare Leistungsbeziehungen zwischen Gesellschaft und Gesellschafter können sich nicht nur bei Geschäftsführungs- oder Vertretungsleistungen ergeben, sondern auch bei allen anderen Arten von Leistungen. Die Finanzverwaltung geht jedoch grundsätzlich davon aus, dass eine gezahlte Haftungsvergütung nicht im Rahmen eines Leistungsaustauschverhältnisses gezahlt wird. Sollte in Ausnahmefällen ein Leistungsaustausch vorliegen, ist eine Steuerbefreiung nach § 4 Nr. 8g UStG nicht zu gewähren.

3. Übergangsregelungen

Die Grundsätze aus der Rechtsprechung des BFH sind auf alle ab dem 1.4.2004 ausgeführte Leistungen anzuwenden. Auf Antrag können die Grundsätze dieses Schreibens auch für frühere Zeiträume angewendet werden, soweit die daraus entstehende Steuer noch festgesetzt werden kann.

TIPP!

In Abhängigkeit der Vorsteuerabzugsberechtigung sollte geprüft werden, ob die Übergangsvorschrift voll ausgeschöpft wird oder ob schon früher ein steuerbarer Leistungsaustausch besteuert wird.

4. Gestaltungsüberlegungen

Erfolgt die Geschäftsführungsleistung im Rahmen eines steuerbaren und steuerpflichtigen Umsatzes, so ergibt sich für den Unternehmer „Geschäftsführer" für alle Eingangsleistungen der Vorsteuerabzug.

TIPP!

Für denjenigen, der die Geschäftsführungsleistung erbringt, ist die Änderung der Rechtsprechung im Regelfall vorteilhaft, da jetzt für Eingangsleistungen volle Vorsteuerabzugsberechtigung vorliegt, während diese früher wegen der Nichtunternehmereigenschaft zu versagen war.

Überlegungen zur Gestaltung müssen sich somit im Wesentlichen auf die Vorsteuerabzugsberechtigung der Gesellschaft beziehen, gegenüber der die Geschäftsführungsleistung erbracht wird. Es können sich hier die folgenden grundsätzlichen Möglichkeiten ergeben:

- Die Gesellschaft, gegenüber der die Geschäftsführungsleistung erbracht wird, erbringt keine, den Vorsteuerabzug ausschließende Umsätze und ist somit voll zum Vorsteuerabzug berechtigt. In diesem Fall ist die Kette der Vorsteuerabzugsberechtigung durchgängig, die Rechtsprechung des BFH ist hier vorteilhaft.
- Die Gesellschaft, gegenüber der die Geschäftsführungsleistung erbracht wird, erbringt ganz oder zum Teil den Vorsteuerabzug ausschließende Umsätze, so dass die aus der Geschäftsführungsleistung in Rechnung gestellte Umsatzsteuer nicht oder nicht ganz zum Vorsteuerabzug zugelassen ist. In diesem Fall ist die Änderung der Rechtsprechung nachteilig.

Beispiel:

Die A-GmbH ist Geschäftsführerin der A&B-Immobilien GmbH & Co. KG. Für die Geschäftsführungsleistung erhält die A-GmbH eine jährliche Vergütung in Höhe von 12.000 EUR. Die KG als Empfängerin der Geschäftsführungsleistung führt steuerbare aber nach § 4 Nr. 12a UStG steuerfreie Vermietungsumsätze aus. Die A-GmbH schuldet aus der erhaltenen Gegenleistung für ihre Geschäftsführung Umsatzsteuer, ohne dass die KG diese Umsatz-

steuer als Vorsteuer abziehen kann. Gegebenenfalls kann geprüft werden, die entgeltliche Geschäftsführungsleistung in einen nicht steuerbaren Gesellschafterbeitrag umzustellen, in dem nur ein Gewinnanteil und kein festes Entgelt gezahlt wird.

Geschäftsveräußerung

Geschäftsveräußerung auf einen Blick

1. Rechtsquellen

   § 1 Abs. 1a, § 14c Abs. 1 und § 15a Abs. 6a UStG

   Abschn. 5 UStR 2000

2. Bedeutung

   Seit dem 1.1.1994 unterliegt die Geschäftsveräußerung im Ganzen nicht mehr der Umsatzsteuer, wenn das gesamte Unternehmen oder ein gesondert geführter Teilbetrieb an einen anderen Unternehmer übertragen wird. Soweit für einzelne Gegenstände der Vorsteuerberichtigungszeitraum noch nicht abgelaufen ist, tritt der Erwerber an die Stelle des Veräußerers.

3. Weitere Stichworte

   → *unrichtiger Steuerausweis*, → *Vorsteuerberichtigung*

1. Die Geschäftsveräußerung im Ganzen

Eine Geschäftsveräußerung im Ganzen ist seit dem 1.1.1994 ein nicht mehr steuerbarer Vorgang, wenn das Unternehmen oder ein gesondert geführter Betrieb an einen anderen Unternehmer entgeltlich oder unentgeltlich übereignet wird. Dies gilt auch, wenn ein solcher Betrieb oder Teilbetrieb in eine Gesellschaft eingebracht wird.

Eine nicht steuerbare Geschäftsveräußerung setzt voraus, dass das Unternehmen im Ganzen übertragen wird. Eine solche vollständige Übertragung ist dann gegeben, wenn alle wesentlichen Geschäftsgrundlagen des Unternehmens auf den Erwerber übergehen. Einzelne, unwesentliche Wirtschaftsgüter kann der Veräußerer jedoch zurückbehalten.

Beispiel 1:

Der Tischlermeister T veräußert seine Tischlerei insgesamt an den Erwerber E, der die Tischlerei fortsetzt. Den bisher sowohl unternehmerisch wie auch privat genutzten Pkw behält Tischlermeister T jedoch zurück und entnimmt ihn in sein Privatvermögen. Es liegt eine nicht steuerbare Geschäftsveräußerung im Ganzen vor, da alle wesentlichen Geschäftsgrundlagen auf den Erwerber übergehen.

Geschäftsveräußerung

ACHTUNG!

Nach der Rechtsprechung des BFH (Urteil v. 4.7.2002 – V R 10/01) kann eine Geschäftsveräußerung im Ganzen nach § 1 Abs. 1a UStG auch dann vorliegen, wenn nicht alle wesentlichen Betriebsgrundlagen auf den Erwerber übertragen werden, wenn sichergestellt ist, dass diese Betriebsgrundlagen (z. B. Grundstücke oder Gebäude) dem Übernehmer langfristig zur Nutzung überlassen werden.

Was als wesentliche Geschäftsgrundlagen eines Unternehmens anzusehen sind, ist immer einer Betrachtung des Einzelfalles vorbehalten und bestimmt sich nach den tatsächlichen Verhältnissen zum Zeitpunkt der Veräußerung. Im produzierenden Gewerbe stellen die Maschinen und Fertigungsanlagen in der Regel die wesentlichen Geschäftsgrundlagen des Unternehmens dar. Auch Rechte, die der Veräußerer besitzt (Nutzungsrechte, Geschäftsbeziehungen etc.), müssen auf den Erwerber übergehen, soweit sie für die Fortführung des Unternehmens von Bedeutung sind.

WICHTIG!

Die Übereignung muss sich nicht in einem Zug vollziehen, sie kann auch in einzelnen Schritten erfolgen, wenn diese in einem wirtschaftlichen Zusammenhang stehen und der Wille der Beteiligten von Anfang an auf die Übertragung des Unternehmens insgesamt gerichtet ist.

Voraussetzung für die Nichtsteuerbarkeit ist, dass der Betrieb oder Teilbetrieb an einen anderen Unternehmer veräußert wird. Es ist aber ausreichend, wenn der Erwerber erst durch den Erwerb seine unternehmerische Betätigung begründet. Der Erwerber kann das Unternehmen auch in veränderter Form fortführen. Nach der Rechtsprechung des EuGH (Urteil v. 27.11.2003, Rs. C-497/01) ist aber erforderlich, dass eine Fortführung des Unternehmens geplant ist und der Erwerber nicht nur die betreffende Geschäftstätigkeit sofort abwickeln will.

ACHTUNG!

Eine Übertragung eines Unternehmens an einen Nichtunternehmer, der auch mit dem Erwerb nicht Unternehmer wird (z. B. bei der Übertragung eines Grundstückes an einen Hoheitsbetrieb einer juristischen Person des öffentlichen Rechts), ist ein steuerbarer Umsatz.

Bei einer nicht steuerbaren Geschäftsveräußerung entsteht nicht nur bei der Übertragung keine Umsatzsteuer, sondern der Erwerber des Unternehmens tritt auch in die Rechtsposition des Veräußerers ein. Dies hat insbesondere Auswirkungen auf die → *Vorsteuerberichtigung*, da der Erwerber die Vorsteuerberichtigungszeiträume des Veräußerers unverändert fortsetzen muss.

ACHTUNG!

Bei einer Geschäftsveräußerung im Ganzen darf der Verkäufer keine Umsatzsteuer in einer Rechnung oder einem Kaufvertrag gesondert ausweisen. Wird versehentlich in einer Rechnung (z. B. in einem Kaufvertrag) eine Umsatzsteuer gesondert ausgewiesen, schuldet der Rechnungsaussteller die gesondert ausgewiesene Umsatzsteuer nach § 14c Abs. 1 UStG. Eine Berichtigung kann nur mit Zustimmung des zuständigen Finanzamtes erfolgen.

In den Fällen, in denen nicht eindeutig ist, ob alle wesentlichen Betriebsgrundlagen mit übertragen werden, und eine Auskunft des Finanzamtes aus Zeitgründen nicht eingeholt werden kann, sollten die Vertragsparteien eine Steuerklausel in den Vertrag mit aufnehmen, damit bei einer später abweichenden Auffassung der Finanzverwaltung die Ansprüche zwischen den Vertragsparteien unstrittig sind.

Formulierungsbeispiel:

Die Vertragsparteien gehen davon aus, dass es sich um eine nicht steuerbare Geschäftsveräußerung nach § 1 Abs. 1a UStG handelt. Soweit das für den Verkäufer zuständige Finanzamt den Vorgang als steuerbare Veräußerung ansieht, besteht zwischen den Vertragsparteien Einigkeit, dass der vereinbarte Kaufpreis ein Nettopreis ist, auf den die gesetzliche Umsatzsteuer zusätzlich zu entrichten ist. Der Verkäufer verpflichtet sich in diesem Fall, eine ordnungsgemäße Rechnung zu erstellen, der Käufer verpflichtet sich in diesem Fall, die Umsatzsteuer zusätzlich zum Kaufpreis zu entrichten.

2. Teilbetriebsveräußerung

Auch die Veräußerung eines in der Gliederung des Unternehmens gesondert geführten Betriebes kann die Nichtsteuerbarkeit nach sich ziehen. Ein solcher Teilbetrieb liegt vor, wenn er von den anderen Teilen des Unternehmens abgrenzbar ist und wirtschaftlich selbstständig ist. Dies liegt insbesondere dann vor, wenn der Teilbetrieb nach außen hin ein in sich abgeschlossenes Wirtschaftsgebilde gewesen ist. Der Erwerber muss in der Lage sein, diesen Teilbetrieb eigenständig fortzuführen.

TIPP!

Die Finanzverwaltung geht vereinfachend davon aus, dass ein solcher Teilbetrieb vorliegt, wenn ertragsteuerlich eine Teilbetriebsveräußerung nach § 16 Abs. 1 EStG vorliegt.

3. Sonderproblem Grundstücksveräußerung

Ein besonderes Problem stellt umsatzsteuerlich die Veräußerung von Grundstücken (mit den dazugehörenden aufstehenden Gebäuden) dar.

WICHTIG!

Auch der Verkauf eines Grundstückes kann eine nicht steuerbare Geschäftsveräußerung im Ganzen darstellen.

Die wesentliche Unterscheidung, ob es sich um eine nicht steuerbare Geschäftsveräußerung oder um eine steuerbare Lieferung handelt, kann aus der folgenden Übersicht entnommen werden:

Vorgang	Geschäftsveräußerung	Rechtsfolge
Das Grundstück bildet das gesamte Unternehmen (z. B. Unternehmer besitzt nur ein Mehrfamilienhaus).	Ja, das gesamte Unternehmen wird veräußert.	Verkauf ist nicht steuerbar. Erwerber tritt in die Rechtsposition des Veräußerers ein.

Vorgang	Geschäftsveräußerung	Rechtsfolge
Das verkaufte Grundstück ist eines von mehreren vermieteten Grundstücken.	Ja, in der Regel kann davon ausgegangen werden, dass es sich um einen Teilbetrieb handelt.	Verkauf ist nicht steuerbar. Erwerber tritt in die Rechtsposition des Veräußerers ein.
Das verkaufte Grundstück hat den Charakter von Vorratsvermögen (z. B. unbebautes Grundstück oder Grundstücke von Grundstückshändlern).	Nein, es werden keine wesentlichen Betriebsgrundlagen übertragen.	Der Verkauf ist steuerbar, aber steuerfrei, soweit er unter das GrEStG fällt; eine Option nach § 9 UStG ist zu prüfen.
Das verkaufte Grundstück wurde im Rahmen des Unternehmens genutzt (z. B. ein bisher als Lagerplatz genutztes Grundstück wird verkauft, bei Verlagerung einer Betriebsstätte wird ein Bürogebäude geräumt und leer verkauft).	Nein, es werden bei der Veräußerung des Grundstückes keine wesentlichen Betriebsgrundlagen mit veräußert.	Der Verkauf ist steuerbar, aber steuerfrei, soweit er unter das GrEStG fällt; eine Option nach § 9 UStG ist zu prüfen.

WICHTIG!

Als wesentliche Betriebsgrundlage bei der Veräußerung von Grundstücken sind in aller Regel die geschlossenen Mietverträge anzusehen.

4. Vorsteuerabzug aus Veräußerungskosten

Die bei dem Verkäufer gegebenenfalls entstehenden Vorsteuerbeträge aus Veräußerungskosten bei einer nicht steuerbaren Geschäftsveräußerung stehen mit keinem steuerbaren Ausgangsumsatz im Zusammenhang, so dass eine systematische Prüfung der Vorsteuerabzugsberechtigung nicht möglich ist. Die Finanzverwaltung vertritt in diesem Zusammenhang die Auffassung, dass der Vorsteuerabzug von den bis zur Geschäftsveräußerung erbrachten Ausgangsumsätzen des Unternehmens abhängig ist.

Beispiel 2:

Der Besitzer B eines gemischt genutzten Hauses veräußert im Juli 2004 diese Immobilie an den Erwerber E. B hat die Immobilie bis zum Verkauf zur Hälfte für steuerpflichtige Vermietungen und zur Hälfte für steuerfreie Vermietungen verwendet. Von dem Immobilienmakler I erhält der B eine Rechnung über anteilige Maklergebühren, in der auch 3.200 EUR

als Umsatzsteuer gesondert ausgewiesen sind. Da die Veräußerung der Immobilie nach § 1 Abs. 1a UStG nicht steuerbar ist, bestimmt sich der Vorsteuerabzug aus der Maklerrechnung aus den bisherigen Umsätzen. B kann somit die Hälfte der ihm in Rechnung gestellten Umsatzsteuerbeträge als Vorsteuer abziehen.

Geschenke

Geschenke auf einen Blick

1. Rechtsquellen

   § 1 Abs. 1, § 3 Abs. 1b, § 10 Abs. 4 und § 15 Abs. 1a UStG

   Abschn. 24b UStR 2000

2. Bedeutung

   Geschenke sind unentgeltliche Zuwendungen an Dritte, die je nach Umfang und Empfänger der Schenkung zu nicht steuerbaren Umsätzen, steuerbaren Umsätzen sowie zu einem Ausschluss vom Vorsteuerabzug führen können.

3. Weitere Stichworte

   → *Anschaffungskosten*, → *Aufmerksamkeit*, → *Sachzuwendungen an das Personal*

1. Allgemeines

Geschenke gehören zu den unentgeltlichen Zuwendungen die ein Unternehmer an Dritte ausführt. Da für Schenkungen verschiedene Motive vorliegen können, sind auch die umsatzsteuerlichen Auswirkungen unterschiedlich. Im Wesentlichen können drei verschiedene Motive und Empfängergruppen für Schenkungen festgestellt werden:

- Schenkungen an private Freunde/Familienangehörige oder an Dritte aus anderen nichtunternehmerischen Gründen (im Folgenden: nahe stehende Personen)
- Schenkungen an Geschäftsfreunde/Kunden aus unternehmerischen Gründen (im Folgenden: Geschäftsfreunde/Kunden)
- Schenkungen an das Personal des Unternehmers (im Folgenden: Personal). Hierunter fallen alle unentgeltlichen Leistungen an das Personal, für die das Personal als Gegenleistung weder eine Geldzahlung noch Arbeitsleistung (→ *Sachzuwendungen an das Personal*) aufwendet.

Die steuerlichen Ergebnisse sind auch abhängig von der Anschaffung der Geschenke. Auch hier gibt es grundsätzlich drei verschiedene Möglichkeiten:

Geschenke

Der Unternehmer kauft extra für Zwecke der Schenkung ein bestimmtes

- Geschenk:

Beispiel 1:

Der Unternehmer erwirbt einen Porzellanteller der Königlich Preußischen Porzellanmanufaktur, um ihn einem Geschäftsfreund zu schenken.

- Der Unternehmer verwendet zum Zwecke der Schenkung einen Gegenstand aus seinem Vorratsvermögen:

Beispiel 2:

Der Spirituosenhändler schenkt einem Geschäftsfreund eine besonders wertvolle Flasche Cognac aus seinem Vorratsvermögen.

Der Unternehmer verwendet für die Schenkung einen Gegenstand, den er in seinem Unternehmen schon verwendet hat

- (Anlagevermögen):

Beispiel 3:

Der Unternehmer schenkt einem Geschäftsfreund einen schon in seinem Unternehmen verwendeten Computer.

2. Definition der Geschenke

Gegenstand einer Schenkung ist in der Regel eine Sache (körperlicher Gegenstand). Eine Schenkung kann aber auch in der Zuwendung geldwerter Vorteile bestehen (z. B. Schenkung von Eintrittskarten für eine Konzertveranstaltung).

Da Geschenke von der Definition her die willentliche Bereicherung des Beschenkten durch den Schenker voraussetzen, sind die folgenden Vorgänge keine Schenkungen im Sinne dieser Vorschriften:

- Auslobungen im Rahmen von Preisausschreiben,
- Zugaben bei entgeltlichen Umsätzen,
- zufälliger Erwerb eines Gegenstandes unter seinem tatsächlichen Wert.

3. Ausnahme für Geschenke von geringem Wert

Wird eine Schenkung aus unternehmerischen Gründen an Personen, die nicht Arbeitnehmer des Unternehmers sind, ausgeführt, so tritt der Vorsteuerausschluss nach § 15 Abs. 1a Nr. 1 UStG i.V.m. § 4 Abs. 5 EStG nicht ein, wenn das Geschenk von geringem Wert ist. Ebenso liegt in diesem Fall keine steuerbare Ausgangsleistung nach § 3 Abs. 1b Nr. 3 UStG vor. Die Wertgrenze für ein Geschenk von geringem Wert liegt bei 35 EUR (bis 31.12.2003: 40 EUR).

Die Wertgrenze von 35 EUR wird auf die Summe aller Geschenke bezogen, die innerhalb eines Kalenderjahres an eine bestimmte Person zugewendet werden (gilt auch für Geldgeschenke).

Soweit bei mehreren Geschenken innerhalb eines Kalenderjahres die Wertgrenze überschritten wird, sind die früher gezogenen Vorsteuerbeträge nach § 17 Abs. 2 Nr. 5 UStG zu berichtigen.

Beispiel 4:

Der Unternehmer A schenkt einem Geschäftsfreund B zu dessen Geburtstag im März 2004 ein Buch mit Anschaffungskosten von 32,10 EUR (brutto). Die in diesem Betrag enthaltene Vorsteuer von 7 % gleich 2,10 EUR hat A im Voranmeldungszeitraum März 2004 als Vorsteuer gezogen. Zu Weihnachten 2004 schenkt A dem B noch eine Flasche Cognac mit Anschaffungskosten von 23,20 EUR (brutto). Da mit 50 EUR die Grenze für Geschenke von geringem Wert in 2004 für Schenkungen an B in Höhe von 35 EUR überschritten ist, sind die Geschenke nicht abzugsfähige Betriebsausgaben nach § 4 Abs. 5 Nr. 1 EStG. Damit ist die Vorsteuer für diese Geschenke nach § 15 Abs. 1a Nr. 1 UStG nicht abzugsfähig. Die im März 2004 gezogene Vorsteuer in Höhe von 2,10 EUR ist im Voranmeldungszeitraum Dezember 2004 zurückzuzahlen. Die Vorsteuer aus dem Kauf der Flasche Cognac ist ebenfalls nicht abzugsfähig.

Bei dem Betrag von 35 EUR ist auf die ertragsteuerliche Definition der Anschaffungskosten abzustellen. Dabei gehen nicht nur die direkt für diesen Gegenstand aufgewendeten Kosten, sondern auch die Anschaffungsnebenkosten mit in die Berechnung ein, vgl. → *Anschaffungskosten*. Die Grenze von 35 EUR stellt bei voll vorsteuerabzugsberechtigten Unternehmern grundsätzlich einen Nettobetrag dar.

Soweit ein Unternehmer nicht voll zum Vorsteuerabzug nach § 15 Abs. 2 UStG berechtigt ist, erhöhen diese nicht abzugsfähigen Vorsteuerbeträge die Anschaffungskosten.

Beispiel 5:

Der voll zum Vorsteuerabzug berechtigte Unternehmer A schenkt einem Geschäftsfreund aus unternehmerischem Anlass eine Glasvase, die brutto 44,08 EUR gekostet hat. Da der Nettobetrag mit 38 EUR nicht die Wertgrenze von 40 EUR übersteigt, liegt ein Geschenk von geringem Wert vor, die Vorsteuer in Höhe von 6,08 EUR ist nach § 15 UStG abzugsfähig.

Beispiel 6:

Der Handelsvertreter V, der auch als Versicherungsmakler tätig ist (40 % seiner Umsätze), schenkt einem Geschäftsfreund aus unternehmerischem Anlass ein Buch, das brutto 37,45 EUR gekostet hat. Da 40 % der Vorsteuerbeträge nach § 15 Abs. 2 Nr. 1 i.V.m. § 4 Nr. 11 UStG nicht abzugsfähig sind, erhöhen diese nicht abzugsfähigen Vorsteuerbeträge in Höhe von 0,98 EUR die Anschaffungskosten. Damit liegen die Anschaffungskosten mit 35,98 EUR über der Grenze von 35 EUR, so dass die Vorsteuer nach § 15 Abs. 1a Nr. 1 UStG insgesamt nicht abzugsfähig ist.

Beispiel 7:

> **Der Arzt, der ausschließlich steuerfreie Umsätze nach § 4 Nr. 14 UStG tätigt, schenkt einem Patienten eine Musik-CD mit Anschaffungskosten von brutto 23,20 EUR. Die Anschaffungskosten stellen hier den Bruttobetrag dar, da der Arzt nach § 15 Abs. 2 Nr. 1 UStG vom Vorsteuerabzug ausgeschlossen ist. Zwar liegen die Anschaffungskosten unter der Grenze von 35 EUR, so dass die Vorsteuer grundsätzlich nicht nach § 15 Abs. 1a Nr. 1 UStG vom Abzug ausgeschlossen ist, der Vorsteuerbetrag ist jedoch nach § 15 Abs. 2 Nr. 1 UStG nicht abzugsfähig, da die Schenkung in direktem Zusammenhang mit der Ausführung steuerfreier Umsätze zu sehen ist.**

Die abzugsfähigen Geschenke müssen vom Unternehmer separat aufgezeichnet werden (Buchung erfolgt auf einem eigenen Konto). Es muss sich außerdem eindeutig bestimmen lassen, wer der Empfänger des Geschenkes ist, damit die Jahresgrenze von 35 EUR überprüft werden kann.

Wenn der Unternehmer die Aufzeichnungspflichten nach § 4 Abs. 7 EStG nicht berücksichtigt, sind die Vorsteuerbeträge für die Geschenke von geringem Wert ebenfalls nach § 15 Abs. 1a Nr. 1 UStG nicht abzugsfähig.

4. Rechtsfolgen

In Abhängigkeit der oben dargestellten Möglichkeiten lassen sich verschiedene steuerliche Rechtsfolgen zum Zeitpunkt des Erwerbs des Geschenkes ableiten (Fallgruppen), die in den folgenden Übersichten dargestellt sind:

1. Der Gegenstand der Schenkung kann nicht dem Unternehmensvermögen zugeordnet werden, da er nicht für unternehmerische Zwecke verwendet wird, § 15 Abs. 1 Satz 2 UStG. Ein Vorsteuerabzug entfällt. Eine steuerbare Ausgangsleistung liegt nicht vor, § 3 Abs. 1b Satz 2 UStG.
2. Der Gegenstand der Schenkung kann dem Unternehmensvermögen zugeordnet werden, da er für unternehmerische Zwecke verwendet wird. Der Vorsteuerabzug kann zwar nach § 15 Abs. 1 UStG vorgenommen werden, ist aber nach § 15 Abs. 1a Nr. 1 UStG ausgeschlossen, da der Gegenstand einem ertragsteuerlichen Abzugsverbot nach § 4 Abs. 5 EStG unterliegt. Eine steuerbare Ausgangsleistung liegt nicht vor, § 3 Abs. 1b Satz 2 UStG. Gegebenenfalls kann der Vorsteuerabzug zum Zeitpunkt der Anschaffung des Gegenstandes abgezogen werden, wenn zu diesem Zeitpunkt noch nicht feststeht, dass er Gegenstand einer Schenkung werden soll. In diesem Fall ist der Vorsteuerabzug zum Zeitpunkt der Schenkung nach § 17 Abs. 2 Nr. 5 UStG zu korrigieren.
3. Der Gegenstand der Schenkung kann dem Unternehmensvermögen zugeordnet werden, da er für unternehmerische Zwecke verwendet wird. Der Vorsteuerabzug kann nach § 15 Abs. 1 UStG vorgenommen werden und ist auch nicht nach § 15 Abs. 1a Nr. 1 UStG ausgeschlossen, da der Gegenstand keinem ertragsteuerlichem Abzugsverbot nach § 4 Abs. 5 EStG unterliegt. Es liegt keine steuerbare

Ausgangsleistung nach § 3 Abs. 1b UStG vor, wenn es sich um ein Geschenk von geringem Wert aus unternehmerischen Gründen handelt.

4. Der Gegenstand der Schenkung kann dem Unternehmensvermögen zugeordnet werden, da er für unternehmerische Zwecke verwendet wird. Der Vorsteuerabzug kann nach § 15 Abs. 1 UStG vorgenommen werden und ist auch nicht nach § 15 Abs. 1a Nr. 1 UStG ausgeschlossen, da der Gegenstand keinem ertragsteuerlichen Abzugsverbot nach § 4 Abs. 5 EStG unterliegt. Es liegt eine steuerbare Ausgangsleistung nach § 3 Abs. 1b UStG vor, wenn es sich um ein Geschenk mit einem Wert von mehr als 35 EUR aus unternehmerischen Gründen, ein Geschenk an das Personal (soweit keine → *Aufmerksamkeit* vorliegt) oder um ein Geschenk aus nichtunternehmerischen Gründen handelt. Die Bemessungsgrundlage beträgt nach § 10 Abs. 4 UStG das, was der Unternehmer zum Zeitpunkt der Schenkung für einen vergleichbaren Gegenstand gleicher Art und Güte aufwenden müsste.

Rechtsfolgen bei Geschenk, das separat für Zweck der Schenkung eingekauft wurde

	nahe stehende Person	**Geschäftsfreunde/Kunden**		**Personal**
		bis 35 EUR	**über 35 EUR**	
Fallgruppe	1	3	2	4
Zuordnung zum Unternehmensvermögen bei Kauf	keine Zuordnung möglich	Zuordnung zum Unternehmensvermögen	Zuordnung zum Unternehmensvermögen	Zuordnung zum Unternehmensvermögen
Vorsteuerabzug	kein Vorsteuerabzug	Vorsteuerabzug	kein Vorsteuerabzug	Vorsteuerabzug
Ausgangsleistung	keine steuerbare Ausgangsleistung	keine steuerbare Ausgangsleistung	keine steuerbare Ausgangsleistung	steuerbare Ausgangsleistung, soweit keine → *Aufmerksamkeit*
Bemessungsgrundlage	entfällt	entfällt	entfällt	Einkaufspreis oder Selbstkosten zum Zeitpunkt der Schenkung

Geschenke

Rechtsfolgen bei Geschenk, das früher als Vorratsvermögen (Umlaufvermögen) erworben wurde

	nahe stehende Person	Geschäftsfreunde/Kunden		Personal
		bis 35 EUR	über 35 EUR	
Fallgruppe	4	3	2	4
Zuordnung zum Unternehmensvermögen bei Kauf	Zuordnung zum Unternehmensvermögen	Zuordnung zum Unternehmensvermögen	Zuordnung zum Unternehmensvermögen	Zuordnung zum Unternehmensvermögen
Vorsteuerabzug	Vorsteuerabzug	Vorsteuerabzug	kein Vorsteuerabzug, Berichtigung der früher gezogenen Vorsteuer im VAZ der Schenkung	Vorsteuerabzug
Ausgangsleistung	steuerbare Entnahme	keine steuerbare Ausgangsleistung	keine steuerbare Ausgangsleistung	steuerbare Ausgangsleistung, soweit keine → *Aufmerksamkeit*
Bemessungsgrundlage	Einkaufspreis oder Selbstkosten zum Zeitpunkt der Schenkung	entfällt	entfällt	Einkaufspreis oder Selbstkosten zum Zeitpunkt der Schenkung

Rechtsfolgen bei Geschenk, das früher schon als langlebiges Wirtschaftsgut (Anlagevermögen) verwendet wurde

WICHTIG!

Bei der Bestimmung des Wertes kommt es nicht auf die historischen Anschaffungskosten des Wirtschaftsgutes, sondern auf die Anschaffungskosten eines vergleichbar abgenutzten Wirtschaftsgutes (entspricht dem Zeitwert) an. Der Restbuchwert ist unerheblich.

	nahe stehende Person	Geschäftsfreunde/Kunden bis 35 EUR	Geschäftsfreunde/Kunden über 35 EUR	Personal
Fallgruppe	4	3	4	4
Zuordnung zum Unternehmensvermögen bei Kauf	Zuordnung zum Unternehmensvermögen	Zuordnung zum Unternehmensvermögen	Zuordnung zum Unternehmensvermögen	Zuordnung zum Unternehmensvermögen
Vorsteuerabzug	Vorsteuerabzug	Vorsteuerabzug	Vorsteuerabzug	Vorsteuerabzug
Ausgangsleistung	steuerbare Entnahme	keine steuerbare Ausgangsleistung	steuerbare Ausgangsleistung	steuerbare Ausgangsleistung, soweit keine → *Aufmerksamkeit*
Bemessungsgrundlage	Einkaufspreis oder Selbstkosten eines vergleichbar abgenutzten Gegenstandes zum Zeitpunkt der Schenkung	entfällt	Einkaufspreis oder Selbstkosten eines vergleichbar abgenutzten Gegenstandes zum Zeitpunkt der Schenkung	Einkaufspreis oder Selbstkosten eines vergleichbar abgenutzten Gegenstandes zum Zeitpunkt der Schenkung

Gesellschafterbeitrag

Gesellschafterbeitrag auf einen Blick

1. **Rechtsquellen**

   Abschn. 6 UStR 2000

2. **Bedeutung**

   Soweit ein Gesellschafter einer Personengesellschaft gegenüber einer Personengesellschaft, an der er beteiligt ist nur für seinen allgemeinen Gewinnanteil tätig wird, erlangt er insoweit nicht die Unternehmereigenschaft, der Gesellschafterbeitrag ist nicht steuerbar. Soweit er aber gegen Sonderentgelt tätig wird, erlangt er die Unternehmereigenschaft.

3. **Weitere Stichworte**

   → *Geschäftsführungsleistungen*, → *Unternehmer*, → *Vorsteuerabzug*

Gesellschafterbeitrag

Soweit ein Gesellschafter einer Personengesellschaft, an der er beteiligt ist, gegenüber Leistungen erbringt, für diese Leistungen aber kein besonderes Entgelt erhält, liegt ein echter Gesellschafterbeitrag vor, der wegen der fehlenden Gegenleistung nicht steuerbar ist. Wenn der Gesellschafter nur im Rahmen solcher Gesellschafterbeiträge tätig ist, wird er nicht → *Unternehmer* im Sinne des § 2 Abs. 1 UStG. Da die Unternehmereigenschaft eine der wesentlichen Voraussetzungen für einen → *Vorsteuerabzug* ist, ergibt sich in einem solchen Fall keine Vorsteuerabzugsberechtigung für den Gesellschafter.

ACHTUNG!

Eine allgemeine Gewinnbeteiligung stellt keine Gegenleistung für den Gesellschafter dar.

Insbesondere in den Fällen, in denen der Gesellschafter Gegenstände erwirbt und diese der Gesellschaft zur Nutzung überlässt, können sich hier Probleme bei der Vorsteuerabzugsberechtigung ergeben.

Beispiel:

P ist Gesellschafter der P&G OHG. P erwirbt eine Maschine, die er der Gesellschaft zur Nutzung überlässt. Wenn P die Maschine gegen gesondert berechnetes Entgelt der OHG überlässt, wird er Unternehmer nach § 2 Abs. 1 UStG. Er ist damit zum Vorsteuerabzug aus der ihm in Rechnung gestellten Umsatzsteuer berechtigt. Wenn er die Maschine ohne gesondert berechnetes Entgelt im Rahmen seiner gesellschaftsrechtlichen Verpflichtung überlässt, handelt es sich um einen echten Gesellschafterbeitrag, P wird nicht Unternehmer. Damit ist weder er noch die Personengesellschaft zum Vorsteuerabzug aus der Rechnung berechtigt. Unerheblich ist dabei, dass es sich bei der Maschine ertragsteuerlich um Sonderbetriebsvermögen bei der Gesellschaft handelt.

TIPP!

Soweit eine Nutzungsüberlassung zwischen Gesellschafter und Gesellschaft vorliegt, sollte diese Überlassung mit gesondert berechnetem Entgelt erfolgen.

Eine besondere Problematik besteht in den Fällen, in denen gegen Sonderentgelt die Geschäfte der Personengesellschaft geführt werden. Während diese Leistung früher grundsätzlich als nicht steuerbare Leistung angesehen wurde, kommt es jetzt durch die Rechtsprechung des BFH zu einem steuerbaren und steuerpflichtigen Leistungsaustausch; vgl. dazu auch → *Geschäftsführungsleistungen*.

Gutschrift

Gutschrift auf einen Blick

1. Rechtsquellen

   § 14 Abs. 2 Satz 3 UStG

2. Bedeutung

   Regelt die Abrechnung des Leistungsempfängers mit dem leistenden Unternehmen („umgekehrte Rechnung").

3. Weitere Stichworte

   → *Kommissionsgeschäft*, → *Rechnung*, → *Vermittlungsleistung*

4. Besonderheiten

   Durch das Steueränderungsgesetz 2003 sind die Anforderungen an die Gutschrift ab dem 1.1.2004 deutlich verringert worden, gleichzeitig haben sich aber auch die Haftungsgefahren erhöht.

1. Rechtslage ab 2004

Eine Gutschrift im Sinne des Umsatzsteuergesetzes stellt eine Sonderform einer Rechnung dar, mit der der Leistungsempfänger über eine an ihn ausgeführte Lieferung oder sonstige Leistung gegenüber dem leistenden Unternehmer abrechnet. Nach § 14 Abs. 2 Satz 3 UStG gilt auch die Gutschrift als Rechnung, die der Leistungsempfänger für Lieferungen oder sonstige Leistungen des Unternehmers ausstellt, wenn dies vorher vereinbart wurde. Die Gutschrift stellt eine Besonderheit im Umsatzsteuerrecht dar, da nicht der leistende Unternehmer über eine von ihm erbrachte Leistung abrechnet, sondern der Leistungsempfänger die Abrechnung erstellt.

WICHTIG!

Ab 2004 ist nur noch Voraussetzung für eine Gutschrift, dass zwischen leistendem Unternehmer und Leistungsempfänger die Abrechnung mit Gutschrift vereinbart wurde.

Eine Gutschrift mit der Rechtsfolge einer Rechnung kann ab 2004 auch in den Fällen ausgestellt werden, in denen der leistende Unternehmer nicht zum Ausweis einer Steuer in einer Rechnung berechtigt ist (z. B. weil der leistende Unternehmer Kleinunternehmer ist) oder in den Fällen, in denen die Leistung steuerfrei ist (z. B. bei einer steuerfreien Ausfuhrlieferung). In diesen Fällen schuldet der leistende Unternehmer die falsch in der Rechnung ausgewiesene Umsatzsteuer nach § 14c Abs. 1 oder Abs. 2 UStG.

TIPP!

Damit eine Gutschrift als Rechnung zum Vorsteuerabzug berechtigt, müssen alle Bestandteile einer Rechnung nach § 14 Abs. 4 UStG enthalten sein. Dies betrifft ab 2004 auch die in der Gutschrift anzugebende Steuernummer oder USt-IDNr. des leistenden Unternehmers.

ACHTUNG!

Schuldner für eine in einer Gutschrift unrichtig oder unberechtigt ausgewiesene Umsatzsteuer ist immer der leistende Unternehmer und nicht der Aussteller der Gutschrift.

Soweit der Leistungsempfänger in der von ihm ausgestellten Gutschrift die Umsatzsteuer fehlerhaft berechnet, kann der leistende Unternehmer dem Steuerausweis in der Gutschrift widersprechen. In diesem Fall verliert die Gutschrift die Wirkung der Rechnung, § 14 Abs. 2 Satz 4 UStG. In diesem Fall schuldet der leistende Unternehmer die falsch ausgewiesene Umsatzsteuer nicht.

Beispiel:

Der Leistungsempfänger rechnet mit dem leistenden Unternehmer vereinbarungsgemäß über eine an ihn ausgeführte Lieferung ab. Die Lieferung ist im Inland steuerbar, aber nach § 4 Nr. 1a UStG als Ausfuhrlieferung steuerfrei. Trotzdem weist der Leistungsempfänger in der Gutschrift versehentlich Umsatzsteuer gesondert aus. Der leistende Unternehmer schuldet die unrichtig ausgewiesene Umsatzsteuer nach § 14c Abs. 1 UStG. Wenn der leistende Unternehmer diesem unrichtigen Steuerausweis widerspricht, kann der leistende Unternehmer den unrichtigen Steuerausweis berichtigen. Die Berichtigung kann aber erst in dem Voranmeldungszeitraum nach § 17 UStG umgesetzt werden, in dem der Widerspruch erfolgt.

2. Zur Rechtslage bis 2003

Bis zum 31.12.2003 ergaben sich für Abrechnungen mittels einer Gutschrift nach § 14 Abs. 5 UStG a.F. besondere Voraussetzungen. Insbesondere war eine Abrechnung durch Gutschrift nur zulässig, wenn der Leistungsempfänger die Abrechnungslast hatte.

Die Abrechnungslast lag insbesondere dann beim Abnehmer vor, wenn nur der Abnehmer den Zeitpunkt und/oder die Höhe des zu berechnenden Entgeltes kannte. Die Voraussetzung war insbesondere beim Kommissionsgeschäft und bei Vermittlungsleistungen erfüllt.

Neben den allgemeinen Pflichtangaben für eine Rechnung mussten bei einer Abrechnung mittels Gutschrift folgende Punkte beachtet werden:

- der leistende Unternehmer (Empfänger der Gutschrift) muss zum gesonderten Ausweis der Steuer in einer Rechnung berechtigt sein (Leistender ist kein Kleinunternehmer),
- zwischen dem Aussteller und dem Empfänger der Gutschrift muss Einverständnis darüber bestehen, dass mit einer Gutschrift über die Lieferung oder sonstige Leistung abgerechnet wird (z. B. schriftliche Vereinbarung, allgemeine Geschäftsbedingungen),

- die Gutschrift muss dem leistenden Unternehmer zugeleitet worden sein, dies bedeutet, dass die Gutschrift tatsächlich bei dem leistenden Unternehmer – per Post oder per Fax – eingegangen sein muss.

ACHTUNG!

Für alle bis zum 31.12.2003 ausgestellte Gutschriften müssen die Vorgaben des § 14 Abs. 5 UStG a.F. erfüllt sein, um als ordnungsgemäße Rechnung anerkannt zu werden.

Zu beachten ist, dass eine Gutschrift über eine im Inland nicht steuerbare Lieferung oder sonstige Leistung oder über eine im Inland steuerfreie Lieferung oder sonstige Leistung bis zum 31.12.2003 nicht zu einer Rechnung im Sinne des Umsatzsteuergesetzes wurde. Selbst wenn in einer solchen Gutschrift fehlerhaft eine Umsatzsteuer gesondert ausgewiesen wurde, konnte der Leistungsempfänger daraus keinen Vorsteuerabzug nach § 15 UStG vornehmen; der leistende Unternehmer schuldete die in der Gutschrift ausgewiesene Umsatzsteuer nicht nach § 14 Abs. 3 UStG a.F. (jetzt § 14c Abs. 2 UStG).

Haftung

Haftung auf einen Blick

1. Rechtsquellen

   § 13c, § 13d und § 25d UStG, § 69 f. AO

2. Bedeutung

   In bestimmten Fällen haftet neben dem Steuerschuldner auch ein anderer für entstandene Steuerbeträge. Neben allgemeinen Haftungsansprüchen sind durch Gesetzesergänzungen auch Haftungsansprüche bei der Abtretung von Forderungen, der Änderung der Bemessungsgrundlage sowie bei schuldhaft nicht abgeführter Umsatzsteuer bei einem Leistungspartner eingeführt worden.

3. Weitere Stichworte

   → *Abtretung von Forderungen*

1. Allgemeines

Grundsätzlich schuldet der Unternehmer, der die Leistung erbracht hat, die aus diesem Umsatz entstandene Umsatzsteuer, § 13a UStG. In bestimmten Fällen kann auch der Erwerber eines Gegenstandes oder der Empfänger einer sonstigen Leistung zum Steuerschuldner werden (vgl. → *innergemeinschaftliches Dreiecksgeschäft* und → *Steuerschuldnerverfahren*).

Daneben kann sich auch noch die Haftung einer dritten Person für die bei einem anderen Unternehmer entstandene Umsatzsteuer ergeben. Dabei kann sich ein solcher Haftungsanspruch aus den allgemeinen Regelungen der Abgabenordnung (§ 69 f. AO) oder aus Sondervorschriften des Umsatzsteuergesetzes ergeben.

Allgemeine, für die Umsatzsteuer relevante Haftungsvorschriften der Abgabenordnung sind:

- Haftung des Vertreters nach § 69 AO. Dies trifft insbesondere auf Geschäftsführer von Gesellschaften zu, die vorsätzlich oder grob fahrlässig die ihnen auferlegten Pflichten nicht oder nicht rechtzeitig erfüllen. Dies kann insbesondere in den Fällen der Insolvenz von Bedeutung sein, wenn andere Gläubiger bevorzugt bedient worden sind und Umsatzsteuer-Voranmeldungen nicht rechtzeitig erstellt worden sind.
- Haftung des Betriebsübernehmers nach § 75 AO. Der Erwerber eines Betriebes oder eines gesondert geführten Teilbetriebs haftete für Steuerbeträge des Veräußerers, die seit Beginn des letzten vor der Übereignung liegenden Kalenderjahres entstanden sind und bis zum Ablauf von einem Jahr nach Anmeldung des Betriebes durch den Erwerber festgesetzt oder angemeldet werden. Dies gilt nicht in den Fällen des Erwerbs aus einer Insolvenzmasse oder im Vollstreckungsverfahren.

TIPP!

Bei einer Betriebsübernahme sollte sich der Erwerber eine Bestätigung des Finanzamtes des Verkäufers vorlegen lassen, aus der hervorgeht, dass keine Steuerbeträge rückständig sind.

2. Haftungsansprüche nach dem Umsatzsteuergesetz

2.1 Haftung bei Abtretung einer Forderung

Durch das Steueränderungsgesetz 2003 ist bei der Abtretung einer Forderung, bei der Verpfändung oder Pfändung einer Forderung eine Haftung des Abtretungsempfängers für eine in der abgetretenen oder verpfändeten Forderung enthaltene Umsatzsteuer aus einer Leistung des abtretenden Unternehmers aufgenommen worden, § 13c UStG.

Der Gesetzgeber reagiert mit der Einfügung dieser Haftungsgrundlage auf Feststellungen des Bundesrechnungshofes, dass in verschiedenen Fällen Unternehmer Forderungen abgetreten hatten und nach Abtretung der Forderungen nicht mehr in der Lage waren, die fälligen Umsatzsteuerbeträge zu entrichten. In diesen Fällen ergaben sich erhebliche Steuerausfälle, da der Schuldner bei vollständiger Zahlung des geschuldeten Betrags an den Abtretungsempfänger den Vorsteuerabzug nach § 15 Abs. 1 UStG zu Recht in Anspruch nehmen konnte. Zu den Einzelheiten vgl. Abtretung von Forderungen.

ACHTUNG!

Die Haftungsvorschrift ist auf alle Forderungen anzuwenden, die nach dem 7.11.2003 abgetreten, verpfändet oder gepfändet wurden, § 27 Abs. 7 Satz 1 UStG.

2.2 Haftung bei Änderung der Bemessungsgrundlage

Ebenfalls durch das Steueränderungsgesetz 2003 wurde eine Haftung des leistenden Unternehmers für eine vom Leistungsempfänger nicht zurückgezahlte Vorsteuer eingeführt, wenn der Unternehmer einen Gegenstand auf Grund eines Mietvertrags oder eines ähnlichen Vertrags geliefert hatte und später (z. B. wegen Nichterfüllung des Vertrags) eine Änderung der Bemessungsgrundlage eingetreten ist, § 13d UStG.

Voraussetzung für die Anwendung der Haftungsregelung ist, dass es sich um einen Vorgang handelt, bei dem trotz Abschluss eines Miet- oder Leasingvertrags umsatzsteuerrechtlich eine Lieferung anzunehmen ist.

WICHTIG!

Bei einem normalen Miet- oder Leasingvertrag, bei dem die Leistung als sonstige Leistung nach § 3 Abs. 9 UStG anzusehen ist, kann die Haftung nach § 13d UStG nicht einschlägig sein.

Der zwischen dem leistenden Unternehmer und dem Leistungsempfänger abgeschlossene Vertrag muss umsatzsteuerlich als Lieferung nach § 3 Abs. 1 UStG anzusehen sein. Bei Mietverträgen im Sinne des § 535 BGB mit Recht zum Kauf liegen Lieferungen vor, wenn die getroffenen Vereinbarungen wesentlich von denen abweichen, die bei einer bloßen Gebrauchsüberlassung üblich sind. Der Vorgang entspricht in seinen Auswirkungen dem Kauf auf Abzahlung. Werden Gegenstände im Leasing-Verfahren überlassen, ist die Übergabe des Leasing-Gegenstandes durch den Leasing-Geber an den Leasing-Nehmer eine Lieferung, wenn der Leasing-Gegenstand einkommensteuerrechtlich dem Leasing-Nehmer zuzurechnen ist. Auch diese Lieferungen sind von § 13d UStG erfasst.

Beispiel:

Die A-GmbH schließt mit der B-GmbH einen Mietkaufvertrag über die Lieferung eines mobilen Autokranes ab. Es wird vereinbart, dass eine Anzahlung von 20.000 EUR sowie 20 Raten á 49.000 EUR gezahlt werden sollen (jeweils zuzüglich Umsatzsteuer). Wegen der besonderen Bedingungen wird ertragsteuerlich der Gegenstand der B-GmbH zugerechnet. Damit liegt auch umsatzsteuerrechtlich eine Lieferung im Sinne des § 3 Abs. 1 UStG vor. Die Lieferung ist steuerbar und steuerpflichtig. Die Bemessungsgrundlage nach § 10 Abs. 1 UStG bestimmt sich mit der Anzahlung sowie der insgesamt zu zahlenden Mietraten, insgesamt also netto 1.000.000 EUR. Bei der A-GmbH entsteht nach § 13 Abs. 1 Nr. 1 UStG im Zeitpunkt der Lieferung eine Umsatzsteuer in Höhe von 160.000 EUR. Über die Bemessungsgrundlage sowie die Umsatzsteuer kann die A-GmbH der B-GmbH eine Rechnung mit gesondert ausgewiesener Umsatzsteuer erteilen, so dass die B-GmbH nach Lieferung und Vorlage der Rechnung den Vorsteuerabzug nach § 15 Abs. 1 Satz 1 Nr. 1 UStG vornehmen kann.

Nach Zahlung der Anzahlung und von drei Raten wird die B-GmbH zahlungsunfähig und betreibt das Insolvenzverfahren. Die A-GmbH hat bisher (netto) 167.000 EUR erhalten. Nach § 17 Abs. 2 Nr. 1 UStG kann die A-GmbH die Bemessungsgrundlage von 1.000.000 EUR auf 167.000 EUR berichtigen. Sie erhält somit von ihrem Finanzamt 133.280 EUR wegen der Berichtigung der Bemessungsgrundlage zurück. Nach § 17 Abs. 1 UStG müsste die B-GmbH den vorgenommenen Vorsteuerabzug entsprechend berichtigen, wegen des Insolvenzverfahrens wird dieser Anspruch theoretischer Natur sein.

Die A-GmbH haftet jetzt für die Steuer aus der Berichtigung des Vorsteuerabzugs. Die Haftung knüpft an die bei der B-GmbH festgesetzten und bei Fälligkeit nicht oder nicht vollständig entrichteten Steuer an. Die A-GmbH wird damit nachrangig als Haftungsschuldner in Anspruch genommen.

Eine Haftung kann sich frühestens für den leistenden Unternehmer ergeben, wenn der Leistungsempfänger die bei ihm festgesetzte Steuer aus der Berichtigung nicht oder nicht vollständig entrichtet hat, hat der Leistungsempfänger einen Teilbetrag der festgesetzten Steuer entrichtet, so beschränkt sich die Haftung auf den im Fälligkeitszeitpunkt nicht entrichteten Betrag; § 13d Abs. 2 UStG.

ACHTUNG!

Die Haftungsvorschrift ist auf alle Mietverträge oder mietähnlichen Verträge anzuwenden, die nach dem 7.11.2003 abgeschlossen wurden, § 27 Abs. 7 Satz 2 UStG.

2.3 Haftung des Leistungsempfängers für schuldhaft nicht abgeführte Umsatzsteuer

Durch die Regelungen des Steuerverkürzungsbekämpfungsgesetzes ist mit Wirkung vom 1.1.2002 auch eine Haftung des Unternehmers für eine Umsatzsteuer aus einem vorangegangenen Umsatz aufgenommen worden, soweit die Umsatzsteuer in einer Rechnung gesondert ausgewiesen worden ist, § 25d UStG. Weitere Voraussetzung ist, dass der Aussteller der Rechnung die gesondert ausgewiesene Steuer mit vorgefasster Absicht nicht an das Finanzamt entrichtet oder sich vorsätzlich außer Stande gesetzt hat, die ausgewiesene Umsatzsteuer zu entrichten. Der Leistungsempfänger muss darüber bei Abschluss des Vertrages Kenntnis davon gehabt haben oder nach der Sorgfalt eines ordentlichen Kaufmanns davon Kenntnis haben müssen. Damit ist diese Haftungsvorschrift auf die Fälle beschränkt, in denen vorsätzlich im Rahmen einer Steuerhinterziehung (meistens im Rahmen organisierter Kriminalität) Vorsteuerbeträge erschlichen werden sollen.

Durch das Steueränderungsgesetz 2003 ist die Frage der Kenntnis des Leistungsempfängers enger gefasst worden (Umkehr der Beweislast). Von einer Kenntnis ist jetzt insbesondere auszugehen, wenn der Unternehmer für seinen Umsatz einen Preis in Rechnung stellt, der zum Zeitpunkt des Umsatzes unter dem marktüblichen Preis liegt oder unter dem Preis liegt, der dem leistenden Unternehmer selber in Rechnung gestellt wurde. Der Leistungsempfänger kann sich aus dieser Vermutung befreien, wenn er nachweisen kann, dass die Preisgestaltung betriebswirtschaftlich begründet ist.

WICHTIG!

Ungewöhnliche Preisgestaltungen können jetzt zu einem Anfangsverdacht für eine Haftung nach § 25d UStG führen.

ACHTUNG!

Ohne Vorlage eines gesonderten Haftungsbescheides des für den Unternehmer zuständigen Finanzamtes kann sich eine Zahlungsverpflichtung nicht ergeben.

Herstellungskosten

Herstellungskosten auf einen Blick

1. Rechtsquellen

   § 255 Abs. 2 HGB

   R 33 EStR 2003

2. Bedeutung

   Herstellungskosten sind die Aufwendungen, die durch den Verbrauch von Gütern und Dienstleistungen für die Herstellung, Erweiterung oder wesentliche Verbesserung eines Wirtschaftsgutes aufgewendet werden.

3. Weitere Stichworte

   → *Anschaffungskosten*, → *Vorsteuerberichtigung*

Wenn der Unternehmer einen Gegenstand selber herstellt, können keine → *Anschaffungskosten* für diesen Gegenstand entstehen. Um aber in diesen Fällen eine wirtschaftliche Erfassung der bei der Herstellung, der Erweiterung oder der über den ursprünglichen Zustand hinausgehenden wesentlichen Verbesserung eines Vermögensgegenstandes zu ermöglichen, sind die Herstellungskosten für diesen Vermögensgegenstand zu erfassen.

Zu den Herstellungskosten gehören die folgenden Kosten:

- Materialkosten, darunter fallen sowohl die Materialeinzelkosten wie auch die Materialgemeinkosten (z. B. Aufwendungen für Lagerhaltung, Raumkosten, Sachversicherungen),
- Fertigungskosten, darunter fallen sowohl die Fertigungseinzelkosten wie auch die Fertigungsgemeinkosten,
- Werteverzehr des Anlagevermögens, soweit es der Fertigung der Erzeugnisse gedient hat. Anzusetzen ist in der Regel der (lineare) Abschreibungsbetrag, der bei der Bilanzierung des Anlagevermögens als AfA berücksichtigt ist,

- als Wahlrecht: Kosten der allgemeinen Verwaltung und Aufwendungen für soziale Einrichtungen des Betriebes, für freiwillige soziale Leistungen und für betriebliche Altersversorgung sowie für Zinsen für Fremdkapital, soweit sie auf den Zeitraum der Herstellung entfallen. Voraussetzung für die steuerliche Berücksichtigung ist, dass diese Kosten auch in der Handelsbilanz mit als Herstellungskosten angesetzt worden sind,
- als Wahlrecht: die anteilige Gewerbesteuer.

Vertriebskosten dürfen nicht in die Herstellungskosten mit eingerechnet werden.

Nach § 15 UStG nicht abzugsfähige Vorsteuerbeträge für bezogene Leistungen gehören ebenfalls zu den Herstellungskosten, § 9b Abs. 1 Satz 1 EStG. Die früher in § 9b Abs. 1 Satz 2 EStG enthaltenen Vereinfachungsregelungen für die nicht abziehbaren Vorsteuerbeträge sind mit Wirkung vom 1.1.2002 entfallen. Soweit es in der Folgezeit zu einer → *Vorsteuerberichtigung* nach § 15a UStG kommt, führen die Berichtigungsbeträge nicht zu einer Änderung der Herstellungskosten, die Berichtigungsbeträge sind laufende Betriebseinnahmen (bei einer Vorsteuerberichtigung zu Gunsten des Unternehmers) bzw. laufende Betriebsausgaben (bei einer Berichtigung zu Ungunsten des Unternehmers).

Hilfsgeschäft

Hilfsgeschäft auf einen Blick

1. **Rechtsquellen**

   Abschn. 20 Abs. 2 UStR 2000

2. **Bedeutung**

   Hilfsgeschäfte fallen immer in den Rahmen des Unternehmens, unabhängig davon, ob diese Umsätze nachhaltig ausgeführt werden.

3. **Weitere Stichworte**

   → *Lieferung*, → *sonstige Leistung*

In den Rahmen des Unternehmens fallen nicht nur die Grundgeschäfte des Unternehmers, sondern auch alle Tätigkeiten, die die Haupttätigkeit des Unternehmers mit sich bringt. Dabei kommt es nicht darauf an, ob diese Hilfsgeschäfte nachhaltig, das heißt mit der Absicht, auf Dauer Einnahmen zu erzielen ausgeführt werden. Insbesondere fallen die Verkäufe der dem Unternehmensvermögen zugeordneten Wirtschaftsgüter unter die Hilfsgeschäfte. Soweit ein solches Hilfsgeschäft vorliegt, wird dieses bei dem Unternehmer als normale → *Lieferung* oder → *sonstige Leistung* der Besteuerung unterworfen.

Beispiel 1:

Der Fleischermeister F veräußert eine zu seinem Unternehmensvermögen gehörende, nicht mehr benötigte Waage für 116 EUR. Der Umsatz fällt als Hilfsgeschäft in den Rahmen des Unternehmens. Es handelt sich um einen steuerbaren und steuerpflichtigen Umsatz, der Fleischermeister muss 16 EUR Umsatzsteuer für diesen Umsatz an sein Finanzamt abführen.

ACHTUNG!

Für Unternehmer, die nur steuerfreie Umsätze nach § 4 Nr. 8 bis 27 UStG ausführen, ergibt sich nach § 4 Nr. 28 UStG eine Steuerbefreiung für diese Hilfsgeschäfte.

Bei Unternehmern, die nicht ausschließlich steuerfreie Umsätze nach § 4 Nr. 8 bis 27 UStG ausführen, lässt die Finanzverwaltung hier jedoch eine Verwendung des Gegenstandes bis zu 5 % für steuerpflichtige Ausgangsleistungen zu, soweit der Unternehmer auf einen Vorsteuerabzug verzichtet hat, Abschn. 122 Abs. 2 UStR 2000.

Beispiel 2:

Ein Zahnarzt hat im Kalenderjahr 2000 einen Computer erworben, den er fast ausschließlich für seine steuerfreien Umsätze nach § 4 Nr. 14 UStG verwendet. In geringfügigem Umfang (4 %) nutzt er diesen Computer auch für zahntechnische Umsätze. Er hat in 2000 auf den anteiligen Abzug der Vorsteuer aus der Anschaffung des Computers verzichtet. Im März 2004 nimmt ein Händler den Computer für 200 EUR bei Lieferung eines neuen Computers in Zahlung. Der Verkauf des alten Computers ist steuerbar, aber nach § 4 Nr. 28 UStG steuerfrei, da der Computer bisher fast ausschließlich für steuerfreie Umsätze nach § 4 Nr. 14 UStG verwendet worden ist und auf einen Vorsteuerabzug für die – geringfügige – steuerpflichtige Verwendung verzichtet wurde.

Die Hilfsgeschäfte unterliegen der Umsatzsteuer mit dem Steuersatz, der für diese Art Lieferung oder sonstige Leistung anzuwenden ist. Unerheblich ist, mit welchem Steuersatz der leistende Unternehmer seine Umsätze ansonsten besteuert.

Hingabe an Zahlungs statt

Hingabe an Zahlungs statt auf einen Blick

1. Rechtsquellen

   § 10 Abs. 2 UStG

   Abschn. 153 UStR 2000

2. Bedeutung

   Bei einer Hingabe an Zahlungs statt wird an Stelle einer eigentlich vereinbarten Geldzahlung eine Lieferung oder eine sonstige Leistung erbracht.

3. Weitere Stichworte

   → *Tausch*

Bei einer Hingabe an Zahlungs statt wurde zwischen den am Vertrag beteiligten Personen eine Geldzahlung vereinbart, dann aber an Stelle der Geldzahlung ein Gegenstand als Gegenleistung geliefert oder eine sonstige Leistung als Gegenleistung erbracht. Für den Unternehmer, der die Leistung erbracht hat, ist die Hingabe an Zahlungs statt nur für die Ermittlung der Bemessungsgrundlage von Bedeutung, an der grundsätzlichen Besteuerung seines Umsatzes ändert sich nichts. Bei dem Leistungsempfänger ist zu prüfen, ob er auch Unternehmer ist und die (Gegen-)Leistung im Rahmen seines Unternehmens erbracht hat. In diesem Fall liegt bei ihm ebenfalls ein steuerbarer Umsatz vor.

Die Bemessungsgrundlage für eine Hingabe an Zahlungs statt ermittelt sich wie bei einem → *Tausch* oder einem tauschähnlichen Umsatz.

Inland

Inland auf einen Blick

1. **Rechtsquellen**

   § 1 Abs. 2 und § 1 Abs. 2a UStG
   Abschn. 13 bis Abschn. 15 UStR 2000

2. **Bedeutung**

   Die Anwendung des deutschen Umsatzsteuergesetzes ist auf das Inland beschränkt. Damit können nur Umsätze der deutschen Umsatzsteuer unterliegen, die in diesem Gebiet ausgeführt werden.

3. **Weitere Stichworte**

   → *Ausland*, → *Drittlandsgebiet*, → *Freihafen*, → *Gemeinschaftsgebiet*

4. **Besonderheiten**

   Die Definition des Inlands im Sinne des § 1 Abs. 2 UStG weicht von der Definition des Inlandsbegriffes nach Art. 3 der 6. EG-Richtlinie ab.

1. Definition des Inlandes

Damit ein Umsatz nach deutschem Steuerrecht steuerbar sein kann, muss der Umsatz im Inland ausgeführt worden sein. Dabei wird der Begriff des Inlandes wie folgt definiert:

Gebiet der Bundesrepublik Deutschland
- Gemeinde Büsingen am Hochrhein
- Insel Helgoland

- Kontrolltyp I nach § 1 Abs. 1 Nr. 1 ZollVerwG (Freihäfen)
- Gewässer und Watten zwischen der Hoheitsgrenze und der jeweiligen Strandlinie
- deutsche Schiffe/Flugzeuge außerhalb von Zollgebieten

= Inland i.S.d. § 1 Abs. 2 Satz 1 UStG

Botschaften, Gesandtschaften und Konsulate anderer Staaten gehören selbst dann zum Inland, wenn es sich um exterritoriales Gelände handelt.

Zum Inland gehört auch der Luftraum über dem Gebiet der Bundesrepublik Deutschland, damit sind Beförderungsleistungen in diesem Gebiet grundsätzlich steuerbare Umsätze.

WICHTIG!

Alle Gebiete, die nicht Inland im Sinne des § 1 Abs. 2 UStG sind, stellen → *Ausland* dar. Soweit ein Umsatz im Ausland ausgeführt worden ist, kann eine Besteuerung nach dem deutschen Umsatzsteuergesetz nicht in Betracht kommen.

2. Die Sondergebiete

Die Umsätze in der Gemeinde Büsingen am Hochrhein (deutsche Enklave, vom Schweizer Hoheitsgebiet umschlossen) unterliegen dem Schweizer Zoll- und Steuerrecht (ehemals deutsches Zollausschlussgebiet). Die Umsätze auf der Insel Helgoland, in den Freihäfen, in den Gewässern und Watten zwischen der Hoheitsgrenze (der 12-Seemeilen-Grenze) und der jeweiligen Strandlinie sowie den deutschen Schiffen und Flugzeugen außerhalb von Zollgebieten unterliegen weder der deutschen noch einer anderen Umsatzbesteuerung. Allerdings können bestimmte, in den Freihäfen ausgeführte Umsätze, wie Umsätze im Inland behandelt werden → *Freihafen*.

Innenumsatz

Innenumsatz auf einen Blick

1. Rechtsquellen

   § 1 Abs. 1 UStG

   Abschn. 183 Abs. 3 UStR 2000

2. Bedeutung

   Innerhalb eines einheitlichen Unternehmens können nur Innenumsätze ausgeführt werden. Innenumsätze sind nicht steuerbar.

3. Weitere Stichworte

   → *Organschaft*, → *Unternehmenseinheit*

Innenumsatz

Eine steuerbare Leistung liegt nur dann vor, wenn der Unternehmer gegenüber einem anderen eine Leistung gegen Entgelt erbringt. An einer solchen nach außen gerichteten Leistung fehlt es bei einem Innenumsatz, bei dem der Unternehmer innerhalb seines Unternehmens Leistungen zwischen zwei verschiedenen Unternehmensteilen ausführt.

ACHTUNG!

Ertragsteuerlich zu trennende Einkunftsarten und Betriebe führen umsatzsteuerlich zu einem einheitlichen Unternehmen, soweit sie von demselben Unternehmer betrieben werden (→ *Unternehmenseinheit*).

Beispiel:

Der Tischlermeister T besitzt auch ein Mehrfamilienhaus, das für Mietwohnzwecke vermietet ist. Tischlerei und Mehrfamilienhaus sind ertragsteuerlich streng zu trennen, stellen aber umsatzsteuerlich das einheitliche Unternehmen des T dar. Soweit der Tischlermeister Tischlerarbeiten an dem Mehrfamilienhaus ausführen lässt, stellt dieses einen nicht steuerbaren Innenumsatz dar.

ACHTUNG!

Gegebenenfalls kann eine Korrektur der Vorsteuer notwendig sein, wenn Gegenstände für vorsteuerabzugsberechtigende Zwecke erworben, dann aber für einen nicht steuerbaren Innenumsatz für vorsteuerabzugsschädliche Zwecke verwendet werden.

Fortsetzung Beispiel:

Der Tischlermeister entnimmt seinem Warenvorrat eine Fertigtür, die er in dem Mietwohnhaus einbaut. Bei Erwerb der Fertigtür hatte er die Vorsteuer abgezogen. Da die Tür jetzt im Rahmen der steuerfreien, den Vorsteuerabzug ausschließenden Vermietung genutzt wird, ist der Vorsteuerabzug rückgängig zu machen. (Hinweis: Das Ergebnis entspricht einer wirtschaftlichen Betrachtungsweise. Fraglich ist hier die systematische Anspruchsgrundlage für die Änderung der Vorsteuer. Zu einer analogen Anwendung des § 15a UStG kann es hier nicht kommen, so dass – entgegen der wirtschaftlichen Betrachtungsweise – eine Berichtigung systematisch schwer begründbar ist.)

Wenn ein Unternehmer versehentlich für einen nicht steuerbaren Innenumsatz in einem Beleg zwischen seinen Unternehmensteilen Umsatzsteuer gesondert ausweist, schuldet er diese Umsatzsteuer nicht nach § 14c Abs. 2 UStG, es handelt sich insoweit nur um einen unternehmensinternen Buchungsbeleg, aus dem weder Vorsteuerabzug noch Umsatzsteuerschuld abgeleitet werden kann.

Nicht steuerbare Innenumsätze ergeben sich auch bei einer umsatzsteuerlichen → *Organschaft* innerhalb des Organkreises.

Innergemeinschaftliche Lieferung

Innergemeinschaftliche Lieferung auf einen Blick

1. Rechtsquellen

   § 4 Nr. 1b und § 6a UStG

   § 17a bis § 17c UStDV

2. Bedeutung

   Eine innergemeinschaftliche Lieferung liegt vor, wenn ein Gegenstand bei der Lieferung durch einen Unternehmer an einen Abnehmer mit USt-IDNr. in einen anderen Mitgliedstaat der Gemeinschaft gelangt. Die innergemeinschaftliche Lieferung ist steuerfrei, soweit alle Buch- und Belegnachweise geführt werden können.

3. Weitere Stichworte

   → *Ausland*, → *Fahrzeuglieferung*, → *innergemeinschaftlicher Erwerb*, → *innergemeinschaftliches Verbringen*, → *Lieferung*, → *Umsatzsteuer-Identifikationsnummer*, → *Zusammenfassende Meldung*

4. Besonderheiten

   Erfassung in der Umsatzsteuer-Voranmeldung in Zeile 21 und der Umsatzsteuererklärung (Anlage UR) sowie Aufnahme in der Zusammenfassenden Meldung.

1. Allgemeines

Die Lieferung aus Deutschland in einen anderen Mitgliedstaat kann grundsätzlich zu den folgenden Besteuerungsfolgen führen:

- Wenn der Abnehmer die Bestellung unter seiner zutreffenden USt-IDNr. vornimmt, führt dies bei dem liefernden Unternehmer zu einer in Deutschland steuerbaren, aber steuerfreien innergemeinschaftlichen Lieferung.
- Wenn der Abnehmer keine USt-IDNr. verwendet, kann für den Lieferer die Verlagerung des Ortes der Lieferung in das Bestimmungsland nach § 3c UStG in Frage kommen (soweit er die Lieferschwelle in dem anderen Mitgliedstaat überschreitet → *Lieferung*/Ort der Lieferung nach § 3c UStG). In diesem Fall ist die Lieferung in Deutschland nicht steuerbar, muss aber in dem anderen Mitgliedstaat besteuert werden.
- Wenn der Abnehmer keine USt-IDNr. verwendet und die Verlagerung des Ortes der Lieferung nach § 3c UStG nicht in Frage kommt, ist die Lieferung in Deutschland steuerbar und steuerpflichtig. Der liefernde Unternehmer muss in Deutschland Umsatzsteuer für diese Lieferung abführen.

Von einer innergemeinschaftlichen Lieferung wird dann gesprochen, wenn die Voraussetzungen der Steuerfreiheit nach § 4 Nr. 1b UStG in Verbindung mit § 6a UStG vorliegen.

2. Steuerfreiheit der innergemeinschaftlichen Lieferung

Wenn bei einer → *Lieferung* ein Gegenstand von einem Mitgliedstaat in einen anderen Mitgliedstaat gelangt, kann eine steuerfreie innergemeinschaftliche Lieferung vorliegen.

Die Steuerfreiheit setzt nach § 4 Nr. 1b UStG i. V. m. § 6a UStG bestimmte Tatbestände sowie entsprechende Buch- und Belegnachweise voraus.

Eine innergemeinschaftliche Lieferung liegt auch bei einem → *innergemeinschaftlichem Verbringen* im Sinne des § 3 Abs. 1a UStG vor, § 6a Abs. 2 UStG.

Die Steuerfreiheit der innergemeinschaftlichen Lieferung setzt zwingend voraus, dass der Leistungsempfänger in dem Bestimmungsland einen → *innergemeinschaftlichen Erwerb* der Besteuerung unterwerfen muss. Ohne diese Voraussetzung (insbesondere nachgewiesen durch die USt-IDNr. des Leistungsempfängers) kann eine Steuerbefreiung nicht gewährt werden. Den systematischen Zusammenhang zeigt die Gegenüberstellung beim → *innergemeinschaftlichen Erwerb*.

3. Voraussetzungen nach § 6a Abs. 1 UStG

Nach § 6a Abs. 1 UStG ist die Steuerfreiheit der innergemeinschaftlichen Lieferung nur unter den folgenden Voraussetzungen gegeben:

- Der Gegenstand gelangt tatsächlich von einem Mitgliedstaat in einen anderen Mitgliedstaat der Gemeinschaft (zu den Sondergebieten → *Ausland*). Dabei ist es unerheblich, ob der Lieferer oder der Abnehmer den Gegenstand befördert oder versendet.
- Der Abnehmer ist entweder
  a) ein Unternehmer, der den Gegenstand der Lieferung für sein Unternehmen erworben hat, oder
  b) eine juristische Person, die nicht Unternehmer ist oder die den Gegenstand der Lieferung nicht für ihr Unternehmen erworben hat, oder
  c) bei der Lieferung eines neuen Fahrzeuges auch jeder andere Erwerber (→ *Fahrzeuglieferung*).
- Der Erwerb des Gegenstandes unterliegt beim Abnehmer in einem anderen Mitgliedstaat den Vorschriften der Umsatzbesteuerung (→ *innergemeinschaftlicher Erwerb*).

ACHTUNG!

Damit eine steuerfreie innergemeinschaftliche Lieferung vorliegt, müssen alle drei Voraussetzungen erfüllt sein.

WICHTIG!

Die Voraussetzungen für die steuerfreie innergemeinschaftliche Lieferung müssen insbesondere durch die Aufzeichnung der → *Umsatzsteuer-Identifikationsnummer* des Leistungsempfängers nachgewiesen werden.

Der Gegenstand der Lieferung kann aber, bevor er in das übrige Gemeinschaftsgebiet gelangt, noch von einem Beauftragten be- oder verarbeitet werden.

Ein besonderes Augenmerk bei der innergemeinschaftlichen Lieferung ist auf die USt-IDNr. des Leistungsempfängers zu richten. Grundsätzlich gilt:

WICHTIG!

Ohne zutreffende USt-IDNr. des Leistungsempfängers keine steuerfreie innergemeinschaftliche Lieferung. Dabei muss die USt-IDNr. schon zum Zeitpunkt der Lieferung dem liefernden Unternehmer vorliegen. Nicht erforderlich ist, dass die USt-IDNr. aus dem Land stammt, in das der Gegenstand dann auch tatsächlich gelangt.

Von dem Grundsatz, dass immer eine USt-IDNr. vorliegen muss, gibt es nur eine Ausnahme: Bei der → *Fahrzeuglieferung* eines neuen Fahrzeuges ist die Steuerfreiheit auch ohne eine USt-IDNr. des Abnehmers gegeben.

4. Nachweis durch den Unternehmer

Der Unternehmer muss die Voraussetzungen für eine innergemeinschaftliche Lieferung buch- und belegmäßig nachweisen, § 6a Abs. 3 UStG. Insbesondere müssen die folgenden Belege aufbewahrt werden (zu den Aufbewahrungsfristen → *Aufbewahrung von Rechnungen*).

- Das Doppel der Rechnung,
- ein handelsüblicher Beleg, aus dem sich der Bestimmungsort ergibt (z. B. Lieferschein), bei der Beförderung durch den Abnehmer eine unterschriebene Versicherung, dass der Gegenstand in das übrige Gemeinschaftsgebiet gelangt, oder
- andere Belege, aus denen sich eindeutig der Abnehmer und der Zielort der Warenbewegung ergeben.

Darüber hinaus muss der Unternehmer nach § 17c UStDV buchmäßig die folgenden Daten aufzeichnen:

- Den Namen und die Anschrift des Abnehmers,
- den Namen und die Anschrift des Beauftragten des Abnehmers bei einer Lieferung, die im Einzelhandel oder in einer für den Einzelhandel gebräuchlichen Art und Weise erfolgt,

- den Gewerbezweig oder Beruf des Abnehmers,
- die handelsübliche Bezeichnung und die Menge der gelieferten Gegenstände,
- den Tag der Lieferung,
- das vereinbarte Entgelt oder bei der Besteuerung nach vereinnahmten Entgelten das vereinnahmte Entgelt und den Tag der Vereinnahmung,
- soweit der Gegenstand noch be- oder verarbeitet worden ist, den Umfang oder die Art der Be- oder Verarbeitung,
- die Beförderung oder Versendung in das übrige Gemeinschaftsgebiet,
- den Bestimmungsort im übrigen Gemeinschaftsgebiet.

Hat der Leistungsempfänger den Gegenstand der Lieferung selber in das übrige Gemeinschaftsgebiet befördert oder versenden lassen, benötigt der leistende Unternehmer eine schriftliche Bestätigung darüber, dass der Gegenstand tatsächlich in das übrige Gemeinschaftsgebiet gelangt. Der BFH hat dazu entschieden (Urteil v. 18.7.2002 – V R 3/02), dass eine Steuerbefreiung dann nicht vorliegt, wenn der Leistungsempfänger den Gegenstand der Lieferung abholt und nur mündlich versichert, den Gegenstand in das übrige Gemeinschaftsgebiet zu verbringen. Auch eine nachträglich erstellte Bestätigung ist zumindest dann nicht ausreichend, wenn sie unzutreffend ist, ein Vertrauensschutz nach § 6a Abs. 4 UStG kann sich in diesem Fall nicht ergeben.

TIPP!

Bei einer Abhollieferung im Gemeinschaftsgebiet muss der leistende Unternehmer nicht nur die zutreffende USt-IDNr. des Käufers aufzeichnen, sondern braucht auch – schon bei Abholung – eine schriftliche Bestätigung des Leistungsempfängers, dass der Gegenstand in das übrige Gemeinschaftsgebiet gelangt.

5. Anforderungen an die Rechnung

Der liefernde Unternehmer muss dem Abnehmer eine ordnungsgemäße Rechnung erteilen, in der auch auf die Steuerfreiheit des Umsatzes hinzuweisen ist, § 14 Abs. 4 Nr. 8 UStG. Darüber hinaus müssen die Anforderungen nach § 14a Abs. 3 UStG beachtet werden. Danach ergeben sich die folgenden Anforderungen:

- bei einer steuerfreien innergemeinschaftlichen Lieferung ist grundsätzlich eine Rechnung auszustellen;
- Angabe der eigenen USt-IDNr. sowie die USt-IDNr. des Leistungsempfängers.

Von diesen Rechnungen hat der Unternehmer ein Doppel zehn Jahre lang aufzubewahren, § 14b Abs. 1 UStG. Die Aufbewahrungsfrist beginnt mit Ablauf des Jahres, in dem die Rechnung ausgestellt worden ist. Ein Verstoß gegen die Aufbewahrungsvorschriften kann mit einem Bußgeld mit bis zu 5.000 EUR geahndet werden.

ACHTUNG!

Nach einem Beschluss des FG Nürnberg aus 2003 ist für die Steuerfreiheit einer innergemeinschaftlichen Lieferung Voraussetzung, dass in der Rechnung auf die Steuerfreiheit des Umsatzes hingewiesen wird. Der Beschluss erging zwar noch zu der Rechtslage bis Ende 2003, da die Rechtsprechung die Formerfordernisse aber immer enger auslegt, sollte der liefernde Unternehmer auf ordnungsgemäße Belege und Rechnungen achten.

6. Anmeldungen

Der liefernde Unternehmer muss die steuerfreie innergemeinschaftliche Lieferung in seiner Umsatzsteuer-Voranmeldung des Zeitraums der Lieferung in der Zeile 21 als steuerfreie innergemeinschaftliche Lieferung angeben. Darüber hinaus ist die Lieferung auch in der → *Zusammenfassenden Meldung* des Quartals aufzunehmen, in der die Lieferung erfolgt ist bzw. in der die Rechnung für die Lieferung erteilt worden ist. In der Zusammenfassenden Meldung hat der Unternehmer die USt-IDNr. des Leistungsempfängers sowie die Bemessungsgrundlage für die steuerfreie Lieferung anzugeben. Soweit der liefernde Unternehmer in einem Meldezeitraum mehrere Lieferungen an denselben Unternehmer ausgeführt hat, sind die Bemessungsgrundlagen der Lieferungen in der Zusammenfassenden Meldung zu einer Summe zusammenzufassen.

Die zutreffende Erfassung der Lieferung in der Zusammenfassenden Meldung ist erforderlich, damit im Rahmen des → *innergemeinschaftlichen Kontrollverfahrens* überprüft werden kann, ob der Leistungsempfänger seiner Verpflichtung zur Besteuerung eines innergemeinschaftlichen Erwerbs auch nachgekommen ist.

In der Umsatzsteuer-Voranmeldung wie auch in der Zusammenfassenden Meldung muss der Unternehmer die Bemessungsgrundlage für diese Lieferung angeben. Die Bemessungsgrundlage bestimmt sich grundsätzlich nach § 10 Abs. 1 UStG mit dem Betrag, den der Abnehmer des Gegenstandes aufwendet, um die Lieferung zu erhalten. Damit sind in die Bemessungsgrundlage auch → *Nebenleistungen* einzubeziehen, die das Schicksal der Hauptleistung teilen (z. B. Transportkosten).

7. Vertrauensschutz nach § 6a Abs. 4 UStG

Wenn der liefernde Unternehmer eine Lieferung steuerfrei ausführt, obwohl die Voraussetzungen für die Steuerfreiheit nicht gegeben sind, schuldet der Abnehmer die in Deutschland entgangene Umsatzsteuer, wenn die Inanspruchnahme der Steuerfreiheit auf unrichtigen Angaben des Leistungsempfängers beruht und der liefernde Unternehmer die Unrichtigkeit der Angaben nicht erkennen konnte.

WICHTIG!

Diese Vertrauensschutzregelung erstreckt sich aber nicht auf die Fälle, in denen der Leistungsempfänger mit einer unzutreffenden USt-IDNr. die Leistung erhalten hat. Aus diesem Grunde sollte sich der liefernde Unternehmer die USt-IDNr. grundsätzlich vom Bundesamt für Finanzen bestätigen lassen (→ *Umsatzsteuer-Identifikationsnummer*).

Damit erstreckt sich die Vetrauensschutzregelung im Wesentlichen auf die folgenden Fälle:

- Der Leistungsempfänger verwendet die Gegenstände nicht für unternehmerische Zwecke.
- Der Leistungsempfänger holt die Gegenstände der Lieferung selber ab und verbringt sie – entgegen einer schriftlichen Bestätigung – nicht in das übrige Gemeinschaftsgebiet.

Innergemeinschaftlicher Erwerb

Innergemeinschaftlicher Erwerb auf einen Blick

1. **Rechtsquellen**

   § 1 Abs. 1 Nr. 5, § 1a bis § 1c, § 3d und § 4b UStG

   Abschn. 15a bis Abschn. 15d und Abschn. 127a UStR 2000

2. **Bedeutung**

   Ein innergemeinschaftlicher Erwerb ist ein eigener Steuertatbestand, der im Gemeinschaftsgebiet den Steuertatbestand der Einfuhr ersetzt hat. Um eine Besteuerung eines Gegenstandes im Bestimmungsland (Verbrauchsland) zu gewährleisten, muss der Leistungsempfänger den Erwerb eines Gegenstandes im Bestimmungsland der Besteuerung unterwerfen.

3. **Weitere Stichworte**

   → *Ausland*, → *Fahrzeuglieferung*, → *innergemeinschaftliche Lieferung*, → *innergemeinschaftliches Verbringen*, → *Umsatzsteuer-Identifikationsnummer*

1. Allgemeines

Das gemeinsame Umsatzsteuersystem der Gemeinschaft geht davon aus, dass ein Gegenstand dort der Besteuerung unterliegt, wo er gebraucht oder verbraucht wird („Verbrauchsteuer"). Damit bei einer Lieferung eines Gegenstandes aus einem Mitgliedstaat in einen anderen Mitgliedstaat dieses Prinzip zur Anwendung kommen kann, muss die Lieferung im Ursprungsland einer Steuerbefreiung unterliegen, im Bestimmungsland aber zu einer Umsatzsteuer führen. Diese beiden Grundsätze sind durch die Steuerbefreiung der → *innergemeinschaftlichen Lieferung* auf der einen Seite sowie durch die Besteuerung des innergemeinschaftlichen Erwerbes auf der anderen Seite umgesetzt worden.

Den systematischen Zusammenhang zeigt die folgende Übersicht auf:

	Ursprungsland	Bestimmungsland
Wer handelt	Lieferer	Erwerber
Steuertatbestand	Lieferung	innergemeinschaftlicher Erwerb
Ort des Umsatzes	Beginn der Warenbewegung, § 3 Abs. 6 UStG	Ende der Warenbewegung, § 3d S. 1 UStG
Steuerbarkeit	ja, § 1 Abs. 1 Nr. 1 UStG	ja, § 1 Abs. 1 Nr. 5 UStG
Steuerpflicht	nein, steuerfreie innergemeinschaftliche Lieferung wenn alle Nachweise geführt werden, § 6a UStG	bis auf wenige Ausnahmen keine Steuerbefreiung, § 4b UStG
Bemessungsgrundlage	alles, was der Leistungsempfänger aufwendet, § 10 Abs. 1 UStG	alles, was an den Lieferer gezahlt wird, § 10 Abs. 1 UStG
Steuersatz	entfällt, da steuerfrei	Steuersatz nach § 12 Abs. 1 UStG 16 % oder, wenn begünstigt, § 12 Abs. 2 UStG 7 %
Anmeldung	separate Erfassung in der Umsatzsteuer-Voranmeldung, § 18b UStG sowie Erfassung in der Zusammenfassenden Meldung, § 18a UStG	Erfassung in der Umsatzsteuer-Voranmeldung, § 18 UStG
Zeitpunkt der Anmeldung	in dem Voranmeldungszeitraum, in dem die Rechnung ausgestellt worden ist, spätestens in dem Meldezeitraum, in dem der auf die Lieferung folgende Monat endet, § 18b und § 18a Abs. 5 UStG	in dem Voranmeldungszeitraum, in dem die Rechnung ausgestellt worden ist, § 13 Abs.1 Nr. 6 UStG, spätestens mit Ablauf des dem Erwerb folgenden Monats

	Ursprungsland	Bestimmungsland
Vorsteuerabzug	entfällt	die Erwerbsteuer ist unter den weiteren Voraussetzungen des § 15 UStG abzugsfähig, § 15 Abs. 1 Nr. 3 UStG

Ein innergemeinschaftlicher Erwerb liegt auch in den Fällen des → *innergemeinschaftlichen Verbringens* nach § 3 Abs. 1a UStG und § 1a Abs. 2 UStG vor. Zu den Einzelheiten dieses Sonderfalls, bei dem der Unternehmer zu seiner eigenen Verfügung Waren von einem Mitgliedstaat in einen anderen Mitgliedstaat verbringt, vgl. → *innergemeinschaftliches Verbringen*.

2. Voraussetzungen für den innergemeinschaftlichen Erwerb nach § 1a UStG

Um einen innergemeinschaftlichen Erwerb auszuführen, müssen nach § 1a Abs. 1 UStG die folgenden Voraussetzungen erfüllt sein:

- Ein Gegenstand muss bei einer Lieferung an den Abnehmer von einem Mitgliedstaat in einen anderen Mitgliedstaat gelangen oder der Gegenstand gelangt aus dem übrigen Gemeinschaftsgebiet in die Freihäfen,
- der Erwerber ist
  - a) ein Unternehmer, der den Gegenstand für sein Unternehmen erworben hat, oder
  - b) eine juristische Person, die nicht Unternehmer ist oder die den Gegenstand nicht für ihr Unternehmen erwirbt, und
- die Lieferung an den Erwerber
  - a) wird durch einen Unternehmer gegen Entgelt im Rahmen seines Unternehmens ausgeführt und
  - b) ist nach dem Recht des Mitgliedstaates, der für die Besteuerung des Lieferers zuständig ist, nicht als Lieferung eines Kleinunternehmers steuerfrei.

ACHTUNG!

Wenn eine nicht unter die Abnehmer des § 1a Abs. 1 UStG fallende Person ein Fahrzeug aus einem anderem Mitgliedstaat erwirbt, kann ein innergemeinschaftlicher Erwerb nach § 1b UStG vorliegen (→ *Fahrzeuglieferung*).

Grundsätzlich muss jeder Unternehmer, der die Voraussetzungen des § 2 UStG erfüllt (→ *Unternehmer*), bei jeder erhaltenen Lieferung aus einem anderen Mitgliedstaat, die er von einem anderen Unternehmer erhalten hat, einen innergemeinschaftlichen Erwerb der Besteuerung unterwerfen. Ausnahmen bestehen lediglich für bestimmte Abnehmer, die aus dem normalen Besteuerungsverfahren ausscheiden (siehe unten: Ausnahme nach § 1a Abs. 3 UStG).

ACHTUNG!

Während die Steuerbefreiung als innergemeinschaftliche Lieferung bei dem liefernden Unternehmer von der Vorlage der USt-IDNr. des Abnehmers abhängig ist, verwirklicht der Erwerber auch dann einen innergemeinschaftlichen Erwerb, wenn er keine USt-IDNr. verwendet. In diesen Fällen kommt es zu einer Doppelbesteuerung, wenn der Abnehmer nicht zum Vorsteuerabzug berechtigt ist, da der liefernde Unternehmer nicht steuerfrei liefern darf.

3. Ausnahme nach § 1a Abs. 3 UStG

3.1 Besonderer Abnehmer und Erwerbsschwelle

Für bestimmte Abnehmer sind in § 1a Abs. 3 UStG Ausnahmen von der Verpflichtung geregelt, einen innergemeinschaftlichen Erwerb besteuern zu müssen. Dies betrifft insbesondere Unternehmer, die auf Grund von Sonderregelungen für ihre Leistungen keine Umsatzsteuer abführen müssen und somit auch keine Umsatzsteuer-Voranmeldungen abgeben müssen. Dies sind:

- Unternehmer, die nur steuerfreie Umsätze ausführen, die zum Ausschluss vom Vorsteuerabzug führen (Achtung: hier ist die → *Unternehmenseinheit* zu beachten, es kommt somit auf das gesamte Unternehmen an),
- Unternehmer, die als Kleinunternehmer keine Umsatzsteuer schulden,
- Unternehmer, die als Land- oder Forstwirte die Durchschnittssätze nach § 24 UStG anwenden, oder
- eine juristische Person, die nicht Unternehmer ist oder die den Gegenstand nicht für ihr Unternehmen erwirbt.

Um die Ausnahmeregelung des § 1a Abs. 3 UStG in Anspruch nehmen zu können, darf der Abnehmer weiterhin die Erwerbsschwelle nicht überschritten haben.

ACHTUNG!

Wenn der besondere Abnehmer im Sinne des § 1a Abs. 3 UStG die Erwerbsschwelle überschritten hat, muss er in jedem Fall einen innergemeinschaftlichen Erwerb der Besteuerung unterwerfen. Er muss in diesem Fall eine → *Umsatzsteuer-Identifikationsnummer* beantragen, da der Lieferer ansonsten keine steuerfreie innergemeinschaftliche Lieferung ausführen kann.

Die Erwerbsschwelle wird von den einzelnen Mitgliedstaaten gemäß den Vorgaben der 6. EG-RL sowie den dazu geltenden Regelungen von der Höhe her festgesetzt. In Deutschland beträgt die Erwerbsschwelle 12.500 EUR. Ein besonderer Abnehmer nach § 1a Abs. 3 UStG überschreitet diese Erwerbsschwelle, wenn er entweder im vorangegangenem Jahr diese Schwelle überschritten hat oder er voraussichtlich im laufenden Kalenderjahr diese Schwelle überschreiten wird. In die Prüfung der Erwerbsschwelle sind alle Einkäufe aus anderen Mitgliedstaaten einzubeziehen.

ACHTUNG!

Die Erwerbsschwelle hat gewissermaßen eine „Trichterfunktion". Es kommt nicht darauf an, aus welchen Mitgliedstaaten die Waren erworben worden sind. Es kommt ausschließlich auf die Summe der Einkäufe aus allen anderen Mitgliedstaaten an.

WICHTIG!

In die Prüfung der Erwerbsschwelle sind Einkäufe von neuen Fahrzeugen und verbrauchsteuerpflichtiger Ware nicht mit einzubeziehen.

Um zu überprüfen, ob ein besonderer Abnehmer nach § 1a Abs. 3 UStG in 2004 einen innergemeinschaftlichen Erwerb besteuern muss, kann nach folgender Prüfungsreihenfolge vorgegangen werden:

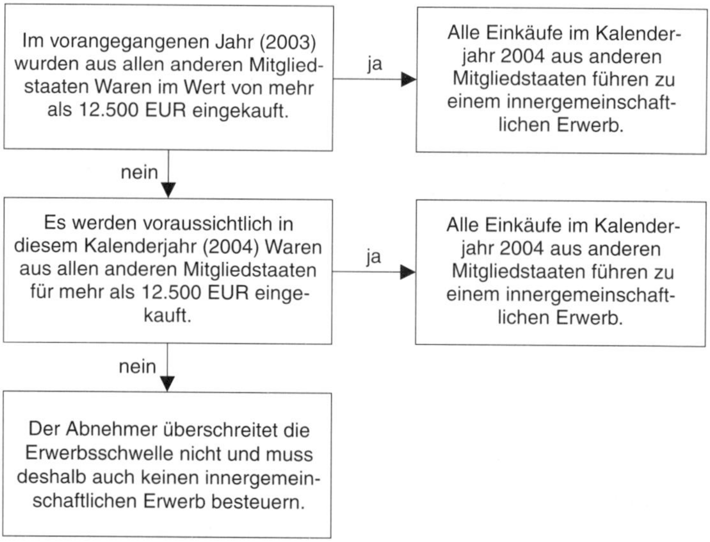

Beispiel 1:

Der praktische Arzt A aus Berlin hat im März 2004 bei einem niederländischen Lieferanten Verbandsmaterial im Lieferwert von 2.000 EUR bestellt. Bisher hat der Arzt in 2003 oder 2004 noch keine Warenlieferungen aus anderen Mitgliedstaaten erhalten. Da der Arzt als besonderer Unternehmer nach § 1a Abs. 3 UStG die Erwerbsschwelle nicht überschritten hat, braucht er den Erhalt des Verbandsmaterials nicht als innergemeinschaftlichen Erwerb der Besteuerung zu unterwerfen. Damit kommt eine steuerfreie innergemeinschaftliche Lieferung durch den niederländischen Lieferanten nicht in Betracht.

Beispiel 2:

Der Versicherungsvertreter V aus München hat im Februar 2004 bei einem belgischen Lieferanten Büromaterial im Lieferwert von 1.000 EUR bestellt. Der Versicherungsvertreter hat in 2003 schon eine Computeranlage im Einkaufswert von 15.000 EUR von einem französischen Lieferanten erworben. Da der Versicherungsvertreter damit die Erwerbsschwelle überschritten hat, muss er den Einkauf des Büromaterials in 2004 als innergemeinschaftlichen Erwerb der Besteuerung unterwerfen.

Beispiel 3:

Der Kleinunternehmer K aus Köln hat in den Vorjahren keine Einkäufe in anderen Mitgliedstaaten getätigt. Im Dezember 2003 hat er bei einem Lieferanten aus Spanien eine Spezialmaschine für 14.000 EUR bestellt. Die Lieferung soll im August 2004 erfolgen. Im März 2004 kauft er darüber hinaus von einem italienischen Unternehmer für 100 EUR Fachliteratur ein. Da der Kleinunternehmer wegen der Bestellung im Dezember 2003 wusste, dass er voraussichtlich die Erwerbsschwelle in 2004 überschreiten wird, muss er auch schon den Erwerb der Fachliteratur im März 2004 als innergemeinschaftlichen Erwerb der Besteuerung unterwerfen.

WICHTIG!

Wenn der besondere Abnehmer nach § 1a Abs. 3 UStG im vorangegangenem Kalenderjahr die Erwerbsschwelle nicht überschritten hat und auch auf Grund einer seriösen Schätzung nicht mit einem Überschreiten der Erwerbsschwelle im laufenden Kalenderjahr zu rechnen war, kann die Erwerbsbesteuerung unterbleiben, selbst wenn die Schwelle entgegen der Prognose doch überschritten wird; im folgenden Jahr sind dann aber alle Einkäufe aus anderen Mitgliedstaaten der Erwerbsbesteuerung zu unterwerfen.

TIPP!

Der besondere Abnehmer sollte in den Fällen, in denen im Vorjahr die Erwerbsschwelle überschritten ist, eine USt-IDNr. beantragen, damit er bei weiteren Einkäufen diese USt-IDNr. gegenüber dem Lieferer verwenden kann und damit der Lieferer steuerfrei liefern kann.

3.2 Option nach § 1a Abs. 4 UStG

Ein besonderer Abnehmer im Sinne der vorstehenden Ausnahme nach § 1a Abs. 3 UStG, der die Erwerbsschwelle nicht überschreitet, kann bei seinem zuständigen Finanzamt beantragen, dass er so behandelt wird, als wenn er die Erwerbsschwelle überschreiten würde. Im Ergebnis hat er dann jeden Einkauf von einem anderen Unternehmer aus einem anderen Mitgliedstaat als innergemeinschaftlichen Erwerb zu besteuern.

Ein solcher Antrag kann insbesondere dann sinnvoll sein, wenn ein besonderer Abnehmer nach § 1a Abs. 3 regelmäßig Waren aus anderen Mitgliedstaaten erwirbt, ohne die Erwerbsschwelle zu überschreiten, und der Lieferer aus einem Mitgliedstaat kommt, in dem ein hoher Steuersatz zur Anwendung gelangt, und der Lieferer die Lieferschwelle in Deutschland nicht überschreitet und somit die Lieferung in seinem Heimatstaat besteuern müsste.

Beispiel 4:

Der praktische Arzt A bestellt regelmäßig Spezialverbände bei einem schwedischen Lieferer, der die Lieferschwelle in Deutschland nicht überschreitet. Jährlich erwirbt A von diesem Lieferer Waren im Wert von netto 8.000 EUR. Andere Waren aus anderen Mitgliedstaaten erwirbt A nicht. Wenn A nicht nach § 1a Abs. 4 UStG optiert, würde der Lieferer die Lieferung in Schweden mit 25 % besteuern müssen. Wenn A nach § 1a Abs. 4 UStG in Deutschland optiert und dann gegenüber dem Lieferer seine USt-IDNr. verwendet, kann der Lieferer in Schweden steuerfrei liefern. A muss dann den Erwerb in Deutschland mit 16 % besteuern.

Wenn eine Option nach § 1a Abs. 4 UStG ausgeübt worden ist, ist der Erwerber auf zwei Jahre an diese Option gebunden.

ACHTUNG!

Der Antrag auf Erteilung einer → *Umsatzsteuer-Identifikationsnummer* ist noch nicht als Option des Unternehmers nach § 1a Abs. 4 UStG zu sehen. Der Antrag auf Option nach § 1a Abs. 4 UStG ist an das zuständige Finanzamt zu richten.

3.3 Besonderheiten bei neuen Fahrzeugen und verbrauchsteuerpflichtiger Ware

Wird in Gemeinschaftsgebiet ein neues Fahrzeug (→ *Fahrzeuglieferung*) oder verbrauchsteuerpflichtige Ware (Alkohol, alkoholische Getränke, Mineralöle und Tabakwaren) geliefert, muss auch ein besonderer Abnehmer – unabhängig von dem Überschreiten der Erwerbsschwelle – einen innergemeinschaftlichen Erwerb besteuern, § 1a Abs. 5 UStG.

4. Der Ort des innergemeinschaftlichen Erwerbs

Der Ort des innergemeinschaftlichen Erwerbs bestimmt sich immer nach § 3d Satz 1 UStG mit dem Ort, an dem sich der Gegenstand am Ende der Warenbewegung befindet.

WICHTIG!

Der Abnehmer muss somit immer in dem Mitgliedstaat einen Erwerb besteuern, in dem die Beförderung des Gegenstandes endet.

Darüber hinaus kann – zusätzlich – noch eine Besteuerung eines innergemeinschaftlichen Erwerbs in dem Mitgliedstaat erfolgen, aus dem die USt-IDNr. des Abnehmers stammt, wenn die verwendete USt-IDNr. nicht in dem Mitgliedstaat erteilt worden ist, in dem der Gegenstand sich am Ende der Beförderung befindet, § 3d Satz 2 UStG. Dieser zusätzliche Erwerb kann nach § 17 Abs. 2 UStG später berichtigt werden, wenn in dem Mitgliedstaat, aus dem die USt-IDNr. stammt, gegenüber den Finanzbehörden nachgewiesen wird, dass der Erwerb in dem Bestimmungsland besteuert worden ist, in dem sich der Gegenstand am Ende der Beförderung befunden hat.

Beispiel 5:

Der regelbesteuerte Unternehmer U aus Deutschland verwendet bei der Bestellung einer Ware gegenüber seinem französischen Lieferanten seine USt-IDNr. aus Deutschland. U lässt die Ware jedoch aus Frankreich in sein Auslieferungslager in Belgien liefern. U muss nach § 3d Satz 1 UStG in Belgien einen innergemeinschaftlichen Erwerb besteuern, da der Gegenstand sich am Ende der Beförderung in Belgien befunden hat. Da U aber eine USt-IDNr. aus Deutschland verwendet hat, ist zusätzlich ein innergemeinschaftlicher Erwerb nach § 3d Satz 2 UStG in Deutschland der Besteuerung zu unterwerfen. Wenn U in Deutschland nachweisen kann, dass der innergemeinschaftliche Erwerb ordnungsgemäß in Belgien besteuert worden ist, kann der Erwerb in Deutschland nach § 17 Abs. 2 Nr. 4 UStG in dem Voranmeldungszeitraum berichtigt werden, in dem der Nachweis geführt werden kann. Der Nachweis wird sich in der Regel aus der Buchhaltung und der Umsatzsteueranmeldung der belgischen Betriebsstätte ergeben.

5. Steuerbefreiungen bei innergemeinschaftlichen Erwerben

Steuerbefreiungen für einen innergemeinschaftlichen Erwerb können sich nur unter den Voraussetzungen des § 4b UStG ergeben. Entsprechend dem Sinn und Zweck der Regelung des innergemeinschaftlichen Erwerbs, der zu einer Besteuerung im Bestimmungsland führen soll, beschränken sich die Steuerbefreiungen auf wenige Sonderfälle. Steuerfrei sind danach:

- Der Erwerb von Wertpapieren (Verweis auf § 4 Nr. 8e UStG);
- der Erwerb von menschlichen Organen, menschlichem Blut und Frauenmilch (Verweis auf § 4 Nr. 17a UStG);
- der Erwerb von Gegenständen für die Seeschifffahrt (Verweis auf § 8 Abs. 1 Nr. 1 und Nr. 2 UStG);
- der Erwerb von
  - Gold für Zentralbanken (Verweis auf § 4 Nr. 4 UStG),
  - Gegenständen, die in ein Steuerlager eingelagert werden (Verweis auf § 4 Nr. 4a UStG),
  - gesetzlichen Zahlungsmitteln, wenn sie nicht nur wegen ihres Metallgehalts oder ihres Sammlerwerts erworben werden (Verweis auf § 4 Nr. 8b UStG),
  - im Inland gültigen amtlichen Wertzeichen zum aufgedruckten Wert (Verweis auf § 4 Nr. 8i UStG),
  - Gegenständen für die grenzüberschreitende Luftfahrt (Verweis auf § 8 Abs. 2 Nr. 1 und 2 UStG), soweit in diesen Fällen die Voraussetzungen der Steuerfreiheit nach den genannten Rechtsvorschriften gegeben sind;
- der Erwerb von Gegenständen, die bei der Einfuhr aus dem Drittlandsgebiet steuerfrei wären (Hinweis auf § 5 UStG);
- der Erwerb von Gegenständen, die im Anschluss an den Erwerb zu steuerfreien Ausgangsleistungen verwendet werden, die den Vorsteuerabzug aber nach § 15

Abs. 3 UStG nicht ausschließen. Dies betrifft insbesondere die Fälle, in denen der Erwerber die Gegenstände später im Rahmen einer steuerfreien innergemeinschaftlichen Lieferung oder einer steuerfreien Ausfuhrlieferung weiter liefert. Allerdings kann hier – aus Vereinfachungsgründen – auf die Steuerfreiheit des innergemeinschaftlichen Erwerbs verzichtet werden.

Beispiel 6:

Der Großhändler G aus Dortmund erwirbt im Februar 2004 Waren von einem französischen Lieferanten. Die Verwendung der Ware ist zu diesem Zeitpunkt noch unbestimmt. Der innergemeinschaftliche Erwerb für G ist im Februar 2004 steuerbar und steuerpflichtig. Im April 2004 wird die Ware im Rahmen einer steuerfreien Ausfuhrlieferung an einen Abnehmer nach Polen verkauft. Der innergemeinschaftliche Erwerb des Februars 2004 wird steuerfrei, da jetzt die Voraussetzung des § 4b Nr. 4 UStG vorliegt. Damit müsste eine berichtigte Umsatzsteuer-Voranmeldung für Februar 2004 abgegeben werden. Es kann jedoch auf die Steuerbefreiung des Erwerbs verzichtet werden – somit kann von der Abgabe der berichtigten Voranmeldung abgesehen werden, Abschn. 127a UStR 2000.

6. Bemessungsgrundlage des innergemeinschaftlichen Erwerbs und Steuersatz

Die Bemessungsgrundlage für den innergemeinschaftlichen Erwerb bestimmt sich nach § 10 Abs. 1 UStG mit allem, was der Erwerber aufwendet, um die Lieferung zu erhalten. Damit sind in die Bemessungsgrundlage nicht nur die Aufwendungen einzubeziehen, die sich auf den Gegenstand der Lieferung direkt beziehen, sondern auch → *Nebenleistungen*, die das Schicksal der Hauptleistung teilen. Schuldet der Erwerber im Inland noch eine Verbrauchsteuer für die erworbenen Gegenstände, so ist diese Verbrauchsteuer ebenfalls in die Bemessungsgrundlage mit einzubeziehen, § 10 Abs. 1 Satz 4 UStG.

Da die Lieferung des liefernden Unternehmers (soweit alle Nachweise geführt worden sind) steuerfrei im Ursprungsland ist, ist in dem Rechnungsbetrag keine Umsatzsteuer enthalten. Damit ist der Zahlbetrag des Erwerbers gleichzeitig die Bemessungsgrundlage (gegebenenfalls zuzüglich Verbrauchsteuer) für den innergemeinschaftlichen Erwerb.

ACHTUNG!

Die Erwerbsteuer ist aus diesem Grund immer auf den Zahlbetrag des Erwerbers heraufzurechnen, niemals aus diesem Betrag herauszurechnen.

Der Steuersatz bestimmt sich grundsätzlich nach den Vorschriften des § 12 UStG. Damit unterliegen innergemeinschaftliche Erwerbe grundsätzlich dem Steuersatz von 16 %, soweit nicht eine Ermäßigung nach § 12 Abs. 2 UStG (z. B. insbesondere bei dem Erwerb von Lebensmitteln) in Betracht kommt.

7. Zeitpunkt der Steuerentstehung

Der Erwerber muss den innergemeinschaftlichen Erwerb nach § 13 Abs. 1 Nr. 6 UStG in dem Umsatzsteuer-Voranmeldungszeitraum der Besteuerung unterwerfen, aus dem die Rechnung des liefernden Unternehmers stammt. Damit kommt es grundsätzlich nicht darauf an, wann der Erwerber die Ware tatsächlich erhält.

Beispiel 7:

Der Einzelhändler E aus Dresden bestellt bei seinem Großhändler in Italien Ware. Der Verkäufer übergibt die Ware am 29.3.2004 zusammen mit seiner Rechnung einem Frachtführer. Die Ware kommt am 2.4.2004 bei dem Erwerber in Dresden an. Der innergemeinschaftliche Erwerb muss von E schon im Voranmeldungszeitraum März 2004 besteuert werden, da die Rechnung aus diesem Zeitraum stammt.

Nur wenn eine Rechnung nicht oder nur mit erheblicher zeitlicher Verzögerung erteilt wird, entsteht die Erwerbsteuer spätestens mit Ablauf des dem Erwerb folgenden Monats.

Fortsetzung Beispiel 7:

Wenn der italienische Lieferant keine Rechnung erteilen würde, würde die Erwerbsteuer spätestens mit Ablauf des Voranmeldungszeitraums Mai 2004 entstehen, da der Erwerb im April 2004 stattgefunden hat.

8. Vorsteuer aus dem innergemeinschaftlichen Erwerb

Der Erwerber ist grundsätzlich nach § 15 Abs. 1 Nr. 3 UStG berechtigt, die von ihm geschuldete Erwerbsteuer als Vorsteuer abzuziehen. Der Abzug ist in Deutschland in dem Voranmeldungszeitraum möglich, in dem die Erwerbsteuer entstanden ist.

WICHTIG!

Die Beschränkungen des Vorsteuerabzugs nach § 15 Abs. 1a bis § 15 Abs. 2 UStG gelten selbstverständlich auch für den Vorsteuerabzug aus dem innergemeinschaftlichen Erwerb.

Innergemeinschaftliches Dreiecksgeschäft

Innergemeinschaftliches Dreiecksgeschäft auf einen Blick

1. Rechtsquellen

   § 25b UStG

   Abschn. 276b UStR 2000

2. Bedeutung

   Das innergemeinschaftliche Dreiecksgeschäft stellt einen Sonderfall des Reihengeschäftes dar, bei dem drei Unternehmer aus verschiedenen Mitgliedstaaten beteiligt sind. Der letzte Unternehmer wird zum Steuerschuldner für die an ihn ausgeführte Lieferung. Jeder Unternehmer in der Reihe hat nur Besteuerungs- und Meldepflichten in seinem jeweiligen Heimatland (Mitgliedstaat, aus dem die von ihm verwendete USt-IDNr. stammt) zu übernehmen.

3. Weitere Stichworte

   → *innergemeinschaftlicher Erwerb*, → *Reihengeschäft*, → *Zusammenfassende Meldung*

4. Besonderheiten

   Die Lieferung des mittleren Unternehmers im Rahmen eines innergemeinschaftlichen Dreiecksgeschäftes ist in der USt-VA 2004 in der Zeile 42 und in der Zeile 15 der Anlage UR der USt-Jahreserklärung 2003 anzugeben sowie in der Zusammenfassenden Meldung besonders zu kennzeichnen. Der letzte Abnehmer hat die von ihm geschuldete Steuer in der Zeile 64 der USt-VA 2004 und in der Zeile 17–19 der Anlage UR der USt-Jahreserklärung 2003 anzugeben.

Bei einem innergemeinschaftlichen Dreiecksgeschäft schließen drei Unternehmer über denselben Gegenstand Umsatzgeschäfte ab und der Gegenstand gelangt bei der Warenbewegung unmittelbar vom ersten Unternehmer in der Reihe aus einem Mitgliedstaat an den letzten Unternehmer in der Reihe in einen anderen Mitgliedstaat. Die Unternehmer handeln mit Umsatzsteuer-Identifikationsnummern aus verschiedenen Mitgliedstaaten.

Die Bestimmung des Ortes der Lieferung erfolgt wie bei einem normalen → *Reihengeschäft*. Unter den Voraussetzungen des § 25b Abs. 1 und Abs. 2 UStG ergeben sich jedoch für den mittleren Unternehmer in der Reihe Vereinfachungen, die ihn aus der Steuerveranlagung in einem anderen Mitgliedstaat heraushalten.

1. Voraussetzungen

§ 25b Abs. 1 und Abs. 2 UStG enthalten eine Vielzahl von Voraussetzungen, die für die Anwendung der Vereinfachungsvorschrift des § 25b UStG notwendig sind. Anhand der folgenden Checkliste kann das Vorliegen eines innergemeinschaftlichen Dreiecksgeschäftes geprüft werden:

Voraussetzungen für innergemeinschaftliches Dreiecksgeschäft	ja	nein
drei Unternehmer handeln mit USt-IDNrn. aus verschiedenen Mitgliedstaaten		
derselbe Gegenstand gelangt unmittelbar vom ersten Unternehmer aus einem Mitgliedstaat an den letzten Unternehmer in einem anderen Mitgliedstaat		
der Gegenstand wird vom ersten oder vom zweiten Unternehmer in der Reihe befördert oder versendet (der letzte Unternehmer darf den Gegenstand nicht befördern oder versenden)		
der mittlere Unternehmer ist in dem Mitgliedstaat, in dem sich der Gegenstand am Ende der Beförderung befindet, nicht ansässig		
der mittlere Unternehmer verwendet gegenüber dem ersten und dem letzten Unternehmer dieselbe USt-IDNr.		
die USt-IDNr. des mittleren Unternehmers darf nicht aus dem Mitgliedstaat stammen, in dem die Beförderung oder Versendung des Gegenstandes begonnen oder geendet hat		
der mittlere Unternehmer hat dem letzten Abnehmer eine besondere Rechnung erteilt, in der keine Umsatzsteuer ausgewiesen ist und in der auf ein innergemeinschaftliches Dreiecksgeschäft und die Steuerschuld des letzten Abnehmers hingewiesen worden ist, in der Rechnung sind die USt-IDNrn. des mittleren und des letzten Unternehmers aufgenommen		
der letzte Unternehmer in der Reihe hat eine USt-IDNr. aus dem Mitgliedstaat verwendet, in dem die Beförderung oder Versendung des Gegenstandes endet		
Ergebnis: Nur wenn alle Punkte mit **ja** angegeben sind, liegt ein **innergemeinschaftliches Dreiecksgeschäft vor.**		

Soweit der letzte Abnehmer kein Unternehmer ist, treten die Rechtsfolgen des innergemeinschaftlichen Dreiecksgeschäftes auch dann ein, wenn es sich bei dem Abnehmer um eine juristische Person handelt, die nicht Unternehmer ist oder den Gegenstand nicht für ihr Unternehmen erwirbt und in dem Mitgliedstaat für Zwecke der Umsatzsteuer erfasst ist, in dem sich der Gegenstand am Ende der Beförderung oder Versendung befindet.

2. Rechtsfolgen

Wenn die angegebenen Voraussetzungen erfüllt sind, treten nach § 25b Abs. 2 und Abs. 3 UStG Vereinfachungen für die steuerliche Abwicklung ein, die den mittleren und den letzten Unternehmer in der Reihe betreffen: Die eigentlich von dem mittleren Unternehmer in dem Mitgliedstaat geschuldete Umsatzsteuer für die dort ausgeführte ruhende Lieferung nach § 3 Abs. 7 Satz 2 Nr. 2 UStG (vgl. → *Reihengeschäft*) wird von dem letzten Unternehmer in der Reihe geschuldet. Der von dem mittleren Unternehmer in dem Mitgliedstaat, in dem sich der Gegenstand am Ende der Beförderung oder Versendung befindet, zu erklärende → *innergemeinschaftliche Erwerb* gilt nach § 25b Abs. 3 UStG als besteuert. Damit ist gewährleistet, dass sich bei Vorliegen aller Voraussetzungen der mittlere Unternehmer nicht in dem Mitgliedstaat der Besteuerung unterziehen muss, in dem die Warenbewegung endet.

Die Rechtsfolgen für die beteiligten Unternehmer lassen sich aus der folgenden Zusammenstellung entnehmen:

	erster Unternehmer	mittlerer Unternehmer	letzter Unternehmer
Lieferung	steuerbar und steuerfrei in dem Mitgliedstaat, in dem die Warenbewegung beginnt, soweit Voraussetzung des § 6a Abs. 1 UStG erfüllt	steuerbar und steuerpflichtig in dem Mitgliedstaat, in dem die Warenbewegung endet, Steuerschuldner wird der letzte Unternehmer	führt keine Lieferung aus

	erster Unternehmer	mittlerer Unternehmer	letzter Unternehmer
innergemeinschaftlicher Erwerb	es liegt kein innergemeinschaftlicher Erwerb vor	innergemeinschaftlicher Erwerb in dem Staat, in dem die Warenbewegung endet; gilt nach § 25b Abs. 3 UStG als besteuert. Innergemeinschaftlicher Erwerb in dem Staat, aus dem die USt-IDNr. verwendet wird, wenn keine Meldung in der ZM	es liegt kein innergemeinschaftlicher Erwerb vor
Umsatzsteuer	es entsteht keine Umsatzsteuer	es entsteht keine Umsatzsteuer	Steuerschuldnerschaft für die Umsatzsteuer aufgrund der Lieferung des mittleren Unternehmers
Rechnung	besondere Rechnung, kein USt-Ausweis, Angabe der USt-IDNr. des ersten und des mittleren Unternehmers	besondere Rechnung, kein USt-Ausweis, Angabe der USt-IDNr. des mittleren und des letzten Unternehmers. Hinweis auf innergemeinschaftliches Dreiecksgeschäft	stellt keine Rechnung aus
Meldevorschriften	innergemeinschaftliche Lieferung muss in der USt-VA und der ZM angegeben werden	Lieferung im Rahmen des Dreiecksgeschäftes muss in der ZM mit besonderem Hinweis angegeben werden, die Lieferung ist gesondert in der USt-VA anzugeben	die geschuldete Umsatzsteuer auf Grund der Übertragung der Steuerschuldnerschaft ist in der USt-VA anzugeben
Bemessungsgrundlage	erhaltene Zahlung	erhaltene Zahlung	geleistete Zahlung

	erster Unternehmer	mittlerer Unternehmer	letzter Unternehmer
Vorsteuerabzug	gegebenenfalls Vorsteuerabzug aus Vorleistungen	kein Vorsteuerabzug aus erhaltener Lieferung, da steuerfrei	Vorsteuerabzug in Höhe der geschuldeten Umsatzsteuer, soweit die allgemeinen Voraussetzungen des § 15 UStG vorliegen

Innergemeinschaftliches Kontrollverfahren

Innergemeinschaftliches Kontrollverfahren auf einen Blick

1. **Rechtsquellen**

   § 18a, § 18b und § 26a UStG

   Abschn. 245a bis Abschn. 245g UStR 2000

2. **Bedeutung**

   Das innergemeinschaftliche Kontrollverfahren ist Voraussetzung für die Funktionsfähigkeit des Binnenmarktes der Europäischen Gemeinschaft. Eine Steuerfreiheit der Lieferung im Ursprungsland kann nur dann gegeben sein, wenn im Bestimmungsland der Erwerb beim Abnehmer der Besteuerung unterliegt.

3. **Weitere Stichworte**

   → *innergemeinschaftliche Lieferung*, → *innergemeinschaftlicher Erwerb*, → *innergemeinschaftliches Verbringen*, → *Umsatzsteuer-Identifikationsnummer*, → *Zusammenfassende Meldung*

Die Regelungen des Binnenmarktes der Europäischen Gemeinschaft gehen – wie auch im Warenverkehr mit dem Drittlandsgebiet – von einer Besteuerung in dem Land aus, in dem der Gegenstand gebraucht oder verbraucht wird (Bestimmungslandprinzip). Um dieses Prinzip umzusetzen, soll – soweit es systematisch und praktisch umsetzbar ist – eine Besteuerung von dem Erwerber eines Gegenstandes im Bestimmungsland durchgeführt werden. Dieser – 1993 neu eingeführte – Steuertatbestand des → *innergemeinschaftlichen Erwerbs* setzt jedoch voraus, dass die Lieferung des Gegenstandes im Ursprungsland steuerfrei erfolgen kann, da es ansonsten zu einer Doppelbesteuerung kommt. Die Steuerfreiheit der → *innergemeinschaftlichen Lieferung* kann nun aber auch nur dann gewährt werden, wenn sichergestellt ist, dass es im Bestimmungsland tatsächlich zu der Besteuerung des innergemeinschaftlichen Erwerbs kommt.

Zur Sicherstellung dieses systematischen Zusammenhanges kann eine steuerfreie innergemeinschaftliche Lieferung nur dann erfolgen, wenn der Erwerber durch Angabe seiner zutreffenden → *Umsatzsteuer-Identifikationsnummer* die Besteuerung des innergemeinschaftlichen Erwerbs sicherstellt. Der Lieferer hat unter Angabe der USt-IDNr. die Lieferung in seiner → *Zusammenfassenden Meldung* anzugeben. Durch den Datenaustausch in der Gemeinschaft kann eine Kontrolle erfolgen, ob der Leistungsempfänger tatsächlich in dem Bestimmungsland den Erwerb der Besteuerung unterworfen hat.

Zur lückenlosen Erfassung der Besteuerungsverpflichtungen in den einzelnen Mitgliedstaaten sind auch unternehmensinterne Warenbewegungen im Rahmen der Zusammenfassenden Meldung zu erfassen, wenn es sich um ein → *innergemeinschaftliches Verbringen* handelt, das nicht nur zu einer vorübergehenden Verwendung des Gegenstandes in einem anderen Mitgliedstaat führt, also z. B. der Transport von Handelsware in ein Auslieferungslager desselben Unternehmers in einem anderen Mitgliedstaat.

Innergemeinschaftliches Verbringen

Innergemeinschaftliches Verbringen auf einen Blick

1. **Rechtsquellen**

   § 1a Abs. 2 und § 3 Abs. 1a UStG

   Abschn. 15b UStR 2000

2. **Bedeutung**

   Ein innergemeinschaftliches Verbringen liegt vor, wenn ein Unternehmer einen Gegenstand zu seiner eigenen Verfügung von einem Mitgliedstaat in einen anderen Mitgliedstaat zu einer nicht nur vorübergehenden Verwendung verbringt. Das Verbringen führt im Ursprungsmitgliedstaat zu einer Lieferung und im Bestimmungsmitgliedstaat zu einem innergemeinschaftlichen Erwerb.

3. **Weitere Stichworte**

   → ***innergemeinschaftliche Lieferung***, → ***innergemeinschaftlicher Erwerb***, → ***Zusammenfassende Meldung***

Innergemeinschaftliches Verbringen

1. Innergemeinschaftliches Verbringen als Steuertatbestand

Um eine Warenbewegung zwischen zwei Mitgliedstaaten der Gemeinschaft auch dann umsatzsteuerlich zu erfassen, wenn der Gegenstand nicht im Rahmen einer entgeltlichen Lieferung von einem Mitgliedstaat in einen anderen Mitgliedstaat gelangt, wurde der Tatbestand des innergemeinschaftlichen Verbringens geschaffen.

Soweit ein Unternehmer im Rahmen seines Unternehmens aus einem Mitgliedstaat der Gemeinschaft einen Gegenstand zu seiner eigenen Verfügung in einen anderen Mitgliedstaat der Gemeinschaft verbringt, führt diese Warenbewegung zu zwei eigenständigen Umsätzen:

- Im Ursprungsmitgliedstaat gilt dieses Verbringen nach § 3 Abs. 1a UStG als eine Lieferung gegen Entgelt. Der Unternehmer gilt in diesem Land als Lieferer. Unter den Voraussetzungen des § 6a Abs. 2 UStG ist diese Lieferung eine steuerfreie → *innergemeinschaftliche Lieferung*.
- Im Bestimmungsmitgliedstaat gilt dieses Verbringen als → *innergemeinschaftlicher Erwerb* gegen Entgelt. Der Unternehmer gilt in diesem Land als Erwerber. Die entstehende Erwerbsteuer kann er unter den Voraussetzungen des § 15 Abs. 1 Satz 1 Nr. 3 UStG als Vorsteuer abziehen.

Die Rechtsfolgen des innergemeinschaftlichen Verbringens können aus der folgenden Übersicht entnommen werden:

	Im Ursprungsmitgliedstaat	**Im Bestimmungsmitgliedstaat**
Leistungstatbestand	§ 3 Abs. 1a UStG, gilt als Lieferung gegen Entgelt.	§ 1a Abs. 2 UStG, gilt als innergemeinschaftlicher Erwerb gegen Entgelt.
Ort des Umsatzes	§ 3 Abs. 6 UStG, dort, wo die Warenbewegung beginnt.	§ 3d Satz 1 UStG, dort, wo die Warenbewegung endet.
Unternehmer gilt als	Lieferer.	Erwerber.
Steuerbarkeit nach	§ 1 Abs. 1 Nr. 1 UStG.	§ 1 Abs. 1 Nr. 5 UStG.
Steuerbefreiung	in der Regel nach § 4 Nr. 1b UStG i.V.m. § 6a Abs. 2 UStG steuerfreie innergemeinschaftliche Lieferung.	in der Regel keine Steuerbefreiung, soweit keine Ausnahme nach § 4b UStG.

	Im Ursprungsmitgliedstaat	Im Bestimmungsmitgliedstaat
Bemessungsgrundlage	§ 10 Abs. 4 Nr. 1 UStG, Anschaffungskosten oder Selbstkosten eines vergleichbaren Gegenstandes zum Zeitpunkt des Verbringens.	§ 10 Abs. 4 Nr. 1 UStG, Anschaffungskosten oder Selbstkosten eines vergleichbaren Gegenstandes zum Zeitpunkt des Verbringens.
Steuersatz	entfällt, da steuerfrei.	maßgeblicher Steuersatz nach § 12 UStG.
Vorsteuerabzugsberechtigung	steuerfreie Lieferung schließt den Vorsteuerabzug für Vorleistungen nicht aus.	Nach § 15 Abs. 1 Nr. 3 UStG ist die Erwerbsteuer unter den allgemeinen Voraussetzungen abzugsfähig.
Meldungen	Aufnahme der Lieferung in Umsatzsteuer-Voranmeldung und Zusammenfassende Meldung.	Aufnahme des innergemeinschaftlichen Erwerbs in Umsatzsteuer-Voranmeldung.

Typische Anwendungsfälle für ein innergemeinschaftliches Verbringen sind:

- Der Unternehmer bringt Handelsware aus seiner Produktionsstätte in Deutschland in sein Auslieferungslager in Spanien. Der Unternehmer muss in Deutschland eine steuerfreie innergemeinschaftliche Lieferung deklarieren und in Spanien einen innergemeinschaftlichen Erwerb besteuern.
- Der Unternehmer bringt von seiner Produktionsstätte in Portugal eine Maschine in seine Produktionsstätte nach Deutschland, um diese hier dauerhaft für die Produktion zu nutzen. Der Unternehmer muss in Portugal eine steuerfreie innergemeinschaftliche Lieferung deklarieren und in Deutschland einen innergemeinschaftlichen Erwerb besteuern.

ACHTUNG!

Soweit ein Gegenstand nur zu einer vorübergehenden Verwendung in einen anderen Mitgliedstaat verbracht wird, ist ein solches innergemeinschaftliches Verbringen nicht gegeben.

2. Ausnahme bei nur vorübergehender Verwendung

Wenn der Gegenstand nur zu einer vorübergehenden Verwendung von einem Mitgliedstaat in einen anderen Mitgliedstaat gelangt, liegt kein innergemeinschaftliches Verbringen vor. Systematisch ist bei einer nur vorübergehenden Verwendung zu unterscheiden in die der Art nach vorübergehende Verwendung und die befristete Verwendung.

2.1 Der Art nach vorübergehende Verwendung

Eine der Art nach vorübergehende Verwendung liegt nach der abschließenden Aufzählung des Abschn. 15b Abs. 10 UStR 2000 in den folgenden Fällen vor:

- Der Gegenstand wird im Rahmen einer im Bestimmungsland steuerbaren Werklieferung verwendet. Es kann sich dabei um Geräte (z. B. Baumaschinen) oder auch um Material (z. B. Baumaterial) handeln.
- Der Gegenstand wird im Zusammenhang mit einer im Bestimmungsland auszuführenden sonstigen Leistung verbracht (z. B. eine Maschine wird an einen Nutzer in einem anderen Mitgliedstaat vermietet).
- Der Unternehmer tätigt eine Materialbeistellung zu einer an ihn ausgeführten Werklieferung (z. B. bringt der Unternehmer Material in einen anderen Mitgliedstaat. Das Material wird dort für den Unternehmer verarbeitet).
- Der Unternehmer lässt den Gegenstand in einem anderen Mitgliedstaat reparieren.
- Der Unternehmer überlässt einen Gegenstand an eine Arbeitsgemeinschaft als → *Gesellschafterbeitrag* in einem anderen Mitgliedstaat.

WICHTIG!

Bei einer der Art nach vorübergehenden Verwendung kommt es auf die Dauer der Verwendung in dem anderen Mitgliedstaat nicht an.

2.2 Befristete Verwendung

Eine befristete Verwendung ergibt sich in Anwendung entsprechender zollrechtlicher Vorschriften (vgl. auch Abschn. 15b Abs. 12 UStR 2000) in Abhängigkeit von der jeweiligen Verwendungsdauer in dem anderen Mitgliedstaat. Dabei sind Verwendungsfristen von bis zu 24 Monaten möglich. So können z. B. Berufsausrüstung oder Gegenstände zu Ausstellungszwecken auf Messen bis zu 24 Monate im Rahmen einer befristeten Verwendung in einen anderen Mitgliedstaat verbracht werden. Bei pädagogischem Material und wissenschaftlichem Gerät gilt eine Verwendungsdauer von bis zu 12 Monaten noch als befristete Verwendung. Umschließungen und Austauschproduktionsmittel können bis zu 6 Monate im Rahmen einer befristeten Verwendung in einen anderen Mitgliedstaat verbracht werden, ohne dass ein innergemeinschaftliches Verbringen vorliegt.

2.3 Änderung der Verwendung

Wenn bei einer der Art nach vorübergehenden Verwendung der Gegenstand entgegen der ursprünglichen Absicht doch im Bestimmungsmitgliedstaat verbleibt (z. B. weil er dort verkauft wird oder weil er untergeht) oder wenn bei einer befristeten Verwendung der Gegenstand ebenfalls entgegen der Planung in dem anderen Mitgliedstaat verbleibt oder die Verwendungsfristen überschritten werden, gilt der Gegenstand zu diesem Zeitpunkt als innergemeinschaftlich geliefert. Der Unternehmer muss dann zu diesem Zeitpunkt (also in den laufenden Erklärungen und nicht rückwirkend) die Besteuerung des innergemeinschaftlichen Verbringens nachholen.

Istbesteuerung

Istbesteuerung auf einen Blick

1. Rechtsquellen

   § 20 und § 13 Abs. 1 Nr. 2 UStG

   Abschn. 254 und Abschn. 182 UStR 2000

2. Bedeutung

   Sonderform der Besteuerung von Umsätzen. Die Umsatzsteuer entsteht erst in dem Voranmeldungszeitraum, in dem der Unternehmer die Gegenleistung (in der Regel die Bezahlung) erhalten hat. Die Istbesteuerung (Besteuerung nach vereinnahmten Entgelten) ist antragsgebunden und nur für bestimmte Unternehmer zugelassen.

3. Weitere Stichworte

   → *Anzahlungen*, → *Kleinunternehmer*, → *Sollbesteuerung*, → *Umsatzsteuer-Voranmeldung*, → *Vorsteuerabzug*

1. Voraussetzungen der Istbesteuerung

Die regelmäßige Berechnung der Umsatzsteuer erfolgt im Rahmen der Besteuerung nach vereinbarten Entgelten (→ *Sollbesteuerung*). In Ausnahmefällen und auf Antrag kann das Finanzamt dem Unternehmer gestatten, die Umsätze nach vereinnahmten Entgelten (Istbesteuerung) zu besteuern.

Die Istbesteuerung kann in den folgenden Fällen vom zuständigen Finanzamt gewährt werden:

- der Gesamtumsatz im Sinne des § 19 Abs. 3 UStG hat im vorangegangenen Kalenderjahr nicht mehr als 125.000 EUR betragen. Soweit für den Unternehmer ein Finanzamt im Beitrittsgebiet zuständig ist, tritt – befristet bis zum 31.12.2004 – an die Stelle von 125.000 EUR ein Betrag in Höhe von 500.000 EUR ein oder
- der Unternehmer ist von der Verpflichtung, Bücher zu führen und auf Grund jährlicher Bestandsaufnahmen regelmäßig Abschlüsse zu machen, nach § 148 AO befreit oder
- der Unternehmer erzielt Umsätze aus einer Tätigkeit als Angehöriger eines freien Berufes im Sinne des § 18 Abs. 1 Nr. 1 EStG.

Der maßgebliche Gesamtumsatz in Höhe von 125.000 EUR (bzw. im Beitrittsgebiet von 500.000 EUR) berechnet sich nach den Vorschriften für den → *Kleinunternehmer*, § 19 Abs. 3 UStG.

Die Befreiung von der Verpflichtung, Bücher zu führen, ist eine Ausnahmeregelung für einzelne Fälle oder für bestimmte Gruppen von Fällen, wenn die Einhaltung der Buchführungs- und Aufzeichnungsvorschriften zu Härten führen würde und die Besteuerung durch diese Erleichterungen nicht beeinträchtigt wird. Persönliche Umstände (Alter, Krankheit) sind grundsätzlich keine Gründe, die eine solche Erleichterung rechtfertigen. In Frage kommt eine solche Erleichterung, wenn der Unternehmer aus besonderen Umständen ausnahmsweise im Vorjahr die Grenzen der Buchführungspflicht (Umsatz in Höhe von mehr als 350.000 EUR – bis 31.12.2003: 260.000 EUR – oder Gewinn aus Gewerbebetrieb in Höhe von mehr als 30.000 EUR – bis 31.12.2003: 25.000 EUR) überschritten hat.

Als freie Berufe im Sinne des § 18 Abs. 1 Nr. 1 EStG gilt die selbstständig ausgeübte wissenschaftliche, künstlerische, schriftstellerische, unterrichtende oder erzieherische Tätigkeit. Darüber hinaus zählen zu der selbstständigen Tätigkeit auch die folgenden Katalogberufe (in alphabetischer Reihenfolge) sowie die artverwandten Berufe: Architekten, Ärzte, beratende Volks- und Betriebswirte, Bildberichterstatter, Dentisten, Dolmetscher, Handelschemiker, Heilpraktiker, Ingenieure, Journalisten, Krankengymnasten, Lotsen, Notare, Patentanwälte, Rechtsanwälte, Steuerberater, Steuerbevollmächtigte, Tierärzte, Übersetzer, vereidigte Buchprüfer, Vermessungsingenieure, Wirtschaftsprüfer, Zahnärzte. In jedem Fall muss der Freiberufler auf Grund seiner eigenen Fachkenntnis leitend und eigenverantwortlich tätig sein.

ACHTUNG!

Die Ausübung einer freiberuflichen Tätigkeit in einer Kapitalgesellschaft eröffnet dieser nicht die Möglichkeit, die Besteuerung nach vereinnahmten Entgelten nach § 20 Abs. 1 Nr. 3 UStG zu beantragen. Eine Istbesteuerung ist nur dann möglich, wenn die maßgeblichen Umsatzgrenzen nicht überschritten sind. Diese Einschränkung ist allerdings vor dem Hintergrund der Rechtsformneutralität des Umsatzsteuerrechts in der Gemeinschaft kritikwürdig.

Der Antrag auf Besteuerung nach vereinnahmten Entgelten ist an keine bestimmte Frist gebunden, er kann auch rückwirkend erteilt werden, solange die Steuerfestsetzung noch nicht bestandskräftig ist. Die Finanzverwaltung hat diesem Antrag zu entsprechen, wenn die gesetzlichen Vorschriften erfüllt sind. Die Genehmigung kann jedoch jederzeit widerrufen werden, wenn die Voraussetzungen nicht mehr gegeben sind. Dies liegt im Regelfall dann vor, wenn die maßgeblichen Umsatzgrenzen überschritten werden. Die Genehmigung ist jedoch immer für ganze Veranlagungszeiträume (Kalenderjahre) zu erteilen.

Soweit der Unternehmer mehrere Betriebe in seinem Unternehmen hat, kann die Besteuerung nach vereinnahmten Entgelten auf einzelne Betriebe beschränkt werden.

2. Besteuerungsfolgen der Istbesteuerung

Wenn der Unternehmer seine Umsätze nach vereinnahmten Entgelten besteuert, entsteht die Umsatzsteuer erst dann, wenn er einen Geldbetrag oder die Gegenleistung (z. B. im Rahmen eines Tausches) tatsächlich erhalten hat, § 13 Abs. 1 Nr. 1b UStG. Die Einnahme ist auch erst in der → *Umsatzsteuer-Voranmeldung* des Zeitraumes des Zuflusses zu erfassen.

Der Zeitpunkt der Vereinnahmung ist bei der Überweisung auf ein Bankkonto mit dem Tag der Gutschrift auf dem Konto gegeben. Bei der Zahlung auf ein Sperrkonto ist entscheidend, dass der Zahlende nicht mehr über den Betrag verfügen kann und dass die Verzinsung dem Zahlungsempfänger zusteht. Bei der Zahlung mit einem Scheck ist der Betrag schon mit Entgegennahme des Schecks gegeben, wenn der Einlösung des Schecks keine zivilrechtlichen Abreden entgegenstehen und die bezogene Bank den Betrag auszahlen würde. Bei der Zahlung mittels Wechsel gilt der Betrag mit Einlösung bzw. mit der Weitergabe als zugeflossen.

ACHTUNG!

Werden zwischen zwei Vertragsparteien gegenseitige Forderungen aufgerechnet, gilt der Betrag im Zeitpunkt der Aufrechnung als zugeflossen.

Unabhängig von dem Besteuerungsverfahren entsteht die Umsatzsteuer bei → *Anzahlungen* grundsätzlich mit dem Zufluss der Gegenleistung.

Bei unentgeltlichen Leistungen (Lieferungen nach § 3 Abs. 1b oder § 3 Abs. 9a UStG) entsteht die Umsatzsteuer unabhängig von der Besteuerung nach vereinnahmten Entgelten nach § 13 Abs. 1 Nr. 2 UStG immer in dem Voranmeldungszeitraum, in dem die Leistung erbracht worden ist. Dies gilt auch in den Fällen, in denen der Unternehmer gegenüber seinem Personal Leistungen erbringt, für die keine Gegenleistung in Form einer Geldzahlung erfolgt (z. B. bei der Pkw-Überlassung).

WICHTIG!

Die Istbesteuerung bezieht sich ausdrücklich nur auf die Ausgangsumsätze eines Unternehmens. Unabhängig von der Besteuerungsform ist der → *Vorsteuerabzug* immer in der Abrechnungsperiode vorzunehmen, in der die Voraussetzungen des § 15 Abs. 1 UStG alle vorliegen. Auf den Zahlungszeitpunkt kommt es nicht an, wenn der Unternehmer die Lieferung oder sonstige Leistung schon erhalten hat.

3. Wechsel der Besteuerungsform

Bei einem Wechsel zwischen der Ist- und der Sollbesteuerung ist darauf zu achten, dass keine Umsätze doppelt oder gar nicht besteuert werden. Bei dem Wechsel von der Sollbesteuerung zur Istbesteuerung sind die Umsätze, die im Rahmen der Sollbesteuerung bei Leistungserbringung schon der Besteuerung unterworfen worden sind, bei Zahlungseingang nicht noch einmal zu besteuern. Während früher die Finanzverwaltung davon ausging, dass bei einem Wechsel von der Istbesteuerung zur Sollbesteuerung die bisher noch nicht besteuerten, aber abgeschlossenen Leistungen in der ersten Voranmeldung nach dem Wechsel erfasst werden müssen, hat der BFH entschieden (Urteil v. 30.1.2003, V R 58/01), dass für Leistungen, die noch während der Besteuerung nach vereinnahmten Entgelten ausgeführt wurden, auch nach dem Wechsel der Besteuerungsform die Umsatzsteuer erst mit Vereinnahmung entsteht.

Beispiel:

Der Unternehmer U konnte zulässigerweise in 2003 die Besteuerung nach vereinnahmten Umsätzen durchführen. Im Dezember 2003 führt er eine Lieferung aus, für die er das Entgelt erst im August 2004 erhält. Ab Januar 2004 wendet U die Regelbesteuerung nach vereinbarten Entgelten an. Die Umsatzsteuer für die Leistung aus dem Dezember 2003 entsteht erst mit Vereinnahmung im August 2004 und ist nicht schon in der ersten Voranmeldung für 2004 zu erfassen.

Jobticket

Jobticket auf einen Blick

1. Rechtsquellen

   § 15 UStG

   § 3 Nr. 34 EStG (bis 31.12.2003)

   Abschn. 195 Abs. 1 UStR 2000

2. Bedeutung

   Bei einem Jobticket erhält der Arbeitnehmer von seinem Arbeitgeber Leistungen für die Fahrten mit den öffentlichen Verkehrsmitteln zwischen Wohnung und Arbeitsstätte. Da die Beförderungsleistung vom Verkehrsträger an den Arbeitnehmer erbracht wird, hat der Arbeitgeber keinen Vorsteuerabzug aus den Leistungen des Verkehrsträgers.

3. Weitere Stichworte

   → *Arbeitnehmer-Sammelbeförderung*, → *Vorsteuerabzug*

Nach § 3 Nr. 34 EStG a.F. konnte bis 31.12.2003 der Arbeitgeber zusätzlich zu dem geschuldeten Arbeitslohn seinem Arbeitnehmer lohnsteuerfreie (und sozialversicherungsfreie) Zuschüsse zu den Aufwendungen des Arbeitnehmers für die Fahrten zwischen Wohnung und Arbeitsstätte gewähren, soweit es sich um Aufwendungen für öffentliche Verkehrsmittel handelt. Das galt entsprechend für unentgeltliche oder verbilligte Nutzungen öffentlicher Verkehrsmittel im Linienverkehr zu Fahrten zwischen Wohnung und Arbeitsstätte, die der Arbeitnehmer auf Grund seines Dienstverhältnisses zusätzlich zum ohnehin geschuldeten Arbeitslohn in Anspruch nehmen kann. Durch das Haushaltsbegleitgesetz 2004 wurde die Steuerfreiheit nach § 3 Nr. 34 EStG aufgehoben.

Da die Beförderungsleistung des Beförderungsunternehmers bei den Fahrten zwischen Wohnung und Arbeitsstätte unmittelbar an den Arbeitnehmer erbracht wird, liegt für den Arbeitgeber kein Leistungsbezug im Sinne des § 15 UStG vor. Dies gilt entsprechend, wenn der Arbeitgeber mit einem Beförderungsunternehmen einen Rahmenvertrag über verbilligte Monatskarten abschließt.

WICHTIG!

Damit kann der Unternehmer aus diesen Zuwendungen keinen Vorsteuerabzug geltend machen.

Eine steuerbare Ausgangsleistung des Arbeitgebers ergibt sich bei den Zuschüssen zu den Beförderungskosten oder bei den vertraglichen Rahmenvereinbarungen mit einem Beförderungsunternehmen nicht. Soweit der Arbeitgeber aber die Beförderung der Arbeitnehmer selber übernimmt, liegt in der Regel eine steuerbare und steuerpflichtige Leistung des Arbeitgebers gegenüber seinem Personal vor, vgl. → *Arbeitnehmer-Sammelbeförderung*.

Kleinbetragsrechnung

Kleinbetragsrechnung auf einen Blick

1. Rechtsquellen

   § 14 Abs. 6 und § 15 Abs. 7 UStG

   § 33 und § 35 UStDV

   Abschn. 194 UStR 2000

2. Bedeutung

   Regelt den Sonderfall einer Rechnung, bei der auch ohne Angaben des Leistungsempfängers und des Steuerbetrages eine ordnungsgemäße Rechnung vorliegt.

3. Weitere Stichworte

   → *Rechnung*, → *Vorsteuerabzug*

Das Umsatzsteuergesetz stellt besondere Anforderungen an die Inhalte einer ordnungsgemäßen → *Rechnung*. Um aber die Abwicklung des Massengeschäftes zu erleichtern, kann zur Vereinfachung bei der Rechnungserstellung nach § 33 UStDV bei Rechnungen deren Gesamtbetrag nicht mehr als 100 EUR ausweist, auf bestimmte Angaben in der Rechnung verzichtet werden. Es ist nach dieser Vorschrift ausreichend, wenn in der Rechnung anstelle des Steuerbetrages nur der Steuersatz ausgewiesen wird. Auf die Angabe des Leistungsempfängers in einer Kleinbetragsrechnung kann ebenfalls verzichtet werden.

WICHTIG!

Der Grenzbetrag von 100 EUR ist ein Bruttobetrag, er enthält also die vom leistenden Unternehmer geschuldete Umsatzsteuer.

Eine Kleinbetragsrechnung muss nach § 33 UStDV mindestens die folgenden Angaben enthalten:

- den vollständigen Namen und die vollständige Anschrift des leistenden Unternehmers,
- das Ausstellungsdatum,
- die Menge und die Art der gelieferten Gegenstände oder den Umfang und die Art der sonstigen Leistung und
- das Entgelt und den darauf entfallenden Steuerbetrag für die Lieferung oder sonstigen Leistung in einer Summe sowie den anzuwendenden Steuersatz oder im Fall einer Steuerbefreiung einen Hinweis auf die Steuerbefreiung.

In einer Kleinbetragsrechnung kann über mehrere erbrachte Leistungen einheitlich abgerechnet werden. Soweit in der Kleinbetragsrechnung über Leistungen abgerechnet wird, die unterschiedlichen Steuersätzen unterliegen, so müssen die Entgelte und die darauf entfallenden Steuerbeträge nach Steuersätzen getrennt werden. Der Gesamtbetrag der Rechnung darf auch in diesem Fall den Gesamtbetrag von 100 EUR nicht übersteigen.

Beispiel 1:

Der Handwerker H erwirbt in einem Baumarkt ein Werkzeug für 99 EUR. Er kauft bei dieser Gelegenheit auch noch Schrauben und Nägel für insgesamt 6 EUR ein. Er erhält über die gelieferten Gegenstände eine Rechnung, in der er als Leistungsempfänger nicht aufgeführt ist. Der Handwerker hat keinen Vorsteuerabzugsanspruch, da es sich nicht um eine ordnungsgemäße Rechnung handelt, es liegt auch keine Kleinbetragsrechnung vor, da der Gesamtbetrag der Rechnung 100 EUR übersteigt.

Soweit von einem Unternehmer eine einheitliche Leistung erbracht wird, kann nicht mit mehreren Kleinbetragsrechnungen abgerechnet werden.

Beispiel 2:

Der Elektriker E erwirbt in einem Baumarkt ein Prüfgerät für 199 EUR. Er erhält eine Teilrechnung des Baumarkts über 100 EUR und eine Teilrechnung über 99 EUR. Auf die Angabe des Leistungsempfängers in den Rechnungen wurde verzichtet. Es liegen hier zwar

zwei Rechnungen vor, da die Abrechnung aber über eine einheitliche Lieferung erfolgte, können die Rechnungen zusammen nicht als Kleinbetragsrechnung angesehen werden. Damit kann der Elektriker den Vorsteuerabzug aus diesen beiden Abrechnungen nicht vornehmen.

TIPP!

Soweit die Rechnung den Gesamtbetrag von 100 EUR überschreitet, hat der Leistungsempfänger einen Rechtsanspruch, eine ordnungsgemäße Rechnung zu erhalten. Dieser Rechtsanspruch kann auch nicht durch Allgemeine Geschäftsbedingungen o.Ä. ausgeschlossen werden.

In einer Kleinbetragsrechnung muss der Steuersatz als Zahl (16 % oder 7 %) in der Rechnung angegeben sein. Eine Angabe, wie „inklusive gesetzlicher Umsatzsteuer" oder „inklusive Regelsteuersatz" ist nicht ausreichend und eröffnet bei dem Leistungsempfänger keinen Vorsteuerabzugsanspruch.

Unter den allgemeinen Voraussetzungen des § 15 Abs. 1 Satz 1 Nr. 1 UStG ist der Leistungsempfänger bei einer Kleinbetragsrechnung berechtigt, die in dem Gesamtbetrag enthaltene Umsatzsteuer mit den folgenden Prozentsätzen herauszurechnen:

Steuersatz	Prozentsatz des Gesamtbetrags	Faktor als Bruch
16 % (§ 12 Abs. 1 UStG)	13,7931	16/116
7 % (§ 12 Abs. 2 UStG)	6,5421	7/107

Kleinunternehmer

Kleinunternehmer auf einen Blick

1. Rechtsquellen

   § 19 UStG

   Abschn. 246 bis Abschn. 253 UStR 2000

2. Bedeutung

   Für die Umsätze von Kleinunternehmern wird die geschuldete Umsatzsteuer nicht erhoben, soweit der Gesamtumsatz im vorangegangenem Kalenderjahr 17.500 EUR und im laufenden Kalenderjahr 50.000 EUR nicht übersteigt.

3. Weitere Stichworte

   → *Hilfsgeschäft*, → *innergemeinschaftlicher Erwerb*, → *innergemeinschaftliches Dreiecksgeschäft*, → *Steuerschuldnerverfahren*, → *unberechtigter Steuerausweis*, → *Unternehmenseinheit*

Kleinunternehmer

1. Anwendungsbereich

Das Umsatzsteuergesetz sieht für Unternehmer, die nur Umsätze in geringem Umfang ausführen, eine Erleichterung dahin gehend vor, dass die für die ausgeführten Umsätze geschuldete Umsatzsteuer nicht erhoben wird. Damit sich in diesen Fällen aber kein Steuerausfall ergibt, darf der Kleinunternehmer in seiner Rechnung keine Umsatzsteuer ausweisen. Der Kleinunternehmer ist darüber hinaus vom Vorsteuerabzug ausgeschlossen.

2. Voraussetzungen

Um die Kleinunternehmerbesteuerung in Anspruch nehmen zu können, darf der Gesamtumsatz des Unternehmers im vorangegangenen Jahr nicht mehr als 17.500 EUR (die Umsatzgrenze wurde rückwirkend zum 1.1.2003 auf 17.500 EUR heraufgesetzt) und im laufenden Kalenderjahr nicht mehr als 50.000 EUR betragen. Zur Überprüfung, ob die maßgeblichen Umsatzgrenzen nicht überschritten werden, ist jeweils vom Gesamtumsatz im Sinne von § 19 Abs. 3 UStG (= Berechnungsgrundlage) auszugehen. Dabei ist stets der Gesamtumsatz nach vereinnahmten Entgelten („Ist"-Besteuerung) zuzüglich der darauf entfallenden Umsatzsteuer (Brutto-Ist-Gesamtumsatz) zugrunde zu legen. Zu beachten ist, dass bei der Berechnung der Umsatz im gesamten Unternehmen des Kleinunternehmers zu betrachten ist (→ *Unternehmenseinheit*).

Hat der Unternehmer im vorangegangenen Kalenderjahr die Umsatzgrenze von 17.500 EUR überschritten, ist für ihn die Anwendung des § 19 UStG im laufenden Kalenderjahr grundsätzlich nicht möglich. Ist die Umsatzgrenze von 17.500 EUR im vorangegangenen Kalenderjahr nicht überschritten, muss der Unternehmer anhand einer Schätzung auf der Grundlage der zu Beginn des Kalenderjahres maßgebenden Verhältnisse feststellen, ob er im laufenden Kalenderjahr die Grenze von 50.000 EUR überschreiten wird oder nicht.

WICHTIG!

Soweit sich nach der sachgerechten Schätzung ein Gesamtumsatz für das laufende Kalenderjahr von nicht mehr als 50.000 EUR ergibt, entfällt die Besteuerung als Kleinunternehmer nicht rückwirkend, selbst wenn die Umsatzgrenze tatsächlich überschritten werden sollte.

Beispiel 1:

Der Unternehmer U hat im Kalenderjahr 2003 einen Gesamtumsatz in Höhe von 15.000 EUR erzielt. Aufgrund einer sachgerechten Schätzung geht er davon aus, dass er im Kalenderjahr 2004 45.000 EUR Gesamtumsatz erzielen wird. Am Ende des Kalenderjahres 2004 stellt er fest, dass der Gesamtumsatz tatsächlich 52.000 EUR betragen hat. Da er im Rahmen einer sachgerechten Schätzung nach den Verhältnissen zu Beginn des Kalenderjahres zulässigerweise die Besteuerung nach § 19 UStG vornehmen konnte, erfolgt keine Nachversteuerung seiner Umsätze. Im Kalenderjahr 2005 muss der Unternehmer dann allerdings zwingend die Regelbesteuerung anwenden.

Für die Berechnung des maßgeblichen Gesamtumsatzes nach § 19 Abs. 1 UStG ergibt sich folgendes Schema:

	Steuerbare Umsätze nach § 1 Abs. 1 Nr. 1 UStG, berechnet nach vereinnahmten Entgelten
./.	steuerfreie Umsätze nach § 4 Nr. 8i, § 4 Nr. 9b und § 4 Nr. 11 bis Nr. 28 UStG
./.	steuerfreie Hilfsumsätze nach § 4 Nr. 8a bis 8h, § 4 Nr. 9a und 10 UStG → *(Hilfsgeschäft)*
=	Gesamtumsatz, gegebenenfalls hochgerechnet auf einen Jahresumsatz
./.	Umsätze von Wirtschaftsgütern des Anlagevermögens (Verkauf und Entnahme)
=	Umsatz nach § 19 Abs. 1 Satz 2 UStG
+	Umsatzsteuer (soweit Umsatz steuerpflichtig)
=	Umsatz im Sinne des § 19 Abs. 1 UStG

WICHTIG!

Die Umsatzgrenzen von 17.500 EUR und 50.000 EUR sind Bruttoumsätze, enthalten somit die gegebenenfalls geschuldete Umsatzsteuer.

Eine Besonderheit ergibt sich bei einem Unternehmer, der erst im Laufe eines Kalenderjahres seine Tätigkeit aufnimmt. Da bei ihm kein Vorjahresumsatz vorliegt, ist der voraussichtliche (hochgerechnete) Umsatz des laufenden Jahres mit 17.500 EUR und nicht mit 50.000 EUR zu vergleichen. Dabei sind angefangene Kalendermonate als volle Kalendermonate zu behandeln, es sei denn, dass die Umrechnung nach Tagen zu einem geringeren Gesamtumsatz führt.

Beispiel 2:

Der Unternehmer hat am 20.4.2004 seine unternehmerische Tätigkeit begonnen. Er schätzt, dass er in 2004 voraussichtlich einen Umsatz inklusive Umsatzsteuer in Höhe von 12.000 EUR erzielen wird. Hochgerechnet auf das gesamte Jahr ergibt sich ein Gesamtumsatz in Höhe von 16.000 EUR, so dass der Unternehmer für 2004 die Kleinunternehmerbesteuerung in Anspruch nehmen kann.

TIPP!

Die Unternehmereigenschaft beginnt nicht erst mit den ersten erzielten Umsätzen, sondern schon mit den ersten Vorbereitungshandlungen, so dass für die Umsatzgrenze des ersten Jahres auch Kalendermonate einbezogen werden können, in denen noch keine Umsätze erzielt worden sind.

Ein Problem ergibt sich bei Unternehmern, die über einen längeren Zeitraum stark schwankende Umsätze haben. In diesen Fällen ist es fraglich ob – insbesondere, wenn einige Jahre keine Umsätze erzielt werden – durchgehend die Unternehmereigenschaft besteht. Die Finanzverwaltung geht davon aus, dass die Unternehmereigenschaft auch dann fortbesteht, wenn – bei der festen Absicht auch später wieder Leistungen zu erbringen – in einzelnen Jahren keine Umsätze ausgeführt werden. Damit ist in den Jahren, in denen Umsätze ausgeführt werden, auf die Umsätze des Vorjahres zurückzugreifen.

Beispiel 3:

Der gemeinnützige Verein V veranstaltet alle drei Jahre ein Fest, bei dem ein Umsatz von jeweils 25.000 EUR erwartet wird. Der Verein ist durchgängig als Unternehmer anzusehen. Damit kann für die Feste jeweils die Kleinunternehmerbesteuerung in Anspruch genommen werden, da im Vorjahr des Festes Umsätze von 0 EUR ausgeführt wurden und im laufenden Jahr der Umsatz voraussichtlich nicht mehr als 50.000 EUR betragen wird. Würde die Unternehmereigenschaft des Vereins unterbrochen werden, könnte er die Kleinunternehmerbesteuerung nicht in Anspruch nehmen, da dann jeweils ein „Erstjahr" vorliegen würde, bei dem bei dem voraussichtlichen Umsatz auf die Umsatzgrenze von 17.500 EUR abzustellen wäre.

3. Rechtsfolgen

Kleinunternehmer müssen keine Umsatzsteuervoranmeldungen abgeben. Die für steuerbare und steuerpflichtige Umsätze geschuldete Umsatzsteuer wird bei ihnen nicht erhoben. In ihren Rechnungen dürfen sie Umsatzsteuer nicht gesondert ausweisen. Soweit Umsatzsteuer in Rechnungen gesondert ausgewiesen wird, schuldet der Kleinunternehmer diese nach § 14c Abs. 2 UStG (→ *unberechtigter Steuerausweis*). Die einem Kleinunternehmer in Rechnungen ausgewiesene Umsatzsteuer für bezogene Leistungen darf von ihm nicht als Vorsteuer abgezogen werden.

Die Vorschriften über die Erhebung der Einfuhrumsatzsteuer, die Besteuerung von → *innergemeinschaftlichen Erwerben* sowie die Steuerschuldnerschaft nach § 13b UStG (→ *Steuerschuldnerverfahren*) und § 25b Abs. 2 UStG (→ *innergemeinschaftliches Dreiecksgeschäft*) gelten auch für den Kleinunternehmer.

4. Optionsmöglichkeit

Unternehmer, die unter § 19 Abs. 1 UStG fallen, können auf dessen Anwendung gemäß § 19 Abs. 2 UStG verzichten; das heißt, sie müssen dann ihre Umsätze wie alle der Regelbesteuerung unterliegenden Unternehmer besteuern und die für ihre Umsätze geschuldete Umsatzsteuer an ihr zuständiges Finanzamt entrichten. In diesen Fällen sind sie berechtigt, die von ihnen geschuldete Umsatzsteuer in ihren Rechnungen gesondert auszuweisen. Sie erhalten ebenfalls den Vorsteuerabzug nach § 15 Abs. 1 UStG. Soweit eine Optionserklärung abgegeben worden ist, gilt diese von Beginn des Kalenderjahres an, für das die Erklärung abgegeben worden ist.

TIPP!

Die Option auf die Regelbesteuerung ist insbesondere dann für den Kleinunternehmer sinnvoll, wenn er seine Leistungen auch an vorsteuerabzugsberechtigte Unternehmer ausführt. In diesem Fall kann er die Umsatzsteuer zusätzlich in Rechnung stellen und hat einen Vorsteuerabzug aus seinen bezogenen Leistungen.

Der Antrag auf die Besteuerung nach den allgemeinen Grundsätzen ist an keine bestimmte Form gebunden. Der Unternehmer kann die Erklärung jederzeit bis zur Unanfechtbarkeit der Steuerfestsetzung bei seinem Finanzamt abgeben. Ebenso kann der Antrag bis zur Unanfechtbarkeit der Steuerfestsetzung wieder zurückgezogen werden, in diesen Fällen können eventuell mit Umsatzsteuerausweis erstellte Rechnungen nach § 14c Abs. 2 UStG berichtigt werden, vgl. zum Berichtigungsverfahren → *„unberechtigter Steuerausweis"*. Die Unanfechtbarkeit der Steuerfestsetzung tritt ein, wenn die erstmalige Steuerfestsetzung für das Kalenderjahr formell bestandskräftig ist (in der Regel nach Ablauf von einem Monat nach Erlass des Bescheides/Abgabe der Jahressteueranmeldung, soweit kein Rechtsbehelf gegen die Festsetzung eingelegt worden ist), dies gilt auch in den Fällen, in denen der Bescheid unter dem Vorbehalt der Nachprüfung ergangen ist.

Wenn der Unternehmer nach § 19 Abs. 2 UStG die Regelbesteuerung gewählt hat, ist er fünf Jahre an diese Erklärung gebunden. Erst nach Ablauf von fünf Jahren seit erstmaliger Besteuerung kann der Unternehmer wieder zur Besteuerung nach § 19 Abs. 1 UStG zurückkehren. Die Überschreitung der Umsatzgrenzen gilt nicht als Erklärung zur Besteuerung nach den allgemeinen Grundsätzen.

Beispiel 4:

Der Unternehmer hat im Kalenderjahr 2003 einen Gesamtumsatz in Höhe von 18.000 EUR erzielt. Eine Erklärung zur Besteuerung nach den allgemeinen Grundsätzen hat er in den vergangenen Jahren nicht abgegeben. Im Kalenderjahr 2004 muss der Unternehmer seine Umsätze nach den allgemeinen Grundsätzen besteuern. Soweit er im Kalenderjahr 2004 die Umsatzgrenze von 17.500 EUR nicht überschreitet, kann er für 2005 wieder die Besteuerung als Kleinunternehmer in Anspruch nehmen.

ACHTUNG!

Bei einem Wechsel von der Besteuerung als Kleinunternehmer zur Regelbesteuerung oder umgekehrt sind die Umsätze jeweils nach den Grundsätzen der Besteuerungsform zu behandeln, die zum Zeitpunkt der Ausführung des Umsatzes anzuwenden waren. Die Vereinnahmung des Entgelts ist in diesem Fall nicht von Bedeutung.

Kommissionsgeschäft

Kommissionsgeschäft auf einen Blick

1. Rechtsquellen

   § 3 Abs. 3 UStG

   Abschn. 15b Abs. 7, Abschn. 24 Abs. 2, Abschn. 30 Abs. 2 UStR 2000

2. Bedeutung

   Bei einem Kommissionsgeschäft liegen zwischen dem Kommittenten und dem Kommissionär ausschließlich Lieferungen vor. Dabei ist die Lieferung des Kommittenten zeitlich mit der Lieferung des Kommissionärs verknüpft.

3. Weitere Stichworte

   → Differenzbesteuerung, → innergemeinschaftlicher Erwerb, → Leistungskommission, → Lieferung

4. Besonderheiten

   Für Kommissionsgeschäfte im Binnenmarkt ergibt sich für die Besteuerung des innergemeinschaftlichen Erwerbs als Wahlrecht auch die Möglichkeit, dass der Kommissionär bei Erhalt der Ware den innergemeinschaftlichen Erwerb besteuern kann.

1. Voraussetzungen des Kommissionsgeschäftes

Bei einem Kommissionsgeschäft tritt ein Kaufmann (Kommissionär) in eigenem Namen, aber für fremde Rechnung (des Kommittenten) gegenüber einem fremden Dritten als Lieferer auf. Während das Kommissionsgeschäft zivilrechtlich als Besorgungsleistung ausgestaltet ist (und damit eigentlich eher einer Dienstleistung des Kommissionärs entspricht), führt das Kommissionsgeschäft umsatzsteuerlich zwingend zu einer Lieferung zwischen Kommittent und Kommissionär, § 3 Abs. 3 UStG.

Ein Kommissionsgeschäft liegt immer dann vor, wenn der eingeschaltete Unternehmer

- in eigenem Namen gegenüber dem fremden Dritten auftritt. Dies bedeutet, dass der Kommissionär gegenüber dem fremden Dritten so auftritt, als wenn er der Eigentümer der Ware wäre, und
- für fremde Rechnung handelt. Dies bedeutet, dass das wirtschaftliche Risiko des Geschäftes bei dem Kommittenten verbleibt.

ACHTUNG!

Auf die Bezeichnung des Vertrages kommt es bei einem Kommissionsgeschäft nicht an, die steuerliche Beurteilung folgt ausschließlich dem tatsächlichen Ablauf des Geschäftes.

2. Abwicklung des Kommissionsgeschäftes

Bei einem Kommissionsgeschäft ist zwischen der Einkaufskommission und der Verkaufskommission zu unterscheiden. Während zivilrechtlich der Kommissionär keine Verfügungsmacht an den gelieferten Gegenständen erhält, wird für umsatzsteuerliche Zwecke eine Lieferung zwischen Kommittenten und Kommissionär fingiert.

Verkaufskommission:

Einkaufskommission:

Da der Kommissionär zivilrechtlich keine Verfügungsmacht an der Ware erhält, kann auch umsatzsteuerlich noch keine Lieferung zwischen Kommittent und Kommissionär zu dem Zeitpunkt vorliegen, in dem die Ware körperlich zu dem Kommissionär gelangt. Die → *Lieferung* (= Verschaffung der Verfügungsmacht) zwischen Kommittent und Kommissionär ist deshalb erst in dem Moment ausgeführt, in dem der Kommissionär die Ware an den Abnehmer liefert. Mit dieser zeitlichen Verknüpfung ist in der Regel auch eine räumliche Verknüpfung für den Ort der Lieferung verbunden.

Beispiel 1:

Der Möbelproduzent P transportiert im Januar 2004 Möbel als Kommissionsware von seinem Lager in Stuttgart zu dem Möbelhändler H nach Zürich. Im April 2004 gelingt H der Verkauf der Kommissionsware in der Schweiz. Eine Lieferung zwischen dem Produzenten und dem Händler liegt erst im April 2004 vor. Der Ort der Lieferung bestimmt sich nach § 3 Abs. 7 Satz 1 UStG mit dem Ort, an dem der Gegenstand der Lieferung sich zu diesem Zeitpunkt befindet, also in der Schweiz. Der Warentransport von Stuttgart nach Zürich ist dieser Lieferung nicht zuzurechnen. Die Lieferung zwischen P und H ist in Deutschland nicht steuerbar.

ACHTUNG!

Wenn der Umsatz im Ausland ausgeführt wird, muss sich der Unternehmer darüber informieren, welche steuerlichen Folgen sich daraus für ihn im Bestimmungsland ergeben.

Unabhängig, wie die „Vergütung" des Kommissionärs in dem Vertrag zwischen Kommittenten und Kommissionär bezeichnet ist, unterliegt beim Kommissionär immer das Gesamtentgelt, welches er vom Abnehmer (bei der Verkaufskommission) oder vom Kommittenten (bei der Einkaufskommission) erhält, der Besteuerung. Darüber hinaus hat der Kommissionär den Vorsteuerabzug (soweit eine ordnungsgemäße Rechnung oder Gutschrift vorliegt) aus der erhaltenen Lieferung.

Beispiel 2:

Der Kommissionär K hat mit dem Produzenten P einen Kommissionsvertrag abgeschlossen, in dem als „Provision" ein Betrag in Höhe von 20 % des Nettoverkaufspreises zuzüglich Umsatzsteuer vereinbart wurde. Im März 2004 kann K Ware im Nettowert von 10.000 EUR verkaufen. Für diese Warenverkäufe muss er an sein Finanzamt 1.600 EUR abführen. Er kann gegenüber dem Kommittenten mit Gutschrift über die an ihn gelieferte Ware im Nettowert von 8.000 EUR (sein Nettoverkaufspreis abzüglich seines Anteils von 20 %) zuzüglich Umsatzsteuer in Höhe von 1.280 EUR abrechnen. Diese in der Gutschrift ausgewiesene Umsatzsteuer kann K als Vorsteuer abziehen, so dass sich seine Zahllast aus diesem Geschäft für den März 2004 auf 320 EUR beläuft.

Soweit die Voraussetzungen vorliegen, kann sich bei einem Kommissionsgeschäft auch die Sonderregelung der → *Differenzbesteuerung* nach § 25a UStG ergeben. Typischer Anwendungsfall dafür sind Secondhandshops.

Beispiel 3:

Die Unternehmerin U betreibt einen Secondhandshop für Kinderkleidung. Sie nimmt gebrauchte Kinderkleidung in Kommission und rechnet je nach Verkauf mit den Einlieferern ab. Da die Kinderkleidung von Privatpersonen verkauft wird, erwirbt die U als Wiederverkäuferin, wobei bei der Lieferung an sie keine Umsatzsteuer geschuldet wurde. Damit kann sie die Umsatzsteuer für die von ihr erbrachten Lieferungen aus der Differenz zwischen Einkaufs- und Verkaufspreis berechnen.

Das Kommissionsgeschäft nach § 3 Abs. 3 UStG bezieht sich ausschließlich auf Lieferungen. Allerdings ist seit dem 1.1.2004 in § 3 Abs. 11 UStG eine vergleichbare Lösung für sonstige Leistungen geregelt, vgl. → *Leistungskommission*.

3. Sonderregelung im Binnenmarkt

Wenn Kommissionsware im Rahmen einer Verkaufskommission bei der Zurverfügungstellung vom Kommittenten an den Kommissionär von einem Mitgliedstaat der Gemeinschaft in einen anderen Mitgliedstaat gelangt, handelt es sich regelmäßig um ein innergemeinschaftliches Verbringen im Sinne des § 1a Abs. 2 UStG und § 3 Abs. 1a UStG. Im Rahmen dieses Verbringens müsste der Kommittent im Bestimmungsland einen → *innergemeinschaftlichen Erwerb* besteuern. Anschließend würde sich dann für ihn eine ruhende Lieferung (Lieferung Kommittent an Kommissionär) im Bestimmungsland zu dem Zeitpunkt ergeben, an dem die Ware von dem Kommissionär an den Abnehmer veräußert wird.

Aus Vereinfachungsgründen hat die Finanzverwaltung es jedoch nach Abschn. 15b Abs. 7 UStR 2000 zugelassen, dass (als Wahlrecht) schon gleich bei dem Transport der Ware zwischen Kommittent und Kommissionär ein innergemeinschaftlicher Erwerb beim Kommissionär zu besteuern ist. Für den Kommittenten ergibt sich damit im Bestimmungsland weder ein innergemeinschaftlicher Erwerb noch eine darauf folgende steuerbare Lieferung.

Beispiel 4:

Der Produzent P transportiert im April 2004 Kommissionsware aus Belgien zu dem Kommissionär in Leipzig. Soweit das Wahlrecht nach Abschn. 15b Abs. 7 UStR 2000 in Anspruch genommen wird, liegt im April 2004 für den Kommittenten in Belgien eine steuerbare Lieferung vor, die aber als innergemeinschaftliche Lieferung steuerfrei ist. Der Kommissionär hat im April 2004 nach § 1a Abs. 1 UStG einen innergemeinschaftlichen Erwerb zu besteuern. Besteuerungsfolgen in Deutschland ergeben sich für den belgischen Kommittenten nicht.

ACHTUNG!

Bei Inanspruchnahme der Vereinfachungsregelung müssen sich Kommittent und Kommissionär vorab darüber einigen, welche Bemessungsgrundlage für diese innergemeinschaftliche Lieferung anzugeben ist, da unabhängig vom späteren Verkaufserfolg der Kommissionsware schon im Quartal des Verbringens der Kommittent in seiner Zusammenfassenden Meldung und der Erwerber in seiner Voranmeldung diesen Vorgang angeben müssen. Soweit sich später die Bemessungsgrundlage ändern sollte, ist aus Vereinfachungsgründen von einer Berichtigung abzusehen, wenn der Kommissionär bezüglich der Erwerbsteuer in vollem Umfang zum Vorsteuerabzug berechtigt ist.

Leistungskommission

Leistungskommission auf einen Blick

1. Rechtsquellen

   § 3 Abs. 11 UStG

2. Bedeutung

   Erbringt ein Unternehmer in eigenem Namen, aber für fremde Rechnung gegenüber einen Dritten eine sonstige Leistung, so gilt diese sonstige Leistung als an ihn und vom ihm selbst erbracht (Leistungskette).

3. Weitere Stichworte

   → *Kommissionsgeschäft*, → *sonstige Leistung*

4. Besonderheiten

   Die Leistungskommission nach § 3 Abs. 11 UStG ist durch das Steueränderungsgesetz 2003 eingeführt worden. Damit wurde eine Angleichung an das Gemeinschaftsrecht vorgenommen.

1. Voraussetzung der Leistungskommission

Der Begriff der Kommission war bisher beschränkt auf Lieferungen (→ *Kommissionsgeschäft*). Nach diversen Urteilen des BFH wurde durch das Steueränderungsgesetz 2003 § 3 Abs. 11 UStG den Vorgaben des Gemeinschaftsrechtes angepasst und die Leistungskommission eingeführt.

Eine Leistungskommission liegt immer dann vor, wenn ein eingeschalteter Unternehmer:

- in eigenem Namen gegenüber dem fremden Dritten auftritt,
- für fremde Rechnung handelt und
- eine sonstige Leistung ausführt.

ACHTUNG!

Auf die Bezeichnung des Vertrages kommt es nicht an, die steuerliche Beurteilung folgt ausschließlich dem tatsächlichen Ablauf des Geschäftes.

2. Abwicklung der Leistungskommission

Eine Leistungskommission kann sowohl im Rahmen des Einkaufs einer Leistung wie auch im Rahmen des Verkaufs einer Leistung erfolgen.

Bei einem Leistungsverkauf wird ein Unternehmer von einem anderen Unternehmer beauftragt, in eigenem Namen, aber für seine Rechnung eine sonstige Leistung am Markt zu erbringen.

Beispiel 1:

Der Eigentümer E besitzt eine Ferienwohnung. Er beauftragt den Makler M diese Ferienwohnung für seine Rechnung, aber im Namen des M an ständig wechselnde Feriengäste zu vermieten. Nach § 3 Abs. 11 UStG gilt die sonstige Leistung als von E an den M und von M an die Feriengäste erbracht. Damit erbringt E gegenüber dem M eine steuerbare Vermietungsleistung als Unternehmer an den M (die Vermietung ist steuerpflichtig, da an die Feriengäste kurzfristige Vermietungen erbracht werden). M erbringt steuerbare und steuerpflichtige Leistungen an die jeweiligen Feriengäste.

Bei einem Leistungseinkauf wird ein Unternehmer von einem anderen beauftragt, in eigenem Namen, aber für Rechnung des Auftraggebers am Markt eine sonstige Leistung einzukaufen.

Beispiel 2:

Der Spediteur S besorgt für den Unternehmer U die Beförderung eines Gegenstandes von Hamburg nach München. Er erteilt dazu dem Frachtführer F in eigenem Namen, aber für Rechnung des U den Auftrag, diese Beförderungsleistung zu erbringen. Es liegen zwei Umsätze vor: Zum einen erbringt der Frachtführer F eine Beförderungsleistung an den Spediteur, der Spediteur erbringt seinerseits eine sonstige Leistung an den Unternehmer U.

Lieferung

Lieferung auf einen Blick

1. Rechtsquellen

   § 3, § 3c, § 3e und § 3f UStG

   Abschn. 24 bis Abschn. 28, Abschn. 30 bis Abschn. 31a und Abschn. 42j UStR 2000

2. Bedeutung

   Der Begriff der Lieferung beschreibt einen Leistungstatbestand des Umsatzsteuerrechtes. In Abhängigkeit von der Definition der Lieferung und von der Bestimmung des Ortes der Lieferung ergeben sich die umsatzsteuerlichen Rechtsfolgen.

3. Weitere Stichworte

   → *Ausfuhrlieferung*, → *Fiskalvertreter*, → *Inland*, → *innergemeinschaftliche Lieferung*, → *innergemeinschaftlicher Erwerb*, → *innergemeinschaftliches Dreiecksgeschäft*, → *innergemeinschaftliches Verbringen*, → *Kommissionsgeschäft*, → *Reihengeschäft*, → *unentgeltliche Lieferungen*, → *Werklieferung*

1. Bedeutung der Lieferung

Der Leistungstatbestand Lieferung stellt neben dem Leistungstatbestand sonstige Leistung den Kernbegriff für Leistungen eines Unternehmers dar. Damit eine steuerbare Lieferung eines Unternehmers vorliegen kann – und damit eine Umsatzsteuer für den leistenden Unternehmer entstehen kann – muss überprüft werden, ob eine Lieferung vorliegt und wo der Ort dieser Lieferung ist.

2. Definition der Lieferung

Der Begriff der Lieferung wird über die gesetzliche Legaldefinition „Verschaffung der Verfügungsmacht" im § 3 Abs. 1 UStG beschrieben. Damit müssen Wert, Substanz und Ertrag an einem Gegenstand auf den Abnehmer übergehen. Gegenstände im Sinne dieser Rechtsvorschrift stellen

- Sachen im Sinne des § 90 BGB und
- Tiere im Sinne des § 90a BGB dar.

Allerdings werden auch Wirtschaftsgüter im Rahmen einer Lieferung übertragen, die im wirtschaftlichen Verkehr als körperliche Sachen angesehen werden (z. B.: elektrischer Strom, Wärme, Firmenwert oder Kundenstamm). Auch Sachgesamtheiten (Zusammenfassung mehrerer selbstständiger Gegenstände zu einem einheitlichen Ganzen, das wirtschaftlich als ein anderes Verkehrsgut angesehen wird, als die Summe der einzelnen Gegenstände – z. B. ein Blumenstrauß) werden im Rahmen einer Lieferung übertragen.

ACHTUNG!

Rechte (z. B. Gesellschaftsrechte, Forderungen, Patente etc.) werden nicht geliefert, sondern im Rahmen einer sonstigen Leistung übertragen.

Die Verschaffung der Verfügungsmacht setzt voraus, dass der Erwerber über den Gegenstand wirtschaftlich verfügen kann. Die Übertragung auch des zivilrechtlichen Eigentums ist nicht zwingend erforderlich. Aus diesem Grunde liegt eine Lieferung nach § 3 Abs. 1 UStG auch schon dann vor, wenn ein Unternehmer einem Abnehmer einen Gegenstand unter Eigentumsvorbehalt liefert.

Da sich mit dieser Grunddefinition nicht alle Sonderfälle umsatzsteuerlicher Lieferungen beschreiben lassen, sind in den Vorschriften des § 3 Abs. 1a bis Abs. 5 UStG Sonderdefinitionen von Lieferungen erfasst.

2.1 Innergemeinschaftliches Verbringen

Soweit ein Unternehmer aus einem Mitgliedstaat der Gemeinschaft einen Gegenstand in einen anderen Mitgliedstaat zur eigenen Verfügung verbringt, wird dieser Vorgang in dem Ursprungsstaat als Lieferung gegen Entgelt behandelt, § 3 Abs. 1a UStG. Eine Ausnahme besteht lediglich in den Fällen, in denen der Unternehmer den Gegenstand nur zum Zweck einer vorübergehenden Verwendung in den anderen Mitgliedstaat verbringt. Zu den Einzelheiten siehe → *innergemeinschaftliches Verbringen*.

2.2 Unentgeltliche Lieferungen

Zu den Lieferungen gegen Entgelt gehören auch die → *unentgeltlichen Lieferungen*, bei denen der Unternehmer entweder Gegenstände aus unternehmensfremden Zwecken unentgeltlich aus dem Unternehmensvermögen entnimmt, dem Personal unentgeltlich Gegenstände für dessen privaten Bedarf (Ausnahme → *Aufmerksamkeiten*) zuwendet oder andere unentgeltliche Zuwendungen eines Gegenstandes vornimmt, § 3 Abs. 1b UStG. Zu den Einzelheiten siehe → *unentgeltliche Lieferungen*.

2.3 Kommissionsgeschäft als Lieferung

Bei einem Kommissionsgeschäft liegt zwischen dem Kommittenten und dem Kommissionär eine Lieferung im Sinne des § 3 Abs. 3 UStG vor. Dabei ist zu beachten, dass diese Lieferung bei einer Verkaufskommission erst dann ausgeführt ist, wenn der Kommissionär seinerseits den Gegenstand geliefert hat. Zu den Einzelheiten siehe → *Kommissionsgeschäft*.

2.4 Werklieferung

Bei einheitlichen Leistungen, die sowohl die Verschaffung der Verfügungsmacht an Gegenständen wie auch die Ausführung von sonstigen Leistungen umfassen, muss entschieden werden, ob der Unternehmer im Ergebnis eine (Werk-)Lieferung oder eine (Werk-)Leistung ausführt. Soweit der Unternehmer bei der Ausführung dieser Leistung auch selbst beschaffte Stoffe verwendet, die nicht nur Nebensachen oder Zutaten darstellen, handelt es sich bei der Leistung um eine Werklieferung. Zu den Einzelheiten siehe → *Werklieferung*.

2.5 Gehaltslieferung

Wenn der Unternehmer einem Abnehmer gegenüber eine Lieferung erbringt und der Abnehmer dem liefernden Unternehmer Neben- oder Abfallprodukte, die bei der Bearbeitung oder Verarbeitung der Gegenstände anfallen, zurückgeben muss, liegt kein Tausch vor, sondern es handelt sich nur um eine Lieferung, die von dem Gehalt dessen bestimmt wird, die dem Leistungsempfänger verbleibt, § 3 Abs. 5 UStG.

Beispiel 1:

Der Schrotthändler S verkauft an einen Edelmetallverarbeiter E alte Katalysatoren. Der E gewinnt aus den gelieferten Katalysatoren die enthaltenen Platinreste und gibt dem S im Anschluss den restlichen Metallschrott zurück. Das Entgelt, das der E dem S bezahlt, bestimmt sich nach dem Platingehalt. Es handelt sich um eine Lieferung von Platin. Zur Bemessungsgrundlage bei S gehört nur das, was der E für die Lieferung aufwendet.

Eine Gehaltslieferung im Sinne des § 3 Abs. 5 UStG liegt auch dann vor, wenn der Leistungsempfänger dem liefernden Unternehmer nicht die Abfall- oder Nebenerzeugnisse aus dieser Lieferung, sondern Gegenstände gleicher Art zurückgibt, wie sie bei der Bearbeitung anfallen.

Fortsetzung Beispiel 1:

Der Schrotthändler S erhält von dem E nicht den Metallschrott seiner Katalysatoren zurück, sondern eine vergleichbare Menge Metallschrott aus anderen Lieferungen.

3. Ort der Lieferung

Ein Umsatz kann im Inland nach § 1 Abs. 1 Nr. 1 UStG nur dann steuerbar sein, wenn der Ort der Lieferung im Inland im Sinne des § 1 Abs. 2 UStG liegt. Damit muss für die Prüfung der umsatzsteuerlichen Konsequenzen immer geprüft werden, wo sich der Ort der Lieferung befindet.

ACHTUNG!

Der Ort der Lieferung hat keinen Einfluss auf den Zeitpunkt der Lieferung. Der Zeitpunkt der Lieferung bestimmt sich nach zivilrechtlichen Grundsätzen.

Da die Rechtsvorschriften, die den Ort einer Lieferung regeln, im Gesetz an unterschiedlichen Stellen erfasst sind, ist im § 3 Abs. 5a UStG eine hierarchische Reihenfolge für die Prüfung des Ortes der Lieferung vorgegeben.

§ 3c UStG	Ort der Lieferung in besonderen Fällen: Lieferung in einen anderen Mitgliedstaat an Privatpersonen oder nicht regelbesteuerte Unternehmer.
§ 3e UStG	Ort der Lieferung von Gegenständen während einer Beförderung an Bord eines Schiffes, eines Flugzeuges oder einer Eisenbahn innerhalb des Gemeinschaftsgebietes.
§ 3f UStG	Ort der Lieferung von unentgeltlichen Lieferungen nach § 3 Abs. 1b UStG.
§ 3 Abs. 6 UStG	Grunddefinition der bewegten Lieferung: Ort der (waren-)bewegten Lieferung ist dort, wo die Warenbewegung beginnt.
§ 3 Abs. 6 Satz 5 UStG	Definition und Ortsbestimmung für den Ort eines Reihengeschäftes. (Nur eine der Lieferungen im Rahmen eines Reihengeschäftes kann eine bewegte Lieferung sein.)
§ 3 Abs. 7 Satz 1 UStG	Ruhende Lieferung (ohne Warenbewegung) ist dort ausgeführt, wo sich der Gegenstand zum Zeitpunkt der Verschaffung der Verfügungsmacht befindet.
§ 3 Abs. 7 Satz 2 UStG	Ruhende Lieferung im Rahmen des Reihengeschäftes in Abhängigkeit, ob ruhende Lieferung vor oder nach der bewegten Lieferung erfolgt.
§ 3 Abs. 8 UStG	Verlagerung des Ortes der Lieferung in das Inland, wenn der Gegenstand aus dem Drittlandsgebiet eingeführt wird und der Lieferer Schuldner der Einfuhrumsatzsteuer ist.

3.1 Ort der Lieferung nach § 3c UStG

Die Ortsbestimmung nach § 3c UStG ist eine Sondervorschrift im Zusammenhang mit Lieferungen im Binnenmarkt. Unter den Voraussetzungen des § 3c UStG wird der Ort einer Lieferung dahin verlagert, wo sich der Gegenstand am Ende der Beförderung befindet („Bestimmungslandprinzip"). Da diese Regelung hauptsächlich im Versandhandel zur Anwendung kommt, wird sie auch Versandhandelsregelung genannt. Die Verlagerung des Ortes der Lieferung ist an bestimmte Voraussetzungen gebunden:

- es handelt sich um eine Lieferung, bei der der Lieferer die Warenbewegung durchführt, § 3c Abs. 1 UStG,
- der Abnehmer ist nach § 3c Abs. 2 UStG entweder
  - kein Unternehmer im Sinne des Umsatzsteuergesetzes und auch keine juristische Person

- oder ein besonderer Unternehmer (vgl. unten), der die Erwerbsschwelle nicht überschritten hat,

- der Lieferer hat nach § 3c Abs. 3 UStG die Lieferschwelle (vgl. unten) überschritten oder er hat auf die Anwendung der Lieferschwelle nach § 3c Abs. 4 UStG verzichtet.

Soweit die Voraussetzungen des § 3c UStG vorliegen, muss der liefernde Unternehmer die Lieferung in dem Land der Besteuerung unterwerfen, in dem die Warenbewegung endet. Damit hat der Unternehmer in diesem Land einen steuerbaren und in der Regel auch steuerpflichtigen Umsatz. Er muss sich in diesem Land steuerlich erfassen lassen, die Steuer nach den Vorschriften dieses Landes berechnen und alle umsatzsteuerlichen Sondervorschriften dieses Landes beachten. Die Umsatzsteuer ist an das für ihn zuständige Finanzamt in diesem Lande zu entrichten.

WICHTIG!

Der Unternehmer, der Lieferungen erbringt, die unter die Regelungen des § 3c UStG fallen, wird in dem Bestimmungsland wie ein dort ansässiger Unternehmer behandelt. Gegebenenfalls kann er in diesem Land einen Vertreter (→ *Fiskalvertreter*) bestellen.

3.1.1 Warenlieferung durch den Lieferer

Voraussetzung für die Anwendung des § 3c UStG ist, dass der liefernde Unternehmer den Gegenstand der Lieferung in das übrige Gemeinschaftsgebiet befördert oder versendet hat.

ACHTUNG!

§ 3c UStG kann nie zur Anwendung kommen, wenn der Abnehmer den Gegenstand der Lieferung selber befördert oder versendet (z. B. im Falle der Abholung).

3.1.2 Voraussetzungen für den Abnehmer

Die Verlagerung des Ortes der Lieferung nach § 3c UStG kann nur dann in Frage kommen, wenn der Abnehmer der Lieferung bestimmte Voraussetzungen erfüllt. Von der Grundidee des Binnenmarktes soll die Regelung des § 3c UStG nur dann zur Anwendung kommen, wenn der Erwerber keinen → *innergemeinschaftlichen Erwerb* besteuern muss. Systematisch wurde dieses so umgesetzt, dass der Erwerber entweder:

- nicht zu den in § 1a Abs. 1 Nr. 2 UStG genannten Personen gehört, da in dieser Vorschrift Unternehmer und juristische Personen (auch soweit die juristische Person nicht Unternehmer ist oder Gegenstände nicht für das Unternehmen erworben werden) aufgeführt sind, darf der Abnehmer nicht zu diesem Personenkreis gehören oder
- der Abnehmer ist ein besonderer Unternehmer, der die Erwerbsschwelle nicht überschritten hat und auch nicht auf die Anwendung verzichtet hat. Zu den beson-

deren Unternehmern gehören Personen, die zwar die Unternehmereigenschaft des § 2 UStG erfüllen, aber aus bestimmten Gründen aus dem normalen Besteuerungsverfahren ausscheiden (z. B. Unternehmer, die nur steuerfreie, den Vorsteuerabzug ausschließende Umsätze ausführen oder Kleinunternehmer). Zu den Einzelheiten siehe → *innergemeinschaftlicher Erwerb*.

WICHTIG!

§ 3c UStG kann nie Anwendung finden, wenn der Abnehmer mit einer zutreffenden USt-IDNr. aus einem anderen Mitgliedstaat auftritt.

3.1.3 Voraussetzungen für den Lieferer

Damit die Rechtsfolge des § 3c UStG nicht auch in den Fällen eintritt, in denen der leistende Unternehmer in einzelne Mitgliedstaaten nur Waren in geringerem Umfang liefert, muss er die sog. Lieferschwelle in dem betreffenden Land überschreiten. Als Lieferschwelle wird der Gesamtbetrag der Entgelte verstanden, die der Unternehmer für seine Lieferung in einen bestimmten Mitgliedstaat erhält. Diese Lieferschwelle wird von den einzelnen Mitgliedstaaten gesondert festgesetzt. Der liefernde Unternehmer muss sich jeweils nach der Lieferschwelle des Bestimmungslandes richten.

ACHTUNG!

In die Lieferschwelle ist nur der Wert der Lieferungen mit einzubeziehen, die an die Abnehmer nach § 3c Abs. 2 UStG gelangen, nie die Lieferungen an Unternehmer mit USt-IDNr.

Die Lieferschwellen und die Erwerbsschwellen sind von den einzelnen Mitgliedstaaten wie folgt festgesetzt worden:

Mitgliedstaat	Erwerbsschwelle	Lieferschwelle
Belgien	11.200,00 EUR	35.000,00 EUR
Deutschland	12.500,00 EUR	100.000,00 EUR
Dänemark	80.000,00 DKK	280.000,00 DKK
Finnland	10.000,00 EUR	35.000,00 EUR
Frankreich	10.000,00 EUR	100.000,00 EUR
Griechenland	10.000,00 EUR	35.000,00 EUR
Irland	41.000,00 EUR	35.000,00 EUR
Italien	8.263,31 EUR	27.888,67 EUR
Luxemburg	10.000,00 EUR	100.000,00 EUR
Niederlande	10.000,00 EUR	100.000,00 EUR
Österreich	11.000,00 EUR	100.000,00 EUR

Lieferung

Mitgliedstaat	Erwerbsschwelle	Lieferschwelle
Portugal	8.978,36 EUR	31.424,27 EUR
Schweden	90.000,00 SEK	320.000,00 SEK
Spanien	10.000,00 EUR	35.000,00 EUR
Vereinigtes Königreich	55.000,00 GBP	70.000,00 GBP

Die Lieferschwelle wird von einem Unternehmer immer dann in dem Bestimmungsland überschritten, wenn er die Grenze im vorangegangenen Jahr überschritten hat. Wenn die Lieferschwelle im vorangegangenen Jahr nicht überschritten worden ist, ist die Rechtsfolge des § 3c UStG im laufenden Jahr erst ab dem Zeitpunkt anzuwenden, ab dem diese Grenze überschritten wurde.

WICHTIG!

Wurde im vorangegangenen Jahr die Lieferschwelle nicht überschritten, kann es im laufenden Kalenderjahr zu einem Systemwechsel kommen, wenn die Lieferschwelle im laufenden Jahr überschritten wird.

Beispiel 2:

Der Lieferant L aus München versendet an den Nichtunternehmer F aus Frankreich eine Porzellanvase. L muss überprüfen, ob er die Lieferschwelle von Frankreich überschreitet. Dabei hat er den Wert aller Lieferungen zusammenzurechnen, die er im vorangegangenen Kalenderjahr an Abnehmer nach § 3c Abs. 2 UStG in Frankreich erbracht hat. Wenn er im vorangegangenen Kalenderjahr die Lieferschwelle von Frankreich in Höhe von 100.000 EUR überschritten hat, muss er sich mit allen diesen Lieferungen im laufenden Kalenderjahr in Frankreich der Besteuerung unterwerfen. Wurde diese Grenze von ihm im vorangegangenen Kalenderjahr nicht überschritten, muss er prüfen, in welchem wertmäßigen Umfang er im laufenden Kalenderjahr schon Lieferungen an diese Abnehmergruppe des § 3c Abs. 2 UStG erbracht hat. Hat er bis zu dem Lieferzeitpunkt die Lieferschwelle noch nicht überschritten, ist auch auf diese Lieferung § 3c UStG nicht anzuwenden. Hat er im laufenden Kalenderjahr die Lieferschwelle von Frankreich jedoch schon überschritten, muss er diese Lieferung in Frankreich besteuern.

ACHTUNG!

Wenn im vorangegangenen Kalenderjahr die Lieferschwelle überschritten ist, sind alle Lieferungen des laufenden Jahres an Personen im Sinne des § 3c Abs. 2 UStG im Bestimmungsland zu besteuern. Auf die Umsätze des laufenden Kalenderjahres kommt es dann nicht an.

3.1.4 Option auf die Lieferschwelle

Wenn der Lieferer nicht die Lieferschwelle im Bestimmungsland überschritten hat, kann er gegenüber den zuständigen Finanzbehörden des Bestimmungslandes auf die Lieferschwelle optieren. Dies bedeutet, dass er so behandelt wird, als wenn er die Lieferschwelle in diesem Land überschreiten würde. Damit muss er dann die Lieferungen an diesen Abnehmerkreis im Bestimmungsland besteuern.

Wegen des hohen Verwaltungsaufwandes, der mit der steuerlichen Erfassung in einem anderen Mitgliedstaat verbunden ist, ist eine Option auf die Lieferschwelle in der Regel nicht sinnvoll. Eine Option kann nur dann wirtschaftlich sinnvoll sein, wenn die Lieferung aus einem Hochsteuerland in einen Mitgliedstaat mit einer vergleichsweise niedrigen Umsatzsteuerbelastung erfolgt oder wenn der Unternehmer in einem Kalenderjahr unterhalb der Lieferschwelle lag, aber sein Besteuerungssystem nicht ändern möchte.

An die Option ist der Unternehmer mindestens zwei Jahre gebunden.

WICHTIG!

Die Option auf die Lieferschwelle ist immer auf ein Land beschränkt, hat also keine Auswirkungen auf Lieferungen in andere Länder.

3.1.5 Sondervorschriften für besondere Waren

Die Sondervorschrift des § 3c UStG kommt nie zur Anwendung, wenn es sich um eine Lieferung eines neuen Fahrzeuges im Sinne des Gemeinschaftsrechtes (→ *Fahrzeuglieferung*) handelt. Außerdem gelten bei der Lieferung von verbrauchsteuerpflichtiger Ware (Mineralöle, Alkohol, alkoholische Getränke sowie Tabakwaren) die folgenden Besonderheiten:

- Ist der Abnehmer ein Unternehmer oder eine juristische Person, kommt die Anwendung des § 3c UStG grundsätzlich nicht in Frage, dies betrifft auch die Lieferungen an die besonderen Unternehmer im Sinne des § 3c Abs. 2 Nr. 2 UStG.
- Ist der Abnehmer eine Privatperson, ist der Ort der Lieferung verbrauchsteuerpflichtiger Ware stets im Bestimmungsland. Auf die Lieferschwelle kommt es in diesen Fällen nicht an.

3.2 Ort der Lieferung nach § 3e UStG

In § 3e UStG wird der Ort der Lieferung von Gegenständen geregelt, die in einem Beförderungsmittel (Schiff, Flugzeug, Eisenbahn) geliefert werden, das innerhalb des Gemeinschaftsgebietes verkehrt. In diesen Fällen ist der Ort der Lieferung dort, wo das Beförderungsmittel gestartet ist.

ACHTUNG!

Die Vorschrift des § 3e UStG gilt nicht für Lieferungen von Gegenständen in Omnibussen.

3.3 Ort der Lieferung nach § 3f UStG

Die Vorschrift des § 3f UStG regelt den Ort von → *unentgeltlichen Lieferungen*. Diese Rechtsvorschrift legt fest, dass unentgeltliche Lieferungen grundsätzlich dort ausgeführt werden, wo der Unternehmer sein Unternehmen betreibt. Wird die Leistung von einer → *Betriebsstätte* aus abgegeben, ist der Ort der Betriebsstätte maßgeblich.

Beispiel 3:

Der deutsche Elektrogerätehändler E schenkt seinem in der Schweiz studierenden Sohn einen Fernseher. Der Fernseher wird von dem Sohn aus dem Auslieferungslager des E in der Schweiz abgeholt. Die unentgeltliche Lieferung nach § 3 Abs. 1b Nr. 1 UStG ist nach § 3f UStG am Ort der Betriebsstätte in der Schweiz ausgeführt und damit in Deutschland nicht steuerbar.

3.4 Ort der Lieferung nach § 3 Abs. 6 UStG

Die Bestimmung des Ortes der Lieferung nach § 3 Abs. 6 UStG ist der Grundfall für die Lieferung. Voraussetzung für diese Rechtsvorschrift ist, dass der Gegenstand der Lieferung im Zusammenhang mit der Verschaffung der Verfügungsmacht befördert oder versendet wird.

WICHTIG!

Für die Anwendung des § 3 Abs. 6 UStG ist es unerheblich, ob der Lieferer oder der Abnehmer den Gegenstand der Lieferung befördert oder versendet.

Eine Beförderung eines Gegenstandes liegt immer dann vor, wenn der Gegenstand bewegt wird. Damit ist eine Beförderung auch das einfache Mitnehmen des Gegenstandes im Rahmen einer Abhollieferung. Der Ort der Beförderungslieferung ist dort, wo sich der Gegenstand am Anfang der Beförderung befindet.

Eine Versendungslieferung liegt dann vor, wenn der Gegenstand durch einen selbstständigen Beauftragten befördert wird. In diesem Falle ist der Ort der Lieferung dort, wo der Gegenstand an den Beauftragten übergeben wird.

ACHTUNG!

Wird der Gegenstand der Lieferung am Bestimmungsort noch einer Bearbeitung unterzogen (z. B. Einbau, Fundamentierung oder Abstimmung auf andere Maschinen), handelt es sich nicht um eine bewegte Lieferung, da sich die Warenbewegung auf einen Gegenstand anderer Marktgängigkeit bezieht.

Beispiel 4:

Der Unternehmer U liefert ein Förderband für eine Produktionsstraße an einen Unternehmer in Polen. Es ist vereinbart worden, dass das Förderband von dem U in Polen eingebaut und auf die Maschinen der Produktionsstraße abgestimmt wird. Es handelt sich nicht um eine bewegte Lieferung nach § 3 Abs. 6 UStG, da der Gegenstand der Lieferung noch in Polen einer wesensverändernden Bearbeitung unterzogen wird.

WICHTIG!

Gegenstände die nur zum Zweck eines besseren Transportes auseinander genommen und am Bestimmungsort wieder zusammengesetzt werden, sind am Beginn der Warenbewegung geliefert.

§ 3 Abs. 6 UStG regelt (zum Teil) die Behandlung des → *Reihengeschäftes* im Umsatzsteuerrecht. Bei einem Reihengeschäft kann immer nur eine Lieferung eine bewegte Lieferung im Rahmen des § 3 Abs. 6 UStG sein. Alle anderen Lieferungen müssen dann unbewegte Lieferungen nach § 3 Abs. 7 Satz 2 UStG sein. Zu den Einzelheiten siehe → *Reihengeschäfte*.

3.5 Ort der Lieferung nach § 3 Abs. 7 UStG

Wird der Gegenstand der Lieferung im Zusammenhang mit der Verschaffung der Verfügungsmacht nicht befördert oder versendet (sog. ruhende Lieferung), bestimmt sich der Ort der Lieferung nach § 3 Abs. 7 Satz 1 UStG nach dem Ort, wo sich der Gegenstand der Lieferung zum Zeitpunkt der Verschaffung der Verfügungsmacht befindet.

Typische Fälle für ruhende Lieferungen im Sinne des § 3 Abs. 7 Satz 1 UStG sind:

- Lieferung eines Grundstückes, der Ort ist immer dort, wo sich das Grundstück befindet,
- Werklieferung im Zusammenhang mit einem Grundstück (z. B. Bau eines Hauses, umfangreiche Reparatur eines Gebäudes), der Ort ist dort, wo sich das Gebäude befindet,
- Lieferung durch Übergabe eines handelsrechtlichen Traditionspapieres, der Ort der Lieferung ist dort, wo sich die Ware zum Zeitpunkt der Verschaffung der Verfügungsmacht befindet.

§ 3 Abs. 7 Satz 2 UStG regelt den zweiten Teil des → *Reihengeschäftes*. Da nach § 3 Abs. 6 Satz 5 UStG im Reihengeschäft nur eine Lieferung die bewegte Lieferung sein kann, müssen alle anderen Lieferungen ruhende Lieferungen im Sinne des § 3 Abs. 7 Satz 2 UStG sein. Zu den Einzelheiten siehe → *Reihengeschäfte*.

3.6 Ort der Lieferung nach § 3 Abs. 8 UStG

§ 3 Abs. 8 UStG ist eine Sondervorschrift zu § 3 Abs. 6 UStG und verlagert den Ort einer Lieferung unter bestimmten Voraussetzungen vom Ort, wo der Gegenstand sich zum Beginn der Warenbewegung befindet, in das Inland.

Voraussetzungen für die Verlagerung des Ortes der Lieferung nach § 3 Abs. 8 UStG sind:

- Der Gegenstand gelangt aus dem → *Drittlandsgebiet* in das Inland und
- der Lieferer oder sein Beauftragter ist der Schuldner der bei der Einfuhr aus dem Drittlandsgebiet zu entrichtenden → *Einfuhrumsatzsteuer*.

Unter diesen Voraussetzungen ergeben sich bei einer Lieferung, bei der der Gegenstand aus dem Drittlandsgebiet in das Inland gelangt, grundsätzlich zwei verschiedene Möglichkeiten:

Der Lieferer liefert „unverzollt und unversteuert". Dies bedeutet, dass der Leistungsempfänger der Schuldner der Einfuhrumsatzsteuer ist. Der Ort der Lieferung für den Lieferer ist nach § 3 Abs. 6 UStG dort, wo die Warenbewegung beginnt, also im Drittland. Damit ist die Lieferung im Inland nicht steuerbar. Die Einfuhrumsatzsteuer ist für den Abnehmer unter den allgemeinen Voraussetzungen des § 15 Abs. 1 Satz 1 Nr. 2 UStG als Vorsteuer abzugsfähig.

Der Lieferer liefert „verzollt und versteuert“. Dies bedeutet, dass der Lieferer der Schuldner der Einfuhrumsatzsteuer ist. Der Ort der Lieferung wird für den Lieferer nach § 3 Abs. 8 UStG in das Inland verlagert. Die Lieferung ist steuerbar und (in der Regel) auch steuerpflichtig im Inland. Der Lieferer muss sich im Inland zur Umsatzsteuer erfassen lassen. Er hat im Inland unter den allgemeinen Voraussetzungen den Vorsteuerabzug aus der Einfuhrumsatzsteuer nach § 15 Abs. 1 Satz 1 Nr. 2 UStG.

WICHTIG!

Die Regelung des § 3 Abs. 8 UStG ist nur in den Fällen des Importes aus dem Drittlandsgebiet anzuwenden. In Exportfällen ist § 3 Abs. 8 UStG nicht anwendbar.

Lohnveredelung

Lohnveredelung auf einen Blick

1. Rechtsquellen

   § 4 Nr. 1a und § 7 UStG

   § 8 bis § 13 UStDV

   Abschn. 141 bis Abschn. 144 UStR 2000

2. Bedeutung

   Wenn nach einer Bearbeitung oder Verarbeitung eines Gegenstandes der be- oder verarbeitete Gegenstand in das Drittland gelangt, kann es sich unter bestimmten Voraussetzungen um eine steuerfreie Lohnveredelung handeln. Die Voraussetzungen sind durch den leistenden Unternehmer nachzuweisen.

3. Weitere Stichworte

   → *Ausfuhrlieferung*, → *Drittlandsgebiet*, → *sonstige Leistung*, → *Werkleistung*

1. Allgemeines

Unter einer Lohnveredelung ist die Bearbeitung oder die Verarbeitung eines Gegenstandes zu verstehen, der im Anschluss an die Be- oder Verarbeitung aus dem Inland in das → *Drittlandsgebiet* gelangt. Der leistende Unternehmer erbringt in diesem Fall eine → *sonstige Leistung* in der Form einer → *Werkleistung*, die der Unternehmer in der Regel dort ausführt, wo er ausschließlich oder überwiegend bei Ausführung dieses Umsatzes tätig geworden ist, § 3a Abs. 2 Nr. 3c UStG.

Eine Steuerbefreiung für diese Lohnveredelung kann sich unter den Voraussetzungen des § 4 Nr. 1a UStG in Verbindung mit § 7 UStG ergeben.

ACHTUNG!

Eine steuerfreie Lohnveredelung kann sich nur ergeben, wenn der Gegenstand vom Auftraggeber zum Zweck der Bearbeitung in das Gemeinschaftsgebiet eingeführt worden ist oder zu diesem Zweck im Gemeinschaftsgebiet erworben worden ist.

Da bei einer steuerfreien Lohnveredelung je nach Art der Warenbewegung verschiedene Voraussetzungen für die Steuerfreiheit vorliegen, sind die folgenden Fälle zu unterscheiden:

- Der leistende Unternehmer befördert oder versendet den be- oder verarbeiteten Gegenstand in das Drittlandsgebiet, ausgenommen in die deutschen Freihäfen und die Gewässer und Watten zwischen der Hoheitsgrenze und der Strandlinie, § 7 Abs. 1 Nr. 1 UStG.
- Der Auftraggeber befördert oder versendet den be- oder verarbeiteten Gegenstand in das Drittlandsgebiet. Der Auftraggeber muss ein ausländischer Auftraggeber sein, § 7 Abs. 1 Nr. 2 UStG.
- Der leistende Unternehmer befördert oder versendet den be- oder verarbeiteten Gegenstand in einen deutschen Freihafen oder die Gewässer und Watten zwischen der Hoheitsgrenze und der Strandlinie. Der Auftraggeber muss ein ausländischer Auftraggeber oder ein Unternehmer sein, der im Inland oder im Freihafen ansässig ist und den be- oder verarbeiteten Gegenstand für Zwecke seines Unternehmens verwendet.

WICHTIG!

Der be- oder verarbeitete Gegenstand kann vor der Ausfuhr auch noch durch weitere Beauftragte weiter be- oder verarbeitet werden. Es ist in diesen Fällen darauf zu achten, dass alle Beteiligten die belegmäßigen Nachweise (z. B. durch Kopie der Ausfuhrpapiere) führen können.

2. Beförderung oder Versendung durch den liefernden Unternehmer

Wenn der leistende Unternehmer den be- oder verarbeiteten Gegenstand selber in das Drittlandsgebiet befördert oder durch einen von ihm Beauftragten in das Drittlandsgebiet versendet, liegt eine steuerfreie Lohnveredelung vor, wenn der Auftraggeber den Gegenstand zum Zweck der Be- oder Verarbeitung in das Gemeinschaftsgebiet eingeführt oder er den Gegenstand zu diesem Zweck im Gemeinschaftsgebiet erworben hat, § 7 Abs. 1 Nr. 1 UStG. Ausgenommen davon sind lediglich die Fälle, bei denen der Gegenstand in die Gebiete im Sinne des § 1 Abs. 3 UStG (deutsche Freihäfen und die Gewässer und Watten zwischen der Hoheitsgrenze und der Strandlinie) gelangt, da in diesen Fällen besondere Vorschriften im § 7 Abs. 1 Nr. 3 UStG enthalten sind.

Beispiel 1:

Der Schweizer Unternehmer transportiert aus der Schweiz Container zu dem deutschen Lohnveredler L, der die Container entrostet und neu lackiert. Anschließend gelangen die Container wieder in die Schweiz. Die Werkleistung des L ist in Deutschland steuerbar, aber als Lohnveredelung steuerbefreit.

Der leistende Unternehmer muss die Ausfuhr des Gegenstandes sowohl belegmäßig wie auch buchmäßig nachweisen, § 7 Abs. 4 UStG. Die einzelnen Vorschriften zum Nachweis der Voraussetzungen der Steuerfreiheit sind in der UStDV geregelt. Dabei sind nach § 12 und § 13 UStDV die gleichen Aufzeichnungsvorschriften zu beachten wie bei einer steuerfreien → *Ausfuhrlieferung* nach § 6 UStG. Insoweit wird auf dieses Stichwort verwiesen. Allerdings gilt auch hier:

ACHTUNG!

Ohne Ausfuhrbeleg keine Steuerfreiheit der Lohnveredelung. Bis alle Voraussetzungen der Steuerfreiheit vorliegen, muss der Unternehmer den Umsatz steuerpflichtig behandeln.

3. Beförderung oder Versendung durch den Auftraggeber

Wenn der Auftraggeber den be- oder verarbeiteten Gegenstand in das Drittlandsgebiet befördert oder versendet, sind die oben dargestellten Voraussetzungen ebenfalls zu erfüllen, § 7 Abs. 1 Nr. 2 UStG. Darüber hinaus ist zu beachten, dass der Auftraggeber ein ausländischer Auftraggeber sein muss. Dabei wird für die Voraussetzungen des ausländischen Auftraggebers durch § 7 Abs. 2 UStG auf die Vorschriften zu dem ausländischen Unternehmer im Sinne des § 6 Abs. 2 UStG verwiesen (vgl. → *Ausfuhrlieferung*).

ACHTUNG!

Auch in diesem Fall ist es erforderlich, dass der zu bearbeitende oder zu verarbeitende Gegenstand zum Zweck der Bearbeitung in das Gemeinschaftsgebiet gelangt, oder zu diesem Zweck im Gemeinschaftsgebiet erworben wurde.

Beispiel 2:

Der russische Frachtführer F befindet sich mit seinem Lkw auf einer unternehmerischen Fahrt durch Deutschland. Wegen eines Motordefektes muss er eine Werkstatt in Deutschland aufsuchen, die für die Reparatur des Lkw keinen Hauptstoff aufwendet. Anschließend fährt der F wieder mit seinem Lkw in das Drittland. Die Werkleistung der Werkstatt in Deutschland ist steuerbar und steuerpflichtig. Eine steuerfreie Lohnveredelung nach § 7 Abs. 1 Nr. 2 UStG liegt nicht vor, da der Lkw nicht zum Zweck der Be- oder Verarbeitung in das Gemeinschaftsgebiet eingeführt worden ist.

4. Lieferungen in die Freihäfen oder den Küstenstreifen durch den leistenden Unternehmer

Wenn der leistende Unternehmer den be- oder verarbeiteten Gegenstand in die Freihäfen oder den Küstenstreifen zwischen der Strandlinie und der Hoheitsgrenze befördert oder versendet, kann eine steuerfreie Lohnveredelung nach § 7 Abs. 1 Nr. 1 UStG nicht vorliegen. In diesem Fall ist die Sondervorschrift des § 7 Abs. 1 Nr. 3 UStG zu beachten. Eine steuerfreie Lohnveredelung kann nur dann vorliegen, wenn

- der Auftraggeber ein ausländischer Auftraggeber ist oder
- ein Unternehmer ist, der im Inland oder im Freihafen ansässig ist und den be- oder verarbeiteten Gegenstand für sein Unternehmen verwendet.

5. Lohnveredelung bei unentgeltlichen Leistungen

Unentgeltliche sonstige Leistungen können unter den Voraussetzungen des § 3 Abs. 9a Nr. 2 UStG zu einer sonstigen Leistung gegen Entgelt und damit zu einem steuerbaren Umsatz führen. Unabhängig davon, ob der be- oder verarbeitete Gegenstand im Zusammenhang mit einer solchen sonstigen Leistung in das Drittlandsgebiet gelangt, kann sich eine Steuerbefreiung für diese Leistung nach § 7 Abs. 5 UStG nicht ergeben.

6. Sonstige Leistungen an Gegenständen, die in das übrige Gemeinschaftsgebiet gelangen

Eine Steuerbefreiung nach § 7 UStG setzt zwingend voraus, dass der be- oder verarbeitete Gegenstand tatsächlich in das Drittlandsgebiet ausgeführt wird. Wenn der Gegenstand in das übrige Gemeinschaftsgebiet gelangt, kann eine solche steuerfreie Leistung nicht vorliegen.

Allerdings ist in diesem Zusammenhang zu beachten, dass der Ort der sonstigen Leistung nach § 3a Abs. 2 Nr. 3c Satz 2 UStG durch Verwendung der USt-IDNr. des Auftraggebers aus einem anderen Mitgliedstaat in diesen anderen Mitgliedstaat verlagert werden kann.

Beispiel 3:

Der deutsche Werkunternehmer W aus Köln wird von dem französischen Automobilhersteller A beauftragt, aus zur Verfügung gestellten Stahlblechen Pkw-Formteile zu stanzen und zu formen. Der Auftrag wird unter ausdrücklicher Verwendung der französischen USt-IDNr. des A erteilt. Nach der Bearbeitung der Stahlbleche gelangen diese nach Frankreich. Der Ort der Werkleistung ist nicht in Köln, wo W für diesen Umsatz tätig geworden ist. Durch die Verwendung der USt-IDNr. aus Frankreich wird der Ort der Leistung nach Frankreich verlagert, § 3a Abs. 2 Nr. 3c Satz 2 UStG. Der Umsatz des W unterliegt in Frankreich der Besteuerung, wobei der Leistungsempfänger zum Steuerschuldner für diese an ihn ausgeführte Leistung wird. In Deutschland ist der Umsatz des W nicht steuerbar.

WICHTIG!

Voraussetzung für die Verlagerung des Ortes der sonstigen Leistung ist, dass der be- oder verarbeitete Gegenstand nicht in dem Land verbleibt, in dem die Be- oder Verarbeitung stattgefunden hat.

Mitgliedsbeiträge

Mitgliedsbeiträge auf einen Blick

1. Rechtsquellen

   § 1 Abs. 1 und § 2 Abs. 1 UStG

   Abschn. 4 und Abschn. 22 UStR 2000

2. Bedeutung

   Mitgliedsbeiträge werden in Deutschland dann als nicht steuerbarer Umsatz außerhalb des Unternehmens angesehen, wenn eine konkrete Gegenleistung für das Mitglied nicht vorhanden ist. Der EuGH hat demgegenüber festgestellt, dass grundsätzlich auch bei Mitgliedsbeiträgen ein Leistungsaustausch vorliegt, der gegebenenfalls steuerfrei sein kann.

3. Weitere Stichworte

   → *Unternehmer*

4. Besonderheiten

   Die Rechtsprechung des EuGH ist bisher noch nicht in nationales Recht umgesetzt worden.

Nach nationalem Recht können Vereinigungen gegenüber ihren Mitgliedern im Rahmen nichtsteuerbarer echter Mitgliedsbeiträge oder im Rahmen sog. unechter Mitgliedsbeiträge tätig werden. Nichtsteuerbare echte Mitgliederbeiträge liegen danach nach Abschn. 4 Abs. 1 und Abschn. 22 Abs. 1 UStR 2000 dann vor, wenn die Vereinigung in Wahrnehmung der allgemeinen satzungsmäßigen Gemeinschaftszwecke gegenüber den Mitgliedern tätig wird. Der EuGH hat dagegen entschieden (Urteil v. 21.3.2002, Rs. C-174/00), dass auch die Zahlung von Mitgliederbeiträgen ohne direkte, individuelle Gegenleistung zu einer steuerbaren Leistung des Vereins führt. Unerheblich für die Annahme des Leistungsaustausches sei es, dass das einzelne Mitglied des Vereins unabhängig von der individuellen Nutzung der von der Vereinigung angebotenen Leistungen verpflichtet ist, den Jahresbeitrag des Vereins zu bezahlen. Damit liegt ein direkter Zusammenhang zwischen der Leistung der Vereinigung und der Gegenleistung des Mitglieds vor. Auch in den Fällen, in denen passiven Mitgliedern zwar Nutzungsmöglichkeiten eingeräumt werden, aber das Mitglied die Leistungen tatsächlich nicht oder nur in sehr geringem Umfang in Anspruch nimmt, liegt noch ein solcher direkter Leistungszusammenhang vor (Leistungsbereitschaft).

ACHTUNG!

Nur in den Fällen, in denen das Mitglied keine Leistung erhält, ergibt sich danach ein nicht steuerbarer Umsatz, der die Unternehmereigenschaft der Vereinigung ausschließt (z. B. ein Förderverein einer Schule erbringt gegenüber den Mitgliedern keine Leistungen).

Nach Art. 13 Teil A Abs. 1 Buchst. m der 6. EG-RL sind aber bestimmte, in engem Zusammenhang mit Sport und Körperertüchtigung stehende Dienstleistungen, die Einrichtungen ohne Gewinnstreben an Personen erbringen, die Sport oder Körperertüchtigung ausüben, steuerfrei. Allerdings kann diese Steuerbefreiung nach Art. 13 Teil A Abs. 2 der 6. EG-RL für Einrichtungen, die keine Einrichtungen des öffentlichen Rechts sind, von der Erfüllung einzelner Bedingungen abhängig gemacht werden. Solche Bedingungen können unter anderem sein, dass keine systematische Gewinnerzielung angestrebt wird und etwaige Gewinne nicht an die Mitglieder verteilt werden dürfen, dass die Leitung und Verwaltung im Wesentlichen ehrenamtlich tätig ist und kein unmittelbares Interesse an den Ergebnissen der Tätigkeit besteht oder dass die Befreiung nicht zu einer Wettbewerbsverzerrung zuungunsten der der Umsatzsteuer unterliegenden gewerblichen Unternehmer führt.

In seinem Urteil hat der EuGH festgestellt, dass für die Beurteilung des Gewinnstrebens einer Einrichtung sämtliche Tätigkeiten einzubeziehen sind, die diese Einrichtung ausführt. Eine Beschränkung auf bestimmte Teilbereiche der Einrichtung – hier der Leistungen nach Art. 13 Teil A Abs. 1 Buchst. m der 6. EG-RL – hat somit nicht zu erfolgen.

Von größerer Bedeutung sind die Ausführungen des EuGH zu der Frage, wann ein Gewinnstreben der Einrichtung vorliegt. Hier kommt es nach den Ausführungen des EuGH zuerst darauf an, welchen Zweck die Einrichtung verfolgt. Eine Einrichtung, die nach ihrer Satzung nicht auf das Erzielen von Gewinnen für ihre Mitglieder ausgerichtet ist, erfüllt somit diese Anforderung. Unschädlich ist in diesem Fall, wenn später tatsächlich Überschüsse erzielt werden, wenn diese Überschüsse nicht an die Mitglieder ausgeschüttet werden, sondern Rücklagen zugeführt werden, die dann später der Verbesserung der Dienstleistungen dienen sollen (z. B. Verbesserung der Anlagen oder größere Instandhaltungen). Nach der eindeutigen Aussage verbietet es die 6. EG-RL den Einrichtungen nicht, das Geschäftsjahr mit einem positiven Saldo abzuschließen. Der EuGH geht in seinem Urteil aber noch darüber hinaus. Eine Einrichtung ohne Gewinnstreben im Sinne der vorliegenden Regelungen der 6. EG-RL liegt auch dann vor, wenn eine solche Einrichtung später systematisch danach strebt, Überschüsse zu erwirtschaften, soweit eine Verteilung dieser Überschüsse an die Mitglieder ausgeschlossen wird und die Überschüsse der Durchführung der begünstigten Leistungen dienen sollen.

WICHTIG!

Allerdings ist zu beachten, dass diese Rechtsprechung bisher national noch nicht umgesetzt worden ist.

Nebenleistungen

Nebenleistungen auf einen Blick

1. **Rechtsquellen**

   Abschn. 29 Abs. 3 UStR 2000

2. **Bedeutung**

   Eine Nebenleistung wird umsatzsteuerlich wie die ihr zugrunde liegende Hauptleistung behandelt.

Ein Unternehmer erbringt oft in der Folge der vereinbarten Hauptleistung auch Leistungen, an denen der Leistungsempfänger kein eigenständiges Interesse hat. Solche üblichen Nebenleistungen, die der Unternehmer im Zusammenhang mit der von ihm erbrachten Lieferung oder sonstigen Leistung abrechnet, sind mit in der Rechnung aufzunehmen (z. B. Frachtkosten, Verpackungskosten, Versicherungen). Diese Nebenleistungen teilen umsatzsteuerrechtlich das Schicksal der Hauptleistung und sind damit umsatzsteuerlich so zu behandeln wie die zugrunde liegende Hauptleistung. Dabei kann die Nebenleistung gesondert abgerechnet und aufgeführt werden, sie kann aber auch als Teil des Gesamtrechnungsbetrages in der Rechnung ausgewiesen werden.

WICHTIG!

Auch die getrennte Abrechnung über Nebenleistungen ändert nichts an der umsatzsteuerlichen Behandlung der Nebenleistung.

Beispiel:

Der Unternehmer liefert an einen Abnehmer einen Schrank für einen Gesamtpreis von 1.740 EUR (netto 1.500 EUR). Versicherung und Transport werden vereinbarungsgemäß zusätzlich in Rechnung gestellt. Die Rechnung muss lauten:

Lieferung Schrank Birke rustikal	1.500 EUR
Transport und Versicherung	100 EUR
Zwischensumme	1.600 EUR
zuzüglich Umsatzsteuer 16 %	256 EUR
Gesamtpreis	1.856 EUR

Zu beachten ist aber, dass eine Leistung nur dann als Nebenleistung zu einer Hauptleistung angesehen werden kann, wenn sie für den Leistungsempfänger keinen eigenen Zweck hat, sondern nur das Mittel darstellt, um die Hauptleistung des Leistenden unter optimalen Bedingungen in Anspruch zu nehmen. So hat der BFH entschieden (Urteil v. 9.10.2002, V R 67/01), dass ein Autohändler, der seinem Kunden einen Versicherungsschutz verschafft, damit keine unselbstständige Nebenleistung ausführt.

Option zur Umsatzsteuer

Option zur Umsatzsteuer auf einen Blick

1. Rechtsquellen

   § 9 und § 14c UStG

   Abschn. 148 bis Abschn. 148a UStR 2000

2. Bedeutung

   Bestimmte, nach § 4 UStG steuerbefreite Umsätze können nach § 9 UStG steuerpflichtig behandelt werden. Damit eröffnet sich dem leistenden Unternehmer die Möglichkeit, den Vorsteuerabzug vorzunehmen.

3. Weitere Stichworte

   → *Geschäftsveräußerung*, → *Steuerbefreiung*, → *Steuerschuldnerverfahren*, → *Vorsteuerabzug*, → *Vorsteuerberichtigung*

4. Besonderheiten

   Die Optionsmöglichkeit ist durch Ergänzung des § 9 Abs. 3 UStG jetzt bei allen Umsätzen, die unter das Grunderwerbsteuergesetz fallen, durch zusätzliche Voraussetzungen eingeschränkt.

1. Allgemeine Voraussetzungen zur Option

Der Unternehmer hat die Möglichkeit, bestimmte steuerbefreite Umsätze steuerpflichtig zu behandeln. Dies ist dann von Bedeutung, wenn der Unternehmer ansonsten keinen Vorsteuerabzug haben würde. Damit kommen systematisch für die Option zur Umsatzsteuer nur die Umsätze in Betracht, für die bei Steuerbefreiung keine Ausnahme vom Abzugsverbot der Vorsteuer nach § 15 Abs. 3 UStG infrage kommen kann. Darüber hinaus hat der Gesetzgeber den Anwendungsbereich für die Option durch die Regelung des § 9 Abs. 1 UStG auf die folgenden steuerbefreiten Umsätze beschränkt:

- § 4 Nr. 8a bis g UStG: Umsätze im Zusammenhang mit Geldgeschäften, insbesondere die Gewährung und Vermittlung von Krediten, Umsätze im Geschäft mit Forderungen, Umsätze und die Vermittlung der Umsätze im Einlagengeschäft und Kontokorrentverkehr, Umsätze im Geschäft mit Wertpapieren, Umsätze und die Vermittlung von Umsätzen von Anteilen an Gesellschaften sowie die Übernahme von Verbindlichkeiten und Bürgschaften;
- § 4 Nr. 9 Buchst. a UStG: Umsätze, die unter das Grunderwerbsteuergesetz fallen;
- § 4 Nr. 12 UStG: die Vermietung und Verpachtung von Grundstücken, die Überlassung von Grundstücken zur Nutzung aufgrund eines auf Übertragung von Eigentum gerichteten Vertrages sowie die Bestellung, die Übertragung und die Überlassung der Ausübung von dinglichen Nutzungsrechten an Grundstücken;

- § 4 Nr. 13 UStG: bestimmte Leistungen, die Wohnungseigentümergemeinschaften an die Wohnungseigentümer und Teileigentümer erbringen;
- § 4 Nr. 19 UStG: bestimmte Umsätze von Blinden und Inhabern von Blindenwerkstätten.

WICHTIG!

Grundsätzlich ist eine Option aber immer nur dann möglich, wenn der Empfänger der Leistung ein Unternehmer ist und die Leistung auch für sein Unternehmen verwendet.

2. Die Ausübung der Option

Die Ausübung der Option zur Umsatzsteuerpflicht ist an keine bestimmte Form gebunden. Der Unternehmer muss auch nicht bei der Option gegenüber dem Leistungsempfänger auf die Steuerpflicht optieren, es genügt, wenn er den betreffenden Umsatz in seiner Voranmeldung und Erklärung als steuerpflichtigen Umsatz behandelt. Zu beachten sind aber die Ausnahmen nach § 9 Abs. 3 UStG für Umsätze, die unter das Grunderwerbsteuergesetz fallen.

Eine Option auf die Umsatzsteuerpflicht kann jederzeit für die Zukunft ausgeübt werden. Rückwirkend ist eine Option auf die Steuerpflicht möglich, solange die Steuerfestsetzung noch nicht ergangen ist oder noch geändert werden kann. Dies liegt in der Regel dann vor, wenn ein Umsatzsteuerbescheid noch nicht vorliegt oder gegen einen Bescheid noch ein Rechtsbehelf möglich ist. Unerheblich ist in diesem Zusammenhang, ob der Bescheid unter dem Vorbehalt der Nachprüfung nach § 164 AO steht.

WICHTIG!

Die Ausübung der Option ist an keine Frist gebunden, sie kann jederzeit für die Zukunft wieder zurückgenommen werden. Gegebenenfalls erfolgt dann aber eine → *Vorsteuerberichtigung* nach § 15a UStG.

Ein einmal ausgeübter Verzicht auf die Steuerbefreiung kann unter den oben dargestellten Voraussetzungen auch wieder rückgängig gemacht werden. Der Leistungsempfänger muss dieser Rückgängigmachung nicht zustimmen.

WICHTIG!

Soweit eine ausgeübte Option wieder rückgängig gemacht wird, muss der leistende Unternehmer die in den Rechnungen gesondert ausgewiesene Umsatzsteuer berichtigen, da er sie ansonsten nach § 14c Abs. 1 UStG schuldet. Gegebenenfalls besteht hier zivilrechtlich ein Rückforderungsanspruch des Leistungsempfängers auf die an den Unternehmer bezahlte Umsatzsteuer. Die Berichtigung der Umsatzsteuer kann nur erfolgen, wenn eine Zustimmung des Finanzamtes zu dieser Berichtigung vorliegt.

3. Einschränkungen der Option nach § 9 Abs. 2 UStG

Soweit sich die Option auf Nutzungsrechte an Grundstücken bezieht (in der Regel bei Vermietungen von Grundstücken oder Grundstücksteilen, die grundsätzlich steuerfrei nach § 4 Nr. 12a UStG sind), sind über die Voraussetzungen des § 9 Abs. 1 UStG hinaus auch die Einschränkungen des § 9 Abs. 2 UStG zu beachten. Dabei ist insbesondere zu beachten, dass die Einschränkung der Optionsmöglichkeit nach § 9 Abs. 2 UStG in der Vergangenheit mehreren Änderungen unterlegen hat.

WICHTIG!

Da die Anwendung des § 9 Abs. 2 UStG ausschließlich von dem Bau- bzw. Fertigstellungsjahr der Immobilie abhängt, kann diese Vorschrift nur im Zusammenhang mit der Anwendungsvorschrift des § 27 Abs. 2 UStG umgesetzt werden.

Die einzelnen Möglichkeiten der Option im zeitlichen Zusammenhang mit der Errichtung des Gebäudes verdeutlicht die folgende Übersicht:

Übersicht Option nach § 9 UStG

1. Stufe: § 9 Abs. 1 UStG:
– Leistung wird an einen Unternehmer für dessen Unternehmen erbracht
– optionsfähiger Umsatz (steuerfreier Umsatz nach § 4 Nr. 8a–g, Nr. 9a, Nr. 12, Nr. 13 oder Nr. 19 UStG)

Einschränkung bei
– Bestellung und Übertragung Erbbaurechten
– Vermietung oder Verpachtung nach § 4 Nr. 12a UStG oder Umsätzen nach § 4 Nr. 12b und c UStG

Baubeginn vor dem 01.06.1984 und – wenn Wohnzwecken dienend: Fertigstellung vor dem 01.04.1985 – wenn anderen nichtunternehmerischen Zwecken dienend: Fertigstellung vor dem 01.01.1986	Baubeginn vor dem 11.11.1993 und Fertigstellung bis 31.12.1997 und – wenn Wohnzwecken dienend: Baubeginn ab dem 01.06.1984 oder Fertigstellung ab 01.04.1985 – wenn anderen nichtunternehmerischen Zwecken dienend: Baubeginn vor dem 01.06.1984 oder Fertigstellung ab 01.01.1986	Baubeginn ab dem 11.11.1993 oder Fertigstellung nach dem 31.12.1997
keine Einschränkung der Option, aber § 42 AO beachten	Option nur zulässig, wenn Einheit nicht Mietwohnzwecken oder anderen nichtunternehmerischen Zwecken dient oder zu dienen bestimmt ist, § 27 Abs. 2 UStG	Option nur zulässig, wenn Mieter das Grundstück ausschließlich (Bagatellgrenze von 5 %) für Umsätze nutzt, die den Vorsteuerabzug nicht ausschließen, vgl. Abschn. 148a UStR 2000

Ausübung der Option ist bei Lieferungen von Grundstücken im Zwangsversteigerungsverfahren durch den Vollstreckungsschuldner an den Ersteher nur bis zur Aufforderung zur Abgabe von Geboten im Versteigerungstermin zulässig; bei anderen Grundstückslieferungen kann nur im notariellen Kaufvertrag Option ausgeübt werden, § 9 Abs. 3 UStG.

Beispiel 1:

Der Vermieter V ist Eigentümer einer Immobilie in München. Mit Mietvertrag vom 1.3.2004 vermietet er eine Einheit an den Augenarzt A. Die Möglichkeit, bei der Vermietung auf die Steuerpflicht zu optieren, hängt davon ab, wann mit dem Bau der Immobilie begonnen worden ist bzw. wann das Gebäude fertig gestellt worden ist. Wenn mit dem Bau vor dem 11.11.1993 begonnen wurde und das Gebäude bis zum 31.12.1997 fertig gestellt wurde, kann der Vermieter bei der Vermietung auf die Steuerpflicht optieren. Bei Baubeginn ab dem 11.11.1993 oder Fertigstellung ab dem 1.1.1998 ist eine Option auf die Steuerpflicht bei der Vermietung nicht möglich.

3.1 Besonderheiten bei Gebäuden mit Baubeginn vor dem 11.11.1993 und Fertigstellung bis 31.12.1997

Bei Gebäuden, bei denen mit dem Baubeginn (Ausschachtungsarbeiten, Erteilung eines spezifizierten Bauauftrages oder Anfuhr nicht unerheblicher Mengen von Baumaterial) vor dem 11.11.1993 begonnen worden ist und die auch vor dem 1.1.1998 fertig gestellt worden sind, kann der Vermieter die Vermietung steuerpflichtig behandeln, wenn der Mieter ein Unternehmer ist und er die Räume für seine unternehmerischen Zwecke (allerdings keine Mietwohnzwecke) verwendet. Soweit diese Voraussetzungen gegeben sind, kommt es nicht darauf an, ob der Leistungsempfänger zum Vorsteuerabzug bezüglich der ihm in Rechnung gestellten Umsatzsteuer berechtigt ist.

Damit können insbesondere Vermietungen steuerpflichtig behandelt werden, bei denen an Ärzte, Kreditinstitute oder Versicherungen vermietet wird.

TIPP!

Da die Umsatzsteuer bei den nicht zum Vorsteuerabzug berechtigten Unternehmern Kosten darstellt, ist diese Umsatzsteuer meist nicht auf den Mieter zu überwälzen. Aus diesem Grunde ist – insbesondere nach Ablauf des zehnjährigen Berichtigungszeitraumes nach § 15a UStG – laufend zu überprüfen, ob eine Vermietung steuerpflichtig behandelt werden sollte.

Soweit in einem späteren Zeitraum auf die Steuerfreiheit nicht mehr verzichtet werden soll, muss der Vermieter den Mietvertrag entsprechend verändern, da der Mietvertrag als Dokument im Sinne des § 14 UStG gilt. Gegebenenfalls muss eine Änderungsmitteilung an den Mieter zum Gegenstand des Mietvertrages gemacht werden.

3.2 Besonderheiten bei Gebäuden, bei denen mit dem Bau ab dem 11.11.1993 begonnen wurde oder die ab dem 1.1.1998 fertig gestellt worden sind

Wurde mit dem Bau eines Gebäudes ab dem 11.11.1993 begonnen oder das Gebäude erst ab dem 1.1.1998 fertig gestellt, ist eine Option auf die Steuerpflicht bei der Vermietung nur dann möglich, wenn der Mieter bezüglich der ihm in Rechnung gestellten Umsatzsteuer voll zum Vorsteuerabzug berechtigt ist. Zu den Unternehmern, die zum Vorsteuerabzug berechtigt sind, gehören auch Unternehmer, die die Vorsteuerbeträge nach Durchschnittssätzen (§ 23 und § 23a UStG) berechnen, die Umsätze nach den Sondervorschriften für land- und forstwirtschaftliche Erzeuger nach § 24 UStG anwenden, Reiseleistung im Sinne des § 25 UStG erbringen oder die Umsatzsteuer nach den Vorschriften über die Differenzbesteuerung nach § 25a UStG ermitteln.

ACHTUNG!

Bei der Vermietung an einen Kleinunternehmer nach § 19 Abs. 1 UStG ist eine Option auf die Steuerpflicht bei der Vermietung nicht möglich.

Soweit die Option grundsätzlich nach § 9 Abs. 1 UStG möglich ist, kann sie auf die kleinste Einheit des Grundstückes, den einzelnen Raum, beschränkt werden.

Fortsetzung Beispiel 1:

Der Augenarzt führt in einem separaten Raum auch den Verkauf und die Anpassung von Contactlinsen aus. Diese steuerpflichtige Tätigkeit schließt den Vorsteuerabzug nach § 15 Abs. 2 UStG nicht aus, so dass der Vermieter für diesen Raum auf die Steuerpflicht selbst dann optieren kann, wenn es sich um ein Gebäude handelt, bei dem mit dem Bau ab dem 11.11.1993 begonnen worden ist oder das ab dem 1.1.1998 fertig gestellt worden ist.

Darüber hinaus ist zu beachten, dass der Mieter auch in geringfügigem Umfang (bis maximal 5 %) Umsätze tätigen kann, die den Vorsteuerabzug ausschließen, ohne dass davon die Option auf die Steuerpflicht des Vermieters berührt wird.

Beispiel 2:

Der Vermieter vermietet an den Handelsvertreter H Gewerberäume. Der Handelsvertreter vermittelt auch gelegentlich Versicherungen. Die Vermittlung von Versicherungen führt zu steuerfreien Ausgangsumsätzen nach § 4 Nr. 11 UStG, die bei dem Vertreter die Vorsteuerabzugsberechtigung insoweit ausschließen. Wenn die Versicherungsvermittlung nicht mehr als 5 % der Umsätze des H ausmacht, kann der Vermieter in vollem Umfang bei der Vermietung auf die Steuerfreiheit verzichten.

Der Vermieter ist verpflichtet, die notwendigen Voraussetzungen für den Verzicht auf die Steuerbefreiung nachzuweisen. Dieser Nachweis ist an keine bestimmte Form gebunden.

ACHTUNG!

Wenn der Vermieter auf die Steuerfreiheit der Vermietungsumsätze verzichtet, sollte er sich grundsätzlich von seinem Mieter bestätigen lassen, dass der Mieter keine den Vorsteuerabzug ausschließenden Umsätze ausführt. Gegebenenfalls kann hier eine jährliche Bestätigung des Mieters notwendig sein, wenn die Vermutung besteht, dass der Mieter den Vorsteuerabzug ausschließende Umsätze ausführt.

4. Besonderheiten bei der Lieferung von Grundstücken

Bei der Lieferung von Grundstücken kann es sich grundsätzlich um eine nicht steuerbare → *Geschäftsveräußerung* nach § 1 Abs. 1a UStG oder um einen steuerbaren Umsatz handeln.

Bei einem steuerbaren Verkauf eines Grundstückes, das im Inland belegen ist, ergibt sich wegen der Grunderwerbsteuerbarkeit grundsätzlich eine Steuerbefreiung für diese Lieferung nach § 4 Nr. 9a UStG. Auf diese Steuerbefreiung kann unter den allgemeinen Voraussetzungen des § 9 Abs. 1 UStG verzichtet werden.

WICHTIG!

Die einschränkenden Voraussetzungen des § 9 Abs. 2 UStG sind bei Grundstücksverkäufen grundsätzlich nicht anzuwenden. Allerdings sind die Voraussetzungen des § 9 Abs. 3 UStG zu erfüllen.

Option zur Umsatzsteuer

Da sich bei einer steuerfreien Veräußerung des Grundstücks gegebenenfalls eine Vorsteuerberichtigung nach § 15a UStG zu Lasten des Unternehmers ergibt, soweit der Verkauf innerhalb des zehnjährigen Berichtigungszeitraumes nach § 15a UStG erfolgt, ist ein Verzicht auf die Steuerbefreiung sinnvoll. Dabei können sich für den Verkäufer und den Käufer die folgenden Möglichkeiten ergeben:

	Verkäufer	**Käufer**
Vollständiger Verzicht auf die Steuerbefreiung	Aus dem gesamten Kaufpreis ist die gesetzliche Umsatzsteuer abzuführen. Soweit das Grundstück innerhalb von zehn Jahren seit erstmaliger Verwendung verkauft wird, kann eine Vorsteuerberichtigung nach § 15a UStG zu Gunsten des Unternehmers in Betracht kommen, wenn bei Errichtung des Gebäudes nicht der volle Vorsteuerabzug möglich war.	Der Käufer kann die Vorsteuer insoweit aus dem Kaufpreis geltend machen, wie er das Grundstück zu vorsteuerabzugsberechtigenden Umsätzen verwendet.
Kein Verzicht auf die Steuerfreiheit	Aus dem Kaufpreis ist keine Umsatzsteuer abzuführen. Soweit das Grundstück innerhalb von zehn Jahren seit erstmaliger Verwendung verkauft wird, kann eine Vorsteuerberichtigung nach § 15a UStG zu Lasten des Unternehmers in Betracht kommen, wenn bei Errichtung des Gebäudes ein Vorsteuerabzug möglich war.	Eine Vorsteuerabzugsberechtigung für den Käufer ergibt sich nicht.

	Verkäufer	Käufer
Teilweiser Verzicht auf die Steuerbefreiung	Aus dem Teil des Kaufpreises, für den auf die Steuerfreiheit verzichtet worden ist, ist die gesetzliche Umsatzsteuer abzuführen. Da in der Regel nur für die Teile des Gebäudes auf die Steuerfreiheit verzichtet wird, die bei der Anschaffung oder Herstellung zum Vorsteuerabzug berechtigten und die innerhalb des Vorsteuerberichtigungszeitraumes von zehn Jahren verkauft werden, ergibt sich für den Verkäufer keine Vorsteuerberichtigung.	Der Käufer hat den Vorsteuerabzug für den Teil des Gebäudes, für den der Verkäufer auf die Steuerpflicht optiert hat, soweit der Käufer diesen Teil für Umsätze verwendet, die den Vorsteuerabzug nach § 15 Abs. 2 UStG nicht ausschließen.

Eine Teiloption auf bestimmte Teile des Grundstückes kann insbesondere bei verschiedenen Nutzungsarten in Betracht kommen (z. B. teilweise Vermietung zu Wohnzwecken und teilweise Vermietung für gewerbliche Zwecke). Unter Zugrundelegung unterschiedlicher wirtschaftlicher Funktionen ist auch eine Aufteilung nach räumlichen Gesichtspunkten möglich. Eine rein quotale Aufteilung ist hingegen nicht möglich.

WICHTIG!

Ein getrennter Verzicht auf die Steuerbefreiung bei Grund und Boden und Gebäude ist bei einem bebauten Grundstück nicht möglich.

Bei der Zwangsversteigerung eines Grundstückes durch den Vollstreckungsschuldner an den Ersteher ist darüber hinaus zu beachten, dass ein Verzicht auf die Steuerbefreiung nur bis zur Aufforderung zur Abgabe von Geboten im Zwangsversteigerungstermin zulässig ist, § 9 Abs. 3 Satz 1 UStG.

Durch das Haushaltsbegleitgesetz 2004 wurde darüber hinaus in § 9 Abs. 3 Satz 2 UStG eine weitere Voraussetzung für die Option bei der Lieferung eines Grundstückes aufgenommen: Ein wirksamer Verzicht auf die Steuerfreiheit kann nur noch in dem nach § 311b Abs. 1 BGB notariell zu beurkundenden Vertrag erklärt werden. Diese Beschränkung steht im Zusammenhang mit der ebenfalls eingeführten Erweiterung der Übertragung der Steuerschuldnerschaft auf den Leistungsempfänger nach § 13b Abs. 1 Satz 1 Nr. 3 UStG auf alle Grundstückslieferungen, die unter das Grunderwerbsteuergesetz fallen. Um den Erwerber eines Grundstücks vor einer Steuerschuld durch nachträgliche Option des Veräußerers zu schützen, war diese Ergänzung in § 9 Abs. 3 Satz 2 UStG notwendig.

TIPP!

Der Erwerber eines Grundstücks muss darauf achten, dass er sowohl bei einer Zwangsversteigerung eines Grundstücks wie auch bei dem normalen Erwerb eines Grundstücks nach § 13b Abs. 1 Satz 1 Nr. 3 UStG zum Steuerschuldner der Umsatzsteuer wird, wenn er Unternehmer ist und das Grundstück für Zwecke seines Unternehmens nutzt.

Organschaft

Organschaft auf einen Blick

1. Rechtsquellen

   § 2 Abs. 2 Nr. 2 UStG

   Abschn. 21 und Abschn. 21a UStR 2000

2. Bedeutung

   Wenn eine juristische Person des Zivil- oder Handelsrechts in das Unternehmen eines anderen Unternehmers eingegliedert ist, wird sie als Organgesellschaft unselbstständiger Bestandteil des anderen Unternehmers. Es ist eine einheitliche Umsatzsteuererklärung für den ganzen Organkreis abzugeben. Zwischen den Organen liegen nicht steuerbare Umsätze vor.

3. Weitere Stichworte

   → *Bauabzugssteuer*, → *Inland*, → *Innenumsatz*

1. Voraussetzungen der Organschaft

Eine Organschaft kann nur zwischen einem Unternehmer (natürliche Person, Personengesellschaft oder juristische Person) als Organträger und einer juristischen Person des Zivil- oder Handelsrechts (in der Regel Aktiengesellschaft oder Gesellschaft mit beschränkter Haftung) als Organgesellschaft bestehen. Die Organgesellschaft muss nach dem Gesamtbild der Verhältnisse in das Unternehmen des Organträgers eingegliedert sein, wobei sich die Eingliederung auf die folgenden drei Voraussetzungen bezieht, die alle vorliegen, jedoch nicht gleich stark ausgeprägt sein müssen:

Voraussetzung	Umsetzung
Finanzielle Eingliederung	Der Organträger muss die Mehrheit der Stimmen in der Gesellschafterversammlung der Organgesellschaft haben. Dies kann auch bei einer Beteiligung von weniger als 50 % am Kapital der Organgesellschaft gegeben sein, wenn z. B. die Gesellschaft eigene Anteile hält oder Stimmrechtsbeschränkungen vorliegen. Die finanzielle Eingliederung ist zwingende Voraussetzung für die Organschaft.
Organisatorische Eingliederung	Der Organträger muss auch im täglichen Geschäft in der Lage sein, seinen Willen in der Organgesellschaft umzusetzen. Dies ist insbesondere dann gegeben, wenn der Geschäftsführer der Organgesellschaft identisch mit der Leitung der Organgesellschaft ist (sog. Personalunion).
Wirtschaftliche Eingliederung	Organträger und Organgesellschaft müssen sich wirtschaftlich fördern und ergänzen, nicht erforderlich ist, dass die Organgesellschaft ausschließlich oder überwiegend für den Organträger tätig ist. Auch bei nur geringen Leistungen zwischen den Teilen des Organkreises kann nach dem Gesamtbild der Verhältnisse ein einheitliches Unternehmen bestehen.

Die Eingliederungsvoraussetzungen müssen immer gegenüber einem übergeordneten Unternehmen erfüllt sein. Aus diesem Grunde kann eine Eingliederung dann nicht bestehen, wenn die Anteile von Kapitalgesellschaften ausschließlich von natürlichen Personen gehalten werden, die nicht Unternehmer sind.

Beispiel 1:

Die Privatperson P hält die Mehrheit der Anteile an der A-GmbH sowie die Mehrheit der Anteile an der B-GmbH. P ist nicht unternehmerisch tätig. Ein Organschaftsverhältnis zwischen der A-GmbH und der B-GmbH besteht nicht, da es an der finanziellen Eingliederung in ein übergeordnetes Unternehmen fehlt.

ACHTUNG!

Eine finanzielle Eingliederung kann aber auch dann bestehen, wenn als Organträger eine Personengesellschaft fungiert und die Anteile an der Kapitalgesellschaft sich nicht im Besitz der Personengesellschaft als solcher befinden, sondern den Gesellschaftern der Personengesellschaft selbst zustehen.

2. Rechtsfolgen der Organschaft

Die Organschaft im Umsatzsteuerrecht führt dazu, dass die Organgesellschaft nicht selbstständig tätig ist und somit keine Unternehmereigenschaft entfaltet. Sämtliche Rechte und Pflichten, die sich für einen Unternehmer ergeben, werden von dem Organträger wahrgenommen.

WICHTIG!

Steuerschuldner der Umsatzsteuer im Organkreis ist immer der Organträger. Lediglich in Sonderfällen kann sich eine Haftung der Organgesellschaft für die Umsatzsteuer ergeben.

Die Frage der umsatzsteuerlichen Unternehmereigenschaft hat auch in anderen Bereichen des Steuerrechts Auswirkungen. So ist z. B. der Organträger der Abzugsverpflichtete für die → *Bauabzugssteuer* für eine an die Organgesellschaft erbrachte Bauleistung.

Die Umsätze des gesamten Organkreises sind in einer einheitlichen Umsatzsteuer-Voranmeldung und einer einheitlichen Umsatzsteuerjahreserklärung zusammenzufassen. Die Umsatzsteuererklärungen sind bei dem Finanzamt des Organträgers einzureichen.

Da die Organgesellschaft nur unselbstständiger Bestandteil des Unternehmens des Organträgers ist, kann zwischen dem Organträger und der Organgesellschaft kein steuerbarer Umsatz vorliegen, Leistungen werden ausschließlich im Rahmen von nicht steuerbaren → *Innenumsätzen* erbracht.

ACHTUNG!

Wird in einem Abrechnungspapier über einen nicht steuerbaren Innenumsatz eine Umsatzsteuer gesondert ausgewiesen (weil z. B. die Organschaft nicht erkannt worden ist), wird die ausgewiesene Umsatzsteuer nicht nach § 14c Abs. 2 UStG geschuldet, das Abrechnungspapier wird nur als unternehmensinterner Buchungsbeleg angesehen.

Da die Organgesellschaft zivilrechtlich weiterhin selbstständig nach außen in Erscheinung tritt, kann sie weiterhin unter ihrem Namen Abrechnungen gegenüber Dritten erstellen. In den Rechnungen ist aber die Steuernummer des Organträgers anzugeben. Alternativ kann aber auch die dem Organträger oder der Organgesellschaft erteilten USt-IDNr. angegeben werden. Auch ist der Organträger aus Rechnungen, die an die Organgesellschaft gerichtet sind – unter den übrigen Voraussetzungen des § 15 UStG –, zum Vorsteuerabzug berechtigt.

3. Beginn und Ende der Organschaft

Bei der umsatzsteuerlichen Organschaft gibt es keine zeitlichen Beschränkungen. Eine Organschaft liegt zwingend ab dem Zeitpunkt vor, an dem alle drei Eingliederungsvoraussetzungen erstmals gleichzeitig vorliegen.

WICHTIG!

Die umsatzsteuerliche Organschaft ist nicht an volle Kalenderjahre oder Voranmeldungszeiträume gebunden.

Da die Organschaft aber nach dem Gesamtbild der Verhältnisse ein auf gewisse Dauer angelegtes einheitliches Unternehmen darstellen soll, kann eine Organschaft bei – zufälligem – kurzfristigen Vorliegen aller Eingliederungsvoraussetzungen (von wenigen Tagen oder Wochen) noch nicht zu einer Organschaft führen.

Das Organschaftsverhältnis ist beendet, wenn alle drei Eingliederungsvoraussetzungen nicht mehr vorliegen.

Mit Einleitung eines Insolvenzverfahrens ist das Organschaftsverhältnis nicht automatisch beendet. Solange der vorläufige Insolvenzverwalter keine gegen den Willen der beteiligten Parteien gerichtete Entscheidungen bei der Organgesellschaft durchsetzen kann, ist die organisatorische Eingliederung nicht beendet. Soweit aber über das Vermögen der Organgesellschaft das Insolvenzverfahren eröffnet ist, ist die organisatorische Eingliederung nicht mehr gegeben, die Organschaft ist beendet.

Wenn das Organschaftsverhältnis beendet ist, muss die bis dahin unselbstständige Organgesellschaft ab diesem Zeitpunkt ihre Umsätze eigenständig versteuern. Ebenso liegen ab diesem Zeitpunkt steuerbare Umsätze zwischen dem ehemaligen Organträger und seiner ehemaligen Organgesellschaft vor. Soweit Steuerbeträge erst nach Beendigung der Organschaft entstehen, aber auf Leistungen vor Beendigung der Organschaft zurückzuführen sind, sind diese dem Organträger zuzurechnen. Ebenso richtet sich die Berichtigung von Steuerbeträgen nach § 17 UStG für alle vor dem Ende der Organschaft ausgeführten Leistungen auch nach Beendigung der Organschaft gegen den Organträger. Davon besteht nur dann eine Ausnahme, wenn bei Beendigung der Organschaft der Grund für die Berichtigung noch nicht gegeben war.

Wenn der Organträger während des Organschaftsverhältnisses Anzahlungen erhalten hat, die Leistung von der Organgesellschaft aber erst nach Beendigung der Organschaft beendet wird, sind die bei dem Organträger besteuerten Anzahlungen bei diesem nicht zu berichtigen. Da die Umsatzsteuer auf Anzahlungen nach § 13 Abs. 1 Nr. 1a Satz 4 UStG einen selbstständigen und abschließenden Steuerentstehungstatbestand darstellt, hat die Organgesellschaft die Leistung nur insoweit zu besteuern, wie sie während des Organschaftsverhältnisses noch nicht besteuert wurde.

Beispiel 2:

Die Organgesellschaft OG hat im Januar 2004 für eine im April 2004 auszuführende Bauleistung 116.000 EUR als Anzahlung erhalten. Die Umsatzsteuer aus der Anzahlung in Höhe von 16.000 EUR wurde von dem Organträger in der Voranmeldung Januar 2004 an das Finanzamt abgeführt. Im April wird die Bauleistung ausgeführt. Zu diesem Zeitpunkt ist die Organschaft beendet. Die OG erhält von dem Leistungsempfänger eine weitere – abschlie-

ßende – Zahlung in Höhe von 116.000 EUR. Bei der jetzt selbstständigen OG entsteht mit Ausführung der Bauleistung nur auf die bisher noch nicht versteuerten Zahlungen eine Umsatzsteuer, somit im April 2004 16.000 EUR.

Zu den Rechtsfolgen der Beendigung der Organschaft hat die OFD Hannover mit Schreiben v. 3.7.2002 Stellung genommen:

- Nach Ende der Organschaft stellen Organträger und Organgesellschaft zwei umsatzsteuerlich selbstständige Rechtssubjekte dar.
- Umsätze, die von der Organgesellschaft vor Beendigung der Organschaft ausgeführt wurden, sind stets dem Organträger zuzurechnen und von diesem zu versteuern, auch dann, wenn die Umsatzsteuer erst nach Beendigung der Organschaft entsteht.
- Umsätze nach Beendigung der Organschaft sind von der Organgesellschaft zu versteuern. Allerdings wird eine schon durchgeführte Anzahlungsbesteuerung nicht rückgängig gemacht, die vom Organträger entrichtete Umsatzsteuer auf die Anzahlung wird bei der Organgesellschaft bei Leistungserbringung angerechnet.
- Der Vorsteuerabzug aus Leistungsbezügen der Organgesellschaft vor Beendigung der Organschaft steht auch dann dem Organträger zu, wenn die Rechnung erst nach Beendigung der Organschaft bei der Organgesellschaft eingeht und von dieser beglichen wird.
- Der vorgezogene Vorsteuerabzug für Anzahlungen steht auch dann weiterhin dem Organträger zu, wenn die Leistungen erst nach Beendigung der Organschaft durch die Organgesellschaft bezogen werden.
- Durch die Beendigung der Organschaft wird der Berichtigungszeitraum nach § 15a UStG nicht unterbrochen.
- Auch nach der Beendigung der Organschaft haftet die Organgesellschaft für die vom Organträger geschuldeten Umsatzsteuer- und Vorsteuerrückforderungsbeträge nach § 73 AO, soweit diese vor Beendigung der Organschaft entstanden sind.

4. Beschränkungen der Organschaft

Nach § 2 Abs. 2 Nr. 2 Satz 2 UStG sind die Wirkungen der Organschaft auf Innenleistungen zwischen den im → *Inland* gelegenen Unternehmensteilen beschränkt. Dies bedeutet, dass eine grenzüberschreitende Organschaft zwar bestehen kann, diese aber keine Wirkungen entfaltet. Somit sind Umsätze zwischen im Inland belegenen Teilen des Organkreises und den im Ausland belegenen Teilen des Organkreises nicht als Innenumsätze zu behandeln.

WICHTIG!

Alle im Inland belegenen Teile eines Organkreises stellen aber ein Unternehmen dar.

Soweit der Organträger im Inland ansässig ist, nimmt er die umsatzsteuerlichen Pflichten für den gesamten inländischen Organkreis wahr. Wenn der Organträger nicht im Inland ansässig ist, übernimmt der im Inland wirtschaftlich bedeutendste Unternehmensteil des Organkreises die Rechte und Pflichten des Unternehmers.

Pauschalierung der Umsatzsteuer

Pauschalierung der Umsatzsteuer auf einen Blick

1. **Rechtsquellen**

   § 23 UStG

   § 69 und § 70 UStDV

   Abschn. 260 bis Abschn. 263 UStR 2000

2. **Bedeutung**

   Unternehmer mit geringen Umsätzen können unter bestimmten Voraussetzungen die Vorsteuerbeträge pauschal im Verhältnis zu ihrem Umsatz ermitteln. Damit ergeben sich für diese Unternehmer Vereinfachungen bei der Aufzeichnung der Vorsteuerabzugsbeträge.

3. **Weitere Stichworte**

   → ***Vorsteuerabzug***, → ***Vorsteueraufteilung***

1. Allgemeines

Der Gesetzgeber hat in § 23 UStG die Möglichkeit eröffnet (als Ermächtigungsvorschrift für den Bundesminister der Finanzen), sowohl die geschuldete Umsatzsteuer wie auch die Vorsteuerbeträge pauschal im Verhältnis zu den erbrachten Umsätzen zu ermitteln. Von dieser Ermächtigung ist aber nur im Bereich der Vorsteuerbeträge Gebrauch gemacht worden. Der Unternehmer, der die Pauschalierung nach § 23 UStG in Anspruch nehmen will, kann bestimmte Vorsteuerbeträge in Abhängigkeit von der Höhe seiner Umsätze pauschal ermitteln.

WICHTIG!

Eine pauschale Ermittlung der Bemessungsgrundlage für seine Ausgangsumsätze ist hingegen nicht möglich.

Grundsätzlich kennt die Besteuerung nach Durchschnittssätzen im Bereich der abziehbaren Vorsteuerbeträge zwei Verfahren: zum einen die sog. Vollpauschalierung; bei dieser Form der Pauschalierung werden sämtliche Vorsteuerbeträge durch die Durchschnittssätze erfasst, ein weiterer Vorsteuerabzug ist in diesem Fall nicht möglich. Davon abzugrenzen ist die sog. Teilpauschalierung; hier werden nicht alle Vorsteuerbeträge von der Anwendung der Durchschnittssätze erfasst, es ist nach § 70 Abs. 2 UStDV daneben noch in eingeschränktem Umfang ein Vorsteuerabzug nach den allgemeinen Grundsätzen des § 15 UStG möglich.

Ziel der Vorschrift ist es, den betroffenen Unternehmern Vereinfachungen bei der Ermittlung dieser Besteuerungsgrundlagen zu gewähren, insbesondere wird es den Unternehmern erspart, umfangreiche Aufzeichnungsvorschriften zum buchmäßigen Nachweis der jeweiligen Besteuerungsgrundlagen befolgen zu müssen.

2. Voraussetzungen für die Anwendung der Durchschnittssätze

2.1 Keine Buchführungspflicht

Der Unternehmer darf nicht aufgrund gesetzlicher Vorschriften zur Führung von Büchern verpflichtet sein. Die Verpflichtung zur Führung von Büchern kann sich sowohl aus handelsrechtlichen Grundsätzen wie auch aus Vorschriften der Abgabenordnung ergeben.

Nach handelsrechtlichen Grundsätzen ist der Kaufmann nach dem § 238 i. V. m. § 1 Abs. 2 HGB zur Führung von Büchern verpflichtet, es sei denn, dass sein Unternehmen nach Art oder Umfang einen in kaufmännischer Weise eingerichteten Geschäftsbetrieb nicht erfordert. Alternativ ist eine Buchführungsverpflichtung auch dann gegeben, wenn nach § 2 HGB die Firma des Unternehmers in den Fällen, in denen ein in kaufmännischer Weise eingerichteter Geschäftsbetrieb nicht vorhanden ist, in das Handelsregister eingetragen ist. Eine gesetzliche Buchführungspflicht ergibt sich auch bei Kapitalgesellschaften (z. B. § 3 Abs. 1 AktG bei Aktiengesellschaften oder § 13 Abs. 3 GmbHG bei Gesellschaften mit beschränkter Haftung). Da die handelsrechtliche Buchführungspflicht kraft Gesetzes entsteht, kommt es in diesen Fällen nicht darauf an, ob der Unternehmer tatsächlich Bücher führt. Allein aufgrund der gesetzlichen Verpflichtung scheidet er aus dem Kreis der anwendungsberechtigten Unternehmer aus.

Die Verpflichtung zur Führung von Büchern kann sich aber auch aus abgabenrechtlichen Vorschriften ergeben. So ist nach § 141 Abs. 1 AO der gewerbliche Unternehmer zur Führung von Büchern und zur Aufstellung von Abschlüssen aufgrund jährlicher Bestandsaufnahmen verpflichtet, wenn der Umsatz mehr als 350.000 EUR (bis 31.12.2003: 260.000 EUR) (ohne steuerfreie Umsätze nach § 4 Nr. 8 bis Nr. 10 UStG) im Kalenderjahr übersteigt oder der Gewinn aus Gewerbebetrieb mehr als 30.000 EUR (bis 31.12.2003: 25.000 EUR) im Kalenderjahr übersteigt. Freiberufliche Unternehmer können nach § 141 AO nicht zur Führung von Büchern verpflichtet sein.

TIPP!

Hat der Unternehmer die Grenze für die Buchführungspflicht zwar in 2003 überschritten, liegt der Wert aber unter den für 2004 maßgeblichen Wertgrenzen (z. B. Gewinn wurde in 2003 in Höhe von 28.000 EUR erzielt), so ergeht von der Finanzverwaltung keine Mitteilung über den Beginn der Buchführungspflicht.

Da sich die Buchführungspflicht nach § 141 AO nach der ausdrücklichen Regelung in § 141 Abs. 2 AO erst dann ergibt, wenn die Finanzbehörde den Unternehmer auf den Beginn dieser Verpflichtung hingewiesen hat, kann allein aus dem Überschreiten der Grenzen noch keine Nichtanwendbarkeit der Durchschnittssätze nach § 23 UStG abgeleitet werden. Erst ab dem Beginn des auf die Mitteilung des Finanzamtes folgenden Kalenderjahres wäre dann die Anwendung der Durchschnittssätze für den betreffenden Unternehmer nicht mehr möglich.

2.2 Umsatzgrenze zur Anwendung der Durchschnittssätze

Nach § 69 Abs. 3 UStDV darf ein Unternehmer, der im vorangegangenen Kalenderjahr einen Umsatz von mehr 61.356 EUR erzielt hat, die Durchschnittssätze nicht in Anspruch nehmen.

Die Umsatzgrenzen beziehen sich auf die jeweiligen Berufs- oder Gewerbezweige im Sinne der Anlage zur UStDV. Es ist somit für jeden dieser Bereiche der Umsatz im Sinne des § 69 Abs. 3 UStDV getrennt zu ermitteln und zu überprüfen, ob hier eine Ermittlung nach Durchschnittssätzen in Betracht kommt.

Beispiel:

Der Unternehmer U hat im Kalenderjahr 2003 Umsätze von insgesamt 120.000 EUR erzielt. Von diesem Umsatz entfallen 40.000 EUR auf den Betrieb einer Eisdiele und 80.000 EUR auf den Betrieb einer Bäckerei. U kann im Kalenderjahr 2004 für den Betrieb der Eisdiele die Durchschnittssätze nach § 23 in Anspruch nehmen, da der Umsatz in diesem Betrieb nicht über der Grenze des § 69 Abs. 3 UStDV liegt. Im Betrieb der Bäckerei kann er in 2004 die Durchschnittssätze nicht in Anspruch nehmen, da der maßgebliche Umsatz die Grenze von 61.356 EUR überschritten hat.

WICHTIG!

Zu beachten ist aber, dass die innerhalb eines Berufs- oder Gewerbezweiges im Sinne der Anlage zur UStDV ausgeführten verschiedenen Tätigkeiten zusammenzurechnen sind.

Wenn der Unternehmer seinen Betrieb im vorangegangenem Kalenderjahr eröffnet und somit Umsätze nur in einem Teil des vorangegangenen Kalenderjahrs ausgeübt hat, so ist der in dem Vorjahr erzielte Umsatz auf einen Jahresumsatz umzurechnen; die Vorschriften zu § 19 Abs. 3 UStG (vgl. → *Kleinunternehmer*) gelten insoweit sinngemäß.

Bei der Eröffnung eines Betriebes in einem Kalenderjahr sind für die Prüfung der Umsatzgrenze die voraussichtlichen Umsätze des Jahres im Sinne des § 69 Abs. 2

UStDV maßgeblich. Sollte die Umsatzgrenze des § 69 Abs. 3 UStDV dann – entgegen der Prognose – doch überschritten werden, so ist dies für die laufende Periode unbeachtlich.

3. Der Antrag auf Besteuerung nach Durchschnittssätzen

Die Regelung des § 23 UStG ist ein Wahlrecht für den Unternehmer, der die maßgeblichen Voraussetzungen erfüllt. Um § 23 UStG in Anspruch nehmen zu können, muss der Unternehmer einen Antrag bei seinem zuständigen Finanzamt stellen.

Der Antrag ist an keine bestimmte Form gebunden. Er kann gegenüber dem Finanzamt formlos abgegeben werden, er kann aber auch durch schlüssiges Verhalten als gestellt angesehen werden. So ist z. B. in der Berechnung der Vorsteuerbeträge nach Durchschnittssätzen in der Voranmeldung oder der Jahreserklärung ein Antrag auf Besteuerung nach § 23 UStG zu sehen.

Der Unternehmer kann den Antrag auf Besteuerung nach Durchschnittssätzen nach § 23 Abs. 3 UStG bis zur Unanfechtbarkeit der Steuerfestsetzung stellen. Dies kann durch Ablauf der Rechtsbehelfsfrist, durch Rücknahme eines eingelegten Rechtsbehelfs eintreten oder wenn gegen eine gerichtliche Entscheidung kein weiterer Rechtsbehelf mehr möglich ist. Eine Steuerfestsetzung kann auch unanfechtbar werden, wenn der Bescheid unter dem Vorbehalt der Nachprüfung nach § 164 AO steht.

Ist der Unternehmer im Bereich mehrerer Berufs- oder Gewerbezweige im Sinne der Anlage zur UStDV tätig, so kann er den Antrag auf einzelne Bereiche beschränken.

Der Unternehmer kann den Antrag auf Besteuerung nach den Durchschnittssätzen nur mit Wirkung vom Beginn eines Kalenderjahres widerrufen. Der Widerruf ist ebenso wie der Antrag nicht formgebunden. Der Widerruf muss nicht ausdrücklich gegenüber dem Finanzamt erklärt werden, er kann auch stillschweigend durch schlüssiges Handeln erklärt werden, indem z. B. die Durchschnittssätze nicht mehr angewendet werden und stattdessen die Vorsteuer nach den allgemeinen Regeln des § 15 UStG abgezogen wird.

Nach dem Widerruf des Antrags auf Besteuerung nach den Durchschnittssätzen ist ein erneuter Antrag nach § 23 UStG frühestens nach Ablauf von fünf Jahren möglich.

4. Rechtsfolgen der Anwendung der Durchschnittssätze

4.1 Vollpauschalierung nach § 70 Abs. 1 UStDV

Für die meisten in die Besteuerung nach § 23 UStG einbezogenen Unternehmer gilt die Vollpauschalierung nach § 70 Abs. 1 UStDV. Diese Berufs- oder Gewerbezweige sind im Abschnitt A der Anlage zur UStDV zusammengestellt. Bei Vorliegen der Vollpauschalierung werden sämtliche Vorsteuerbeträge des Unternehmers durch den Durchschnittssatz abgegolten. Ein darüber hinausgehender Vorsteuerabzug nach § 15 UStG ist nicht möglich.

Hat der Unternehmer mehrere Betriebe, für die er nicht einheitlich die Vorsteuerbeträge entweder nach den Durchschnittssätzen oder den Regelvorschriften des § 15 UStG ermittelt, so hat eine Zuordnung der Vorsteuerbeträge zu den einzelnen Betrieben nach objektiven wirtschaftlichen Kriterien zu erfolgen. Kann eine eindeutige Zuordnung des Leistungsbezugs zu einem der Betriebe nicht erfolgen, so erfolgt eine Aufteilung der Vorsteuerbeträge nach den Grundsätzen der → *Vorsteueraufteilung*.

4.2 Teilpauschalierung nach § 70 Abs. 2 UStDV

Für die in Abschnitt B der Anlage zur UStDV aufgeführten Unternehmer (vgl. unten 6.) kommt eine Teilpauschalierung der Vorsteuerbeträge nach § 70 Abs. 2 UStDV in Frage. Bei diesen Unternehmern können neben den Durchschnittssätzen noch die folgenden Vorsteuerbeträge unter den allgemeinen Voraussetzungen des § 15 UStG abgezogen werden:

- Vorsteuerbeträge für Gegenstände, die der Unternehmer zur Weiterveräußerung erworben oder eingeführt hat, einschließlich der Vorsteuerbeträge für Rohstoffe, Halberzeugnisse, Hilfsstoffe und Zutaten;
- Vorsteuerbeträge für die Lieferung von Gebäuden, Grundstücken und Grundstücksteilen;
- Vorsteuerbeträge für Ausbauten, Einbauten, Umbauten und Instandsetzungen bei Gebäuden, Grundstücken und Grundstücksteilen;
- Vorsteuerbeträge für Leistungen im Sinne des § 4 Nr. 12 (insbesondere Vermietung und Verpachtung von Grundstücken), dies gilt allerdings nicht für Betriebsvorrichtungen (vgl. → *Vermietung*).

4.3 Bemessungsgrundlage für die Durchschnittssätze

Die Berechnung der im Rahmen der Durchschnittssätze abziehbaren Vorsteuerbeträge bestimmt sich nach einem Prozentsatz von dem im Rahmen des jeweiligen Berufs- oder Gewerbezweiges erzielten Umsatz nach § 69 Abs. 2 UStDV. Nach der Definition des § 69 Abs. 2 UStDV zählt zum maßgeblichen Umsatz:

- Steuerbare Umsätze im Inland im Rahmen des bezeichneten Berufs- oder Gewerbezweiges,
- ohne Einfuhren nach § 1 Abs. 1 Nr. 4 UStG,
- ohne innergemeinschaftliche Erwerbe nach § 1 Abs. 1 Nr. 5 UStG,
- ohne steuerfreie Umsätze nach § 4 Nr. 8 UStG (insbes. Kredit-, Geld-, Wertpapierumsätze und Umsätze im Geschäft mit Forderungen),

- ohne steuerfreie Umsätze nach § 4 Nr. 9a UStG (unter das GrEStG fallende Umsätze),
- ohne steuerfreie Umsätze nach § 4 Nr. 10 UStG (Versicherungsumsätze),
- ohne steuerfreie Umsätze nach § 4 Nr. 21 UStG (Umsätze, die Schul- und Bildungszwecken dienen).

Grundsätzlich muss der von dem Unternehmer ausgeführte Umsatz im Inland steuerbar sein. Damit sind Umsätze, die der Unternehmer im Ausland erbringt, die er unentgeltlich erbringt, oder auch die Geschäftsveräußerung im Sinne von § 1 Abs. 1a UStG nicht mit in die Berechnung einzubeziehen.

Zu den zu berücksichtigenden Umsätzen des Unternehmers gehören nicht nur die Umsätze aus den Grundgeschäften, sondern auch die → *Hilfsgeschäfte*, die sich aus der Führung des Unternehmens üblicherweise ergeben.

Die heranzuziehenden Umsätze stellen grundsätzlich die Entgelte im Sinne des § 10 UStG dar, sind also Nettobeträge. Für die Anwendung der Durchschnittssätze ist es unerheblich, ob der Unternehmer im betreffenden Kalenderjahr tatsächlich Leistungsbezüge hatte oder ihm in Rechnungen gesondert Umsatzsteuer ausgewiesen worden ist.

Um dem eigentlichen Ziel der Besteuerung nach Durchschnittssätzen, nämlich der Vereinfachung bei der Steuerberechnung, nahe zu kommen, ist der betroffene Unternehmer nach § 66 UStDV von den Aufzeichnungspflichten nach § 22 Abs. 2 Nr. 5 und Nr. 6 UStG befreit. Damit braucht der Unternehmer keine Aufzeichnungen über die an ihn ausgeführten steuerpflichtigen Lieferungen und sonstigen Leistungen sowie der von ihm bewirkten Einfuhren zu führen. Die Aufzeichnungsvorschriften für innergemeinschaftliche Erwerbe hat der Unternehmer aber in vollem Umfang zu befolgen.

5. Durchschnittssätze für die Berechnung sämtlicher Vorsteuerbeträge nach § 70 Abs. 1 UStDV – Abschnitt A der Anlage zur UStDV

5.1 Handwerk

Handwerk	Vorsteuer in % des Umsatzes
Bäckerei	5,4
Bau- und Möbeltischlerei	9,0
Beschlag-, Kunst- und Reparaturschmiede	7,5
Buchbinderei	5,2
Druckerei	6,4

Handwerk	Vorsteuer in % des Umsatzes
Elektroinstallation	9,1
Fliesen- und Plattenlegerei, sonstige Fußbodenlegerei und -kleberei	8,6
Friseure	4,5
Gewerbliche Gärtnerei	5,8
Glasergewerbe	9,2
Hoch- und Ingenieurhochbau	6,3
Klempnerei, Gas- und Wasserinstallation	8,4
Maler- und Lackierergewerbe, Tapezierer	3,7
Polsterei- und Dekorateurgewerbe	9,5
Putzmacherei	12,2
Reparatur von Kraftfahrzeugen	9,1
Schlosserei und Schweißerei	7,9
Schneiderei	6,0
Schuhmacherei	6,5
Steinbildhauerei und Steinmetzerei	8,4
Stukkateurgewerbe	4,4
Winder und Scherer	2,0
Zimmerei	8,1

5.2 Einzelhandel

Einzelhandel	Vorsteuer in % des Umsatzes
Blumen und Pflanzen	5,7
Brennstoffe	12,5
Drogerien	10,9

Einzelhandel	Vorsteuer in % des Umsatzes
Elektrotechnische Erzeugnisse, Leuchten, Rundfunk-, Fernseh- und Phonogeräte	11,7
Fahrräder und Mopeds	12,2
Fische und Fischererzeugnisse	6,6
Kartoffeln, Gemüse, Obst und Südfrüchte	6,4
Lacke, Farben und sonstiger Anstrichbedarf	11,2
Milch, Milcherzeugnisse, Fettwaren und Eier	6,4
Nahrungs- und Genussmittel	8,3
Oberbekleidung	12,3
Reformwaren	8,5
Schuhe und Schuhwaren	11,8
Süßwaren	6,6
Textilwaren verschiedener Art	12,3
Tiere und zoologischer Bedarf	8,8
Unterhaltungszeitschriften und Zeitungen	6,3
Wild und Geflügel	6,4

5.3 Sonstige Gewerbebetriebe

Sonstige Gewerbebetriebe	Vorsteuer in % des Umsatzes
Eisdielen	5,8
Fremdenheime und Pensionen	6,7
Gast- und Speisewirtschaften	8,7
Gebäude- und Fensterreinigung	1,6
Personenbeförderung mit Personenkraftwagen	6,0
Wäschereien	6,5

5.4 Freie Berufe

Freie Berufe	Vorsteuer in % des Umsatzes
Bildhauer	7,0
Grafiker (nicht Gebrauchsgrafiker)	5,2
Kunstmaler	5,2
Selbstständige Mitarbeiter bei Bühne, Film, Funk, Fernsehen und Schallplattenproduzenten	3,6
Hochschullehrer	2,9
Journalisten	4,8
Schriftsteller	2,6

6. Durchschnittssätze für die Berechnung eines Teils der Vorsteuerbeträge nach § 70 Abs. 2 UStDV – Abschnitt B der Anlage zur UStDV

Berufe mit Teilpauschalierung	Vorsteuer in % des Umsatzes
Architekten	1,9
Hausbandweber	3,2
Patentanwälte	1,7
Rechtsanwälte und Notare	1,5
Schornsteinfeger	1,6
Wirtschaftliche Unternehmensberatung, Wirtschaftsprüfung	1,7

Privatnutzung von Unternehmensfahrzeugen

Privatnutzung von Unternehmensfahrzeugen auf einen Blick

1. Rechtsquellen

   § 3 Abs. 9a und § 10 Abs. 4 UStG (sowie bis 31.12.2003: § 15 Abs. 1b UStG)

   Abschn. 155 UStR 2000

2. Bedeutung

   Die private Mitbenutzung eines Fahrzeugs durch den Unternehmer führt zu einem steuerbaren Ausgangsumsatz bei dem Unternehmer. Die 1999 eingeführte Regelung, dass der Unternehmer bei einer privaten Mitbenutzung eines Fahrzeugs nur 50 % Vorsteuer abziehen kann, wurde zum 1.1.2004 aufgehoben. Für 2003 ergibt sich für den Unternehmer ein Wahlrecht, wie die Privatnutzung zu besteuern ist.

3. Weitere Stichworte

   → *Dienstwagen*, → *unentgeltliche sonstige Leistung*, → *Vorsteuerabzug*

4. Besonderheiten

   Soweit eine Besteuerung der privaten Nutzung erfolgt, ist diese in der Umsatzsteuer-Voranmeldung 2004 in der Zeile 28, in der Jahressteuererklärung 2003 in der Zeile 35 anzugeben.

1. Allgemeines

Die Nutzung eines dem Unternehmensvermögen zugeordneten Fahrzeuges kann aus umsatzsteuerlicher Sicht grundsätzlich wie folgt erfolgen:

- Nutzung des Fahrzeugs für unternehmerisch veranlasste Fahrten,
- Nutzung des Fahrzeugs für private Fahrten des Personals (→ *Dienstwagen*) oder
- Nutzung des Fahrzeugs für private Fahrten des Unternehmers.

Wenn das Fahrzeug dem Unternehmen zugeordnet worden ist, kann die nichtunternehmerische Nutzung des Fahrzeugs durch den Unternehmer zu einem steuerbaren Ausgangsumsatz des Unternehmers führen. Die Behandlung der Eigennutzung und der Vorsteuerabzug aus allen Eingangsleistungen im Zusammenhang mit einem solchen Fahrzeug ergeben sich in Abhängigkeit der Anschaffung und des Zeitraumes der Nutzung wie folgt:

Zeitraum	Behandlung des Ausgangsumsatzes	Vorsteuerabzug
Anschaffung des Fahrzeugs vor dem 1.4.1999, Nutzungszeitraum unbegrenzt	Es liegt eine steuerbare und steuerpflichtige Eigennutzung nach § 3 Abs. 9a Nr. 1 UStG vor.	Der Unternehmer hat auch für den Anteil der privaten Nutzung einen Vorsteuerabzug.
Anschaffung des Fahrzeugs ab dem 1.4.1999 bis zum 31.12.2002 und Nutzung in diesem Zeitraum	Die private Verwendung des Fahrzeugs ist ein nicht steuerbarer Umsatz nach § 3 Abs. 9a Satz 2 UStG.	Der Unternehmer hat – unabhängig des Umfangs der Privatnutzung – einen Vorsteueranspruch in Höhe von 50 %, § 15 Abs. 1b UStG. Zur Anwendung des § 15 Abs. 1b UStG ist aber noch ein Verfahren vor dem EuGH anhängig.
Anschaffung des Fahrzeugs in 2003 oder Nutzung eines ab dem 1.4.1999 erworbenen Fahrzeugs in 2003	Der Unternehmer hat ein Wahlrecht, er kann den Vorsteuerabzug nach § 15 Abs. 1b UStG auf 50 % begrenzen. Dann ist die Privatnutzung nicht steuerbar. Der Unternehmer kann aber auch die Vorsteuer voll abziehen und muss dann die private Nutzung des Fahrzeugs nach § 3 Abs. 9a Nr. 1 UStG versteuern.	Wahlrecht des Unternehmers zur Anwendung des § 15 Abs. 1b UStG (nur 50 % Vorsteuerabzug) oder voller Vorsteuerabzug mit Besteuerung der Eigennutzung.
Anschaffung eines Fahrzeugs ab dem 1.1.2004 oder Verwendung eines ab dem 1.4.1999 erworbenen Fahrzeugs ab 2004	Die Privatnutzung des Fahrzeugs ist nach § 3 Abs. 9a Nr. 1 UStG der Besteuerung zu unterwerfen.	Der Unternehmer hat auch für den Anteil der privaten Nutzung einen Vorsteuerabzug.

Voraussetzung für eine umsatzsteuerliche Berücksichtigung eines Fahrzeuges ist dabei, dass das Fahrzeug dem Unternehmensvermögen zugeordnet werden konnte und auch tatsächlich zugeordnet worden ist (→ *Unternehmensvermögen*). Eine Notwendigkeit, einen auch privat genutzten Gegenstand dem Unternehmensvermögen zuordnen zu müssen, ist im Umsatzsteuerrecht nicht vorhanden.

Beispiel 1:

Der Rechtsanwalt R nutzt ein Fahrzeug zu 60 % für unternehmerische und zu 40 % für private Fahrten. Während das Fahrzeug ertragsteuerlich notwendiges Betriebsvermögen darstellt, kann das Fahrzeug umsatzsteuerlich in der Privatsphäre gehalten werden.

ACHTUNG!

Für Fahrzeuge, die ab dem 1.4.1999 in das Unternehmensvermögen erworben worden sind, ist allerdings Voraussetzung, dass sie zu mindestens 10 % für unternehmerische Zwecke verwendet werden müssen, da ansonsten kein Erwerb für das Unternehmen vorliegt. Diese 10-%-Grenze ist aber vorerst befristet bis zum 30.6.2004. Ob danach eine weitere Verlängerung der Genehmigung für diese Regelung durch den Rat der Gemeinschaft erfolgt, ist fraglich.

Fahrzeuge, die nicht zu mindestens 10 % für unternehmerische Fahrten verwendet werden, dürfen nicht dem Unternehmensvermögen zugeordnet werden, § 15 Abs. 1 Satz 2 UStG. In diesem Fall darf ein Vorsteuerabzug für das erworbene Fahrzeug grundsätzlich nicht vorgenommen werden. Als Ausnahme sind lediglich die Vorsteuerbeträge abzugsfähig, die auf eindeutig abgrenzbare unternehmerische Fahrten entfallen, z. B. Reparaturaufwendungen für Unfallkosten auf einer unternehmerisch veranlassten Fahrt oder Benzinkosten für eine längere Geschäftsreise.

ACHTUNG!

Die unternehmerische Mindestnutzung von 10 % gilt nur für Fahrzeuge, die von dem Unternehmer angeschafft, eingeführt oder innergemeinschaftlich erworben wurden, nicht jedoch für gemietete (geleaste) Fahrzeuge.

2. Erwerb eines Fahrzeuges ohne Anwendung des § 15 Abs. 1b UStG

Erwirbt ein Unternehmer ein Fahrzeug in sein Unternehmensvermögen und nutzt dieses Fahrzeug auch für private Fahrten, so kann er den Vorsteuerabzug für alle Eingangsleistungen in voller Höhe vornehmen, muss aber entsprechend dem Anteil der privaten Nutzung eine Besteuerung der nichtunternehmerischen Verwendung nach § 3 Abs. 9a Nr. 1 UStG vornehmen. Diese Rechtsfolge ergibt sich für ihn in den folgenden Fällen:

- das Fahrzeug wurde vor dem 1.4.1999 erworben,
- das Fahrzeug wurde in 2003 erworben oder ein ab dem 1.4.1999 erworbenes Fahrzeug wurde in 2003 genutzt, wenn der Unternehmer sich auf das für ihn günstigere Gemeinschaftsrecht beruft,
- das Fahrzeug wurde ab dem 1.1.2004 erworben oder ab dem 1.4.1999 erworbenes Fahrzeug wird ab dem 1.1.2004 genutzt.

Wenn der Unternehmer ein solches auch privat genutztes Fahrzeug erworben hat, hat er den vollen → *Vorsteuerabzug*, es sei denn, er nutzt das Fahrzeug auch für vorsteuerabzugsschädliche Zwecke nach § 15 Abs. 2 UStG (z. B. als Arzt oder Versicherungsvertreter). Dies gilt auch für gemietete oder geleaste Fahrzeuge.

ACHTUNG!

Die Einfuhr und der innergemeinschaftliche Erwerb eines Fahrzeugs gilt insoweit auch als Erwerb.

Zum Ausgleich der nichtunternehmerischen Nutzung muss der Unternehmer allerdings für die private Nutzung einen Ausgangsumsatz besteuern. Diese → *unentgeltliche sonstige Leistung* gilt als sonstige Leistung gegen Entgelt nach § 3 Abs. 9a Nr. 1 UStG. Da der Ort dieser Leistung – unabhängig davon, wo der Unternehmer tatsächlich fährt – nach § 3f UStG dort ist, wo er sein Unternehmen betreibt, führt diese private Nutzung zu einem steuerbaren und steuerpflichtigen Ausgangsumsatz für den Unternehmer.

Die Bemessungsgrundlage für diesen Umsatz bestimmt sich grundsätzlich nach § 10 Abs. 4 Nr. 2 UStG nach den bei diesem Umsatz entstandenen Kosten, soweit diese Kosten einen vollen oder teilweisen Vorsteueranspruch begründet hatten.

WICHTIG!

Die Fahrten zwischen Wohnung und Betriebsstätte sowie die Familienheimfahrten wegen einer betrieblich begründeten doppelten Haushaltsführung sind nicht den privaten Fahrten zuzurechnen. Eine Umsatzsteuer für diese Fahrten entsteht nicht.

In der Praxis werden die folgenden Möglichkeiten zur Ermittlung der Bemessungsgrundlage angewendet:

2.1 Fahrtenbuchmethode

Soweit der Unternehmer ein ordnungsgemäßes Fahrtenbuch führt, sind die Kosten, die sich aus der Nutzung des Fahrzeugs ergeben, entsprechend dem Verhältnis der unternehmerischen zu den privaten Fahrten aufzuteilen. Dabei sind allerdings die Kosten aus der Bemessungsgrundlage auszuscheiden, für die der Unternehmer keinen Vorsteuerabzug hatte. Die umsatzsteuerliche Behandlung der üblichen Kosten aus der Nutzung eines Fahrzeugs kann aus der folgenden Übersicht entnommen werden:

Kostenart	Einbeziehung in die Bemessungsgrundlage	
	ja	nein
Absetzung für Abnutzung, wenn das Fahrzeug von einem anderen Unternehmer mit Ausweis von Umsatzsteuer erworben wurde	X	
Absetzung für Abnutzung, wenn das Fahrzeug privat eingelegt, von einem Nichtunternehmer oder ohne Ausweis von Umsatzsteuer erworben wurde		X
Laufende Betriebskosten (Benzin, Öl etc.)	X	

Kostenart	Einbeziehung in die Bemessungsgrundlage	
	ja	nein
Reparaturkosten	X	
Unfallkosten	X	
Kfz-Versicherungen		X
Kfz-Steuern		X
Sonstige Kosten, aus denen der Unternehmer einen Vorsteueranspruch hat	X	
Sonstige Kosten, aus denen der Unternehmer keinen Vorsteueranspruch hat		X

2.2 Schätzung der privaten Fahrten

Wenn der Unternehmer kein Fahrtenbuch führt, kann der Anteil der privaten Fahrten anhand geeigneter Unterlagen geschätzt werden. Solche geeigneten Unterlagen können z. B. ein nicht ordnungsgemäß geführtes Fahrtenbuch oder verkürzte Aufzeichnungen über private Fahrten darstellen. Liegen keine Unterlagen vor, aus denen sich der Anteil der privaten Fahrten näherungsweise ermitteln lässt, so kann der Anteil der privaten Nutzung sachgerecht geschätzt werden.

ACHTUNG!

Die Finanzverwaltung geht bei der Schätzung von einem mindestens 50 %igen privaten Nutzungsanteil aus, wenn keine Anhaltspunkte für eine andere sachgerechte Schätzung dargelegt werden können.

Die Ermittlung der Bemessungsgrundlage erfolgt nach Feststellung des Anteils der nichtunternehmerischen Fahrten entsprechend wie bei der Fahrtenbuchmethode (vgl. 2.1) anhand der vorsteuerabzugsbehafteten Kosten.

2.3 Vereinfachte Schätzungsmethode (1-%-Regel)

Die Finanzverwaltung bietet dem Steuerpflichtigen zur Ermittlung der Bemessungsgrundlage auch eine vereinfachte Schätzung anhand der ertragsteuerlichen 1-%-Regelung an. Da diese Ermittlungsmethode vom Bundesfinanzhof nicht als zulässige Schätzmethode anerkannt worden ist, kann die Ermittlung der Bemessungsgrundlage nicht gegen den Willen des Steuerpflichtigen nach dieser vereinfachten Ermittlungsmethode erfolgen.

Soweit der Steuerpflichtige diese Methode jedoch anwenden möchte, kann die Bemessungsgrundlage nach der folgenden Berechnungsmethode ermittelt werden:

Grundlage	Wert	EUR
1 % des Bruttolistenneupreises des Fahrzeuges		
Pauschaler Abschlag für nicht vorsteuerbehaftete Kosten in Höhe von 20 % des vorigen Wertes		
Bemessungsgrundlage pro Monat		
Darauf 16 % Umsatzsteuer		

Zu beachten ist, dass diese vereinfachte Berechnungsmethode auch zu unbilligen Ergebnissen führen kann, wenn der so ermittelte Wert über den tatsächlich entstandenen Kosten liegt. Die im Ertragsteuerrecht in diesen Fällen gewährte Deckelung bei den tatsächlichen Kosten wird im Umsatzsteuerrecht nicht zu einem befriedigenden Ergebnis führen; in diesem Fall sollte die Methode der Schätzung der privaten Fahrten (vgl. 2.2) angewendet werden.

ACHTUNG!

Auch bei billigeren Reimporten oder beim Erwerb eines gebrauchten Fahrzeugs wendet die Finanzverwaltung den inländischen Bruttolistenneupreis an.

TIPP!

Der Unternehmer sollte in jedem Fall überprüfen, ob die Schätzung der privaten Fahrten und die Ermittlung der Bemessungsgrundlage anhand der tatsächlichen Kosten nicht zu einem für ihn günstigeren Ergebnis führt.

3. Erwerb eines Fahrzeuges mit Anwendung des § 15 Abs. 1b UStG

Wenn der Unternehmer ein Fahrzeug in der Zeit zwischen dem 1.4.1999 und dem 31.12.2003 angeschafft hat, in das Inland eingeführt, innergemeinschaftlich erworben oder gemietet hat, kann das Fahrzeug der Vorsteuerabzugsbeschränkung des § 15 Abs. 1b UStG unterliegen. Voraussetzung dafür ist, dass das Fahrzeug auch für private oder andere nichtunternehmerische Fahrten verwendet wird. Die Finanzverwaltung ließ es jedoch zu, dass bei einer nur geringfügigen nichtunternehmerischen Nutzung von bis zu 5 % der Vorsteuerabzug in vollem Umfang in Anspruch genommen wird. Bei Fahrzeugen, die überwiegend dem Transport von Gegenständen dienen (z. B. Lkw), dürfte diese Voraussetzung grundsätzlich gegeben sein. In diesen Fällen ist § 15 Abs. 1b UStG nicht anzuwenden, zu den Rechtsfolgen vgl. 2.

Bei den Fahrzeugen, die zu mehr als 5 % für private (nichtunternehmerische) Fahrten verwendet und vom Unternehmer seinem Unternehmensvermögen zugeordnet werden, ist die Vorsteuer nach § 15 Abs. 1b UStG bis zum 31.12.2003 grundsätzlich auf

50 % beschränkt. Diese Beschränkung bezieht sich sowohl auf die Vorsteuerbeträge aus der Anschaffung des Fahrzeuges wie auch auf die laufenden Unterhaltskosten. Unerheblich ist in diesem Fall, in welchem Umfang das Fahrzeug für private Fahrten genutzt wird, es muss jedoch zu mindestens 10 % für unternehmerische Fahrten verwendet werden. Wenn die Beschränkung der Vorsteuer auf 50 % nach § 15 Abs. 1b UStG anzuwenden ist, unterliegt die private Nutzung des Fahrzeugs keiner Besteuerung als Ausgangsumsatz mehr, § 3 Abs. 9a Satz 2 UStG.

ACHTUNG!

Im Kalenderjahr 2003 hat der Unternehmer ein Wahlrecht. Da die Genehmigung des Rates zur Anwendung des § 15 Abs. 1b UStG zum 31.12.2002 ausgelaufen war und keine Verlängerung beantragt wurde, war die Beschränkung des § 15 Abs. 1b UStG in 2003 zwar noch nationales Recht, der Unternehmer kann sich aber – soweit es für ihn vorteilhaft war – auf die für ihn günstigere Regelung nach Art. 17 der 6. EG-RL berufen. Zum 1.1.2004 ist § 15 Abs. 1b UStG ersatzlos gestrichen worden. Für die Zeit vom 1.4.1999 bis zum 31.12.2002 ist die Anwendung des § 15 Abs. 1b UStG aber gemeinschaftsrechtlich umstritten. Es ist beim EuGH ein Verfahren anhängig, in dem die Rechtmäßigkeit dieser Regelung überprüft wird.

Beispiel 2:

Der selbstständige Handelsvertreter H verwendet sein Unternehmensfahrzeug auch für private Fahrten. Der Anteil der privaten Fahrten beträgt 10 %. Wenn H für 2003 § 15 Abs. 1b UStG anwendet, kann er grundsätzlich nur 50 % der Vorsteuerbeträge abziehen. H sollte sich aus diesem Grund in 2003 auf die für ihn günstigere Regelung des Gemeinschaftsrechts berufen. Außerdem sollte er die Umsatzsteuerveranlagungen 1999 bis 2002 nicht bestandskräftig werden lassen.

Beispiel 3:

Der selbstständige Fleischermeister F verwendet ein Fahrzeug auch für private Fahrten. Der Anteil der privaten Fahrten liegt bei 70 %. Wenn F für 2003 § 15 Abs. 1b UStG anwendet, kann er grundsätzlich 50 % der Vorsteuerbeträge geltend machen. H sollte aus diesem Grund die nationale Regelung des § 15 Abs. 1b UStG anwenden. Es besteht auch keine Veranlassung, die Umsatzsteuerveranlagungen 1999 bis 2002 offen zu halten.

Da in aller Regel vom Finanzamt keine Umsatzsteuerbescheide versandt werden, sondern die Erklärungen als Veranlagung unter dem Vorbehalt der Nachprüfung gelten, kann in diesen Fällen bei einer günstigen Entscheidung des EuGH die Veranlagung noch geändert werden. Wenn allerdings das Finanzamt in besonderen Fällen einen Bescheid ohne Vorbehalt der Nachprüfung erlässt, sollte der Bescheid mit dem Rechtsbehelf des Einspruchs angefochten werden und das Ruhen des Verfahrens beantragt werden.

Formulierungsbeispiel:

Hiermit lege ich gegen den Umsatzsteuerbescheid vom ... wegen der Anwendung des § 15 Abs. 1b UStG Einspruch ein und bitte das Verfahren bis zur Entscheidung über das Vorabentscheidungsersuchen des BFH (Beschluss vom 30.11.2000 – V R 30/00) ruhen zu lassen.

4. Übergangsregelungen

Ab dem 1.1.2004 ist § 15 Abs. 1b UStG ersatzlos gestrichen worden. Dies bedeutet, dass ab 2004 der Unternehmer wieder den vollen Vorsteuerabzug aus allen auch privat genutzten Fahrzeugen hat. Er muss aber im Gegenzug die nichtunternehmerische Verwendung der Besteuerung nach § 3 Abs. 9a Nr. 1 UStG unterwerfen, vgl. 2.

Durch § 27 Abs. 5 UStG ist geregelt, dass auch für Fahrzeuge, die vor dem 1.1.2004 erworben wurden, für alle laufenden Aufwendungen (laufende Betriebskosten, Miet- oder Leasingraten) der volle Vorsteuerabzug vorgenommen werden kann. Soweit der maßgebliche Vorsteuerberichtigungszeitraum nach § 15a Abs. 1 UStG für ein solches Fahrzeug noch nicht abgelaufen ist, kann sich aus den Anschaffungs- oder Herstellungskosten eine Vorsteuerberichtigung nach § 15a UStG ergeben, wenn der Vorsteuerabzug nach § 15 Abs. 1b UStG nur zu 50 % möglich war, vgl. → *Vorsteuerberichtigung*.

Prüfungen

Prüfungen auf einen Blick

1. Rechtsquellen

   § 27b UStG, § 193 f. AO

   Abschn. 232 UStR 2000

2. Bedeutung

   Zur Sicherung des Steueraufkommens und zur Kontrolle, ob einschlägige Rechtsvorschriften bei dem Unternehmer korrekt angewendet worden sind, kann die Finanzverwaltung bei dem Steuerpflichtigen Prüfungen durchführen. Dabei kann das Finanzamt neben der allgemeinen Betriebsprüfung auch eine Umsatzsteuer-Sonderprüfung oder eine unangekündigte Umsatzsteuer-Nachschau durchführen.

1. Allgemeines

Das Finanzamt kann zur Überprüfung aller steuerlicher Gegebenheiten bei dem Steuerpflichtigen Prüfungen vornehmen. Dabei stehen je nach Größe des Unternehmens oder je nach individuellem Klärungsbedarf der Finanzverwaltung verschiedene Instrumente zur Prüfung zur Verfügung.

2. Allgemeine Betriebsprüfung

Eine allgemeine Betriebsprüfung wird je nach Größe des zu prüfenden Unternehmens regelmäßig oder unregelmäßig durchgeführt. Während große Unternehmen laufend geprüft werden, kann es bei kleineren Unternehmen vorkommen, dass eine allgemeine Betriebsprüfung gar nicht oder nur sehr selten anberaumt wird. Die Betriebsprüfung ist dem Unternehmer vorher durch Bescheid bekannt zu geben, der Unternehmer kann sich gegen die Prüfungsanordnung mit dem Rechtsbehelf des Einspruches sowie des gerichtlichen Verfahrens wehren. Es bleibt allerdings festzustellen, dass es kaum stichhaltige Gründe gibt, sich erfolgreich und nachhaltig gegen eine allgemeine Betriebsprüfung zu wehren.

Im Rahmen einer solchen allgemeinen Betriebsprüfung werden alle steuerlichen Verhältnisse des Unternehmens – zu seinen Gunsten wie auch zu seinen Lasten – einer Prüfung unterzogen. Erfahrungsgemäß liegt das Schwergewicht dieser Prüfungen im Bereich der Ertragsteuern und weniger im Bereich der Umsatzsteuer.

ACHTUNG!

Seit dem 1.1.2002 kann der Betriebsprüfer auch alle steuerlich relevanten Daten im EDV-System des Unternehmers einsehen sowie sich diese Daten nach seinen Wünschen aufbereiten lassen.

TIPP!

Soweit technisch umsetzbar, sollten die steuerlich relevanten Daten (Buchhaltung, Rechnungsausgang etc.) von den anderen Bereichen des unternehmensinternen EDV-Systems abgegrenzt werden, um hier im Prüfungsfall keinen Einblick in das gesamte EDV-System zu ermöglichen.

Der Unternehmer hat im Rahmen einer allgemeinen Betriebsprüfung Mitwirkungsverpflichtungen. So ist er für alle Vorgänge, die für die Besteuerung wichtig sind, zur Auskunft verpflichtet. Allerdings muss der Unternehmer die Auskünfte nicht selber erbringen, er kann dazu auch Auskunftspersonen benennen. Darüber hinaus kann der Prüfer alle Geschäftsräume besichtigen sowie alle für die Feststellung der Besteuerungsgrundlagen wichtigen Dokumente einsehen.

WICHTIG!

Soweit sich aus den Prüfungshandlungen der Anfangsverdacht einer Steuerstraftat ergibt, ist der Prüfer verpflichtet, dies dem Unternehmer mitzuteilen. Ab diesem Zeitpunkt kann der Unternehmer zu diesen Vorwürfen die weitere Auskunft verweigern.

3. Umsatzsteuer-Sonderprüfung

Neben einer allgemeinen Betriebsprüfung kann auch eine spezielle Umsatzsteuer-Sonderprüfung vorgenommen werden, bei der sich die Prüfungshandlung ausschließlich auf Umsatzsteuersachverhalte beschränkt. Soweit bei dieser Prüfung allerdings andere Sachverhalte mit aufgedeckt werden sollten, können diese im Besteuerungsverfahren berücksichtigt werden.

Die Umsatzsteuer-Sonderprüfung ist dem Unternehmer ebenfalls vorher anzukündigen. Auch diese Ankündigung stellt einen Verwaltungsakt dar, der verfahrensrechtlich überprüft werden kann (vgl. oben: Einspruch/Klage).

Eine Umsatzsteuer-Sonderprüfung wird insbesondere in den folgenden Fällen anberaumt:

- Neugründungen von Unternehmen,
- ungewöhnlich hohe Vorsteuerabzüge,
- Vorsteuerabzug bei steuerfreien Ausgangsleistungen (→ *Vorsteueraufteilung*, → *Option zur Umsatzsteuer*),
- Inanspruchnahme von → *Steuerbefreiungen*,
- auffällige branchenuntypische Schwankungen bei den Umsätzen,
- Inanspruchnahme des ermäßigten Steuersatzes,
- Besteuerung von → *innergemeinschaftlichen Erwerben* sowie
- Hinweise auf Vorsteuerabzüge aus Scheinrechnungen.

Eine Umsatzsteuer-Sonderprüfung kann sich nur auf einzelne Voranmeldungszeiträume, aber auch auf die Steuererklärung für ein Kalenderjahr beziehen. Da sich die Sonderprüfung in aller Regel nur auf bestimmte Sachverhalte erstreckt, bleibt der Vorbehalt der Nachprüfung für die jeweiligen Prüfungszeiträume bestehen. Dies bedeutet, dass die Veranlagung auch später noch verändert werden kann.

ACHTUNG!

Die Umsatzsteuer-Sonderprüfung soll sich nicht nur auf eine formelle Prüfung der Buchführung sowie der buch- und belegmäßigen Nachweise beschränken. Es ist darüber hinaus auch regelmäßig zu prüfen, ob der Unternehmer seine Geschäfte auch tatsächlich in der von ihm dargestellten Weise abgewickelt hat.

Im Rahmen einer Umsatzsteuer-Sonderprüfung hat der Unternehmer dieselben Mitwirkungspflichten wie bei einer allgemeinen Betriebsprüfung.

4. Umsatzsteuer-Nachschau

Im Rahmen des Steuerverkürzungsbekämpfungsgesetzes ist mit Wirkung vom 1.1.2002 im § 27b UStG auch eine Umsatzsteuer-Nachschau in das Umsatzsteuergesetz aufgenommen worden. Dabei können die mit der Prüfung beauftragten Amtsträger bei dem Unternehmer ohne vorherige Ankündigung die Geschäftsräume des Unternehmers während der Geschäfts- und Arbeitszeiten betreten, um Sachverhalte festzustellen, die für die Besteuerung erheblich sein können.

Wohnräume dürfen gegen den Willen des Inhabers nur dann betreten werden, wenn dies zur Verhütung dringender Gefahren für die öffentliche Sicherheit und Ordnung notwendig ist. In der Praxis wird sich dies kaum ergeben.

Prüfungen

Im Rahmen der Umsatzsteuer-Nachschau sind den Prüfern auf Verlangen alle Aufzeichnungen, Bücher, Geschäftspapiere und andere Urkunden vorzulegen, die für die Feststellung der Besteuerungsgrundlagen von Bedeutung sind. Ebenso sind alle notwendigen Auskünfte zu erteilen.

Erkenntnisse, die im Rahmen einer Umsatzsteuer-Nachschau gewonnen werden, können auch für andere Besteuerungszwecke herangezogen werden.

Die Umsatzsteuer-Nachschau ist keine Außenprüfung nach § 193 AO. Sie ist ein besonderes Verfahren zur zeitnahen Aufklärung möglicher steuererheblicher Sachverhalte. Deshalb gelten die Vorschriften für eine Außenprüfung (§ 193 ff. AO) nicht.

ACHTUNG!

Die Umsatzsteuer-Nachschau muss vom Finanzamt nicht vorher angekündigt werden.

Anlass für eine Umsatzsteuer-Nachschau können nach Auffassung des Bundesministers der Finanzen die folgenden Fälle sein:

- Existenzprüfungen bei neu gegründeten Unternehmen,
- Entscheidungen im Zustimmungsverfahren nach § 168 Satz 2 AO,
- Erledigung von Auskunftsersuchen zum Vorsteuerabzug anderer Finanzämter (USt 1 KM),
- Erledigung von Amtshilfeersuchen anderer EU-Mitgliedstaaten.

Mit dem Instrument der Umsatzsteuer-Nachschau sollen umsatzsteuerrechtlich erhebliche Sachverhalte festgestellt werden. Solche Sachverhalte sind zum Beispiel:

- Unternehmerexistenz,
- Vorhandensein von Anlage- und Umlaufvermögen,
- Einzelne Eingangs- oder Ausgangsrechnungen,
- Einzelne Buchungsvorgänge,
- Verwendungsverhältnisse.

Sobald der Amtsträger der Öffentlichkeit nicht zugängliche Geschäftsräume betreten will, den Steuerpflichtigen auffordert, Aufzeichnungen, Bücher, Geschäftspapiere und andere umsatzsteuerrelevante Urkunden vorzulegen oder den Steuerpflichtigen auffordert, Auskunft zu erteilen, hat er sich auszuweisen.

Im Rahmen der Umsatzsteuer-Nachschau dürfen grundsätzlich nur Grundstücke und Räume betreten werden, die gewerblich oder beruflich selbstständig genutzt werden; unschädlich ist, wenn sie auch zu Wohnzwecken genutzt werden. Das Betreten muss dazu dienen, Sachverhalte festzustellen, die für die Umsatzbesteuerung erheblich sein können. Ein Durchsuchungsrecht gewährt die Umsatzsteuer-Nachschau nicht. Das bloße Betreten oder Besichtigen von Grundstücken ist noch keine Durchsuchung.

Ein Betreten der Grundstücke und Räume ist während der Geschäfts- und Arbeitszeiten zulässig. Die Nachschau kann auch außerhalb der Geschäftszeiten vorgenommen werden, wenn im Unternehmen schon oder noch gearbeitet wird.

Der Unternehmer hat auf Verlangen dem Amtsträger Aufzeichnungen, Bücher, Geschäftspapiere und andere Urkunden vorzulegen und Auskünfte zu erteilen. Kommt der Unternehmer seinen Mitwirkungspflichten im Rahmen der Umsatzsteuer-Nachschau nicht nach, kann der Amtsträger zu einer Außenprüfung nach § 193 AO übergehen. Der Prüfer kann einen solchen Verwaltungsakt grundsätzlich auch mit Zwangsmitteln gemäß § 328 ff. AO (insbesondere durch unmittelbaren Zwang nach § 331 AO) durchsetzen.

TIPP!

Bei einer unangekündigten Umsatzsteuer-Nachschau sollten Aufzeichnungen darüber geführt werden, welche Unterlagen der Amtsträger eingesehen hat. Eine Aufforderung, „alle Unterlagen" vorzulegen, ist mit dem Ziel der Umsatzsteuer-Nachschau nicht vereinbar und würde wohl einen Einspruch gegen die Prüfungsanordnung wie auch gegebenenfalls dienstrechtliche Folgen nach sich ziehen können.

WICHTIG!

Im Rahmen einer Umsatzsteuer-Nachschau kann ohne vorherige Prüfungsanordnung zu einer Außenprüfung übergegangen werden. Auf den Übergang ist der Unternehmer schriftlich hinzuweisen.

Der Übergang zu einer Umsatzsteuer-Sonderprüfung ist regelmäßig geboten, wenn die sofortige Sachverhaltsaufklärung (z. B. Feststellung der Besteuerungsgrundlagen, vollständige Erfassung von Umsätzen, rechtliche Beurteilung von steuerfreien Umsätzen) zweckmäßig erscheint und wenn anschließend auch die gesetzlichen Folgen einer Außenprüfung für die Steuerfestsetzung eintreten sollen. Der Übergang zu einer Umsatzsteuer-Sonderprüfung ist dem Unternehmer schriftlich bekannt zu geben. Der Beginn einer Außenprüfung nach erfolgter Umsatzsteuer-Nachschau ist unter Angabe von Datum und Uhrzeit aktenkundig zu machen.

Der Beginn der Umsatzsteuer-Nachschau hemmt den Ablauf der Festsetzungsfrist gemäß § 171 Abs. 4 AO nicht. Die Änderungssperre des § 173 Abs. 2 AO findet keine Anwendung. Soweit eine Steuer gemäß § 164 AO unter dem Vorbehalt der Nachprüfung festgesetzt worden ist, muss diese nach Durchführung der Umsatzsteuer-Nachschau nicht aufgehoben werden.

WICHTIG!

Wenn gegen die Umsatzsteuer-Nachschau Einspruch eingelegt wurde, kann die Finanzverwaltung trotzdem Erkenntnisse aus der Nachschau verwerten. Wird ein Steuerbescheid auf Grund dieser Erkenntnisse erlassen, muss gegen diesen Bescheid ebenfalls Einspruch eingelegt werden, da auch bei erfolgreichem Abschluss des Einspruchsverfahrens gegen die Umsatzsteuer-Nachschau kein automatisches Verwertungsverbot zu den Feststellungen der Nachschau eintritt.

Rechnung

Rechnung auf einen Blick

1. Rechtsquellen

   § 14 bis § 14c UStG

   § 31 bis § 34 UStDV

   Abschn. 183 bis Abschn. 190a UStR 2000

2. Bedeutung

   Die Rechnung hat eine zentrale Dokumentationsfunktion für die vom leistenden Unternehmer geschuldete Umsatzsteuer. Sie ist Voraussetzung beim Leistungsempfänger für den Vorsteuerabzug.

3. Weitere Stichworte

   → *Aufbewahrung von Rechnungen*, → *Anzahlungen*, → *Fahrausweise*, → *Kleinbetragsrechnung*, → *Nebenleistungen*, → *unberechtigter Steuerausweis*, → *unrichtiger Steuerausweis*

4. Besonderheiten

   Zum 1.1.2004 wurden die gesamten Vorschriften zur Rechnung im Umsatzsteuerrecht durch das Steueränderungsgesetz 2003 an die Vorgaben des Gemeinschaftsrechts angepasst und neu formuliert.

1. Der Rechnungsbegriff

Nach § 14 Abs. 1 UStG ist eine Rechnung jedes Dokument, mit dem über eine Lieferung oder sonstige Leistung abgerechnet wird. Dabei ist es unerheblich, ob dieses Dokument auch als Rechnung bezeichnet wird. Damit können auch Verträge (z. B. Kaufverträge), langfristige Verträge (z. B. Mietverträge), Kassenbons, Quittungen und alle anderen Abrechnungen, mit denen über eine Lieferung, oder eine sonstige Leistung abgerechnet wird, ohne ausdrücklich als Rechnung bezeichnet zu werden, als eine Rechnung im Sinne des § 14 UStG anerkannt werden. Schriftstücke, die sich nur auf den Zahlungsverkehr beziehen (z. B. Mahnungen oder Kontoauszüge), stellen hingegen keine Rechnungen nach § 14 UStG dar, selbst wenn sie ansonsten alle Bestandteile einer Rechnung nach § 14 Abs. 4 UStG enthalten.

WICHTIG!

Ab dem 1.1.2004 kann eine Rechnung im umsatzsteuerlichen Sinne nur noch anerkannt werden, wenn sie auf Papier erstellt oder auf elektronischem Weg übertragen wurde. Für eine auf elektronischem Weg übermittelte Rechnung ist es erforderlich, dass der Empfänger der Rechnung dem zustimmt.

Nach § 14 Abs. 2 UStG ist der Unternehmer grundsätzlich berechtigt, über eine von ihm erbrachte Lieferung oder sonstige Leistung eine Rechnung zu erteilen. Wird die Leistung an einen anderen Unternehmer oder an eine juristische Person (auch wenn sie nicht Unternehmer ist) erbracht, ist der leistende Unternehmer nach § 14 Abs. 2 Satz 2 UStG verpflichtet, eine Rechnung zu erteilen.

WICHTIG!

Ab dem 1.1.2004 muss der leistende Unternehmer immer eine Rechnung erteilen, wenn er an einen anderen Unternehmer oder eine juristische Person eine Leistung ausführt.

ACHTUNG!

Der Anspruch auf Rechnungserteilung ist zwar im Umsatzsteuerrecht geregelt, kann aber nur auf zivilrechtlicher Basis als Schadensersatzanspruch des Leistungsempfängers gegenüber dem leistenden Unternehmer geltend gemacht werden, wenn der leistende Unternehmer eine Rechnung trotz vorliegender Verpflichtung nicht ordnungsgemäß erteilt.

Somit ist ein solcher Schadensersatzanspruch nicht vor dem Finanzgericht, sondern nur vor den Zivilgerichten geltend zu machen. Der Anspruch des Leistungsempfängers auf Ausstellung einer ordnungsgemäßen Rechnung ist eine aus § 242 BGB abgeleitete zivilrechtliche Nebenpflicht aus dem zugrunde liegenden Schuldverhältnis. Der Anspruch auf Ausstellung einer ordnungsgemäßen Rechnung verjährt dabei nach den Änderungen durch das Gesetz zur Modernisierung des Schuldrechts vom 26.11.2001 innerhalb von 3 Jahren, da in Ermangelung einer anderen ausdrücklichen Bestimmung der Anspruch auf Ausstellung einer ordnungsgemäßen Rechnung der regelmäßigen Verjährung nach § 195 BGB unterliegt.

Grundsätzlich kann nur der leistende Unternehmer eine Rechnung ausstellen. Eine Rechnung kann aber auch im Namen und für Rechnung des Unternehmers von einem Dritten ausgestellt werden. Ein am Leistungsaustausch Beteiligter kann aber nicht ein solcher „Dritter" sein. Eine Abrechnung durch den Leistungsempfänger kann allerdings durch eine Gutschrift (vgl. → *Gutschrift*) erfolgen. Die Grundsätze treffen auch auf Änderungen und Berichtigungen der Rechnung zu.

WICHTIG!

Insbesondere darf nicht der Leistungsempfänger Änderungen oder Ergänzungen an der Rechnung vornehmen.

Die Verpflichtung zur Ausstellung einer Rechnung mit gesondertem Steuerausweis trifft nicht nur den inländischen Unternehmer, sondern auch den im Ausland ansässigen Unternehmer, soweit er im Inland steuerbare und steuerpflichtige Leistungen erbringt, es sei denn der Leistungsempfänger wird Steuerschuldner nach § 13b UStG (vgl. → *Steuerschuldnerverfahren*).

ACHTUNG!

Sowohl den leistenden Unternehmer als auch den Rechnungsempfänger treffen bestimmte Aufbewahrungspflichten für die Rechnungen. Vgl. dazu → *Aufbewahrung von Rechnungen*.

2. Bestandteile der Rechnung

Nach § 14 Abs. 4 UStG muss eine ordnungsgemäße Rechnung (ab dem 1.1.2004) die folgenden Merkmale aufweisen:

- den vollständigen Namen und die vollständige Anschrift des leistenden Unternehmers und des Leistungsempfängers,
- die dem leistenden Unternehmer vom Finanzamt erteilte Steuernummer oder die ihm vom Bundesamt für Finanzen erteilte USt-IDNr.,
- das Ausstellungsdatum,
- eine fortlaufende Nummer mit einer oder mehreren Zahlenreihen, die zur Identifizierung der Rechnung einmalig vergeben wird,
- die Menge und die Art (handelsübliche Bezeichnung) der gelieferten Gegenstände oder den Umfang und die Art der sonstigen Leistung,
- den Zeitpunkt der Lieferung oder der sonstigen Leistung oder der Vereinnahmung des Entgelts oder eines Teils des Entgelts bei Anzahlungen, soweit der Zeitpunkt feststeht und nicht mit dem Ausstellungsdatum identisch ist,
- das nach Steuersätzen und einzelnen Steuerbefreiungen aufgeschlüsselte Entgelt für die Lieferung oder die sonstige Leistung (§ 10 UStG) sowie jede im Voraus vereinbarte Minderung des Entgelts, sofern sie nicht bereits im Entgelt berücksichtigt ist und
- den anzuwendenden Steuersatz sowie den auf das Entgelt entfallenden Steuerbetrag oder einen Hinweis darauf, dass für die Lieferung oder sonstige Leistung eine Steuerbefreiung gilt.

2.1 Vollständiger Name und vollständige Anschrift des leistenden Unternehmers und des Leistungsempfängers

Die Angabe des leistenden Unternehmers ist in der Rechnung erforderlich, um den Steuerschuldner für die offen ausgewiesene Umsatzsteuer feststellen zu können. Darüber hinaus ist die Angabe des Leistenden erforderlich, damit auf Seiten des Leistungsempfängers nach § 15 Abs. 1 UStG festgestellt werden kann, ob die Voraussetzungen der Unternehmereigenschaft des Leistenden vorliegen. Auch zur Identifizierung des Leistungsempfängers ist dessen vollständiger Namen und dessen vollständige Anschrift notwendig.

Name und Anschrift müssen ab dem 1.1.2004 „vollständig“ angegeben werden. Nach § 31 Abs. 1 UStDV ist es aber ausreichend, wenn sich Name und Anschrift des leistenden Unternehmers oder des Leistungsempfängers auch aus anderen Unterlagen ergeben, soweit eine leichte Nachprüfbarkeit gegeben ist. In diesem Fall muss in der Rechnung auf die weiteren Unterlagen hingewiesen werden. Soweit die Angaben in der Rechnung ausreichend sind, den Namen und die Anschrift des leistenden Unternehmers oder des Leistungsempfängers eindeutig festzustellen, ist den Anforderungen genüge getan, § 31 Abs. 2 UStDV. Weiterhin sind Kurzzeichen, Firmenname oder Symbole, die leicht und eindeutig entschlüsselt werden können, als Angaben in einer Rechnung ausreichend, § 31 Abs. 3 UStDV. Anstelle der Anschrift ist auch die Angabe des Postfaches oder der Großkundenadresse ausreichend.

TIPP!

Bei Ungenauigkeiten (Schreibfehler oder Zahlendreher) ist die Rechnung trotzdem noch ordnungsgemäß, wenn die Beteiligten identifizierbar sind.

Zu beachten ist, dass der leistende Unternehmer nicht verpflichtet ist, sich über die Richtigkeit der Angaben des Leistungsempfängers zu vergewissern.

WICHTIG!

Wenn der leistende Unternehmer jedoch bewusst eine falsche Bezeichnung des Leistungsempfängers in der Rechnung aufnimmt, kann unter Umständen eine Steuerschuld nach § 14c Abs. 2 UStG für den Rechnungsaussteller infrage kommen.

2.2 Steuernummer oder USt-IDNr.

Schon seit dem 1.7.2002 war gefordert, dass der leistende Unternehmer in seiner Rechnung seine Steuernummer anzugeben hatte, unter der er bei seinem Finanzamt zur Umsatzsteuer veranlagt wurde, § 14 Abs. 1a UStG a.F. Seit dem 1.1.2004 ist die Anforderung nunmehr eine allgemeine Voraussetzung für den Vorsteuerabzug. Allerdings hat der leistende Unternehmer jetzt ein Wahlrecht: Er kann an Stelle der Steuernummer auch seine ihm vom Bundesamt für Finanzen erteilte USt-IDNr. in der Rechnung angeben.

ACHTUNG!

Ab dem 1.1.2004 ist eine Rechnung nicht ordnungsgemäß, wenn die Steuernummer oder die USt-IDNr. des leistenden Unternehmers fehlt. Aus solchen Rechnungen kann ab 2004 kein Vorsteuerabzug mehr vorgenommen werden, Ausnahme besteht hier lediglich bei den Kleinbetragsrechnungen bis 100 EUR.

Die Vorschrift gilt auch bei der Abrechnung durch Gutschriften. In diesem Fall muss der die Gutschrift ausstellende Leistungsempfänger die Steuernummer oder die USt-IDNr. des leistenden Unternehmers angeben.

Die Finanzverwaltung fordert ab dem 1.1.2004 die Angabe der Steuernummer oder der Identifikationsnummer des leistenden Unternehmers auch in der Rechnung eines Kleinunternehmers (§ 19 UStG), eines Unternehmers, der ausschließlich über steuerfreie Umsätze abrechnet, sowie in den Fällen, in denen der Leistungsempfänger nach

§ 13b UStG zum Steuerschuldner wird, obwohl in diesen Fällen von dem leistenden Unternehmer keine Umsatzsteuer geschuldet wird.

2.3 Ausstellungsdatum

Ab dem 1.1.2004 muss auf der Rechnung das Ausstellungsdatum vorhanden sein. In der Praxis wird diese Voraussetzung keine großen Schwierigkeiten bereiten, da das Rechnungsdatum in den meisten Fällen auch schon früher vorhanden war.

2.4 Rechnungsnummer

Ebenfalls neu ist die Anforderung, dass eine Rechnung eine fortlaufende, einmalig vergebene Rechnungsnummer enthalten muss. Dabei kann der Unternehmer verschiedene Abrechnungskreise bilden (z. B. nach unterschiedlichen Leistungsarten, nach unterschiedlichen Abrechnungszeiträumen oder nach verschiedenen Betriebsstätten). Innerhalb dieser unterschiedlichen Rechnungskreise sind die Rechnungen dann aber wieder fortlaufend zu nummerieren.

WICHTIG!

Werden die Rechnungsnummern durch ein Abrechnungsprogramm automatisch vergeben und eine Rechnung dann nicht versandt (z. B. weil die Leistung tatsächlich nicht erbracht wurde) muss die Rechnung aufbewahrt werden, um die fortlaufende Nummerierung zu dokumentieren.

Bei Dauerleistungen (z. B. Mietverträgen) müssen diese – soweit sie ab dem 1.1.2004 vereinbart werden – ebenfalls eine einmalige Nummer (z. B. Wohnungs- oder Objektnummer) enthalten. Zahlungsbelege müssen keine fortlaufende Nummer enthalten. Kleinbetragsrechnungen (bis insgesamt 100 EUR) und Fahrausweise müssen ebenfalls keine fortlaufende Nummer enthalten.

Auch bei Gutschriften muss eine fortlaufende – einmalige – Rechnungsnummer angegeben werden. Diese ist aber vom Aussteller der Gutschrift (Leistungsempfänger) zu vergeben.

2.5 Menge und Bezeichnung der Leistung

Der leistende Unternehmer hat in seiner Rechnung die von ihm erbrachte Leistung hinreichend genau zu beschreiben, um eine Identifizierbarkeit der gelieferten Ware oder der erbrachten Leistung zu ermöglichen. Dies bedeutet, dass bei einer Lieferung von Gegenständen die Menge und die handelsübliche Bezeichnung des gelieferten Gegenstandes in die Rechnung aufgenommen werden muss, bei einer sonstigen Leistung die Art und der Umfang der sonstigen Leistung genau beschrieben sein muss. Diese Angaben sind zum einen deshalb erforderlich, um die Richtigkeit der ausgestellten Rechnung überprüfen zu können (z. B. bezüglich der Steuerpflicht der erbrachten Leistung oder des angewendeten Steuersatzes für die erbrachte Leistung). Zum anderen erleichtert es dem Leistungsempfänger, den Nachweis über die Zuordnung der erhaltenen Leistung zu seinem Unternehmen zu dokumentieren.

Ausreichend im Sinne der Vorschrift sind auch handelsübliche Sammelbezeichnungen, wenn sie die Bestimmung des anzuwendenden Steuersatzes eindeutig ermöglichen. So können z. B. die Angaben Büromöbel, Schnittblumen, Tabakwaren etc. als ausreichende Sammelbezeichnungen im Geschäftsverkehr angesehen werden. Nicht ausreichend sind Angaben allgemeiner Art, die Gruppen verschiedenartiger Gegenstände umfassen können, wie z. B. Geschenkartikel. Abkürzungen, Zahlen oder Symbole dürfen verwendet werden, wenn ihre Bedeutung allgemein bekannt ist. Auch Hinweise auf Vorschriften einer festgelegten Gebührenordnung (z. B. beim Rechtsanwalt, Steuerberater oder Arzt) können als ausreichende Leistungsbezeichnung angesehen werden.

ACHTUNG!

Der BFH hat jedoch entschieden, dass – insbesondere bei hochpreisigen Waren (z. B. Goldschmuck) – die Art der Gegenstände eindeutig bezeichnet sein muss. Die Sammelbezeichnung „Goldschmuck" ist zu allgemein, so dass eine solche Rechnung nicht ordnungsgemäß ist.

Für die Mengenangaben ist auf die im Wirtschaftsverkehr allgemein üblichen Mengen- und Größenangaben Bezug zu nehmen. So können Angaben über Menge, Größe oder Gewicht ausreichende Mengenangaben darstellen. Die handelsübliche Bezeichnung eines gelieferten Gegenstandes ist gewahrt, wenn er nach Art, Marke oder Stück eindeutig identifizierbar ist (Beispiel: Computer, Hersteller, Artikelnummer). Soweit es im Geschäftsverkehr üblich ist, sind auch Angaben nur der Art nach als ausreichende Rechnungsinhalte anzuerkennen (Beispiel: Gartenmöbel).

Eine falsche Leistungsbeschreibung führt aber grundsätzlich zu einer nicht ordnungsgemäßen Rechnung und damit zu einem Ausschluss vom Vorsteuerabzug beim Leistungsempfänger. So ist ein Vorsteuerabzug unberechtigt, wenn in einer Rechnung über „Bauleistungen" abgerechnet wird, obwohl Baumaterial geliefert worden ist (Beschluss des BFH v. 14. 10. 2002, V B 9/02).

2.6 Zeitpunkt der Leistung

Nach § 14 Abs. 4 Satz 1 Nr. 6 UStG muss der Unternehmer in seiner Rechnung auch den Zeitpunkt angeben, zu dem er den Umsatz erbracht hat. Dies muss nicht zwingend mit dem Datum der Rechnungserstellung übereinstimmen. Die Angabe über den Zeitpunkt der Leistungserbringung ist zum einen deshalb wichtig, weil anhand dieser Angabe der Zeitpunkt der Steuerentstehung bei dem leistenden Unternehmer überprüft werden kann. Zum anderen ist der Zeitpunkt der Leistungserbringung auch für die inhaltliche Überprüfung der Rechnung von Bedeutung, da die Umsatzsteuer der Höhe nach immer nach den Vorschriften zum Zeitpunkt der Leistungserbringung entsteht.

Dieses kann insbesondere bei einem Steuersatzwechsel wie auch bei anderen Rechtsänderungen von Bedeutung sein.

WICHTIG!

Zu beachten ist aber für den Leistungsempfänger, dass der Vorsteuerabzug nach § 15 Abs. 1 Satz 1 Nr. 1 UStG erst dann möglich ist, wenn er eine ordnungsgemäße Rechnung nach § 14 UStG vorzuliegen hat. Der Zeitpunkt der Leistungserbringung ist somit nicht das allein entscheidende Kriterium für den Vorsteuerabzug.

Der Zeitpunkt der Leistungserbringung sollte so exakt wie möglich, also nach Tag, Monat und Jahr, angegeben werden. Nach § 31 Abs. 4 UStDV ist es jedoch weiterhin ausreichend, wenn der Kalendermonat der Leistungserbringung angegeben wird.

Auch über eine noch nicht erbrachte Leistung ist mittels einer Rechnung nach § 14 UStG abzurechnen, wenn ein Entgelt oder ein Teilentgelt vereinnahmt wird (Vorausrechnung oder Anzahlungsrechnung). In diesem Fall ist der Zeitpunkt der Vereinnahmung in der Rechnung mit anzugeben. Steht dieser noch nicht fest, sollte in der Rechnung jedoch angegeben werden, dass es sich dabei um eine Voraus- oder Anzahlungsrechnung handelt. Dies kann z. B. dadurch geschehen, dass die Angabe des voraussichtlichen Zeitpunkts der Leistungserbringung angegeben wird. Vgl. dazu auch → *Anzahlungen*.

2.7 Entgelt für die Leistung

In der Rechnung ist das Entgelt aufzunehmen, das der Leistungsempfänger für die erhaltene Leistung aufwenden muss. Dies stellt in der Regel den Nettobetrag – also ohne enthaltene Umsatzsteuer – dar. Wird in der Rechnung ein Bruttopreis angegeben, so muss aus diesem die Umsatzsteuer herausgerechnet werden. Regelmäßig ist der vereinbarte Preis ein Bruttobetrag, sofern nicht ausdrücklich die Zahlung von Umsatzsteuer vertraglich zusätzlich vereinbart worden ist.

Früher war es für die Ordnungsmäßigkeit einer Rechnung nach § 14 UStG ausreichend, wenn der Steuerbetrag auf den Nettobetrag heraufgerechnet wurde oder in der Rechnung nur der Bruttobetrag und die darin enthaltene Umsatzsteuer gesondert angegeben wurde. Nach der Rechtsprechung des Bundesfinanzhofes ist es aber zwingend erforderlich, dass der Nettobetrag für die erbrachte Leistung zuzüglich des gesonderten Umsatzsteuerbetrages ausgewiesen werden muss.

WICHTIG!

Die Finanzverwaltung wendet diese Rechtsprechung über die gesonderte Angabe des Nettobetrages für alle Rechnungen an, die seit dem 1.1.2002 ausgestellt werden.

Werden in einer Rechnung mehrere verschiedene Leistungen abgerechnet, so ist eine Zusammenfassung der einzelnen Leistungen zulässig, soweit sie dem gleichen Steuersatz unterliegen. Werden hingegen in einer Rechnung verschiedene Lieferungen oder sonstige Leistungen abgerechnet, die verschiedenen Steuersätzen unterliegen, so sind die Entgelte und die Steuerbeträge jeweils nach Steuersätzen zu trennen, § 14 Abs. 4 Satz 1 Nr. 7 UStG und § 32 UStDV. Im Falle einer maschinellen Rechnungserstellung ist der Ausweis des Steuerbetrages in einer Summe zulässig, wenn für die einzelnen Posten der Rechnung der Steuersatz angegeben wird.

In den Rechnungen muss neben dem Entgelt auch der Steuersatz mit angegeben werden. Darüber hinaus muss bei im Voraus vereinbarten Entgeltsminderungen (z. B. Skonti oder Boni) in der Rechnung ein Hinweis auf diese Vereinbarung enthalten sein. Steht die Entgeltsminderung bei Ausstellung der Rechnung der Höhe nach noch nicht fest, so ist in der Rechnung zumindest auf die Vereinbarung hinzuweisen.

Zur Abrechnung von Nebenleistungen vgl. → *Nebenleistungen*.

2.8 Angabe von Steursatz, Steuerbetrag oder Steuerbefreiung

In der Rechnung muss neben dem Steuersatz auch der Steuerbetrag gesondert ausgewiesen sein. Die Angabe nur des Steuersatzes oder nur des Steuerbetrages reicht nicht aus.

Die gesondert ausgewiesene Umsatzsteuer ist Grundlage für die Vorsteuerabzugsberechtigung nach § 15 Abs. 1 Satz 1 Nr. 1 UStG für den Leistungsempfänger. Nur durch diesen Steuerausweis kann der als Vorsteuer abziehbare Betrag für den Leistungsempfänger nachgewiesen werden. Für den leistenden Unternehmer hängt dagegen die Entstehung der Steuerschuld nicht von der ausgewiesenen Umsatzsteuer ab. Auch in den Fällen, in denen der Unternehmer keine Rechnung für seine erbrachte Leistung ausstellt oder eine Rechnung ohne gesonderten Steuerausweis oder mit einer zu niedrig ausgewiesenen Umsatzsteuer ausstellt, entsteht bei ihm die Umsatzsteuer nach den allgemeinen Grundsätzen nach erbrachter Leistung und dem für die Leistung erhaltenen Entgelt.

In der Rechnung ist auch ein Hinweis auf eine eventuell einschlägige Steuerbefreiung aufzunehmen. Dabei ist es ausreichend, wenn die Steuerbefreiung umgangssprachlich beschrieben wird (z. B. steuerfreie Ausfuhrlieferung). Eine entsprechende gesetzliche Vorschrift des Umsatzsteuergesetzes oder der 6. EG-Richtlinie muss nicht enthalten sein.

2.9 Fehlende Angaben in einer Rechnung

Soweit der leistende Unternehmer keine Rechnung ausstellen sollte oder einzelne Bestandteile für eine ordnungsgemäße Rechnung nicht mit in der Rechnung aufführt, ergibt sich für den leistenden Unternehmer aus umsatzsteuerlicher Sicht keine Folgerung. Er schuldet die Umsatzsteuer immer nach den Vorschriften, die zum Zeitpunkt der Leistungserbringung anzuwenden waren. Für den Leistungsempfänger wird sich aber in diesen Fällen kein Vorsteuerabzug ergeben, da es insoweit an einer ordnungsgemäßen Rechnung mangelt. Damit hat der Leistungsempfänger einen zivilrechtlichen Anspruch auf Ausstellung einer ordnungsgemäßen Rechnung, gegebenenfalls einen Schadensersatzanspruch.

Enthält eine Rechnung einen Fehler oder ist sie nicht vollständig, so kann der Rechnungsaussteller diese Rechnung berichtigen – diese schon früher vorhandene Möglichkeit ist seit dem 1.1.2004 auch ausdrücklich in § 31 Abs. 5 UStDV aufgenommen worden. In der Berichtigung können nur die fehlerhaften oder fehlenden Bestandteile berichtigt oder ergänzt werden. Allerdings muss in der Berichtigung ein eindeutiger Hinweis auf die zu berichtigende Rechnung erfolgen (z. B. unter Hinweis auf die einmalige Rechnungsnummer). Ansonsten müssen die Berichtigungen – auch bei elektronischen Rechnungen – alle Voraussetzungen für Rechnung erfüllen.

3. Zusätzliche Anforderungen in bestimmten Fällen

Bei bestimmten Leistungen – insbesondere im Umsatzsteuer-Binnenmarkt – muss der Unternehmer über die allgemeinen Anforderungen des § 14 Abs. 4 UStG hinaus noch weitere Angaben und Hinweise in seiner Rechnung mit aufnehmen, § 14a UStG.

- Erbringt der leistende Unternehmer eine sonstige Leistung, deren Ort in das Inland verlagert wird, weil der Leistungsempfänger eine USt-IDNr. aus dem Inland verwendet hat, ist der leistende Unternehmer verpflichtet, eine Rechnung auszustellen, in der sowohl die USt-IDNr. des leistenden Unternehmers wie die des Leistungsempfängers mit angegeben ist, § 14a Abs. 1 UStG.
- Führt der Unternehmer Lieferungen aus, deren Ort sich nach § 3c UStG im Inland befindet (Ort der Lieferung ist in diesen Fällen dort, wo sich der Gegenstand am Ende der Beförderung oder Versendung befindet – insbesondere in Fällen des Versandhandels zwischen zwei Mitgliedstaaten an Nichtunternehmer), so hat der leistende Unternehmer zwingend eine Rechnung auszustellen, § 14a Abs. 2 UStG.
- Erbringt der Unternehmer steuerfreie innergemeinschaftliche Lieferungen nach § 6a UStG im Umsatzsteuer-Binnenmarkt, hat er in der Rechnung seine USt-IDNr. sowie die USt-IDNr. des Leistungsempfängers mit aufzunehmen, § 14a Abs. 3 UStG.
- Bei einer Lieferung eines neuen Fahrzeugs nach § 1b Abs. 2 und Abs. 3 UStG müssen in der Rechnung die relevanten Merkmale für das neue Fahrzeug mit enthalten sein; § 14a Abs. 4 UStG.
- Bei einer Leistung, für die nicht der leistende Unternehmer Steuerschuldner ist, sondern der Leistungsempfänger zum Steuerschuldner wird (vgl. → *Steuerschuldnerverfahren*). In diesen Fällen hat der leistende Unternehmer nach § 14a Abs. 5 UStG eine Rechnung auszustellen und in der Rechnung auf den Übergang der Steuerschuldnerschaft nach § 13b UStG hinzuweisen. Eine Umsatzsteuer darf für diese Leistungen nicht gesondert ausgewiesen werden.

- Erbringt der Unternehmer eine Leistung, die der Besteuerung nach § 25 UStG (Reiseleistungen) oder nach § 25a UStG (Differenzbesteuerung) unterliegt, hat er in seiner Rechnung auf diese Sonderform der Besteuerung hinzuweisen. Umsatzsteuer darf er in der Rechnung nicht ausweisen, § 14a Abs. 6 UStG.
- Ist der Unternehmer ein mittlerer Unternehmer in einem innergemeinschaftlichen Reihengeschäft nach § 25b UStG, so hat er auf das Vorliegen des innergemeinschaftlichen Reihengeschäfts hinzuweisen und die USt-IDNr. des Leistungsempfängers und seine eigene USt-IDNr. mit aufzunehmen. Auch hier darf eine Steuer in der Rechnung nicht ausgewiesen werden, § 14a Abs. 7 UStG.

4. Elektronisch übermittelte Rechnungen

In der Praxis ist in den vergangenen Jahren zunehmend dazu übergegangen worden, Rechnungen auch auf papierlosem Weg zu erstellen. Die Anerkennung als Rechnung im Sinne des § 14 UStG hängt jeweils von der Form der Übertragung der Abrechnungsdaten ab. Voraussetzung ist immer, dass der Empfänger dieser Form der Abrechnung zustimmt.

Die notwendige Zustimmung des Empfängers zur Abrechnung durch elektronische Rechnung bedarf dabei keiner besonderen Form. Die Zustimmung kann auch nachträglich erklärt werden. Es genügt auch, dass die Beteiligten diese Verfahrensweise tatsächlich praktizieren und damit stillschweigend billigen.

Nach § 14 abs. 3 UStG sind bei elektronischer Übermittlung der Rechnung die Echtheit der Herkunft und die Unversehrtheit des Inhalts zu gewährleisten. Dies kann auf zwei Arten erfolgen:

- mit qualifizierter elektronischer Signatur oder mit qualifizierter elektronischer Signatur mit Anbieterakkreditierung (§ 14 Abs. 3 Nr. 1 UStG) oder
- im EDI-Verfahren (Elektronic Data Interchange) mit einer zusätzlichen zusammenfassenden Rechnung in Papierform oder in elektronischer Form, wenn diese zusammenfassende Rechnung mit einer qualifizierten elektronischen Signatur versehen wurde (§ 14 Abs. Nr. 2 UStG).

Der Aufbau und der Ablauf des bei der Übermittlung einer elektronischen Rechnung angewandten Verfahrens müssen für die Finanzbehörden innerhalb angemessener Frist nachprüfbar sein (§ 145 AO). Dies setzt eine Dokumentation voraus, dass das Verfahren den Anforderungen der Grundsätze ordnungsgemäßer DV-gestützter Buchführungssysteme genügt.

Neben den elektronischen Rechnungen im engeren Sinne, sind auch die per Telefax und per E-Mail übermittelten Rechnungen als elektronische Rechnungen anzusehen.

Rechnungen, die per Telefax übertragen werden, werden von der Finanzverwaltung nur dann anerkannt, wenn die Übertragung von einem Standardgerät an ein anderes Standardgerät erfolgt. Sowohl der Rechnungsaussteller wie auch der Rechnungsempfänger haben den Papierausdruck aufzubewahren.

WICHTIG!

Zu beachten ist in diesem Fall jedoch, dass teilweise Telefaxstandgeräte mit speziellem Papier (Thermopapier) betrieben werden, welches durch Zeitablauf oder äußere Einwirkungen seine Eigenschaft so verändert, dass die Rechnung später nicht mehr ordnungsgemäß lesbar ist.

Grundsätzlich ist jedoch der den Vorsteuerabzug beanspruchende Unternehmer verpflichtet, bis zum Ablauf der → *Aufbewahrungsfrist* die Lesbarkeit der Rechnung sicherzustellen. Damit muss der den Vorsteuerabzug begehrende Unternehmer sicherstellen, dass die Daten bis zum Ablauf der Aufbewahrungsfristen lesbar sind.

TIPP!

Als geeigneter Nachweis kann hier eine angefertigte Kopie angesehen werden, die zusammen mit dem Original der Telefaxrechnung aufbewahrt wird.

Ist zumindest auf einer Seite ein Computerfax oder ein Faxserver beteiligt, wird die Rechnung nur anerkannt, wenn eine qualifizierte elektronische Signatur vorliegt – dies dürfte in der Praxis kaum gegeben sein. Entsprechendes gilt auch für per E-Mail übertragene Rechnungen.

Online-Fahrausweise (z.B. der Bahn AG) erkennt die Finanzverwaltung unter den folgenden Bedingungen an: Es ist für den Vorsteuerabzug nicht zu beanstanden, wenn die Rechnung im Online-Verfahren abgerufen wird und durch das Verfahren sichergestellt ist, dass eine Belastung auf einem Kunden- oder Kreditkonto erfolgt. Der Rechnungsempfänger hat zusätzlich einen Papierausdruck des abgerufenen Dokuments aufzubewahren.

5. Abrechnungen innerhalb eines Unternehmens

Der Unternehmensbegriff ist nach § 2 Abs. 1 Satz 2 UStG umfassend. Alle unternehmerischen Aktivitäten eines Unternehmens werden zu einem einheitlichen Unternehmen zusammengefasst. Damit werden ertragsteuerlich getrennt zu behandelnde Tätigkeiten, die zu unterschiedlichen Einkunftsarten gehören, im Umsatzsteuerrecht als eine Einheit angesehen (vgl. → *Unternehmenseinheit*).

Soweit der Unternehmer zwischen verschiedenen Teilen seines Unternehmens Abrechnungen erstellt, in denen er die Umsatzsteuer gesondert ausweist, werden diese Abrechnungen nicht als Rechnungen im Sinne des § 14 UStG angesehen. Gleiches gilt auch für Abrechnungen innerhalb eines Organkreises, der umsatzsteuerrechtlich auch als ein einheitliches Unternehmen behandelt wird.

Reihengeschäft

Reihengeschäft auf einen Blick

1. Rechtsquellen
   § 3 Abs. 6 Satz 5 und Satz 6 und § 3 Abs. 7 Satz 2 UStG
   Abschn. 31a UStR 2000
2. Bedeutung
   Bei einem Reihengeschäft schließen mehrere Unternehmer über denselben Gegenstand Umsatzgeschäfte ab, während der Gegenstand unmittelbar vom ersten Unternehmer zum letzten Abnehmer gelangt.
3. Weitere Stichworte
   → *Ausfuhrlieferung*, → *innergemeinschaftliche Lieferung*, → *innergemeinschaftliches Dreiecksgeschäft*

1. Allgemeines

Bei einem Reihengeschäft schließen mehrere Unternehmer (mindestens zwei Unternehmer) Umsatzgeschäfte über einen Gegenstand ab, der Gegenstand wird aber von einem der am Reihengeschäft beteiligten Personen unmittelbar vom ersten Unternehmer in der Reihe zum letzten Unternehmer in der Reihe befördert oder versendet. Bei einem solchen Reihengeschäft liegen jeweils separat zu beurteilende Lieferungen der einzelnen Unternehmer in der Reihe vor. Die umsatzsteuerlichen Lieferungen folgen dem Rechnungslauf.

Beispiel 1:

Der Abnehmer A aus Berlin bestellt bei dem Unternehmer U2 in Potsdam eine Ware, die dieser nicht vorrätig hat. U2 bestellt die Ware bei seinem Großhändler U1 in Hamburg mit der Bitte, die Ware unmittelbar zu dem Abnehmer A nach Berlin zu transportieren. Es liegen zwei eigenständig zu beurteilende Lieferungen zum einen zwischen U1 aus Hamburg und U2 aus Potsdam und zum anderen zwischen U2 aus Potsdam und dem Abnehmer aus Berlin vor.

Das Reihengeschäft setzt voraus, dass die Beförderung oder Versendung des Gegenstandes nur von einem an dem Reihengeschäft Beteiligten durchgeführt wird. Bei einer Warenbewegung, die von mehreren an dem Reihengeschäft beteiligten Personen durchgeführt wird (sog. gebrochene Beförderungen oder Versendungen), liegt kein Reihengeschäft vor.

Beispiel 2:

Der Abnehmer A aus Berlin bestellt bei dem Unternehmer U2 in Potsdam eine Ware, die dieser nicht vorrätig hat. U2 bestellt die Ware bei seinem Großhändler U1 in Hamburg. Die Ware wird zuerst von U1 zu U2 nach Potsdam befördert, von dort wird die Ware vom Abnehmer A abgeholt. Es liegt kein Reihengeschäft vor, da zwei an dem Reihengeschäft Beteiligte den Gegenstand befördert haben.

2. Ort der Lieferung

Von besonderer Bedeutung ist beim Reihengeschäft die Bestimmung des Ortes der Lieferung. Bei einem Reihengeschäft liegt immer nur eine Lieferung vor, deren Ort sich nach § 3 Abs. 6 UStG (sog. bewegte Lieferung) bestimmt. Alle anderen Lieferungen bei einem Reihengeschäft bestimmen sich nach § 3 Abs. 7 Satz 2 UStG (sog. ruhende Lieferungen). Abhängig davon, welche der am Reihengeschäft beteiligten Personen den Gegenstand befördert oder versendet, ist die Zuordnung der bewegten Lieferung vorzunehmen. Die Möglichkeiten verdeutlicht die folgende Übersicht:

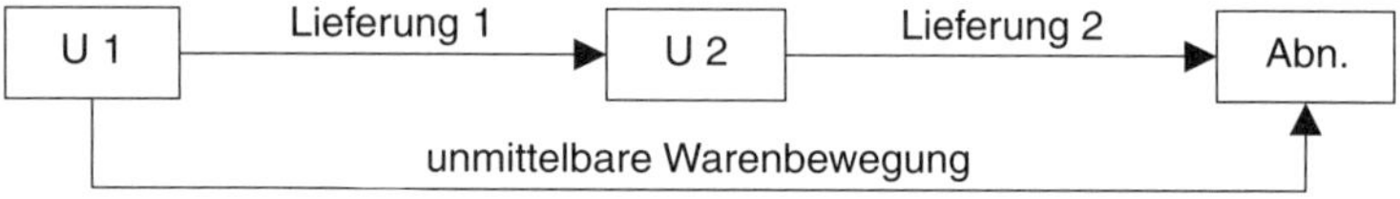

	U 1 befördert/ versendet	**U 2 befördert/ versendet**	**Abn. befördert/ versendet**
Lieferung 1 (U 1 an U 2)	§ 3 Abs. 6 UStG: bewegte Lieferung, Ort dort, wo Warenbewegung beginnt.	§ 3 Abs. 6 Satz 6 UStG widerlegbare Vermutung: bewegte Lieferung, Ort dort, wo Warenbewegung beginnt.	§ 3 Abs. 7 Satz 2 Nr. 1 UStG: ruhende Lieferung, Ort dort, wo Warenbewegung beginnt.
Lieferung 2 (U 2 an Abn.)	§ 3 Abs. 7 Satz 2 Nr. 2 UStG: ruhende Lieferung, Ort dort, wo Warenbewegung endet.	§ 3 Abs. 7 Satz 2 Nr. 2 UStG: ruhende Lieferung, Ort dort, wo Warenbewegung endet, soweit Vermutung nach § 3 Abs. 6 Satz 6 UStG nicht widerlegt.	§ 3 Abs. 6 UStG: bewegte Lieferung, Ort dort, wo Warenbewegung beginnt.

Wenn der erste Unternehmer in der Reihe den Gegenstand selber befördert oder versendet, ist die von ihm ausgeführte Lieferung immer die bewegte Lieferung, deren Ort sich nach § 3 Abs. 6 UStG mit dem Ort bestimmt, an dem die Warenbewegung beginnt bzw. wo der Gegenstand dem beauftragten Dritten übergeben wird. Alle anderen, danach folgenden Lieferungen sind nach § 3 Abs. 7 Satz 2 Nr. 2 UStG dort ausgeführt, wo sich der Gegenstand am Ende der Warenbewegung befindet.

Wenn der letzte Abnehmer in der Reihe den Gegenstand selber befördert oder versendet, ist die an ihn ausgeführte Lieferung immer die Lieferung, deren Ort sich nach § 3

Abs. 6 UStG mit dem Ort bestimmt, an dem die Warenbewegung beginnt bzw. wo der Gegenstand dem beauftragten Dritten übergeben wird. Alle anderen, davor ausgeführten Lieferungen sind nach § 3 Abs. 7 Satz 2 Nr. 1 UStG ebenfalls dort ausgeführt, wo sich der Gegenstand am Beginn der Warenbewegung befindet.

Wenn ein am Reihengeschäft beteiligter Unternehmer den Gegenstand befördert oder versendet, der nicht der erste Unternehmer in der Reihe oder der letzte Abnehmer in der Reihe ist, so ist nach der widerlegbaren Vermutung des § 3 Abs. 6 Satz 6 UStG die an ihn ausgeführte Lieferung die bewegte Lieferung, deren Ort sich nach § 3 Abs. 6 Satz 1 UStG bestimmt. Seine Lieferung stellt dann eine ruhende Lieferung nach § 3 Abs. 7 Satz 2 Nr. 2 UStG dar, die dort ausgeführt ist, wo die Warenbewegung endet. Allerdings kann er diese Vermutung nach § 3 Abs. 6 Satz 6 UStG auch widerlegen, wenn er nachweist, dass er den Gegenstand in seiner Eigenschaft als Lieferer befördert oder versendet hat. Diese Widerlegung stellt sich aber nur dann für den deutschen Unternehmer in der Praxis als sinnvoll dar, wenn es sich um ein Reihengeschäft handelt, bei dem sich der Gegenstand am Ende in einem anderen Mitgliedstaat befindet, da ansonsten der Ort für ihn in dem anderen Mitgliedstaat liegen würde und er sich damit in diesem Staat der Besteuerung unterwerfen müsste.

Beispiel 3:

Der Unternehmer A aus Paris (FR) bestellt bei dem Unternehmer U2 in Potsdam eine Ware, die dieser nicht vorrätig hat. U2 bestellt die Ware bei seinem Großhändler U1 in Hannover. Da U1 derzeit keine Transportkapazitäten frei hat, wird die Ware mit einem Lieferfahrzeug des U2 in Hannover abgeholt und unmittelbar zu dem Abnehmer in Paris befördert. Nach der widerlegbaren Vermutung wäre der Ort der Lieferung für den Unternehmer U2 in Paris. Damit müsste er sich in Frankreich der Besteuerung unterwerfen bzw. einen Fiskalvertreter in Frankreich bestellen. Um dieser Rechtsfolge zu entgehen, kann die Vermutung widerlegt werden mit der Wirkung, dass die von ihm ausgeführte Lieferung als die bewegte Lieferung nach § 3 Abs. 6 UStG gilt, die in Deutschland (dort, wo die Warenbewegung beginnt = Hannover) ausgeführt wird. Somit erbringt U2 eine in Deutschland steuerbare, aber – soweit die Voraussetzungen des § 6a Abs. 1 UStG erfüllt sind – steuerfreie innergemeinschaftliche Lieferung.

Die Vermutung des § 3 Abs. 6 Satz 6 UStG kann von dem Unternehmer, der weder der Erste noch der Letzte in der Reihe ist, unter folgenden Voraussetzungen widerlegt werden:

- Verwendung der USt-IDNr. des Landes, in dem die Warenbewegung beginnt, und
- Übernahme der Kosten und der Gefahren des Transportes (in der Regel Nachweis durch die Incoterms [handelsübliche Lieferkonditionen]).

WICHTIG!

Eine Steuerbefreiung als → *Ausfuhrlieferung* oder als → *innergemeinschaftliche Lieferung* kann nur für die Lieferung infrage kommen, die als bewegte Lieferung nach § 3 Abs. 6 UStG eingestuft worden ist. Bei einer ruhenden Lieferung kann eine solche Steuerbefreiung nie in Betracht kommen.

Wenn an einem Reihengeschäft drei Unternehmer beteiligt sind, die aus drei verschiedenen Mitgliedstaaten der Gemeinschaft kommen, kann ein → *innergemeinschaftliches Dreiecksgeschäft* vorliegen, für das die Sonderregelungen des § 25b UStG einschlägig sind.

Reisekosten

Reisekosten auf einen Blick

1. **Rechtsquellen**

   § 15 Abs. 1 UStG

2. **Bedeutung**

   Reisekosten des Unternehmers sowie seines Personals stellen grundsätzlich Leistungsbezüge für das Unternehmen des Unternehmers dar. Die zum 1.4.1999 eingeführten Beschränkungen bei der Abzugsfähigkeit der Vorsteuer aus Reisekosten wurde schon frühzeitig vom BFH als nicht mit dem Gemeinschaftsrecht vereinbar verworfen. Durch das Steueränderungsgesetz 2003 ist nun zum 1.1.2004 die Beschränkung des Vorsteuerabzugs nach § 15 Abs. 1a Nr. 2 UStG a.F. ersatzlos gestrichen worden.

3. **Weitere Stichworte**

   → ***Vorsteuerabzug***

1. Allgemeines

Reisekosten, die ein Unternehmer aus unternehmerischen Gründen aufwendet, können grundsätzlich nach § 15 Abs. 1 UStG der unternehmerischen Sphäre zugeordnet werden. Die Beschränkung des Vorsteuerabzugs aus Reisekosten, die zum 1.4.1999 gesetzlich eingeführt wurde, ist schon in 2000 vom BFH als nicht mit dem Gemeinschaftsrecht vereinbar abgelehnt worden. Die Finanzverwaltung hatte diese Grundsätze aus der Rechtsprechung des BFH im Besteuerungsverfahren umgesetzt. Zum 1.1.2004 ist nun § 15 Abs. 1a Nr. 2 UStG auch formal aufgehoben worden. Reisekosten sind damit in die folgenden Kategorien zu unterteilen:

- Reisekosten, die aus direkt an den Unternehmer erbrachten Leistungen resultieren,
- Reisekosten, die aus den Arbeitnehmern gegenüber erbrachten Leistungen resultieren,
- Reisekosten, die aus angesetzten oder erstatteten Pauschalbeträgen entstehen.

Die Vorsteuerabzugsberechtigung kann demnach grundsätzlich wie folgt abgegrenzt werden:

zum Vorsteuerabzug zugelassene Reisekosten	**nicht zum Vorsteuerabzug zugelassene Reisekosten**
Nachgewiesene Übernachtungskosten des Unternehmers oder seines Personals, bei denen der Unternehmer als Leistungsempfänger anzusehen ist.	Nachgewiesene Übernachtungskosten des Personals eines Unternehmers, bei denen der Arbeitnehmer als Leistungsempfänger anzusehen ist.
	Erstattete Übernachtungspauschalen.
Durch Rechnungen nachgewiesene Verpflegungsaufwendungen des Unternehmers und für Arbeitnehmer, soweit der Unternehmer die Leistung bestellt hat.	Verpflegungsmehraufwendungen des Unternehmers oder seines Personals, soweit die Erstattung pauschal erfolgt.
Aufwendungen für Mietfahrzeuge und für Firmenfahrzeuge die durch auf das Unternehmen ausgestellte Rechnungen nachgewiesen sind.	Kilometerpauschalen für nicht dem Unternehmensvermögen zugeordnete Fahrzeuge sowie Kilometerpauschalen für Fahrzeuge des Personals.

2. Vorsteuerbeträge aus Reisekosten, die an den Unternehmer erbracht werden

Vorsteuerbeträge, die der Unternehmer für Reisekosten seines Unternehmens aufwendet, sind grundsätzlich nach § 15 Abs. 1 Satz 1 Nr. 1 UStG abzugsfähig. Voraussetzung ist, dass der Unternehmer eine Leistung (Lieferung oder sonstige Leistung) von einem anderen Unternehmer für sein Unternehmen erhält und er eine ordnungsgemäße Rechnung auf den Namen seines Unternehmens vorweisen kann.

Voraussetzung für den Vorsteuerabzug ist aber, dass die Leistung direkt an den Unternehmer erbracht wird. Dieses wird im Regelfall durch die auf den Unternehmer ausgestellte Rechnung nachgewiesen. Unerheblich ist in diesem Fall, ob der Unternehmer selber die Leistung in Anspruch nimmt oder ob Arbeitnehmer des Unternehmers Nutzer der Leistung sind.

Beispiel 1:

Der Wirtschaftsprüfer W bucht für sich und den ihn begleitenden Mitarbeiter M Hotelzimmer für Übernachtungen, die während einer Prüfungshandlung bei einer auswärtigen Betriebsstätte eines Mandanten notwendig sind. Die Leistungen sind an den Unternehmer W erbracht und berechtigen zum Vorsteuerabzug nach § 15 Abs. 1 Satz 1 Nr. 1 UStG.

WICHTIG!

Der Vorsteuerabzug aus Reisekosten setzt immer eine ordnungsgemäße Rechnung voraus, die auf den Unternehmer ausgestellt sein muss. Bei Beträgen bis zu 100 EUR reicht eine Rechnung aus, in der der Leistungsempfänger nicht genannt werden muss (→ *Kleinbetragsrechnung*).

Die Vorsteuerabzugsberechtigung erstreckt sich sowohl auf Übernachtungskosten des Unternehmers wie auch auf Verpflegungsaufwendungen des Unternehmers. Soweit Verpflegungsmehraufwendungen für den Unternehmer anfallen, sind die darin enthaltenen Vorsteuerbeträge uneingeschränkt abzugsfähig.

ACHTUNG!

Ein Vorsteuerabzug aus Verpflegungspauschalen ist grundsätzlich nicht möglich.

Beispiel 2:

Der Unternehmer hat durch Rechnungen nachgewiesene Verpflegungsmehraufwendungen in Höhe von 58 EUR inklusive Umsatzsteuer von 8 EUR. Die Dienstreise dauerte 16 Stunden. Nach § 4 Abs. 5 Satz 1 Nr. 5 EStG können höchstens 12 EUR bei einer Dienstreise von mindestens 14 Stunden angesetzt werden. Der Unternehmer kann trotzdem den Vorsteuerabzug in Höhe von 8 EUR vornehmen.

TIPP!

Der Unternehmer sollte aus diesem Grunde auch dann die Rechnungen (Kleinbetragsrechnungen) aufbewahren, wenn die Verpflegungspauschale höher ist, da ein Vorsteuerabzug nur aus den tatsächlichen Verpflegungsaufwendungen vorzunehmen ist.

Wenn der Unternehmer im Rahmen einer Dienstreise einen Pkw benutzt, der nicht zu seinem Unternehmensvermögen gehört, kann er für die ertragsteuerliche Gewinnermittlung pro gefahrenen Kilometer Pauschalbeträge als Betriebsausgaben ansetzen. Eine Vorsteuerabzugsberechtigung ergibt sich für ihn in diesem Zusammenhang aber nicht, er kann lediglich für bestimmte, eindeutig der unternehmerischen Verwendung zuzuordnenden Kosten einen Vorsteuerabzug aus Einzelrechnungen (z. B. aus Benzinrechnungen einer längeren Dienstreise oder aus Unfallkosten, die einer Dienstreise zuzuordnen sind) vornehmen.

3. Vorsteuerabzug aus Reisekosten, die an den Arbeitnehmer erbracht werden

Der Vorsteuerabzug nach § 15 Abs. 1 Satz 1 Nr. 1 UStG setzt voraus, dass der Unternehmer von einem anderen Unternehmer eine Leistung erhalten muss. Liegt ein solches Leistungsaustauschverhältnis zwischen zwei Unternehmern nicht vor, kann der Unternehmer grundsätzlich keine Vorsteuer geltend machen. Aus diesem Grund ist eine Vorsteuerabzugsberechtigung in den Fällen ausgeschlossen, in denen die Übernachtungsleistung oder die Verpflegungsleistung – nachgewiesen durch entsprechende, auf den Arbeitnehmer ausgestellte Rechnungen – nicht dem Unternehmer, sondern dem Arbeitnehmer gegenüber erbracht worden sind.

In Ermangelung einer an ihn ausgeführten Leistung wie auch in Ermangelung einer auf ihn ausgestellten Rechnung kann der Unternehmer keinen Vorsteuerabzug aus Leistungen in Anspruch nehmen, die der Arbeitnehmer erhalten hat, unabhängig davon, ob der Unternehmer seinem Arbeitnehmer die entstandenen Kosten erstattet.

Wenn die Leistung aber – nachgewiesen durch eine auf den Unternehmer ausgestellte Rechnung – an den Unternehmer erbracht wird, ist ein Vorsteuerabzug auch dann möglich, wenn die Leistung nicht von dem Unternehmer persönlich, sondern von dem Arbeitnehmer genutzt wird.

TIPP!

Es sollte insbesondere bei Übernachtungskosten darauf geachtet werden, dass für die reisenden Arbeitnehmer die Hotelzimmer im Namen des Arbeitgebers gebucht werden und eine auf den Unternehmer ausgestellte Rechnung erstellt wird oder eine Kleinbetragsrechnung vorliegt.

Bei den Verpflegungsmehraufwendungen, die der Arbeitgeber seinem Personal aufgrund von Einzelbelegen erstattet, vertritt die Finanzverwaltung die Auffassung, dass ein Vorsteuerabzug in der Regel nicht möglich ist, da die Leistung nicht an den Unternehmer erbracht worden ist. Nur in den Fällen, in denen die Verpflegungsleistung anlässlich einer unternehmerisch bedingten Auswärtstätigkeit des Arbeitnehmers vom Arbeitgeber empfangen und in voller Höhe getragen worden ist, soll der Arbeitgeber daraus den Vorsteuerabzug in Anspruch nehmen können. Ein solcher Fall liegt aus der Sicht der Finanzverwaltung nur dann vor, wenn der Arbeitgeber auch der Besteller der Leistung ist.

Beispiel 3:

Der Montageunternehmer M bestellt für eine Montagegruppe seines Unternehmens bei einer Gastwirtschaft für eine auswärtige Montagearbeit neben der Unterbringung der Montagegruppe auch die Verpflegung. Da der Besteller der Leistung der Unternehmer ist, kann er aus der an ihn erbrachten Leistung den Vorsteuerabzug vornehmen.

4. Vorsteuerbeträge aus Pauschalbeträgen

Rechtlich unstrittig haben Unternehmer seit dem 1.4.1999 keinen Vorsteuerabzug mehr aus angesetzten Pauschalbeträgen, wie pauschale Verpflegungsmehraufwendungen, dem Personal pauschal erstattete Fahrtkosten oder bei dem Ansatz von Kilometerpauschalen für Fahrten des Unternehmers mit einem nicht zum Unternehmen gehörenden Fahrzeug.

WICHTIG!

Seit dem 1.4.1999 darf grundsätzlich keine Vorsteuer mehr aus pauschalierten Reisekosten gezogen werden, da hier naturgemäß keine Einzelrechnungen vorliegen können.

Rücklieferung

Rücklieferung auf einen Blick

1. Rechtsquellen

   Abschn. 1 Abs. 4 UStR 2000

2. Bedeutung

   Während die Rückgängigmachung einer Lieferung zu einer Änderung der früheren Bemessungsgrundlage führt, begründet die Rücklieferung einen neuen Leistungsaustausch.

3. Weitere Stichworte

   → *Änderung der Bemessungsgrundlage*

Eine Rücklieferung eines Gegenstandes begründet einen neuen, eigenständigen Umsatz, während die Rückgängigmachung (z. B. bei Rückgabe, Umtausch oder Ausübung des Eigentumsvorbehaltes) zu einer → *Änderung der Bemessungsgrundlage* führt und damit die ursprünglich geschuldete Umsatzsteuer entfällt. Damit kommt der Abgrenzung zwischen Rücklieferung und Rückgängigmachung eine erhebliche Bedeutung zu.

Eine Rückgängigmachung einer Lieferung ist anzunehmen, wenn der Leistungsempfänger das der Lieferung zugrunde liegende Umsatzgeschäft beseitigt oder sich auf dessen Unwirksamkeit beruft, die zuvor begründete Erwartung des Lieferers auf ein Entgelt dadurch entfällt und der Leistungsempfänger den empfangenen Gegenstand in Rückabwicklung des Umsatzgeschäftes zurückgibt. Dagegen ist eine Rücklieferung gegeben, wenn die Beteiligten ein neues Umsatzgeschäft eingehen wollen und der Leistungsempfänger dem ursprünglichen Lieferer die Verfügungsmacht an dem Gegenstand in Erwartung einer Gegenleistung überträgt.

Beispiel:

Der Computerhändler C hat vom Hersteller H Computer erworben und auf sein Lager genommen. Aufgrund des allgemeinen Preisverfalls kann der Händler die Computer nicht vollständig absetzen. Damit die Computer nicht verramscht werden, bietet der Hersteller dem Händler an, die Computer zum Einstandspreis zurückzunehmen. Es liegt eine Rücklieferung vor. Der Händler bewirkt gegenüber dem Hersteller eine steuerbare Lieferung.

Sachzuwendungen an das Personal

Sachzuwendungen an das Personal auf einen Blick

1. Rechtsquellen

   § 3 und § 10 UStG

   Abschn. 12 UStR 2000

2. Bedeutung

   Zuwendungen des Arbeitgebers an sein Personal können zu einer steuerbaren und steuerpflichtigen Leistung des Arbeitgebers an sein Personal führen. Eine Zuwendung kann aber auch, wenn sie aus überwiegendem Interesse des Arbeitgebers erfolgt, zu einem nicht steuerbaren Umsatz führen.

3. Weitere Stichworte

   → *Arbeitnehmer-Sammelbeförderung*, → *Aufmerksamkeit*, → *Bemessungsgrundlage*, → *Betriebsveranstaltung*, → *Dienstwagen*, → *Jobticket*

1. Allgemeines

Wenn ein Arbeitgeber gegenüber seinem Personal eine Lieferung oder eine sonstige Leistung erbringt, kann dies grundsätzlich im Rahmen der folgenden Umsätze erfolgen:

- Die Leistung des Arbeitgebers erfolgt ohne Gegenleistung durch den Arbeitnehmer, aber im überwiegenden betrieblichen Interesse des Arbeitgebers. Diese Leistung ist nicht steuerbar.
- Die Leistung des Arbeitgebers erfolgt ohne Gegenleistung durch den Arbeitnehmer, aber nicht im überwiegenden betrieblichen Interesse des Arbeitgebers, sondern für den privaten Bedarf des Arbeitnehmers. Diese Leistungen des Arbeitgebers führen zu steuerbaren und steuerpflichtigen Ausgangsleistungen bei dem Arbeitgeber.
- Die Leistung des Arbeitgebers erfolgt im Leistungsaustausch mit dem Arbeitnehmer. Die Gegenleistung des Arbeitnehmers kann entweder in einer Bezahlung oder in der Arbeitsleistung des Arbeitnehmers bestehen. Diese Leistungen des Arbeitgebers führen zu steuerbaren und steuerpflichtigen Ausgangsleistungen des Arbeitgebers.

2. Leistungen im überwiegenden Interesse des Arbeitgebers

Leistungen im überwiegenden Interesse des Arbeitgebers liegen dann vor, wenn diese Leistungen durch das betriebliche Interesse veranlasst sind. Diese Maßnahmen können auch die Befriedigung eines privaten Bedarfs des Arbeitnehmers zur Folge haben, diese Folge wird aber durch die mit den Maßnahmen angestrebten betrieblichen Zwecke überlagert.

Solche nicht steuerbaren Leistungen des Arbeitgebers sind insbesondere:

- Leistungen zur Verbesserung der Arbeitsbedingungen wie die Bereitstellung von Aufenthalts- und Erholungsräumen sowie von betriebseigenen Duschräumen, die grundsätzlich von allen Betriebsangehörigen genutzt werden können;
- Bereitstellung von Bade- und Sportanlagen, soweit darin kein geldwerter Vorteil zu sehen ist (z. B. bei Fußball- und Handballplätzen). Ein geldwerter Vorteil liegt jedoch bei Tennis- und Golfplätzen vor;
- betriebsärztliche Betreuung und Vorsorgeuntersuchungen, soweit sie im Interesse des Arbeitgebers liegen;
- betriebliche Fort- und Weiterbildungsmaßnahmen;
- Überlassung von Arbeitsmitteln zur beruflichen Nutzung, auch von typischer Arbeitskleidung und Arbeitsschutzkleidung, soweit eine private Nutzung so gut wie ausgeschlossen ist;
- Zurverfügungstellen von Parkplätzen auf dem Betriebsgelände;
- übliche Zuwendungen im Rahmen von Betriebsveranstaltungen, vgl. dazu → *Betriebsveranstaltungen*;
- Zurverfügungstellen von Betriebskindergärten;
- Zurverfügungstellen von Übernachtungsmöglichkeiten in gemieteten Zimmern, wenn der Arbeitnehmer an weit von seinem Heimatort entfernten Tätigkeitsstellen eingesetzt wird;
- Schaffung und Förderung der Rahmenbedingungen für die Teilnahme an einem Verkaufswettbewerb;
- bestimmte Sammelbeförderungen, soweit im Interesse des Arbeitgebers, vgl. dazu → *Arbeitnehmer-Sammelbeförderung*;
- die private Nutzung von betrieblichen Personalcomputern und Telekommunikationseinrichtungen, soweit damit auch ein überwiegendes Interesse des Arbeitgebers (z. B. Handyüberlassung bei dienstlicher Rufbereitschaft) verfolgt wird.

TIPP!

Die Nachweispflicht für die überwiegenden betrieblichen Interessen des Arbeitgebers liegt beim Arbeitgeber. Aus diesem Grunde sollte schon im Vorfeld solcher Maßnahmen – eventuell durch schriftliche Vereinbarung mit dem Arbeitnehmer – das betriebliche Interesse dokumentiert werden.

Liegen solche überwiegenden betrieblichen Interessen vor, erbringt der Unternehmer keine steuerbaren Ausgangsleistungen. Soweit mit diesen nicht steuerbaren Zuwendungen Vorsteuerbeträge im Zusammenhang stehen, sind diese Vorsteuerbeträge nicht grundsätzlich vom Vorsteuerabzug ausgeschlossen. Es muss hier eine Zuordnung zu den damit verfolgten allgemeinen unternehmerischen Zielen erfolgen. Die Vorsteuerabzugsberechtigung richtet sich dann nach der umsatzsteuerlichen Beurteilung dieser Ziele.

Beispiel 1:

Der Rechtsanwalt R führt eine Betriebsveranstaltung durch, die Aufwendungen übersteigen nicht den Rahmen des Üblichen. Die Umsatzsteuerbeträge, die dem R im Rahmen der Betriebsveranstaltung (Speisen und Getränke, Rahmenprogramm etc.) berechnet werden, können von ihm als Vorsteuer abgezogen werden, da seine Ausgangsumsätze als Rechtsanwalt den Vorsteuerabzug nicht ausschließen.

Der Orthopäde O schickt zwei Mitarbeiter seiner Arztpraxis auf ein Fortbildungsseminar. Die Umsatzsteuer, die dem O für das Seminar berechnet wird, kann von ihm nicht als Vorsteuer abgezogen werden, da seine Leistungen als Arzt den Vorsteuerabzug nach § 15 Abs. 2 UStG ausschließen.

ACHTUNG!

Die im Ertragsteuerrecht eingeführte Befreiung der Überlassung von betrieblichen Personalcomputern und Telekommunikationseinrichtungen (§ 3 Nr. 45 EStG) wird auf das Umsatzsteuerrecht nicht in vollem Umfang übertragen werden können, da die Einführung neuer Steuerbefreiungen gegen Gemeinschaftsrecht verstößt. Insoweit kann umsatzsteuerlich eine Überlassung dieser Einrichtungen nur dann nicht steuerbar sein, wenn sie im überwiegenden betrieblichen Interesse des Arbeitgebers erfolgen.

3. Steuerbare Leistungen ohne besonderes Entgelt

Wird dem Arbeitnehmer von seinem Arbeitgeber eine Leistung erbracht, die nicht im überwiegenden betrieblichen Interesse des Arbeitgebers ausgeführt worden ist und für die der Arbeitnehmer auch keine Gegenleistung aufgewendet hat, können sich die folgenden Rechtsfolgen ergeben:

Leistung	Unentgeltliche Zuwendung eines Gegenstandes	Unentgeltliche Überlassung eines Gegenstandes	Unentgeltliche Ausführung einer anderen sonstigen Leistung
Rechtsvorschrift	§ 3 Abs. 1b Nr. 2 UStG, soweit Gegenstand ganz oder teilweise zum Vorsteuerabzug geführt hat	§ 3 Abs. 9a Nr. 1 UStG	§ 3 Abs. 9a Nr. 2 UStG
Ort	§ 3f UStG, wo Unternehmer sein Unternehmen betreibt		
Steuerbarkeit	ja, wenn im Inland ausgeführt		

Sachzuwendungen an das Personal

Leistung	Unentgeltliche Zuwendung eines Gegenstandes	Unentgeltliche Überlassung eines Gegenstandes	Unentgeltliche Ausführung einer anderen sonstigen Leistung
Ausnahme	keine Steuerbarkeit, soweit eine → *Aufmerksamkeit* (Wert bis 40 EUR) vorliegt		
Steuerpflicht	ja, soweit keine Steuerbefreiung nach § 4 UStG einschlägig ist		
Bemessungsgrundlage	§ 10 Abs. 4 Nr. 1 UStG, Anschaffungskosten eines vergleichbaren Gegenstandes	§ 10 Abs. 4 Nr. 2 UStG, Kosten, die bei der Ausführung des Umsatzes entstanden sind, soweit sie zum Vorsteuerabzug geführt hatten	§ 10 Abs. 4 Nr. 3 UStG, Kosten, die bei der Ausführung des Umsatzes entstanden sind
Steuersatz	Regelsteuersatz nach § 12 Abs. 1 UStG, soweit keine Ermäßigung nach § 12 Abs. 2 UStG in Betracht kommt		
Steuerentstehung	Steuer entsteht mit Ablauf des Voranmeldungszeitraums, in dem die Leistung ausgeführt worden ist		
Beispiel	Der Arbeitnehmer erhält zu einem Dienstjubiläum eine goldene Uhr im Wert von 1.500 EUR	Geringfügige Überlassung von Firmenfahrzeugen an Arbeitnehmer für private Fahrten an weniger als fünf Tagen im Monat	Der Unternehmer führt eine mehrtägige Betriebsveranstaltung durch, deren Kosten pro Arbeitnehmer 300 EUR betragen

WICHTIG!

Eine unentgeltliche Leistung liegt nur dann vor, wenn der Arbeitnehmer weder eine Zahlung für die Leistung aufwendet, noch die Arbeitsleistung des Arbeitnehmers als Gegenleistung anzusehen ist.

ACHTUNG!

Eine steuerbare Leistung ist dann nicht gegeben, wenn es sich um eine → *Aufmerksamkeit* des Arbeitgebers handelt.

In einigen Fällen wird die Ermittlung der Bemessungsgrundlage nach § 10 Abs. 4 UStG zu Schwierigkeiten führen. Die Finanzverwaltung lässt es deshalb zu, dass in bestimmten Fällen die Bemessungsgrundlage abweichend von § 10 Abs. 4 UStG nach den lohnsteuerlichen Werten ermittelt werden kann. Solche Fälle sind insbesondere:

- Bei freier Unterkunft und freier Verpflegung kann von den in der Sachbezugsverordnung angegebenen Werten ausgegangen werden, bei der Überlassung von einer Wohnung wird aber – soweit keine kurzfristige Beherbergung vorliegt – die Steuerfreiheit nach § 4 Nr. 12a UStG anzuwenden sein.
- Bei der unentgeltlichen Abgabe von Mahlzeiten durch eine unternehmenseigene Kantine kann aus Vereinfachungsgründen auch von den Werten der Sachbezugsverordnung ausgegangen werden.
- Bei unentgeltlicher kurzfristiger Überlassung von Fahrzeugen (vgl. → *Dienstwagen*) können auch die lohnsteuerlichen Werte angesetzt werden.

4. Steuerbare Leistungen gegen Entgelt

Erbringt der Arbeitgeber gegenüber seinem Arbeitnehmer eine Lieferung gegen Entgelt oder eine sonstige Leistung gegen Entgelt, so greifen die allgemeinen Grundsätze des Umsatzsteuerrechtes. In diesen Fällen wird nicht unterschieden, ob es sich um eine solche Leistung gegenüber einem fremden Dritten oder gegenüber einem Mitarbeiter des Unternehmens handelt.

Damit bestimmt sich die Steuerbarkeit, Steuerpflicht, Bemessungsgrundlage und der Steuersatz wie bei entgeltlichen Umsätzen gegenüber fremden Dritten.

ACHTUNG!

Bei einer entgeltlichen Leistung an einen Arbeitnehmer oder einer ihm nahe stehenden Person ist grundsätzlich die Mindestbemessungsgrundlage zu prüfen (vgl. → *Bemessungsgrundlage*).

5. Abgabe von Speisen in Kantinen und Gaststätten

Bei der Abgabe von Speisen und Getränken in Kantinen und Gaststätten kann es zu verschiedenen Rechtsfolgen kommen:

- Unentgeltliche Abgabe von Mahlzeiten in unternehmenseigenen Kantinen. Bemessungsgrundlage für diese unentgeltliche Wertabgabe wären eigentlich die Gesamtkosten, die bei der Ausführung dieser Umsätze entstanden sind. Aus Vereinfachungsgründen lässt die Finanzverwaltung allerdings den Ansatz der lohnsteuerlichen Sachbezugswerte zu.

- Entgeltliche Abgabe in einer unternehmenseigenen Kantine. Hier handelt es sich um einen entgeltlichen Umsatz, für den sich die Bemessungsgrundlage grundsätzlich aus dem errechnet, was der Leistungsempfänger (Arbeitnehmer) aufwendet, um die Leistung zu erhalten, mindestens ist hier aber das anzusetzen, was sich als Wert nach der Sachbezugsverordnung ergibt.

- Abgabe von Mahlzeiten in einer vom Arbeitgeber nicht selbst betriebenen Kantine oder Gaststätte. Die Abrechnung erfolgt zwischen dem Gastwirt und dem Arbeitgeber, der Arbeitgeber behält einen Anteil am Essenspreis von den Arbeitnehmern ein. Es liegt zum einen ein steuerbarer Umsatz zwischen dem Gastwirt und dem Arbeitgeber vor. Der Gastwirt muss alles das der Besteuerung unterwerfen, was der Arbeitgeber ihm für die Leistung bezahlt. Der Arbeitgeber kann die Vorsteuer aus dieser Leistung abziehen, soweit die weiteren Voraussetzungen des § 15 UStG erfüllt sind. Der Arbeitgeber erbringt gegenüber seinem Arbeitnehmer darüber hinaus ebenfalls eine sonstige Leistung, die mit den bei dem Unternehmer entstandenen Kosten der Besteuerung zu unterwerfen ist.

Beispiel 2:

Die Arbeitnehmer des Arbeitgebers A können mittags in der Gastwirtschaft G Mahlzeiten einnehmen. Der Arbeitgeber hat mit dem Gastwirt vereinbart, pro Mahlzeit 4 EUR zu bezahlen. Von den Arbeitnehmern behält A für jede Mahlzeit 2 EUR ein. Es liegt eine Leistung des G gegenüber dem A vor, Bemessungsgrundlage für die steuerbare und steuerpflichtige sonstige Leistung des G sind pro Mahlzeit 3,45 EUR, die Umsatzsteuer beträgt pro Mahlzeit 0,55 EUR. Die ihm in Rechnung gestellte Umsatzsteuer kann G als Vorsteuer abziehen. Darüber hinaus erbringt A gegenüber seinen Arbeitnehmern entgeltliche sonstige Leistungen, die ebenfalls steuerbar und steuerpflichtig sind. Grundsätzlich würde sich die Bemessungsgrundlage aus den 2 EUR pro Mahlzeit berechnen, da aber die Kosten höher sind, kommt die Mindestbemessungsgrundlage zur Anwendung. Damit muss A pro Mahlzeit ebenfalls 3,45 EUR der Besteuerung unterwerfen.

- Abgabe von Mahlzeiten in einer vom Arbeitgeber nicht selbst betriebenen Kantine oder Gastwirtschaft. Der Arbeitnehmer bezahlt die Mahlzeit – gegebenenfalls vermindert um einen Arbeitgeberzuschuss – selber. Es liegt nur eine sonstige Leistung zwischen Arbeitnehmer und dem Gastwirt vor. Der Gastwirt muss alles das der Besteuerung unterwerfen, was er von dem Arbeitnehmer und gegebenenfalls von dem Arbeitgeber erhält. Ein Leistungsaustausch zwischen Arbeitgeber und Arbeitnehmer liegt nicht vor.

Beispiel 3:

Der Arbeitnehmer kauft eine Mahlzeit in einer Gaststätte für 4 EUR. Er bezahlt selber 3 EUR und übergibt dem Gastwirt G eine Essenmarke seines Arbeitgebers A im Wert von 1 EUR. Der Gastwirt rechnet über die Essenmarken direkt mit dem Arbeitgeber ab. Der Gastwirt erbringt gegenüber dem Arbeitnehmer eine sonstige Leistung, die steuerbar und steuerpflichtig ist. Die Bemessungsgrundlage beträgt für die Mahlzeit 3,45 EUR, die Umsatz-

steuer 16 %, hier 0,55 EUR. Zwischen dem Gastwirt und dem Arbeitgeber sowie zwischen dem Arbeitgeber und dem Arbeitnehmer besteht kein Leistungsaustauschverhältnis. Der Arbeitgeber hat keinen Vorsteuerabzugsanspruch aus der Abrechnung des Gastwirtes.

ACHTUNG!

Die lohnsteuerlichen Sachbezugswerte stellen Bruttowerte dar, aus denen die Umsatzsteuer herauszurechnen ist.

WICHTIG!

Die Sachbezugswerte betragen einheitlich bei allen Arbeitnehmern in allen Ländern im Kalenderjahr 2004 2,58 EUR für ein Mittag- oder Abendessen und 1,44 EUR für ein Frühstück.

ACHTUNG!

Der Ansatz der Sachbezugswerte ist eine von der Finanzverwaltung angewandte Vereinfachungsregelung. Nach einem Beschluss des BFH (v. 18.7.2002, V B 112/01) besteht kein gesetzlicher Anspruch auf den Ansatz der Sachbezugswerte, wenn der Arbeitgeber in einer von einem selbstständigen Caterer betriebenen Kantine in eigenem Namen Mahlzeiten an seine Arbeitnehmer abgibt. In diesem Fall ergibt sich die Bemessungsgrundlage für den Arbeitgeber aus allem was die Arbeitnehmer aufwenden und was als Zahlung an den Caterer aufgewendet wird.

Schadensersatz

Schadensersatz auf einen Blick

1. Rechtsquellen

   Abschn. 3 UStR 2000

2. Bedeutung

   Bei einem Schadensersatz fehlt es an einem Leistungsaustausch, der Schadensersatz ist nicht steuerbar.

3. Weitere Stichworte

   → *unberechtigter Steuerausweis*

Wird einem Unternehmer ein Schaden zugefügt und dieser Schaden von dem Schädiger ersetzt, liegt ein nicht steuerbarer Schadensersatz vor. Da zwischen dem Schädiger und dem Geschädigten kein Leistungsaustausch vorliegt, fehlt es an einem Kriterium des § 1 Abs. 1 UStG für die Steuerbarkeit.

Schadensersatz

Aus dem erhaltenen Schadensersatz braucht der Geschädigte keine Umsatzsteuer abzuführen. Er darf auch keine Umsatzsteuer in einer Rechnung oder einem anderen Dokument ausweisen, da er ansonsten die gesondert ausgewiesene Umsatzsteuer nach § 14c Abs. 2 UStG (→ *unberechtigter Steuerausweis*) schuldet. Der den Schadensersatz Leistende (Schädiger) hat in jedem Falle keinen Vorsteuerabzugsanspruch aus dem geleisteten Schadensersatz.

Typische Fälle des Schadensersatzes sind:

- Ersatz eines zugefügten materiellen Schadens (z. B. Versicherungserstattung nach Verkehrsunfall),
- Mahngebühren, Kosten des gerichtlichen Mahn- oder Vollstreckungsverfahrens,
- Vertragsstrafen bei Auflösung eines Vertrages, ohne dass tatsächlich eine Leistung erbracht worden ist,
- Vertragsstrafen bei Überschreitung vereinbarter Fristen (z. B. im Baugewerbe),
- Ersatzleistung einer Warenkreditversicherung,
- vertragsmäßige Zahlungen des Leasingnehmers bei vorzeitiger Beendigung des Leasingvertrags.

Abzugrenzen ist der Schadensersatz von den Fällen, in denen zwar ein Schaden ersetzt wird, aber auch eine Leistung erbracht wird. In diesen Fällen liegt ein Leistungsaustausch vor, für den der leistende Unternehmer Umsatzsteuer schuldet.

Beispiel 1:

Ein Auftraggeber erteilt einem Tischler den Auftrag, fünfzig Holzfenster zu fertigen. Nach Auftragserteilung storniert der Auftraggeber den Auftrag gegen eine Zahlung von 10.000 EUR. Vereinbarungsgemäß werden die schon zugeschnittenen Rahmen dem Auftraggeber ausgehändigt. Es liegt kein Schadensersatz vor, da auch ein Leistungsaustausch gegeben ist. Aus der Zahlung von 10.000 EUR ist die Umsatzsteuer herauszurechnen (Hinweis: Wenn der Tischler die angefangenen Arbeiten nicht herausgeben würde, läge ein nicht steuerbarer Schadensersatz vor).

Wenn der Geschädigte den ihm zugefügten Schaden im Auftrag des Schädigers selbst beseitigt, liegt ein Fall des so genannten unechten Schadensersatzes vor, der ebenfalls zu einem Leistungsaustausch und damit zur Steuerbarkeit führt.

Beispiel 2:

Auf einer betrieblichen Fahrt wird der Lkw eines Inhabers einer Kfz-Werkstatt beschädigt. Der schadensersatzpflichtige Schädiger beauftragt den Inhaber der Kfz-Werkstatt, den ihm zugefügten Schaden selber zu beseitigen. Der Inhaber der Kfz-Werkstatt muss die Leistung mit Umsatzsteuer berechnen, da ein Leistungsaustausch vorliegt. Auch in den Fällen, in denen eine Versicherung den Schaden erstattet, liegt ein solcher unechter Schadensersatz

vor (Hinweis: Soweit der Schädiger ein zum Vorsteuerabzug berechtigter Unternehmer ist, erstattet die Versicherung den Schaden ohne Umsatzsteuer, die Umsatzsteuer muss dann von dem Schädiger gezahlt werden – die er bei Vorlage einer ordnungsgemäßen Rechnung als Vorsteuer abziehen kann).

Selbstständige Tätigkeit

Selbstständige Tätigkeit auf einen Blick

1. Rechtsquellen

   § 2 Abs. 1 UStG

   Abschn. 17 UStR 2000

2. Bedeutung

   Die Unternehmereigenschaft ist nur dann gegeben, wenn der Handelnde selbstständig tätig ist. Eine nicht selbstständige Tätigkeit kann nicht zur Unternehmereigenschaft führen.

3. Weitere Stichworte

   → *Organschaft*, → *Unternehmenseinheit*, → *Unternehmer*

→ *Unternehmer* ist, wer eine berufliche oder gewerbliche Tätigkeit selbstständig ausübt. Eine selbstständige Tätigkeit liegt vor, wenn sie auf eigene Rechnung und auf eigene Verantwortung ausgeübt wird. Nach § 2 Abs. 2 UStG liegt eine nicht selbstständige Tätigkeit vor, wenn

- eine natürliche Person oder ein Personenzusammenschluss nach dem Gesamtbild der Verhältnisse in ein anderes Unternehmen weisungsgebunden eingegliedert ist, § 2 Abs. 2 Nr. 1 UStG oder
- eine → *Organschaft* zwischen einem Unternehmen und einer juristischen Person vorliegt.

Dabei kommt es bei der Beurteilung der Selbstständigkeit immer auf das Gesamtbild der Verhältnisse an.

TIPP!

Über die Frage der Selbstständigkeit wird im Einkommensteuerrecht und im Umsatzsteuerrecht nach den gleichen Kriterien entschieden.

Grundsätzlich kann eine Person – auch in der gleichen Branche – sowohl selbstständig wie auch nicht selbstständig tätig sein.

Beispiel:

Der in einer Tierklinik angestellte Tierarzt T betreibt darüber hinaus auch auf eigene Rechnung und Verantwortung eine Tierarztpraxis. Im Rahmen der Tierarztpraxis ist T selbstständig tätig und damit Unternehmer nach § 2 UStG.

Für die Frage, ob eine natürliche Person im Einzelfall selbstständig oder nicht selbstständig tätig wird, kommt es immer auf das Gesamtbild der Verhältnisse an. Die Beurteilung muss somit immer die Besonderheiten des Einzelfalles würdigen. Dabei müssen alle Umstände, die für und gegen eine selbstständige Tätigkeit sprechen, gegeneinander abgewogen werden. Für eine Arbeitnehmereigenschaft können danach insbesondere folgende Merkmale sprechen:

- Weisungsgebundenheit hinsichtlich Ort, Zeit und Inhalt der Tätigkeit, Eingliederung in den Betrieb,
- persönliche Abhängigkeit,
- Ausübung der Tätigkeit gleichbleibend an einem bestimmten Ort,
- feste Arbeitszeiten und feste Bezüge, Überstundenvergütungen,
- Urlaubsanspruch und Anspruch auf sonstige Sozialleistungen,
- Fortzahlung der Bezüge im Krankheitsfall,
- Unselbstständigkeit in Organisation und Durchführung der Tätigkeit,
- kein Unternehmerrisiko und keine Unternehmerinitiative,
- Notwendigkeit der engen ständigen Zusammenarbeit mit anderen Mitarbeitern.

WICHTIG!

Grundsätzlich können auch Personenzusammenschlüsse weisungsgebunden eingegliedert sein. Nach der Rechtsprechung des BFH kann sich eine solche Eingliederung jedoch nur dann ergeben, wenn sich Arbeitnehmer zu einer Personengesellschaft zusammenschließen. Personengesellschaften des Handelsrechts sind hingegen immer selbstständig tätig.

Sicherungsübereignung

Sicherungsübereignung auf einen Blick

1. **Rechtsquellen**

   § 3 Abs. 1 und § 13b UStG

   Abschn. 2 UStR 2000

2. **Bedeutung**

   Bei der Sicherungsübereignung liegt eine Lieferung zwischen dem Sicherungsgeber und dem Sicherungsnehmer vor, wenn der Sicherungsnehmer von seinem Verwertungsrecht Gebrauch macht. Der Sicherungsnehmer hat die Vorschriften über die Steuerschuldnerschaft zu beachten.

3. **Weitere Stichworte**

   → *Differenzbesteuerung*, → *Lieferung*, → *Steuerschuldnerschaft*

Die Sicherungsübereignung ist ein Vertrag, durch den der Schuldner dem Gläubiger zur Sicherung einer Schuld das Eigentum an einer beweglichen Sache oder einer Sachgesamtheit überträgt. Dabei wird das Eigentum an den zur Sicherheit übereigneten Sachen nach Tilgung der Schuld wieder dem Schuldner übertragen oder fällt von selbst wieder an ihn zurück. Die Nutzungsbefugnis verbleibt bis zur Ausübung des Verwertungsrechtes beim Schuldner (Sicherungsgeber).

Umsatzsteuerlich führt die Vereinbarung der Sicherungsübereignung noch nicht zu einer Lieferung zwischen dem Sicherungsgeber und dem Sicherungsnehmer, da die wirtschaftliche Verschaffung der Verfügungsmacht noch nicht gegeben ist und somit keine → *Lieferung* vorliegt.

Erst wenn der Sicherungsnehmer von seinem Verwertungsrecht Gebrauch macht, liegt im Rahmen eines sog. Doppelumsatzes eine Lieferung zwischen dem Sicherungsgeber und dem Sicherungsnehmer sowie zwischen Sicherungsnehmer und einem Erwerber (in der Regel im Rahmen einer öffentlichen Verwertung des Sicherungsgutes) vor. Beide Lieferungen erfolgen erst zu dem Zeitpunkt, zu dem der Sicherungsnehmer das Sicherungsgut veräußert.

ACHTUNG!

Nach § 13b Abs. 1 Nr. 2 UStG wird der Sicherungsnehmer Steuerschuldner (→ *Steuerschuldnerschaft*) für die Umsatzsteuer aus der Lieferung des Sicherungsgebers, soweit die Verwertung außerhalb des Insolvenzverfahrens erfolgt und der Sicherungsnehmer Unternehmer ist.

Sicherungsübereignung

Soweit alle an dem Geschäft beteiligten Unternehmer sind, ergeben sich die folgenden Zahlungsströme:

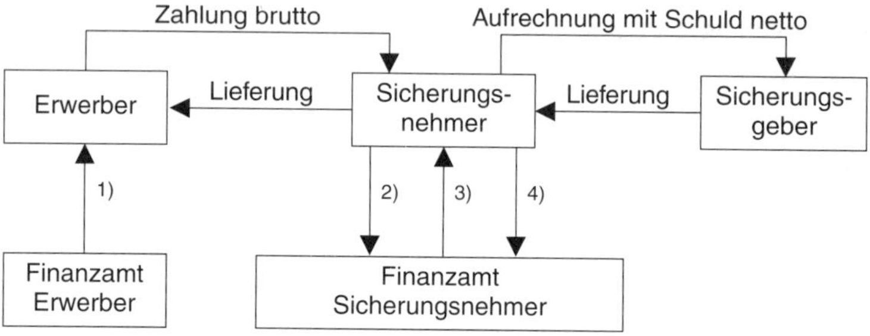

1) Vorsteueranspruch des Erwerbers aus der Lieferung des Sicherungsnehmers.

2) Zahlung der Umsatzsteuer aus der Lieferung an den Erwerber.

3) Vorsteueranspruch aus der Lieferung des Sicherungsgebers nach § 15 Abs. 1 Nr. 4 UStG.

4) Steuerschuldnerschaft nach § 13b Abs. 1 Nr. 2 UStG aus der erhaltenen Lieferung des Sicherungsgebers.

ACHTUNG!

Wenn der Sicherungsgeber kein Unternehmer oder ein Kleinunternehmer ist, kann sich für den Sicherungsnehmer die → *Differenzbesteuerung* ergeben.

Sollbesteuerung

Sollbesteuerung auf einen Blick

1. Rechtsquellen

   § 16 und § 13 Abs. 1 Nr. 1a UStG

   Abschn. 177 bis Abschn. 181 UStR 2000

2. Bedeutung

   Die Sollbesteuerung (Besteuerung nach vereinbarten Entgelten) stellt den Grundfall der Besteuerung im Umsatzsteuerrecht dar. Dabei entsteht die Umsatzsteuer grundsätzlich dann, wenn der Unternehmer die Leistung oder eine Teilleistung erbracht hat. Soweit der Unternehmer schon eine Anzahlung vor Ausführung der Leistung vereinnahmt, entsteht die Umsatzsteuer schon für die erhaltenen Anzahlung.

3. Weitere Stichworte

   → *Anzahlungen*, → *Istbesteuerung*, → *Umsatzsteuer-Voranmeldung*, → *Vorsteuerabzug*

1. Allgemeines

Die Sollbesteuerung (Besteuerung nach vereinnahmten Entgelten) ist der Normalfall der Besteuerung in der Umsatzsteuer. Jeder Unternehmer, bei dem aufgrund eines von ihm ausgeführten Umsatzes eine Umsatzsteuer entsteht, muss die Umsatzsteuer nach der Sollbesteuerung ermitteln. Als Ausnahme gilt hier lediglich nach § 20 UStG die antragsgebundene → *Istbesteuerung*. Wenn die Voraussetzungen für die Istbesteuerung nicht vorliegen oder der Unternehmer keinen Antrag nach § 20 UStG gestellt hat, muss er seine Umsätze nach den allgemeinen Regelungen des § 16 Abs. 1 UStG ermitteln.

2. Rechtsfolgen der Sollbesteuerung

Bei der Sollbesteuerung muss der Unternehmer die Umsatzsteuer nach vereinbarten Entgelten berechnen. Dies bedeutet, dass die Umsatzsteuer grundsätzlich dann entsteht, wenn die Leistung oder eine Teilleistung von dem Unternehmer ausgeführt worden ist. Auf die Ausstellung der Rechnung oder die Vereinnahmung des Entgeltes kommt es in diesem Fall nicht an.

2.1 Umsatzsteuerentstehung bei Leistungserbringung

Nach § 13 Abs. 1 Nr. 1a Satz 1 UStG entsteht die Umsatzsteuer mit Ablauf des Voranmeldungszeitraumes (→ *Umsatzsteuer-Voranmeldung*), in dem die Leistung ausgeführt worden ist.

ACHTUNG!

Es kommt bei der Sollbesteuerung ausschließlich darauf an, wann die Leistung tatsächlich erbracht ist.

Für die Ausführung von Leistungen gilt Folgendes:

- Lieferungen sind grundsätzlich dann ausgeführt, wenn der Leistungsempfänger die Verfügungsmacht an dem Gegenstand erlangt. Die Verfügungsmacht an einem Gegenstand hat der Leistungsempfänger dann erhalten, wenn er wirtschaftlich über den Gegenstand verfügen kann; dies ist in aller Regel dann der Fall, wenn Wert, Substanz und Ertrag an dem Gegenstand auf den Erwerber übergehen (wirtschaftliches Eigentum).
- Bei einem Kauf auf Probe im Versandhandel ist die Leistung noch nicht mit Zusendung der Ware, sondern erst nach Ablauf der vom Verkäufer eingeräumten Billigungsfrist oder durch Zahlung des Kaufpreises ausgeführt.
- Bei einem Kauf mit Rückgaberecht oder einem Verkauf unter Eigentumsvorbehalt ist die Leistung schon mit der Aushändigung der Ware ausgeführt.
- Bei Bauleistungen (Werklieferungen) ist die Leistung in der Regel mit der Übergabe und der Abnahme der Bauleistung ausgeführt.
- Lieferungen von Strom, Wasser o. Ä. sind am Ende des Abrechnungszeitraumes erbracht.
- Sonstige Leistungen sind grundsätzlich mit ihrer Vollendung ausgeführt.

2.2 Umsatzsteuerentstehung bei Teilleistung

Eine Umsatzsteuer entsteht nach § 13 Abs. 1 Nr. 1a Satz 2 UStG auch schon dann mit Ablauf des jeweiligen Voranmeldungszeitraumes, wenn der Unternehmer eine Teilleistung ausgeführt hat. Damit eine Teilleistung vorliegt, müssen die folgenden Voraussetzungen gemeinsam erfüllt sein:

- Es muss sich um wirtschaftlich sinnvoll teilbare Leistungen handeln und
- die Leistung muss auch als Teilleistung geschuldet werden.

Eine wirtschaftlich sinnvoll teilbare Leistung liegt dann vor, wenn die Leistung in verschiedene Einzelleistungen aufteilbar ist.

TIPP!

In der Praxis kann eine Orientierung daran erfolgen, ob es wirtschaftlich vertretbar wäre, diese Leistung auch von verschiedenen Unternehmern erbringen zu lassen.

Beispiel 1:

Der Bauunternehmer B wird beauftragt, den Rohbau eines mehrgeschossigen Mietwohnhauses zu errichten. Die Fertigstellung von einzelnen Etagen stellt keine Teilleistung dar, da die einzelnen Etagen nicht sinnvoll wirtschaftlich aufteilbar sind.

Eine in Teilen geschuldete Leistung wird in aller Regel dann vorliegen, wenn für einzelne Leistungsteile gesonderte Entgeltsabrechnungen durchgeführt werden. Mit diesen Entgeltsabrechnungen ist dann auch eine abschließende Abnahme der Teilleistung – meistens verbunden mit einem Übergang der Gefahren an diesem Gegenstand – und eine endgültige Abrechnung verbunden.

Beispiel 2:

Dem Installateur I wird der Auftrag erteilt, in einem Neubau die Be- und Entwässerungsanlagen einzubauen und darüber hinaus auch die Heizungsanlage einzubauen. Die Be- und Entwässerungsanlagen werden gesondert abgenommen und abgerechnet. Die Heizungsanlage wird später eingebaut und ebenfalls gesondert abgenommen und abgerechnet. Es liegen Teilleistungen vor, da hier sowohl wirtschaftlich sinnvoll teilbare Leistungen vorliegen und auch eine gesonderte Entgeltsabrechnung vereinbart und durchgeführt wird.

WICHTIG!

Soweit eine Teilleistung ausgeführt worden ist, ist die dafür zu berechnende Umsatzsteuer endgültig entstanden. Danach eintretende Rechtsänderungen (z. B. Änderung des Steuersatzes) führen nicht zu einer Nachbesteuerung der Teilleistung zum Zeitpunkt des Abschlusses der Gesamtleistung.

ACHTUNG!

Anzahlungen, Vorauszahlungen, Zahlungen nach der Makler- und Bauträgerverordnung sowie Zahlungen entsprechend dem Leistungsfortschritt stellen in keinem Fall Teilleistungen dar.

Teilleistungen liegen in der Praxis insbesondere in den folgenden Fällen vor:

- Immobilien oder bewegliche Gegenstände werden vermietet. In jedem Abrechnungszeitraum (in der Regel der Monat) wird eine Teilleistung erbracht.
- Eine Leasinggesellschaft erbringt gegenüber ihren Kunden gegen monatliche Zahlung der Leasingraten Teilleistungen.
- Bei einem Rahmenvertrag werden mehrere Einzellieferungen erbracht (z. B. bei Abschluss eines Rahmenvertrages über die Lieferung von Heizöl, das über das Jahr verteilt in einzelnen Lieferungen ausgefahren wird). Jede Lieferung stellt eine Teilleistung dar.

ACHTUNG!

Die Abrechnung von Architekten und Ingenieuren nach der HOAI führt nicht zu Teilleistungen, da eine einheitliche Leistung erbracht wird. Nur wenn zwischen den Beteiligten Zusatzvereinbarungen über die gesonderte Ausführung und Honorierung von Leistungsphasen vereinbart werden, können Teilleistungen vorliegen.

2.3 Umsatzsteuerentstehung bei Anzahlungen

Wenn der Unternehmer noch keine Leistung oder Teilleistung ausgeführt hat, aber trotzdem schon eine Zahlung (Anzahlung oder Vorauszahlung) erhält, entsteht insoweit schon eine Umsatzsteuer nach § 13 Abs. 1 Nr. 1a Satz 4 UStG. Der Unternehmer muss für den Voranmeldungszeitraum, in dem er die Gegenleistung (Zahlung oder ihm gegenüber ausgeführte Leistung) erhält, die Umsatzsteuer nach den zum Zeitpunkt der Vereinnahmung geltenden Rechtsvorschriften ermitteln und an sein Finanzamt abführen. Zu den Einzelheiten vgl. → *Anzahlungen*.

ACHTUNG!

Rechtsänderungen, die nach Vereinnahmung der Anzahlung eintreten, entfalten auch eine Wirkung für die Anzahlung, gegebenenfalls muss die Anzahlung bei Steuersatzänderung nachversteuert werden, § 27 Abs. 1 UStG.

3. Wechsel der Besteuerungsform

Bei einem Wechsel zwischen der Ist- und der Sollbesteuerung ist darauf zu achten, dass keine Umsätze doppelt oder gar nicht besteuert werden. Bei dem Wechsel von der Sollbesteuerung zur Istbesteuerung sind die Umsätze, die im Rahmen der Sollbesteuerung bei Leistungserbringung schon der Besteuerung unterworfen worden sind, bei Zahlungseingang nicht noch einmal zu besteuern. Beim Wechsel von der Istbesteuerung zur Sollbesteuerung verbleibt es bei der Besteuerung erst im Zahlungszufluss, vgl. auch → *Istbesteuerung*.

Sonstige Leistung

Sonstige Leistung auf einen Blick

1. Rechtsquellen

   § 3 bis § 3b und § 3f UStG

   Abschn. 25, Abschn. 25a, Abschn. 33 bis Abschn. 42i UStR 2000

2. Bedeutung

   Der Begriff der sonstigen Leistung beschreibt neben dem Begriff der Lieferung den Haupttatbestand der Leistung im Umsatzsteuerrecht. In Abhängigkeit, ob es sich um eine Lieferung oder eine sonstige Leistung handelt, bestimmen sich der Ort der Leistung und gegebenenfalls zu gewährende Steuerbefreiungen.

3. Weitere Stichworte

   → *Beförderungsleistungen*, → *Betriebsstätte*, → *Electronic Commerce*, → *Inland*, → *Leistungskommission*, → *Lohnveredelung*, → *Steuerschuldnerverfahren*, → *unentgeltliche sonstige Leistungen*, → *Werkleistung*

1. Bedeutung der sonstigen Leistung

Der Begriff der sonstigen Leistung ist neben dem Begriff der Lieferung ein Kernbegriff des Umsatzsteuerrechtes. Diese beiden Begriffe beschreiben alle Möglichkeiten, die im Rahmen eines Leistungsaustauschprozesses gegeben sind. Damit eine Leistung im Inland steuerbar sein kann, muss überprüft werden, um welche Art Leistung es sich handelt und wo sich der Ort dieser Leistung befindet.

2. Definition der sonstigen Leistung

Während der Begriff der Lieferung eigenständig als Verschaffung der Verfügungsmacht nach § 3 Abs. 1 UStG beschrieben ist, ist der Begriff der sonstigen Leistung als Ausschlussdefinition zum Begriff der Lieferung im § 3 Abs. 9 UStG definiert: Alle Leistungen, die keine Lieferung darstellen, sind nach dieser Definition als sonstige Leistung anzusehen. Dabei ist der Begriff der Leistung nicht nur als positives Tun auszulegen, sondern es besteht eine Leistung auch in dem Dulden oder dem Unterlassen einer Handlung.

Beispiel 1:

Der Vermieter V überlässt dem Mieter einen Gegenstand zur Nutzung. V duldet die Benutzung des Gegenstandes durch den Mieter.

Der Handelsvertreter H schließt mit einem Kollegen einen Vertrag, in einem bestimmten Gebiet, in dem H Umsätze tätigen könnte, keine Tätigkeit zu entfalten. H unterlässt es, eine Leistung zu erbringen, da dies gegen Entgelt und auf Dauer geschieht, erbringt H eine sonstige Leistung.

Auch die Vergütungen, die Verwertungsgesellschaften und Urheber nach § 27 des Urheberrechtsgesetzes (Vergütung für den Urheber bei Vermieten oder Verleihen von Kopien seines Werkes durch eine der Öffentlichkeit zugängliche Einrichtung, z. B. Bücherei) oder nach § 54 des Urheberrechtsgesetzes (Vergütungsanspruch des Urhebers gegen Hersteller von Geräten, Bild- oder Tonträgern, die erkennbar zur Vornahme von Vervielfältigungen produziert sind, z. B. Abgabe bei Fotokopiergeräten oder Leerkassetten) erhalten, stellen nach § 3 Abs. 9 UStG sonstige Leistungen dar.

2.1 Abgabe von Speisen und Getränken zum Verzehr an Ort und Stelle

Die Abgabe von Speisen und Getränken zum Verzehr an Ort und Stelle wurde im deutschen Umsatzsteuerrecht früher als Lieferung angesehen, da die verwendeten Materialien als Hauptstoffe der Leistung angesehen wurden. Da in den meisten anderen Mitgliedstaaten diese Leistungen aber als Dienstleistungen angesehen wurden, wurde mit Wirkung zum 23.6.1998 – auch aufgrund der Rechtsprechung des EuGH – diese Leistung als sonstige Leistung in den § 3 Abs. 9 UStG aufgenommen. Eine Abgabe von Speisen und Getränken zum Verzehr an Ort und Stelle liegt insbesondere vor, wenn:

- die Speisen und Getränke nach den Umständen der Abgabe dazu bestimmt sind, an einem Ort verzehrt zu werden, der mit dem Abgabeort in einem räumlichen Zusammenhang steht, und
- besondere Vorrichtungen für den Verzehr an Ort und Stelle bereitgehalten werden.

Die Unterscheidung, ob es sich um eine Abgabe zum Verzehr an Ort und Stelle handelt, hat entscheidenden Einfluss auf die steuerliche Behandlung der Leistung. Die Unterschiede sind der folgenden Gegenüberstellung zu entnehmen:

	Abgabe zum Verzehr an Ort und Stelle	**Keine Abgabe zum Verzehr an Ort und Stelle**
Art der Leistung	Sonstige Leistung	Lieferung
Ort der Leistung	§ 3a Abs. 1 UStG, wo der Unternehmer sein Unternehmen betreibt	§ 3 Abs. 6 UStG, wo die Warenbewegung beginnt
Steuerbefreiungen	§ 4 Nr. 6e UStG, wenn auf einem Seeschiff abgegeben (z. B. auf einer Fähre)	§ 4 Nr. 1a oder § 4 Nr. 1b UStG, wenn Gegenstände in das Ausland gelangen und alle Voraussetzungen für die Steuerbefreiung vorliegen
Bemessungsgrundlage	Alles, was der Leistungsempfänger aufwendet, um die Leistung zu erhalten, ohne die enthaltene Umsatzsteuer	Alles, was der Leistungsempfänger aufwendet, um die Leistung zu erhalten ohne die enthaltene Umsatzsteuer
Steuersatz	Grundsätzlich Regelsteuersatz nach § 12 Abs. 1 UStG: 16 %	Überwiegend ermäßigter Steuersatz in Höhe von 7 % nach § 12 Abs. 2 Nr. 1 UStG, soweit die Lebensmittel in der Anlage 2 zum UStG aufgenommen sind, ansonsten Regelsteuersatz in Höhe von 16 %

Entscheidend für die Einstufung ist insbesondere, ob der Unternehmer Einrichtungen für den Verzehr an Ort und Stelle bereithält. Diese Frage ist jeweils im Einzelfall zu klären, jedoch lassen sich folgende Grundsätze feststellen:

Keine Einrichtungen zum Verzehr an Ort und Stelle werden in den folgenden Fällen bereitgehalten:

- Es werden nur Einrichtungen vorgehalten, die dem Verkauf dienen, z. B. Verkaufstresen oder Verkaufstheken, Ablagebretter an Kiosken,
- der Unternehmer erbringt keine Serviceleistungen im Zusammenhang mit der Leistung.

Dagegen liegen sonstige Leistungen in den folgenden Fällen vor, weil Einrichtungen zum Verzehr an Ort und Stelle bereitgehalten werden:

- Es werden in räumlichem Zusammenhang Tische und Stühle für den Kunden bereitgehalten,
- der Unternehmer stellt neben den Speisen auch Personal oder Gegenstände zur Verfügung,
- der Unternehmer erbringt auch Serviceleistungen (z. B. Ausgabe oder Servieren der Speisen, Reinigung der Tische, Stühle oder des Geschirrs).

WICHTIG!

Soweit eine sonstige Leistung vorliegt, kommt eine Besteuerung mit dem ermäßigten Steuersatz grundsätzlich nicht in Betracht.

Beispiel 2:

Der Catering-Unternehmer C betreibt einen Partyservice. Für einen Kunden A stellt er ein kaltes Buffet zusammen, das er lediglich zu dem Kunden anliefert. Es handelt sich um eine Lieferung von Speisen und Getränken, die dem ermäßigten Steuersatz unterliegt.

Für den Kunden B arrangiert er eine Party, bei der er neben den Speisen und Getränken Stehtische und Geschirr und auch Personal zur Verfügung stellt. Die Leistung ist insgesamt als sonstige Leistung anzusehen, die dem Regelsteuersatz unterliegt.

2.2 Unentgeltliche sonstige Leistungen

Zu den sonstigen Leistungen gegen Entgelt gehören auch die → *unentgeltlichen sonstigen Leistungen*, bei denen der Unternehmer unentgeltlich aus unternehmensfremden Gründen oder gegenüber seinem Personal sonstige Leistungen erbringt. Zu den Einzelheiten vgl. → *unentgeltliche sonstige Leistungen*.

2.3 Werkleistungen

Soweit ein Unternehmer eine einheitliche Leistung erbringt, die sich sowohl aus der Verschaffung der Verfügungsmacht (Lieferung nach § 3 Abs. 1 UStG) wie auch aus einer Dienstleistung (sonstige Leistung nach § 3 Abs. 9 UStG) zusammensetzt, muss diese Leistung entweder als → *Werklieferung* oder als → *Werkleistung* eingestuft werden. Eine Werkleistung liegt nur dann vor, wenn der Unternehmer bei der Ausführung der Leistung nur Nebensachen oder Zutaten verwendet, ansonsten aber keinen Hauptstoff stellt. Zu den Einzelheiten vgl. → *Werklieferung* und → *Werkleistung*.

Ein besonderer Fall der Werkleistung wird in § 3 Abs. 10 UStG geregelt (sog. „Umtauschmüllerei"). Danach liegt eine Werkleistung auch in den Fällen vor, in denen einem

Unternehmer zur Be- oder Verarbeitung ein Gegenstand überlassen wird, der Unternehmer dem Abnehmer aber an Stelle des be- oder verarbeiteten Gegenstandes einen Gegenstand gleicher Art und Güte zurückgibt.

Beispiel 3:

Der Müller M erhält von einem Bauern Getreide zum Mahlen. An Stelle des gemahlenen Getreides des Bauern erhält der Bauer eine entsprechende Menge gemahlenen Getreides zurück. Obwohl hier das gemahlene Getreide nicht stoffidentisch mit dem überlassenen Getreide ist, liegt nach § 3 Abs. 10 UStG eine Werkleistung vor.

2.4 Leistungskommission

§ 3 Abs. 11 UStG wurde zum 1.1.2004 vollständig neu gefasst. Mit der Neufassung erfolgte die Umsetzung der Rechtsprechung des BFH zur sog. Leistungskommission. Der BFH hatte sich in diversen Urteilen (zuletzt Urteil v. 29.8.2002, V R 8/02) mit der Leistungskommission auseinandergesetzt. Dabei wurde unter Hinweis auf Art. 6 Abs. 4 der 6. EG-RL die bisher von der Finanzverwaltung abgelehnte Leistungsfiktion wiederholt bestätigt. Der Gesetzgeber übernimmt nunmehr die sich aus dem Gemeinschaftsrecht und der Rechtsprechung des BFH ergebenden Grundsätze. Wird ein Unternehmer dergestalt in die Erbringung einer sonstigen Leistung eingebunden, dass er in eigenem Namen aber für Rechnung eines Anderen gegenüber einem Dritten eine sonstige Leistung ausführt, wird eine Leistungskette fingiert. Die sonstige Leistung gilt von dem eingeschalteten Unternehmer ausgeführt und gleichzeitig als an ihn ausgeführt. Zu den Einzelheiten vgl. → *Leistungskommission*.

3. Ort der sonstigen Leistung

Eine sonstige Leistung kann nur dann im Inland steuerbar sein, wenn der Ort dieser sonstigen Leistung nach den Vorschriften des deutschen Umsatzsteuergesetzes im → *Inland* liegt.

Bei der Feststellung des Ortes einer sonstigen Leistung sind die Vorschriften in der folgenden Reihenfolge zu prüfen:

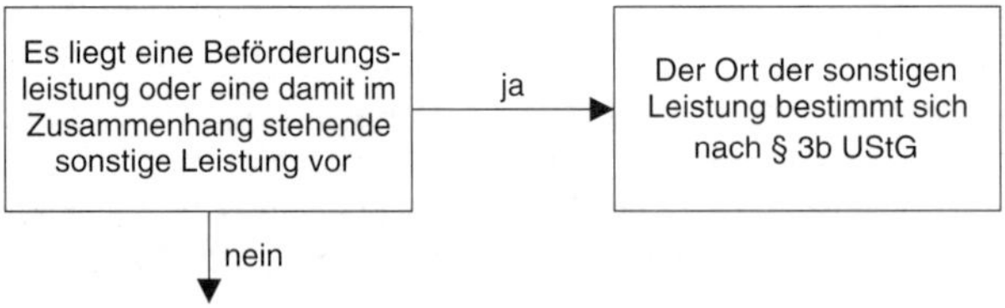

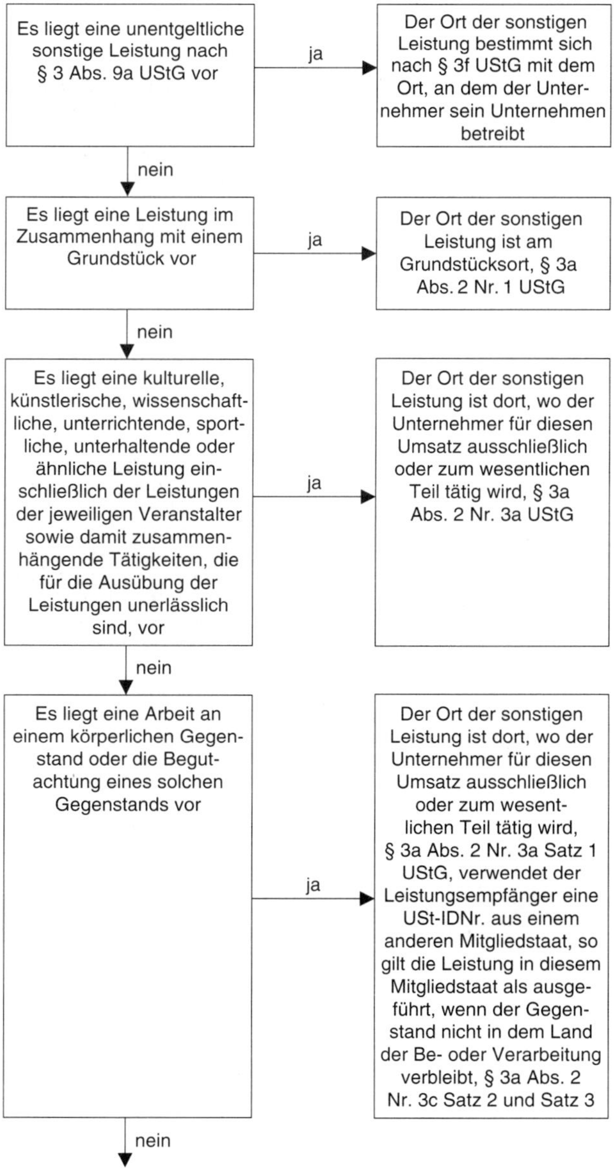
Es liegt eine unentgeltliche sonstige Leistung nach § 3 Abs. 9a UStG vor
ja
Der Ort der sonstigen Leistung bestimmt sich nach § 3f UStG mit dem Ort, an dem der Unternehmer sein Unternehmen betreibt
nein
Es liegt eine Leistung im Zusammenhang mit einem Grundstück vor
ja
Der Ort der sonstigen Leistung ist am Grundstücksort, § 3a Abs. 2 Nr. 1 UStG
nein
Es liegt eine kulturelle, künstlerische, wissenschaftliche, unterrichtende, sportliche, unterhaltende oder ähnliche Leistung einschließlich der Leistungen der jeweiligen Veranstalter sowie damit zusammenhängende Tätigkeiten, die für die Ausübung der Leistungen unerlässlich sind, vor
ja
Der Ort der sonstigen Leistung ist dort, wo der Unternehmer für diesen Umsatz ausschließlich oder zum wesentlichen Teil tätig wird, § 3a Abs. 2 Nr. 3a UStG
nein
Es liegt eine Arbeit an einem körperlichen Gegenstand oder die Begutachtung eines solchen Gegenstands vor
ja
Der Ort der sonstigen Leistung ist dort, wo der Unternehmer für diesen Umsatz ausschließlich oder zum wesentlichen Teil tätig wird, § 3a Abs. 2 Nr. 3a Satz 1 UStG, verwendet der Leistungsempfänger eine USt-IDNr. aus einem anderen Mitgliedstaat, so gilt die Leistung in diesem Mitgliedstaat als ausgeführt, wenn der Gegenstand nicht in dem Land der Be- oder Verarbeitung verbleibt, § 3a Abs. 2 Nr. 3c Satz 2 und Satz 3
nein

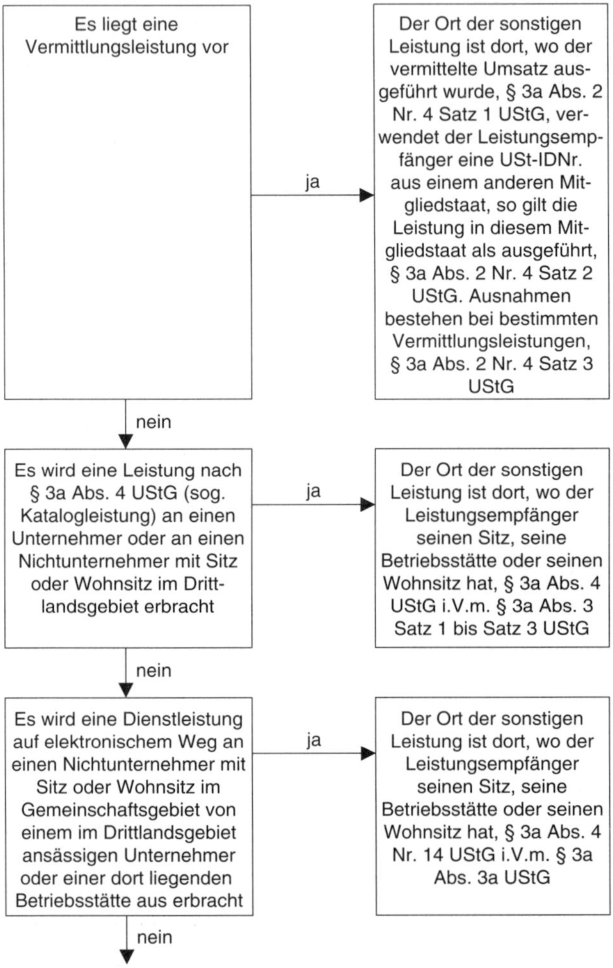
Es liegt eine Vermittlungsleistung vor
ja
Der Ort der sonstigen Leistung ist dort, wo der vermittelte Umsatz ausgeführt wurde, § 3a Abs. 2 Nr. 4 Satz 1 UStG, verwendet der Leistungsempfänger eine USt-IDNr. aus einem anderen Mitgliedstaat, so gilt die Leistung in diesem Mitgliedstaat als ausgeführt, § 3a Abs. 2 Nr. 4 Satz 2 UStG. Ausnahmen bestehen bei bestimmten Vermittlungsleistungen, § 3a Abs. 2 Nr. 4 Satz 3 UStG
nein
Es wird eine Leistung nach § 3a Abs. 4 UStG (sog. Katalogleistung) an einen Unternehmer oder an einen Nichtunternehmer mit Sitz oder Wohnsitz im Drittlandsgebiet erbracht
ja
Der Ort der sonstigen Leistung ist dort, wo der Leistungsempfänger seinen Sitz, seine Betriebsstätte oder seinen Wohnsitz hat, § 3a Abs. 4 UStG i.V.m. § 3a Abs. 3 Satz 1 bis Satz 3 UStG
nein
Es wird eine Dienstleistung auf elektronischem Weg an einen Nichtunternehmer mit Sitz oder Wohnsitz im Gemeinschaftsgebiet von einem im Drittlandsgebiet ansässigen Unternehmer oder einer dort liegenden Betriebsstätte aus erbracht
ja
Der Ort der sonstigen Leistung ist dort, wo der Leistungsempfänger seinen Sitz, seine Betriebsstätte oder seinen Wohnsitz hat, § 3a Abs. 4 Nr. 14 UStG i.V.m. § 3a Abs. 3a UStG
nein

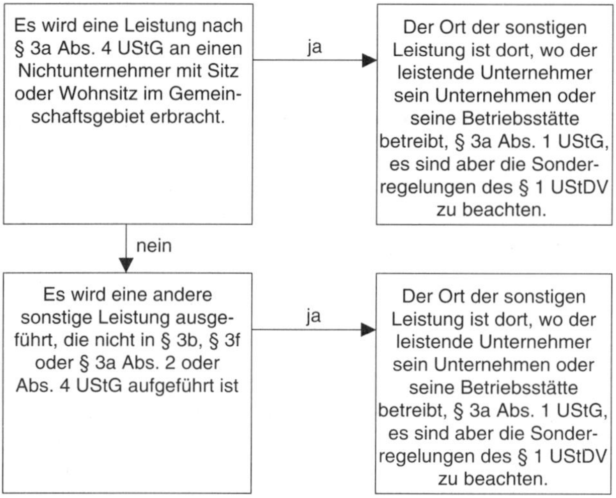

ACHTUNG!

Wenn eine sonstige Leistung von einem im Ausland ansässigen Unternehmer im Inland ausgeführt wird, kann der Leistungsempfänger zum Steuerschuldner für die Umsatzsteuer nach § 13b UStG werden (vgl. → *Steuerschuldnerverfahren*).

3.1 Besonderheiten bei der Bestimmung des Ortes einer sonstigen Leistung

3.1.1 Beförderungsleistungen

Soweit der Unternehmer eine → *Beförderungsleistung* oder eine damit im Zusammenhang stehende Leistung (z. B. Beladen, Entladen, Umschlagen, Verpacken oder ähnliche Leistungen) erbringt, bestimmt sich der Ort der sonstigen Leistung grundsätzlich nach den Vorschriften des § 3b UStG. Dabei ist der Ort der Leistung im Regelfall dort, wo die Beförderungsleistung bewirkt wird (entsprechend der zurückgelegten Fahrstrecke). Bei der Beförderung von Gegenständen zwischen zwei Mitgliedstaaten ergeben sich hier aber nach § 3b Abs. 3 UStG Ausnahmen. Zu den Einzelheiten vgl. → *Beförderungsleistungen*.

3.1.2 Unentgeltliche Leistungen

Wenn der Unternehmer → *unentgeltliche Leistungen* im Sinne des § 3 Abs. 9a UStG ausführt, ist der Ort dieser Leistung nach § 3f UStG grundsätzlich dort, wo der Unternehmer sein Unternehmen betreibt. Lediglich wenn er die Leistung von einer → *Betriebsstätte* aus erbringt, ist der Ort der Betriebsstätte maßgebend. Zu den Einzelheiten vgl. → *unentgeltliche Leistungen*.

3.1.3 Leistungen im Zusammenhang mit einem Grundstück

Eine sonstige Leistung im Zusammenhang mit einem Grundstück ist immer dort ausgeführt, wo das Grundstück liegt (sog. Belegenheitsprinzip). Nicht von Bedeutung ist, wo der Unternehmer seinen Sitz hat, wo der Leistungsempfänger seinen Sitz hat oder ob eine USt-IDNr. verwendet wird.

Leistungen im Zusammenhang mit einem Grundstück sind insbesondere:

- Vermietung von Grundstücken, Grundstücksteilen, Gebäuden oder Gebäudeteilen, § 3a Abs. 2 Nr. 1a UStG (vgl. → *Vermietung*),
- sonstige Leistungen im Zusammenhang mit der Veräußerung oder dem Erwerb von Grundstücken (z. B. Leistung des Maklers oder des den Kaufvertrag beurkundenden Notars, nicht jedoch der Finanzierungsvermittler oder der Steuerberater), § 3a Abs. 2 Nr. 1b UStG sowie
- sonstige Leistungen, die der Erschließung von Grundstücken oder der Vorbereitung oder der Ausführung von Bauleistungen dienen (z. B. Leistungen eines Architekten oder eines Fachingenieurs, Ausführung von Reparaturleistungen, soweit kein Material verwendet wird, das als Hauptstoff anzusehen ist), § 3a Abs. 2 Nr. 1c UStG.

Beispiel 4:

Der deutsche Architekt A wird von seinem deutschen Kunden beauftragt, einen Entwurf für ein geplantes Ferienhaus in Kanada zu fertigen. A erbringt diese Planungsleistung in seinem deutschen Büro. Die sonstige Leistung ist in Deutschland nicht steuerbar, da der Ort der Leistung nach § 3a Abs. 2 Nr. 1c UStG in Kanada ist.

Auch bei der Überlassung von Standflächen auf Messen und Ausstellungen durch die Veranstalter an die Aussteller handelt es sich um sonstige Leistungen im Zusammenhang mit einem Grundstück. Dies gilt auch für entsprechende Nebenleistungen wie die Überlassung von Parkplätzen sowie von Räumen und Einrichtungen auf dem Messegelände für Informationsveranstaltungen.

3.1.4 Kulturelle, künstlerische und ähnliche Leistungen

Soweit der Unternehmer bestimmte kulturelle, künstlerische und ähnliche Leistungen ausführt, ist der Ort dieser Leistung immer dort, wo der Unternehmer für diesen einzelnen Umsatz ausschließlich oder zum wesentlichen Teil tätig geworden ist. Unter die Anwendungsfälle des § 3a Abs. 2 Nr. 3a UStG fallen die folgenden Leistungen:

Leistung	Besonderheit
Kulturelle Leistungen	Gesetzesergänzung zum 1.4.1999.
Künstlerische Leistungen	Es muss eine Abgrenzung zu den Fällen erfolgen, bei denen der Unternehmer Rechte nach dem Urheberrechtsgesetz überlässt (z. B. gesondertes Entgelt für Aufzeichnungen während eines Konzertes). Hier liegt eine Leistung nach § 3a Abs. 4 Nr. 1 UStG vor.
Wissenschaftliche Leistungen	Es muss eine Abgrenzung zu der Beratungsleistung im Sinne des § 3a Abs. 4 Nr. 3 UStG erfolgen. Eine wissenschaftliche Leistung setzt voraus, dass keine konkrete Entscheidungshilfe für den Auftraggeber mit der Leistung verbunden ist. Soweit eine Entscheidungshilfe zur Lösung konkreter technischer, wirtschaftlicher oder rechtlicher Fragen im Vordergrund steht, handelt es sich um eine Beratung nach § 3a Abs. 4 Nr. 3 UStG.
Unterrichtende Leistungen	Vermittlung von Kenntnissen oder Fähigkeiten jeglicher Art durch einen Lehrer. Eventuell kann eine Steuerbefreiung nach § 4 Nr. 21 Buchst. b UStG in Betracht kommen.
Sportliche Leistungen	Jede Art sportlicher Leistungen.
Unterhaltende Leistungen	Leistungen ohne künstlerischen Rang (Leistungen eines Schlagersängers, eines Conférenciers, Varieteleistungen).
Leistungen der jeweiligen Veranstalter	Auch Veranstalter der hier aufgeführten Leistungen fallen unter die Vorschrift des § 3a Abs. 2 Nr. 3a UStG. Insbesondere sind dies Veranstalter von Konzerten oder sportlichen Turnieren.
Damit zusammenhängende Leistungen, die für die genannten Leistungen unerlässlich sind	Soweit ein Unternehmer eine Leistung erbringt, die für eine der genannten Tätigkeiten unerlässlich ist (z. B. tontechnische Leistungen im Zusammenhang mit einer künstlerischen oder unterhaltenden Leistung), ist diese Leistung ebenfalls dort ausgeführt, wo die zugrunde liegende Leistung ausschließlich oder überwiegend ausgeführt wird.

WICHTIG!

Bei den genannten Leistungen ist bei jeder Einzelleistung darauf abzustellen, wo der leistende Unternehmer die für die Leistung entscheidenden Tätigkeiten entfaltet hat.

3.1.5 Arbeiten an beweglichen körperlichen Gegenständen und die Begutachtung

Wenn ein Unternehmer an einem beweglichen körperlichen Gegenstand eine Arbeit ausgeführt hat, ist der Ort dieser Leistung nach § 3a Abs. 2 Nr. 3c UStG dort, wo der Unternehmer für diesen Umsatz ausschließlich oder zum wesentlichen Teil tätig geworden ist. Dies gilt auch bei der Begutachtung eines beweglichen körperlichen Gegenstandes.

Arbeiten an beweglichen körperlichen Gegenständen werden in aller Regel dann vorliegen, wenn der Unternehmer eine → *Werkleistung* an einem beweglichen Gegenstand ausführt. Lediglich Arbeiten in Zusammenhang mit einem Grundstück sind immer dort ausgeführt, wo das Grundstück liegt, vgl. oben 3.1.1.

ACHTUNG!

Betriebsvorrichtungen (Maschinen und Anlagen, mit denen ein Unternehmen betrieben wird, auch wenn sie mit dem Grundstück oder dem Gebäude fest verbunden sind) gelten als bewegliche körperliche Gegenstände.

Auch die Begutachtung eines beweglichen Gegenstandes führt zu einem Ort der Leistung nach § 3a Abs. 2 Nr. 3c UStG. Bei der Begutachtung eines solchen Gegenstandes hat die Vorschrift des § 3a Abs. 2 Nr. 3c UStG Vorrang vor der Vorschrift des § 3a Abs. 4 Nr. 3 UStG.

Beispiel 5:

Der Kfz-Gutachter K begutachtet ein in Deutschland durch einen Unfall beschädigtes Fahrzeug eines Unternehmers aus der Schweiz. Der Ort der Leistung ist nach § 3a Abs. 2 Nr. 3c UStG in Deutschland.

Wenn der Auftraggeber einer solchen sonstigen Leistung bei der Auftragserteilung ausdrücklich eine USt-IDNr. aus einem anderen Mitgliedstaat (als dem Mitgliedstaat, in dem die Be- oder Verarbeitung stattfindet) verwendet, wird der Ort der sonstigen Leistung in diesen Mitgliedstaat verlagert, § 3a Abs. 2 Nr. 3c Satz 2 UStG. Voraussetzung dafür ist aber, dass der be- oder verarbeitete Gegenstand im Anschluss nicht in dem Mitgliedstaat verbleibt, in dem die Arbeit ausgeführt worden ist, § 3a Abs. 2 Nr. 3c Satz 3 UStG.

Beispiel 6:

Der Werkunternehmer W aus Nürnberg hat den Auftrag übernommen, für einen italienischen Hausgerätehersteller H aus zur Verfügung gestellten Stahlblechen Formteile zu stanzen und diese zu Gehäusen zusammenzuschweißen. Bei der Auftragserteilung hat der Auftraggeber H seine USt-IDNr. aus Italien verwendet. Die fertigen Gehäuse werden

im Anschluss an die Leistung nach Italien verbracht. Die Leistung des W ist eine sonstige Leistung nach § 3a Abs. 2 Nr. 3c UStG, der Ort der Leistung ist nach Satz 2 der Regelung in Italien, da der Auftraggeber eine USt-IDNr. aus Italien verwendet hat.

WICHTIG!

Der be- oder verarbeitete Gegenstand muss nicht in den Mitgliedstaat gelangen, aus dem die USt-IDNr. stammt, es reicht aus, dass der Gegenstand nicht in dem Tätigkeitsland verbleibt.

ACHTUNG!

Soweit eine solche sonstige Leistung durch die Verwendung einer USt-IDNr. aus Deutschland aus einem anderen Mitgliedstaat nach Deutschland verlagert wird, wird der Leistungsempfänger zum Steuerschuldner nach § 13b UStG für die an ihn ausgeführte Leistung (→ *Steuerschuldnerverfahren*), wenn der leistende Unternehmer ein ausländischer Unternehmer ist.

3.1.6 Vermittlungsleistungen

Wenn der leistende Unternehmer eine Vermittlungsleistung erbringt, bestimmt sich der Ort der Vermittlungsleistung grundsätzlich mit dem Ort, an dem der vermittelte Umsatz ausgeführt wird. Verwendet allerdings der Leistungsempfänger eine ihm in einem anderen Mitgliedstaat erteilte USt-IDNr., so wird die sonstige Leistung in diesen anderen Mitgliedstaat verlagert. Darüber hinaus ist zu beachten, dass bei bestimmten Vermittlungsleistungen (z. B. im Zusammenhang mit Grundstücken oder mit Beförderungsleistungen) besondere – vorrangige – Rechtsvorschriften zu beachten sind. Zu den Einzelheiten vgl. → *Vermittlungsleistungen*.

3.1.7 Leistungen nach § 3a Abs. 4 UStG

Soweit der Unternehmer eine sonstige Leistung erbringt, die im § 3a Abs. 4 UStG aufgeführt ist (sog. Katalogfälle), ergibt sich der Ort dieser sonstigen Leistung aus der Rechtsvorschrift des § 3a Abs. 3 UStG oder in bestimmten Fällen bei auf elektronischem Weg erbrachten Leistungen nach § 3a Abs. 3a UStG, wenn der leistende Unternehmer im Drittlandsgebiet ansässig ist und der Leistungsempfänger die Leistung als Nichtunternehmer erhält. Damit stellen die Vorschriften des § 3a Abs. 3, Abs. 3a und Abs. 4 UStG eine systematische Einheit dar. Leistungen im Sinne des § 3a Abs. 4 UStG sind:

Leistung	Rechtsvorschrift
Einräumung, Übertragung und Wahrnehmung von Patenten, Urheberrechten, Markenrechten und ähnlichen Rechten	§ 3a Abs. 4 Nr. 1 UStG
Sonstige Leistungen, die der Werbung oder der Öffentlichkeitsarbeit dienen, auch der Werbemittler und der Werbeagenten	§ 3a Abs. 4 Nr. 2 UStG

Sonstige Leistung

Leistung	Rechtsvorschrift
Sonstige Leistungen aus der Tätigkeit als Rechtsanwalt, Patentanwalt, Steuerberater, Steuerbevollmächtigter, Wirtschaftsprüfer, vereidigter Buchprüfer, Sachverständiger, Ingenieur, Aufsichtsratsmitglied, Dolmetscher und Übersetzer sowie ähnlicher Leistungen anderer Unternehmer, insbesondere die rechtliche, wirtschaftliche und technische Beratung	§ 3a Abs. 4 Nr. 3 UStG
Datenverarbeitung	§ 3a Abs. 4 Nr. 4 UStG
Überlassung von Informationen einschließlich gewerblicher Verfahren und Erfahrungen	§ 3a Abs. 4 Nr. 5 UStG
Bestimmte, in § 4 Nr. 8a bis g UStG genannte Umsätze sowie deren Vermittlung im Zusammenhang mit: - Krediten, - gesetzlichen Zahlungsmitteln, - Forderungen, - Einlagengeschäft, Kontokorrentverkehr, Zahlungs- und Überweisungsverkehr und Inkasso von Handelspapieren, - Wertpapieren (ohne Verwahrung und Verwaltung), - Anteilen an Gesellschaften und Vereinigungen, - Übernahme von Verbindlichkeiten, Bürgschaften und anderen Sicherheiten. Darüber hinaus Leistungen auf Grund eines Versicherungsverhältnisses sowie die Verschaffung von Versicherungsschutz (§ 4 Nr. 10 UStG) Die Verwaltung von Krediten und Kreditsicherheiten	§ 3a Abs. 4 Nr. 6a UStG
Sonstige Leistungen im Geschäft mit Gold, Silber und Platin, nicht jedoch für Münzen und Medaillen aus diesen Edelmetallen	§ 3a Abs. 4 Nr. 6b UStG
Gestellung von Personal	§ 3a Abs. 4 Nr. 7 UStG
Verzicht auf die Ausübung des Rechtes auf Einräumung, Übertragung und Wahrnehmung von Patenten, Urheberrechten, Markenrechten und ähnlichen Rechten	§ 3a Abs. 4 Nr. 8 UStG
Verzicht, ganz oder teilweise eine gewerbliche oder berufliche Tätigkeit auszuüben	§ 3a Abs. 4 Nr. 9 UStG
Vermittlung der in § 3a Abs. 4 UStG bezeichneten Leistungen, insbesondere im Zusammenhang mit Rechten	§ 3a Abs. 4 Nr. 10 UStG

Leistung	Rechtsvorschrift
Vermietung beweglicher körperlicher Gegenstände mit Ausnahme von Beförderungsmitteln	§ 3a Abs. 4 Nr. 11 UStG
Sonstige Leistungen auf dem Gebiet der Telekommunikation	§ 3a Abs. 4 Nr. 12 UStG
Rundfunk- und Fernsehdienstleistungen (ab dem 1.7.2003)	§ 3a Abs. 4 Nr. 13 UStG
auf elektronischem Weg erbrachte sonstige Leistungen (ab dem 1.7.2003)	§ 3a Abs. 4 Nr. 14 UStG

ACHTUNG!

Bei Leistungen nach § 3a Abs. 4 UStG kommt der Verwendung einer USt-IDNr. keine Bedeutung zu.

Soweit eine in § 3a Abs. 4 UStG genannte Leistung ausgeführt worden ist, bestimmt sich der Ort der Leistung in Abhängigkeit davon, welche Rechtsposition der Leistungsempfänger innehat:

- Der Leistungsempfänger ist ein Unternehmer, der die Leistung für sein Unternehmen bezieht. Die sonstige Leistung ist immer dort ausgeführt, wo der Leistungsempfänger sein Unternehmen betreibt, § 3a Abs. 3 Satz 1 UStG.

  ACHTUNG!

  Ist der Leistungsempfänger zwar Unternehmer, bezieht die Leistung aber nicht für sein Unternehmen, greift diese Regelung nicht.

- Der Leistungsempfänger ist ein Unternehmer, der die Leistung für sein Unternehmen bezieht. Die Leistung wird aber an eine → *Betriebsstätte* des Unternehmers erbracht. Die sonstige Leistung ist immer dort, wo die Betriebsstätte des die Leistung empfangenen Unternehmers unterhalten wird, § 3a Abs. 3 Satz 2 UStG.
- Der Leistungsempfänger ist kein Unternehmer oder ein Unternehmer, der die Leistung nicht für sein Unternehmen bezieht, und hat seinen Sitz (z. B. bei juristischen Personen, die keine Unternehmer sind) oder seinen Wohnsitz (bei Privatpersonen) im → *Drittlandsgebiet*. Die sonstige Leistung ist immer dort ausgeführt, wo der Leistungsempfänger seinen Sitz oder seinen Wohnsitz hat, § 3a Abs. 3 Satz 3 UStG.
- Der Leistungsempfänger ist kein Unternehmer oder ein Unternehmer, der die Leistung nicht für sein Unternehmen bezieht, und hat seinen Sitz oder seinen Wohnsitz im → *Gemeinschaftsgebiet*. Die sonstige Leistung ist immer dort ausgeführt, wo der leistende Unternehmer seinen Sitz hat, § 3a Abs. 1 Satz 1 UStG. Wenn die

Leistung von einer → *Betriebsstätte* des Unternehmers ausgeführt wird, ist der Ort der Betriebsstätte maßgebend. Zu beachten ist jedoch die Ausnahme nach § 1 UStDV (vgl. 3.1.9).

- Soweit eine auf elektronischem Weg erbrachte sonstige Leistung (vgl. zu den Einzelheiten → *Electronic Commerce*) vorliegt und diese Leistung an einen Nichtunternehmer erbracht wird, ist der Ort der sonstigen Leistung dort, wo der Leistungsempfänger seinen Wohnsitz oder seinen Sitz hat, wenn die Leistung von einem im Drittlandsgebiet ansässigen Unternehmer (oder von einer dort unterhaltenen Betriebsstätte) ausgeführt wird (seit 1.7.2003), § 3a Abs. 3a UStG.

3.1.8 Andere sonstigen Leistungen

Alle sonstigen Leistungen, die nicht in den Vorschriften des § 3b UStG, § 3f UStG oder § 3a Abs. 2 und Abs. 4 UStG aufgeführt sind, werden nach der Grundvorschrift des § 3a Abs. 1 UStG grundsätzlich dort ausgeführt, wo der leistende Unternehmer sein Unternehmen betreibt. Wenn die Leistung von einer → *Betriebsstätte* aus erbracht wird, ist der Ort der Betriebsstätte maßgebend.

ACHTUNG!

In den Fällen, in denen sich der Ort der sonstigen Leistung nach § 3a Abs. 1 UStG bestimmt, sind die Ausnahmen des § 1 UStDV zu prüfen.

3.1.9 Verlagerung des Ortes der sonstigen Leistung nach § 1 UStDV

Bei bestimmten sonstigen Leistungen, deren Ort ansonsten nach § 3a Abs. 1 UStG zu bestimmen wäre, kann eine Verlagerung des Ortes der sonstigen Leistung nach § 1 UStDV in Frage kommen.

In den folgenden Fällen wird der Ort der sonstigen Leistung abweichend von § 3a Abs. 1 UStG aus dem → *Drittlandsgebiet* in das Inland verlagert:

- Ein im Drittlandsgebiet ansässiger Unternehmer erbringt eine im § 3a Abs. 4 Nr. 1 bis Nr. 11 UStG genannte sonstige Leistung an eine im Inland ansässige juristische Person des öffentlichen Rechts, soweit diese kein Unternehmer ist, und die Leistung wird im Inland genutzt oder ausgewertet.

Beispiel 7:

Der Rechtsanwalt R aus der Schweiz erbringt gegenüber einer deutschen Behörde ein Rechtsgutachten. Der Ort der sonstigen Leistung wäre eigentlich nach § 3a Abs. 1 UStG in der Schweiz, wird aber nach § 1 Abs. 1 Nr. 1 UStDV in das Inland verlagert, da es sich um eine Leistung nach § 3a Abs. 4 Nr. 3 UStG handelt. Die sonstige Leistung ist in Deutschland steuerbar und steuerpflichtig. Die Behörde wird zum Steuerschuldner nach § 13b Abs. 1 Nr. 1 UStG.

- Ein im Drittlandsgebiet ansässiger Unternehmer erbringt eine im § 3a Abs. 4 Nr. 12 UStG (Telekommunikationsleistung) oder in § 3a Abs. 4 Nr. 13 UStG (Rundfunk- und Fernsehdienstleistung) bezeichnete sonstige Leistung, die im Inland genutzt wird.

Beispiel 8:

Der Telekommunikationsanbieter T aus Russland bietet in Deutschland Telekommunikationsdienstleistungen an. Soweit die Leistungsempfänger Nichtunternehmer im Inland sind, würden die Leistungen nach § 3a Abs. 1 UStG in Russland ausgeführt werden. Nach § 1 Abs. 1 Nr. 2 UStDV wird diese Leistung aber in Deutschland ausgeführt.

- Ein im Drittlandsgebiet ansässiger Unternehmer vermietet ein Beförderungsmittel, das im Inland genutzt wird.

Beispiel 9:

Ein Nahverkehrsunternehmen aus der Schweiz vermietet Omnibusse an ein Nahverkehrsunternehmen in München. Der Ort der sonstigen Leistung wäre nach § 3a Abs. 1 UStG in der Schweiz. Nach § 1 Abs. 1 Nr. 3 UStDV wird der Ort der Leistung nach Deutschland verlagert. Die Leistung des Schweizer Unternehmers ist in Deutschland steuerbar und steuerpflichtig. Der Leistungsempfänger wird Steuerschuldner für die Umsatzsteuer nach § 13b Abs. 1 Nr. 1 UStG.

WICHTIG!

Die Regelung des § 1 Abs. 1 UStDV greift nur, wenn der leistende Unternehmer die Leistung aus dem Drittlandsgebiet aus erbringt und die Leistung im Inland genutzt wird.

Nach § 1 Abs. 2 UStDV wird eine sonstige Leistung aus dem Inland in das Drittlandsgebiet verlagert, wenn ein Unternehmer, der sein Unternehmen vom Inland aus betreibt, ein Schienenfahrzeug, einen Kraftomnibus oder ein ausschließlich zur Beförderung von Gegenständen bestimmtes Straßenfahrzeug an einen im Drittlandsgebiet ansässigen Unternehmer vermietet und das Fahrzeug im Drittlandsgebiet genutzt wird.

Beispiel 10:

Der Unternehmer U aus Stuttgart vermietet an einen Unternehmer aus Zürich ein Fahrzeug, das zur Beförderungen von Gegenständen bestimmt ist. Das Fahrzeug wird in der Schweiz für unternehmerische Zwecke des Mieters verwendet. Die Leistung des U ist in Deutschland nicht steuerbar, da der Ort der Leistung – der sich eigentlich nach § 3a Abs. 1 UStG bestimmen würde – nach § 1 Abs. 2 UStDV in die Schweiz verlagert wird.

Steuerbefreiungen

Steuerbefreiungen auf einen Blick

1. Rechtsquellen

   § 4 bis § 9 UStG

   § 8 bis § 24 UStDV

   Abschn. 43 bis Abschn. 148a UStR 2000

2. Bedeutung

   Ein Umsatz, der von einem Unternehmer im Inland ausgeführt wird, kann unter bestimmten Voraussetzungen steuerfrei sein. Die Steuerfreiheit setzt immer zwingend eine ausdrückliche gesetzliche Regelung voraus. Darüber hinaus muss die Steuerbefreiung vom leistenden Unternehmer in den meisten Fällen buch- und belegmäßig nachgewiesen werden.

3. Weitere Stichworte

   → *Abtretung von Forderungen*, → *Ausfuhrlieferung*, → *Beförderungsleistungen*, → *innergemeinschaftliche Lieferung*, → *Lohnveredelung*, → *Option zur Umsatzsteuer*, → *Steuerlager*, → *Vermittlungsleistung*

1. Allgemeines

Eine steuerbare Leistung, die ein Unternehmer im Rahmen seines Unternehmens im Inland erbringt, führt zu einem steuerbaren Umsatz. Dieser steuerbare Umsatz ist auf die Steuerpflicht hin zu überprüfen. Das Umsatzsteuerrecht ist dadurch geprägt, dass es eine Vielzahl von einzelnen Steuerbefreiungstatbeständen gibt, die teilweise wiederum eine Fülle von Einzelvoraussetzungen zur Bedingung haben. Dabei sind die Voraussetzungen für Steuerbefreiungen nach der Rechtsprechung des EuGH eng auszulegen, für analoge Anwendungen auf nicht direkt in den Steuerbefreiungsvorschriften aufgeführte Leistungen besteht kein Raum.

Die Steuerbefreiungsvorschriften für Lieferungen und sonstige Leistungen sind im § 4 UStG aufgeführt, wobei einige Befreiungsvorschriften durch weitere Rechtsvorschriften konkretisiert werden (z. B. verweist § 4 Nr. 1a UStG auf die Ausfuhrlieferung als steuerfreie Lieferung, konkretisiert werden die Voraussetzungen für eine solche steuerfreie Ausfuhrlieferung im § 6 UStG).

Die folgende Übersicht enthält eine Zusammenstellung der wichtigsten Steuerbefreiungsvorschriften des § 4 UStG (verkürzte Zusammenstellung unter Vernachlässigung von Nebenvorschriften):

§ 4	Leistung	Vorsteuer-abzug	options-fähig
Nr. 1a	Ausfuhrlieferung und Lohnveredelungen (im Drittlandsverkehr)	ja	–
Nr. 1b	Innergemeinschaftliche Lieferungen	ja	–
Nr. 2	Umsätze für die Seeschifffahrt und für die Luftfahrt	ja	–
Nr. 3a	Grenzüberschreitende Beförderungen im Drittlandsverkehr sowie damit im Zusammenhang stehende Leistungen	ja	–
Nr. 3b	Beförderung von Gegenständen zu und von den autonomen Regionen Azoren und Madeira	ja	–
Nr. 3c	Bestimmte sonstige Leistungen im Zusammenhang mit zollamtlich vorübergehend verwendeten Gegenständen	ja	–
Nr. 4	Lieferung von Gold an Zentralbanken	ja	–
Nr. 4a	Lieferungen und sonstige Leistungen im Zusammenhang mit einem Steuerlager	ja	–
Nr. 4b	Bestimmte, vor einer Einfuhr im Inland ausgeführte Lieferungen	ja	–
Nr. 5	Befreiungen für bestimmte Vermittlungsleistungen (nicht im Zusammenhang mit innergemeinschaftlichen Leistungen)	ja	–
Nr. 6a	Bestimmte Leistungen der Eisenbahnen des Bundes	ja	–
Nr. 6c	Bestimmte Lieferungen ins Drittlandsgebiet, soweit sich die Gegenstände im Rahmen einer zollamtlichen vorübergehenden Verwendung befinden	ja	–
Nr. 6d	Personenbeförderung mit Seeschiffen im Helgolandverkehr	ja	–
Nr. 6e	Abgabe von Speisen und Getränken auf Seeschiffen, nicht bei Fahrstrecke zwischen inländischen Häfen	ja	–
Nr. 7	Bestimmte Lieferungen an NATO-Partner und diplomatische Vertretungen	ja	–
Nr. 8a	Umsätze und Vermittlungen von Krediten	bedingt[1]	ja

§ 4	Leistung	Vorsteuer-abzug	options-fähig
Nr. 8b	Umsätze und Vermittlungen von gesetzlichen Zahlungsmitteln, soweit nicht wegen des Metallgehaltes oder des Sammlerwertes umgesetzt	bedingt[1]	ja
Nr. 8c	Umsätze und Vermittlungen im Geschäft mit Forderungen, ausgenommen ist die Einziehung von Forderungen	bedingt[1]	ja
Nr. 8d	Umsätze und Vermittlungen im Einlagengeschäft, Kontokorrentverkehr u.Ä.	bedingt[1]	ja
Nr. 8e	Umsätze und Vermittlungen im Geschäft mit Wertpapieren, ausgenommen die Verwaltung	bedingt[1]	ja
Nr. 8f	Umsätze und Vermittlungen von Anteilen an Gesellschaften und anderen Vereinigungen	bedingt[1]	ja
Nr. 8g	Übernahme von Verbindlichkeiten, von Bürgschaften und anderen Sicherheiten sowie die Vermittlung dieser Umsätze	bedingt[1]	ja
Nr. 8h	Verwaltung von Sondervermögen nach dem Gesetz über Kapitalanlagegesellschaften	nein	nein
Nr. 8i	Umsätze der im Inland gültigen amtlichen Wertzeichen zum aufgedruckten Wert	nein	nein
Nr. 8j	Beteiligung als stiller Gesellschafter an dem Unternehmen eines anderen	nein	nein
Nr. 9a	Umsätze, die unter das Grunderwerbsteuergesetz fallen	nein	ja
Nr. 9b	Umsätze, die unter das Rennwett- und Lotteriegesetz fallen	nein	nein
Nr. 10	Leistungen auf Grund eines Versicherungsverhältnisses	bedingt[1]	nein
Nr. 11	Umsätze von Bausparkassen- und Versicherungsvertretern und Versicherungsmaklern	nein	nein
Nr. 11b	Umsätze der Post AG, die dem Postwesen dienen	nein	nein
Nr. 12	Vermietung und Verpachtung von Grundstücken und Grundstücksteilen mit bestimmten Ausnahmen	nein	bedingt[2]

§ 4	Leistung	Vorsteuer-abzug	options-fähig
Nr. 13	Bestimmte Leistungen von Wohnungseigentümergemeinschaften	nein	ja
Nr. 14	Umsätze aus heilberuflichen Tätigkeiten	nein	nein
Nr. 15	Umsätze gesetzlicher Träger der Sozialversicherung	nein	nein
Nr. 16	Bestimmte Umsätze aus dem Betrieb von Krankenhäusern u.ä. Betrieben	nein	nein
Nr. 17	Lieferung von menschlichen Organen u.Ä.; Beförderung kranker Personen	nein	nein
Nr. 18	Bestimmte Leistungen von Verbänden der Wohlfahrtspflege	nein	nein
Nr. 19	Bestimmte Umsätze von Blinden	nein	ja
Nr. 20	Theater, Orchester u.ä. Einrichtungen des Bundes, der Länder und Gemeinden	nein	nein
Nr. 21	Schul- und Bildungszwecken dienende Leistungen, wenn Ersatzschulen oder bei Vorbereitung auf öffentliche Prüfung sowie Leistungen selbstständiger Lehrer	nein	nein
Nr. 21a	Umsätze staatlicher Hochschulen aus bestimmter Forschungstätigkeit – nur bis 31.12.2003	nein	nein
Nr. 22a	Vorträge, Kurse u.ä. von juristischen Personen des öffentlichen Rechts, gemeinnützigen Einrichtungen u.ä. Institutionen, wenn Einnahmen nur der Kostendeckung dienen	nein	nein
Nr. 22b	Kulturelle und sportliche Veranstaltungen der Einrichtungen nach Nr. 22a, soweit Teilnahmegebühren erhoben werden	nein	nein
Nr. 23	Beherbergung und Beköstigung von Jugendlichen	nein	nein
Nr. 24	Leistungen des Jugendherbergswerk	nein	nein
Nr. 25	Bestimmte Leistungen der öffentlichen Jugendhilfe	nein	nein
Nr. 26	Bestimmte ehrenamtliche Tätigkeiten	nein	nein

§ 4	Leistung	Vorsteuer-abzug	options-fähig
Nr. 27	Bestimmte Abstellung von Mitgliedern geistlicher Einrichtungen und bestimmte Gestellung von land- und forstwirtschaftlichen Arbeitskräften	nein	nein
Nr. 28	Lieferung von Gegenständen, für die die Vorsteuer nach § 15 Abs. 1a Nr. 1 UStG ausgeschlossen ist oder die gelieferten Gegenstände ausschließlich für steuerfreie Umsätze nach § 4 Nr. 8 bis Nr. 27 UStG genutzt worden sind	nein	nein

[1] Eine Vorsteuerabzugsberechtigung besteht nur, wenn sich der Umsatz unmittelbar auf Gegenstände bezieht, die in das Drittlandsgebiet ausgeführt werden bzw. soweit die Leistung im Ausland oder ohne Entgelt ausgeführt wird, wenn der Leistungsempfänger im Drittlandsgebiet ansässig ist.

[2] Die Einschränkungen des § 9 Abs. 2 UStG sind zu beachten (vgl. → *Option zur Umsatzsteuer*).

2. Einzelheiten zu wichtigen Steuerbefreiungsvorschriften

2.1 Ausfuhrlieferung und Lohnveredelung

Soweit ein Gegenstand bei einer Lieferung in das Drittlandsgebiet gelangt, kann unter bestimmten Voraussetzungen eine steuerfreie Ausfuhrlieferung vorliegen. Zu den Einzelheiten vgl. → *Ausfuhrlieferung*.

Wird ein Gegenstand im Inland be- oder verarbeitet und gelangt er im Anschluss an diese Be- oder Verarbeitung in das Drittland, so kann unter bestimmten Voraussetzungen eine steuerfreie Lohnveredelung vorliegen. Zu den Einzelheiten vgl. → *Lohnveredelung*.

2.2 Innergemeinschaftliche Lieferung

Eine steuerfreie innergemeinschaftliche Lieferung liegt dann vor, wenn ein Gegenstand bei einer Lieferung von einem Mitgliedstaat in einen anderen Mitgliedstaat gelangt und sichergestellt ist, dass der Erwerb des Gegenstandes bei dem Abnehmer in dem anderen Mitgliedstaat der Besteuerung unterliegt (→ *innergemeinschaftlicher Erwerb*).

WICHTIG!

Ohne Angabe der zutreffenden USt-IDNr. des Leistungsempfängers kann eine steuerfreie innergemeinschaftliche Lieferung nicht vorliegen.

Zu den Einzelheiten vgl. → *innergemeinschaftliche Lieferung*.

2.3 Umsätze für die Seeschifffahrt und die Luftfahrt

Nach § 4 Nr. 2 UStG in Verbindung mit § 8 UStG führen bestimmte Umsätze für die Seeschifffahrt und die Luftfahrt zu einem steuerfreien Umsatz des Unternehmers. Unter die Steuerbefreiung fallen insbesondere:

- Lieferung, Umbau, Instandsetzungen, Wartungen, Vercharterungen und Vermietungen von Wasserfahrzeugen für die Seeschifffahrt, die dem Erwerb durch die Seeschifffahrt oder der Rettung Schiffbrüchiger zu dienen bestimmt sind, sowie die Ausrüstungsgegenstände dazu.
- Lieferungen von Gegenständen, die zur Versorgung der genannten Wasserfahrzeuge für die Seeschifffahrt dienen (ohne Küstenfischerei).
- Lieferung, Umbau, Instandsetzungen, Wartungen, Vercharterungen und Vermietungen von Luftfahrzeugen, die zur Verwendung durch Unternehmer bestimmt sind, die im entgeltlichen Luftverkehr überwiegend grenzüberschreitende Beförderungen oder Beförderungen auf ausschließlich im Ausland gelegenen Strecken durchführen, sowie die Ausrüstungsgegenstände dazu.
- Lieferungen von Gegenständen, die zur Versorgung der genannten Luftfahrzeuge dienen.

2.4 Grenzüberschreitende Beförderungen von Gegenständen

Bei einer grenzüberschreitenden Beförderung von Gegenständen kann es sich bei dem inländischen Streckenanteil um eine steuerfreie Beförderungsleistung handeln, wenn die Voraussetzungen des § 4 Nr. 3 UStG erfüllt sind.

WICHTIG!

Beförderungsleistungen von Personen (auch im Drittlandsverkehr) oder von Gegenständen im Gemeinschaftsverkehr sind nicht steuerfrei.

Zu den Einzelheiten vgl. → *Beförderungsleistungen*.

2.5 Leistungen im Zusammenhang mit einem Steuerlager

Zum 1.1.2004 ist durch das Steueränderungsgesetz 2003 die Möglichkeit in das deutsche Umsatzsteuergesetz aufgenommen worden, Lieferungen in ein Steuerlager, innerhalb eines Steuerlagers oder zwischen zwei Steuerlagern steuerfrei im Inland auszuführen. Voraussetzung ist, dass bestimmte, in einer neuen Anlage 1 zum Umsatzsteuergesetz aufgeführte Waren, geliefert werden. Wird ein solcher Gegenstand aus dem Steuerlager entnommen (Auslagerung), entsteht eine Umsatzsteuer, § 4 Nr. 4a Buchst. a UStG. Auch sonstige Leistungen, die im Zusammenhang mit Gegenständen in einem Steuerlager stehen, können steuerfrei erbracht werden, § 4 Nr. 4a Buchst. b UStG. Zu den Einzelheiten vgl. → *Steuerlager*.

2.6 Steuerbefreiung für bestimmte, Einfuhren vorgelagerte Lieferungen

In mittelbarem Zusammenhang mit der Steuerlagerregelung wurden in § 4 Nr. 4b UStG auch Regelungen über eine Steuerbefreiung getroffen, wenn sich die Gegenstände in einem Zollverfahren befinden, sowie auf Lieferungen, die einer Einfuhr vorangehen.

Durch die Regelung werden Lieferungen von Gegenständen befreit, die sich in einem Zollverfahren (Nichterhebungsverfahren) befinden, wenn der Abnehmer der Lieferung oder ein späterer Abnehmer dieses Verfahren beendet. Eine Besteuerung wird durch die Erhebung der Einfuhrumsatzsteuer sichergestellt. Unternehmer, die nur Drittlandswaren liefern, die sich nicht im zoll- und steuerrechtlich freien Verkehr befinden, müssen sich nicht im Inland für Umsatzsteuerzwecke erfassen lassen.

Die Befreiung gilt nicht, wenn der Lieferer oder dessen Beauftragter den Gegenstand einführt. Dadurch wird ein unversteuerter Letztverbrauch in den Fällen vermieden, in denen der Abnehmer nicht oder nicht in vollem Umfang zum Vorsteuerabzug berechtigt ist. Eine doppelte Belastung wird durch den Abzug der Einfuhrumsatzsteuer als Vorsteuer beim Lieferer nach § 15 Abs. 1 Satz 1 Nr. 2 UStG ausgeschlossen.

Beispiel 1:

Der Unternehmer U aus Deutschland bestellt bei dem Unternehmer S2 aus der Schweiz Waren. Da S2 die Ware nicht am Lager hat, bestellt S2 diese Ware bei dem ebenfalls in der Schweiz ansässigen S1. S1 transportiert die Ware aus der Schweiz zu dem Abnehmer U nach Leipzig. Die Ware wird für den U zum freien Verkehr abgefertigt, U zahlt entsprechend die Einfuhrumsatzsteuer. Es handelt sich um ein Reihengeschäft nach § 3 Abs. 6 Satz 5 UStG, da mehrere Unternehmer über den selben Gegenstand Umsatzgeschäfte abschließen und der Gegenstand unmittelbar vom ersten Unternehmer an den Abnehmer gelangt. Die bewegte Lieferung nach § 3 Abs. 6 UStG ist der Lieferung des S1 an den S2 zuzuordnen. Damit ist diese Lieferung in der Schweiz ausgeführt und in Deutschland nicht steuerbar. Für S1 ergeben sich keine Steuerpflichten in Deutschland. Die Lieferung des S2 an den U ist eine in Deutschland steuerbare ruhende Lieferung nach § 3 Abs. 7 Satz 2 Nr. 2 UStG. Der Ort ist dort, wo der Gegenstand sich am Ende der Beförderung befindet. S2 führt somit eine in Deutschland steuerbare Lieferung aus. Nach § 4 Nr. 4b UStG ist diese Lieferung aber steuerfrei, da es sich um eine, einer Einfuhr vorangehende, Lieferung von Gegenständen handelt. Der Abnehmer – Unternehmer U – führt den Gegenstand ein, da der Gegenstand für ihn zum freien Verkehr abgefertigt wird, § 1 Abs. 1 Nr. 4 UStG. Da der Gegenstand für U eingeführt wird, kann er – unter den übrigen Voraussetzungen des § 15 UStG – den Vorsteuerabzug aus der entrichteten Einfuhrumsatzsteuer vornehmen, § 15 Abs. 1 Nr. 2 UStG.

2.7 Vermittlungsleistungen

Vermittlungsleistungen, die im Zusammenhang mit Drittlandsgeschäften stehen, können unter den Voraussetzungen des § 4 Nr. 5 UStG steuerfrei sein.

WICHTIG!

Vermittlungsleistungen im Zusammenhang mit Umsätzen im Gemeinschaftsgebiet sind nicht nach § 4 Nr. 5 UStG steuerfrei.

Zu den Einzelheiten vgl. → *Vermittlungsleistung*.

2.8 Kreditumsätze

Steuerbefreit sind Kreditgewährungen (Kapitalüberlassungen auf Zeit gegen Entgelt), wenn sie als selbstständige Leistungen anzusehen sind. Fälle steuerfreier Kreditgewährung sind insbesondere:

- Kreditgewährungen von Kreditinstituten, Hypothekenbank oder Bausparkassen;
- Kredite bei Abzahlungsgeschäften. Dies sind Warenlieferungen gegen Bewilligung von Teilzahlungen und gegen besonders vereinbarte und berechnete Teilzahlungszuschläge;
- abredegemäße Verzinsung einer Kaufpreisschuld;
- bei unechtem Factoring (Forderungsübergang ohne Übernahme des Ausfallwagnisses), soweit der Factor dem Unternehmer Kredit durch vorzeitige Auszahlung gewährt. Die übrigen Leistungen (Einziehung, Rechnungserstellung etc.) des Factors sind steuerpflichtig;
- sonstige gesondert vereinbarte Kreditgewährungen
  - Stundungszinsen (Leistungsempfänger darf nach Fälligkeit zahlen),
  - Zielzinsen (Leistungsempfänger wählt statt Barpreis den höheren Zielpreis),
  - Kontokorrentzinsen; § 355 HGB.

Soweit die Kreditgewährung (z. B. im Zusammenhang mit einem Verkauf eines Gegenstandes) nicht als gesondert vereinbarte Leistung anzusehen ist, teilt sie als Nebenleistung das Schicksal der Hauptleistung. Voraussetzungen für eigenständige Rechtsgeschäfte sind insbesondere:

- Die Lieferung oder die sonstige Leistung und die Kreditgewährung mit den dafür aufgewendeten Entgelten müssen bei Abschluss des Umsatzgeschäftes je für sich gesondert vereinbart worden sein. Das für ein Umsatzgeschäft vereinbarte Entgelt kann nicht nachträglich in ein Entgelt für die Lieferung oder sonstige Leistung und ein Entgelt für die Kreditgewährung aufgeteilt werden.
- In der Vereinbarung über die Kreditgewährung muss auch der Jahreszins angegeben werden.
- Die Entgelte für die beiden Leistungen müssen getrennt abgerechnet werden.

2.9 Forderungsumsätze

Steuerfrei nach § 4 Nr. 8c UStG ist die entgeltliche Abtretung oder die entgeltliche Übertragung einer Forderung auf Zahlung eines Geldbetrages, auch wenn die übertragene Forderung dinglich gesichert worden ist oder wenn sie mit der Übergabe von Wertpapieren (Wechsel, Scheck) verbunden ist. Darüber hinaus sind auch Geschäfte über Warenforderungen (z. B. Optionen im Warentermingeschäft) nach der ausdrücklichen Klarstellung durch die Gesetzesänderung zum 1.1.2002 von der Steuerbefreiung erfasst.

Nicht steuerbefreit sind Leistungen im Zusammenhang mit dem Factoring, nach der Rechtsprechung des EuGH sowohl beim unechten Factoring (Unternehmer übernimmt kein Ausfallwagnis) wie auch beim echten Factoring (Unternehmer übernimmt das volle Ausfallwagnis). Vgl. zu den Einzelheiten → *Abtretung von Forderungen*.

2.10 Umsätze, die unter das Grunderwerbsteuergesetz fallen

Umsätze, die unter das Grunderwerbsteuergesetz fallen, sind grundsätzlich steuerfrei, um eine doppelte Belastung dieses Umsatzes mit einer an den Umsatz anknüpfenden Steuer (Umsatzsteuer und Grunderwerbsteuer) zu vermeiden. Typische Fälle sind der Verkauf einer Immobilie oder auch die unentgeltliche Übertragung der Immobilie.

WICHTIG!

Nicht erforderlich ist, dass auch tatsächlich eine Grunderwerbsteuer anfällt; so sind auch die Umsätze umsatzsteuerfrei, die einer Befreiung bei der Grunderwerbsteuer unterliegen (z. B. Übertragung zwischen Ehegatten oder zwischen Eltern und Kind sowie Schenkungen und Übergänge im Rahmen von Erbschaften).

ACHTUNG!

Zuerst muss geprüft werden, ob es sich bei einer Übertragung eines Grundstückes nicht um eine nicht steuerbare → *Geschäftsveräußerung* im Ganzen nach § 1 Abs. 1a UStG handelt.

Bei einem steuerfreien Umsatz, der unter das Grunderwerbsteuergesetz fällt, besteht grundsätzlich die Möglichkeit, auf die Steuerpflicht zu optieren, soweit die Leistung an einen anderen Unternehmer für dessen Unternehmen erbracht wird, vgl. → *Option zur Umsatzsteuer*.

ACHTUNG!

Soweit der leistende Unternehmer zulässigerweise auf die Steuerpflicht nach § 9 UStG optiert, wird der Leistungsempfänger zum Steuerschuldner nach § 13b Abs. 1 Nr. 3 UStG.

2.11 Versicherungsumsätze

Steuerbefreit sind nach § 4 Nr. 10a UStG Leistungen aus Versicherungsverträgen, die dem Versicherungsteuergesetz unterliegen. Der Versicherer gewährt Versicherungsschutz und zahlt bei Eintritt des Versicherungsfalls die Versicherungssumme oder erbringt eine Sachleistung. Da die Zahlung der Versicherungssumme als Geldleistung schon nach § 4 Nr. 8 UStG steuerfrei ist, beschränken sich die nach § 4 Nr. 10a UStG steuerfreien Leistungen des Versicherers auf die Leistung des Versicherungsschutzes und etwaige Sachleistungen (z. B. in der Glas- oder Krankenversicherung).

Steuerfrei ist auch die Verschaffung von Versicherungsschutz, den ein Unternehmer durch Versicherungsvertrag einem Dritten, z. B. einem Arbeitnehmer oder einem anderen Begünstigten, zuwendet. Der Versicherungsschutz umfasst alle Versicherungsarten.

2.12 Umsätze als Versicherungsvertreter oder Bausparkassenvertreter

Begünstigt sind Leistungen der selbstständig tätigen

- Bausparkassenvertreter; § 92 Abs. 5 HGB,
- Versicherungsvertreter; § 92 Abs. 1 HGB,
- Versicherungsmakler; § 93 HGB

aus ihrer typischen Berufstätigkeit.

Steuerfrei sind auch die so genannten Superprovisionen. Bei größeren Versicherungsmaklern, die sich einer Vielzahl von selbstständigen Versicherungsvertretern bedienen, fallen Leistungen der übergeordneten Versicherungsmakler auch unter die Steuerbefreiung nach § 4 Nr. 11 UStG.

2.13 Vermietungsumsätze

Umsätze, die als Nutzungsüberlassungen von Grundstücken einzustufen sind, führen zu einer Steuerbefreiung nach § 4 Nr. 12 UStG. Unter diese Umsätze fallen insbesondere:

- Vermietung und Verpachtung von Grundstücken,
- Überlassung von Grundstücken und Grundstücksteilen zur Nutzung auf Grund eines auf Übertragung des Eigentums gerichteten Vertrages oder
- die Bestellung, die Übertragung und die Überlassung der Ausübung von dinglichen Nutzungsrechten an Grundstücken.

WICHTIG!

Soweit eine steuerfreie Vermietungsleistung vorliegt, kann unter den Voraussetzungen des § 9 Abs. 1 und Abs. 2 UStG eine → *Option zur Umsatzsteuer* in Betracht kommen.

Nicht befreit sind hingegen:

- Vermietung von Wohn- und Schlafräumen, die ein Unternehmer zur kurzfristigen Beherbergung von Fremden bereithält,
- die Vermietung von Plätzen für das Abstellen von Fahrzeugen,
- die kurzfristige Vermietung auf Campingplätzen und
- die Vermietung von Betriebsvorrichtungen.

ACHTUNG!

Nicht unter die Steuerbefreiung fällt die Privatnutzung von Räumen, die der Unternehmer seinem Unternehmen zugeordnet hat, vgl. dazu → *unentgeltliche sonstige Leistungen*.

Zu den Einzelheiten vgl. → *Vermietung*.

2.14 Umsätze von Wohnungseigentümergemeinschaften

Die Gemeinschaft der Wohnungseigentümer verwaltet ihr gemeinschaftliches Eigentum (Grundstück sowie die Gebäudeteile, die nicht im Sondereigentum eines Wohnungseigentümers oder eines Dritten stehen) und erbringt dabei nicht steuerbare Gemeinschaftsleistungen für die Gesamtbelange aller Gemeinschafter, aber auch steuerbare Sonderleistungen an einzelne Wohnungseigentümer.

Durch die Lieferung von Wärme und Wasser, durch die Duldung der Benutzung der Waschküche und der Waschmaschinen, durch Instandhaltung und Instandsetzung des gemeinschaftlichen Eigentums, durch Straßenreinigung, Entwässerung und Müllabfuhr führt die Gemeinschaft der Wohnungseigentümer als Unternehmer Lieferungen und sonstige Leistungen gegen Entgelt (sog. Umlagen) aus, die nach § 4 Nr. 13 UStG steuerfrei sind.

Die Instandhaltung und Verwaltung des Sondereigentums oder die Lieferung von Brennstoffen an einzelne Wohnungseigentümer ist dagegen nicht nach § 4 Nr. 13 UStG steuerfrei.

WICHTIG!

Die Wohnungseigentümergemeinschaft kann unter den Voraussetzungen des § 9 Abs. 1 UStG auf die Steuerfreiheit verzichten.

2.15 Umsätze aus heilberuflicher Tätigkeit

§ 4 Nr. 14 UStG befreit die Umsätze aus der „Tätigkeit als Angehöriger“ der in der Vorschrift bezeichneten Heilberufe von der Steuerpflicht. Dabei kommt es auf die Rechtsform, in der die Tätigkeit ausgeübt wird, nicht an. Die heilberuflich Tätigen müssen die gesetzlichen Anforderungen ihres Berufes erfüllen und bedürfen der für ihre Berufstätigkeit vorgeschriebenen Zulassung oder Erlaubnis.

Unter die Steuerbefreiung fallen nicht die Leistungen eines Tierarztes oder einer Gemeinschaft, die tierärztliche Leistungen erbringt. Außerdem werden von der Befreiung auch nicht die Lieferung und Wiederherstellung von Zahnprothesen und kieferorthopädischen Apparaten erfasst, soweit der Unternehmer diese in seiner Praxis hergestellt oder wiederhergestellt hat.

WICHTIG!

In diesen Fällen kommt aber der ermäßigte Steuersatz nach § 12 Abs. 2 UStG zur Anwendung.

Nicht von der Steuerbefreiung erfasst sind die Leistungen von Ärzten, bei denen keine heilberuflichen Tätigkeiten im Vordergrund stehen. Dies sind insbesondere Gutachten oder Atteste, bei denen keine medizinischen Handlungsanweisungen gegeben werden, z. B. Sportgesundheitszeugnisse, Gutachten über die Gesundheit von Versicherungsnehmern etc.

TIPP!

Soweit Ärzte auch im Rahmen solcher steuerpflichtiger Gutachten tätig sind, kann eventuell die Besteuerung als → *Kleinunternehmer* in Betracht kommen, da die Umsätze aus der ärztlichen Tätigkeit nicht zum Gesamtumsatz nach § 19 UStG zählen.

Aber auch Schönheitsoperationen sollen nicht unter die Steuerbefeiung nach § 4 Nr. 14 UStG fallen, soweit eine Erstattung der Kosten durch die Sozialversicherungsträger ausgeschlossen ist (nicht bei medizinisch indizierten Operationen, aber bei kosmetischen Operationen).

TIPP!

Zur Frage des Umfangs der Steuerpflicht bei Schönheitsoperationen ist ein Verfahren beim BFH anhängig (V R 27/03).

Auch der EuGH hat diese grundsätzliche Abgrenzung bestätigt (Urteile v. 20.11.2003, Rs. C-307/01 und Rs. C-212/01). Danach können auch die folgenden Leistungen steuerfrei sein, wenn sie in erster Linie der Gesundheit der Betroffenen dienen:

- ärztliche Untersuchungen von Personen im Auftrag von Arbeitgebern oder Versicherungsunternehmern,
- die Entnahme von Blut oder anderen Körperproben zwecks Untersuchung auf Viren, Infektionen oder andere Krankheiten im Auftrag von Arbeitgebern oder Versicherern,
- das Bescheinigen einer gesundheitlichen Eignung, wie. z. B. der Reisefähigkeit.

Keine Steuerfreiheit ergibt sich nach der Rechtsprechung des EuGH in den folgenden Fällen:

- Ausstellen von ärztlichen Bescheinigungen für Zwecke eines Kriegsrentenanspruchs,
- ärztliche Untersuchungen für die Erstellung von Gutachten für Haftungsfragen und die Bemessung des Schadens von Personen, die die Erhebung einer Klage wegen Körperverletzung in Erwägung ziehen,
- die Erstellung von ärztlichen Gutachten im Anschluss an solche Untersuchungen sowie die Erstellung von Gutachten auf der Grundlage von Arztberichten ohne Durchführung ärztlicher Untersuchungen,
- ärztliche Untersuchungen für die Erstellung von Gutachten über ärztliche Kunstfehler für Personen, die die Erhebung einer Klage in Erwägung ziehen.

2.16 Umsätze der Sozialversicherungsträger

Lieferung und sonstige Leistungen von Trägern der Sozialversicherung, Sozialhilfe und Kriegsopferversorgung untereinander und an Versicherte, an Empfänger von Sozialhilfe oder Versorgungsberechtigte sind steuerfrei nach § 4 Nr. 15 UStG.

2.17 Umsätze von Krankenhäusern und Altenheimen

Die mit dem Betrieb von Krankenhäusern und anderen Einrichtungen ärztlicher Heilbehandlung oder Diagnostik sowie der Altenheime, Altenwohnheime und Pflegeheime eng verbundenen Umsätze sind unter den in § 4 Nr. 16 UStG bezeichneten Voraussetzungen steuerbefreit. Voraussetzungen sind hier:

- Einrichtungen, die von juristischen Personen des öffentlichen Rechts betrieben werden, oder
- bei einem Krankenhaus im vorangegangenem Jahr mindestens 40 % der jährlichen Pflegetage auf Patienten entfallen, bei denen nur Entgelte für allgemeine Krankenhausleistungen nach der Bundespflegesatzverordnung berechnet werden, oder
- bei Diagnosekliniken und anderen Einrichtungen ärztlicher Heilbehandlung, Diagnostik oder Befunderhebung die Leistungen unter ärztlicher Aufsicht erbracht werden und mindestens 40 % der Leistungen an Versicherte gesetzlicher Träger der Sozialversicherung, Empfänger von Sozialhilfe oder Versorgungsberechtigten zugute kommen oder
- bei Altenheimen, Altenwohnheimen und Pflegeheimen im vorangegangenem Kalenderjahr mindestens 40 % der Leistungen an die in § 68 Abs. 1 des Bundessozialhilfegesetzes genannten Personen oder andere Personen erbracht werden, deren Bezüge bestimmte Höchstsätze nicht übersteigen (§ 53 Nr. 2 AO), oder
- bei Einrichtungen zur vorübergehenden Aufnahme pflegebedürftiger Personen und bei Einrichtungen zur ambulanten Pflege kranker und pflegebedürftiger Personen im vorangegangenem Kalenderjahr die Pflegekosten in mindestens 40 % der Fälle von den Trägern der Sozialversicherung oder der Sozialhilfe ganz oder zum überwiegenden Teil getragen worden sind.

2.18 Lieferung von menschlichen Organen und die Beförderung von kranken und verletzten Personen

Steuerfrei ist die Lieferung von menschlichen Organen, menschlichem Blut und Frauenmilch; § 4 Nr. 17a UStG. Die Lieferung entsprechender chemischer oder mechanischer Erzeugnisse ist nicht steuerbefreit.

Die Beförderung von kranken und verletzten Personen mit Fahrzeugen, die hierfür besonders eingerichtet sind, ist nach § 4 Nr. 17b UStG steuerfrei. Die Steuerbefreiung ist davon abhängig, dass die Beförderung mit einem nach seiner Bauart und Ausstattung besonders für Krankentransporte bestimmten Fahrzeug durchgeführt wird.

ACHTUNG!

Krankenbeförderung durch ein Taxi ist nicht steuerbefreit.

2.19 Umsätze von Blinden

Blinde Unternehmer, die nicht mehr als (nach der Arbeitsleistung berechnet) zwei Arbeitnehmer beschäftigen, können steuerfreie Umsätze nach § 4 Nr. 19a Satz 1 UStG ausführen. Ausgenommen von der Steuerfreiheit ist die Lieferung von Branntweinen und von Mineralölen, soweit dafür Verbrauchsteuern zu entrichten sind oder Lieferungen ausgeführt werden, für die bei der Entnahme aus einem Steuerlager eine Umsatzsteuer entsteht.

WICHTIG!

Als Arbeitnehmer zählen nicht der Ehegatte, die minderjährigen Abkömmlinge, die Eltern des Blinden und die Lehrlinge.

Anerkannte Blindenwerkstätten können ebenfalls steuerfreie Leistungen erbringen, wenn sie die folgenden Umsätze ausführen:

- Lieferung von Blindenware und Zusatzwaren im Sinne des Blindenwarenvertriebsgesetzes oder
- sonstige Leistungen, soweit bei ihrer Ausführung ausschließlich Blinde mitgewirkt haben.

2.20 Umsätze von Theatern, Orchestern und ähnlichen Einrichtungen des Bundes, der Länder oder der Gemeinden

Steuerfrei sind die Umsätze folgender Einrichtungen des Bundes, der Länder, der Gemeinden oder der Gemeindeverbände: Theater, Orchester, Kammermusikensembles, Chöre, Museen, Botanische und Zoologische Gärten, Tierparks, Archive, Büchereien sowie Denkmäler der Bau- und Gartenkunst; § 4 Nr. 20a Satz 1 UStG. Auch andere Einrichtungen können unter diese Steuerbefreiung fallen, wenn die zuständige Landesbehörde bescheinigt, dass die gleichen kulturellen Aufgaben ausgeführt werden.

WICHTIG!

Ohne Bescheinigung der zuständigen Landesbehörde kann die Steuerbefreiung nicht gewährt werden.

Der Veranstaltung von Vorführungen oder Konzerten durch andere Unternehmer ist ebenfalls steuerfrei, wenn die Darbietungen von den in § 4 Nr. 20a UStG bezeichneten Theater, Orchester, Kammermusikensembles oder Chören erbracht werden. Die Steuerbefreiung ist auch gegeben, wenn mehrere Veranstalter beteiligt sind (z. B. ein Tourneeveranstalter und der örtliche Veranstalter).

ACHTUNG!

Nach der Rechtsprechung des EuGH (Urteil v. 3.4.2003, Rs. C-144/00) ist die Steuerbefreiung auch zu gewähren, wenn es sich um einen Solokünstler handelt. Die Finanzverwaltung wendet diese Rechtsprechung auf alle noch offenen Fälle an.

2.21 Schul- und Bildungszwecken dienende Leistungen

Steuerfrei sind die unmittelbar dem Schul- und Bildungszweck dienenden Leistungen privater Schulen oder anderer allgemeinbildender oder berufsbildender Einrichtungen, wenn sie als Ersatzschulen staatlich genehmigt oder nach Landesrecht erlaubt sind, § 4 Nr. 21a UStG, oder wenn die zuständige Landesbehörde bescheinigt, dass sie auf einen Beruf oder eine vor einer juristischen Person der öffentlichen Rechts abzulegende Prüfung ordnungsgemäß vorbereitet, § 4 Nr. 21a UStG.

Voraussetzung ist, dass ein festliegendes Lehrprogramm und Lehrpläne zur Vermittlung eines Unterrichtsstoffes für die Erreichung eines bestimmten Lehrgangszieles sowie geeigneter Unterrichtsräume oder -vorrichtungen vorhanden sind.

WICHTIG!

Auf die Rechtsform des Trägers der Einrichtung kommt es nicht an.

2.22 Leistungen selbstständiger Lehrer

Im Rahmen des Steuerentlastungsgesetzes 1999/2000/2002 ist auch eine umfassende Regelung für die Steuerbefreiung selbstständiger Lehrer an begünstigten Einrichtungen im § 4 Nr. 21 Buchst. b UStG umgesetzt worden. Soweit selbstständige Lehrer an begünstigten Einrichtungen Unterricht im Rahmen von allgemeinen Lehrplänen erteilen, sind auch diese Leistungen steuerfrei.

WICHTIG!

Die Befreiungsvorschrift ist nicht von der Rechtsform abhängig, somit kommt die Steuerbefreiung nicht nur für natürliche Personen, sondern auch für Personenzusammenschlüsse oder andere Rechtsformen in Betracht.

Eine solche begünstigte Unterrichtstätigkeit liegt vor, wenn Kenntnisse im Rahmen festgelegter Lehrprogramme und Lehrpläne vermittelt werden. Die Leistungen müssen den Schülern unmittelbar zugute kommen.

ACHTUNG!

Auf einzelne Vorträge ist die Steuerbefreiung nicht anzuwenden.

WICHTIG!

Ohne Bescheinigung der Schule, dass es sich um eine solche begünstigte Tätigkeit handelt, kann die Leistung nicht steuerfrei erbracht werden. Dazu benötigt die Schule selber eine Bestätigung der zuständigen Landesbehörde, dass sie auf einen Beruf oder eine öffentlich abzulegende Prüfung vorbereitet (gilt nicht für genehmigte oder erlaubte Ersatzschulen).

2.23 Umsätze staatlicher Hochschulen aus der Forschungstätigkeit

Einnahmen, die staatliche Hochschulen aus ihrer Forschungstätigkeit erzielen, sind nach § 4 Nr. 21a UStG seit dem 1.1.1997 steuerbefreite Umsätze. Nicht befreit sind aber Umsätze aus nicht reiner Forschungstätigkeit sowie die Anwendung von gesicherten Erkenntnissen oder die Übernahme von Projektträgerschaften. Da die Regelung gegen das Gemeinschaftsrecht verstößt, ist sie mit Wirkung vom 1.1.2004 wieder aufgehoben worden. Allerdings ist als Übergangsregelung nach § 27 Abs. 10 UStG auf Antrag für alle Leistungen, die vor dem 1.1.2005 erbracht worden sind, die Steuerbefreiung noch anzuwenden, wenn der zugrunde liegende Vertrag vor dem 3.9.2003 abgeschlossen wurde.

2.24 Kurse und Vorträge juristischer Personen und gemeinnütziger Einrichtungen

Veranstaltungen wissenschaftlicher oder belehrender Art (z. B. Vorträge, Kurse), die von juristischen Personen des öffentlichen Rechts, von Verwaltungs- und Wirtschaftsakademien, von Volkshochschulen oder von Einrichtungen, die gemeinnützigen Zwecken oder dem Zweck eines Berufsverbandes dienen, durchgeführt werden, sind steuerfrei, wenn die Einnahmen überwiegend zur Deckung der Kosten verwendet werden, § 4 Nr. 22a UStG.

2.25 Kulturelle und sportliche Veranstaltungen juristischer Personen und gemeinnütziger Einrichtungen

Steuerfrei nach § 4 Nr. 22b UStG sind andere kulturelle und sportliche Veranstaltungen der in § 4 Nr. 22a UStG bezeichneten Unternehmer (vgl. oben 2.24), sofern das Entgelt in Teilnehmergebühren besteht. Teilnehmergebühren sind Entgelte, die gezahlt werden, um an den Veranstaltungen aktiv teilnehmen zu können (z. B. Startgelder und Meldegelder).

ACHTUNG!

Nicht unter die Befreiung fallen Eintrittsgelder der Zuschauer.

2.26 Beherbergung und Beköstigung von Jugendlichen

Personen und Einrichtungen, die überwiegend Jugendliche (Personen vor Vollendung des 27. Lebensjahres) für Erziehungs-, Ausbildungs- oder Fortbildungszwecke oder für Zwecke der Säuglingspflege bei sich aufnehmen, führen Leistungen durch entgeltliche Beherbergung, Beköstigung und die üblichen Nebenleistungen an Jugendliche und die bei ihrer Erziehung, Ausbildung, Fortbildung und Pflege tätigen Personen steuerfrei aus, § 4 Nr. 23 UStG.

2.27 Leistungen des deutschen Jugendherbergswerks

Unmittelbar den Satzungszwecken dienende Leistungen des Deutschen Jugendherbergswerks einschließlich der ihm angeschlossenen Untergliederungen, Einrichtungen und Jugendherbergen sind nach § 4 Nr. 24 UStG steuerfrei.

2.28 Leistungen von Trägern der öffentlichen Jugendpflege

Förderungswürdige Träger und Einrichtungen der freien Jugendhilfe oder der Organe der öffentlichen Jugendhilfe führen Lehrgänge, Freizeiten, Fahrten und Treffen für Jugendliche und für Mitarbeiter der Jugendhilfe (§ 4 Nr. 25a UStG) sowie die damit verbundene Beherbergung, Beköstigung und die üblichen Naturalleistungen (§ 4 Nr. 25b UStG) sowie kulturelle und sportliche Veranstaltungen im Rahmen der Jugendhilfe (§ 4 Nr. 25c UStG) unter den weiteren in den bezeichneten Vorschriften erwähnten Voraussetzungen (Leistungen kommen unmittelbar den Jugendlichen zugute oder die Leistungen werden direkt von den Jugendlichen durchgeführt, Einnahmen werden nur zur Deckung der Kosten erzielt) steuerfrei aus.

2.29 Lieferungen von Gegenständen ohne Vorsteuerabzug nach § 15 Abs. 1a Nr. 1 UStG oder bisher steuerfrei genutzter Gegenstände

Ohne die Steuerbefreiung nach § 4 Nr. 28 UStG würden steuerfrei tätige Unternehmer, die einen ausschließlich für ihre steuerfreie Tätigkeit genutzten Gegenstand veräußern, oder Unternehmer, die wegen der Vorschrift des § 15 Abs. 1a Nr. 1 UStG nicht zum Vorsteuerabzug berechtigt waren (Eingangsleistungen, die ertragsteuerlich nicht zum Abzug als Betriebsausgaben berechtigen), diesen Gegenstand veräußern, steuerpflichtige Umsätze bewirken und den (versagten) Vorsteuerabzug berichtigen können, soweit der Berichtigungszeitraum noch nicht abgelaufen ist, § 15a UStG. Die Steuerbefreiung nach § 4 Nr. 28 UStG vermeidet diese Folge und verhindert die Doppelbelastung für Unternehmer, die beim Erwerb dieser Gegenstände keine Vorsteuer abziehen konnten.

2.29.1 Lieferung § 4 Nr. 28 UStG

Nach § 4 Nr. 28 UStG ist die Lieferung von Gegenständen befreit, die der Unternehmer ausschließlich für Tätigkeiten verwendet hat, die nach § 4 Nr. 8 bis Nr. 27 UStG steuerfrei sind.

Beispiel 2:

Ein Arzt veräußert (Lieferung) ein Röntgengerät, mit dem er ausschließlich nach § 4 Nr. 14 UStG steuerfreie Umsätze ausgeführt hat. Der Verkauf ist ein steuerbarer Umsatz nach § 1 Abs. 1 Nr. 1 UStG (Hilfsgeschäft), unterliegt aber der Steuerbefreiung nach § 4 Nr. 28 UStG.

Ein Versicherungsvertreter veräußert seinen Pkw, den er für seine nach § 4 Nr. 11 UStG steuerfreie Tätigkeit verwendet hat, steuerbar, aber steuerfrei nach § 4 Nr. 28 UStG.

Die in § 4 Nr. 28 UStG vorausgesetzte ausschließlich steuerfreie Verwendung des Gegenstands muss während des gesamten Verwendungszeitraums bestanden haben, nicht nur in dem Kalenderjahr der Veräußerung.

Als Vereinfachungsregelung ist das Tatbestandsmerkmal „ausschließlich“ aber auch dann erfüllt, wenn der Unternehmer den Gegenstand in geringfügigem Umfang (das heißt bis zu höchstens 5 %) für Tätigkeiten verwendet hat, die nicht nach § 4 Nr. 8 bis Nr. 27 UStG steuerbefreit sind. Der Unternehmer darf dann aber keinen anteiligen Vorsteuerabzug für diesen Gegenstand geltend gemacht haben.

Beispiel 3:

Ein Arzt hat einen Pkw veräußert, den er außer für seine steuerfreie Tätigkeit als Arzt (§ 4 Nr. 14 UStG) auch im Umfang von 5 % im Zusammenhang mit steuerpflichtiger Vermietung genutzt hat. Der Verkauf ist steuerbar, aber steuerfrei nach § 4 Nr. 28 UStG. Allerdings durfte der Arzt für diesen Gegenstand keinen anteiligen Vorsteuerabzug im Zusammenhang mit der grundsätzlich vorsteuerabzugsberechtigenden Vermietung geltend machen.

2.29.2 Repräsentationsgegenstände § 4 Nr. 28 UStG

Ebenfalls steuerfrei ist die Lieferung eines Gegenstandes, wenn der Unternehmer bei der Anschaffung des Gegenstandes nach § 15 Abs. 1a Nr. 1 UStG keinen Vorsteuerabzug geltend machen konnte. Dies liegt in den Fällen vor, in denen der eingekaufte Gegenstand für Tätigkeiten verwendet wird, die ertragsteuerlich einen Abzug als Betriebsausgaben nach § 4 EStG nicht zulassen (vgl. → *Vorsteuerabzug*). Voraussetzung ist allerdings, dass die gesamten Vorsteuerbeträge aus der Anschaffung oder Herstellung, den Anschaffungsnebenkosten und etwaigen nachträglichen Herstellungskosten nicht abzugsfähig waren.

Beispiel 4:

Der Unternehmer U aus Ulm veräußert im Mai 2004 die im April 2001 angeschaffte, auch für unternehmerische Zwecke genutzte Segelyacht. Die Aufwendungen für die Segelyacht (Abschreibungsbeträge, laufende Aufwendungen) waren nicht zum Vorsteuerabzug nach § 15 Abs. 1a Nr. 1 UStG zugelassen, da es sich um Repräsentationsaufwendungen handelt, die nach § 4 Abs. 5 EStG nicht zum Betriebsausgabenabzug zugelassen sind. Der Verkauf der Yacht ist ein steuerbares Hilfsgeschäft, das aber steuerfrei nach § 4 Nr. 28 UStG ist.

Steuerlager

Steuerlager auf einen Blick

1. Rechtsquellen

   § 4 Nr. 4a, § 13 Abs. 1 Nr. 9, § 13a Abs. 1 Nr. 6 und § 15 Abs. 1 Nr. 5 UStG

2. Bedeutung

   Durch das Steueränderungsgesetz 2003 wurde erstmals in Deutschland eine Steuerlagerregelung eingeführt. Danach können bestimmte Gegenstände steuerfrei in ein Steuerlager, in einem Steuerlager oder zwischen zwei Steuerlagern geliefert werden. Bei der Auslagerung aus dem Steuerlager entsteht eine Umsatzsteuer.

3. Weitere Stichworte

   → *Steuerbefreiung*

1. Allgemeines

Durch die sog. 2. Vereinfachungsrichtlinie (Richtlinie 95/7/EWG des Rates vom 10. April 1995, ABl. EG 1995 Nr. L 102 Satz 18) sind mit der Neufassung von Artikel 16 der 6. EG-Richtlinie Rahmenbedingungen zur Gewährung einer Steuerbefreiung für bestimmte Umsätze im Zusammenhang mit einem von jedem EU-Mitgliedstaat selbst zu definierenden Umsatzsteuerlager festgesetzt worden. Durch die Regelung soll eine Gleichbehandlung von bestimmten Gemeinschaftswaren mit Drittlandswaren in Zolllagern erreicht werden.

Als Umsatzsteuerlager kommt jeder Ort im Inland in Betracht, der zur Lagerung der in der Anlage 1 zum Gesetz bezeichneten Gegenstände geeignet ist. Umsatzsteuerlager können auch in den Räumen oder an jedem anderen Ort, der als Zolllager zugelassen wurde, errichtet werden.

Als Lagerhalter kommt jeder Unternehmer in Betracht, der die begünstigten Gegenstände in seinem Unternehmen lagern kann. Die Einrichtung und der Betrieb eines Umsatzsteuerlagers müssen vom zuständigen Finanzamt bewilligt worden sein. Der Lagerhalter soll hierzu in seinem schriftlichen Antrag insbesondere folgende Angaben machen:

- Ort und Anschrift des Umsatzsteuerlagers sowie der dazugehörigen Lagerstätten,
- Zeitpunkt der beabsichtigten Inbetriebnahme,
- Beschreibung der Gegenstände gemäß Anlage 1 zum Gesetz, die gelagert werden sollen.

Außerdem ist das wirtschaftliche Bedürfnis für den Betrieb des Umsatzsteuerlagers darzulegen. Dieses kann regelmäßig angenommen werden, wenn die zu lagernden Gegenstände mehrfach ohne Warenbewegung umgesetzt werden sollen (z. B. an Warenterminbörsen).

2. Leistungen im Zusammenhang mit einem Steuerlager

2.1 Steuerfreie Leistungen

Die Steuerbefreiung im Zusammenhang mit einem Steuerlager betrifft sowohl die Lieferung in ein Steuerlager, die (ruhende) Lieferung innerhalb eines Steuerlagers sowie die (bewegte) Lieferung zwischen zwei Steuerlagern.

Beispiel 1:

Der Unternehmer A liefert Rohzucker (gemäß Anlage 1 zum Gesetz) an den Unternehmer B. A verbringt den Rohzucker von Hamburg in ein Umsatzsteuerlager beim Lagerhalter L1 in München. Die Lieferung des A ist eine im Inland steuerbare Lieferung (Ort nach § 3 Abs. 6 Satz 1 UStG in Hamburg), die aber nach § 4 Nr. 4a Satz 1 Buchst. a UStG eine steuerfreie Lieferung in ein Steuerlager darstellt.

Beispiel 2:

Der Unternehmer B liefert den Rohzucker (vgl. Beispiel 1) an den Unternehmer C. Die Verfügungsmacht an dem Rohzucker geht durch Vereinbarung über, der Gegenstand verbleibt in dem Umsatzsteuerlager beim Lagerhalter L1 in München. Die Lieferung des B ist eine steuerbare Lieferung (Ort nach § 3 Abs. 7 Satz 1 UStG in München), die aber nach § 4 Nr. 4a Satz 1 Buchst. a UStG eine steuerfreie Lieferung in einem Steuerlager darstellt.

Beispiel 3:

Der Unternehmer C liefert den Rohzucker (vgl. Beispiel 2) an den Unternehmer D. Im Auftrag des C verbringt der Frachtführer F den Rohzucker von München aus dem Steuerlager des L1 in ein Umsatzsteuerlager beim Lagerhalter L2 in Berlin. Die Lieferung des C ist eine im Inland steuerbare Lieferung (Ort nach § 3 Abs. 6 Satz 1 UStG in München), die aber nach § 4 Nr. 4a Satz 1 Buchst. a UStG eine steuerfreie Lieferung zwischen zwei Steuerlagern darstellt.

Die Steuerbefreiung im Zusammenhang mit einem Steuerlager erstreckt sich auch auf bestimmte sonstige Leistungen im Zusammenhang mit der Einlagerung, der Erhaltung, der Verbesserung der Gegenstände oder ähnlicher Leistungen.

Beispiel 4:

Um einen Schädlingsbefall vorzubeugen, lässt der Unternehmer D den eingelagerten Rohzucker behandeln. Die sonstige Leistung ist im Inland steuerbar aber nach § 4 Nr. 4a Satz 1 Buchst. b UStG als sonstige Leistung im Zusammenhang mit der Erhaltung der eingelagerten Ware steuerfrei.

2.2 Auslagerung

Wenn der Gegenstand aus dem Steuerlager ausgelagert wird, ist die der Auslagerung vorangegangene Lieferung zu besteuern. Steuerschuldner ist in diesem Fall grundsätzlich der Auslagerer.

Steuerlager

Auslagerung ist der tatsächliche Vorgang der endgültigen Herausnahme eines Gegenstandes aus einem Umsatzsteuerlager. Auslagerung kann auch die nicht begünstigte Verwendung oder Aufbereitung eines Gegenstandes sein (z. B. Lieferung an einen Nichtunternehmer oder Entnahme für nichtunternehmerische Zwecke).

Beispiel 5:

Der Unternehmer D liefert den Rohzucker (vgl. Beispiel 3) an den Unternehmer E. E möchte den Rohzucker weiterverarbeiten und in Haushaltsverpackungen abfüllen. D befördert den Rohzucker aus dem Steuerlager bei L2 zu seinem Abnehmer E nach Potsdam. Die Lieferung des D an seinen Abnehmer E ist eine im Inland steuerbare Lieferung (Ort nach § 3 Abs. 6 Satz 1 UStG in Berlin). Es handelt sich um eine Entnahme aus einem Steuerlager. Steuerschuldner für die Lieferung aus dem Steuerlager (Auslagerung) ist nach § 13a Abs. 1 Nr. 6 UStG der Unternehmer D.

ACHTUNG!

Der Vorgang der Auslagerung setzt keine Leistung zwischen zwei Leistungspartnern voraus.

Beispiel 6:

Unternehmer D (vgl. Beispiel 3) entschließt sich zwei Monate nach Erwerb von Unternehmer C, den Rohzucker in seiner Betriebsstätte in Brandenburg zu verarbeiten. Er holt den Zucker aus dem Steuerlager bei L2 ab. Die ursprünglich für die Lieferung des C an den D gewährte Steuerbefreiung entfällt, da der Gegenstand aus dem Steuerlager entnommen wurde. Somit ist die Lieferung des C an den D eine steuerbare und steuerpflichtige Lieferung, § 4 Nr. 4a Satz 1 Buchst. a Satz 2 UStG. Steuerschuldner für diese Lieferung ist nicht C sondern Unternehmer D, § 13a Abs. 1 Nr. 6 UStG. Unter den allgemeinen Voraussetzungen des § 15 UStG kann D den Vorsteuerabzug vornehmen, § 15 Abs. 1 Nr. 5 UStG.

Auslagerer ist der Unternehmer, der im Zeitpunkt der Auslagerung die Verfügungsmacht über den Gegenstand hat. Dem Auslagerer muss eine inländische USt-IDNr. erteilt worden sein. Nicht im Inland ansässige Auslagerer müssen sich daher im Inland bei dem örtlich zuständigen Finanzamt registrieren lassen.

Falls der Gegenstand beim Auslagern in das Drittlandsgebiet oder das übrige Gemeinschaftsgebiet gelangt, kann unter den übrigen Voraussetzungen eine steuerfreie Ausfuhrlieferung nach § 4 Nr. 1a UStG oder eine steuerfreie innergemeinschaftliche Lieferung nach § 4 Nr. 1b UStG vorliegen.

Beispiel 7:

Der Unternehmer D liefert den Rohzucker (vgl. Beispiel 3) an den Unternehmer F in Frankreich. Im Auftrag des D verbringt der Spediteur S den Rohzucker von Berlin aus dem Steuerlager des L2 nach Paris. Die Lieferung des D ist ein im Inland ausgeführter steuerbarer Umsatz (Ort nach § 3 Abs. 6 Satz 1 UStG in Berlin). Die Lieferung ist nicht nach § 4 Nr. 4a UStG steuerfrei, da der Gegenstand aus dem Steuerlager ausgelagert wird. Unter den übrigen Voraussetzungen des § 4 Nr. 1b UStG in Verbindung mit § 6a UStG ist die Lieferung aber eine steuerfreie innergemeinschaftliche Lieferung, die beim Empfänger in Frankreich der Erwerbsbesteuerung unterliegt.

2.3 Pflichten des Lagerhalters

Der Lagerhalter ist verpflichtet, bestimmte Aufzeichnungen zu führen, § 22 Abs. 4c Satz 2 UStG. Verstößt er gegen diese Aufzeichnungsvorschriften, so wird er neben dem Auslagerer zum Gesamtschuldner für die aus der Auslagerung entstehende Umsatzsteuer.

Beispiel 8:

Der Unternehmer D (vgl. Beispiel 3) entschließt sich mehrere Monate nach Erwerb des Rohzuckers, den Gegenstand aus dem Steuerlager bei L2 zu entnehmen. Entgegen der Verpflichtung nach § 22 Abs. 4c Satz 2 UStG zeichnet der Lagerhalter nicht den Namen und die USt-IDNr. des D auf. Nach § 13a Abs. 1 Nr. 6 UStG wird der Lagerhalter neben Unternehmer D zum Gesamtschuldner für die aus der Auslagerung entstehende Umsatzsteuer. Ein Vorsteuerabzug nach § 15 Abs. 1 Nr. 5 UStG steht dem L2 aber nicht zu, da der Rohzucker nicht für sein Unternehmen aus dem Steuerlager entnommen wurde.

Steuersatz

Steuersatz auf einen Blick

1. Rechtsquellen

   § 12 UStG

   § 30 UStDV

   Abschn. 160 bis Abschn. 175 UStR 2000

2. Bedeutung

   Soweit ein Unternehmer im Inland einen steuerbaren und steuerpflichtigen Umsatz ausführt, muss er auf der Grundlage der Bemessungsgrundlage eine Umsatzsteuer abführen. Die Umsatzsteuer berechnet sich aus der maßgeblichen Bemessungsgrundlage und dem anzuwendenden Steuersatz. Der Regelsteuersatz beträgt 16 %. In bestimmten Fällen ermäßigt sich dieser Steuersatz auf 7 %.

3. Weitere Stichworte

   → *Bemessungsgrundlage*, → *unrichtiger Steuerausweis*

1. Allgemeines

Der Steuersatz ist die für die Berechnung einer Umsatzsteuer neben der Bemessungsgrundlage entscheidende Größe. Neben dem Irrtum über eine eventuell vorliegende Steuerbefreiung stellt der Irrtum über den anzuwendenden Steuersatz die Hauptursache für eine unrichtig in Rechnung gestellte Steuer dar.

WICHTIG!

Wenn der leistende Unternehmer in der Rechnung aufgrund eines falschen Steuersatzes eine zu hohe Umsatzsteuer gesondert ausweist, schuldet er auch diese zu hoch ausgewiesene Umsatzsteuer (vgl. → *unrichtiger Steuerausweis*) nach § 14c Abs. 1 UStG. Der Leistungsempfänger darf aber trotzdem nur die sich für die Leistung ergebende Umsatzsteuer als Vorsteuer abziehen.

Die Vorschriften für den Steuersatz nach § 12 UStG kommen nur für die Umsätze nach § 1 Abs. 1 UStG in Frage, die im Inland steuerpflichtig ausgeführt werden. Auf die Nationalität des leistenden Unternehmers kommt es nicht an. Soweit ein deutscher Unternehmer einen Umsatz in einem anderen Staat ausführt, kommt grundsätzlich der Steuersatz dieses Staates zur Anwendung.

2. Der Regelsteuersatz

Der Regelsteuersatz beträgt seit dem 1.4.1998 16 %. Er bewegt sich damit am unteren Ende der in der Gemeinschaft zulässigen Regelsteuersätze von 15 % bis 25 %.

In Deutschland kamen seit Einführung des derzeitigen Umsatzsteuersystems die folgenden Steuersätze zur Anwendung:

Anwendungszeit	Regelsteuersatz	ermäßigter Steuersatz
vom 1.1.1968 bis 30.6.1968	10 %	5 %
vom 1.7.1968 bis 31.12.1977	11 %	5,5 %
vom 1.1.1978 bis 30.6.1979	12 %	6 %
vom 1.7.1979 bis 30.6.1983	13 %	6,5 %
vom 1.7.1983 bis 31.12.1992	14 %	7 %
vom 1.1.1993 bis 31.3.1998	15 %	7 %
ab dem 1.4.1998	16 %	7 %

Der Regelsteuersatz nach § 12 Abs. 1 UStG kommt immer dann zur Anwendung, wenn ein steuerpflichtiger Umsatz vorliegt, für den keine Ermäßigung nach § 12 Abs. 2 UStG in Betracht kommt.

3. Der ermäßigte Steuersatz

Die Ermäßigung des Steuersatzes auf derzeit 7 % kommt in den in § 12 Abs. 2 UStG abschließend aufgezählten Fällen in Betracht. Im Einzelnen ergeben sich Ermäßigungen in den folgenden Fällen:

- die Lieferung, die Einfuhr und der innergemeinschaftliche Erwerb der in der Anlage 2 zum Umsatzsteuergesetz bezeichneten Gegenstände,

- die Vermietung der in der Anlage 2 zum Umsatzsteuergesetz bezeichneten Gegenstände,
- für die Aufzucht und das Halten von Vieh, die Anzucht von Pflanzen und die Teilnahme an Leistungsprüfungen für Tiere,
- die Leistungen, die unmittelbar der Vatertierhaltung, der Förderung der Tierzucht, der künstlichen Tierbesamung oder der Leistungs- und Qualitätsprüfung in der Tierzucht und in der Milchwirtschaft dienen,
- die Leistungen aus der Tätigkeit als Zahntechniker sowie die Lieferung oder Wiederherstellung von Zahnprothesen und kieferorthopädischen Geräten, soweit der Unternehmer sie in seinem Unternehmen hergestellt oder wiederhergestellt hat,
- die Leistungen der Theater, Orchester, Kammermusikensembles, Chöre und Museen sowie die Veranstaltung von Theateraufführungen und Konzerten durch andere Unternehmer,
- die Überlassung von Filmen zur Auswertung und Vorführung sowie die Filmvorführungen, soweit die Filme vor dem 1.1.1970 uraufgeführt worden sind. Soweit sie nach dem 31.12.1969 erstaufgeführt worden sind, kommt die Ermäßigung nur in Betracht, soweit der Film nach § 6 Abs. 3 Nr. 1 bis 5 des Gesetzes zum Schutz der Jugend in der Öffentlichkeit oder nach § 14 Abs. 2 Nr. 1 bis Nr. 5 des Jugendschutzgesetzes gekennzeichnet ist,
- die Einräumung, Übertragung und Wahrnehmung von Rechten, die sich aus dem Urheberrechtsgesetz ergeben,
- die Zirkusvorführungen, die Leistungen aus der Tätigkeit als Schausteller sowie die unmittelbar mit dem Betrieb der zoologischen Gärten verbundenen Umsätze,
- die Leistungen der Körperschaften, die ausschließlich und unmittelbar gemeinnützige, mildtätige oder kirchliche Zwecke verfolgen, nicht aber für Leistungen im Rahmen eines wirtschaftlichen Geschäftsbetriebes, sowie die Leistungen der nichtrechtsfähigen Personenvereinigungen und Gemeinschaften, der genannten Körperschaften, wenn diese Leistungen, falls die Körperschaften sie anteilig selbst ausführen, nach dieser Vorschrift ermäßigt besteuert würden,
- die unmittelbar mit dem Betrieb der Schwimmbäder verbundenen Umsätze sowie die Verabreichung von Heilbädern. Dies gilt auch für die Bereitstellung von Kureinrichtungen, soweit als Entgelt eine Kurtaxe zu entrichten ist,
- die Beförderungen von Personen mit Schiffen (bis 31.12.2004),
- Leistungen zur Beförderung von Personen im Schienenbahnverkehr (mit Ausnahme der Bergbahnen), im Verkehr mit Oberleitungsomnibussen im genehmigten Linienverkehr mit Kraftfahrzeugen, im Kraftdroschkenverkehr (Taxi) und die Beförderung im Fährverkehr innerhalb einer Gemeinde oder wenn die Beförderungsstrecke nicht mehr als 50 Kilometer beträgt.

3.1 Lieferung, Einfuhr und innergemeinschaftlicher Erwerb der in der Anlage 2 zum Gesetz bezeichneten Gegenstände

Eine Ermäßigung ergibt sich für die Lieferung der folgenden Gegenstände, die in der Anlage 2 zum Umsatzsteuergesetz bezeichnet sind, sowie für die Vermietung dieser Gegenstände:

Aufstellung der dem ermäßigten Steuersatz unterliegenden Gegenstände

Lfd. Nr.	Warenbezeichnung	Zolltarif: Kapitel, Position, Unterposition
1	Lebende Tiere, und zwar	
	a) Pferde einschließlich reinrassiger Zuchttiere, ausgenommen Wildpferde,	aus Position 01.01
	b) Maultiere und Maulesel,	aus Position 01.01
	c) Hausrinder einschließlich reinrassiger Zuchttiere,	aus Position 01.02
	d) Hausschweine einschließlich reinrassiger Zuchttiere,	aus Position 01.03
	e) Hausschafe einschließlich reinrassiger Zuchttiere,	aus Position 01.04
	f) Hausziegen einschließlich reinrassiger Zuchttiere,	aus Position 01.04
	g) Hausgeflügel (Hühner, Enten, Gänse, Truthühner und Perlhühner),	Position 01.05
	h) Hauskaninchen,	aus Position 01.06
	i) Haustauben,	aus Position 01.06
	j) Bienen,	aus Position 01.06
	k) ausgebildete Blindenführhunde	aus Position 01.06
2	Fleisch und genießbare Schlachtnebenerzeugnisse	Kapitel 2
3	Fische und Krebstiere, Weichtiere und andere wirbellose Wassertiere, ausgenommen Zierfische, Langusten, Hummer, Austern und Schnecken	aus Kapitel 3

Lfd. Nr.	Warenbezeichnung	Zolltarif: Kapitel, Position, Unterposition
4	Milch und Milcherzeugnisse; Vogeleier und Eigelb, ausgenommen ungenießbare Eier ohne Schale und ungenießbares Eigelb, natürlicher Honig	aus Kapitel 4
5	Andere Waren tierischen Ursprungs, und zwar	
	a) Mägen von Hausrindern und Hausgeflügel,	aus Position 05.04
	c) rohe Knochen	aus Position 05.06
6	Bulben, Zwiebeln, Knollen, Wurzelknollen und Wurzelstöcke, ruhend, im Wachstum oder in Blüte; Zichorienpflanzen und -wurzeln	Position 06.01
7	Andere lebende Pflanzen einschließlich ihrer Wurzeln, Stecklinge und Pfropfreiser; Pilzmyzel	Position 06.02
8	Blumen und Blüten sowie deren Knospen, geschnitten, zu Binde- oder Zierzwecken, frisch	aus Position 06.03
9	Blattwerk, Blätter, Zweige und andere Pflanzenteile, ohne Blüten und Blütenknospen, sowie Gräser, Moose und Flechten, zu Binde- oder Zierzwecken, frisch	aus Position 06.04
10	Gemüse, Pflanzen, Wurzeln und Knollen, die zu Ernährungszwecken verwendet werden, und zwar	
	a) Kartoffeln, frisch oder gekühlt,	Position 07. 01
	b) Tomaten, frisch oder gekühlt,	Position 07.02
	c) Speisezwiebeln, Schalotten, Knoblauch, Porree/Lauch und andere Gemüse der Allium-Arten, frisch oder gekühlt,	Position 07.03

Lfd. Nr.	Warenbezeichnung	Zolltarif: Kapitel, Position, Unterposition
	d) Kohl, Blumenkohl/Karfiol, Kohlrabi, Wirsingkohl und ähnliche genießbare Kohlarten der Gattung Brassica, frisch oder gekühlt,	Position 07.04
	e) Salate (Lactuca sativa) und Chicorée (Cichorium-Arten), frisch oder gekühlt,	Position 07.05
	f) Karotten und Speisemöhren, Speiserüben, rote Rüben, Schwarzwurzeln, Knollensellerie, Rettiche und ähnliche genießbare Wurzeln, frisch oder gekühlt,	Position 07.06
	g) Gurken und Cornichons, frisch oder gekühlt,	Position 07.07
	h) Hülsenfrüchte, auch ausgelöst, frisch oder gekühlt,	Position 07.08
	i) anderes Gemüse, frisch oder gekühlt,	Position 07.09
	j) Gemüse, auch in Wasser oder Dampf gekocht, gefroren,	Position 07.10
	k) Gemüse, vorläufig haltbar gemacht (z. B. durch Schwefeldioxid oder in Wasser, dem Salz, Schwefeldioxid oder andere vorläufig konservierend wirkende Stoffe zugesetzt sind), zum unmittelbaren Genuss nicht geeignet,	Position 07.11
	l) Gemüse, getrocknet, auch in Stücke oder Scheiben geschnitten, als Pulver oder sonst zerkleinert, jedoch nicht weiter zubereitet,	Position 07.12
	m) getrocknete, ausgelöste Hülsenfrüchte, auch geschält oder zerkleinert,	Position 07.13
	n) Topinambur	aus Position 07.14
11	Genießbare Früchte und Nüsse	Positionen 08.01 bis 08.13

Lfd. Nr.	Warenbezeichnung	Zolltarif: Kapitel, Position, Unterposition
12	Kaffee, Tee, Mate und Gewürze	Kapitel 9
13	Getreide	Kapitel 10
14	Müllereierzeugnisse, und zwar	
	a) Mehl von Getreide,	Positionen 11.01 und 11.02
	b) Grobgrieß, Feingrieß und Pellets von Getreide,	Position 11.03
	c) Getreidekörner, anders bearbeitet; Getreidekeime, ganz, gequetscht, als Flocken oder gemahlen	Position 11.04
15	Mehl, Grieß, Pulver, Flocken, Granulat und Pellets von Kartoffeln	Position 11.05
16	Mehl und Grieß und Pulver von getrockneten Hülsenfrüchten sowie Mehl, Grieß und Pulver von genießbaren Früchten	aus Position 11.06
17	Stärke	aus Position 11.08
18	Ölsamen und ölhaltige Früchte sowie Mehl hiervon	Positionen 12.01 bis 12.08
19	Samen, Früchte und Sporen, zur Aussaat	Position 12.09
21	Rosmarin, Beifuß und Basilikum in Aufmachungen für den Küchengebrauch sowie Dost, Minzen, Salbei, Kamilleblüten und Haustee	aus Position 12.11
22	Johannisbrot und Zuckerrüben, frisch oder getrocknet, auch gemahlen; Steine und Kerne von Früchten sowie andere pflanzliche Waren (einschließlich nichtgerösteter Zichorienwurzeln der Varietät Cichorium intybus sativum) der hauptsächlich zur menschlichen Ernährung verwendeten Art, anderweit weder genannt noch inbegriffen; ausgenommen Algen, Tange und Zuckerrohr	aus Position 12.12

Lfd. Nr.	Warenbezeichnung	Zolltarif: Kapitel, Position, Unterposition
23	Stroh und Spreu von Getreide sowie verschiedene zur Fütterung verwendete Pflanzen	Positionen 12.13 und 12.14
24	Pektinstoffe, Pektinate und Pektate	Unterposition 1302.20
26	Genießbare tierische und pflanzliche Fette und Öle, auch verarbeitet, und zwar	
	a) Schweineschmalz, anderes Schweinefett und Geflügelfett,	aus Position 15.01
	b) Fett von Rindern, Schafen oder Ziegen, ausgeschmolzen oder mit Lösungsmitteln ausgezogen,	aus Position 15.02
	c) Oleomargarin,	aus Position 15.03
	d) fette pflanzliche Öle und pflanzliche Fette sowie deren Fraktionen, auch raffiniert,	aus Positionen 15.07 bis 15.15
	e) tierische und pflanzliche Fette und Öle sowie deren Fraktionen, ganz oder teilweise hydriert, umgeestert, wiederverestert oder elaidiniert, auch raffiniert, jedoch nicht weiterverarbeitet, ausgenommen hydriertes Rizinusöl (sog. Opalwachs),	aus Position 15.16
	f) Margarine; genießbare Mischungen und Zubereitungen von tierischen oder pflanzlichen Fetten und Ölen sowie von Fraktionen verschiedener Fette und Öle, ausgenommen Form- und Trennöle	aus Position 15.17
28	Zubereitungen von Fleisch, Fischen oder von Krebstieren, Weichtieren und anderen wirbellosen Wassertieren, ausgenommen Kaviar sowie zubereitete oder haltbar gemachte Langusten, Hummer, Austern und Schnecken	aus Kapitel 16
29	Zucker und Zuckerwaren	Kapitel 17

Lfd. Nr.	Warenbezeichnung	Zolltarif: Kapitel, Position, Unterposition
30	Kakaopulver ohne Zusatz von Zucker oder anderen Süßmitteln sowie Schokolade und andere kakaohaltige Lebensmittelzubereitungen	Positionen 18.05 und 18.06
31	Zubereitungen aus Getreide, Mehl, Stärke oder Milch; Backwaren	Kapitel 19
32	Zubereitungen von Gemüse, Früchten, Nüssen oder anderen Pflanzenteilen, ausgenommen Frucht- und Gemüsesäfte	Positionen 20.01 bis 20.08
33	Verschiedene Lebensmittelzubereitungen	Kapitel 21
34	Wasser, ausgenommen	
	– Trinkwasser, einschließlich Quellwasser und Tafelwasser, das in zur Abgabe an den Verbraucher bestimmten Fertigpackungen in den Verkehr gebracht wird,	
	– Heilwasser und	
	– Wasserdampf	aus Unterposition 2201 9000
35	Milchmischgetränke mit einem Anteil an Milch oder Milcherzeugnissen (z. B. Molke) von mindestens fünfundsiebzig vom Hundert des Fertigerzeugnisses	aus Position 22.02
36	Speiseessig	Position 22.09
37	Rückstände und Abfälle der Lebensmittelindustrie; zubereitetes Futter	Kapitel 23
39	Speisesalz, nicht in wässriger Lösung	aus Position 25.01
40	a) Handelsübliches Ammoniumcarbonat und andere Ammoniumcarbonate,	Unterposition 2836.10
	b) Natriumhydrogencarbonat (Natriumbicarbonat)	Unterposition 2836.30

Lfd. Nr.	Warenbezeichnung	Zolltarif: Kapitel, Position, Unterposition
41	D-Glucitol (Sorbit), auch mit Zusatz von Saccharin oder dessen Salzen	Unterpositionen 2905.44 und 2106.90
42	Essigsäure	Unterposition 2915.21
43	Natriumsalz und Kaliumsalz des Saccharins	aus Unterposition 2925 1100
45	Tierische oder pflanzliche Düngemittel mit Ausnahme von Guano, auch untereinander gemischt, jedoch nicht chemisch behandelt; durch Mischen von tierischen oder pflanzlichen Erzeugnissen gewonnene Düngemittel	aus Position 31.01
46	Mischungen von Riechstoffen und Mischungen (einschließlich alkoholischer Lösungen) auf der Grundlage eines oder mehrerer dieser Stoffe, in Aufmachungen für den Küchengebrauch	aus Unterposition 3302 10
47	Gelatine	aus Position 35.03
48	Holz, und zwar	
	a) Brennholz in Form von Rundlingen, Scheiten, Zweigen, Reisigbündeln oder ähnlichen Formen,	Unterposition 4401.10
	b) Sägespäne, Holzabfälle und Holzausschuss, auch zu Pellets, Briketts, Scheiten oder ähnlichen Formen zusammengepresst,	Unterposition 4401.30

Lfd. Nr.	Warenbezeichnung	Zolltarif: Kapitel, Position, Unterposition
49	Bücher, Zeitungen und andere Erzeugnisse des graphischen Gewerbes – mit Ausnahme der Erzeugnisse, für die die Hinweispflicht nach § 4 Abs. 2 Satz 2 des Gesetzes über die Verbreitung jugendgefährdender Schriften besteht oder die als jugendgefährdende Trägermedien den Beschränkungen des § 15 Abs. 1 bis 3 des Jugendschutzgesetzes unterliegen, sowie Veröffentlichungen, die überwiegend Werbezwecken (einschließlich Reisewerbung) dienen –, und zwar	
	a) Bücher, Broschüren und ähnliche Drucke, auch in Teilheften, losen Bogen oder Blättern, zum Broschieren, Kartonieren oder Binden bestimmt, sowie Zeitungen und andere periodische Druckschriften kartoniert, gebunden oder in Sammlungen mit mehr als einer Nummer in gemeinsamem Umschlag (ausgenommen solche, die überwiegend Werbung enthalten),	aus Positionen 49.01, 97.05 und 97.06
	b) Zeitungen und andere periodische Druckschriften, auch mit Bildern oder Werbung enthaltend (ausgenommen Anzeigenblätter, Annoncen-Zeitungen und dergleichen, die überwiegend Werbung enthalten),	aus Position 49.02
	c) Bilderalben, Bilderbücher und Zeichen- oder Malbücher, für Kinder,	aus Position 49.03
	d) Noten, handgeschrieben oder gedruckt, auch mit Bildern, auch gebunden,	aus Position 49.04
	e) kartographische Erzeugnisse aller Art einschließlich Wandkarten, topographischer Pläne und Globen, gedruckt,	aus Position 49.05

Lfd. Nr.	Warenbezeichnung	Zolltarif: Kapitel, Position, Unterposition
	f) Briefmarken und dergleichen (z. B. Ersttagsbriefe, Ganzsachen) als Sammlungsstücke	aus Positionen 49.07 und 97.04
51	Rollstühle und andere Fahrzeuge für Kranke und Körperbehinderte, auch mit Motor oder anderer Vorrichtung zur mechanischen Fortbewegung	Position 87.13
52	Körperersatzstücke, orthopädische Apparate und andere orthopädische Vorrichtungen sowie Vorrichtungen zum Beheben von Funktionsschäden oder Gebrechen, für Menschen, und zwar	
	a) künstliche Gelenke, ausgenommen Teile und Zubehör,	aus Unterposition 9021.31
	b) orthopädische Apparate und andere orthopädische Vorrichtungen einschließlich Krücken sowie medizinisch-chirurgischer Gürtel und Bandagen, ausgenommen Teile und Zubehör,	aus Unterposition 9021.10
	c) Prothesen, ausgenommen Teile und Zubehör,	aus Unterpositionen 9021.21, 9021.29 und 9021.39
	d) Schwerhörigengeräte, Herzschrittmacher und andere Vorrichtungen zum Beheben von Funktionsschäden oder Gebrechen, zum Tragen in der Hand oder am Körper oder zum Einpflanzen in den Organismus, ausgenommen Teile und Zubehör	Unterpositionen 9021.40 und 9021.50, aus Unterposition 9021.90
53	Kunstgegenstände, und zwar	
	a) Gemälde und Zeichnungen, vollständig mit der Hand geschaffen, sowie Collagen und ähnliche dekorative Bildwerke,	Position 97.01
	b) Originalstiche, -schnitte und -steindrucke,	Position 97.02

Lfd. Nr.	Warenbezeichnung	Zolltarif: Kapitel, Position, Unterposition
	c) Originalerzeugnisse der Bildhauerkunst, aus Stoffen aller Art	Position 97.03
54	Sammlungsstücke,	
	a) zoologische, botanische, mineralogische oder anatomische und Sammlungen dieser Art,	aus Position 97.05
	b) von geschichtlichem, archäologischem, paläontologischem oder völkerkundlichem Wert,	aus Position 97.05
	c) von münzkundlichem Wert, und zwar	
	aa) kursungültige Banknoten einschließlich Briefmarkengeld und Papiernotgeld,	aus Position 97.05
	bb) Münzen aus unedlen Metallen,	aus Position 97.05
	cc) Münzen und Medaillen aus Edelmetallen, wenn die Bemessungsgrundlage für die Umsätze dieser Gegenstände mehr als 250 vom Hundert des unter Zugrundelegung des Feingewichts berechneten Metallwerts ohne Umsatzsteuer beträgt	aus Positionen 71.18, 97.05 und 97.06

3.2 Leistungen im Zusammenhang mit der Tier- und Pflanzenzucht

Bestimmte Leistungen von Unternehmern, die nicht die Sonderregelung des § 24 UStG (für land- und forstwirtschaftliche Betriebe) in Anspruch nehmen, sind dem ermäßigten Steuersatz zu unterwerfen. Dazu gehören insbesondere Umsätze im Zusammenhang mit der Aufzucht und dem Halten von Vieh, der Anzucht von Pflanzen, der Vatertierhaltung, der Tierzucht sowie ähnlicher Leistungen.

ACHTUNG!

Nicht erforderlich ist, dass der Unternehmer als Land- oder Forstwirt tätig ist.

Beispiel 1:

Dem Unternehmer U werden von einem Pflanzenzüchter Sämlinge überlassen, die dieser auf seinem Grundstück einpflanzt, pflegt und dem Pflanzenzüchter auf Abruf zurückgibt. Die Leistung des U unterliegt dem ermäßigten Steuersatz.

3.3 Umsätze der Zahntechniker

Der ermäßigte Steuersatz ist auf alle Umsätze aus der Tätigkeit als Zahntechniker einschließlich der unentgeltlichen Wertabgaben anzuwenden. Begünstigt ist auch die Lieferung von halbfertigen Zahnprothesen.

WICHTIG!

Nicht von Bedeutung ist die Rechtsform, in der das zahntechnische Labor betrieben wird.

Zahnärzte, die zahntechnische Leistungen in ihrem Unternehmen ausführen (Lieferung oder Wiederherstellung von Zahnprothesen, kieferorthopädische Apparate), erbringen insoweit keine steuerfreien Leistungen nach § 4 Nr. 14 UStG. Diese Leistungen unterliegen aber dem ermäßigten Steuersatz nach § 12 Abs. 2 Nr. 6 UStG.

ACHTUNG!

Hilfsgeschäfte (Verkauf von Anlagegegenständen, Bohrern, Material) unterliegen nicht dem ermäßigten Steuersatz.

3.4 Leistungen der Theater, Orchester, Museen usw.

Leistungen von Theatern, Orchestern, Kammermusikensemblen, Chören und Museen sowie die Veranstaltung von Theatervorführungen und Konzerten durch andere Unternehmer unterliegen dem ermäßigten Steuersatz nach § 12 Abs. 2 Nr. 7a UStG.

ACHTUNG!

Die Ermäßigung trifft nur die Unternehmer, die nicht schon nach § 4 Nr. 20a UStG steuerfreie Leistungen erbringen, wie z. B. Einrichtungen des Bundes, der Länder, der Gemeinden oder Gemeindeverbände, vgl. → *Steuerbefreiungen*.

Zu den Leistungen von Theatern gehören auch die Vorführungen von pantomimischen Werken einschließlich Werken der Tanzkunst, Kleinkunst- und Varieté-Theatervorführungen sowie Puppenspiele und Eisrevuen.

Konzerte sind musikalische und gesangliche Aufführungen durch einzelne oder mehrere Personen.

ACHTUNG!

Nicht begünstigt sind aber gesangliche, kabarettistische oder tänzerische Darbietungen im Rahmen einer sportlichen Veranstaltung oder zur Unterhaltung der Besucher einer Gaststätte.

3.5 Überlassung von Filmen und Filmvorführungen

Die Überlassung von Filmen zur Auswertung sowie die Filmvorführungen sind nach § 12 Abs. 2 Nr. 7b UStG dann begünstigt, wenn der Film

- vor dem 1.1.1970 erstaufgeführt wurde oder

- wenn der Film ab dem 1.1.1970 erstaufgeführt worden ist und der Film nach § 6 Abs. 3 Nr. 1 bis 5 des Gesetzes zum Schutz der Jugend in der Öffentlichkeit oder nach § 14 Abs. 2 Nr. 1 bis Nr. 5 des Jugendschutzgesetzes gekennzeichnet ist. Begünstigt sind danach auch die mit „Nicht freigegeben unter achtzehn Jahren" gekennzeichneten Filme.

WICHTIG!

Auch bespielte Videokassetten stellen Filme dar. Nicht begünstigt ist aber die Ausleihe von Videokassetten zum privaten Gebrauch.

3.6 Einräumung, Übertragung und Wahrnehmung urheberrechtlicher Schutzrechte

Die Einräumung, Übertragung und Wahrnehmung von Rechten, die sich aus dem Urheberrechtsgesetz ergeben, fallen unter die Steuerbegünstigung des § 12 Abs. 2 Nr. 7c UStG.

ACHTUNG!

Eine Begünstigung kann danach nur dann in Betracht kommen, wenn es sich um eine Leistung handelt, die unter das Urheberrechtsgesetz fällt.

Zu den Leistungen, die unter das Urheberrechtsgesetz fallen, gehören insbesondere:

Leistung	Besonderheiten
Schriftsteller	Nicht entscheidend ist die Übergabe des Manuskriptes, es kommt vielmehr auf die Vereinbarung über die Nutzungsrechte an dem Werk an. Lesungen, Autogrammstunden etc. unterliegen dem Regelsteuersatz.
Journalisten und Presseagenturen	Erfasst werden alle Arten journalistischer Betätigung, ausgenommen ist lediglich das Sammeln von Informationen, ohne diese gesammelten Daten redaktionell zu bearbeiten (z. B. Börsennotizen, Wettervorhersagen, Kinospielpläne).
Übersetzungen und andere Bearbeitungen	Unerheblich ist, ob die Übersetzung als Buch veröffentlicht wird oder es sich um eine Übersetzung für ein Filmdrehbuch handelt.
Vorträge und Reden	Vorträge und Reden unterliegen insoweit dem ermäßigten Steuersatz, wie z. B. der Vortrag in einer Fachzeitschrift veröffentlicht wird oder von Rundfunk- oder Fernsehanstalten gesendet wird.
Werke der Musik	Alle Musikwerke, soweit Rechte eingeräumt werden.

Leistung	Besonderheiten
Werke der bildenden Künste und der angewandten Kunst	Werke von Gebrauchsgrafikern und Grafik-Designern sind nur insoweit begünstigt, als ausdrücklich das Nutzungsrecht an den Werken übertragen wird. Die Tätowierung ist keine dem ermäßigten Steuersatz zu unterwerfende Leistung.
Lichtbildwerke und Lichtbilder	Ermäßigt besteuert werden die Leistungen der Bildjournalisten, Bildagenturen, Kameramänner/-frauen. Nicht begünstigt ist allerdings die Übergabe von Fotopositiven (z. B. bei Hochzeitsfotos, Passfotos).
Darbietungen ausübender Künstler	Ein ausübender Künstler ist, wer ein Werk vorträgt oder ausführt oder hierbei künstlerisch mitwirkt (z. B. Schauspieler, Sänger, Musiker, Tänzer, Dirigenten, Regisseure). Nicht begünstigt sind aber künstlerische Darbietungen, die weder von Rundfunk- und Fernsehanstalten gesendet noch auf Bild- und Tonträger aufgenommen und vervielfältigt werden.
Computerprogramme	Der ermäßigte Steuersatz ist anzuwenden, wenn der Leistungsempfänger die Rechte auf Vervielfältigung und Verbreitung erhält. Dem Regelsteuersatz unterliegen Leistungen, bei denen der Gehalt des Vorganges nicht auf die Verbreitung des Programmes, sondern überwiegend auf seine Anwendung für die Bedürfnisse des Leistungsempfängers gerichtet ist, so z. B. immer bei Standardsoftware.

Grundsätzlich können mit einer Tätigkeit mehrere Leistungen verbunden sein, die dann entsprechend gesondert umsatzsteuerlich zu prüfen sind.

Beispiel 2:

Der Dirigent wird für ein Konzert engagiert. Dieses Konzert wird auch von einer Musikproduktion aufgezeichnet, um das Konzert auf Tonträgern zu verkaufen. Der Dirigent erhält sowohl von dem Konzertveranstalter wie auch von dem Musikproduzenten ein Entgelt. Die Leistung gegenüber dem Musikproduzenten ist von der Leistung gegenüber dem Konzertveranstalter zu trennen.

3.7 Zirkusunternehmer, Schausteller und zoologische Gärten

Zirkusvorführungen, Leistungen aus der Tätigkeit als Schausteller sowie die unmittelbar mit dem Betrieb der zoologischen Gärten verbundenen Umsätze unterliegen nach § 12 Abs. 2 Nr. 7d UStG dem ermäßigten Steuersatz.

Unter die Steuerermäßigung fallen auch die üblichen Nebenleistungen (z. B. Verkauf von Programmen, Garderobe). Verkäufe von Anlagegegenständen fallen aber nicht unter diese Regelung.

Schausteller sind Unternehmer, die ein Reisegewerbe betreiben, also von Ort zu Ort ziehen, und ihre der Unterhaltung dienenden Leistungen auf Jahrmärkten, Volksfesten oder ähnlichen Festen erbringen. Darunter fallen nach § 30 UStDV auch die Leistungen der Schau- und Belustigungsgeschäfte, der Fahrgeschäfte und der Ausspielungen. Voraussetzung ist, dass die Leistungen an ständig wechselnden Orten erbracht werden.

ACHTUNG!

Nach der Rechtsprechung des BFH (Urteil v. 18.7.2002, V R 89/01) ist es für die Steuerermäßigung nicht Voraussetzung, dass der Unternehmer selber von Ort zu Ort zieht. Es ist ausreichend, wenn die Leistung von seinen Arbeitnehmern oder Erfüllungsgehilfen in seinem Namen erbracht wird.

3.8 Schwimm- und Heilbäder, Bereitstellung von Kureinrichtungen

Leistungen, die unmittelbar mit dem Betrieb der Schwimmbäder verbunden sind, sowie die Verabreichung von Heilbädern unterliegen dem ermäßigten Steuersatz nach § 12 Abs. 2 Nr. 9 UStG. Dazu gehört auch die Bereitstellung von Kureinrichtungen, soweit als Entgelt eine Kurtaxe zu entrichten ist.

Leistungen, die im Zusammenhang mit dem Betrieb eines Schwimmbades stehen, sind insbesondere:

- Die Benutzung der Schwimmbäder, unabhängig davon, ob durch Einzelbesucher, Gruppen oder Vereine,
- ergänzende Nebenleistungen – z. B. Benutzung von Einzelkabinen –,
- die Erteilung von Schwimmunterricht sowie
- Hilfsleistungen wie Vermietung von Schwimmgürteln, Handtüchern und Badebekleidung, Aufbewahrung von Garderobe oder Benutzung von Haartrocknern.

Nicht mit dem Betrieb eines Schwimmbades eng verbundene Leistungen und deshalb nicht begünstigt sind:

- Verabreichung von Reinigungsbädern,
- Verkauf von Seife und Haarwaschmitteln,
- Vermietung von Liegestühlen oder Strandkörben oder
- Vermietung von Unterhaltungseinrichtungen (z. B. Minigolf).

ACHTUNG!

Wird ein Schwimmbad insgesamt an einen Nutzer überlassen, kann ein gemischter Vertrag vorliegen, vgl. → *Vermietung*.

Der Begriff der Verabreichung von Heilbädern ist weit zu fassen, so unterliegen auch Leistungen, die allgemeinen Heilzwecken dienen, ohne dass ein bestimmter Heilzweck nachgewiesen ist (z. B. Verabreichung von Saunabädern), dem ermäßigten Steuersatz.

3.9 Begünstigte Personenbeförderungen

3.9.1 Personenbeförderung mit Schiffen

Grundsätzlich sind nach § 12 Abs. 2 Nr. 10a UStG die Beförderungen von Personen mit Schiffen mit dem ermäßigten Steuersatz zu besteuern. Diese ursprünglich bis zum 31.12.2001 befristete Sonderregelung ist durch das Jahressteuergesetz 2001 bis 2004 verlängert worden. Voraussetzung ist, dass die Leistung überhaupt im Inland ausgeführt worden ist, vgl. dazu → *Beförderungsleistungen*.

Soweit im Zusammenhang mit der Beförderungsleistung auch Unterbringungs- und Verpflegungsleistungen verbunden sind, unterliegen diese in aller Regel als Nebenleistung zur Beförderungsleistung ebenfalls dem ermäßigten Steuersatz (z. B. bei Pauschalreisen mit Kabinenschiffen auf Binnenwasserstraßen). Die gegen Sonderentgelt ausgeführten Lieferungen von Getränken, Tabakwaren etc. sind aber nicht als Nebenleistung anzusehen.

3.9.2 Personenbeförderungen innerhalb einer Gemeinde oder bis zu 50 Kilometern

Die folgenden Personenbeförderungen unterliegen nach § 12 Abs. 2 Nr. 10b UStG ebenfalls dem ermäßigten Steuersatz, wenn sie innerhalb einer Gemeinde ausgeführt werden (dann kommt es auf die Länge der Beförderungsstrecke nicht an) oder wenn die Beförderungsstrecke (die die Grenze einer Gemeinde überschreitet) nicht mehr als 50 Kilometer beträgt:

- Verkehr im Schienenbahnverkehr mit Ausnahme der Bergbahnen; unter den Schienenbahnverkehr fallen alle Haupt- und Nebenbahnen (insbesondere die Deutsche Bahn AG). Nicht unter diese Regelung fallen Seilschwebebahnen, Sessellifte und Skilifte.
- Verkehr mit Oberleitungsomnibusse; darunter fallen elektrisch angetriebene, nicht an Schienen gebundene Straßenfahrzeuge, die ihre Antriebsenergie einer Fahrleitung entnehmen.
- Genehmigter Linienverkehr mit Kraftfahrzeugen; zum Linienverkehr gehören zwischen bestimmten Ausgangs- und Endpunkten eingerichtete, regelmäßige Verkehrsverbindungen. Ein fester Fahrplan oder Zwischenstationen sind nicht erforderlich. Damit fallen auch Fahrten im Berufsverkehr, Schülerfahrten (nicht jedoch für Klassenreisen) oder Kindergartenfahrten. Begünstigt ist die Leistung aber nur, wenn sie genehmigt oder unter eine Genehmigungsfreistellung nach dem Personen-Beförderungsgesetz fällt.

- Verkehr mit Kraftdroschken (Taxi); nicht begünstigt ist die Vermietung von Fahrzeugen.
- Beförderung von Gegenständen im Fährverkehr; die Beförderung von Personen im Fährverkehr ist schon grundsätzlich nach § 12 Abs. 2 Nr. 10a UStG begünstigt.

WICHTIG!

Wenn die Beförderungsleistung die Gemeindegrenze überschreitet und insgesamt länger als 50 Kilometer ist, unterliegt die Gesamtleistung dem Regelsteuersatz nach § 12 Abs. 1 UStG.

Steuerschuldnerverfahren

Steuerschuldnerverfahren auf einen Blick

1. Rechtsquellen

   § 13b, § 14a Abs. 5, § 15 Abs. 1 Nr. 4 UStG

   § 30a UStDV

2. Bedeutung

   Nach dem seit 2002 geltenden Steuerschuldnerverfahren schuldet bei bestimmten Umsätzen, insbesondere bei im Inland ausgeführten Werklieferungen oder sonstigen Leistungen ausländischer Unternehmer, nicht der die Leistung erbringende Unternehmer die Umsatzsteuer für seine Leistung, sondern der Leistungsempfänger wird Steuerschuldner für diese an ihn ausgeführte Leistung. Außerdem ergibt sich auch die Steuerschuldnerschaft für den Sicherungsnehmer bei der Verwertung von sicherungsübereigneten Gegenständen sowie bei Umsätzen die unter das Grunderwerbsteuergesetz fallen. Darüber hinaus wurde das Steuerschuldnerverfahren ab 2004 auch auf Bauleistungen ausgeweitet, die an Unternehmer ausgeführt werden, die selber solche Bauleistungen ausführen.

3. Weitere Stichworte

   → *Sicherungsübereignung*, → *sonstige Leistung*, → *Unternehmer*, → *Vorsteuerabzug*, → *Werklieferung*

4. Besonderheiten

   Die geschuldete Umsatzsteuer ist in den Zeilen 48 bis 50 der Umsatzsteuer-Voranmeldung 2004 einzutragen, die Vorsteuer in der Zeile 58.

1. Allgemeines

Mit Wirkung vom 1.1.2002 ist an die Stelle des früheren Abzugsverfahrens das Steuerschuldnerverfahren nach § 13b UStG getreten. Dabei wird der Leistungsempfänger direkt Steuerschuldner der Umsatzsteuer, die auf Grund der an ihn ausgeführten Leistung entsteht.

WICHTIG!

Die Regelung über die Steuerschuldnerschaft ist auch dann anzuwenden, wenn es sich bei der Gegenleistung des Leistungsempfängers um eine Lieferung oder eine sonstige Leistung handelt, somit also ein → *Tausch* oder ein → *tauschähnlicher Umsatz* vorliegt.

Eine Ausnahme von der Steuerschuldnerschaft für eine bezogene Leistung besteht nur dann, wenn es sich entweder um eine Personenbeförderung eines ausländischen Unternehmers im Rahmen einer Taxifahrt handelt, die Steuer bei einer Fahrt mit einem im Ausland zugelassenen Reisebus schon im Rahmen der Beförderungseinzelbesteuerung beim Passieren einer Drittlandsgrenze erhoben worden ist oder (seit dem 1.1.2004) es sich um eine grenzüberschreitende Personenbeförderung im Luftverkehr handelt.

2. Anwendungsbereich

Die Regelung über die Steuerschuldnerschaft tritt in den folgenden Fällen ein:

- ein im Ausland ansässiger Unternehmer erbringt im Inland eine steuerpflichtige → *Werklieferung* oder eine → *sonstige Leistung*,
- im Rahmen einer → *Sicherungsübereignung* werden Gegenstände durch den Sicherungsgeber an den Sicherungsnehmer außerhalb des Insolvenzverfahrens geliefert,
- bis zum 31.12.2003: ein Grundstück wird im Rahmen einer Zwangsversteigerung durch den Vollstreckungsschuldner an den Ersteher geliefert. Nach der Fassung des Umsatzsteuergesetzes ab dem 1.1.2004 gilt das Steuerschuldnerverfahren für alle Umsätze, die unter das Grunderwerbsteuergesetz fallen, zum zeitlichen Anwendungszeitraum vgl. 2.3 oder
- nach der Fassung des Umsatzsteuergesetzes ab dem 1.1.2004: ein Unternehmer führt Werklieferungen oder sonstige Leistungen aus, die der Herstellung, Instandsetzung, Instandhaltung, Änderung oder Beseitigung von Bauwerken dienen, mit Ausnahme von Planungs- und Überwachungsleistungen. Voraussetzung ist aber, dass die Leistung an einen Unternehmer ausgeführt wird, der selber Bauleistungen ausführt. Zum zeitlichen Anwendungszeitraum vgl. 2.4.

2.1 Werklieferung oder sonstige Leistung eines im Ausland ansässigen Unternehmers

Hauptanwendungsfall für das Steuerschuldnerverfahren ist die Ausführung von Werklieferungen nach § 3 Abs. 4 UStG oder die Ausführung von sonstigen Leistungen durch einen im Ausland ansässigen Unternehmer. Da der Begriff der sonstigen Leistung auch die → *Werkleistung* mit erfasst, ist nur die Lieferung eines ausländischen Unternehmers aus der Anwendung des Steuerschuldnerverfahrens auszuscheiden.

ACHTUNG!

Voraussetzung für die Anwendung des § 13b UStG ist jedoch immer, dass der Ort der Leistung im Inland ist, da nur für im Inland steuerbare Leistungen eine Umsatzsteuer in Deutschland entstehen kann.

Die im Inland steuerbare Leistung des ausländischen Unternehmers muss darüber hinaus auch steuerpflichtig sein, das bedeutet, dass keine → *Steuerbefreiung* nach § 4 UStG für die im Inland ausgeführte Leistung einschlägig sein darf.

2.1.1 Werklieferung

Der Begriff der Werklieferung wird in § 3 Abs. 4 UStG definiert. Dabei kommt es entscheidend darauf an, dass der leistende Unternehmer bei einer von ihm ausgeführten Leistung auch Material verwendet, das nicht nur als Nebensache oder Zutat einzustufen ist. Nicht erforderlich ist, dass der Werkunternehmer das gesamte Material für die von ihm erbrachte Leistung verwendet. Zu den weiteren Einzelheiten vgl. → *Werklieferung*.

Beispiel 1:

Der dänische Bauunternehmer errichtet für den Dachdecker D aus Flensburg eine neue Lagerhalle. Das Material für die Lagerhalle besorgt sich der dänische Unternehmer selbst, jedoch stellt D dem Werkunternehmer das Material für die Dacheindeckung bei. Es handelt sich bei der Leistung des dänischen Unternehmers um eine Werklieferung nach § 3 Abs. 4 UStG, die nach § 3 Abs. 7 Satz 1 UStG im Inland ausgeführt ist und auch nicht steuerfrei ist. Nach § 13b Abs. 1 Nr. 1 UStG wird D zum Steuerschuldner für die an ihn ausgeführte Werklieferung.

2.1.2 Sonstige Leistung

Die Regelung über die Steuerschuldnerschaft kann grundsätzlich bei jeder sonstigen Leistung einschlägig sein, die der im Ausland ansässige Unternehmer im Inland steuerbar und steuerpflichtig ausführt. Voraussetzung ist aber auch hier wieder, dass zuerst zu prüfen ist, ob der Ort der sonstigen Leistung nach den Vorschriften des § 3a UStG oder des § 3b UStG im Inland ist. Hier kommen insbesondere die Umsätze in Frage, bei denen sich der Ort der sonstigen Leistung am Tätigkeitsort bestimmt oder der Ort der sonstigen Leistung dort ist, wo der Leistungsempfänger sein Unternehmen betreibt. Dies sind insbesondere:

- sonstige Leistungen im Zusammenhang mit einem im Inland belegenen Grundstück, z. B. Architekten- und Ingenieurleistungen, § 3a Abs. 2 Nr. 1 UStG,
- Leistungen von Künstlern, Sportlern oder Wissenschaftlern, die im Inland ausgeführt worden sind, § 3a Abs. 2 Nr. 3a UStG,

- Einräumung oder Übertragung von Patenten oder Urheberrechten, § 3a Abs. 4 Nr. 1 UStG,
- Leistungen, die der Werbung oder der Öffentlichkeitsarbeit dienen, § 3a Abs. 4 Nr. 2 UStG,
- Leistungen freier Berufe, z. B. Rechtsanwälte, Steuerberater, Wirtschaftsprüfer, § 3a Abs. 4 Nr. 3 UStG,
- Vermietung beweglicher körperlicher Gegenstände (ohne Beförderungsmittel), § 3a Abs. 4 Nr. 11 UStG,
- auf elektronischem Weg ausgeführte sonstige Leistungen, § 3a Abs. 4 Nr. 14 UStG.

Zu den Einzelheiten vgl. → *sonstige Leistungen*.

Beispiel 2:

Der Architekt aus Österreich plant für den Unternehmer aus Koblenz den Bau eines Verwaltungsgebäudes.

Der Tennisprofi aus Schweden tritt in Berlin bei einem Schauturnier an.

Der Filmproduzent aus den USA überlässt einem Filmrechtehändler aus München die Filmrechte an einem Spielfilm für Deutschland.

Die sonstigen Leistungen der im Ausland ansässigen Unternehmer sind im Inland steuerbar und steuerpflichtig. Die Leistungsempfänger werden zum Steuerschuldner für die im Inland entstandene Umsatzsteuer nach § 13b UStG.

Darüber hinaus kommen auch die sonstigen Leistungen für die Anwendung des Steuerschuldnerverfahrens in Frage, bei denen sich der Ort der sonstigen Leistung durch die Verwendung einer USt-IDNr. des Leistungsempfängers in den Mitgliedstaat des Leistungsempfängers verlagert. Zu den Einzelheiten vgl. Nummer 4 zu → *Umsatzsteuer-Identifikationsnummer*.

Beispiel 3:

Der Frachtführer F aus Belgien befördert für den Großhändler G aus Rostock Gegenstände von Brüssel nach Rostock. Bei der Auftragserteilung verwendet G gegenüber dem F seine deutsche USt-IDNr. Der Ort der Beförderungsleistung ist nach § 3b Abs. 3 Satz 2 UStG im Inland und damit ist die Leistung in Deutschland steuerbar und steuerpflichtig. G wird nach § 13b UStG Steuerschuldner für die an ihn ausgeführte Beförderungsleistung.

2.1.3 Im Ausland ansässiger Unternehmer

Voraussetzung für die Anwendung des Steuerschuldnerverfahrens ist, dass es sich bei dem leistenden Unternehmer um einen im Ausland ansässigen Unternehmer handeln muss.

ACHTUNG!

Bei dem Steuerschuldnerverfahren kommt es nicht darauf an, ob der leistende Unternehmer aus dem Drittlandsgebiet oder dem übrigen Gemeinschaftsgebiet kommt.

Ein im Ausland ansässiger Unternehmer ist dann gegeben, wenn der leistende Unternehmer weder im Inland noch auf der Insel Helgoland oder den Freihäfen oder dem Küstenstreifen zwischen der Hoheitsgrenze und der Strandlinie

- einen Wohnsitz,
- seinen Sitz,
- seine Geschäftsleitung oder
- eine Zweigniederlassung

hat.

WICHTIG!

Für die Frage, ob es sich um einen im Ausland ansässigen Unternehmer handelt, kommt es immer auf den Zeitpunkt der Leistungserbringung an. Dies ist dann der Fall, wenn die vertraglich geschuldete Leistung oder Teilleistung vollständig erbracht worden ist.

Nicht erheblich ist, ob der leistende Unternehmer zum Zeitpunkt des Vertragsabschlusses oder zeitweilig während der Ausführung des Umsatzes die Eigenschaft als ausländischer Unternehmer besessen hat. Maßgeblich ist nur der Zeitpunkt der Ausführung des Umsatzes.

Ein erhebliches Problem in der Praxis ist es festzustellen, ob es sich bei dem leistenden Unternehmer tatsächlich um einen ausländischen Unternehmer handelt.

WICHTIG!

Es ist unerheblich, ob der leistende Unternehmer im Inland bei einem Finanzamt geführt wird, eine USt-IDNr. aus Deutschland vorweisen kann oder eine Betriebsstätte im Inland unterhält.

Beispiel 4:

Der niederländische Unternehmer N betreibt seit 1991 in Dresden eine Betriebsstätte, wird bei seinem zuständigen Finanzamt in Dresden zur Umsatzsteuer geführt und besitzt für seine Betriebsstätte in Dresden eine USt-IDNr. aus Deutschland. Auch wenn N von seiner inländischen Betriebsstätte aus Bauleistungen an Unternehmer im Inland erbringt, gilt er als ausländischer Unternehmer nach § 13b UStG, für die der Leistungsempfänger zum Steuerschuldner wird, soweit er Unternehmer ist.

Wenn es zweifelhaft ist, ob der leistende Unternehmer ein ausländischer Unternehmer oder ein inländischer Unternehmer im Sinne des § 13b UStG ist, wird der Leistungsempfänger nur dann nicht zum Steuerschuldner, wenn ihm eine Bescheinigung des leistenden Unternehmers vorgelegt wird, dass es sich nicht um einen ausländischen Unternehmer handelt. Die Bescheinigung ist von dem für den leistenden Unternehmer zuständigen Finanzamt auf einem amtlichen Vordruckmuster (USt 1 TS – Bescheinigung über die Ansässigkeit im Inland) zu erstellen.

TIPP!

Sollte die Ansässigkeit des leistenden Unternehmers fraglich sein, sollte ohne Vorlage der amtlichen Bescheinigung über die Ansässigkeit im Inland keine Auszahlung einer in der Rechnung ausgewiesenen Umsatzsteuer erfolgen.

2.2 Lieferung sicherungsübereigneter Gegenstände

Das Steuerschuldnerverfahren kommt nach § 13b Abs. 1 Nr. 2 UStG auch bei der Lieferung von sicherungsübereigneten Gegenständen vom Sicherungsgeber an den Sicherungsnehmer außerhalb des Insolvenzverfahrens zur Anwendung.

Beispiel 5:

Das in Frankfurt ansässige Kreditinstitut K hat dem Einzelhändler E den Kauf eines betrieblichen Fahrzeugs finanziert und sich das Fahrzeug zur Sicherheit übereignen lassen. Da E mit der Zahlung der vereinbarten Kreditraten in Verzug kommt, verwertet K das Fahrzeug im Rahmen einer öffentlichen Versteigerung. Es kommt dabei zu einer steuerbaren und steuerpflichtigen Lieferung von E an K sowie zu einer Lieferung von K an den Erwerber. Für die Lieferung des Sicherungsgebers (E) an den Sicherungsnehmer (K) wird K zum Steuerschuldner nach § 13b Abs. 1 Nr. 2 UStG.

ACHTUNG!

Die Steuerschuldnerschaft greift nur bei der Sicherungsverwertung außerhalb des Insolvenzverfahrens.

Zu den weiteren Rechtsfolgen vgl. → *Sicherungsübereignung*.

2.3 Umsätze, die unter das Grunderwerbsteuergesetz fallen

Bis Ende 2003 unterlagen nur Lieferungen von Grundstücken im Zwangsversteigerungsverfahren dem Steuerschuldnerverfahren. Durch das Haushaltsbegleitgesetz wurde die Anwendung auf alle Umsätze erweitert, die unter das Grunderwerbsteuergesetz fallen. Dies sind im Regelfall alle Lieferungen von Grundstücken.

ACHTUNG!

Voraussetzung ist, dass auch eine Umsatzsteuer tatsächlich entsteht. Deshalb muss ausgeschlossen werden, dass es sich nicht um eine nicht steuerbare Geschäftsveräußerung handelt und dass der leistende Unternehmer zulässigerweise auf die Steuerfreiheit nach § 9 UStG verzichtet hat (vgl. → *Option zur Umsatzsteuer*).

Beispiel 6:

Der Bauunternehmer B hat ein unbebautes Grundstück als Vorratsgrundstück erworben. Im Juli 2004 verkauft er das Grundstück an einen befreundeten Bauunternehmer, in dem notariellen Kaufvertrag wird auf die Steuerfreiheit des Umsatzes verzichtet. Der Erwerber wird zum Steuerschuldner der aus der Lieferung entstehenden Umsatzsteuer nach § 13b Abs. 1 Nr. 3 UStG.

ACHTUNG!

Bei der Zwangsversteigerung von Grundstücken darf nach § 9 Abs. 3 Satz 1 UStG nur bis zur Aufforderung zur Abgabe eines Gebotes im Versteigerungstermin auf die Umsatzsteuer optiert werden. Bei anderen steuerfreien Umsätzen muss in dem notariellen Vertrag auf die Steuerfreiheit verzichtet werden.

Zu den Einzelheiten bei der Option auf die Steuerpflicht bei der Zwangsversteigerung von Grundstücken vgl. → *Option zur Umsatzsteuer*.

WICHTIG!

Da die Ausweitung des Steuerschuldnerverfahrens auf sämtliche Umsätze, die unter das Grunderwerbsteuergesetz fallen, von einer Genehmigung des Rates der Gemeinschaft abhängig ist, tritt die Vorschrift erst für alle Umsätze ein, die ab dem Quartal ausgeführt werden, das auf die Genehmigung des Rates der Europäischen Union folgt (voraussichtlich zum 1.4.2004).

2.4 Ausführung von Bauleistungen

Durch das Haushaltsbegleitgesetz 2004 sind nach § 13b Abs. 1 Nr. 4 UStG auch Bauleistungen mit in das Steuerschuldnerverfahren aufgenommen worden, die der Herstellung, Instandsetzung, Instandhaltung, Änderung oder Beseitigung von Bauwerken dienen. Allerdings sind Planungs- und Überwachungsleistungen (z. B. von Architekten oder Ingenieuren) von dieser Regelung ausgenommen.

ACHTUNG!

Der Leistungsempfänger wird nur dann zum Steuerschuldner, wenn er ein Unternehmer ist, der selber solche Arten von Bauleistungen ausführt (z. B. ein Unternehmer, der Subunternehmer beschäftigt), § 13b Abs. 2 Satz 2 UStG.

Beispiel 7:

Der Bauunternehmer A hat mit der Privatperson P den Werkvertrag über die Errichtung eines Einfamilienhauses geschlossen. A beauftragt den Dachdecker D mit den Dacharbeiten. D erbringt gegenüber dem A eine im Inland steuerbare und steuerpflichtige Werklieferung. Da es sich um eine Leistung zur Herstellung eines Gebäudes handelt und der Erwerber selber solche Bauleistungen erbringt, wird A nach § 13b Abs. 1 Nr. 4 UStG zum Steuerschuldner für die an ihn ausgeführte Werklieferung. Für die von A an den P ausgeführte Werklieferung bleibt A Steuerschuldner nach § 13a Abs. 1 UStG.

Bauunternehmer B errichtet für das Pharmaunternehmen P eine neue Werkhalle. B erbringt eine im Inland steuerbare und steuerpflichtige Werklieferung. Es handelt sich um eine Leistung nach § 13b Abs. 1 Nr. 4 UStG, da eine Werklieferung zur Herstellung eines Gebäudes erbracht wird. Da aber das Pharmaunternehmen kein Unternehmen ist, das selber Bauleistungen im Sinne dieser Vorschrift erbringt, ist § 13b Abs. 2 Satz 2 UStG nicht anwendbar, so dass B Steuerschuldner für die von ihm ausgeführte Leistung nach § 13a Abs. 1 Nr. 1 UStG bleibt.

ACHTUNG!

Soweit eine solche Bauleistung von einem ausländischen Unternehmer ausgeführt wird, geht § 13b Abs. 1 Nr. 1 UStG der Regelung der Nr. 4 vor.

WICHTIG!

Da die Ausweitung des Steuerschuldnerverfahrens auf diese Bauleistungen von einer Genehmigung des Rates der Gemeinschaft abhängig ist, tritt die Vorschrift erst für alle Umsätze ein, die ab dem Quartal ausgeführt werden, das auf die Genehmigung des Rates der Europäischen Union folgt (voraussichtlich zum 1.4.2004).

3. Leistungsempfänger als Steuerschuldner

Der Leistungsempfänger wird nur dann Steuerschuldner für die an ihn ausgeführte Leistung, wenn es sich um einen Unternehmer oder eine juristische Person des öffentlichen Rechts handelt. Nur bei den im Inland ausgeführten Bauleistungen nach § 13b Abs. 1 Nr. 4 UStG ist weitere Voraussetzung, dass der Leistungsempfänger selber Bauleistungen im Sinne des § 13b Abs. 1 Nr. 4 UStG ausführt.

Ist der Leistungsempfänger ein Unternehmer, kommt es nicht darauf an, ob er steuerpflichtige Umsätze ausführt, ein Kleinunternehmer ist oder ob er die Leistung des ausländischen Unternehmers für sein Unternehmen erhält. Es ist allein entscheidend, ob er die Eigenschaft als → *Unternehmer* im Sinne des § 2 UStG erfüllt.

ACHTUNG!

Der Leistungsempfänger wird auch dann zum Steuerschuldner nach § 13b UStG, wenn er zwar Unternehmer ist, die Leistung aber nicht für sein Unternehmen bezieht.

Beispiel 8:

Der praktische Arzt A aus Potsdam lässt sein privat genutztes Einfamilienhaus von einem polnischen Unternehmer renovieren. Da der Arzt Unternehmer im Sinne des § 2 UStG ist, wird er für die im Inland steuerbare und steuerpflichtige Werklieferung (soweit der Unternehmer auch einen Hauptstoff verwendet) des polnischen Bauunternehmers zum Steuerschuldner nach § 13b Abs. 1 Nr. 1 und Abs. 2 UStG.

WICHTIG!

Auch ein im Ausland ansässiger Unternehmer wird zum Steuerschuldner nach § 13b UStG, wenn im Inland an ihn eine steuerbare und steuerpflichtige Leistung ausgeführt wird, die unter die Regelungen des § 13b Abs. 1 UStG fällt.

4. Rechnungserteilung des leistenden Unternehmers

Der leistende Unternehmer hat in den Fällen, in denen der Leistungsempfänger zum Steuerschuldner nach § 13b UStG wird, eine besondere Rechnung nach § 14a Abs. 5 UStG auszustellen. In dieser besonderen Rechnung muss er auf die Steuerschuldnerschaft nach § 13b UStG hinweisen. Darüber hinaus darf er in der Rechnung die Umsatzsteuer für seine erbrachte Leistung nicht gesondert ausweisen.

TIPP!

Der in einer solchen besonderen Rechnung ausgewiesene Rechnungsbetrag stellt somit einen Nettobetrag dar.

Wenn der leistende Unternehmer nicht auf die Steuerschuldnerschaft hinweist, entbindet dies den Leistungsempfänger grundsätzlich nicht davon, dass er nach der gesetzlichen Vorschrift des § 13b UStG zum Steuerschuldner für die an ihn ausgeführte Leistung wird.

WICHTIG!

Weist der leistende Unternehmer in den Fällen, in denen der Leistungsempfänger zum Steuerschuldner wird, trotzdem die Umsatzsteuer gesondert in der Rechnung aus, schuldet er die Umsatzsteuer nach § 14c Abs. 1 UStG (vgl. → *unrichtiger Steuerausweis*).

Beispiel 9:

Der Rechtsanwalt R aus der Schweiz erbringt an den inländischen Handelsvertreter H eine Rechtsberatungsleistung. Der Ort der Beratungsleistung ist nach § 3a Abs. 3 in Verbindung mit Abs. 4 Nr. 3 UStG im Inland. Der R weist in seiner Rechnung 16 % deutsche Umsatzsteuer aus. Der Leistungsempfänger H wird für die Leistung des R Steuerschuldner nach § 13b Abs. 1 Nr. 1 und Abs. 2 UStG. Da der R die Umsatzsteuer gesondert in der Rechnung ausgewiesen hat, schuldet er auch diese gesondert ausgewiesene Steuer in Deutschland nach § 14c Abs. 1 UStG. Die Rechnung kann jedoch berichtigt werden.

Von dieser Rechnung haben sowohl der leistende Unternehmer wie auch der Leistungsempfänger ein Doppel zehn Jahre lang aufzubewahren, § 14b Abs. 1 UStG (Aufbewahrung von Rechnungen).

ACHTUNG!

Nach § 33 Satz 3 UStDV gelten die Vorschriften über → *Kleinbetragsrechnungen* nicht, wenn das Steuerschuldnerverfahren nach § 13b UStG anzuwenden ist.

5. Steuerentstehung

Die Steuer für Leistungen, für die der Leistungsempfänger zum Steuerschuldner wird, entsteht mit Ausstellung der Rechnung durch den leistenden Unternehmer, spätestens jedoch mit Ablauf des der Ausführung der Leistung folgenden Kalendermonats. Damit sind grundsätzlich die folgenden Fälle für die Steuerentstehung denkbar:

Vorgang	Steuerentstehung
Leistung ist ausgeführt, die Rechnung wird in dem gleichen Monat ausgestellt	im Monat, in dem die Rechnung vom leistenden Unternehmer ausgestellt worden ist
Leistung ist ausgeführt, die Rechnung wird in dem folgenden Monat ausgestellt	im Monat, in dem die Rechnung vom leistenden Unternehmer ausgestellt worden ist
Leistung ist ausgeführt, eine Rechnung wird jedoch nicht oder erst nach dem auf die Leistung folgenden Kalendermonat ausgestellt	im auf die Ausführung der Leistung folgenden Kalendermonat

Diese Grundsätze gelten entsprechend, wenn der ausländische Unternehmer Teilleistungen erbracht hat (vgl. → *Sollbesteuerung*).

Leistet der Empfänger der Leistung eine Zahlung schon vor der Ausführung der Leistung oder einer Teilleistung, entsteht die Steuer schon in dem Voranmeldungszeitraum, in dem er diese Beträge verausgabt.

WICHTIG!

Der Leistungsempfänger hat dabei die Steuer immer nach den Grundsätzen zu berechnen, wie sie für den leistenden Unternehmer gelten.

6. Anmeldung der Steuer

Der Leistungsempfänger hat die Steuer grundsätzlich als Steuerschuldner in seiner Umsatzsteuer-Voranmeldung bei seinem zuständigen Finanzamt anzumelden und diese Steuer auch an dieses Finanzamt abzuführen. Dabei sind für diese geschuldete Umsatzsteuer keine weiteren Besonderheiten zu beachten.

Ist der Unternehmer bisher nicht verpflichtet gewesen, Voranmeldungen abzugeben (z. B. da er nur steuerfreie, den Vorsteuerabzug ausschließende Umsätze erbracht hat oder weil es sich um eine juristische Person des öffentlichen Rechts handelt), so sind nur Voranmeldungen für die Voranmeldungszeiträume abzugeben, in denen Steuer für die Umsätze nach § 13b Abs. 1 UStG zu erklären sind. Dies wird im Regelfall das Kalendervierteljahr sein.

7. Vorsteuerabzug des Leistungsempfängers

Soweit der Leistungsempfänger die Leistung für sein Unternehmen bezieht, ist er grundsätzlich zum → *Vorsteuerabzug* berechtigt, § 15 Abs. 1 Satz 1 Nr. 4 UStG. Dass der leistende Unternehmer die Umsatzsteuer für seine Leistung nicht in der Rechnung gesondert ausweisen darf, ist in diesem Fall nach der ausdrücklichen gesetzlichen Regelung unbedeutend.

Die Vorsteuer aus einer solchen erhaltenen Leistung ist dann abziehbar, wenn die Leistung für sein Unternehmen ausgeführt worden ist; soweit die Steuer auf eine Zahlung vor Ausführung dieser Leistungen entfällt, ist sie abziehbar, wenn die Zahlung geleistet worden ist.

8. Aufzeichnungsvorschriften

In den Fällen der Steuerschuldnerschaft müssen sowohl beim leistenden Unternehmer wie auch beim Leistungsempfänger entsprechende Aufzeichnungen geführt werden, aus denen die erbrachten Leistungen ersichtlich sind. Dies gilt für den Leistungsempfänger auch in den Fällen, in denen er die Leistung nicht für sein Unternehmen bezieht oder für eine juristische Person des öffentlichen Rechts, die nicht Unternehmer ist.

Tausch

Tausch auf einen Blick

1. Rechtsquellen

   § 3 Abs. 12 und § 10 Abs. 2 Satz 2 UStG

   Abschn. 153 UStR 2000

2. Bedeutung

   Bei einem Tausch besteht die Gegenleistung für eine Lieferung in einer Lieferung. Es liegen zwei eigenständige Leistungen vor.

3. Weitere Stichworte

   → *tauschähnlicher Umsatz*, → *verdeckter Preisnachlass*

Bei einem Tausch besteht die Gegenleistung für eine Lieferung in einer Lieferung, gegebenenfalls verbunden mit einer Zuzahlung („Tausch mit Baraufgabe"). Dabei ist jede Lieferung für die umsatzsteuerliche Behandlung separat zu betrachten.

Beispiel 1:

Zwischen dem Unternehmer A und dem Unternehmer B wird vereinbart, dass A an B eine Maschine im Wert von 34.800 EUR liefert und B an A ein Fahrzeug ebenfalls im Wert von 34.800 EUR liefert. Beide Unternehmer erbringen steuerbare und steuerpflichtige Lieferungen, für die bei beiden Unternehmern jeweils 4.800 EUR Umsatzsteuer im Monat der Lieferung entstehen. Ein Vorsteuerabzug ergibt sich nur bei Vorlage einer ordnungsgemäßen Rechnung.

Von besonderer Bedeutung bei einem Tausch ist die Ermittlung der Bemessungsgrundlage. Nach § 10 Abs. 2 Satz 2 UStG ermittelt sich die Bemessungsgrundlage bei einem Tausch, einem tauschähnlichen Umsatz sowie bei einer Hingabe an Zahlungs statt jeweils nach dem Wert der erhaltenen Leistung. Dabei ist die erhaltene Leistung nach § 9 BewG mit dem gemeinen Wert anzusetzen. Der gemeine Wert entspricht dem Verkehrswert (dem, was der Leistende am Markt für diesen Gegenstand erhalten könnte), wobei der Verkehrswert einem Bruttowert (inklusive Umsatzsteuer) entspricht. Die Bemessungsgrundlage lässt sich allgemein wie folgt ermitteln:

	Verkehrswert der erhaltenen Leistung (Brutto)
+/–	Baraufgabe
=	Bruttowert
–	darin enthaltene Umsatzsteuer für die erbrachte Leistung
=	Bemessungsgrundlage für die erbrachte Leistung

Beispiel 2:

Ein Kfz-Händler verkauft an eine Privatperson ein Neufahrzeug. Neben einer Barzahlung in Höhe von 23.000 EUR liefert der Käufer auch ein Gebrauchtfahrzeug, dessen gemeiner Wert 6.000 EUR beträgt. Nach der oben angegebenen Berechnungsmethode erhält der Kfz-Händler insgesamt 29.000 EUR (gemeiner Wert des gelieferten Fahrzeugs zuzüglich der Baraufgabe). Aus diesem Betrag ist die Umsatzsteuer mit 16 %, hier also mit 4.000 EUR, herauszurechnen. Die Bemessungsgrundlage beträgt für die steuerbare und steuerpflichtige Lieferung somit 25.000 EUR.

Wenn der Unternehmer einen Gegenstand mit einem höheren Wert als dem gemeinen Wert auf den Kaufpreis anrechnet, liegt ein sog. → *verdeckter Preisnachlass* vor.

Tauschähnlicher Umsatz

Tauschähnlicher Umsatz auf einen Blick

1. Rechtsquellen

   § 3 Abs. 12 und § 10 Abs. 2 Satz 2 UStG

   Abschn. 153 UStR 2000

2. Bedeutung

   Bei einem tauschähnlichen Umsatz besteht die Gegenleistung für eine sonstige Leistung in einer Lieferung oder einer sonstigen Leistung. Es liegen zwei eigenständige Leistungen vor.

3. Weitere Stichworte

   → *Tausch*

Bei einem tauschähnlichen Umsatz besteht die Gegenleistung für eine sonstige Leistung in einer Lieferung oder einer sonstigen Leistung, gegebenenfalls verbunden mit einer Zuzahlung („tauschähnlicher Umsatz mit Baraufgabe"). Dabei ist jede Leistung für die umsatzsteuerliche Behandlung separat zu betrachten.

Die Bemessungsgrundlage für einen tauschähnlichen Umsatz ermittelt sich wie bei einem → *Tausch*.

Umrechnung ausländischer Beträge

Umrechnung ausländischer Beträge auf einen Blick

1. **Rechtsquellen**

   § 16 Abs. 6 UStG

   Abschn. 222 UStR 2000

2. **Bedeutung**

   Ein Unternehmer kann im Inland Leistungen erbringen, für die er die Rechnung in einer ausländischen Währung ausstellt. Ebenso kann ein Vorsteuerabzug aus einer Rechnung vorgenommen werden, die in einer ausländischen Währung ausgestellt ist. Für die Umsatzsteuer-Voranmeldung und die Jahreserklärung sind diese Beträge aber in Euro umzurechnen.

3. **Weitere Stichworte**

   → *Istbesteuerung*, → *Sollbesteuerung*

Nach § 16 Abs. 6 UStG sind Werte in fremder Währung zur Berechnung der Steuer und der abziehbaren Vorsteuer auf Euro umzurechnen. Die Vorschrift belegt, dass der Unternehmer im Inland Leistungen ausführen und in fremder Währung berechnen kann. Ebenso kann er im Inland eine Leistung für sein Unternehmen beziehen, für die ihm sowohl ein Entgelt als auch der Steuerbetrag in fremder Währung berechnet werden können. Die Umrechnung der Steuer und der Vorsteuerbeträge erfolgt nach § 16 Abs. 6 UStG, denn Steuer und Vorsteuer sind in Euro-Beträgen anzumelden, § 18 Abs. 1 UStG.

Die Umrechnung erfolgt nach amtlichen Briefkursen, die der Bundesminister der Finanzen als Durchschnittskurse für den Monat öffentlich bekannt gibt (im Bundesanzeiger, im Bundessteuerblatt Teil I oder in der USt-Kartei zu S 7202), in dem:

- bei der Besteuerung nach vereinbarten Entgelten die Leistung ausgeführt (vgl. → *Sollbesteuerung*) oder
- bei Sollbesteuerung das Entgelt oder Teilentgelt vor Ausführung der Leistung (§ 13 Abs. 1 Nr. 1a Satz 4 UStG) vereinnahmt wird oder
- bei Besteuerung nach vereinnahmten Entgelten (§ 20 UStG, vgl. → *Istbesteuerung*) die Entgelte vereinnahmt werden.

Bei Unternehmern aus dem Drittlandsgebiet, die für nach § 3a Abs. 3a UStG auf elektronischem Weg erbrachte Leistungen die Besteuerung in einem Mitgliedstaat (sog. Einortregistrierung) nach § 18 Abs. 4c UStG wählen, erfolgt die Umrechung nach den Kursen, die von der Europäischen Zentralbank für den letzten Tag des Besteuerungszeitraums festgestellt wurde, soweit zu diesem Tag kein Kurs festgestellt wurde, ist der Kurs vom nächsten Tag maßgebend, § 16 Abs. 6 Satz 4 und Satz 5 UStG.

Umsatzsteuererklärung

Umsatzsteuererklärung auf einen Blick

1. Rechtsquellen

   § 18 UStG

2. Bedeutung

   Der Unternehmer hat grundsätzlich für ein Kalenderjahr eine Umsatzsteuererklärung abzugeben. In der Erklärung hat der Unternehmer alle steuerbaren Umsätze, alle Vorsteuerbeträge sowie sich gegebenenfalls ergebende Vorsteuerberichtigungsbeträge anzugeben. Darüber hinaus sind auch bestimmte nicht steuerbare Umsätze anzugeben.

3. Weitere Stichworte

   → *Organschaft*, → *Umsatzsteuer-Voranmeldung*, → *Unternehmenseinheit*, → *Vorsteuerberichtigung*

Unabhängig von der Abgabe der → *Umsatzsteuer-Voranmeldungen* hat der Unternehmer nach amtlich vorgeschriebenem Vordruck eine Jahressteuererklärung abzugeben. Die Abgabefrist für die Steuererklärung endet regelmäßig gemäß § 149 Abs. 2 AO fünf Monate nach Ablauf des Besteuerungszeitraumes. Soweit Angehörige steuerberatender Berufe die Erklärungen erstellen, verlängert sich diese Frist regelmäßig bis zum 30.9. des auf den Besteuerungszeitraum folgenden Jahres. Auch diese Frist kann im Einzelverfahren verlängert werden.

ACHTUNG!

Besteuerungszeitraum bei der Umsatzsteuer ist grundsätzlich das Kalenderjahr, auch wenn der Unternehmer ertragsteuerlich ein abweichendes Wirtschaftsjahr hat.

Wenn der Unternehmer in einem Kalenderjahr seine unternehmerische Betätigung beendet hat, ist er verpflichtet, innerhalb eines Zeitraumes von einem Monat nach Beendigung der unternehmerischen Betätigung eine Steuererklärung für den kürzeren Zeitraum abzugeben.

In der Umsatzsteuererklärung hat der Unternehmer sämtliche steuerbaren Umsätze anzugeben, die er in diesem Besteuerungszeitraum ausgeführt hat. Dabei sind die Umsätze in die verschiedenen Steuersätze und die verschiedenen Arten der Steuerbarkeit (entgeltliche und unentgeltliche Umsätze) aufzuteilen. Darüber hinaus muss er sämtliche Vorsteuerbeträge dieses Besteuerungszeitraums angeben. Soweit in diesem Besteuerungszeitraum eine Verwendungsänderung bei Gegenständen seines Anlagevermögens vorgekommen ist, für die eine → *Vorsteuerberichtigung* vorzunehmen ist, ist auch der Berichtigungsbetrag in der Umsatzsteuererklärung aufzunehmen.

Darüber hinaus muss der Unternehmer in der Anlage UR zur Umsatzsteuererklärung verschiedene weitere Meldepflichten erfüllen. Insbesondere sind in der Anlage UR die folgenden Vorgänge anzugeben:

- Angaben über steuerfreie und steuerpflichtige → *innergemeinschaftliche Erwerbe*,
- Angaben über → *innergemeinschaftliche Dreiecksgeschäfte*,
- Leistungen anderer Unternehmer, für die der Leistungsempfänger zum Steuerschuldner nach § 13b UStG wird,
- steuerfreie Umsätze, aufgegliedert in steuerfreie Umsätze mit Vorsteuerabzug und steuerfreie Umsätze ohne Vorsteuerabzug,
- Leistungen, bei denen der Leistungsempfänger zum Steuerschuldner nach § 13b UStG wird,
- Umsätze, die auf Grund einer → *Option zur Umsatzsteuer* steuerpflichtig behandelt worden sind,
- Umsätze, bei denen sich der Ort der Lieferung nach § 3c UStG in den anderen Mitgliedstaat verlagert hat,
- Umsätze, die im Inland nicht steuerbar sind, und
- Umsätze aus grenzüberschreitenden Personenbeförderungen im Luftverkehr nach § 26 Abs. 3 UStG, für die die Umsatzsteuer nicht erhoben wird.

In der Umsatzsteuererklärung hat der Unternehmer alle relevanten Vorgänge seines gesamten Unternehmens (→ *Unternehmenseinheit*) in einem einheitlichen Vordruck zu erklären. Dies gilt auch für alle Vorgänge, die im Rahmen eines Organkreises angefallen sind (vgl. → *Organschaft*).

Ergibt sich für den Unternehmer aus der Umsatzsteuererklärung ein Nachzahlungsbetrag, so ist dieser innerhalb einer Frist von einem Monat nach Abgabe der Erklärung ohne weitere Aufforderung durch das Finanzamt abzuführen.

ACHTUNG!

Die Finanzverwaltung erlässt in der Regel einen Bescheid zur Umsatzsteuer nur, wenn von der Anmeldung des Unternehmers abgewichen wird. In diesen Fällen ist ein sich daraus ergebender Nachzahlungsbetrag innerhalb von einem Monat nach Bekanntgabe des Steuerbescheides fällig.

Wenn die Steuerzahllast des Unternehmers aus der Jahressteuererklärung erheblich (ca. mehr als 1.000 EUR) von den in den Voranmeldungen erklärten angemeldeten Zahllasten abweicht, kann darin ein erster Hinweis auf eine Steuerverkürzung oder eine Steuerhinterziehung zu sehen sein, soweit sich dies nicht durch Besonderheiten in der Jahressteuererklärung (z. B. wegen einer Vorsteuerberichtigung) erklären lässt. Aus diesem Grunde sollten die in den Voranmeldungen erklärten Besteuerungsgrundlagen mit den Besteuerungsgrundlagen der Jahressteuererklärung weitestgehend übereinstimmen.

TIPP!

Soweit bei der Erstellung der Jahreserklärung festgestellt wird, dass es zu einer Abweichung bei den Besteuerungsgrundlagen kommt, sollten für die betreffenden Voranmeldungszeiträume berichtigte Voranmeldungen abgegeben werden.

In besonderen Fällen müssen auch Personen, die keine steuerbaren Leistungen erbringen, eine Umsatzsteuererklärung abgeben. Solche Fälle sind insbesondere:

- Unternehmer oder juristische Personen schulden nur Steuerbeträge für innergemeinschaftliche Erwerbe oder als Steuerschuldner nach § 13b UStG,
- ein Unternehmer schuldet nur Umsatzsteuer als letzter Abnehmer in einem → *innergemeinschaftlichen Dreiecksgeschäft* nach § 25b Abs. 2 UStG,
- eine Person liefert ein neues Fahrzeug an einen Abnehmer in einem anderen Mitgliedstaat und wird dadurch Unternehmer nach § 2a UStG (→ *Fahrzeuglieferung*),
- ein Nichtunternehmer schuldet Umsatzsteuer nach § 14c Abs. 2 UStG (→ *unberechtigter Steuerausweis*),
- ein Abnehmer hat unrichtige Angaben gegenüber einem Lieferer im Rahmen einer steuerfreien → *innergemeinschaftlichen Lieferung* gemacht und schuldet daher die nicht abgeführte Umsatzsteuer nach § 6a Abs. 4 UStG.

Umsatzsteuer-Identifikationsnummer

Umsatzsteuer-Identifikationsnummer auf einen Blick

1. Rechtsquellen

   § 6a, § 18e und § 27a UStG

   Abschn. 245j und Abschn. 245, Abschn. 282a UStR 2000

2. Bedeutung

   Die Umsatzsteuer-Identifikationsnummer (USt-IDNr.) ist im Gemeinschaftsgebiet der Nachweis für den Leistungsempfänger, dass er eine Leistung als Unternehmer für sein Unternehmen in Anspruch nimmt. Die USt-IDNr. ist materielle Voraussetzung dafür, dass der Lieferer eine steuerfreie innergemeinschaftliche Lieferung ausführen kann. Darüber hinaus hat die USt-IDNr. bei bestimmten sonstigen Leistungen einen Einfluss auf den Ort der Leistung.

3. Weitere Stichworte

   → *innergemeinschaftliche Lieferung*, → *innergemeinschaftlicher Erwerb*, → *innergemeinschaftliches Kontrollverfahren*, → *sonstige Leistung*, → *Steuerlager*

1. Allgemeines

Die Umsatzsteuer-Identifikationsnummer (USt-IDNr.) ermöglicht im Gemeinschaftsgebiet die Unternehmereigenschaft des leistenden Unternehmers wie auch die des Leistungsempfängers nachzuweisen und zu prüfen.

Bei innergemeinschaftlichen Warenbewegungen soll eine Umsatzsteuer grundsätzlich dort entstehen, wo sich der Gegenstand am Ende der Beförderung oder Versendung befindet. Dieses wird bei einem Unternehmer als Leistungsempfänger durch den Steuertatbestand des → *innergemeinschaftlichen Erwerbs* umgesetzt. Da die Steuerfreiheit der → *innergemeinschaftlichen Lieferung* davon abhängig ist, dass tatsächlich im Bestimmungsland eine Steuer auf den innergemeinschaftlichen Erwerb entrichtet wird, kommt der USt-IDNr. neben einer „Ausweisfunktion", die den Leistungsempfänger als Unternehmer ausweist, auch eine wesentliche Rolle in dem → *innergemeinschaftlichen Kontrollverfahren* zu. Unter Angabe der USt-IDNr. hat der liefernde Unternehmer den Umsatz der steuerfreien innergemeinschaftlichen Lieferung in seiner → *Zusammenfassenden Meldung* zu deklarieren.

Darüber hinaus kann unter bestimmten Voraussetzungen bei der Ausführung einer sonstigen Leistung der Ort der Leistung in das Land verlagert werden, aus dem der Leistungsempfänger eine USt-IDNr. verwendet.

Seit dem 1.1.2004 hat der Lagerhalter die USt-IDNr. des Auslagerers oder dessen Fiskalvertreters aufzuzeichnen, wenn ein Gegenstand aus einem Steuerlager ausgelagert wird, § 22 Abs. 4c UStG. Zeichnet er die USt-IDNr. nicht auf, so wird der Lagerhalter neben dem Auslagerer zum Steuerschuldner, § 13a Abs. 1 Nr. 6 UStG. Zu den Einzelheiten vgl. → *Steuerlager*.

2. Erteilung der USt-IDNr.

Die USt-IDNr. wird dem Unternehmer in Deutschland grundsätzlich vom Bundesamt für Finanzen – Außenstelle Saarlouis – 66738 Saarlouis (Telefon 0 68 31-4 56-0; Telefax 0 68 31-4 56-1 20 oder 0 68 31-4 56-1 46) erteilt, § 27a UStG. Voraussetzung für die Erteilung der USt-IDNr. ist jedoch, dass der Unternehmer bei einem Finanzamt in Deutschland als Unternehmer zur Umsatzsteuer erfasst worden ist (Signal U muss gesetzt sein). In den Fällen, in denen der Unternehmer schon längere Zeit als Unternehmer bei einem Finanzamt erfasst ist, erfolgt die Erteilung einer USt-IDNr. in der Regel innerhalb weniger Tage. Wenn der Unternehmer noch nicht bei einem Finanzamt zur Umsatzsteuer erfasst ist, wird die Erteilung einer USt-IDNr. längere Zeit in Anspruch nehmen, da dem Bundesamt für Finanzen erst die Mitteilung über die steuerliche Erfassung vorliegen muss.

TIPP!

Wenn bei Neuanmeldungen eines Unternehmers eine USt-IDNr. schnell benötigt wird, sollte der Antrag auf Erteilung der USt-IDNr. direkt beim Bundesamt für Finanzen gestellt werden und eine Bestätigung des zuständigen Finanzamtes über die erteilte Steuernummer beigefügt werden, unter der der Unternehmer zur Umsatzsteuer erfasst wird.

Auf gesonderten Antrag werden auch → *Kleinunternehmern* oder pauschal besteuerten Landwirten USt-IDNr. erteilt, wenn diese sie für innergemeinschaftliche Lieferungen oder innergemeinschaftliche Erwerbe benötigen.

Im Falle einer → *Organschaft* kann jeder juristischen Person eine eigene USt-IDNr. erteilt werden.

WICHTIG!

Wenn der Unternehmer umzieht oder eine neue Steuernummer erteilt bekommt, bleibt seine USt-IDNr. gleich.

3. Kontrolle einer USt-IDNr.

Eine innergemeinschaftliche Lieferung darf nur dann von dem liefernden Unternehmer steuerfrei ausgeführt werden, wenn er die zutreffende USt-IDNr. des Leistungsempfängers buchmäßig aufgezeichnet hat. Dabei hat der leistende Unternehmer die Sorgfalt eines ordentlichen Kaufmannes walten zu lassen, § 6a Abs. 4 UStG. Er muss sich über die Richtigkeit der ihm mitgeteilten USt-IDNr. vergewissern.

Grundsätzlich hat der leistende Unternehmer die formale Richtigkeit der ihm mitgeteilten USt-IDNr. zu überprüfen. Dabei sind die Besonderheiten der jeweiligen Mitgliedstaaten zu beachten:

Mitgliedstaat	Code	Abkürzung	Aufbau ID-Nr.	Blöcke
Belgien	BE	N°TVA BTW-nr	BE123 456 789	3 Blöcke
Dänemark	DK	SE-nr	DK12 34 56 78	4 Blöcke
Deutschland	DE	USt-IDNr.	DE123456789	1 Block
Griechenland	EL	A. Φ M.	EL123456789	1 Block
Spanien	ES	N.I.F.	ESX1234567X	1 Block[1]
Finnland	FI	ALV-NRO	FI12345678	1 Block
Frankreich	FR		FRXX123456789	1 Block[2]
Großbritannien (Vereinigtes Königreich)	GB	VAT REG NO	GB123 4567 89	3 Blöcke[3]
			GB 123 4567 89 012	4 Blöcke
			GBGD123	1 Block
			GBHA123	1 Block

Mitgliedstaat	Code	Abkürzung	Aufbau ID-Nr.	Blöcke
Irland	IE	VAT NO	IE1X23456X	1 Block[4]
Italien	IT	P.IVA	IT12345678901	1 Block
Luxemburg	LU		LU12345678	1 Block
Niederlande	NL	OB nummer	NL123456789B01	1 Block[5]
Österreich	AT	UID-NR.	ATU12345678	1 Block[6]
Portugal	PT	NIPC	PT123456789	1 Block
Schweden	SE	MOMS-Nr.	SE12345678901	1 Block[7]

Besonderheiten:

[1] Das erste und das letzte Zeichen nach dem Ländercode können Buchstabe oder Ziffer sein, beide können jedoch nicht Ziffern sein.

[2] Das erste und das zweite Zeichen nach dem Ländercode kann ein Buchstabe oder eine Ziffer sein.

[3] In Großbritannien bestehen mehrere Möglichkeiten der IDNr., je nach Art des Unternehmers.

[4] Die zweite Ziffer nach dem Ländercode kann ein Buchstabe, eine Ziffer oder ein Sonderzeichen (+, *) sein, die letzte Ziffer ist ein Buchstabe.

[5] Die dem Ländercode folgende zehnte Stelle ist immer ein B.

[6] Die dem Ländercode folgende erste Stelle ist immer ein U.

[7] Die dem Ländercode folgende 11. und 12. Stelle ist immer „01“.

Neben der formalen Kontrolle der mitgeteilten USt-IDNr. kann sich der leistende Unternehmer beim Bundesamt für Finanzen – Außenstelle Saarlouis – (Kontaktadresse siehe oben) die Gültigkeit der USt-IDNr. sowie den Namen und die Anschrift der Person bestätigen lassen, der die USt-IDNr. von einem anderen Mitgliedstaat erteilt worden ist.

Eine Anfrage zur ausschließlichen Bestätigung (einfache Bestätigungsanfrage) einer USt-IDNr. kann auch über das Internet (www.bff-online.de) oder über ein wap-fähiges Mobilgerät gestellt werden.

Eine Anfrage, die auch die Bestätigung des Namens und der Anschrift des Leistungsempfängers enthält (qualifizierte Bestätigungsanfrage), wird vom Bundesamt für Finanzen schriftlich beantwortet, wenn der Unternehmer mehrere Anfragen stellt, sind diese Anfragen schriftlich zu stellen.

ACHTUNG!

Ein Nachweis über die Kontrolle der USt-IDNr. ist nur bei der qualifizierten Bestätigungsanfrage gegeben. In Zweifelsfällen sollte deshalb grundsätzlich die qualifizierte Bestätigungsanfrage gestellt werden.

4. Verlagerung des Ortes einer sonstigen Leistung

Neben der Nachweis- und Kontrollfunktion im Binnenmarkt entfaltet die USt-IDNr. auch eine Wirkung bei der Ausführung einer → *sonstigen Leistung*. Bei bestimmten sonstigen Leistungen verlagert sich der Ort der Leistung in das Land, aus dem der Leistungsempfänger eine USt-IDNr. verwendet. Eine solche Verlagerung kommt insbesondere in den folgenden Fällen in Betracht:

- Bei Arbeiten an beweglichen körperlichen Gegenständen wird die Leistung grundsätzlich dort ausgeführt, wo der leistende Unternehmer ausschließlich oder überwiegend tätig wird. Abweichend davon wird die Leistung in einem anderen Mitgliedstaat ausgeführt, wenn der Leistungsempfänger eine USt-IDNr. aus einem anderen als dem Tätigkeitsland verwendet, § 3a Abs. 2 Nr. 3c UStG.
- Bei einer → *Vermittlungsleistung* wird der Ort der Vermittlungsleistung abweichend von dem Ort bestimmt, an dem der vermittelte Umsatz ausgeführt wird, wenn der Leistungsempfänger den Vermittlungsauftrag ausdrücklich unter Verwendung einer USt-IDNr. aus einem anderen Mitgliedstaat erteilt.
- Bei einer innergemeinschaftlichen → *Beförderungsleistung* eines Gegenstandes ist der Ort der Beförderungsleistung grundsätzlich dort, wo die Beförderung beginnt. Verwendet aber der Leistungsempfänger eine USt-IDNr. aus einem anderen Mitgliedstaat, ist die Leistung in diesem Mitgliedstaat ausgeführt, § 3b Abs. 3 UStG.

ACHTUNG!

Bei der Verlagerung des Ortes der sonstigen Leistung ergibt sich in aller Regel für den Leistungsempfänger die Verpflichtung, die Umsatzsteuer für den leistenden Unternehmer abzuführen (→ *Steuerschuldnerschaft*).

5. Bedeutung für den Ort des innergemeinschaftlichen Erwerbs

Die USt-IDNr. des Abnehmers hat darüber hinaus auch einen Einfluss auf den Ort eines → *innergemeinschaftlichen Erwerbs*. Grundsätzlich ist der Ort des innergemeinschaftlichen Erwerbs dort, wo sich der Gegenstand am Ende der Beförderung oder Versendung befindet, § 3d Satz 1 UStG. Verwendet der Leistungsempfänger aber bei der Bestellung ausdrücklich eine USt-IDNr. aus einem anderen Mitgliedstaat, ist ein innergemeinschaftlicher Erwerb nach § 3d Satz 2 UStG darüber hinaus auch in diesem Mitgliedstaat zu besteuern, bis der Leistungsempfänger in diesem Land nachweisen kann, dass er den Erwerb in dem Land besteuert hat, in dem der Gegenstand sich am Ende der Beförderung oder Versendung befunden hat. Zu den Einzelheiten vgl. → *innergemeinschaftlicher Erwerb*.

Umsatzsteuer-Voranmeldung

Umsatzsteuer-Voranmeldung auf einen Blick

1. Rechtsquellen

   § 18 UStG

   § 46 bis § 48 UStDV

   Abschn. 225 bis Abschn. 228 UStR 2000

2. Bedeutung

   Der Unternehmer hat seine Ausgangsumsätze sowie seine Vorsteuerbeträge regelmäßig in Voranmeldungen bei seinem zuständigen Finanzamt anzumelden und gleichzeitig die von ihm berechnete Steuer an sein Finanzamt zu überweisen. Der Voranmeldungszeitraum ist regelmäßig das Kalendervierteljahr. In bestimmten Fällen ist der Voranmeldungszeitraum aber der Kalendermonat.

3. Weitere Stichworte

   → *Dauerfristverlängerung*, → *Istbesteuerung*, → *Sollbesteuerung*, → *Umsatzsteuererklärung*,

4. Besonderheiten

   Durch das Steuerverkürzungsbekämpfungsgesetz ist mit Wirkung vom 1.1.2002 bei neu gegründeten Unternehmen im ersten und im folgenden Jahr der Voranmeldungszeitraum immer der Kalendermonat.

1. Voranmeldungszeiträume

Um die Steuerbeträge zeitnah nach den tatsächlichen Verhältnissen zu berechnen, muss der Unternehmer laufende Umsatzsteuer-Voranmeldungen abgeben, in denen er alle steuerlich relevanten Vorgänge erfasst. Gleichzeitig muss er die von ihm berechnete, nach Abzug der Vorsteuerbeträge verbleibende Umsatzsteuer an sein Finanzamt abführen.

Um den Besonderheiten bei den einzelnen Unternehmen Rechnung zu tragen, sind verschiedene Voranmeldungszeiträume im § 18 UStG geregelt worden. Der für den Unternehmer maßgebliche Voranmeldungszeitraum kann der folgenden Übersicht entnommen werden, dabei ist entscheidend, welche Umsatzsteuer der Unternehmer tatsächlich im vorangegangenen Kalenderjahr an sein Finanzamt abführen musste:

Umsatzsteuer-Voranmeldung

Umsatzsteuerergebnis im vorangegangenem Kalenderjahr	Umsatzsteuer-Voranmeldungszeitraum
Zahlbetrag: Mehr als 512 EUR, aber nicht mehr als 6.136 EUR	Voranmeldungszeitraum ist das Kalendervierteljahr.
Zahlbetrag: Mehr als 6.136 EUR	Voranmeldungszeitraum ist der Kalendermonat.
Zahlbetrag: 0 EUR bis zu 512 EUR	Es ist keine Voranmeldung abzugeben, es ist lediglich eine Jahreserklärung abzugeben.
Erstattungsbetrag: Erstattung zur Umsatzsteuer („Vorsteuerüberhang") bis zu 6.136 EUR	Voranmeldungszeitraum ist das Kalendervierteljahr, das Finanzamt wird jedoch Anträge auf Befreiung von der Abgabeverpflichtung im Regelfall stattgeben.
Erstattungsbetrag: Erstattung zur Umsatzsteuer („Vorsteuerüberhang") mehr als 6.136 EUR	Voranmeldungszeitraum ist das Kalendervierteljahr, der Unternehmer kann jedoch bis zum 10.2. des laufenden Kalenderjahres beantragen, dass der Voranmeldungszeitraum der Kalendermonat ist. Wird der Antrag gestellt, ist der Unternehmer das gesamte Kalenderjahr daran gebunden.
Kein Umsatzsteuerergebnis des Vorjahres, da neu gegründetes Unternehmen	Voranmeldungszeitraum ist im Jahr der Aufnahme der unternehmerischen Tätigkeit und im Folgejahr grundsätzlich der Kalendermonat.

WICHTIG!

Bis auf den Unternehmer, der seine unternehmerische Betätigung erst im laufenden Kalenderjahr aufnimmt, kommt es ansonsten immer auf die Umsatzsteuerzahllast/Umsatzsteuererstattung des vorangegangenen Kalenderjahres an.

1.1 Zahllast im vorangegangenem Kalenderjahr

Hat sich für den Unternehmer im vorangegangenem Kalenderjahr eine Zahllast von mehr als 512 EUR ergeben, ist er nach den oben dargestellten Grundsätzen zur Abgabe einer Voranmeldung verpflichtet. Ein Wahlrecht, anstelle der vierteljährlichen Voranmeldung eine monatliche Voranmeldung abgeben zu können, besteht für den Unternehmer nicht. Auch hat der Unternehmer kein Wahlrecht, eine vierteljährliche Voranmeldung abzugeben, wenn seine Zahllast im vorangegangenem Kalenderjahr mehr als 6.136 EUR betragen hat.

1.2 Erstattungsbetrag im vorangegangenem Kalenderjahr

Bei einem Erstattungsbetrag im vorangegangenem Kalenderjahr bleibt es grundsätzlich bei der Abgabe einer vierteljährlichen Voranmeldung. Die Finanzverwaltung wird hier jedoch bei einem entsprechenden Antrag den Unternehmer von der Abgabeverpflichtung einer Voranmeldung befreien, wenn sich keine Gesichtspunkte für eine Veränderung der Verhältnisse in dem laufenden Besteuerungszeitraum ergeben.

Soweit der Unternehmer im vorangegangenem Kalenderjahr einen Überschuss zu seinen Gunsten von mehr als 6.136 EUR hatte, kann er gegenüber dem Finanzamt bis spätestens zum 10. Februar des laufenden Kalenderjahres durch Abgabe einer Voranmeldung für den Januar des laufenden Kalenderjahres beantragen, monatliche Voranmeldungen abzugeben, § 18 Abs. 2a UStG. Diese Frist ist grundsätzlich nicht verlängerbar. Soweit der Unternehmer einen Antrag auf → *Dauerfristverlängerung* abgegeben hat, verlängert sich diese Frist entsprechend.

TIPP!

Soweit der Unternehmer im Regelfall eine Erstattung von Umsatzsteuer in den Voranmeldungen von mehr als 6.136 EUR hat, sollte er monatliche Voranmeldungen abgeben, um so früher die jeweiligen Erstattungsbeträge zu erhalten.

ACHTUNG!

Eine Vorsteuererstattung kann im Einvernehmen mit dem Unternehmer von einer Sicherheitsleistung abhängig gemacht werden, § 18f UStG.

1.3 Voranmeldungen bei Neugründungen

Seit dem 1.1.2002 hat ein Unternehmer, der seine unternehmerische Betätigung neu aufnimmt, im laufenden und im darauf folgenden Kalenderjahr grundsätzlich monatlich Voranmeldungen abzugeben. Es kommt insoweit nicht mehr auf die voraussichtlichen Steuerbeträge an.

TIPP!

Neugründungsfälle, in denen auf Grund der beruflichen oder gewerblichen Tätigkeit keine Umsatzsteuer festzusetzen ist (z. B. Unternehmer mit ausschließlich steuerfreien Umsätzen ohne Vorsteuerabzug – § 4 Nr. 8 ff. UStG –, Kleinunternehmer – § 19 Abs. 1 UStG –, Land- und Forstwirte – § 24 UStG –), fallen nicht unter die Regelung des § 18 Abs 2 Satz 4 UStG.

2. Abgabe- und Zahlungsfrist

Die Umsatzsteuer-Voranmeldung ist grundsätzlich bis zum zehnten Tag nach Ablauf des jeweiligen Voranmeldungszeitraumes abzugeben. Soweit diese Frist auf einen Sonnabend, Sonntag oder einen gesetzlichen Feiertag fällt, verlängert sich diese Frist bis zum Ablauf des nächsten Werktages, § 108 Abs. 3 AO. Daneben ist die Steuer ebenfalls bis zu dem entsprechenden Kalendertag an das Finanzamt zu leisten. Sollte die Zahlung nicht bis zu diesem Stichtag bei dem zuständigen Finanzamt eingehen, werden Säumniszuschläge (1 % des auf volle 50 EUR abgerundeten rückständigen

Betrages) festgesetzt. Soweit die Zahlung aber innerhalb der dreitägigen Schonfrist nach § 240 Abs. 3 AO eingeht, wird ein Säumniszuschlag nicht erhoben. Zu beachten sind in Abhängigkeit des jeweiligen Zahlungsweges die jeweiligen Zahlungszeitpunkte. Dabei gilt nach § 224 AO Folgendes:

- Bei Überweisung oder Einzahlung auf ein Konto des Finanzamts (Finanzkasse) gilt die Zahlung an dem Tag als wirksam geleistet, an dem der Betrag dem Konto des Finanzamts (Finanzkasse) gutgeschrieben wird,
- bei Scheckzahlung gilt die Zahlung als an dem Tag geleistet, an dem der Scheck dem Finanzamt (Finanzkasse) zugegangen ist. In diesem Fall wird – wie bisher – keine Zahlungs-Schonfrist gewährt. Säumniszuschläge entstehen daher, wenn der Scheck bei der zuständigen Finanzkasse erst nach Ablauf des Fälligkeitstags eingegangen ist,
- bei erteilter Lastschrift-Einzugsermächtigung an das Finanzamt ist die Verkürzung der Zahlungs-Schonfrist ohne Bedeutung, da bei Vorlage einer Einzugsermächtigung die Steuerschuld als am Fälligkeitstag entrichtet gilt.

WICHTIG!

Neben der Abschaffung der Abgabe-Schonfrist hat der Gesetzgeber durch Änderung des § 240 Abs. 3 AO mit Wirkung v. 1.1.2004 auch die sog. Zahlungs-Schonfrist von fünf auf drei Tage verkürzt. Damit werden für alle ab dem 1.1.2004 fälligen Steuern nach § 240 AO Säumniszuschläge erhoben, wenn die Zahlung nicht bis zum Ablauf von drei Tagen nach Fälligkeit geleistet werden.

Die Abgabefrist für die Voranmeldung kann aber grundsätzlich auf Antrag des Unternehmers um einen Monat verlängert werden (→ *Dauerfristverlängerung*). Diese Dauerfristverlängerung erfolgt bei Unternehmern, die vierteljährliche Voranmeldungen abzugeben haben, ohne eine Sondervorauszahlung. Bei Unternehmern, die monatliche Voranmeldungen abzugeben haben, ist die Gewährung der Dauerfristverlängerung von einer Sondervorauszahlung abhängig, die 1/11 der Steuerzahllast des vorangegangenen Kalenderjahres beträgt.

Wenn der Unternehmer keine Voranmeldungen abgibt, kann die Finanzverwaltung die Besteuerungsgrundlagen schätzen, § 162 AO. Darüber hinaus kann die Finanzverwaltung die Abgabe der Voranmeldung durch die Androhung und Festsetzung von Zwangsgeldern nach § 328 f. AO durchsetzen.

ACHTUNG!

Zusätzlich kann die nicht fristgerechte Zahlung einer in einer Rechnung ausgewiesenen Umsatzsteuer nach § 26b UStG als Ordnungswidrigkeit angesehen werden, die mit einer Geldbuße bis zu 50.000 EUR geahndet werden kann.

TIPP!

Soweit der Unternehmer für einen Voranmeldungszeitraum aus betrieblichen Gründen (z. B. Krankheit) keine Voranmeldung fristgerecht abgeben kann, sollten die Besteuerungsgrundlagen geschätzt werden und die Voranmeldung sollte auf der Basis der geschätzten Beträge abgegeben werden. Soweit sich dann später andere Zahlen ergeben, sollte eine berichtigte Voranmeldung abgegeben werden. Dem zuständigen Finanzamt sollten die Grundlagen für die Schätzung mitgeteilt werden.

Die Umsatzsteuer-Voranmeldung ist grundsätzlich nach amtlich vorgeschriebenem Vordruck abzugeben. Die Anmeldung – wie auch die Dauerfristverlängerung – kann jedoch auf Vordrucken abgegeben werden, die von den amtlich vorgeschriebenen Vordrucken abweichen. Allerdings ist dazu ein Antrag bei der zuständigen Oberfinanzdirektion des Antragstellers notwendig. In der Regel wird solchen Anträgen stattgegeben, soweit die Formulare die entsprechenden Kennziffern und alle relevanten Meldetatbestände umfassen.*)

TIPP!

Nach der Rechtsprechung des BFH ist die Abgabe der Voranmeldung per Telefax als fristgerechte Abgabe anzusehen, wenn das Fax bis zum Ablauf der Frist beim Finanzamt eingegangen ist. Dies gilt aber nicht für Steuererklärungen.

Die Abgabe der Voranmeldungen kann auch auf maschinell verwertbaren Datenträgern oder über Datenfernübertragung an die jeweils zuständigen Finanzbehörden erfolgen (z. B. werden häufig die Voranmeldungen über die DATEV e.G. von Steuerberatern gesammelt an die Finanzbehörden übertragen). Voraussetzung ist jedoch, dass der Unternehmer seine Teilnahme an diesem Verfahren erklärt. Soweit die Teilnahme erklärt worden ist, können trotzdem einzelne Voranmeldungen nach amtlich vorgeschriebenem Vordruck abgegeben werden (insbesondere auch berichtigte Voranmeldungen).

ACHTUNG!

Ab 2005 sollen grundsätzlich alle Voranmeldungen auf elektronischem Weg zu den zuständigen Finanzbehörden übertragen werden. Nur noch in Ausnahmefällen (z. B. wenn die technischen Voraussetzungen beim Unternehmer nicht vorhanden sind), kann die Abgabe auf Papier genehmigt werden.

3. Wirkung der Voranmeldung

Die Umsatzsteuer-Voranmeldung ist eine Steueranmeldung und stellt somit – soweit sich daraus eine Steuerzahlung für den Unternehmer ergibt – eine Steuerfestsetzung unter dem Vorbehalt der Nachprüfung dar, § 168 Satz 1 AO. Der Vorbehalt der Nachprüfung bedeutet, dass die Steuerfestsetzung jederzeit noch verändert werden kann.

Führt die Steueranmeldung zu einer Steuervergütung, so gilt die Anmeldung erst mit Zustimmung des zuständigen Finanzamtes als Steuerfestsetzung unter dem Vorbehalt

*) Das genehmigte Formular der Umsatzsteuer-Voranmeldung für die jeweiligen Bundesländer befindet sich auf beiliegender CD-ROM.

der Nachprüfung. Die Zustimmung des Finanzamtes ist dabei an keine bestimmte Form gebunden, sie kann auch schlüssig, das heißt durch Auszahlung des Vergütungsbetrages an den Unternehmer, erfolgen.

4. Sonderfälle

In bestimmten Fällen müssen auch Voranmeldungen abgegeben werden, wenn die oben dargestellten Voraussetzungen nicht vorliegen. Dies ist insbesondere in den folgenden Fällen gegeben:

- Fahrzeuglieferer nach § 2a UStG (→ *Fahrzeuglieferung*),
- Unternehmer und juristische Personen, die nur innergemeinschaftliche Erwerbe nach § 1 Abs. 1 Nr. 5 UStG verwirklichen (→ *innergemeinschaftlicher Erwerb*),
- Unternehmer und juristische Personen, die nur Steuerbeträge als Steuerschuldner nach § 13b UStG schulden (→ *Steuerschuldnerschaft*),
- Personen, die keine Unternehmer sind und Steuerbeträge nach § 14c Abs. 2 UStG ausweisen (→ *unberechtigter Steuerausweis*),
- Personen, die keine Unternehmer sind und Steuerbeträge nach § 6a Abs. 4 UStG wegen unrichtiger Angaben im Zusammenhang mit einer an sie ausgeführten steuerfreien innergemeinschaftlichen Lieferung schulden (→ *innergemeinschaftliche Lieferung*).

Umzugskosten

Umzugskosten auf einen Blick

1. Rechtsquellen

   § 15 Abs. 1a Nr. 3 UStG

   Abschn. 192 Abs. 3 UStR 2000

2. Bedeutung

   Private Umzugskosten des Unternehmers sowie den Arbeitnehmern erstattete Umzugskosten schließen den Vorsteuerabzug selbst dann aus, wenn sie unternehmerisch veranlasst sind.

3. Weitere Stichworte

   → *Reisekosten*, → *unentgeltliche sonstige Leistung*

4. Besonderheiten

   Das generelle Vorsteuerabzugsverbot für Umzugskosten ist gemeinschaftsrechtlich nicht abgesichert. Zurzeit ist aber kein Verfahren anhängig.

Umzugskosten, die für einen Wohnungswechsel anfallen, sind seit dem 1.4.1999 grundsätzlich nach § 15 Abs. 1a Nr. 3 UStG vom Vorsteuerabzug ausgeschlossen. Unerheblich ist somit, ob unternehmerische oder private Gründe für den Umzug ausschlaggebend waren. Das Abzugsverbot erfasst auch erstattete Umzugskosten für Arbeitnehmer, soweit hier der Unternehmer überhaupt als Leistungsempfänger in Betracht kommt.

WICHTIG!

Nicht von dem Abzugsverbot betroffen sind die Kosten, die bei einem Umzug des Unternehmens entstehen, z. B. wenn eine Betriebsstätte des Unternehmens verlagert wird.

Soweit der Unternehmer für einen privaten Umzug Personal oder Fahrzeuge seines Unternehmens verwendet, liegt eine → *unentgeltliche sonstige Leistung* im Sinne des § 3 Abs. 9a UStG vor, die als entgeltliche sonstige Leistung behandelt wird und damit zu Umsatzsteuer führt.

Unberechtigter Steuerausweis

Unberechtigter Steuerausweis auf einen Blick

1. Rechtsquellen

   § 14c Abs. 2 UStG

   Abschn. 190 UStR 2000 (zur Regelung bis Ende 2003)

2. Bedeutung

   Wer in einem Abrechnungspapier einen Umsatzsteuerbetrag gesondert ausweist, ohne diese Umsatzsteuer aufgrund einer erbrachten Leistung zu schulden, oder als Unternehmer oder Kleinunternehmer eine Umsatzsteuer gesondert ausweist, muss diese Umsatzsteuer an sein Finanzamt abführen.

3. Weitere Stichworte

   → *Rechnung*, → *Schadensersatz*, → *Vorsteuerabzug*

4. Besonderheiten

   Angaben in Zeile 64 der USt-VA 2004, Angabe in Zeile 101 der USt-Jahreserklärung 2003.

   Die Steuerschuld aus einer unberechtigt ausgewiesenen Umsatzsteuer wurde zum 1.1.2004 vollständig neu geregelt. Bis 31.12.2003 war der unberechtigte Steuerausweis in § 14 Abs. 3 UStG a.F. geregelt.

1. Anwendungsfälle

Wer in einer Rechnung einen Steuerbetrag gesondert ausweist, obwohl er zum gesonderten Ausweis der Umsatzsteuer nicht berechtigt ist, schuldet den ausgewiesenen Betrag. Dies gilt auch, wenn jemand in einem anderen Dokument, mit dem er wie ein leistender Unternehmer abrechnet, einen Steuerbetrag gesondert ausweist, obwohl er nicht Unternehmer ist oder wenn er eine Lieferung oder sonstige Leistung nicht ausgeführt hat.

ACHTUNG!

Auch eine nicht geschäftsfähige Person kann unberechtigt eine Umsatzsteuer in einem Abrechnungspapier ausweisen.

Typische Anwendungsfälle für die Entstehung einer Umsatzsteuer nach § 14c Abs. 2 UStG sind in der Praxis die folgenden Fälle:

- ein Nichtunternehmer rechnet über eine Leistung mit gesondert ausgewiesener Umsatzsteuer ab,

- ein Unternehmer verkauft einen Gegenstand, der nicht zu seinem Unternehmensvermögen gehört, mit gesondert ausgewiesener Umsatzsteuer,
- ein Unternehmer rechnet über einen erhaltenen Schadensersatz mit gesondert ausgewiesener Umsatzsteuer ab,
- ein Unternehmer rechnet über eine nicht erbrachte Lieferung oder sonstige Leistung mit gesondert ausgewiesener Umsatzsteuer ab (Schein- oder Gefälligkeitsrechnung),
- ein Unternehmer gibt in einer Rechnung eine andere als die eigentlich erbrachte Leistung an.

Beispiel 1:

Ein Malermeister renoviert die Wohnräume eines Unternehmers, stellt aber eine Rechnung über 8.000 EUR zuzüglich 16 % Umsatzsteuer = 1.280 EUR mit der Leistungsbezeichnung „Renovierung der Büroräume" aus. Der Malermeister schuldet aus der tatsächlich erbrachten Leistung (Renovierung der Wohnräume) 1.280 EUR Umsatzsteuer. Aus der Abrechnung mit der falschen Leistungsbezeichnung schuldet er zusätzlich die ausgewiesenen 1.280 EUR als Umsatzsteuer nach § 14c Abs. 2 UStG.

ACHTUNG!

Für die Steuerschuld nach § 14c Abs. 2 UStG kommt es nicht darauf an, ob der Unternehmer die Rechnung vorsätzlich falsch ausgestellt hat oder ob er nur im Rechtsirrtum gehandelt hat. Die Entstehung der Umsatzsteuer ist lediglich daran geknüpft, dass ein Abrechnungspapier mit offen ausgewiesener Umsatzsteuer in den Verkehr gebracht worden ist.

2. Steuerentstehung

Im Falle des § 14c Abs. 2 UStG entsteht die Umsatzsteuer nach § 13 Abs. 1 Nr. 4 UStG im Zeitpunkt der Ausgabe der Rechnung. Steuerschuldner ist in jedem Fall der Aussteller der Rechnung, unabhängig von der Unternehmereigenschaft.

Die Steuerschuld nach § 14c Abs. 2 UStG setzt aber voraus, dass überhaupt eine ordnungsgemäße Abrechnung vorliegt, die bei dem Abrechnungsempfänger den Vorsteuerabzug ermöglichen würde. Aus diesem Grunde ist eine Steuerschuld nach § 14c Abs. 2 UStG dann nicht gegeben, wenn in der Abrechnung nicht die Bemessungsgrundlage (Nettobetrag) und darauf entfallende Umsatzsteuer gesondert ausgewiesen sind.

In den Fällen eines unberechtigten Steuerausweises (§ 14c Abs. 2 UStG) hat der Leistungsempfänger grundsätzlich keinen Vorsteuerabzugsanspruch nach § 15 Abs. 1 Satz 1 Nr. 1 UStG. In diesen Fällen scheitert der Vorsteuerabzugsanspruch an der Unternehmereigenschaft des leistenden Unternehmers oder an der nicht erbrachten Lieferung oder sonstigen Leistung. Die Steuerschuldnerschaft nach § 14c Abs. 2 UStG alleine kann eine Vorsteuerabzugsberechtigung auf Seiten des Leistungsempfängers nicht begründen.

TIPP!

Der Empfänger einer Abrechnung muss aus diesem Grunde vor dem Vorsteuerabzug immer überprüfen, ob der Aussteller der Rechnung berechtigt gewesen ist, die Umsatzsteuer gesondert auszuweisen.

3. Berichtigungsverfahren

Die bis zum 31.12.2003 geltende Regelung des § 14 Abs. 3 UStG a.F. enthielt keinen Hinweis auf die Möglichkeit einer Berichtigung des Steuerausweises. Nach der Rechtsprechung des EuGH und des BFH konnte aber eine Berichtigung der zu Unrecht in Rechnung gestellten Umsatzsteuer dann erfolgen, wenn der Aussteller der Rechnung die Gefährdung des Steueraufkommens rechtzeitig und vollständig beseitigt hatte. Es kam in diesen Fällen nicht auf den guten Glauben des Rechnungsausstellers bei dem Steuerausweis an.

In der geltenden Fassung des § 14c Abs. 2 UStG ist dies nun auch gesetzlich umgesetzt worden. Derjenige, der in einem Abrechnungspapier unberechtigt eine Umsatzsteuer ausweist, ist grundsätzlich berechtigt, diesen Steuerausweis auch mit steuerlicher Wirkung zu berichtigen.

WICHTIG!

Eine Berichtigung kann auch dann erfolgen, wenn die Umsatzsteuer vorsätzlich falsch ausgewiesen worden ist, wenn die Gefährdung des Steueraufkommens vollständig beseitigt ist.

Danach ergibt sich, dass der Aussteller in jedem Fall die zu Unrecht ausgewiesene Umsatzsteuer berichtigen kann, wenn er die Gefährdung des Steueraufkommens rechtzeitig und vollständig beseitigt hat. Eine Beseitigung der Gefährdung des Steueraufkommens ergibt sich, wenn sichergestellt ist, dass der Empfänger des Abrechnungspapiers einen Vorsteuerabzug nicht vorgenommen hat oder einen versehentlich vorgenommenen Vorsteuerabzug wieder rückgängig gemacht hat. Dies ist seit 2004 für den Aussteller des Abrechnungspapiers nur möglich, wenn er die Berichtigung bei seinem Finanzamt beantragt hat und das Finanzamt dieser Berichtigung zugestimmt hat.**Beispiel 2:**

Der Unternehmer A weist im Januar 2004 in einem Abrechnungspapier einen Steuerbetrag in Höhe von 1.600,– EUR gesondert aus, obwohl von Anfang an beabsichtigt ist, die abgerechnete Leistung nicht zu erbringen (sog. Gefälligkeitsrechnung). A schuldet die gesondert ausgewiesene Umsatzsteuer nach § 14c Abs. 2 UStG. Im Februar 2004 stellt er bei seinem Finanzamt den Antrag, diesen ausgewiesenen Steuerbetrag zu berichtigen. Das Finanzamt des A informiert das für den Abrechnungsempfänger zuständige Finanzamt. Nachdem sich das Finanzamt des Abrechnungsempfängers davon überzeugt hat (eventuell durch eine unangekündigte Umsatzsteuer-Nachschau nach § 27b UStG), dass eine Vorsteuer beim Abrechnungsempfänger nicht gezogen oder – soweit versehentlich abgezogen – wieder zurückgezahlt worden ist, informiert es nunmehr wieder das Finanzamt des A. Das Finanzamt des A erteilt dem A daraufhin die Genehmigung, den Umsatzsteuerbetrag in Höhe von 1.600,– EUR zu berichtigen.

ACHTUNG!

Die Berichtigung der unberechtigt ausgewiesenen Umsatzsteuer ist erst in dem Voranmeldungszeitraum möglich, in dem feststeht, dass die Gefährdung des Steueraufkommens beseitigt ist. Dies wird im Regelfall erst dann der Fall sein, wenn die Genehmigung des Finanzamtes vorliegt. Wenn das Finanzamt festgestellt hat, dass der Empfänger der Abrechnung keinen Vorsteuerabzug vorgenommen hatte, kann eine Berichtigung auch rückwirkend zum Zeitpunkt der Entstehung der Steuer erfolgen.

WICHTIG!

Das Berichtigungsverfahren betrifft auch Rechnungen, die vor dem 1.1.2004 ausgestellt wurden, wenn die Berichtigung ab dem 1.1.2004 erfolgen soll.

Unentgeltliche Lieferungen

Unentgeltliche Lieferungen auf einen Blick

1. Rechtsquellen

   § 3 Abs. 1b, § 3f, § 10 Abs. 4 UStG

   Abschn. 24a bis Abschn. 24c, Abschn. 155 UStR 2000

2. Bedeutung

   Seit dem 1.4.1999 gilt die Entnahme eines Gegenstandes aus dem Unternehmensvermögen, die unentgeltliche Zuwendung an das Personal sowie jede andere unentgeltliche Zuwendung, mit Ausnahme von Geschenken von geringem Wert oder Warenmustern für Zwecke des Unternehmens, als eine Lieferung gegen Entgelt. Damit hat der Unternehmer diese Wertabgabe aus seinem Unternehmen der Umsatzsteuer zu unterwerfen.

3. Weitere Stichworte

   → *Aufmerksamkeit*, → *Bemessungsgrundlage*, → *Eigenverbrauch*, → *Lieferung*, → *Steuerbefreiungen*, → *Vorsteuerabzug*

1. Arten unentgeltlicher Lieferungen

Durch das Steuerentlastungsgesetz wurden zum 1.4.1999 die bis dahin im § 1 Abs. 1 Nr. 2 UStG enthaltenen Steuertatbestände des → *Eigenverbrauchs* zu fiktiven Lieferungen gegen Entgelt bzw. soweit es sich um Dienstleistungen handelt, zu fiktiven sonstigen Leistungen gegen Entgelt umdefiniert. Dabei wurde der Steuertatbestand der unentgeltlichen Lieferungen noch um einen Tatbestand der unentgeltlichen Lieferungen aus unternehmerischen Zwecken nach § 3 Abs. 1b Nr. 3 UStG erweitert.

Unentgeltliche Lieferungen

ACHTUNG!

Voraussetzung für die Steuerbarkeit einer solchen unentgeltlichen Lieferung ist jedoch, dass der Gegenstand oder seine Bestandteile ganz oder teilweise zum Vorsteuerabzug berechtigt hatten, § 3 Abs. 1b Satz 2 UStG. Vgl. dazu 1.4.

WICHTIG!

Eine unentgeltliche Lieferung im Sinne des § 3 Abs. 1b UStG setzt immer voraus, dass der Gegenstand dem → *Unternehmensvermögen* zugeordnet werden konnte.

Es kommt bei der Anwendung des § 3 Abs. 1b UStG nicht auf die Rechtsform des Unternehmens an. Somit können diese Steuertatbestände nicht nur von natürlichen Personen, sondern auch von Personenzusammenschlüssen und juristischen Personen verwirklicht werden, soweit sie → *Unternehmer* im Sinne des Umsatzsteuerrechtes sind.

1.1 Entnahme von Gegenständen für unternehmensfremde Zwecke

Bei der Entnahme eines Gegenstandes aus dem Unternehmensvermögen für unternehmensfremde Zwecke liegt nach § 3 Abs. 1b Nr. 1 UStG eine Lieferung gegen Entgelt vor.

Beispiel 1:

Der Unternehmer U schenkt seiner Tochter einen zu seinem Unternehmensvermögen gehörenden Pkw. Die Entnahme des Pkw ist einer Lieferung gegen Entgelt nach § 3 Abs. 1b Nr. 1 UStG gleichgestellt. Da der Ort der Lieferung dort ist, wo er sein Unternehmen betreibt (§ 3f UStG), ist die Entnahme nach § 1 Abs. 1 Nr. 1 UStG steuerbar.

Eine Lieferung aus unternehmensfremden Gründen liegt immer dann vor, wenn private, außerhalb des Unternehmens liegende Motive für die Wertabgabe bestimmend waren.

1.2 Unentgeltliche Zuwendungen an das Personal

Bei einer unentgeltlichen Zuwendung an das Personal liegt ebenfalls eine Lieferung gegen Entgelt im Sinne des § 3 Abs. 1b Nr. 2 UStG vor. Eine Ausnahme ist lediglich dann gegeben, wenn es sich um eine → *Aufmerksamkeit* handelt. Aufmerksamkeiten liegen vor, wenn sie nach Art und ihrem Wert Geschenken entsprechen, die im gesellschaftlichen Verkehr üblicherweise ausgetauscht werden und zu keiner ins Gewicht fallenden Bereicherung des Arbeitnehmers führen. Als Wertgrenze gelten hier 40 EUR (R 73 LStR 2004). Zu den Einzelheiten vgl. → *Aufmerksamkeiten*.

ACHTUNG!

Es ist grundsätzlich zu prüfen, ob es sich bei einer Zuwendung an das Personal tatsächlich um eine unentgeltliche Zuwendung im Sinne des § 3 Abs. 1b Nr. 2 UStG handelt. In vielen Fällen ist die Zuwendung durch die Arbeitsleistung des Arbeitnehmers bedingt und gilt somit als entgeltliche Leistung (tauschähnlicher Umsatz).

Beispiel 2:

Der Arbeitgeber A schenkt dem Arbeitnehmer aus Anlass des 25-jährigen Dienstjubiläums eine goldene Uhr, für die er als Einkaufspreis netto 1.000 EUR bezahlt hat. Es liegt eine unentgeltliche Lieferung im Sinne des § 3 Abs. 1b Nr. 2 UStG vor, die zu einem steuerbaren Umsatz nach § 1 Abs. 1 Nr. 1 UStG führt. Eine Gegenleistung im Rahmen der Arbeitsleistung des Arbeitnehmers ist hier nicht gegeben. Die Bemessungsgrundlage für diese auch steuerpflichtige Leistung beträgt nach § 10 Abs. 4 Nr. 1 UStG 1.000 EUR. Somit entsteht eine Umsatzsteuer in Höhe von 160 EUR.

1.3 Andere unentgeltliche Lieferungen

Auch eine unentgeltliche Zuwendung eines Gegenstandes aus unternehmerischen Gründen führt zu einer Lieferung gegen Entgelt nach § 3 Abs. 1b Nr. 3 UStG, wenn es sich nicht um Geschenke von geringem Wert oder Warenmuster für Zwecke des Unternehmens handelt.

Damit fallen insbesondere die folgenden unentgeltlichen Zuwendungen unter den Anwendungsbereich des § 3 Abs. 1b Nr. 3 UStG:

- Abgabe von Gegenständen zu Werbezwecken,
- Sachspenden an Vereine oder Schulen aus Werbegründen oder zur Imagepflege,
- Warenabgaben bei Preisausschreiben oder Verlosungen.

WICHTIG!

Die Vorschrift des § 3 Abs. 1b Nr. 3 UStG gilt nur für Lieferungen. Für unentgeltliche sonstige Leistungen aus unternehmerischen Gründen besteht eine vergleichbare Vorschrift nicht.

Eine Ausnahme gibt es für die Abgabe von Geschenken von geringem Wert. Ein Geschenk von geringem Wert liegt dann vor, wenn der Wert der dem Empfänger im Kalenderjahr zugewendeten Gegenstände insgesamt 35 EUR nicht übersteigt.

ACHTUNG!

Da durch das Haushaltsbegleitgesetz 2004 die Wertgrenze für die ertragsteuerlich abzugsfähigen Geschenke auf 35 EUR gesenkt wurde, muss auch bei der Prüfung nach § 3 Abs. 1b Nr. 3 UStG von dieser neuen Grenze ausgegangen werden.

Auch Warenmuster für Zwecke des Unternehmens führen nicht zu einer steuerbaren Lieferung. Solche Warenmuster liegen dann vor, wenn sie eine bestimmte Art von bereits hergestellten Waren darstellen oder die Modelle von Waren sind, deren Herstellung vorgesehen ist. Solche Warenmuster sollen dem Empfänger nicht den Kauf ersparen, sondern ihn gerade zum Kauf anregen. Unerheblich ist, ob diese Warenmuster an Unternehmer oder Endverbraucher abgegeben werden. So ist z. B. die Abgabe sog. Probierpackungen im Getränke- und Lebensmittelhandel nicht steuerbar.

Verkaufshilfen (z. B. besondere Verkaufsständer) sowie Werbe- und Dekorationsmaterial führen ebenfalls nicht zu einer privaten Bereicherung des Empfängers und stellen somit keine Lieferungen im Sinne des § 3 Abs. 1b Nr. 3 UStG dar. Soweit aber diese Gegenstände nach Ablauf der Werbe- oder Verkaufsaktion bei dem Empfänger noch einen Gebrauchswert haben (z. B. bei Spielzeug sowie Sport- und Freizeitartikel), ist eine Lieferung im Sinne des § 3 Abs. 1b Nr. 3 UStG gegeben.

Wenn eine Abgabe eines Gegenstandes im Zusammenhang mit einer entgeltlichen Lieferung steht, liegt ebenfalls kein Umsatz nach § 3 Abs. 1b Nr. 3 UStG vor, da hier eine Einheitlichkeit mit dem entgeltlichen Umsatz gegeben ist. Solche, zu dem entgeltlichen Umsatz gehörenden Wertabgaben liegen insbesondere in den folgenden Fällen vor:

- Bei Abnahme einer bestimmten Menge an Ware erhält der Abnehmer zusätzliche Stücke derselben Ware, z. B. erhält der Käufer von 100 Flaschen Wein fünf Flaschen zusätzlich.
- Der Abnehmer erhält bei der Abnahme von Ware zusätzlich andere Gegenstände, z. B. erhält der Käufer einer Stereoanlage noch eine CD.
- Der Abnehmer erhält Zubehörteile unentgeltlich bei Abnahme von Waren, z. B. erhält der Käufer von Schuhen noch unentgeltlich Pflegemittel.
- Abgabe von Gegenständen im Zusammenhang mit dem Abschluss eines Dienstleistungsvertrages oder eines Liefervertrages, z. B. die unentgeltliche Abgabe eines Handys bei Abschluss eines Dienstleistungsvertrages.

1.4 Voraussetzung: Vorsteuerabzug

Wenn ein Unternehmer einen seinem Unternehmensvermögen zugeordneten Gegenstand entnimmt, wird dieser Umsatz grundsätzlich nach § 3 Abs. 1b UStG als Lieferung gegen Entgelt behandelt. Nur in dem Ausnahmefall, dass der Unternehmer bei Erwerb des Gegenstandes nicht zum Vorsteuerabzug berechtigt war, liegt nach § 3 Abs. 1b Satz 2 UStG keine solche Lieferung vor, die Entnahme ist nicht steuerbar. Es ist erforderlich, dass weder der Gegenstand noch seine Bestandteile zum vollen oder teilweisen Vorsteuerabzug berechtigt hatten. Gleiches gilt in den Fällen, in denen der Unternehmer den Gegenstand selber in sein Unternehmensvermögen eingelegt hatte.

Bestandteile im Sinne des § 3 Abs. 1b UStG können sowohl Teile sein, die schon im Zeitpunkt des ursprünglichen Erwerbs des Gegenstandes vorhanden waren, wie auch Teile, die erst zu einem späteren Zeitpunkt in den Gegenstand eingegangen waren. Ein solcher Bestandteil wird als ein gelieferter Gegenstand definiert, der zum einen auf Grund seines Einbaus in den zugrunde liegenden Gegenstand (z. B. einem Pkw) seine körperliche und wirtschaftliche Eigenart endgültig verloren und zum anderen zu einer dauerhaften, im Zeitpunkt der Entnahme noch nicht vollständig verbrauchten Werterhöhung des Gegenstandes geführt hat.

Gegenstände, die ihre körperliche und wirtschaftliche Eigenart nicht vollständig verloren haben, können somit nicht Bestandteil im Sinne der Rechtsvorschrift sein. In diesem Fall liegt neben dem ursprünglichen Objekt ein weiterer, selbstständig zu beurteilender Gegenstand vor, der Inhalt einer Entnahme sein kann.

WICHTIG!

Bestandteile im Sinne der Vorschrift können aber nur greifbare und körperliche, in den Gegenstand integrierte Objekte sein. Damit ist eine Einbeziehung von sonstigen Leistungen in die Definition der Bestandteile nicht möglich.

Soweit es sich bei der in den Gegenstand eingegangenen Lieferung nicht um einen (weiterhin) selbstständigen Gegenstand handelt, sondern ein Bestandteil vorliegt, muss unterschieden werden: Hat dieser Bestandteil nur zur Werterhaltung des Gegenstandes beigetragen und ist er im Zeitpunkt der Entnahme verbraucht? Oder hat dieser Bestandteil zu einer dauerhaften Werterhöhung geführt und ist diese im Zeitpunkt der Entnahme nicht vollständig verbraucht? Hat der Bestandteil nur zur Werterhaltung geführt und ist im Zeitpunkt der Entnahme wirtschaftlich verbraucht, werden der Gegenstand wie auch die Bestandteile nicht der Umsatzsteuer bei der Entnahme unterworfen.

Sind aber in das Objekt Bestandteile eingegangen, die zu einer dauerhaften, im Zeitpunkt der Entnahme noch nicht verbrauchten Werterhöhung des Gegenstandes geführt haben, führt die Entnahme zu einem steuerbaren Umsatz im Sinne des § 3 Abs. 1b Nr. 1 UStG. Allerdings ist die Besteuerung nur auf die Bestandteile zu beschränken, für die der Unternehmer den Vorsteuerabzug nach § 15 Abs. 1 UStG in Anspruch nehmen konnte und die im Zeitpunkt der Entnahme noch nicht völlig verbraucht sind.

Die Bemessungsgrundlage für die in den Gegenstand eingegangenen Bestandteile bestimmt sich nach § 10 Abs. 4 Nr. 1 UStG, nämlich dem Einkaufspreis (in der Regel der Restwert) oder den Selbstkosten eines solchen Bestandteils, jeweils zum Zeitpunkt der Entnahme des Gegenstandes.

Beispiel 3:

Unternehmer A hat am 15.1.2000 einen gebrauchten Pkw von einer Privatperson erworben, für den er nicht zum Vorsteuerabzug berechtigt war. Im Besteuerungszeitraum 2003 hat er an dem Fahrzeug eine größere Reparatur ausgeführt (Einbau eines neuen Automatikgetriebes), die zu einer nachhaltigen Werterhöhung des Fahrzeugs beigetragen hat; die Kosten betrugen netto 4.000 EUR. Die gesondert ausgewiesene Umsatzsteuer hat A in 2003 als Vorsteuer abgezogen. Das eingebrachte Teil stellt einen Bestandteil des Fahrzeugs dar, da es seine körperliche und wirtschaftliche Eigenart mit dem Einbau vollständig verloren hat. Das eingebaute Bestandteil ist zum Zeitpunkt der Entnahme des Fahrzeugs im März 2004 noch nicht vollständig verbraucht. Die Entnahme des Pkw führt zu einem steuerbaren Umsatz nach § 3 Abs. 1b Nr. 1 UStG, da der Gegenstand oder seine Bestandteile zum Vorsteuerabzug berechtigten. Die Besteuerung ist auf die vorsteuerentlasteten Bestandteile beschränkt. Es sind die Anschaffungskosten eines vergleichbar abgenutzten Bestand-

teils zu ermitteln (hier mit einem fiktiven Ansatz von – netto – 2.500 EUR angenommen). Damit würde eine Umsatzsteuer in Höhe von 16 % auf die Bemessungsgrundlage von 2.500 EUR, also 400 EUR, entstehen.

Wird eine Werkleistung an einem ohne Vorsteuerabzugsberechtigung erworbenen Gegenstand ausgeführt, führt die Entnahme des Gegenstandes weiterhin zu einem nicht steuerbaren Umsatz, da der Gegenstand als solcher nicht zum Vorsteuerabzug berechtigte (§ 3 Abs. 1b Satz 2 UStG). Die an dem Gegenstand ausgeführten Dienstleistungen könnten jedoch zu einer Berichtigung der gezogenen Vorsteuerbeträge nach § 15a UStG führen. Diese aus der Rechtsprechung des EuGH kommenden Überlegungen sind vom BFH nicht umgesetzt worden, da sich der § 15a UStG ausdrücklich auf Anschaffungs- oder Herstellungskosten und nicht auf laufende – sofort abzugsfähige – Kosten erstreckt. Allerdings ist langfristig eine Änderung der Vorschriften des § 15a UStG geplant, um auch solche Fälle systematisch zu erfassen.

2. Ort der unentgeltlichen Lieferung

Eine unentgeltliche Lieferung im Sinne des § 3 Abs. 1b UStG ist grundsätzlich dort ausgeführt, wo der Unternehmer sein Unternehmen betreibt, § 3f Satz 1 UStG. Eine Ausnahme besteht nur dann, wenn die Leistung von einer → *Betriebsstätte* aus abgegeben wird. In diesen Fällen ist der Ort der Betriebsstätte als Leistungsort maßgebend.

ACHTUNG!

Es ist für den Ort der unentgeltlichen Lieferung unerheblich, wo sich der Gegenstand zum Zeitpunkt der Entnahme tatsächlich befindet.

3. Steuerpflicht der unentgeltlichen Lieferung

Für die Steuerbefreiungen von unentgeltlichen Lieferungen gelten grundsätzlich dieselben Voraussetzungen wie auch bei entgeltlichen Lieferungen, vgl. dazu → *Steuerbefreiungen*. Allerdings ist zu beachten, dass die Regelungen für steuerfreie Ausfuhrlieferungen nach § 4 Nr.1a i. V. m. § 6 UStG ausdrücklich nicht für unentgeltliche Lieferungen nach § 3 Abs. 1b UStG gelten, § 6 Abs. 5 UStG.

Beispiel 4:

Der Unternehmer U lobt im Rahmen eines Preisausschreibens einen Pkw des Typs Smart aus. Gewinner des Preisausschreibens ist eine Privatperson aus der Schweiz. Der Pkw gelangt im Rahmen der Auslieferung in die Schweiz. Die Abgabe des Pkw aus dem Unternehmensvermögen stellt eine unentgeltliche Lieferung nach § 3 Abs. 1b UStG dar, die in Deutschland steuerbar ist. Eine Steuerbefreiung als Ausfuhrlieferung greift nicht, da § 6 Abs. 5 UStG dieses ausdrücklich ausschließt. Damit unterliegt die Wertabgabe der Besteuerung in Deutschland.

Es bestehen aber Zweifel daran, ob diese Einschränkung des § 6 Abs. 5 UStG durch das Gemeinschaftsrecht gedeckt ist, da hier die Neutralität des Umsatzsteuerrechtes verletzt wird, denn bei entgeltlicher Lieferung wäre die Lieferung steuerbefreit. Ein Verfahren ist hier zurzeit aber noch nicht anhängig.

Bei einer Leistung im Sinne des § 3 Abs. 1b UStG ist nach Auffassung der Finanzverwaltung eine Option auf die Steuerpflicht nach § 9 UStG bei einem steuerfreien Umsatz (z. B. unentgeltliche Übertragung eines Grundstückes nach § 4 Nr. 9a UStG) grundsätzlich nicht möglich.

4. Bemessungsgrundlage der unentgeltlichen Lieferung

Soweit eine steuerbare und steuerpflichtige unentgeltliche Lieferung im Sinne des § 3 Abs. 1b UStG vorliegt, bestimmt sich die Bemessungsgrundlage nach § 10 Abs. 4 UStG. Dabei sind die folgenden Fälle zu unterscheiden:

- Abgabe von Handelsware (Umlaufvermögen): Als Bemessungsgrundlage für den Gegenstand ist der Einkaufspreis zuzüglich der Nebenkosten anzusetzen. Dabei kommt es nicht auf den historischen Einkaufspreis an, sondern auf den Preis, der zum Zeitpunkt der Ausführung der unentgeltlichen Lieferung zu bezahlen wäre. Dieser Preis entspricht in der Regel den Wiederbeschaffungskosten.
- Abgabe von selbst produzierten Gegenständen: Als Bemessungsgrundlage sind die Selbstkosten für diesen Gegenstand anzusetzen. Die Selbstkosten umfassen alle durch den betrieblichen Leistungsprozess bis zum Zeitpunkt der unentgeltlichen Lieferung entstandenen Kosten.
- Abgabe eines bisher im Unternehmen genutzten Gegenstandes (Anlagevermögen): Als Bemessungsgrundlage ist hier der Einkaufspreis eines vergleichbaren Wirtschaftsgutes dieser Art und Güte (und dieses Abnutzungsgrades) anzusetzen.

5. Steuersatz der unentgeltlichen Lieferung

Der → *Steuersatz* für eine unentgeltliche Lieferung bestimmt sich nach den allgemeinen Vorschriften des § 12 UStG, so dass in der Regel die Umsatzsteuer mit 16 % anzusetzen ist.

6. Rechnungsausstellung

Bei einer unentgeltlichen Lieferung nach § 3 Abs. 1b UStG ist nach der umstrittenen Auffassung der Finanzverwaltung eine Rechnungserteilung mit gesondert ausgewiesener Umsatzsteuer grundsätzlich nicht möglich. Damit scheidet in jedem Fall auch ein Vorsteuerabzug des Empfängers des Gegenstandes nach § 15 Abs. 1 UStG aus, selbst wenn er den Gegenstand als Unternehmer für sein Unternehmen erhält.

TIPP!

Insbesondere bei Übertragungen von Gegenständen zwischen nahe stehenden Personen sollte eine unentgeltliche Lieferung vermieden werden, da der entstehenden Umsatzsteuer bei dem abgebenden Unternehmer nie ein Vorsteuerabzug bei dem Empfänger gegenüberstehen kann.

Beispiel 5:

Der Unternehmer U überträgt seiner Tochter T, die sich gerade als Unternehmerin selbstständig macht, eine Maschine ohne Entgelt. Es liegt eine Lieferung nach § 3 Abs. 1b Nr. 1 UStG vor. Bei U entsteht eine Umsatzsteuer auf die Wiederbeschaffungskosten einer vergleichbaren Maschine. Die Tochter T kann keinen Vorsteuerabzug vornehmen. Wenn U seiner Tochter die Maschine verkauft hätte, könnte er – unabhängig von der Höhe des vereinbarten Kaufpreises – in einer Rechnung Umsatzsteuer auf die bei ihm anzuwendende Bemessungsgrundlage ausweisen. Dies gilt sogar dann, wenn er zu einem sehr geringen Kaufpreis verkauft und damit bei ihm die Mindestbemessungsgrundlage (→ *Bemessungsgrundlage*) Anwendung findet. Die Tochter kann dann unter den Voraussetzungen des § 15 UStG die Vorsteuer abziehen.

Unentgeltliche sonstige Leistungen

Unentgeltliche sonstige Leistungen auf einen Blick

1. Rechtsquellen

   § 3 Abs. 9a, § 3f, § 10 Abs. 4 UStG

   Abschn. 24a und Abschn. 24c UStR 2000

2. Bedeutung

   Soweit der Unternehmer aus unternehmensfremden Gründen oder an sein Personal unentgeltliche sonstige Leistungen ausführt, wird dies unter den Voraussetzungen des § 3 Abs. 9a UStG als sonstige Leistung gegen Entgelt behandelt. Diese Regelung hat mit Wirkung vom 1.4.1999 den bis dahin vorliegenden Leistungseigenverbrauch ersetzt. Eine Besonderheit besteht bei der nichtunternehmerischen Nutzung von Wohnräumen, die ein Unternehmer seinem Unternehmen zugeordnet hatte; für diese Nutzung ist keine Steuerbefreiung zu gewähren.

3. Weitere Stichworte

   → *Aufmerksamkeit*, → *Bemessungsgrundlage*, → *Dienstwagen*, → *Eigenverbrauch*, → *Privatnutzung von Unternehmensfahrzeugen*, → *sonstige Leistungen*

1. Arten von unentgeltlichen sonstigen Leistungen

Mit Wirkung vom 1.4.1999 wurde der bis dahin im § 1 Abs. 1 Nr. 2 UStG normierte Steuertatbestand des Leistungseigenverbrauches zu Leistungen gegen Entgelt verändert. Damit gilt die Ausführung der folgenden Dienstleistungen als sonstige Leistungen gegen Entgelt:

- Die Verwendung eines dem Unternehmen zugeordneten Gegenstandes, der zum vollen oder teilweisen Vorsteuerabzug berechtigt hat, durch einen Unternehmer für Zwecke, die außerhalb des Unternehmens liegen, oder für den privaten Bedarf des Personals, sofern keine Aufmerksamkeiten vorliegen.
- Die unentgeltliche Erbringung einer anderen sonstigen Leistung durch den Unternehmer für Zwecke, die außerhalb des Unternehmens liegen, oder für den privaten Bedarf seines Personals, sofern keine Aufmerksamkeiten vorliegen.

WICHTIG!

Wird eine sonstige Leistung unentgeltlich aus unternehmerischen Gründen abgegeben, liegt kein steuerbarer Ausgangsumsatz vor, die Leistung ist nicht steuerbar.

Beispiel 1:

Der Friseur F veranstaltet ein Preisausschreiben. Der Hauptgewinn ist ein kostenloser Friseurbesuch. Die unentgeltliche Leistung wird aus unternehmerischen Gründen erbracht. In Ermangelung einer Anspruchsgrundlage ist die sonstige Leistung nicht steuerbar.

Eine nichtunternehmerische Verwendung eines Gegenstandes liegt immer dann vor, wenn die Verwendung für private Zwecke des Unternehmers erfolgt oder private Motive für die Ausführung dieser Leistung vorliegen. Darüber hinaus kann eine nichtunternehmerische Verwendung auch dann vorliegen, wenn eine juristische Person des öffentlichen Rechts aus einem Betrieb gewerblicher Art Leistungen an den hoheitlichen Bereich erbringt.

Beispiel 2:

Ein gemeindeeigenes Schwimmbad wird auch für den Schulsport genutzt. Die Nutzungsüberlassung des Schwimmbades aus dem Betrieb gewerblicher Art der juristischen Person des öffentlichen Rechts an die Schulen führt zu einer Leistung nach § 3 Abs. 9a Nr. 1 UStG.

1.1 Die Verwendung von Gegenständen

Die Verwendung eines Gegenstandes für unternehmensfremde Zwecke oder für den privaten Bedarf des Personals kann zu einem Ausgangsumsatz im Sinne des § 3 Abs. 9a Nr. 1 UStG führen, wenn der Unternehmer für diesen Gegenstand den Vorsteuerabzug – ganz oder teilweise – vornehmen konnte.

Beispiel 3:

Der Unternehmer U hat einen Computer erworben, für den ihm vom Lieferanten Umsatzsteuer berechnet worden ist. U nutzt den Computer auch für private Zwecke. Die Nutzung zu privaten Zwecken führt zu einem Umsatz nach § 3 Abs. 9a Nr. 1 UStG, da der Gegenstand zum Vorsteuerabzug berechtigte. Wenn U den Computer von einer Privatperson erworben hätte oder ihn in sein Unternehmen eingelegt hätte, würde die Privatnutzung nicht zu einem Umsatz nach § 3 Abs. 9a Nr. 1 UStG führen, da ein Vorsteuerabzug nicht möglich war.

ACHTUNG!

Die Ausführung einer Leistung nach § 3 Abs. 9a Nr. 1 UStG setzt immer voraus, dass der Gegenstand auch zulässigerweise dem Unternehmensvermögen zugeordnet werden konnte (→ *Unternehmensvermögen*).

Bis 31.12.2003 war nach § 3 Abs. 9a Satz 2 UStG a. F. geregelt, dass Fahrzeuge, die der Unternehmer nach dem 31.3.1999 erworben, eingeführt oder innergemeinschaftlich erworben hatte, bei auch privater Verwendung nur zu 50 % zum Vorsteuerabzug zugelassen war. In diesem Fall führte die private Verwendung des Fahrzeugs nicht zu einem steuerbaren Ausgangsumsatz (vgl. auch → *Privatnutzung von Unternehmensfahrzeugen*).

ACHTUNG!

Wegen der Aufhebung des § 15 Abs. 1b UStG zum 31.12.2003 ist auch § 3 Abs. 9a Satz 2 UStG ersatzlos aufgehoben worden.

Eine unentgeltliche Zuwendung im Rahmen der Nutzungsüberlassung eines Gegenstandes an das Personal setzt voraus, dass der Gegenstand tatsächlich ohne Gegenleistung durch das Personal überlassen wird. Soweit das Personal eine Gegenleistung im Rahmen eines Entgelts oder durch Arbeitsleistung erbringt, liegt keine Leistung im Sinne des § 3 Abs. 9a Nr. 1 UStG vor. Insbesondere handelt es sich bei der Überlassung von Unternehmensfahrzeugen an das Personal für private Fahrten im Regelfall um entgeltliche sonstige Leistungen (vgl. → *Dienstwagen*). Außerdem führen unentgeltliche Leistungen nicht zur Besteuerung nach § 3 Abs. 9a Nr. 1 UStG, die als → *Aufmerksamkeit* anzusehen sind. Eine Aufmerksamkeit liegt vor, wenn die Zuwendung zu keiner ins Gewicht fallenden Bereicherung bei dem Arbeitnehmer führt. Die Finanzverwaltung hat hier als Nichtaufgriffsgrenze einen Wert von 40 EUR festgelegt.

1.2 Die Ausführung anderer sonstiger Leistungen

Wenn der Unternehmer für unternehmensfremde Zwecke oder für den privaten Bedarf seines Personals – soweit keine → *Aufmerksamkeiten* vorliegen – unentgeltlich andere sonstige Leistungen erbringt, die nicht in der Verwendung von Gegenständen bestehen, liegt ein Umsatz im Sinne des § 3 Abs. 9a Nr. 2 UStG vor.

WICHTIG!

Bei der Anwendung des § 3 Abs. 9a Nr. 2 UStG kommt es nicht darauf an, ob der Unternehmer für Vorleistungen den Vorsteuerabzug hatte.

Beispiel 4:

Der Gartenbauunternehmer G lässt durch Personal seines Unternehmens den Garten seines privaten Einfamilienhauses pflegen. Die Gartenpflege führt zu einem steuerbaren Umsatz nach § 3 Abs. 9a Nr. 2 UStG bei dem G.

Typische Anwendungsfälle für die Rechtsvorschrift des § 3 Abs. 9a Nr. 2 UStG sind in der Praxis:

- die Ausführung von Dienstleistungen im privaten Bereich durch Arbeitnehmer des Unternehmens (vgl. oben Beispiel 4),
- die Ausführung von Reparaturen an privaten Gegenständen im Unternehmen (z. B. wird der private Fernseher im Unternehmen repariert, wobei nur Nebensachen bei der Reparatur verwendet werden),
- das Dienstleistungsangebot des Unternehmers wird von Familienangehörigen und Freunden unentgeltlich genutzt (z. B. kann die Tochter des Unternehmers mit ihren Freunden das Fitness-Studio unentgeltlich nutzen).

Bei der unentgeltlichen Leistung an das Personal des Unternehmers gilt das unter 1.1 Ausgeführte entsprechend.

2. Ort der unentgeltlichen sonstigen Leistung

Eine unentgeltliche sonstige Leistung im Sinne des § 3 Abs. 9a UStG ist grundsätzlich dort ausgeführt, wo der Unternehmer sein Unternehmen betreibt, § 3f Satz 1 UStG. Eine Ausnahme besteht nur dann, wenn die Leistung von einer → *Betriebsstätte* aus abgegeben wird. In diesen Fällen ist der Ort der Betriebsstätte als Leistungsort maßgebend, § 3f Satz 2 UStG.

ACHTUNG!

Es ist für den Ort der unentgeltlichen sonstigen Leistung unerheblich, wo die Leistung tatsächlich ausgeführt wird.

3. Steuerpflicht der unentgeltlichen sonstigen Leistung

Für die Steuerbefreiungen von unentgeltlichen Lieferungen gelten grundsätzlich dieselben Voraussetzungen wie auch bei entgeltlichen sonstigen Leistungen, vgl. dazu → *Steuerbefreiungen*. Allerdings ist zu beachten, dass die Regelungen für steuerfreie Lohnveredelungen nach § 4 Nr.1a i. V. m. § 7 UStG ausdrücklich nicht für solche unentgeltlichen sonstigen Leistungen gelten, § 7 Abs. 5 UStG.

Bei einer Leistung im Sinne des § 3 Abs. 9a UStG ist nach Auffassung der Finanzverwaltung eine Option auf die Steuerpflicht nach § 9 UStG bei einem steuerfreien Umsatz grundsätzlich nicht möglich.

Eine Besonderheit besteht bei der Nutzung von Wohnräumen, die der Unternehmer seinem Unternehmensvermögen zugeordnet hat. Der EuGH hat (Urteil v. 8.5.2003, Rs. C-269/00, Folgeurteil des BFH v. 24.7.2003, V R 39/99) entschieden, dass ein Unternehmer, der eine Immobilie sowohl für unternehmerische wie auch für private Wohnzwecke nutzt, den Vorsteuerabzug aus der gesamten Investition hat. Die bisher in Deutschland dazu vertretene Rechtsauffassung, dass die Privatnutzung eine nach § 3 Abs. 9a Nr. 1 UStG zwar steuerbare, aber nach § 4 Nr. 12a UStG steuerfreie Leistung darstellt, die dann den Vorsteuerabzug nach § 15 Abs. 2 Nr. 1 UStG ausschließt, ist mit dem Gemeinschaftsrecht nicht vereinbar. Damit kann der Unternehmer auch den privat genutzten Teil des Hauses seinem Unternehmensvermögen zuordnen und auch aus diesem Teil den Vorsteuerabzugsanspruch geltend machen. Allerdings muss er dann im Gegenzug die private Nutzung als steuerbare Leistung nach § 3 Abs. 9a Nr. 1 UStG der Umsatzsteuer unterwerfen, da eine Steuerbefreiung nach § 4 Nr. 12a UStG nicht mehr in Betracht kommt. Allerdings beschränkt sich die Bemessungsgrundlage für diese Privatnutzung nach § 10 Abs. 4 Nr. 2 UStG auf die Kosten, die zum Vorsteuerabzug berechtigt hatten.

Beispiel 5:

Der Rechtsanwalt R errichtet ein Gebäude, das er zur Hälfte für seine Rechtsanwaltspraxis und zur anderen Hälfte für private Wohnzwecke verwendet. Er ordnet das gesamte Gebäude seinem Unternehmen zu. Von den Bauunternehmern werden ihm auf die Baukosten von 1 Mio. EUR insgesamt 160.000 EUR Umsatzsteuer in Rechnungen gesondert ausgewiesen.

R kann die 160.000 EUR als Vorsteuer nach § 15 Abs. 1 Nr. 1 UStG sofort abziehen. Eine Beschränkung des Vorsteuerabzugs nach § 15 Abs. 2 UStG liegt nicht vor. R muss allerdings eine Ausgangsleistung nach § 3 Abs. 9a Nr. 1 UStG der Besteuerung unterwerfen. Dabei werden aber nur die Kosten berücksichtigt, die zum Vorsteuerabzug führten. Da im Regelfall die Finanzierungskosten ohne Umsatzsteuer entstehen, sind das nur die Abschreibungsbeträge (die laufenden Kosten bleiben hier zur Vereinfachung außer Betracht). Bei einer AfA in Höhe von 2 % ergibt sich pro Jahr eine Bemessungsgrundlage für den selbstgenutzten Teil des Hauses (50 %) in Höhe von 10.000 EUR, so dass eine Umsatzsteuer in Höhe von 1.600 EUR entsteht. Die Finanzverwaltung plant aber, die Anschaffungskosten vollständig auf den Berichtigungszeitraum nach § 15a UStG zu verteilen.

4. Bemessungsgrundlage der unentgeltlichen sonstigen Leistung

Soweit eine steuerbare und steuerpflichtige unentgeltliche sonstige Leistung im Sinne des § 3 Abs. 9a UStG vorliegt, bestimmt sich die Bemessungsgrundlage nach § 10 Abs. 4 UStG. Dabei sind die folgenden Fälle zu unterscheiden:

- Es handelt sich um eine sonstige Leistung im Sinne des § 3 Abs. 9a Nr. 1 UStG (Verwendung eines Gegenstandes): Die Bemessungsgrundlage für einen solchen Umsatz ergibt sich aus den Kosten, die bei der Ausführung dieses Umsatzes entstanden sind. Allerdings werden hier nur die Kosten mit berücksichtigt, für die der Unternehmer einen Vorsteuerabzug – ganz oder teilweise – hatte, § 10 Abs. 4 Nr. 2 UStG.
- Es handelt sich um eine sonstige Leistung im Sinne des § 3 Abs. 9a Nr. 2 UStG (Ausführung von anderen sonstigen Leistungen): Die Bemessungsgrundlage für einen solchen Umsatz ergibt sich aus den Kosten, die bei der Ausführung dieses Umsatzes entstanden sind. In diesem Fall kommt es nicht darauf an, ob der Unternehmer bezüglich dieser Kosten zum Vorsteuerabzug berechtigt gewesen ist, § 10 Abs. 4 Nr. 3 UStG.

Als Kosten sind hier alle auch bei der Einkommensteuer zu berücksichtigenden Kosten (das sind die tatsächlichen Selbstkosten) anzusetzen. Der anteilige Unternehmerlohn gehört nicht mit zu den anzusetzenden Kosten. Auch die abziehbaren Vorsteuerbeträge gehören nicht mit zu den anzusetzenden Kosten.

WICHTIG!

Nur bei der Verwendung von Gegenständen (Umsatz nach § 3 Abs. 9a Nr. 1 UStG) scheiden die Kosten aus der Bemessungsgrundlage aus, die nicht zum Vorsteuerabzug berechtigt haben.

5. Steuersatz der unentgeltlichen sonstigen Leistung

Der → *Steuersatz* für eine unentgeltliche sonstige Leistung bestimmt sich nach den allgemeinen Vorschriften des § 12 UStG, so dass in der Regel die Umsatzsteuer mit 16 % anzusetzen ist.

6. Rechnungsausstellung

Bei einer unentgeltlichen sonstigen Leistung nach § 3 Abs. 9a UStG ist nach der umstrittenen Auffassung der Finanzverwaltung eine Rechnungserteilung mit gesondert ausgewiesener Umsatzsteuer grundsätzlich nicht möglich. Damit scheidet in jedem Fall auch ein Vorsteuerabzug des Empfängers der sonstigen Leistung nach § 15 Abs. 1 UStG aus, selbst wenn er die Leistung als Unternehmer für sein Unternehmen erhält.

TIPP!

Insbesondere bei sonstigen Leistungen zwischen nahe stehenden Personen sollte eine unentgeltliche Leistung vermieden werden, da der entstehenden Umsatzsteuer bei dem leistenden Unternehmer kein Vorsteuerabzug bei dem Empfänger gegenüberstehen kann.

Beispiel 6:

Der Unternehmer U überlässt seinem Sohn S, der sich gerade als Unternehmer selbstständig macht, eine Maschine ohne Entgelt. Es liegt eine sonstige Leistung nach § 3 Abs. 9a Nr. 1 UStG vor. Bei U entsteht eine Umsatzsteuer auf die Kosten, die sich aus der unentgeltlichen Überlassung ergeben (in der Regel mindestens die anteiligen Abschreibungsbeträge). Der Sohn S kann keinen Vorsteuerabzug vornehmen. Wenn U seinem Sohn die Maschine entgeltlich überlassen hätte, könnte er – unabhängig von der Höhe des vereinbarten Entgelts – in einer Rechnung Umsatzsteuer auf die bei ihm anzuwendende Bemessungsgrundlage ausweisen. Dies gilt sogar dann, wenn er zu einem sehr geringen Entgelt geleistet hätte und damit bei ihm die Mindestbemessungsgrundlage (→ *Bemessungsgrundlage*) Anwendung findet. Der Sohn kann dann unter den Voraussetzungen des § 15 UStG die Vorsteuer abziehen.

Unrichtiger Steuerausweis

Unrichtiger Steuerausweis auf einen Blick

1. Rechtsquellen

   § 14c Abs. 1, § 15 Abs. 1 Satz 1 Nr. 1 UStG

   Abschn. 189 UStR 2000 (zur Regelung bis Ende 2003)

2. Bedeutung

   Der leistende Unternehmer schuldet auch einen in seiner Rechnung zu hoch ausgewiesenen Steuerbetrag, der Leistungsempfänger darf diese zu hoch ausgewiesene Umsatzsteuer nicht als Vorsteuer abziehen. Der leistende Unternehmer darf seine Rechnung berichtigen. In bestimmten Fällen ist die Berichtigung des unrichtig ausgewiesenen Steuerbetrags seit 2004 von der Genehmigung des Finanzamtes abhängig.

3. Weitere Stichworte

   → *Gutschrift*, → *Rechnung*, → *unberechtigter Steuerausweis*, → *Vorsteuerabzug*

4. Besonderheiten

   Angaben in Zeile 64 der USt-VA 2004, Angabe in Zeile 101 der USt-Jahreserklärung 2003

   Die Steuerschuld aus einer unrichtig ausgewiesenen Umsatzsteuer wurde zum 1.1.2004 vollständig neu geregelt. Bis 31.12.2003 war der unrichtige Steuerausweis in § 14 Abs. 2 UStG a.F. geregelt.

1. Anwendungsfälle

§ 14c Abs. 2 UStG regelt den unrichtigen Steuerausweis. Grundsätzlich muss der Unternehmer berechtigt sein, für eine von ihm erbrachte Lieferung oder sonstige Leistung Umsatzsteuer in der Rechnung gesondert auszuweisen. Ein unrichtiger Steuerausweis entsteht überwiegend in den folgenden Fällen:

- der Unternehmer verrechnet sich bei dem gesonderten Steuerausweis,
- der Unternehmer irrt über den anzuwendenden Steuersatz,
- der Unternehmer behandelt eine steuerbefreite Leistung als steuerpflichtige Leistung,
- der Unternehmer weist für eine Geschäftsveräußerung im Ganzen gesondert Umsatzsteuer aus.

Beispiel:

Der Unternehmer verkauft an einen Abnehmer im März 2004 ein Urheberrecht. Er berechnet dem Abnehmer dafür 50.000 EUR zuzüglich 16 % Umsatzsteuer = 8.000 EUR. Der Leistungsempfänger zahlt die 58.000 EUR.

Nach § 12 Abs. 2 Nr. 7c UStG unterliegt die Übertragung von Urheberrechten dem ermäßigten Steuersatz. Da der Abnehmer für die erhaltene Leistung 58.000 EUR aufwendet, schuldet der leistende Unternehmer für die von ihm erbrachte Leistung 7 % Umsatzsteuer aus dem von ihm vereinnahmten Betrag = 3.794,39 EUR (7 % Umsatzsteuer aus 58.000 EUR). Den Differenzbetrag zu der in der Rechnung ausgewiesenen Umsatzsteuer in Höhe von 4.205,61 EUR schuldet der leistende Unternehmer nach § 14c Abs. 1 UStG. Der Abnehmer kann nach § 15 Abs. 1 Nr. 1 UStG unabhängig davon lediglich einen Vorsteuerabzug in Höhe von 3.794,39 EUR beanspruchen.

Die Regelung des § 14c Abs. 1 UStG ist grundsätzlich auch auf → *Gutschriften* im Sinne des § 14 Abs. 5 UStG anzuwenden, soweit der Empfänger der Gutschrift einem zu hohen Steuerausweis in der Gutschrift nicht widerspricht. In diesem Fall schuldet jedoch nicht der Aussteller der Gutschrift (= Leistungsempfänger) die zu hoch ausgewiesene Umsatzsteuer, sondern der Empfänger der Gutschrift (= leistender Unternehmer) schuldet den zu hohen Steuerausweis.

ACHTUNG!

Dieses gilt seit 2004 auch für Gutschriften, mit denen über steuerfreie Leistungen oder nicht im Inland steuerbare Leistungen abgerechnet wird, wenn der Empfänger der Gutschrift dem Steuerausweis nicht widerspricht.

2. Steuerentstehung

Im Falle des § 14c Abs. 1 UStG entsteht die Umsatzsteuer nach § 13 Abs. 1 Nr. 3 UStG in dem Zeitpunkt, in dem die Steuer für die Leistung nach den allgemeinen Grundregelungen entsteht (vgl. → *Sollbesteuerung*); nach der geänderten Fassung des Gesetzes zum 1.1.2004 spätestens im Zeitpunkt der Ausstellung der Rechnung. Steuerschuldner ist der leistende Unternehmer, § 13a Abs. 1 Nr. 1 UStG.

3. Berichtigungsverfahren

Nach § 14c Abs. 1 Satz 2 UStG kann der die Rechnung ausstellende Unternehmer den zu hohen Steuerausweis zu jeder Zeit berichtigen. Dabei sind die Vorschriften des § 17 UStG analog anzuwenden. Die Rechnungsberichtigung ist – bis auf zwei im Gesetz ausdrücklich geregelte Ausnahmen – an keine formalen Voraussetzungen geknüpft, die Berichtigung des Steuerbetrages muss lediglich gegenüber dem Rechnungsempfänger schriftlich erklärt werden. Grundsätzlich ist es nicht erforderlich, dass der leistende Unternehmer das Original der unrichtigen Rechnung wieder zurückerhält.

TIPP!

Für Dokumentationszwecke ist es in der Praxis jedoch anzuraten, das Original der Rechnung – soweit es vom Leistungsempfänger zurückerhalten werden kann – bei den Unterlagen aufzubewahren.

Unrichtiger Steuerausweis

Da für die Rechnungsberichtigung die Vorschriften des § 17 UStG gelten, kann eine Berichtigung der zu hoch ausgewiesenen Umsatzsteuer erst für den Voranmeldungszeitraum vorgenommen werden, in dem die Rechnungsberichtigung erfolgt.

Fortsetzung Beispiel:

Im Mai 2004 bemerkt der leistende Unternehmer den Fehler und berichtigt die Rechnung. Der zu hohe Steuerausweis kann erst in der USt-VA des Mai 2004 korrigiert werden, § 17 Abs. 1 Satz 3 UStG.

ACHTUNG!

Eine vollständige Berichtigung der unrichtig ausgewiesenen Umsatzsteuer kann aber nur erfolgen, wenn der leistende Unternehmer den überhöhten Betrag an den Leistungsempfänger zurückzahlt.

Fortsetzung Beispiel:

Da der leistende Unternehmer für die, dem ermäßigten Steuersatz unterliegende, Leistung insgesamt 58.000 EUR erhält, schuldet der leistende Unternehmer auch bei Rechnungsberichtigung aus 58.000 EUR Umsatzsteuer in Höhe von 3.794,39 EUR (7 % aus 58.000 EUR).

In den Fällen eines unrichtigen Steuerausweises nach § 14c Abs. 1 UStG hat der Leistungsempfänger grundsätzlich nur einen Vorsteuerabzugsanspruch in Höhe der tatsächlich vom leistenden Unternehmer geschuldeten Umsatzsteuer.

WICHTIG!

Bei einem zu hohen Steuerausweis kann die vom leistenden Unternehmer nach § 14c Abs. 1 UStG geschuldete Differenz vom Leistungsempfänger nicht als Vorsteuer abgezogen werden.

Seit dem 1.1.2004 ist in zwei besonderen Fällen zur Berichtigung der unrichtig ausgewiesenen Umsatzsteuer eine Genehmigung des Finanzamtes nötig:

- Wenn der Unternehmer für eine nicht steuerbare Geschäftsveräußerung im Ganzen Umsatzsteuer unrichtig in einer Rechnung ausgewiesen hat oder
- wenn der Unternehmer einen Verzicht auf eine Steuerbefreiung nach § 9 UStG nachträglich wiederruft.

Das Berichtigungsverfahren richtet sich in diesen beiden Fällen nach § 14c Abs. 2 UStG, vgl. dazu → *unberechtigter Steuerausweis*.

WICHTIG!

Das Berichtigungsverfahren in diesen beiden Fällen betrifft auch Rechnungen, die vor dem 1.1.2004 ausgestellt wurden, wenn die Berichtigung ab dem 1.1.2004 erfolgen soll.

Unternehmenseinheit

Unternehmenseinheit auf einen Blick

1. Rechtsquellen

   § 2 Abs. 1 Satz 2 UStG

   Abschn. 20 und Abschn. 183 Abs. 3 UStR 2000

2. Bedeutung

   Ein Unternehmer kann immer nur ein Unternehmen haben. Zu diesem Unternehmen gehören alle Betriebe und beruflichen Tätigkeiten des Unternehmers. Für dieses einheitliche Unternehmen sind immer nur eine Umsatzsteuer-Voranmeldung und eine Umsatzsteuererklärung abzugeben. Leistungen innerhalb des Unternehmens sind als Innenumsätze nicht steuerbar.

3. Weitere Stichworte

   → *Innenumsatz*, → *Organschaft*, → *Umsatzsteuererklärung*, → *Umsatzsteuer-Voranmeldung*, → *Unternehmer*

Jeder → *Unternehmer* kann grundsätzlich immer nur ein Unternehmen haben. Zu diesem einheitlichen Unternehmen gehören alle Tätigkeiten, die der Unternehmer selbstständig, nachhaltig und mit Einnahmeerzielungsabsicht ausübt. Es kommt dabei nicht darauf an, wie diese Tätigkeiten ertragsteuerlich eingestuft werden, so führen auch Tätigkeiten, die zu unterschiedlichen Einkunftsarten des EStG gehören, zu einem einheitlichen Unternehmen.

Beispiel 1:

Der Autohändler A betreibt neben seiner Autohandlung noch ein Internet-Cafe. Darüber hinaus ist er Eigentümer mehrerer vermieteter Immobilien. Alle drei Tätigkeiten stellen umsatzsteuerlich das Unternehmen des A dar.

Auch im Rahmen einer → *Organschaft* liegt zwischen dem Organträger und der Organgesellschaft ein einheitliches Unternehmen vor.

Soweit sich ein einheitliches Unternehmen ergibt, sind die folgenden Rechtsfolgen zu beachten:

- Für das gesamte Unternehmen sind nur eine → *Umsatzsteuer-Voranmeldung* und eine → *Umsatzsteuererklärung* abzugeben. Darin sind alle Umsätze und Vorsteuerabzugsbeträge des gesamten Unternehmens zusammenzufassen.
- Soweit zwischen den einzelnen Teilen des Unternehmens Leistungen ausgeführt werden, liegen nicht steuerbare → *Innenumsätze* vor. Falls für diese Innenumsätze

in Abrechnungspapieren Umsatzsteuer gesondert ausgewiesen worden ist, gelten die Belege als unternehmensinterne Buchungsunterlagen, eine Umsatzsteuer wird daraus nicht geschuldet.

Zwischen einer Personengesellschaft und einem Gesellschafter sowie zwischen zwei Personengesellschaften kann grundsätzlich kein einheitliches Unternehmen vorliegen. Soweit hier Leistungen zwischen den Beteiligten erbracht werden, liegen – bei Unternehmereigenschaft – steuerbare Umsätze vor. Zu beachten ist aber, dass ein Gesellschafter einer Personengesellschaft die Unternehmereigenschaft auf Grund eigener Leistungen erlangen muss. So wird er nur unternehmerisch tätig, wenn er Leistungen gegen gesondertes Entgelt erbringt (zur Abgrenzung → *Gesellschafterbeitrag*).

Unternehmensvermögen

Unternehmensvermögen auf einen Blick

1. **Rechtsquellen**

   § 15 Abs. 1 UStG

   Abschn. 192 Abs. 18 UStR 2000

2. **Bedeutung**

   Soweit der Unternehmer eine Leistung von einem anderen bezieht, muss er entscheiden, ob er diese Leistung seinem Unternehmensvermögen zuordnen muss oder ob er ein Zuordnungswahlrecht hat. Dieser Zuordnungsentscheidung kommt eine zentrale Bedeutung zu, da ihm nur für Leistungen, die er für sein Unternehmen erworben hat, der Vorsteuerabzug nach § 15 UStG zusteht.

3. **Weitere Stichworte**

   → *unentgeltliche sonstige Leistung*, → *Vorsteuerabzug*

4. **Besonderheiten**

   Ertragsteuerliche Wahlrechte haben für die Umsatzsteuer keine Bindungswirkung.

Der Unternehmer hat nur einen → *Vorsteuerabzug* für die Leistungen, die er zulässigerweise seinem Unternehmen zuordnen kann. Dabei ist der Grad der unternehmerischen Nutzung von entscheidender Bedeutung. Weiterhin ist zu unterscheiden, ob es sich bei dem Leistungsbezug um einen Gegenstand oder eine sonstige Leistung handelt.

Wenn der Unternehmer vertretbare Sachen sowie sonstige Leistungen bezieht, ist die Leistung gleich auf der Leistungseingangsseite in eine für das Unternehmen bezogene Leistung und eine nicht für das Unternehmen bezogene Leistung aufzuteilen. Als Beispiel sind hier Telekommunikationsleistungen zu nennen (der Unternehmer verwendet einen Telekommunikationsanschluss sowohl für unternehmerische wie auch für nichtunternehmerische Zwecke). In diesen Fällen bezieht der Unternehmer nur insoweit Leistungen für sein Unternehmen, als er das Telefon unternehmerisch nutzt.

Beispiel 1:

Der Unternehmer U benutzt einen Telefonanschluss sowohl für unternehmerische wie auch für nichtunternehmerische Zwecke. Der Anteil der privaten Telefonate liegt bei 40 %. Im März 2004 bekommt der Unternehmer eine Rechnung der Telekom AG über Verbindungsentgelte in Höhe von 400 EUR zuzüglich 64 EUR Umsatzsteuer. Der Unternehmer bezieht nur 60 % der Leistung für sein Unternehmen und kann somit auch nur Vorsteuerbeträge in Höhe von 60 %, hier also 38,40 EUR, ziehen.

Bei einheitlichen Gegenständen bestehen unterschiedliche Zuordnungsmöglichkeiten, jeweils in Abhängigkeit von dem Grad der unternehmerischen Nutzung:

Grad der unternehmerischen Nutzung	Rechtsfolgen
0 % bis unter 10 %	Der Gegenstand darf dem Unternehmensvermögen nicht zugeordnet werden, § 15 Abs. 1 Satz 2 UStG (diese Regelung ist bisher gemeinschaftsrechtlich nur bis zum 30.6.2004 abgesichert).
10 % bis unter 100 %	Der Gegenstand kann einheitlich dem Unternehmensvermögen zugeordnet werden. Der Vorsteuerabzug ist in diesem Fall vollständig möglich, die private Nutzung ist dann als → *unentgeltliche sonstige Leistung* der Besteuerung zu unterwerfen. Der Gegenstand kann auch einheitlich dem Privatvermögen zugeordnet werden. In diesem Fall ist ein Vorsteuerabzug nicht möglich. Die Privatnutzung unterliegt keiner Besteuerung. Der Unternehmer kann den Gegenstand auch in einen dem Unternehmensvermögen zuzuordnenden Teil und einem dem Privatvermögen zuzuordnenden Teil aufteilen. Insoweit ist er nur für den unternehmerisch zugeordneten Teil zum Vorsteuerabzug berechtigt, eine Besteuerung der Privatnutzung ergibt sich nicht.
100 %	Der Gegenstand ist zwingend dem Unternehmensvermögen zuzuordnen.

Unternehmensvermögen

ACHTUNG!

Auch einheitliche Gegenstände können bei teilweiser privater und teilweise unternehmerischer Nutzung umsatzsteuerrechtlich aufgeteilt werden.

TIPP!

In der Regel dürfte eine Aufteilung eines einheitlichen Gegenstandes in einen dem Unternehmen zugeordneten Teil und einen dem Privatvermögen zugeordneten Teil nicht sinnvoll sein, da dann bei einer späteren Nutzungsänderung die Möglichkeit der Vorsteuerberichtigung nicht mehr gegeben ist.

Beispiel 2:

Der Unternehmer U errichtet 2004 ein Gebäude, in dem er im Erdgeschoss sein Unternehmen betreibt. In das Obergeschoss zieht er selber ein. U kann das Gebäude insgesamt seinem Unternehmen zuordnen, er kann aber auch nur das Erdgeschoss seinem Unternehmensvermögen zuordnen. Wenn U innerhalb des zehnjährigen Berichtigungszeitraumes nach § 15a UStG sein Unternehmen erweitert und auch die Räume des Obergeschosses für unternehmerische Zwecke nutzt, hat er insoweit nur einen Anspruch auf Vorsteuerberichtigung, wenn diese Teile des Gebäudes von Beginn an dem Unternehmen zugeordnet worden sind. Darüber hinaus hat der Unternehmer nach der neueren Rechtsprechung des BFH auch für den privat genutzten Teil des Gebäudes den Vorsteuerabzug, wenn er diesen Teil seinem Unternehmensvermögen zuordnet; vgl. Steuerbefreiungen.

Die Zuordnung zum Unternehmensvermögen ergibt sich aus der folgenden Übersicht:

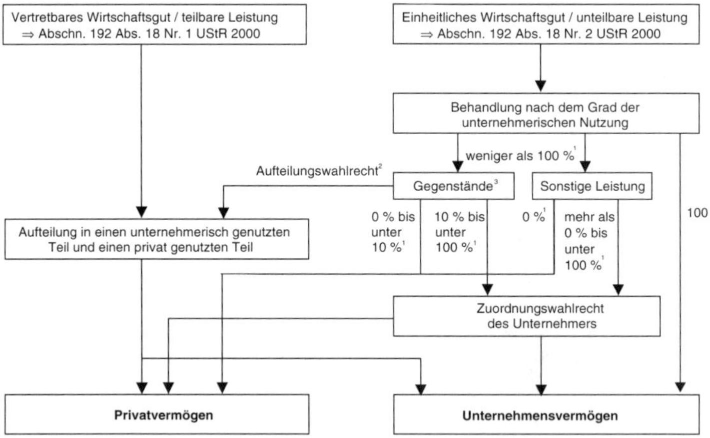

[1] Angaben beziehen sich jeweils auf den Grad der unternehmerischen Nutzung zum Zeitpunkt des Leistungsbezugs.
[2] Aufteilungswahlrecht des Unternehmers. Jeder Gegenstand kann in einen unternehmerisch und einen nichtunternehmerisch genutzten Teil aufgeteilt werden ⇒ Abschn. 192 Abs. 18 Nr. 2 UStR 2000.
[3] 10-%-Regelung nach § 15 Abs. 1 Satz 2 UStG ist vorerst gemeinschaftsrechtlich bis 30.6.2004 abgesichert.

Unternehmer

Unternehmer auf einen Blick

1. **Rechtsquellen**

   § 2 UStG

   Abschn. 16 bis Abschn. 23 UStR 2000

2. **Bedeutung**

   Nur ein Unternehmer kann im Umsatzsteuerrecht steuerbare Lieferungen oder sonstige Leistungen erbringen. Ebenso steht nur ihm ein Vorsteueranspruch nach § 15 UStG zu, wenn er eine Leistung für sein Unternehmen bezieht.

   Unternehmer ist, wer eine selbstständige Tätigkeit nachhaltig und mit Einnahmeerzielungsabsicht ausführt.

3. **Weitere Stichworte**

   → ***Innenumsatz***, → ***Organschaft***, → ***selbstständige Tätigkeit***, → ***Unternehmenseinheit***

1. Definition der Unternehmereigenschaft

Um Unternehmereigenschaft nach § 2 UStG zu erlangen, müssen die folgenden Voraussetzungen erfüllt sein:

- Es muss eine selbstständige Tätigkeit ausgeführt werden. Die Tätigkeit ist dann selbstständig, wenn eine natürliche Person oder ein Personenzusammenschluss nicht weisungsgebunden in ein anderes Unternehmen eingegliedert ist oder bei einer juristischen Person keine → *Organschaft* vorliegt.
- Die Tätigkeit muss nachhaltig und mit Einnahmeerzielungsabsicht ausgeführt werden. Dies bedeutet, dass eine auf bestimmte Dauer ausgerichtete Tätigkeit auf die Erzielung eines wirtschaftlichen Vorteils gerichtet sein muss.

WICHTIG!

Die Unternehmereigenschaft ist unabhängig von der Rechtsform. So können natürliche Personen, Zusammenschlüsse von natürlichen Personen sowie juristische Personen Unternehmer werden.

Die Unternehmereigenschaft kann auch dann gegeben sein, wenn jemand unternehmerisch tätig werden möchte, dann aber tatsächlich keine Umsätze ausführen kann (sog. erfolgloser Unternehmer). Er muss jedoch nachweisen, dass er ernsthaft die Absicht hatte, Umsätze zu erzielen.

Beispiel 1:

Die Privatperson P erwirbt ein Grundstück, um darauf eine Tankstelle zu errichten. P beauftragt einen Architekten mit der Planung sowie einen Unternehmensberater mit der Erstellung eines Investitionsplanes. Da das Grundstück aber in einem Wasserschutzgebiet liegt, erhält P keine Bau- und Betriebserlaubnis für die Tankstelle, so dass P das Grundstück wieder verkauft. P hatte ernsthaft die Absicht, Umsätze zu erzielen, so dass er Unternehmer nach § 2 Abs. 1 UStG geworden ist. Er hat somit den Vorsteuerabzug aus den Vorkosten.

WICHTIG!

Es ist nicht erforderlich, dass der Unternehmer Gewinn erzielt. Damit kann auch ein ertragsteuerlicher Liebhabereibetrieb umsatzsteuerlich zur Unternehmereigenschaft führen.

Wenn ein Unternehmer mehrere verschiedene Tätigkeiten ausführt, muss er für jede dieser Tätigkeiten die Unternehmereigenschaft nach den genannten Voraussetzungen erlangen. In der Folge liegt dann aber für alle diese Tätigkeiten ein einheitliches Unternehmen (→ *Unternehmenseinheit*) vor. Innerhalb dieses Unternehmens kann es nur zu → *Innenumsätzen* kommen.

2. Beginn der unternehmerischen Tätigkeit

Die Unternehmereigenschaft beginnt mit dem ersten nach außen erkennbaren, auf eine Unternehmertätigkeit gerichteten Tätigwerden. Damit gehören auch schon Vorbereitungshandlungen zu den unternehmerischen Tätigkeiten. Diese Vorbereitungstätigkeit muss allerdings schon erkennbar mit der unternehmerischen Betätigung im Zusammenhang stehen.

Beispiel 2:

Der Student S erwirbt im Januar 2004 ein neues Fahrzeug, das er nach Auslieferung privat benutzt. Im Mai 2004 beschließt er, sich als Stadtbote selbstständig zu machen. Das Fahrzeug ist nicht für sein Unternehmen erworben worden, da zum Zeitpunkt des Kaufes eine unternehmerische Tätigkeit noch nicht erkennbar war. Aus dem Kauf des Fahrzeugs hat S keinen Vorsteueranspruch.

Bei einer juristischen Person kann die Unternehmereigenschaft nach der herrschenden Meinung erst ab Abschluss des notariellen Gesellschaftsvertrages vorliegen. Die Vorgründungsgesellschaft (von der ersten Idee der Gründung einer Kapitalgesellschaft bis zum notariellen Gesellschaftsvertrag) kann nur dann Unternehmer werden, wenn sie selber entgeltliche Umsätze ausführt.

TIPP!

Zur Vermeidung von Problemen beim Vorsteuerabzug sollte bei der geplanten Gründung einer Kapitalgesellschaft ein Leistungsbezug erst nach dem Abschluss des notariellen Gesellschaftervertrages erfolgen.

WICHTIG!

In den Fällen, in denen ein Leistungsbezug schon vor Abschluss des notariellen Gesellschaftsvertrages erfolgte und ein Vorsteuerabzug aus diesen Bezügen versagt wird, sollte der Fall offen gehalten werden, da beim EuGH ein Verfahren anhängig ist, ob diese Leistungsbezüge nicht doch bei der später entstehenden Kapitalgesellschaft zum Abzug zugelassen sind.

3. Das Ende der unternehmerischen Tätigkeit

Die unternehmerische Betätigung endet – unabhängig von der Rechtsform – mit dem letzten nach außen erkennbaren Tätigwerden.

ACHTUNG!

Die Unternehmereigenschaft einer Kapitalgesellschaft ist nicht von der Eintragung im Handelsregister abhängig.

Die letzte Tätigkeit ist in der Regel dann abgeschlossen, wenn alle Gegenstände des Unternehmens verkauft, entsorgt oder entnommen sind sowie alle rechtlichen Verpflichtungen erledigt sind. Dazu gehört unter anderem auch die Abgabe der letzten Steuererklärungen.

Beispiel 3:

Der Einzelhändler E hat zum 31.12.2003 sein Ladengeschäft aufgegeben und noch in 2003 alle Gegenstände veräußert. Im Mai 2004 lässt er bei einem Steuerberater seine Bilanz und die betrieblichen Steuererklärungen für 2003 erstellen. Die Leistung des Steuerberaters ist noch an den Unternehmer E erbracht, somit hat E in 2004 noch einen Vorsteueranspruch.

Verdeckter Preisnachlass

Verdeckter Preisnachlass auf einen Blick

1. Rechtsquellen

   Abschn. 153 UStR 2000

2. Bedeutung

   Bei einem verdeckten Preisnachlass nimmt der Unternehmer einen Gegenstand zu einem höheren als dem gemeinen Wert in Zahlung.

3. Weitere Stichworte

   → Änderung der Bemessungsgrundlage, → Tausch, → tauschähnlicher Umsatz, → unrichtiger Steuerausweis

Wenn bei einem *→ Tausch* oder einem *→ tauschähnlichen Umsatz* der leistende Unternehmer einen Gegenstand zu einem höheren Wert als dem gemeinen Wert in

Zahlung nimmt, liegt ein verdeckter Preisnachlass vor. Der verdeckte Preisnachlass hat bei dem leistenden Unternehmer einen Einfluss auf die Ermittlung der Bemessungsgrundlage.

Für die Ermittlung der Bemessungsgrundlage vgl. → *Tausch*. Wenn der Unternehmer den Gegenstand zu einem anderen als dem gemeinen Wert (in der Regel der Verkehrswert) in Zahlung nimmt, bestimmt sich die Bemessungsgrundlage grundsätzlich nach dem gemeinen Wert.

Beispiel:

Ein Kfz-Händler verkauft an eine Privatperson ein Neufahrzeug. Als Kaufpreis für das Neufahrzeug wurden 30.000 EUR vereinbart. Neben einer Barzahlung in Höhe von 23.000 EUR liefert der Käufer auch ein Gebrauchtfahrzeug, dessen gemeiner Wert 6.000 EUR beträgt, für den der Kfz-Händler aber 7.000 EUR anrechnet. Insgesamt erhält der Kfz-Händler 29.000 EUR (gemeiner Wert des gelieferten Fahrzeugs zuzüglich der Baraufgabe). Aus diesem Betrag ist die Umsatzsteuer mit 16 %, hier also mit 4.000 EUR, herauszurechnen. Die Bemessungsgrundlage beträgt für die steuerbare und steuerpflichtige Lieferung somit 25.000 EUR.

Problematisch ist im Einzelfall die Ermittlung des tatsächlichen gemeinen Werts für den in Zahlung genommenen Gegenstand. Die Finanzverwaltung ermöglicht es hier für Gebrauchtwagenhändler im Rahmen von Vereinfachungsregeln den gemeinen Wert wie folgt zu ermitteln (vgl. Abschn. 153 Abs. 4 UStR 2000):

- Wenn ein Schätzpreis eines amtlich bestellten Kfz-Sachverständigen vorliegt, kann dieser als gemeiner Wert angesetzt werden.
- Wenn das Fahrzeug innerhalb von drei Monaten nach Übernahme weiter geliefert wird, kann der Verkaufspreis abzüglich eines Pauschalabschlags von bis zu 15 % für Verkaufskosten anerkannt werden. Eventuell angefallene Reparaturkosten – soweit nicht vom Kfz-Händler selbst verursacht – sind ebenfalls abzugsfähig.
- Wenn das Fahrzeug nicht innerhalb von drei Monaten weiter geliefert wird, kann der Verkaufspreis abzüglich angefallener Reparaturkosten – soweit nicht vom Kfz-Händler selbst verursacht – angesetzt werden.

In anderen Fällen, insbesondere dann, wenn der Unternehmer nicht regelmäßig Gebrauchtgegenstände in Zahlung nimmt, kann der gemeine Wert des Gegenstandes nur aus dem späteren Verkaufspreis abgeleitet werden.

WICHTIG!

Soweit der Unternehmer zum Zeitpunkt der Übernahme des Gegenstandes den tatsächlichen gemeinen Wert des in Zahlung genommenen Gegenstandes noch nicht kennt, muss er in seiner USt-VA für seine Lieferung den angerechneten Wert des Gegenstandes mit berücksichtigen. Wenn sich in einem späteren Voranmeldungszeitraum dann ein anderer gemeiner Wert ermitteln lässt, ergibt sich eine → *Änderung der Bemessungsgrundlage*.

Wenn der Unternehmer für die von ihm erbrachte Lieferung Umsatzsteuer auf der Basis des Anrechnungspreises in einer Rechnung gesondert ausgewiesen hat, schuldet er die Differenz zu der tatsächlich entstandenen Umsatzsteuer nach § 14c Abs. 1 UStG → *unrichtiger Steuerausweis*.

Fortsetzung Beispiel:

Wenn der Kfz-Händler dem Abnehmer eine Rechnung mit gesondert ausgewiesener Umsatzsteuer (25.862,07 EUR zuzüglich 16 % Umsatzsteuer in Höhe von 4.137,93 EUR) erteilt hat, schuldet er neben der Umsatzsteuer für seine Lieferung in Höhe von 4.000 EUR auch die Differenz in Höhe von 137,93 EUR nach § 14c Abs. 1 UStG. Er kann jedoch die Rechnung gegenüber seinem Kunden jederzeit berichtigen.

Vermietung

Vermietung auf einen Blick

1. Rechtsquellen

   § 3 Abs. 9, § 3a Abs. 2 Nr. 1, § 4 Nr. 12 und § 9 UStG

   § 1 UStDV

   Abschn. 76 bis Abschn. 86 UStR 2000

2. Bedeutung

   Die Vermietung von Gegenständen gegen Entgelt führt zu einer sonstigen Leistung, die - soweit im Inland ausgeführt - einen steuerbaren Umsatz begründet. Bei der Grundstücksvermietung handelt es sich im Regelfall um steuerfreie Leistungen, bei denen der Unternehmer unter bestimmten Umständen auf die Steuerpflicht optieren kann.

3. Weitere Stichworte

   → *Option zur Umsatzsteuer*, → *sonstige Leistung*, → *Steuerbefreiungen*, → *Vorsteuerabzug*

1. Steuerbarkeit der Vermietungsleistung

Eine entgeltliche Vermietung eines Gegenstandes führt – unabhängig davon, ob es sich um einen beweglichen oder einen unbeweglichen Gegenstand handelt – zu einer → *sonstigen Leistung* des Unternehmers. Der Ort der Vermietungsleistung bestimmt sich dabei nach § 3a UStG in Abhängigkeit von der jeweiligen Art der Vermietungsleistung. Dabei sind die folgenden Fälle zu unterscheiden:

Vermietung

Art der Vermietungs-leistung	Rechtsvorschrift	Ort der Leistung
Vermietung von Grundstücken und Grundstücksteilen	§ 3a Abs. 2 Nr. 1 UStG	grundsätzlich dort, wo sich das Grundstück befindet (Belegenheitsprinzip)
Vermietung von beweglichen körperlichen Gegenständen mit Ausnahme von Beförderungsmitteln	§ 3a Abs. 4 Nr. 10 UStG und § 3a Abs. 3 oder § 3a Abs. 1 UStG	Wenn der Mieter ein Unternehmer ist: Wo der Leistungsempfänger sein Unternehmen oder seine Betriebsstätte betreibt. Wenn der Mieter kein Unternehmer ist und seinen Sitz/Wohnsitz im Drittlandsgebiet hat: Wo der Leistungsempfänger seinen Sitz/Wohnsitz hat. Wenn der Mieter kein Unternehmer ist und seinen Sitz/Wohnsitz im Gemeinschaftsgebiet hat: Wo der leistende Unternehmer sein Unternehmen oder seine Betriebsstätte unterhält.
Vermietung von Beförderungsmitteln	§ 3a Abs. 1 UStG und § 1 UStDV	Ort der Vermietungsleistung ist dort, wo der Vermieter sein Unternehmen oder seine Betriebsstätte unterhält. Ausnahme (1): Vermieter betreibt sein Unternehmen vom Drittlandsgebiet aus und das vermietete Beförderungsmittel wird im Inland genutzt: Die Vermietung ist im Inland ausgeführt. Ausnahme (2): Vermieter betreibt sein Unternehmen im Inland und vermietet ein Schienenfahrzeug, einen Omnibus oder ein ausschließlich Transportzwecken dienendes Fahrzeug an einen im Drittlandsgebiet ansässigen Unternehmer und das Fahrzeug wird auch im Drittlandsgebiet genutzt: Die Vermietung ist im Drittlandsgebiet ausgeführt.

Wenn der Ort der Vermietungsleistung im Inland ist, handelt es sich um einen steuerbaren Umsatz nach § 1 Abs. 1 Nr. 1 UStG. Wenn der Ort der Vermietungsleistung im Ausland liegt, ist der Umsatz für den Unternehmer im Inland nicht steuerbar.

ACHTUNG!

Wenn ein deutscher Unternehmer im Ausland einen steuerbaren Umsatz erbringt, kann sich für ihn in dem anderen Land eine Besteuerungspflicht ergeben.

2. Steuerpflicht der Vermietung

2.1 Vermietung beweglicher Gegenstände

Bei der Vermietung beweglicher körperlicher Gegenstände ergeben sich keine → *Steuerbefreiungen* nach § 4 UStG.

2.2 Vermietung von Grundstücken oder Grundstücksteilen

Bei der Vermietung von Grundstücken oder Grundstücksteilen (auch von Gebäuden und Gebäudeteilen) ergibt sich grundsätzlich nach § 4 Nr. 12 UStG eine Steuerbefreiung. Von dieser Steuerbefreiung sind die folgenden Umsätze erfasst:

- Vermietung und Verpachtung von Grundstücken, von Berechtigungen, für die die Vorschriften des bürgerlichen Rechts über Grundstücke gelten, und von staatlichen Hoheitsrechten, die Nutzungen von Grund und Boden betreffen,
- die Überlassung von Grundstücken und Grundstücksteilen zur Nutzung auf Grund eines auf Übertragung des Eigentums gerichteten Vertrages oder Vorvertrages,
- die Bestellung, die Übertragung und die Überlassung der Ausübung von dinglichen Nutzungsrechten an Grundstücken.

Von diesen Steuerbefreiungen sind nach § 4 Nr. 12 Satz 2 UStG aber die folgenden Vermietungsleistungen ausgeschlossen:

- Vermietung von Wohn- und Schlafräumen, die ein Unternehmer zur kurzfristigen Beherbergung von Fremden bereithält,
- Vermietung von Plätzen für das Abstellen von Fahrzeugen,
- kurzfristige Vermietung auf Campingplätzen und
- Vermietung und Verpachtung von Betriebsvorrichtungen (Maschinen und sonstige Vorrichtungen, die zu einer Betriebsanlage gehören).

Soweit es sich um eine steuerbefreite Vermietung handelt, hat der Vermieter unter den Voraussetzungen des § 9 UStG die Möglichkeit, diese Vermietung steuerpflichtig durchzuführen (→ *Option zur Umsatzsteuer*). Wenn der Vermietungsumsatz steuerfrei ausgeführt wird, hat der Vermieter keinen Vorsteuerabzugsanspruch aus den Anschaffungs- oder Herstellungskosten sowie aus den laufenden Unterhaltungskosten des vermieteten Objektes.

Soweit zulässigerweise auf die Steuerpflicht einer Vermietung optiert wurde, steht dem Unternehmer aus den Anschaffungs- oder Herstellungskosten sowie aus den laufenden Unterhaltungskosten für das Objekt der Vorsteuerabzug nach § 15 UStG zu.

ACHTUNG!

Wenn eine Vermietung durch Option steuerpflichtig ausgeübt worden ist, erstreckt sich die Steuerpflicht auch automatisch auf alle Nebenleistungen der Vermietung (z. B. Umlagen). Eine auf die Nebenkosten beschränkte Option kann nicht in Betracht kommen.

Beispiel 1:

Der Vermieter V vermietet ein Ladengeschäft an einen Supermarktbetreiber. V hat zulässigerweise auf die Steuerfreiheit der Vermietung verzichtet. Damit sind nicht nur die Mieten steuerpflichtig, sondern auch alle Umlagebeträge und Nebenkosten, die der V dem Supermarktbetreiber berechnet.

Keine Nebenleistung, sondern eine selbstständig ausgeführte – nicht steuerfreie – Leistung ist die Überlassung von Einrichtungsgegenständen, z. B. bei der Vermietung von möblierten Büros. Soweit bei der Vermietung des Büros nicht auf die Steuerbefreiung nach § 9 UStG verzichtet wird, muss das Entgelt in einen steuerfreien Anteil für die Raumüberlassung und einen steuerpflichtigen Teil für die Überlassung des Inventars aufgeteilt werden.

TIPP!

Die Steuerfreiheit ergibt sich nicht für die Privatnutzung von Wohnräumen in einem, dem Unternehmensvermögen zugeordneten Gebäude; vgl. → *unentgeltliche sonstige Leistungen*.

2.2.1 Besonderheiten bei der kurzfristigen Vermietung von Wohn- oder Schlafräumen

Werden von einem Vermieter Wohn- oder Schlafräume nur kurzfristig für Beherbergungszwecke vermietet, so erfolgt diese Vermietung grundsätzlich steuerpflichtig. Eine kurzfristige Vermietung liegt vor, wenn eine Vermietung nicht länger als sechs Monate dauern soll. Entscheidend ist dabei nicht die tatsächliche Dauer der Vermietung, sondern die Absicht des Vermieters, die Räume nicht auf Dauer und damit nicht für einen dauernden Aufenthalt zur Verfügung zu stellen.

Beispiel 2:

Der Schauspieler S mietet in einem Hotel ein Appartement für die Dauer eines Theaterengagements von vier Monaten an. Wegen des Erfolgs des Stückes wird das Engagement um weitere vier Monate verlängert. Es handelt sich um eine insgesamt steuerpflichtige Vermietung durch den Hotelbetreiber, da er diese Räume nur für kurzfristige Beherbergungszwecke zur Verfügung stellt.

Beispiel 3:

Der Vermieter V vermietet eine Wohnung an eine Privatperson. Da die Wohnung an einer Hauptverkehrsstraße liegt, kündigt der Mieter die Wohnung innerhalb von zwei Wochen nach Einzug und zieht innerhalb der ersten drei Monate nach Mietbeginn wieder aus der Wohnung aus. Obwohl die Vermietung nicht länger als sechs Monate dauerte, war sie als langfristige Vermietung angelegt und ist somit steuerfrei.

Eine kurzfristige Vermietung muss durch den Vermieter selber erfolgen, damit es zu einer steuerpflichtigen Vermietung kommt. Wenn eine langfristige Vermietung an einen anderen Unternehmer erfolgt, der diese Räume kurzfristig für Beherbergungszwecke vermietet, ist diese langfristige Vermietung steuerfrei. Eine Ausnahme besteht lediglich dann, wenn ein Unternehmer eingeschaltet wird, der in eigenem Namen aber für fremde Rechnung handelt, vgl. → *Leistungskommission*.

Beispiel 4:

Der Investor I vermietet eine in einer Ferienwohnanlage belegene Wohnung an einen Hotelbetreiber, der die Wohnung in eigenem Namen und für eigene Rechnung vermietet. Die Vermietungsleistung des I ist als langfristige Vermietung steuerfrei, I kann jedoch nach § 9 UStG auf die Steuerfreiheit verzichten.

2.2.2 Besonderheiten bei der Vermietung von Plätzen zum Abstellen von Fahrzeugen

Die Vermietung von Plätzen für das Abstellen von Fahrzeugen erfolgt grundsätzlich im Rahmen einer steuerpflichtigen Vermietung. Es kommt dabei nicht auf die Dauer der Vermietung an. Soweit es sich jedoch um eine Nebenleistung zu einer steuerfreien Hauptleistung handelt, ist die Nebenleistung „Parkplatzvermietung" ebenfalls steuerfrei.

Beispiel 5:

Der Mieter M einer Mietwohnung mietet von seinem Vermieter auch einen Parkplatz für sein Kfz an. Die Vermietung des Parkplatzes ist eine steuerfreie Nebenleistung zur Hauptleistung Wohnungsvermietung.

Für eine steuerfreie Nebenleistung kommt es nicht darauf an, dass es sich um einen einheitlichen Mietvertrag handelt oder die Vermietung des Parkplatzes in zeitlicher Nähe zur Wohnungsvermietung erfolgte. So kann auch bei einem späteren Abschluss eines solchen Parkplatzmietvertrages eine Nebenleistung vorliegen. Allerdings muss der Mietvertrag über den Parkplatz mit dem Mieter der Wohnung abgeschlossen werden und der Parkplatz in räumlicher Nähe zu der Mietwohnung liegen.

TIPP!

Wenn ein Vermieter nur in geringfügigem Umfang freie Parkplätze an Nichtmieter vermietet, kann für ihn die Besteuerung als → *Kleinunternehmer* in Betracht kommen. Voraussetzung ist, dass er mit allen steuerpflichtigen Umsätzen seines gesamten Unternehmens die Umsatzgrenze von 17.500 EUR nicht nachhaltig übersteigt.

2.2.3 Besonderheiten bei der Vermietung von Campingplätzen

Die Vermietung von Grundstücksteilen auf Campingplätzen ist dann steuerfrei, wenn es sich um eine langfristige Vermietung handelt. Eine langfristige Vermietung liegt vor, wenn die Gebrauchsüberlassung mindestens sechs Monate beträgt. Die weiteren Leistungen, die der Campingplatzbetreiber erbringt (z. B. Zurverfügungstellung von Gemeinschaftseinrichtungen) sind gegenüber der Vermietung des Grundstücksteiles von untergeordneter Bedeutung und stellen somit eine Nebenleistung zur Hauptleistung Grundstücksvermietung dar.

Nach Auffassung der Finanzverwaltung sind bei der Beurteilung der Prüfung der Langfristigkeit die folgenden Fälle zu unterscheiden:

- Eine Campingfläche wird auf unbestimmte Zeit vermietet. Der Vertrag kann monatlich gekündigt werden. Die Vermietung ist als langfristig anzusehen und somit steuerfrei. Endet die tatsächliche Gebrauchsüberlassung jedoch vor Ablauf von sechs Monaten, so handelt es sich insgesamt um eine steuerpflichtige Vermietung.
- Eine Campingfläche wird für drei Monate vermietet. Der Mietvertrag verlängert sich automatisch um je einen Monat, wenn er nicht vorher gekündigt wird. Die Vermietung ist als kurzfristig anzusehen und somit steuerpflichtig. Dauert die tatsächliche Gebrauchsüberlassung jedoch mindestens sechs Monate, handelt es sich insgesamt um eine langfristige Vermietung.

2.2.4 Besonderheiten bei der Vermietung von Betriebsvorrichtungen

Betriebsvorrichtungen werden im Rahmen einer steuerpflichtigen Vermietung überlassen. Zu den Betriebsvorrichtungen gehören Maschinen und maschinenähnliche Anlagen sowie Anlagen, die – ohne Gebäude, Teil eines Gebäudes oder Außenanlage eines Gebäudes zu sein – in besonderer und unmittelbarer Beziehung zu dem auf dem Grundstück ausgeübten Gewerbebetrieb stehen. Dies sind insbesondere die Anlagen, durch die das Gewerbe unmittelbar betrieben wird. Solche Betriebsvorrichtungen sind insbesondere:

Abladevorrichtung	Absaugvorrichtung	Arbeitsbühne
Beförderungsanlage	Förderband	Gleisanlage
Hebebühne	Hochregallager	Kühleinrichtung
Lastenaufzug	Schaukasten	Tank und Tankanlage
Tresoranlage	Verkaufsautomat	Wartungsbühne

2.3 Gemischte Verträge

Ein gemischter Vertrag liegt vor, wenn ein einheitliches Vertragswerk sowohl Elemente einer steuerfreien Grundstücksvermietung wie auch andere – nicht steuerfreie – Leistungselemente enthält, ohne dass eines der Leistungselemente hinter dem anderen Leistungselement eindeutig zurücktritt. In diesem Fall ist die einheitliche Leistung – gegebenenfalls durch eine sachgerechte Schätzung – in eine steuerfreie Grundstücksvermietung und eine steuerpflichtige Leistung anderer Art aufzuteilen.

Beispiel 6:

In einem Altenwohnheim werden Wohnräume sowie Verpflegungsleistungen in einem einheitlichen Vertrag geregelt. Die steuerfreie Vermietung der Wohnräume ist von der steuerpflichtigen Leistung Verpflegung zu trennen.

2.4 Verträge besonderer Art

Bei Verträgen besonderer Art werden neben einer Grundstücksüberlassung auch Leistungen anderer Art erbracht, wobei die anderen Leistungen der einheitlichen Leistung das Gepräge geben, so dass weder insgesamt noch teilweise eine steuerfreie Grundstücksüberlassung vorliegt. Beispiele für insgesamt steuerpflichtige Verträge besonderer Art sind:

- Bei Ausstellungen werden Ausstellern Stände überlassen,
- eine Gemeinde überlässt Grundstücksflächen für die Dauer eines Jahrmarktes,
- ein Hausbesitzer überlässt die Außenwände oder Dachflächen eines Gebäudes zu Reklamezwecken,
- zwischen denselben Beteiligten wird ein Tankstellenagenturvertrag und ein Tankstellenmietvertrag geschlossen.

2.5 Vermietung von Sportanlagen und ähnlichen Anlagen

Bei der entgeltlichen Nutzung von Sportanlagen liegt nach der neueren Rechtsprechung des BFH im Regelfall – unabhängig von der Art der Sportanlage – eine einheitliche sonstige Leistung vor, die weder ganz noch teilweise als steuerfreie Grundstücksüberlassung anzusehen ist.

Während bis zur Entscheidung des BFH (Urteil v. 31.5.2001, V R 97/98) die Nutzungsüberlassung von Sportanlagen dann zu einem teilweise steuerfreien Vermietungsumsatz führte, wenn der leistende Unternehmer dem Kunden einen fest abgrenzbaren Raum zuwies (insbesondere bei Tennisplätzen), wurde die Nutzungsüberlassung von Sportanlagen nach der Änderung der Rechtsprechung durch den BFH aus der Sicht eines Durchschnittsverbrauchers beurteilt und insgesamt als steuerpflichtige sonstige Leistung beurteilt.

Nach einer langwierigen politischen Diskussion wurde dem Steuerpflichtigen durch § 27 Abs. 6 UStG – befristet bis zum 31.12.2003 – ein Wahlrecht eingeräumt, bis zu diesem Stichtag die Umsätze weiterhin zum Teil als steuerfreie Vermietungsleistung zu besteuern.

Grundsätzlich können sich bei der Nutzungsüberlassung einer Sportanlage die folgenden Fälle ergeben:

Nutzungsüberlassung von Sportanlagen	
Leistungsempfänger und Nutzung	**umsatzsteuerliche Beurteilung**
Überlassung von Einrichtungen von Sportanlagen an einzelne Endverbraucher (z. B. stundenweise Vermietung eines Tennisplatzes).	Es liegt eine insgesamt steuerpflichtige sonstige Leistung vor, eine steuerfreie Grundstücksvermietung scheidet aus.
Stundenweise Vermietung von Sportanlagen an Vereine, die die Anlagen für ihre satzungsmäßigen Sportzwecke verwenden.	Es liegt eine insgesamt steuerpflichtige sonstige Leistung vor, eine steuerfreie Grundstücksvermietung scheidet aus.
Es werden Rahmenverträge mit anderen Unternehmern abgeschlossen, nach denen bestimmte Personengruppen die gesamten Einrichtungen einer Sportanlage nutzen können (z. B. im Rahmen eines Freizeitprogramms für Arbeitnehmer).	Es liegt eine insgesamt steuerpflichtige sonstige Leistung vor, eine steuerfreie Grundstücksvermietung scheidet aus.
Sportanlagen oder Nebenräume werden für andere, als für sportliche Zwecke vermietet (z. B. eine große Sporthalle wird für Zwecke einer öffentlichen Anhörung an die Gemeinde vermietet).	Die Leistung richtet sich auf eine Grundstücksüberlassung und ist damit nach § 4 Nr. 12a UStG steuerfrei.
Sportanlagen werden insgesamt an andere Unternehmer zur Nutzung durch Dritte vermietet (z. B. ein Investor vermietet eine Sportanlage an einen Betreiber).	Die Leistung ist zum Teil als steuerfreie Grundstücksvermietung nach § 4 Nr. 12a UStG anzusehen. Soweit Betriebsvorrichtungen ebenfalls vermietet werden, liegt ein steuerpflichtiger Umsatz vor (§ 4 Nr. 12 Satz 2 UStG).

Diese Grundsätze sind nicht nur auf die Nutzung von Sportanlagen anzuwenden, sondern auch auf andere Anlagen. Dabei ist im jedem Einzelfall zu prüfen, ob das Interesse des Mieters auf eine Raumnutzung oder auf andere Inhalte gerichtet ist. Dabei lassen sich die folgenden Grundtypen der Nutzungsüberlassung unterscheiden:

- Das Interesse des Mieters ist ausschließlich auf eine Raumnutzung gerichtet, ein Interesse an der Nutzung eventuell vorhandener Betriebsvorrichtungen liegt nicht vor. Die Leistung besteht ausschließlich in einer steuerfreien Grundstücksnutzung nach § 4 Nr. 12a UStG. Die gegebenenfalls mit vermieteten Betriebsvorrichtungen führen zu keiner eigenständigen Leistung (z. B. Überlassung einer Veranstaltungshalle an einen Bildungsträger, der die Halle für eine Leistungsprüfung verwenden will).

- Das Interesse des Mieters ist sowohl auf die Raumnutzung wie auch auf die Nutzung der Betriebsvorrichtungen gerichtet. Es handelt sich um eine zum Teil steuerfreie Grundstücksvermietung nach § 4 Nr. 12a UStG und eine zum Teil steuerpflichtige Überlassung von Betriebsvorrichtungen nach § 4 Nr. 12 Satz 2 UStG (z. B. Überlassung einer Veranstaltungshalle an einen Veranstalter zur Durchführung einer Ausstellung, bei der auch die Betriebsvorrichtungen genutzt werden sollen).
- Das Interesse des Mieters ist fast ausschließlich auf die Nutzung der Betriebsvorrichtungen gerichtet. Die Raumnutzung tritt hinter der Nutzung der Betriebsvorrichtungen in den Hintergrund. Es liegt eine insgesamt einheitliche steuerpflichtige sonstige Leistung vor (z. B.: Ein Betreiber eines Tonstudios überlässt einem Musiker das gesamte Tonstudio mit allen technischen Geräten sowie dem technischen Personal).

TIPP!

Auch in den sog. „Altfällen", in denen ein Unternehmer innerhalb eines Zeitraums von bis zu zehn Jahren eine Sportanlage errichtet hatte und einen Vorsteuerabzug aus den Grundstücks- und Gebäudeteilen nach der damaligen Rechtslage nicht vornehmen konnte, ist heute zu prüfen, ob die Anwendung der neuen Rechtslage mit einer Vorsteuerberichtigung nach § 15a UStG oder die – bis 31.12.2003 befristete – Übergangsregelung nach § 27 Abs. 6 UStG günstiger ist.

Vermittlungsleistung

Vermittlungsleistung auf einen Blick

1. Rechtsquellen

   § 3 Abs. 9, § 3a Abs. 2 Nr. 4, § 4 Nr. 5 UStG

   § 22 UStDV

   Abschn. 26 UStR 2000
2. Bedeutung

   Eine Vermittlungsleistung liegt dann vor, wenn der Vermittler das Umsatzgeschäft erkennbar im Namen des Vertretenen abgeschlossen hat. Für die Vermittlungsleistung sind für die Bestimmung des Ortes der Leistung sowie für die Steuerbefreiung Sondervorschriften zu beachten.
3. Weitere Stichworte

   → *durchlaufender Posten*, → *sonstige Leistung*, → *Steuerbefreiung*

Vermittlungsleistung

1. Voraussetzung der Vermittlungsleistung

Eine Vermittlungsleistung ist eine sonstige Leistung im Sinne des § 3 Abs. 9 UStG, bei der der Vermittler in fremden Namen gegenüber einer dritten Person auftritt. Dabei muss es für die Beteiligten eindeutig erkennbar sein, dass der Vermittler das Umsatzgeschäft im Namen des Vertretenen abgeschlossen hat. Dem Leistungsempfänger muss bei Abschluss des Umsatzgeschäftes bekannt sein, dass er in unmittelbare Rechtsbeziehung zu einem Dritten tritt.

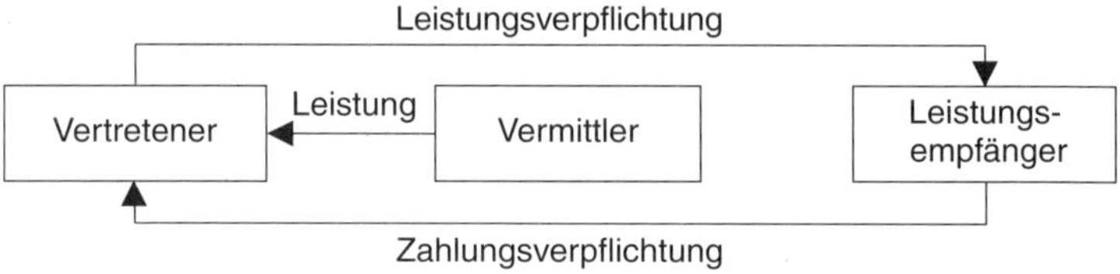

Wenn der Vermittler auch die Zahlung des Leistungsempfängers für den vertretenen Unternehmer empfängt, muss er gegenüber dem Leistungsempfänger nicht nur in fremdem Namen, sondern auch für fremde Rechnung auftreten, damit die Zahlung bei ihm als → *durchlaufender Posten* angesehen werden kann. Dazu ist es erforderlich, dass der Vermittler den Namen und die Anschrift des Vertretenen dem Vertragspartner mitteilt und über die für das Umsatzgeschäft erhaltenen Zahlungen mit dem Vertretenen abrechnet.

Wenn ein Unternehmer Waren in seinem eigenen Laden verkauft, ist er grundsätzlich als Eigenhändler anzusehen, der Lieferungen in eigenem Namen erbringt. Nur wenn der Ladeninhaber gegenüber dem Kunden vor oder während des Geschäftsabschlusses eindeutig zu erkennen gibt, dass er in fremdem Namen und für fremde Rechnung auftritt, kann eine Vermittlungsleistung anerkannt werden.

ACHTUNG!

Die Abrechnung auf eigenem Geschäftspapier ohne Hinweis auf den Vertretenen steht der Annahme einer Vermittlungsleistung grundsätzlich entgegen.

2. Der Ort der Vermittlungsleistung

Der Ort der Vermittlung eines Umsatzes ergibt sich nach § 3a Abs. 2 Nr. 4 Satz 1 UStG grundsätzlich dort, wo der vermittelte Umsatz ausgeführt wird.

Beispiel 1:

Der Vermittler V vermittelt die Lieferung einer Ware des Unternehmers U von Bochum nach Zürich. Die Lieferung ist nach § 3 Abs. 6 UStG mit Beginn der Warenbewegung in Bochum ausgeführt. Die Vermittlungsleistung ist somit ebenfalls nach § 3a Abs. 2 Nr. 4 Satz 1 UStG in Bochum ausgeführt (Hinweis: Die Vermittlungsleistung ist nach § 4 Nr. 5 UStG steuerfrei, vgl. unten 3).

Eine Ausnahme von diesem allgemeinen Grundsatz liegt dann vor, wenn der Leistungsempfänger der Vermittlungsleistung (der vertretene Unternehmer) gegenüber dem Vermittler eine USt-IDNr. aus einem anderen Land verwendet als dem Land, in dem die vermittelte Leistung ausgeführt worden ist.

Beispiel 2:

Der Vermittler V vermittelt für den Unternehmer U aus Frankreich die Lieferung einer Maschine aus dem Auslieferungslager des U in Deutschland an einen Abnehmer in Belgien. U aus Frankreich erteilt den Vermittlungsauftrag unter eindeutigem Hinweis auf seine USt-IDNr. aus Frankreich. Der Ort der Vermittlungsleistung wäre nach § 3a Abs. 2 Nr. 4 Satz 1 grundsätzlich in Deutschland, da dort die Warenbewegung beginnt. Da der Leistungsempfänger der Vermittlungsleistung aber seine USt-IDNr. aus Frankreich verwendet hat, wird der Ort der Vermittlungsleistung nach Frankreich verlegt, die Vermittlungsleistung ist somit nicht in Deutschland, sondern in Frankreich steuerbar, § 3a Abs. 2 Nr. 4 Satz 2 UStG.

Darüber hinaus bestehen für die Bestimmung des Ortes einer Vermittlungsleistung noch die folgenden Besonderheiten:

- Eine Vermittlungsleistung im Zusammenhang mit einem Grundstück (Vermietung, Verkauf) ist – unabhängig von einer eventuell verwendeten USt-IDNr. – immer dort ausgeführt, wo das Grundstück liegt.
- Eine Vermittlungsleistung im Zusammenhang mit sonstigen Leistungen, die in § 3a Abs. 4 UStG aufgeführt sind (insbesondere Leistungen im Zusammenhang mit Patenten und Rechten, im Zusammenhang mit Werbeleistungen, im Kreditgeschäft, die Gestellung von Personal, die Vermietung beweglicher Gegenstände sowie Leistungen auf dem Gebiet der Telekommunikation und bei Fernseh- und Rundfunkdienstleistungen) werden abweichend von § 3a Abs. 2 Nr. 4 UStG nach § 3a Abs. 3 i. V. m. § 3a Abs. 4 Nr. 10 UStG dort ausgeführt, wo der Leistungsempfänger der Vermittlungsleistung sein Unternehmen oder die die Leistung empfangende Betriebsstätte unterhält; vgl. auch → *sonstige Leistung*.
- Eine Vermittlungsleistung im Zusammenhang mit einer innergemeinschaftlichen → *Beförderungsleistung* an einem Gegenstand wird nach § 3b Abs. 5 UStG dort erbracht, wo die Beförderung des Gegenstandes beginnt, es sei denn, der Leistungsempfänger verwendet eine USt-IDNr. aus einem anderen Mitgliedstaat. Dies gilt nach § 3b Abs. 6 UStG auch in den Fällen der Vermittlung einer mit einer innergemeinschaftlichen Beförderung eines Gegenstandes im Zusammenhang stehenden sonstigen Leistung.

3. Steuerbefreiungen bei Vermittlungsleistungen

Nach § 4 Nr. 5 UStG sind insbesondere die folgenden Vermittlungsleistungen steuerfrei:

- Vermittlung von steuerfreien Ausfuhrlieferungen, von steuerfreien Umsätzen für die Seeschifffahrt, von steuerfreien Beförderungsleistungen im Drittlandsverkehr, von Lieferungen von Gold an Zentralbanken (vgl. dazu Beispiel 1),
- Vermittlungen im Zusammenhang mit steuerfreien Leistungen in Steuerlagern,
- Vermittlung der grenzüberschreitenden Beförderungen von Personen mit Luftfahrzeugen oder Seeschiffen,
- Vermittlung von Umsätzen, die ausschließlich im Drittlandsgebiet bewirkt werden. Diese Rechtsvorschrift kommt nur noch in sehr seltenen Sonderfällen zur Anwendung, da in aller Regel in diesen Fällen auch der Ort der Vermittlungsleistung im Drittlandsgebiet ist,
- Vermittlung von Umsätzen, die nach § 3 Abs. 8 UStG als im Inland ausgeführt zu behandeln sind.

Beispiel 3:

Der Vermittler V aus Deutschland vermittelt für den Unternehmer U eine Warenlieferung aus dem Drittlandsgebiet an den Abnehmer A in Deutschland. U ist Schuldner der bei der Einfuhr zu entrichtenden EUSt. Der Ort der Lieferung des U liegt nach § 3 Abs. 8 UStG im Inland. Damit ist auch die Vermittlungsleistung des V nach § 3a Abs. 2 Nr. 4 Satz 1 UStG im Inland ausgeführt. Die Vermittlungsleistung ist aber nach § 4 Nr. 5d UStG steuerfrei.

Nicht unter die Steuerbefreiung nach § 4 Nr. 5 UStG fällt die Vermittlung von Umsätzen durch Reisebüros für Reisende.

ACHTUNG!

Zum Nachweis der Steuerfreiheit hat der Vermittler nach § 22 UStDV alle für die Vermittlung notwendigen Daten aufzuzeichnen (Vermittlung und den vermittelten Umsatz, den Tag der Vermittlung, Namen und Anschrift des Unternehmers, der den vermittelten Umsatz ausgeführt hat, das vereinbarte bzw. vereinnahmte Entgelt für die Vermittlung).

4. Bemessungsgrundlage der Vermittlungsleistung

Bei der Vermittlungsleistung bestimmt sich die → *Bemessungsgrundlage* nach dem, was der Leistungsempfänger (also der vertretene Unternehmer) aufwendet, um die Leistung zu erhalten. Soweit der Vermittler erkennbar bei dem Umsatzgeschäft in fremdem Namen und für fremde Rechnung auftritt, gehören Beträge, die er für den vertretenen Unternehmer vereinnahmt, als → *durchlaufender Posten* nicht mit zur Bemessungsgrundlage.

Vorsteuerabzug

Vorsteuerabzug auf einen Blick

1. Rechtsquellen

   § 15 UStG

   § 35 bis § 43 UStDV

   Abschn. 191 bis Abschn. 213 UStR 2000

2. Bedeutung

   Das Umsatzsteuersystem in der Europäischen Gemeinschaft ist als Allphasenumsatzsteuersystem ausgestaltet, so dass auf jeder Handelsstufe eine Umsatzsteuer entsteht. Um eine Kumulation der Umsatzsteuer bei mehreren Handelsstufen zu vermeiden, muss der Unternehmer, der einen Gegenstand oder eine Leistung für unternehmerische Zwecke erwirbt, grundsätzlich die ihm in Rechnung gestellte Umsatzsteuer als Vorsteuer abziehen können, so dass im Ergebnis nur der Endverbraucher mit einer Umsatzsteuer belastet ist.

3. Weitere Stichworte

   → *Reisekosten*, → *Steuerlager*, → *Steuerschuldnerverfahren*, → *Unternehmensvermögen*, → *Vorsteuerabzug*, → *Vorsteuerberichtigung*, → *Vorsteuervergütung*

1. Allgemeines

Der Vorsteuerabzug ist ein Kernelement des europäischen Umsatzsteuerrechtes, da nur über die Möglichkeit, eine dem Unternehmer in Rechnung gestellte Umsatzsteuer wieder als Vorsteuer abziehen zu können, die Neutralität des Umsatzsteuerrechtes gewahrt werden kann. Aus diesem Grunde muss der Unternehmer, der eine Leistung bezieht, bei deren Bezug eine Umsatzsteuer entsteht, diese in einer Rechnung gesondert ausgewiesene Umsatzsteuer auch als Vorsteuer wieder abziehen können oder im Rahmen der → *Vorsteuervergütung* erstattet bekommen.

Unter bestimmten Umständen, insbesondere, wenn der Unternehmer im Inland eine steuerfreie Ausgangsleistung erbringt (also für seine unternehmerische Leistung keine Umsatzsteuer abführen muss), ist es gerechtfertigt, ihm den Vorsteuerabzug zu versagen, § 15 Abs. 2 UStG. Soweit diese Ausgangsleistungen aber aufgrund grenzüberschreitender Leistungen einer Steuerbefreiung deshalb unterliegen, weil die Leistung in einem anderen Staat zu einer Umsatzsteuer herangezogen wird, steht dem Unternehmer der Vorsteuerabzug wegen der internationalen Neutralität des Umsatzsteuerrechtes doch zu, § 15 Abs. 3 UStG. In den Fällen, in denen der Unternehmer eine bezogene Leistung sowohl für den Vorsteuerabzug zulassende Ausgangsleistungen wie auch für den Vorsteuerabzug nicht zulassende Ausgangsleistungen verwendet, muss nach § 15 Abs. 4 UStG eine → *Vorsteueraufteilung* durchgeführt werden.

Nach der durch das Steueränderungsgesetz 2003 erfolgten verbalen Anpassung an die ebenfalls geänderten Vorschriften für den Steuerausweis in einer Rechnung, ist jetzt auch klargestellt, dass der Leistungsempfänger nur eine vom leistenden Unternehmer aufgrund der Leistung gesetzlich geschuldete Umsatzsteuer als Vorsteuer abziehen darf.

WICHTIG!

Ein Vorsteuerabzug scheidet bei dem Leistungsempfänger grundsätzlich aus, wenn die Steuer nicht aufgrund einer Leistung eines Unternehmers gesetzlich geschuldet wird.

Einen ersten Überblick über die Regelungen der Vorsteuerabzugsberechtigung ermöglicht die folgende Zusammenstellung:

<table>
<tr><td colspan="5">Allgemeine Voraussetzung: Vorsteuerabzugsberechtigter muss Unternehmer im Sinne des § 2 UStG oder § 2a UStG sein. Ausnahme: Kleinunternehmer nach § 19 UStG. Gegenstand muss zu mindestens 10 % für unternehmerische Zwecke genutzt werden, § 15 Abs. 1 Satz 2 UStG.</td></tr>
<tr><td>§ 15 Abs. 1 Satz 1 Nr. 1 UStG:

Vorsteuer aus erhaltenen Lieferungen oder sonstigen Leistungen sowie aus Anzahlungen dafür.</td><td>§ 15 Abs. 1 Satz 1 Nr. 2 UStG:

Vorsteuer aus entrichteter EUSt.</td><td>§ 15 Abs. 1 Satz 1 Nr. 3 UStG:

Vorsteuer aus geschuldeter USt für innergemeinschaftliche Erwerbe.</td><td>§ 15 Abs. 1 Satz 1 Nr. 4 UStG:

Vorsteuer aus geschuldeter USt im Rahmen des Steuerschuldnerverfahrens.</td><td>§ 15 Abs. 1 Satz 1 Nr. 5 UStG:

Vorsteuer aus geschuldeter USt bei Auslagerung aus Steuerlager.</td></tr>
<tr><td colspan="5">Ausnahmen vom Vorsteuerabzug:
▸ § 15 Abs. 1a Nr. 1 UStG: Kein Vorsteuerabzug, soweit der Unternehmer (bestimmte) nicht abzugsfähige Betriebsausgaben nach § 4 Abs. 5 EStG bewirkt.
▸ § 15 Abs. 1a Nr. 3 UStG: Kein Vorsteuerabzug bei → Umzugskosten.</td></tr>
</table>

Ausschluss vom Vorsteuerabzug:

- § 15 Abs. 2 Nr. 1 UStG: Kein Vorsteuerabzug für Eingangsleistungen, die für steuerfreie Ausgangsleistungen verwendet werden.
- § 15 Abs. 2 Nr. 2 UStG: Kein Vorsteuerabzug für Eingangsleistungen, die für Ausgangsleistungen im Ausland verwendet werden, die im Inland steuerfrei wären.
- § 15 Abs. 2 Nr. 3 UStG: Kein Vorsteuerabzug für Eingangsleistungen, die für Ausgangsleistungen ohne Entgelt verwendet werden, die bei Zahlung eines Entgeltes im Inland steuerfrei wären.

Ausnahme vom Abzugsverbot nach § 15 Abs. 3 UStG:

Bei bestimmten steuerfreien Ausgangsleistungen wird das Abzugsverbot nach § 15 Abs. 2 UStG wieder rückgängig gemacht, z. B. insbesondere bei steuerfreien Auslandsleistungen nach § 4 Nrn. 1–7 UStG.

Vorsteueraufteilung nach § 15 Abs. 4 UStG:

Wird ein Gegenstand nicht ausschließlich zu vorsteuerabzugsberechtigenden oder den Vorsteuerabzug ausschließenden Ausgangsumsätzen verwendet, muss eine Aufteilung des Vorsteuerbetrags nach wirtschaftlichen Kriterien erfolgen (→ *Vorsteueraufteilung*).

Sonderregelung für Fahrzeuglieferer nach § 15 Abs. 4a UStG:

Der private Fahrzeuglieferer nach § 2a UStG kann für den Einkauf des neuen Fahrzeugs im Zeitpunkt der Weiterlieferung Vorsteuer geltend machen. Begrenzt auf den Steuerbetrag, der bei der Lieferung des neuen Fahrzeugs geschuldet würde (→ *Fahrzeuglieferung*).

Sonderregelung für Drittlandsunternehmer nach § 15 Abs. 4b UStG:

Wenn der im Drittlandsgebiet ansässige Unternehmer nur Umsatzsteuerbeträge nach § 13b UStG schuldet, kann eine Vorsteuer nur dann angerechnet werden, wenn in dem Land, in dem der Unternehmer seinen Sitz hat, keine Umsatzsteuer oder ähnliche Steuer erhoben oder im Fall der Erhebung im Inland ansässigen Unternehmern vergütet wird. Grundsätzlich ausgeschlossen ist der Abzug von Vorsteuerbeträgen aus dem Bezug von Kraftstoffen.

Vereinfachungsregelungen nach § 15 Abs. 5 UStG:

- § 35 UStDV: Vorsteuerabzug bei → *Kleinbetragsrechnungen* und Fahrausweisen.
- § 43 UStDV: Erleichterung bei der → *Vorsteueraufteilung* bei bestimmten steuerfreien Hilfsgeschäften.

2. Vorsteuerabzug nach § 15 Abs. 1 UStG

§ 15 Abs. 1 Satz 1 UStG regelt die allgemeinen Voraussetzungen für den Vorsteuerabzug, insgesamt sind (seit dem 1.1.2004) die folgenden fünf verschiedenen Möglichkeiten für den Vorsteuerabzug geregelt:

- Vorsteuerabzug aus Lieferungen und sonstigen Leistungen, die der Unternehmer erhalten hat oder erhalten wird,
- Vorsteuerabzug aus entrichteter Einfuhrumsatzsteuer,
- Vorsteuerabzug für den innergemeinschaftlichen Erwerb von Gegenständen und
- Vorsteuerabzug aus Leistungen, für die der Unternehmer Steuerschuldner nach § 13b UStG wird (vgl. Steuerschuldnerverfahren),
- Vorsteuerabzug aus Leistungen, für die der Unternehmer als Auslagerer aus einem Steuerlager zum Steuerschuldner wird, § 13a Abs. 1 Nr. 6 UStG (vgl. → *Steuerlager*).

WICHTIG!

Voraussetzung ist in jedem Fall, dass bei bezogenen Gegenständen der Unternehmer den Gegenstand zu mindestens 10 % für unternehmerische Zwecke verwendet.

Soweit kein Abzugsverbot nach § 15 Abs. 1a bis Abs. 2 UStG eintritt, ist die Vorsteuer grundsätzlich dann abzugsfähig, wenn die unten dargestellten Voraussetzungen für den Vorsteuerabzug alle gleichzeitig vorliegen.

WICHTIG!

Ob der Unternehmer seine Ausgangsumsätze nach vereinbarten Entgelten (Sollbesteuerung) oder nach vereinnahmten Entgelten (Istbesteuerung) besteuert, ist für die Abzugsfähigkeit der Vorsteuer ohne Bedeutung.

2.1 Vorsteuerabzug aus Lieferungen oder sonstigen Leistungen

2.1.1 Voraussetzungen für den Vorsteuerabzug

Der Unternehmer kann den Vorsteuerabzug aus erhaltenen Lieferungen oder sonstigen Leistungen vornehmen, wenn die folgenden Voraussetzungen vorliegen:

- Es muss eine Lieferung oder eine sonstige Leistung ausgeführt worden sein. Eine Lieferung ist mit Übergabe (Verschaffung der Verfügungsmacht) des Gegenstandes ausgeführt, eine sonstige Leistung ist in der Regel mit Durchführung der Leistung erbracht. Wenn die Leistung ausgeführt worden ist, kommt es auf den Zeitpunkt der Zahlung für den Vorsteuerabzug nicht an.
- Die Leistung muss von einem anderen Unternehmer ausgeführt worden sein. Nicht von Bedeutung ist, ob der andere im Leistungsaustausch wie ein Unternehmer aufgetreten ist, er muss tatsächlich die Voraussetzungen des § 2 UStG (vgl. Unternehmer) erfüllen.

- Die Leistung muss von dem Unternehmer seinem Unternehmen zugeordnet werden. Voraussetzung ist dafür, dass die Leistung zumindest in einem objektiven Zusammenhang zu der unternehmerischen Tätigkeit steht (vgl. Unternehmensvermögen). Wenn der Unternehmer einen Gegenstand einkauft, muss er diesen Gegenstand zu mindestens 10 % für seine unternehmerischen Zwecke verwenden. Die Zuordnungsentscheidung (soweit zulässig) übt der Unternehmer im Regelfall durch Vornahme des Vorsteuerabzugs aus.
- Es muss eine ordnungsgemäße Rechnung im Sinne des § 14 und des § 14a UStG vorliegen.

WICHTIG!

Bevor die ordnungsgemäße Rechnung nicht tatsächlich vorliegt, hat der Unternehmer keinen Vorsteuerabzug.

- In der Rechnung müssen die in § 14 und § 14a UStG aufgeführten Elemente vorhanden sein (Ausnahme: Kleinbetragsrechnung).
- Die Umsatzsteuer in der Rechnung muss vom leistenden Unternehmer gesetzlich geschuldet werden.

ACHTUNG!

Die Anforderungen an eine ordnungsgemäße Rechnung sind ab dem 1.1.2004 deutlich verschärft worden (vgl. → *Rechnung*). Ohne Vorlage einer solchen ordnungsgemäßen Rechnung kann ein Vorsteuerabzug nicht gewährt werden. Für Rechnungen, die bis zum 30.6.2004 ausgestellt werden, gelten einige Ausnahmeregelungen.

Wenn der Unternehmer eine Leistung (Lieferung oder sonstige Leistung) noch nicht erhalten hat, er aber schon eine Abschlags- oder Vorauszahlung (zu den Einzelheiten vgl. → *Anzahlungen*) geleistet hat, kann er unter den folgenden Voraussetzungen schon vor der endgültigen Ausführung der Leistung eine Vorsteuer ziehen:

- es muss eine ordnungsgemäße Rechnung vorliegen (vgl. dazu oben wie bei ausgeführten Leistungen) und
- der Unternehmer muss die Zahlung schon geleistet haben. Dabei kommt es auf den Abfluss (Barzahlung oder Tag der Überweisung) der Gegenleistung an.

TIPP!

Eine Anzahlung kann im Rahmen eines Tausches oder eines tauschähnlichen Umsatzes auch schon durch die vorzeitige Hingabe des Gegenstandes oder der Ausführung der sonstigen Leistung vorliegen. In diesem Fall sollte der leistende Unternehmer auf eine ordnungsgemäße Rechnung für die von ihm geleistete Anzahlung bestehen (vgl. dazu Beispiel 2 in → *Anzahlungen*).

ACHTUNG!

Ein Vorsteuerabzug kommt bei erhaltenen Leistungen wie auch bei Anzahlungen nur dann in Frage, wenn die Umsatzsteuer auch tatsächlich auf Grund einer erbrachten Leistung bei dem leistenden Unternehmer entstanden ist. Eine nach § 14c Abs. 1 oder Abs. 2 UStG geschuldete Umsatzsteuer ist grundsätzlich nicht als Vorsteuer abzugsfähig.

Beispiel 1:

Der Einzelhändler E hat Ware von einem Großhändler G erworben. Die gelieferte Ware im Nettowert von 5.000 EUR unterliegt dem ermäßigten Steuersatz von 7 %, der Verkäufer weist jedoch 16 %, hier also 800 EUR, in der Rechnung aus. E zahlt den insgesamt in der Rechnung ausgewiesenen Bruttobetrag von 5.800 EUR. Obwohl der Großhändler insgesamt 800 EUR an Umsatzsteuer schuldet, kann sich E nur 7 % aus 5.800 EUR (hier also 379,44 EUR) als Vorsteuer abziehen.

Der Unternehmer U erwirbt einen gebrauchten Computer von einem Kleinunternehmer, der trotzdem in einer Abrechnung Umsatzsteuer gesondert ausweist. Obwohl der Kleinunternehmer die Umsatzsteuer nach § 14c Abs. 2 UStG schuldet, kann der U den gesondert ausgewiesenen Steuerbetrag nicht als Vorsteuer abziehen.

2.1.2 Übergangsregelungen für ordnungsgemäße Rechnung

Da die Vorschriften über die Ausstellung von Rechnungen nach § 14 und 14a UStG durch das Steueränderungsgesetz 2003 deutlich verschärft wurden, ergibt sich grundsätzlich auch für den Vorsteuerabzug daraus eine Rechtsfolge. Die Finanzverwaltung hat jedoch in einer Übergangsregelung für alle Rechnungen, die bis zum 30.6.2004 ausgestellt werden, Vereinfachungen vorgegeben. Danach müssen grundsätzlich alle Rechnungen (Ausnahme: Kleinbetragsrechnungen und Fahrausweise) die Tatbestandsmerkmale aufweisen, die auch bis zum 31.12.2003 notwendige Voraussetzungen waren.

ACHTUNG!

Da die Angabe der Steuernummer in einer Rechnung auch schon bis zum 31.12.2003 notwendig war, kann aus einer Rechnung ohne Steuernummer oder USt-IDNr. ab dem 1.1.2004 kein Vorsteuerabzug mehr vorgenommen werden.

Insgesamt ergeben sich die folgenden Ausnahmen:

Gegenstand der Rechnung	Inhalt bis 31.12.2003	Inhalt ab 1.1.2004	akzeptierter Inhalt bis 30.6.2004 für Vorsteuerabzug
Adressierung	Name und Anschrift von leistendem Unternehmer und Leistungsempfänger	vollständiger Name und vollständige Anschrift von leistendem Unternehmer und Leistungsempfänger	Adressierung muss nicht „vollständig“ sein, es muss aber eine eindeutige Identifizierung der Beteiligten möglich sein
Steuernummer	Steuernummer des leistenden Unternehmers	Steuernummer oder USt-IDNr. des leistenden Unternehmers	Steuernummer oder USt-IDNr. des leistenden Unternehmers
Datum	keine Pflichtangabe	Ausstellungsdatum der Rechnung	Ausstellungsdatum der Rechnung ist nicht erforderlich
einmalige Nummerierung	keine Pflichtangabe	Rechnung muss eine einmalige Rechnungsnummer haben	Rechnungsnummer ist nicht zwingend erforderlich
Leistungsbezeichnung	die Menge und die handelsübliche Bezeichnung der Ware bzw. Art und Umfang der sonstigen Leistung	die Menge und die Art (handelsübliche Bezeichnung) der Ware bzw. Umfang und Art der sonstigen Leistung	keine Übergangsregelung, da keine inhaltliche Veränderung der Anforderung
Zeitpunkt der Leistung	Zeitpunkt der Lieferung oder der sonstigen Leistung ist anzugeben, gilt sinngemäß auch für Anzahlungen	Zeitpunkt der Lieferung oder der sonstigen Leistung ist anzugeben, bei Anzahlungen ist Vereinnahmung des Entgelts anzugeben, soweit dieser feststeht	keine Übergangsregelung, da keine inhaltliche Veränderung der Anforderung

Gegenstand der Rechnung	Inhalt bis 31.12.2003	Inhalt ab 1.1.2004	akzeptierter Inhalt bis 30.6.2004 für Vorsteuerabzug
Angabe des Entgelts	das Entgelt für die Lieferung oder sonstige Leistung ist anzugeben	nach Steuersätzen und einzelnen Steuerbefreiungen aufgeschlüsseltes Entgelt für die Lieferung oder die sonstige Leistung ist anzugeben. Darüber hinaus auch jede im Voraus vereinbarte Minderung des Entgelts	Angabe des Entgelts für Lieferung oder sonstige Leistung ist ausreichend
Steuersatz und Steuerbetrag	der auf das Entgelt entfallende Steuerbetrag ist gesondert anzugeben	Steuersatz und der auf das Entgelt entfallende Steuerbetrag ist anzugeben	auf die Angabe des Steuersatzes kann verzichtet werden
Hinweis auf Steuerbefreiung	soweit Leistung steuerfrei ist, ist auf die Steuerbefreiung hinzuweisen	soweit Leistung steuerfrei ist, ist auf die Steuerbefreiung hinzuweisen	keine Übergangsregelung, da keine inhaltliche Änderung, bei steuerfreier Leistung ist Vorsteuerabzug sowieso nicht möglich

2.2 Vorsteuerabzug bei Einfuhrumsatzsteuer

Der Unternehmer kann eine von ihm entrichtete Einfuhrumsatzsteuer (EUSt) nach § 15 Abs. 1 Satz 1 Nr. 2 UStG unter den folgenden Voraussetzungen als Vorsteuer abziehen:

- Er muss die EUSt entrichtet haben. Dies setzt nicht voraus, dass er die EUSt persönlich gezahlt haben muss, die EUSt muss aber für ihn entrichtet worden sein.

- Der Gegenstand muss für sein Unternehmen im Inland eingeführt worden sein. Diese Voraussetzung ist dann erfüllt, wenn er schon die Verfügungsmacht an dem Gegenstand zum Zeitpunkt der Einfuhr der Ware (Abfertigung zum freien Verkehr) hatte. Dabei ist für die Frage, wer die Verfügungsmacht an einem Gegenstand hat, auf die Ergebnisse zum Ort der Lieferung abzustellen. Damit ist der Unternehmer schon Verfügungsberechtigter über einen Gegenstand, wenn die Lieferung an ihn vor der Einfuhr ausgeführt worden ist.

Beispiel 2:

Der Großhändler G erwirbt von einem Produzenten P in der Schweiz Elektrogeräte, die von einem Frachtführer aus der Schweiz in das Lager des G nach Leipzig gebracht werden. Die Ware wird für G in Deutschland zum freien Verkehr abgefertigt (das heißt, G wird Schuldner der deutschen Einfuhrumsatzsteuer). Die Lieferung des P ist nach § 3 Abs. 6 UStG in der Schweiz ausgeführt worden, G hat somit die Verfügungsmacht an der Ware schon in der Schweiz erhalten. Damit ist die Ware für ihn in Deutschland eingeführt worden, so dass er die EUSt als Vorsteuer abziehen kann.

ACHTUNG!

Nach der verbalen Änderung des § 1 Abs. 1 Nr. 4 UStG zum 1.1.2004 ist für die Einfuhr nicht mehr der tatsächliche Grenzübertritt der Ware, sondern die Abfertigung zum freien Verkehr im Inland maßgeblich.

Zur Verlagerung des Ortes der Lieferung bei Einfuhren aus dem Drittland nach § 3 Abs. 8 UStG vgl. → *Lieferung* – 3.6.

Zu beachten ist ab dem 1.1.2004, dass eine einer Einfuhr vorgelagerte Lieferung nach § 4 Nr. 4b UStG steuerfrei ist (vgl. → *Steuerbefreiung*). In diesem Zusammenhang konnten die § 41 bis § 42 und § 50 UStDV aufgehoben werden.

Beispiel 3:

Der Tresorhersteller T aus der Schweiz transportiert 2004 Tresore für eine Ausstellung aus der Schweiz nach Hannover. Entgegen der ursprünglichen Planung verkauft er während der Messe einen Tresor, der im Anschluss an die Messe unmittelbar zu dem Abnehmer (Unternehmer) nach Hannover geliefert wird. Die Abfertigung zum freien Verkehr (Einfuhr) erfolgt für den Abnehmer. Die Lieferung des T ist in Deutschland nach § 3 Abs. 6 UStG steuerbar, da die Warenbewegung zu dem Abnehmer auf dem Messegelände in Hannover beginnt. Die Lieferung ist jedoch eine Lieferung, die einer Einfuhr vorangeht und somit nach § 4 Nr. 4b UStG steuerfrei. Damit braucht sich T für diese Lieferung nicht im Inland steuerlich erfassen lassen.

TIPP!

Durch die Steuerbefreiung wird das gleiche wirtschaftliche Ergebnis erzielt, wie es bis zum 31.12.2003 auf systematisch anderem Weg erreicht wurde. Insoweit ergibt sich keine inhaltliche Änderung.

2.3 Vorsteuer bei innergemeinschaftlichen Erwerben

Soweit der Unternehmer einen steuerbaren und steuerpflichtigen innergemeinschaftlichen Erwerb im Inland verwirklicht, kann er die entstandene Erwerbsteuer als Vorsteuer abziehen, soweit er mit diesem erworbenen Gegenstand keine vorsteuerabzugsschädlichen Umsätze ausführt, § 15 Abs 1 Satz 1 Nr. 3 UStG.

Die Erwerbsteuer kann in dem Voranmeldungszeitraum abgezogen werden, in dem sie entstanden ist. Damit ergibt sich für den Unternehmer – soweit er voll zum Vorsteuerabzug berechtigt ist – keine Liquiditätsbelastung.

2.4 Vorsteuerabzug bei Steuerschuldnerschaft nach § 13b UStG

Soweit der Unternehmer für eine an ihn ausgeführte Leistung zum Steuerschuldner nach § 13b UStG wird, schuldet er die Umsatzsteuer, die eigentlich der leistende Unternehmer abzuführen hätte. Leistungen im Sinne des § 13b UStG sind:

- im Inland ausgeführte steuerpflichtige Werklieferungen oder sonstige Leistungen ausländischer Unternehmer,
- Lieferungen sicherungsübereigneter Gegenstände vom Sicherungsgeber an den Sicherungsnehmer außerhalb des Insolvenzverfahrens,
- Leistungen, die unter das Grunderwerbsteuergesetz fallen und
- bestimmte Bauleistungen, die an Unternehmer ausgeführt werden, die selber Bauleistungen ausführen (zum Anwendungszeitraum vgl. → *Steuerschuldnerverfahren*).

Da bei einer unter die Steuerschuldnerschaft des Leistungsempfängers fallenden Leistung der leistende Unternehmer keine Umsatzsteuer in der Rechnung nach § 14a Abs. 5 UStG gesondert ausweisen darf, wäre der Leistungsempfänger für diese Umsatzsteuer, für die er Steuerschuldner wird, nicht zum Vorsteuerabzug berechtigt. Durch die Sonderregelung des § 15 Abs. 1 Satz 1 Nr. 4 UStG wird jedoch diese Lücke geschlossen, da der Leistungsempfänger – unter den weiteren Voraussetzungen des § 15 UStG – auch ohne gesondert ausgewiesene Umsatzsteuer zum Vorsteuerabzug berechtigt ist.

Beispiel 4:

Der Rechtsanwalt R aus Frankreich erbringt an den Unternehmer U in Deutschland eine Rechtsberatungsleistung. Die Leistung ist nach § 3a Abs. 4 Nr. 3 i. V. m. § 3a Abs. 3 Satz 1 UStG in Deutschland steuerbar und auch nicht steuerfrei. U wird zum Steuerschuldner für die an ihn ausgeführte Leistung nach § 13b Abs. 1 Nr. 1 UStG. Der Rechtsanwalt muss eine Rechnung ohne Umsatzsteuer ausstellen, in der er auf die Steuerschuldnerschaft hinweist, § 14a Abs. 5 UStG. Der Unternehmer U kann die von ihm nach § 13b UStG geschuldete Umsatzsteuer als Vorsteuer nach § 15 Abs. 1 Satz 1 Nr. 4 UStG abziehen.

Soweit eine nach § 13b UStG geschuldete Umsatzsteuer für eine Zahlung vor Ausführung der Leistung entfällt, kann der Unternehmer die Vorsteuer dann abziehen, wenn er die Zahlung geleistet hat.

2.5 Vorsteuer bei Leistungen im Zusammenhang mit einem Steuerlager

Seit dem 1.1.2004 ist der § 15 Abs. 1 Satz 1 Nr. 5 UStG eingeführt worden. Da der Unternehmer nach § 13 Abs. 1 Nr. 6 UStG zum Steuerschuldner für eine bei einer

Auslagerung aus einem Steuerlager entstehenden Umsatzsteuer wird, aber auch hier keine Rechnung mit gesondert ausgewiesener Umsatzsteuer vorliegen kann, musste dem Auslagerer eine Möglichkeit gegeben werden, diese von ihm geschuldete Umsatzsteuer auch zum Vorsteuerabzug zuzulassen. Zu den Einzelheiten vgl. → *Steuerlager* insbesondere dort Beispiel 6.

3. Ausschluss des Vorsteuerabzugs nach § 15 Abs. 1a UStG

Mit Wirkung vom 1.4.1999 wurden bei der Änderung der bis dahin geltenden Besteuerung des Eigenverbrauches auch Beschränkungen des Vorsteuerabzugs im Rahmen des § 15 Abs. 1a UStG aufgenommen.

3.1 Ausschluss bei Aufwendungen, die unter ertragsteuerliche Abzugsverbote fallen

Soweit der Unternehmer bestimmte Leistungen bezieht, die nach § 4 Abs. 5 EStG nicht zum Betriebsausgabenabzug zugelassen sind oder die nach § 12 Nr. 1 EStG nicht bei den einzelnen Einkunftsarten abgezogen werden dürfen, kann der Unternehmer auch keinen Vorsteuerabzug vornehmen. Dies sind die folgenden Aufwendungen:

- § 4 Abs. 5 Nr. 1 EStG: Aufwendungen für Geschenke an Empfänger, die nicht Arbeitnehmer des Steuerpflichtigen sind. Dies gilt nicht für Geschenke bis 35 EUR (seit dem 1.1.2004) pro Jahr; zu den Einzelheiten vgl. → *Geschenke*.
- § 4 Abs. 5 Nr. 2 EStG: Aufwendungen für die Bewirtung von Personen aus geschäftlichem Anlass, soweit sie 70 % der angemessenen Aufwendungen übersteigen (seit dem 1.1.2004); zu den Einzelheiten vgl. → *Bewirtungskosten*.
- § 4 Abs. 5 Nr. 3 EStG: Aufwendungen für Gästehäuser des Unternehmers, soweit sie der Bewirtung, Beherbergung oder Unterhaltung von Personen dienen, die nicht Arbeitnehmer sind, wenn sich das Gästehaus außerhalb des Ortes eines Betriebes des Steuerpflichtigen befindet.
- § 4 Abs. 5 Nr. 4 EStG: Aufwendungen für Jagd oder Fischerei, für Segelyachten oder Motoryachten sowie für ähnliche Zwecke und die hiermit in Zusammenhang stehenden Bewirtungen. Dies gilt allerdings dann nicht, wenn die Gegenstände den Gegenstand des Unternehmens darstellen (z. B. bei einem gewerblichen Yachtvermieter).
- § 4 Abs. 5 Nr. 7 EStG: andere Aufwendungen, soweit sie die Lebensführung des Steuerpflichtigen oder anderer Personen berühren, soweit sie nach allgemeiner Verkehrsauffassung als unangemessen anzusehen sind.
- § 4 Abs. 7 EStG: Aufzeichnungsvorschriften zu bestimmten Betriebsausgaben: die genannten Aufwendungen müssen getrennt von den anderen Aufwendungen aufgezeichnet werden. Soweit eine Trennung in der Buchhaltung (z. B. abzugsfähige Geschenke/nicht abzugsfähige Geschenke etc.) nicht vorgenommen worden ist, ist auch der Vorsteuerabzug daraus zu versagen.

- § 12 Nr. 1 EStG: Aufwendungen für den Haushalt des Steuerpflichtigen und für den Unterhalt seiner Familienangehörigen. Dazu gehören auch die Aufwendungen für die Lebensführung, die die wirtschaftliche oder gesellschaftliche Stellung des Steuerpflichtigen mit sich bringt, auch wenn sie zur Förderung des Berufs oder der Tätigkeit des Steuerpflichtigen erfolgen.

Beispiel 5:

Der Wirtschaftsprüfer richtet aus Anlass seines Geburtstages eine Feier aus, zu der sowohl private Freunde wie auch Geschäftsfreunde eingeladen sind. Die Aufwendungen unterliegen dem Abzugsverbot nach § 12 Nr. 1 EStG. Somit hat der Unternehmer auch keinen Vorsteuerabzugsanspruch nach § 15 Abs. 1a Nr. 1 UStG.

3.2 Ausschluss bei bestimmten Reisekosten nach § 15 Abs. 1a Nr. 2 UStG

Nach den Regelungen des Steuerentlastungsgesetzes 1999/2000/2002 waren bestimmte Reisekosten vom Vorsteuerabzug ausgeschlossen. Insbesondere waren dies auch Übernachtungs- und Verpflegungskosten für das Unternehmen des Unternehmers. Diese Beschränkungen sind vom Bundesfinanzhof – da gegen geltendes Gemeinschaftsrecht verstoßend – als nicht anwendbar beurteilt worden. Durch das Steueränderungsgesetz 2003 ist diese Regelung ersatzlos aufgehoben worden. Zu den Einzelheiten vgl. → *Reisekosten*.

ACHTUNG!

§ 15 Abs. 1a Nr. 2 UStG ist mit Wirkung vom 1.1.2004 aufgehoben worden.

3.3 Ausschluss bei Umzugskosten

Durch das Steuerentlastungsgesetz 1999/2000/2002 wurde ebenfalls der Vorsteuerabzug aus Umzugskosten für einen Wohnungswechsel ausgeschlossen; zu den Einzelheiten vgl. → *Umzugskosten*.

4. Einschränkung des Vorsteuerabzugs bei auch nichtunternehmerisch genutzten Fahrzeugen

Für Fahrzeuge, die der Unternehmer ab dem 1.4.1999 erworben hat und die er auch für nichtunternehmerische Zwecke von mehr als 5 % nutzt, konnte ein Vorsteuerabzug aus allen Kosten (Anschaffungskosten, laufende Betriebskosten) nur in Höhe von 50 % der in Rechnung gestellten Vorsteuerbeträge vorgenommen werden. Zum 1.1.2004 ist § 15 Abs. 1b UStG ersatzlos aufgehoben worden; zu den Einzelheiten vgl. → *Privatnutzung von Unternehmensfahrzeugen*.

5. Ausschluss vom Vorsteuerabzug nach § 15 Abs. 2 UStG

Soweit die bezogene Leistung des Unternehmers in unmittelbarem oder mittelbarem Zusammenhang mit einer steuerfreien Ausgangsleistung steht, ist der Vorsteuerabzug ausgeschlossen.

WICHTIG!

Bei dem Abzugsverbot nach § 15 Abs. 2 UStG kommt es grundsätzlich nicht darauf an, aus welchem Grund die Ausgangsleistung steuerfrei ist.

ACHTUNG!

Bei bestimmten steuerfreien Ausgangsleistungen wird das Abzugsverbot nach § 15 Abs. 3 UStG wieder rückgängig gemacht, vgl. unten 6.

Allerdings unterliegen nicht nur die im Inland oder die gegen Entgelt ausgeführten steuerfreien Leistungen dem Abzugsverbot. Um die Neutralität des Umsatzsteuerrechts zu gewährleisten, führen auch die folgenden Ausgangsumsätze zu einem Vorsteuerabzugsverbot für im Inland bezogene Vorleistungen:

- Umsätze, die der Unternehmer im Ausland ausführt, wenn diese Umsätze im Inland steuerfrei wären.

Beispiel 6:

Der deutsche Unternehmer U erwirbt im Inland einen Heizungsbrenner, den er in einem ihm gehörenden Mietwohnhaus in der Schweiz einbaut. Die Vermietungsleistung des U ist in Deutschland nicht steuerbar, da der Ort der Vermietungsleistung am Grundstücksort ist, § 3a Abs. 2 Nr. 1a UStG. Die Vorsteuer aus dem Erwerb des Brenners kann im Inland nach § 15 Abs. 2 Nr. 2 UStG nicht abgezogen werden, da die Vermietungsleistung – wenn sie im Inland ausgeführt worden wäre – eine steuerfreie Ausgangsleistung wäre.

Der deutsche Bauunternehmer B erwirbt in Deutschland Baumaterial, das er auf einer Baustelle in Frankreich für eine Bauleistung verwendet. B kann die Vorsteuer aus dem Kauf des Baumaterials in Deutschland abziehen, da ein Abzugsverbot nach § 15 Abs. 2 UStG nicht in Betracht kommt. Wenn die Bauleistung im Inland ausgeführt worden wäre, würde dies zu einer steuerpflichtigen Leistung führen.

ACHTUNG!

Die Frage, ob eine Ausgangsleistung steuerfrei ist, beurteilt sich nur nach deutschem Recht. Keinen Einfluss hat es, wenn der Unternehmer im Inland für eine steuerfreie Leistung nach § 9 UStG auf die Steuerpflicht optieren könnte. Auch in diesen Fällen ist die Vorsteuer für im Inland bezogene Vorleistungen nach § 15 Abs. 2 Nr. 2 UStG vom Vorsteuerabzug ausgeschlossen.

- Umsätze, die der Unternehmer nicht gegen Entgelt ausführt, wenn diese Umsätze bei Gewährung eines Entgelts steuerfrei wären.

Beispiel 7:

Das Krankenhaus K behandelt ein ausländisches Minenopfer unentgeltlich. Die Vorsteuer aus Vorleistungen, die das Krankenhaus bezieht, ist nach § 15 Abs. 2 Nr. 3 UStG vom Vorsteuerabzug ausgeschlossen, da die Behandlungsleistung bei Gewährung eines Entgelts zu einer steuerfreien, den Vorsteuerabzug ausschließenden Leistung führen würde.

Im Rahmen einer Werbeaktion frisiert der Friseur F an einem Tag jeden zehnten Kunden ohne Zahlung eines Entgelts. Die mit diesen Leistungen in Zusammenhang stehenden Vorsteuerbeträge schließen den Vorsteuerabzug nicht aus, da die Leistung des Friseurs bei Entgelt zu einer steuerpflichtigen Leistung führen würde.

ACHTUNG!

Bei einer unentgeltlichen Ausgangsleistung muss zuerst geprüft werden, ob nicht doch ein Zusammenhang mit einem im Inland vorhandenen entgeltlichen Ausgangsumsatz vorliegt.

Beispiel 8:

Das Kreditinstitut K gibt an seine Kunden kostenlose Werbegeschenke ab. Hier liegt ein Zusammenhang mit den Ausgangsleistungen des Kreditinstitutes vor, es handelt sich nicht um einen nach § 15 Abs. 2 Nr. 3 UStG zu beurteilenden Umsatz. Der Vorsteuerabzug beurteilt sich für K somit nach dem Verhältnis, in dem K steuerfreie, den Vorsteuerabzug ausschließende Umsätze und vorsteuerabzugsberechtigende Umsätze bewirkt.

WICHTIG!

Die Einschränkung der Vorsteuerabzugsmöglichkeit nach § 15 Abs. 2 UStG erstreckt sich grundsätzlich auf alle Vorsteuerbeträge im Sinne des § 15 Abs. 1 UStG, also auch für Vorsteuerbeträge aus Einfuhren, innergemeinschaftlichen Erwerben und Steuerbeträgen, für die der Unternehmer Steuerschuldner nach § 13b UStG wird, sowie die bei der Auslagerung aus einem Steuerlager entstehende Umsatzsteuer.

6. Ausnahmen vom Abzugsverbot

Soweit ein Vorsteuerabzugsverbot nach § 15 Abs. 2 UStG einschlägig ist, wird bei bestimmten steuerfreien Ausgangsumsätzen dieses Abzugsverbot nach § 15 Abs. 3 UStG wieder rückgängig gemacht. Zu den steuerfreien Ausgangsleistungen, die den Vorsteuerabzug nach § 15 Abs. 3 UStG nicht ausschließen, gehören insbesondere die steuerfreien Ausgangsleistungen nach § 4 Nr. 1 bis 7 UStG. Zu den steuerfreien Ausgangsleistungen, die den Vorsteuerabzug nicht ausschließen, vgl. → *Steuerbefreiungen*.

Beispiel 9:

Der Großhändler G erwirbt in Deutschland Waren, die er später im Rahmen einer steuerfreien innergemeinschaftlichen Lieferung an einen Unternehmer in einem anderen Mitgliedstaat liefert. Obwohl die Ausgangsleistung des G eine steuerfreie Lieferung nach § 4 Nr. 1b UStG ist, ist die mit dem Einkauf in Zusammenhang stehende Vorsteuer doch abzugsfähig, da der Ausschluss vom Vorsteuerabzug nach § 15 Abs. 2 Nr. 1 UStG durch die Sonderregelung des § 15 Abs. 3 Nr. 1 UStG nicht eintritt.

7. Vorsteueraufteilung § 15 Abs. 4 UStG

Wenn der Unternehmer eine von ihm bezogene Leistung für Ausgangsumsätze verwendet, die den Vorsteuerabzug sowohl zulassen wie auch ausschließen (z. B. bei gemischter Vermietung einer Immobilie), muss der Unternehmer die ihm in Rechnung gestellte Umsatzsteuer nach einem wirtschaftlich vertretbaren Aufteilungsmaßstab aufteilen. Gegebenenfalls kann er den Aufteilungsmaßstab auch im Rahmen einer sachgerechten Schätzung ermitteln. Zu den Einzelheiten vgl. → *Vorsteueraufteilung*.

8. Vorsteuerabzug für Fahrzeuglieferer § 15 Abs. 4a UStG

Wenn ein Nichtunternehmer ein neues Fahrzeug (bis 6 Monate nach erstmaliger Nutzung oder wenn nicht mehr als 6.000 Kilometer bei einem Landfahrzeug zurückgelegt wurden) an einen Erwerber in einem anderen Mitgliedstaat liefert, führt dies auf der Seite des Lieferers immer zu einem steuerbaren, aber steuerfreien Ausgangsumsatz (innergemeinschaftliche Lieferung) und beim Erwerber zu einem innergemeinschaftlichen Erwerb; zu den Einzelheiten vgl. → *Fahrzeuglieferung*.

Da durch diese Regelung der Gegenstand in dem anderen Mitgliedstaat der Umsatzsteuer unterliegt, muss auf der Seite des Lieferers auch eine Entlastung von der bei dem Kauf gezahlten Umsatzsteuer erfolgen. Der damit auch bei einem Fahrzeuglieferer, der erst über die Sondervorschrift des § 2a UStG zum Unternehmer wird, mögliche Vorsteuerabzug ist aber durch die Vorschriften des § 15 Abs. 4a UStG wie folgt beschränkt:

- Abziehbar ist nur die auf die Lieferung, die Einfuhr oder den innergemeinschaftlichen Erwerb des neuen Fahrzeugs entfallende Steuer. Damit sind z. B. nicht die Vorsteuerbeträge abziehbar, die der Verkäufer aus Verkaufsnebenkosten hat (z. B. aus Verkaufsinseraten).
- Die Vorsteuer kann nur bis zu dem Betrag abgezogen werden, der für die Lieferung des Fahrzeugs geschuldet würde, wenn die Lieferung nicht steuerbar wäre. Damit stellt der Betrag, den der Lieferer vom Käufer erhält, die Berechnungsgrundlage (netto) für den Vorsteuerabzug dar.
- Die Vorsteuer kann erst in dem Voranmeldungszeitraum gezogen werden, in dem das Fahrzeug verkauft worden ist.

Beispiel 10:

Die Privatperson P erwirbt am 5.1.2004 von einem Händler in Deutschland ein Fahrzeug für 20.000 EUR zuzüglich 3.200 EUR gesondert ausgewiesener Umsatzsteuer. Im Mai 2004 verkauft P das Fahrzeug an einen Abnehmer aus Frankreich und erhält 17.000 EUR. Die Lieferung des P ist eine in Deutschland steuerbare, aber steuerfreie innergemeinschaftliche Lieferung. P wird für diesen Umsatz zum Unternehmer nach § 2a UStG. Der Erwerb ist von dem französischen Abnehmer in Frankreich der Erwerbsbesteuerung zu unterwerfen. P hat im Mai 2004 einen Vorsteuerabzug in Deutschland in Höhe von (17.000 EUR x 16 %) 2.720 EUR.

9. Sonderregelungen für nicht im Gemeinschaftsgebiet ansässige Unternehmer

Für Unternehmer, die nicht im Gemeinschaftsgebiet ansässig sind und die nur Steuerbeträge nach § 13b UStG schulden (vgl. → *Steuerschuldnerverfahren*), also im Inland keine Umsatzsteuer auf Grund eigener steuerpflichtiger Umsätze abführen müssen, gelten bestimmte Einschränkungen bei der Vorsteuerabzugsmöglichkeit.

Ein Vorsteuerabzug kommt nur dann in Frage, wenn in dem Land, aus dem der ausländische Unternehmer stammt, eine Umsatzsteuer oder eine ähnliche Steuer nicht erhoben wird oder im Falle der Erhebung einem im Inland ansässigen Unternehmer auf Antrag erstattet wird (sog. Gegenseitigkeitsverfahren). Eine Aufstellung der in dieses Gegenseitigkeitsverfahren einbezogenen Staaten wird regelmäßig im Bundessteuerblatt (Teil I) veröffentlicht. Die Aufstellung ist auch unter www.bff-online.de im Internet abrufbar.

Darüber hinaus sind von der Erstattung für im Drittlandsgebiet ansässige Unternehmer grundsätzlich Vorsteuerbeträge aus dem Bezug von Kraftstoffen ausgeschlossen.

10. Vorsteuerabzug bei fehlerhaften oder fehlenden Unterlagen

Häufig stellt sich die Frage, ob ein Vorsteuerabzug auch bei fehlenden Unterlagen vorgenommen werden kann bzw. ob die Besteuerungsgrundlagen für den Vorsteuerabzug geschätzt werden können.

WICHTIG!

Der Unternehmer hat grundsätzlich alle Mängel im Nachweis über das Vorliegen der Voraussetzungen über den Vorsteuerabzug zu vertreten.

Mängel an der Rechnung darf der Unternehmer nicht selber beseitigen, er hat aber gegenüber dem leistenden Unternehmer einen zivilrechtlichen Anspruch auf die Ausstellung einer ordnungsgemäßen Rechnung, vgl. dazu → *Rechnung*.

ACHTUNG!

Insbesondere darf der Leistungsempfänger den eventuell fehlenden gesonderten Steuerausweis in der Rechnung nicht selber ergänzen.

Grundsätzlich ist die ordnungsgemäße Rechnung mit gesondert ausgewiesener Umsatzsteuer materielle Voraussetzung für den Vorsteuerabzug. Soweit eine ordnungsgemäße Rechnung bei dem Leistungsempfänger nicht vorhanden war, kommt eine Schätzung des Vorsteuerabzugs grundsätzlich nicht in Betracht.

Wenn eine ordnungsgemäße Rechnung bei dem Leistungsempfänger vorhanden war, diese aber bei einer Prüfung nicht vorgelegt werden kann, ist es dem Unternehmer zuzumuten, alles zu tun, um die Mangelhaftigkeit der Unterlagen zu beseitigen. Nur wenn dies unmöglich ist oder für den Unternehmer mit unzumutbaren Schwierigkeiten verbunden ist, kann eine Schätzung der Vorsteuerbeträge im Rahmen einer Billigkeitsmaßnahme in Betracht kommen. Dabei gehen Unsicherheiten bei der Ermittlung des Sachverhaltes zu Lasten des Unternehmers. Soweit nicht ausgeschlossen werden kann, dass ungerechtfertigte Steuervorteile für den Unternehmer entstehen, ist ein ausreichender Sicherheitsabschlag vorzunehmen.

11. Zeitpunkt des Vorsteuerabzugs

Der Unternehmer kann den Vorsteuerabzug grundsätzlich nach den Verhältnissen vornehmen, die zum Zeitpunkt des Leistungsbezugs vorliegen. Unerheblich ist, ob die bezogene Leistung später tatsächlich für vorsteuerabzugsberechtigende Ausgangsumsätze verwendet wird; vgl. → *Vorsteuerberichtung*.

ACHTUNG!

Zurzeit ist beim EuGH ein Vorabentscheidungsersuchen (Rs. C-152/02) anhängig, bei dem geklärt werden soll, ob der Vorsteuerabzug auch für einen früheren Meldezeitraum vorgenommen werden kann, wenn die Rechnung für eine früher ausgeführte Leistung erst später ausgestellt wird. Nach der Stellungnahme des Generalanwaltes beim EuGH spricht viel für eine rückwirkende Berücksichtigung des Vorsteuerabzugs.

Beispiel 11:

Unternehmer A führt an den Unternehmer B im Dezember 2003 eine Leistung aus. Die Rechnung mit gesondertem Steuerausweis für die Leistung geht dem B aber erst im Februar 2004 zu. Nach der geltenden Rechtsauffassung kann der Vorsteuerabzug erst dann geltend gemacht werden, wenn die Leistung ausgeführt wurde und die Rechnung vorliegt, damit erst im Februar 2004. Nach der Auffassung des Generalanwaltes beim EuGH sollte die Vorsteuer zwar auch erst im Februar 2004, aber für den Voranmeldungszeitraum Dezember 2003, abzugsfähig sein.

TIPP!

Insbesondere in den Fällen, bei denen bei Prüfungen der Vorsteuerabzug aus formalen Gründen versagt wird und eine ordnungsgemäße Rechnung nachgeliefert werden kann, sollten Verfahren wegen des Verfahrens vor dem EuGH offen gehalten werden, da sich damit auch das Problem der Verzinsung einer Steuernachzahlung für Vorjahre lösen würde.

Vorsteueraufteilung

Vorsteueraufteilung auf einen Blick

1. Rechtsquellen

   § 15 Abs. 4 UStG

   § 43 UStDV

   Abschn. 207 bis Abschn. 210 UStR 2000

2. Bedeutung

   Soweit ein Unternehmer für sein Unternehmen bezogene Leistungen nicht ausschließlich für vorsteuerabzugsberechtigende oder vorsteuerabzugsschädliche Umsätze verwendet, muss er die ihm in Rechnung gestellten Umsatzsteuerbeträge in einen abziehbaren und einen nicht abziehbaren Anteil aufteilen. Seit 2004 kann eine Aufteilung der Vorsteuerbeträge nur noch dann nach dem Verhältnis der Ausgangsumsätze aufgeteilt werden, wenn kein anderer wirtschaftlicher Aufteilungsmaßstab ermittelbar ist.

3. Weitere Stichworte

   → *Unternehmensvermögen*, → *Vorsteuerabzug*, → *Vorsteuerberichtigung*

1. Allgemeines

Ein Unternehmer hat grundsätzlich den → *Vorsteuerabzug*, soweit er eine Lieferung oder sonstige Leistung von einem anderen Unternehmer für sein Unternehmen erhalten hat, er die Leistung seinem Unternehmen zuordnen konnte und er eine ordnungsgemäße Rechnung mit gesondert ausgewiesener Umsatzsteuer vorweisen kann.

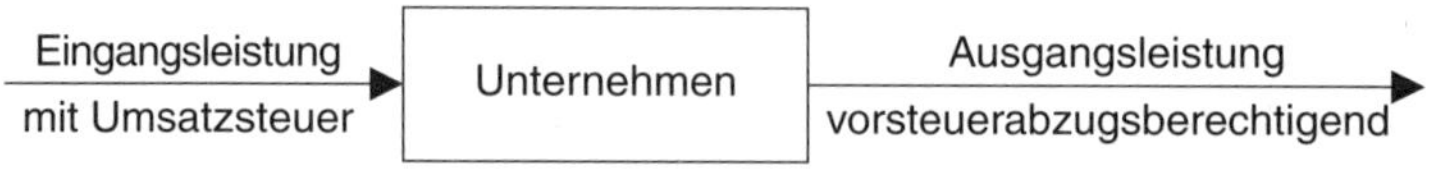

Soweit der Unternehmer mit diesen bezogenen Leistungen Umsätze erbringt, für die er nach § 15 Abs. 2 UStG vom Vorsteuerabzug ausgeschlossen ist und für die auch keine Ausnahme nach § 15 Abs. 3 UStG einschlägig ist (vgl. → *Vorsteuerabzug*), kann er die ihm in Rechnung gestellte Umsatzsteuer nicht als Vorsteuer abziehen.

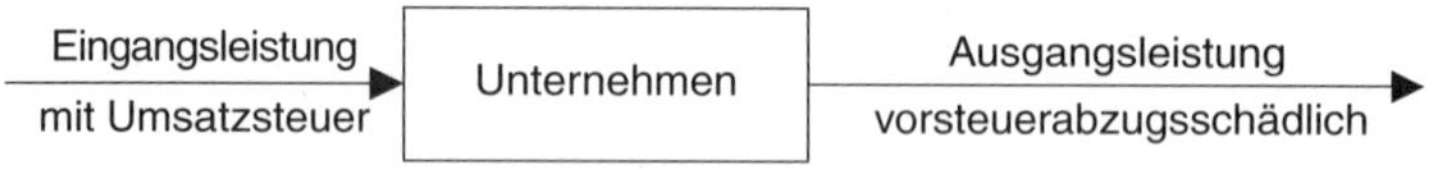

In den Fällen, in denen der Unternehmer die bezogene Leistung weder in vollem Umfang für vorsteuerabzugsberechtigende noch für vorsteuerabzugsschädliche Ausgangsleistungen verwendet, muss die ihm in Rechnung gestellte Umsatzsteuer in einen abziehbaren und einen nicht abziehbaren Anteil aufgeteilt werden.

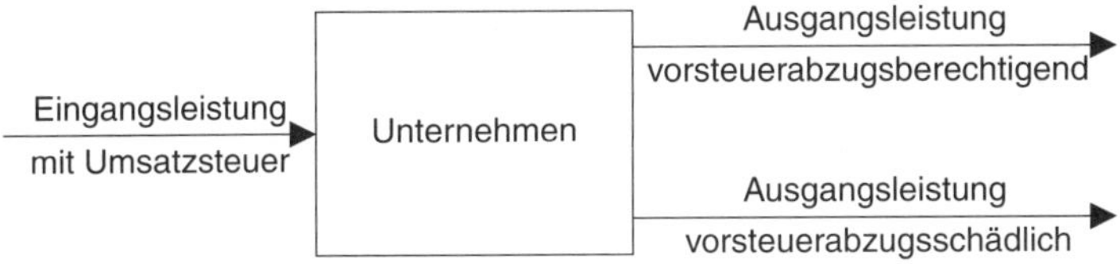

WICHTIG!

Bevor eine Vorsteueraufteilung geprüft wird, muss zuerst festgestellt werden, ob der Eingangsumsatz nicht eindeutig einer Art Ausgangsumsatz zugeordnet werden kann.

2. Die Aufteilung der Vorsteuer

Soweit die sich aus der Eingangsleistung ergebende Umsatzsteuer nicht in vollem Umfang zum Vorsteuerabzug zugelassen ist, aber auch nicht vollständig vom Vorsteuerabzug ausgeschlossen ist, muss der Unternehmer ermitteln, in welchem Umfang die Vorsteuerbeträge den zum Vorsteuerabzug berechtigenden Umsätzen wirtschaftlich zuzurechnen sind. Soweit eine wirtschaftliche Zurechnung nicht möglich ist, muss der abziehbare Anteil der Vorsteuer sachgerecht geschätzt werden.

Bei der Beurteilung kommt es auf den Zeitpunkt des Leistungsbezugs für das Unternehmen an. Zu diesem Zeitpunkt muss der Unternehmer entscheiden, ob er den Gegenstand für sein Unternehmen verwenden will und in welchem Umfang die Verwendung den Vorsteuerabzug ausschließen wird.

WICHTIG!

Änderungen, die sich erst nach dem Leistungsbezug ergeben, führen zu einer → *Vorsteuerberichtigung* nach § 15a UStG und sind nicht über die Vorsteueraufteilung zu regulieren.

Bei der Vorsteueraufteilung sind jeweils die Besonderheiten des Einzelfalles zu beachten, allerdings lassen sich in der Praxis bestimmte Grundsätze für häufig vorkommende Vorsteueraufteilungsfälle aufstellen:

2.1 Vorsteueraufteilung bei Immobilien

Soweit ein Unternehmer eine Immobilie vermietet, kann diese Vermietung im Rahmen einer nach § 4 Nr. 12a UStG steuerfreien Vermietung erfolgen, in bestimmten Fällen kann die Vermietung durch den Unternehmer aber auch steuerpflichtig erfolgen (→ *Option zur Umsatzsteuer*). Soweit eine solche Immobilie sowohl für steuerfreie, den Vorsteuerabzug ausschließende Umsätze wie auch für steuerpflichtige, den Vorsteuerabzug nicht ausschließende Umsätze verwendet wird, ergeben sich für den Unternehmer für die ihm in Rechnung gestellten Umsatzsteuerbeträge die folgenden Rechtsfolgen:

Eingangsleistung	Rechtsfolge für Vorsteuerabzug
Die Eingangsleistung ist direkt dem steuerpflichtig vermieteten Teil der Immobilie zuzuordnen (z. B. Reparatur in einer Gewerbeeinheit)	Die in der Rechnung ausgewiesene Umsatzsteuer ist insoweit voll zum Vorsteuerabzug zugelassen
Die Eingangsleistung ist direkt dem steuerfrei vermieteten Teil der Immobilie zuzuordnen (z. B. Reparatur in einer Mietwohnung)	Die in der Rechnung ausgewiesene Umsatzsteuer ist insoweit vollständig vom Vorsteuerabzug ausgeschlossen
Die Eingangsleistung ist keinem Teil der Immobilie direkt zuzuordnen (z. B. Reparatur des Daches)	Die in der Rechnung ausgewiesene Umsatzsteuer ist nach wirtschaftlicher Zurechnung aufzuteilen

ACHTUNG!

Soweit eine Vorsteueraufteilung für Eingangsleistungen in Frage kommt, muss jeweils der für diese Eingangsleistung sinnvollste Aufteilungsmaßstab ermittelt werden.

Während bei Immobilien bis vor ein paar Jahren für die Vorsteueraufteilung grundsätzlich das Verhältnis der Nutzflächen bzw. des umbauten Raumes maßgeblich war, hatte der BFH in seiner Rechtsprechung auch die Aufteilung im Verhältnis der mit der Immobilie erzielten Ausgangsumsätze zugelassen. Durch das Steueränderungsgesetz 2003 wurde jedoch in § 15 Abs. 4 UStG mittelbar ein Verbot der Aufteilung nach Ausgangsumsätzen bei Immobilien aufgenommen.

ACHTUNG!

Seit 2004 ist eine Aufteilung nach dem Umsatzschlüssel nur zulässig, wenn kein anderer wirtschaftlicher Aufteilungsmaßstab ermittelbar ist.

Da bei Grundstücken grundsätzlich als Aufteilungsmaßstab das Verhältnis der Nutzflächen ermittelbar ist, kann ab 2004 eine Aufteilung nach Ausgangsumsätzen nicht mehr in Betracht kommen. Die folgende Übersicht gibt die Möglichkeiten für die Aufteilungsmaßstäbe an:

Eingangsleistung	Aufteilungsmaßstab
Anschaffungskosten einer Immobilie	Verhältnis der Nutzflächen oder des umbauten Raumes. Soweit der Kaufpreis nach einem Ertragswertverfahren ermittelt worden ist, kann eine Aufteilung anhand des Verhältnisses der Ertragswerte erfolgen.
Herstellungskosten einer Immobilie	Verhältnis der Nutzflächen oder des umbauten Raumes.
Laufende Bewirtschaftungskosten, die nach Verbrauch abgerechnet werden	Verbrauch in den jeweiligen Mieteinheiten.
Laufende Bewirtschaftungskosten	Verhältnis der Nutzflächen oder des umbauten Raumes.
Instandhaltungskosten	Verhältnis der Nutzflächen oder des umbauten Raumes.

WICHTIG!

Soweit der Unternehmer nach § 15 Abs. 4 UStG ein sachgerechtes Aufteilungsverfahren gewählt hat, ist dieser Maßstab auch für die nachfolgenden Besteuerungszeiträume zugrunde zu legen. Dieser gilt auch für die Anwendung einer gegebenenfalls notwendigen Vorsteuerberichtigung nach § 15a UStG.

TIPP!

Ob der seit 2004 in § 15 Abs. 4 UStG aufgenommene gesetzliche Ausschluss der Aufteilung nach Ausgangsumsätzen mit dem Gemeinschaftsrecht vereinbar ist, wird sicher noch einer gerichtlichen Prüfung unterzogen werden. Gegebenenfalls kann es sinnvoll sein, Bescheide nicht rechtskräftig werden zu lassen.

2.2 Vorsteueraufteilung bei Fahrzeugen

Soweit ein Unternehmer ein Fahrzeug sowohl für vorsteuerabzugsberechtigende wie auch für vorsteuerabzugsschädliche Umsätze verwendet, muss ebenfalls eine Aufteilung der Vorsteuerbeträge nach § 15 Abs. 4 UStG erfolgen.

Beispiel 1:

Der Handelsvertreter H ist auch als Versicherungsvertreter tätig. Während die Umsätze als Handelsvertreter den Vorsteuerabzug nicht ausschließen, führen die Umsätze als Versicherungsvertreter zu einem Ausschluss vom Vorsteuerabzug. Die mit dem Fahrzeug in Verbindung stehenden Vorsteuerbeträge müssen nach § 15 Abs. 4 UStG aufgeteilt werden.

Als wirtschaftlicher Aufteilungsmaßstab für die Vorsteueraufteilung wird bei einem Fahrzeug wohl nur die tatsächliche Verwendung (Verhältnis der für die einzelnen Tätigkeiten gefahrenen Kilometer) in Betracht kommen. Soweit ein Fahrtenbuch nicht vorliegt, muss dieses Verhältnis im Rahmen einer sachgerechten Schätzung ermittelt werden.

Eine Aufteilung im Verhältnis der von dem Unternehmer erbrachten Umsätze wird nicht zu einem wirtschaftlich zutreffenden Ergebnis führen, wenn der Gegenstand im Rahmen des Gesamtunternehmens in unterschiedlicher Intensität für die einzelnen Umsätze verwendet wird.

3. Vereinfachungen bei der Vorsteueraufteilung

Über § 43 UStDV sind in bestimmten Bereichen Vereinfachungen bei der Vorsteueraufteilung geregelt. Nach diesen Vereinfachungsregelungen braucht bei bestimmten steuerfreien Ausgangsleistungen keine Vorsteueraufteilung vorgenommen zu werden, lediglich die unmittelbar mit diesen Leistungen in Zusammenhang stehenden Vorsteuerbeträge sind vom Vorsteuerabzug ausgeschlossen. Unter diese Vereinfachungsregelung fallen insbesondere die folgenden Umsätze:

- Umsätze von Geldforderungen, denen zum Vorsteuerabzug berechtigende Umsätze des Unternehmers zugrunde liegen.

Beispiel 2:

Der Großhändler G verkauft grundsätzlich alle Forderungen an ein Factoring-Institut (Inkassobüro). Im Rahmen des Verkaufes dieser Forderungen realisiert er steuerbare und steuerfreie Ausgangsumsätze, soweit keine Option nach § 9 Abs. 1 UStG ausgeübt wird. Da diese Geldforderungen aber aus den zum Vorsteuerabzug berechtigenden Umsätzen stammen, braucht G seine Vorsteuerbeträge aus den Gemeinkosten nicht aufzuteilen.

- Lieferungen von gesetzlichen Zahlungsmitteln und im Inland gültigen Wertzeichen.

Beispiel 3:

Der Schreibwarenhändler S verkauft neben Schreibwaren auch Postkarten sowie Briefmarken. Der steuerfreie Verkauf der Briefmarken führt nicht zu einer Aufteilung der Vorsteuerbeträge für seine Gemeinkosten.

- Geschäftseinlagen bei Kreditinstituten von Unternehmern, bei denen Geldgeschäfte als Hilfsgeschäfte anzusehen sind, also nicht den Gegenstand des Unternehmens bilden.

Beispiel 4:

Der Architekt A legt nicht benötigte liquide Mittel als Festgeld an. Die Zinsen für das Festgeld führen zu steuerfreien Einnahmen nach § 4 Nr. 8a UStG, die den Vorsteuerabzug grundsätzlich ausschließen. Da es sich bei A bei diesen Umsätzen um Hilfsgeschäfte (Umsätze, die üblicherweise im Rahmen eines Unternehmens anfallen) handelt, braucht eine Vorsteueraufteilung bei seinen Gemeinkosten nicht vorgenommen zu werden.

WICHTIG!

Vom Vorsteuerabzug sind aber die Vorsteuerbeträge ausgeschlossen, die direkt mit diesen Umsätzen in Zusammenhang stehen.

Fortsetzung Beispiel 4:

Da A sich mit seinem Kreditinstitut über die Höhe einer Zinsabrechnung streitet, beauftragt er einen Rechtsanwalt, der ihm eine Gebührenrechnung erteilt. Die Umsatzsteuer aus der Anwaltsrechnung ist vom Vorsteuerabzug ausgeschlossen, da hier ein eindeutiger Zusammenhang mit der steuerfreien Einnahme aus den Festgeldern besteht.

Vorsteuerberichtigung

Vorsteuerberichtigung auf einen Blick

1. Rechtsquellen

   § 15a UStG

   § 44 und § 45 UStDV

   Abschn. 214 bis Abschn. 219 UStR 2000

2. Bedeutung

   Der Vorsteuerabzug soll sich bei langlebigen Wirtschaftsgütern nicht nur an der geplanten Verwendung orientieren, sondern die tatsächliche Nutzung des Wirtschaftsgutes innerhalb eines längeren – in der Regel fünfjährigen – Berichtigungszeitraumes mit einbeziehen. Soweit sich innerhalb dieses Berichtigungszeitraumes die Nutzung in Bezug auf die Vorsteuerabzugsberechtigung verändert, muss unter Umständen eine Vorsteuerberichtigung vorgenommen werden.

3. Weitere Stichworte

   → *Vorsteuerabzug*, → *Vorsteueraufteilung*

4. Besonderheiten

   Nach dem Gemeinschaftsrecht kann der Berichtigungszeitraum für Grundstücke bis zu 20 Jahren betragen.

1. Allgemeines

Das geltende Umsatzsteuersystem mit Vorsteuerabzugsberechtigung basiert auf dem Grundsatz, dass der Unternehmer sofort bei Leistungsbezug einen Vorsteueranspruch nach § 15 UStG in Anspruch nehmen kann. Dieser Vorsteueranspruch kann in den Fällen rückwirkend nicht mehr in Frage gestellt werden, wenn das langlebige Wirtschaftsgut später zu anderen als den ursprünglich geplanten Zwecken verwendet wird. Damit der Vorsteuerabzug bei solchen langlebigen Wirtschaftsgütern aber nicht an einer kurzen Verwendung festgemacht wird, soll eine Korrektur dieses Vorsteuerabzuges im Rahmen der Vorsteuerberichtigung nach § 15a UStG dann erfolgen, wenn der Unternehmer das Wirtschaftsgut innerhalb eines festgelegten Zeitraumes (5 oder 10 Jahre) für Zwecke verwendet, die für den Vorsteuerabzug anders zu beurteilen sind, als die Verwendungsabsicht zum Zeitpunkt des Leistungsbezugs.

Damit muss sich jeder Unternehmer bei der Verwendung eines langlebigen Wirtschaftsgutes grundsätzlich zwei Fragen stellen:

- Wie ist der Vorsteuerabzug nach § 15 UStG zum Zeitpunkt des Leistungsbezuges zu beurteilen?
- Weicht die tatsächliche Verwendung des Gegenstandes innerhalb des Berichtigungszeitraumes von dieser ursprünglichen Beurteilung ab? Soweit diese Frage bejaht wird, ist eine Vorsteuerberichtigung nach § 15a UStG zu überprüfen.

WICHTIG!

Eine Vorsteuerberichtigung kann sowohl zu Gunsten wie auch zu Lasten eines Unternehmers erfolgen.

Grundsätzlich gibt es zwei Verfahren bei der Vorsteuerberichtigung: zum einen eine Berichtigung, wenn das Wirtschaftsgut weiter von dem Unternehmen genutzt wird, sich aber die Nutzung in Bezug auf die Vorsteuerabzugsberechtigung ändert; zum anderen, wenn ein Wirtschaftsgut durch Verkauf oder Entnahme (vgl. → *unentgeltliche Lieferungen*) endgültig aus dem Unternehmensvermögen ausscheidet.

Eine erste Übersicht über die Vorsteuerberichtigung und die Verfahren bei der Vorsteuerberichtigung ermöglicht die folgende Zusammenstellung:

	Vorsteuerberichtigung nach § 15a Abs. 1 bis Abs. 3 UStG	**Vorsteuerberichtigung nach § 15a Abs. 4 und Abs. 6 UStG**
Voraussetzung	Gegenstand wird ab dem Zeitpunkt der erstmaligen Verwendung anders für vorsteuerabzugsberechtigende Umsätze genutzt, als sich dies bei der Beurteilung des Vorsteuerabzuges ergeben hat.	Gegenstand wird verkauft oder nach § 3 Abs. 1b UStG unentgeltlich geliefert und der Verkauf/die Lieferung nach § 3 Abs. 1b UStG ist für den Vorsteuerabzug anders zu behandeln als sich dies bei der Beurteilung des Vorsteuerabzuges ergeben hat.

	Vorsteuerberichtigung nach § 15a Abs. 1 bis Abs. 3 UStG	Vorsteuerberichtigung nach § 15a Abs. 4 und Abs. 6 UStG
Berichtigungszeitraum	Der Berichtigungszeitraum umfasst fünf Jahre bei beweglichen Wirtschaftsgütern, zehn Jahre bei Immobilien. Eine geringere betriebsgewöhnliche Nutzungsdauer ist zu berücksichtigen, § 15a Abs. 2 Satz 2 UStG.	
Ausnahme	Keine Berichtigung bei einer Geschäftsveräußerung im Ganzen nach § 1 Abs. 1a UStG, hier tritt der Erwerber in die Rechtsposition des Veräußerers ein, § 15a Abs. 6a UStG.	
Beginn des Berichtigungszeitraums	Der Berichtigungszeitraum beginnt mit der erstmaligen unternehmerischen Verwendung.	
Nachträgliche AHK	Für nachträgliche Herstellungs- oder Anschaffungskosten beginnt ein eigenständiger Berichtigungszeitraum mit erstmaliger Verwendung.	
Berichtigungsverfahren	Berichtigung erfolgt für jedes einzelne Jahr, in dem sich eine Änderung der Verhältnisse ergeben hat; „pro rata temporis".	Berichtigung erfolgt sofort bis zum Ende des maßgeblichen Berichtigungszeitraumes; § 44 Abs. 4 Satz 3 UStDV.

2. Vorsteuerberichtigung bei Weiterverwendung des Gegenstandes

Wenn sich bei einem Wirtschaftsgut innerhalb von fünf Jahren (bei beweglichen Wirtschaftsgütern) ab dem Zeitpunkt der erstmaligen Verwendung die für den ursprünglichen Vorsteuerabzug maßgebenden Verhältnisse ändern, so hat der Unternehmer für jedes Kalenderjahr der Änderung einen Ausgleich durch eine Berichtigung des Abzugs der auf die Anschaffungs- oder Herstellungskosten entfallenden Vorsteuerbeträge vorzunehmen. Bei Grundstücken und ähnlichen Rechten beträgt der Berichtigungszeitraum 10 Jahre.

2.1 Berichtigungszeitraum

Der maßgebliche Berichtigungszeitraum beträgt grundsätzlich nach § 15a Abs. 1 UStG 5 Jahre. Lediglich bei Grundstücken einschließlich ihrer wesentlichen Bestandteile, bei Berechtigungen, für die die Vorschriften des bürgerlichen Rechts über Grundstücke gelten (Erbbaurecht, Erbpachtrecht und Wohnungseigentum), und bei Gebäuden auf fremden Grund und Boden beträgt der Berichtigungszeitraum 10 Jahre.

ACHTUNG!

Ist die betriebsgewöhnliche Nutzungsdauer eines Gegenstandes geringer als der fünf- oder zehnjährige Berichtigungszeitraum, so ist dieser geringere Zeitraum maßgebend, § 15 Abs. 2 Satz 2 UStG.

Beispiel 1:

Der Zahnarzt und Zahntechniker Z erwirbt für 4.000 EUR eine Computeranlage mit einer Nutzungsdauer von vier Jahren. Der Berichtigungszeitraum beträgt für diese Anlage nur vier Jahre.

ACHTUNG!

Es wird diskutiert, den Berichtigungszeitraum für Grundstücke auf das nach dem Gemeinschaftsrecht zulässige Maß von 20 Jahren zu erweitern.

Der Berichtigungszeitraum beginnt nicht mit der Anschaffung des Gegenstandes, sondern erst mit der erstmaligen Verwendung des Gegenstandes. Bei beweglichen Wirtschaftsgütern werden diese Zeitpunkte in der Praxis regelmäßig zusammenfallen. Lediglich bei Grundstücken (Gebäuden) wird ein relevantes Auseinanderfallen dieser beiden Zeitpunkte feststellbar sein.

Beispiel 2:

Der Vermieter V stellt am 15.12.2003 ein Gebäude fertig. Eine Vermietung des Gebäudes gelingt erstmals zum 1.5.2004. Der Berichtigungszeitraum für das Gebäude beginnt am 1.5.2004.

WICHTIG!

Eine Nichtnutzung eines Gegenstandes (z. B. Leerstand eines Gebäudes) vor der erstmaligen Verwendung stellt noch keinen Verwendungsumsatz dar.

Eine Ausnahme besteht bei Gebäuden, die entsprechend dem Baufortschritt in Gebrauch genommen werden, da insoweit jeweils eigenständige Berichtigungszeiträume beginnen.

Beispiel 3:

Der Unternehmer U baut ein neues Produktionsgebäude mit angrenzendem Verwaltungstrakt. Das Produktionsgebäude wird am 17.1.2004 in Betrieb genommen, der Verwaltungstrakt wird erst am 10.6.2004 bezogen. Es liegen zwei verschiedene Berichtigungszeiträume vor.

Der Berichtigungszeitraum endet nach Ablauf der fünf- oder zehnjährigen Frist bzw. nach Ablauf der geringeren betriebsgewöhnlichen Nutzungsdauer des Gegenstandes. Um bei der Berechnung der Berichtigung aber zu einer Vereinfachung zu kommen, wird das Ende des Berichtigungszeitraumes nach § 45 UStDV auf volle Kalendermonate auf- oder abgerundet.

- Endet der Berichtigungszeitraum vor dem 16. des Kalendermonats, so ist dieser Monat insgesamt bei der Berichtigung nicht zu berücksichtigen,

- endet der Berichtigungszeitraum nach dem 15. des Kalendermonats, so ist dieser Monat bei der Berichtigung insgesamt mit zu berücksichtigen.

Beispiel 3 (Fortsetzung):

Der Berichtigungszeitraum für das Produktionsgebäude endet am 31.1.2014, der Januar 2014 wird noch voll mit berücksichtigt. Der Berichtigungszeitraum des Verwaltungstraktes endet am 31.5.2014, der anteilige Juni 2014 wird nicht mit berücksichtigt.

2.2 Verwendungsänderung

Um zu einer Vorsteuerberichtigung zu kommen, muss sich eine Veränderung bei der Verwendung des Gegenstandes ergeben, wobei sich die Veränderung auf die Möglichkeit des Vorsteuerabzuges auswirken muss.

Beispiel 4:

Der Unternehmer U hatte 1999 eine Werkhalle gebaut, die er für die Produktion von Holzfenstern nutzte. Die Umsatzsteuer aus der Errichtung der Werkhalle konnte U 1999 als Vorsteuer abziehen. Ab Januar 2004 vermietet U die Werkhalle an einen Produzenten von Kunststofffenstern und optiert bei der Vermietung nach § 9 UStG auf die Steuerpflicht. Es hat sich zwar die Verwendung der Werkhalle verändert, diese Verwendungsänderung hat jedoch keinen Einfluss auf die Vorsteuerabzugsberechtigung, so dass § 15a UStG nicht anzuwenden ist. Würde U nicht steuerpflichtig (also ohne Option nach § 9 UStG) die Werkhalle vermieten, müsste er eine Vorsteuerberichtigung nach § 15a UStG vornehmen.

Grundsätzlich ist für die Frage der Verwendungsänderung immer auf die Abzugsmöglichkeit beim Leistungsbezug abzustellen. Die früher maßgebliche Verwendung im Jahr der erstmaligen Nutzung des Wirtschaftsgutes ist nach der Rechtsprechung des EuGH seit 2002 durch Veränderung des § 15a Abs. 1 UStG im deutschen Umsatzsteuerrecht ohne Bedeutung.

ACHTUNG!

Maßgeblich ist für den Vorsteuerabzug immer die Berechtigung zum Zeitpunkt, an dem der Unternehmer die Leistung bezieht. Die tatsächliche erstmalige Verwendung ist nicht für den Vorsteuerabzug entscheidend.

TIPP!

In den meisten Fällen wird sich aber in der Praxis durch diese Rechtsänderung keine Veränderung ergeben, da die geplante Verwendung in der Regel mit der tatsächlichen Verwendung identisch sein wird.

ACHTUNG!

Eine Nichtnutzung eines Gegenstandes (z. B. Leerstand eines Gebäudes) während des maßgeblichen Berichtigungszeitraumes stellt keine Verwendung dar. Nach der neueren Rechtsprechung des BFH (Urteil v. 25.4.2002, V R 58/00) wird die für die Vorsteuerberichtigung maßgebliche Beurteilung des Vorsteuerabzugs in dieser Zeit durch die weitere Verwendung des Gegenstandes bestimmt.

Vorsteuerberichtigung

Beispiel 5:

Der Vermieter V vermietet ein 2000 errichtetes Gebäude steuerpflichtig an einen zum Vorsteuerabzug berechtigten Unternehmer. Zum 30.6.2003 wurde das Mietverhältnis gekündigt. Der V bemüht sich intensiv, einen neuen Mieter zu finden, an den er ebenfalls steuerpflichtig vermieten kann. Erst Anfang 2004 nimmt er ein Mietangebot eines Arztes an, da ein anderer Mieter nicht zu finden war.

Die Vermietung an den Arzt in 2004 ist steuerfrei nach § 4 Nr. 12a UStG, eine Option ist wegen § 9 Abs. 2 UStG nicht möglich. Damit ist eine Änderung der Verhältnisse, die für den Vorsteuerabzug maßgebend waren, eingetreten. Allerdings ist die Leerstandszeit in 2003 noch eine – geplante – steuerpflichtige Verwendung, so dass eine Berichtigung nach § 15a UStG erst ab 2004 in Betracht kommt.

Der Unternehmer kann die Prüfung der Vorsteuerberichtigung wie in der folgenden Abbildung gezeigt vornehmen.

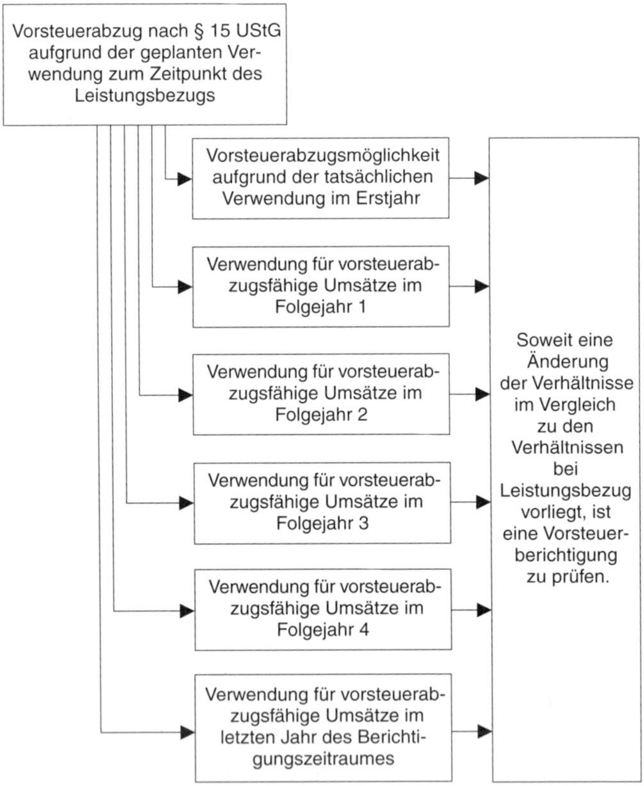

2.3 Berichtigungsverfahren

Soweit sich eine Veränderung bei den Verhältnissen, die für den Vorsteuerabzug bei Leistungsbezug maßgeblich waren, durch die tatsächliche Verwendung im Erstjahr oder in den folgenden Jahren des Berichtigungszeitraumes ergibt, muss der Unternehmer eine Vorsteuerberichtigung vornehmen. Dabei kann der Berichtigungsbetrag grundsätzlich nach der folgenden Berechnungsformel berechnet werden:

Vorsteuer aus Anschaffung oder Herstellung des Gegenstandes	×	Berichtigungs-zeit	×	Verwendungs-änderung

2.3.1 Vorsteuer aus der Anschaffung oder Herstellung

In die Vorsteuerberichtigung gehen sämtliche Vorsteuerbeträge ein, die bei der Anschaffung oder Herstellung eines Gegenstandes entstanden sind. Unerheblich ist es bei der Berechnung des Berichtigungsbetrages, ob diese Vorsteuerbeträge auf Grund der geplanten Verwendung abgezogen werden konnten.

ACHTUNG!

Voraussetzung ist jedoch immer, dass der Gegenstand für das Unternehmen bezogen wurde und auch dem Unternehmensvermögen zugerechnet werden konnte. Eine Einlage eines Gegenstandes aus dem Privatvermögen eröffnet nach der derzeitigen Rechtslage keine Vorsteuerberichtigung.

WICHTIG!

In die Berechnung gehen auch Vorsteuerbeträge aus Anschaffungsnebenkosten mit ein (z. B. Transportkosten, Aufstellkosten).

ACHTUNG!

Vorsteuerbeträge aus Instandhaltungsaufwendungen (z. B. Reparaturkosten) oder laufenden Betriebsausgaben sind nicht nach § 15a UStG zu korrigieren. Für diese Aufwendungen kommt es immer auf die Verwendung des Gegenstandes im jeweiligen Besteuerungszeitraum an.

2.3.2 Berichtigungszeit

Wird der Gegenstand, auf den sich die Vorsteuerberichtigung bezieht, im Unternehmen weiter verwendet, so erfolgt die Vorsteuerberichtigung grundsätzlich „pro rata temporis“, also nur für das jeweilige Jahr. Damit sind alle Kenntnisse über die weitere Verwendung des Gegenstandes bei der Jahresberichtigung außer Betracht zu lassen. Somit beträgt bei einem beweglichen Wirtschaftsgut in der Regel die Berichtigungszeit 1/5, nämlich ein Jahr des insgesamt fünfjährigen Berichtigungszeitraumes. Bei einem

Grundstück oder grundstücksgleichem Recht 1/10, nämlich ein Jahr des insgesamt zehnjährigen Berichtigungszeitraumes.

2.3.3 Verwendungsänderung

Die Verwendungsänderung ist immer als Veränderung in Prozentpunkten zu der vorsteuerabzugsberechtigenden Verwendung zum Zeitpunkt des Vorsteuerabzugs zu berechnen. Bestand zum Beispiel zum Zeitpunkt des Leistungsbezugs volle Vorsteuerabzugsberechtigung, in einem Folgejahr wird der Gegenstand aber zu 30 % auch für vorsteuerabzugsschädliche Umsätze verwendet, so liegt eine Verwendungsänderung von –30 % vor.

Der geplanten Verwendung ist immer die Verwendung des Gegenstandes im Erstjahr oder in den jeweiligen Folgejahren gegenüberzustellen. Dabei ist von einer durchschnittlichen Verwendung des Gegenstandes in diesem Besteuerungszeitraum auszugehen.

Beispiel 6:

Eine Mieteinheit, die in 2004 sechs Monate steuerpflichtig und sechs Monate steuerfrei vermietet wird, wird in 2004 zu 50 % zu vorsteuerabzugsberechtigenden Umsätzen verwendet.

ACHTUNG!

Um eine Berichtigung in den Fällen zu vermeiden, bei denen sich nur geringfügige Veränderungen im Vergleich zum erstmaligen Vorsteuerabzug ergeben, sind in § 44 UStDV verschiedene Vereinfachungsregelungen zusammengefasst. Insbesondere muss die Verwendungsänderung mindestens 10 Prozentpunkte betragen (vgl. unten Vereinfachungsregelungen).

Beispiel 7:

Der Unternehmer U hat in 2000 eine Immobilie errichtet, für die ihm aus den Herstellungskosten insgesamt Umsatzsteuerbeträge in Höhe von umgerechnet 100.000 EUR in Rechnung gestellt worden sind. Entsprechend der Verwendung der Immobilie hat U in 2000 Vorsteuerbeträge in Höhe von 40 %, also umgerechnet 40.000 EUR abgezogen. Bis einschließlich 2003 hat sich keine Veränderung bei der Verwendung des Objektes ergeben. Im Kalenderjahr 2004 wird das Objekt wegen verschiedener Mieterwechsel zu 52 % für steuerpflichtige (vorsteuerabzugsberechtigende) Umsätze verwendet. Für 2004 ergibt sich für U die folgende Vorsteuerberichtigung:

Vorsteuer aus Herstellung		Berichtigungszeit		Verwendungsänderung		Berichtigungsbetrag
100.000 EUR	×	12/120	×	+ 12 %	=	1.200 EUR

Eine Änderung der Verhältnisse liegt auch dann vor, wenn sich tatsächlich an der Nutzung des Gegenstandes nichts geändert hat, aber die steuerliche Beurteilung für den Vorsteuerabzug sich verändert haben sollte (z. B. bei Wechsel der Besteuerungsform bei einem Landwirt oder bei einem Kleinunternehmer).

Beispiel 8:

Der Landwirt L hat 2002 einen Rübenernter erworben und den Vorsteuerabzug dafür vorgenommen. Ab 2004 wechselt L zulässigerweise zur Durchschnittssatzbesteuerung nach § 24 UStG. L muss bis zum Abschluss des fünfjährigen Berichtigungszeitraumes jährlich eine Vorsteuerberichtigung für den Rübenernter durchführen.

WICHTIG!

Seit 2002 kommen die Vorschriften des § 15a UStG auch uneingeschränkt bei einem Kleinunternehmer und einem Wechsel der Besteuerungsform in Betracht.

ACHTUNG!

Eine Änderung der Verhältnisse ist auch gegeben, wenn die Beurteilung des Vorsteuerabzugs zu Beginn der Verwendung sachlich unrichtig war (z. B. unzulässige Option auf die Steuerpflicht), eine falsche Beurteilung aber wegen eines nicht mehr änderbaren Steuerbescheides im Ursprungsjahr nicht mehr zu korrigieren ist. In diesem Fall kommen für die noch nicht bestandskräftigen Folgejahre Vorsteuerberichtigungen in Betracht.

2.4 Besonderheiten bei Zerstörung eines Gegenstandes

Wenn ein Gegenstand aus dem Unternehmen ausscheidet, ohne dass diesem Ausscheiden ein Verkauf oder ein unentgeltlicher Vorgang im Sinne des § 3 Abs. 1b UStG zugrunde liegt (also z. B. bei Zerstörung des Gegenstandes, bei Diebstahl oder Entsorgung wegen technischer Überalterung), ist damit der maßgebliche Berichtigungszeitraum für den Gegenstand beendet.

WICHTIG!

Der Verkauf der nicht mehr brauchbaren Teile (z. B. des Schrotts eines zerstörten Gegenstandes) gilt nicht als Ausgangsumsatz.

Eventuell kann sich daraus auch eine Neuberechnung von Vorsteuerberichtigungen der Vorjahre ergeben, da sich bei einem vorzeitigen Ausscheiden des Gegenstandes aus dem Unternehmensvermögen der Umfang des Berichtigungszeitraumes verringert hat. Zur Vereinfachung kann dann aber eine Differenz zu den ursprünglichen Berechnungen in der Erklärung des Jahres berücksichtigt werden, in dem der Gegenstand aus dem Unternehmensvermögen ausscheidet.

Beispiel 9:

Der Bauunternehmer B verwendet einen Baukran sowohl für steuerpflichtige Bauten auf fremden Grund und Boden wie auch für Bauten auf eigenen Grundstücken, die anschließend steuerfrei (vorsteuerabzugsschädlich) an private Erwerber veräußert werden. In den einzelnen Jahren ergeben sich unterschiedliche Verwendungen, so dass B in den einzelnen Jahren Vorsteuerberichtigungen nach § 15a UStG vornehmen muss. 48 Monate nach Erwerb wird der Kran bei einem Unfall vollständig zerstört. Der Berichtigungszeitraum von ursprünglich 60 Monaten (5 Jahren) verkürzt sich damit auf 48 Monate. Da in den Vorjahren bei den Vorsteuerberichtigungen aber von einer sechzig Monate dauernden Verwendungszeit ausgegangen wurde, muss eine Neuberechnung der Vorsteuerberichtigungen der Vorjahre erfolgen. Die Summe der Differenzen zu den Vorjahren kann im Jahr der Zerstörung berücksichtigt werden, so dass keine berichtigten Jahreserklärungen für die Vorjahre abgegeben werden müssen.

2.5 Besonderheiten bei auch privat genutzten Fahrzeugen

Vom 1.4.1999 bis zum 31.12.2003 ergab sich bei Fahrzeugen, die der Unternehmer sowohl für unternehmerische wie auch für private Fahrten verwendete, eine Beschränkung der Vorsteuerabzugsberechtigung nach § 15 Abs. 1b UStG auf 50 % der Vorsteuerbeträge (vgl. → *Privatnutzung von Unternehmensfahrzeugen*).

Ein Fall der Vorsteuerberichtigung ergab sich bei solchen Fahrzeugen nach § 15a Abs. 3 UStG a. F. in den folgenden Fällen:

- ein Fahrzeug wird zuerst in vollem Umfang für unternehmerische Zwecke verwendet, später aber auch für private Fahrten des Unternehmers oder
- ein Fahrzeug wird zuerst auch für private Fahrten des Unternehmers verwendet, später aber ausschließlich für unternehmerische Zwecke.

Außerdem konnte sich auch eine Vorsteuerberichtigung bei Verkauf oder Entnahme eines Fahrzeugs ergeben, für das bei Erwerb nur 50 % der Vorsteuerbeträge nach § 15 Abs. 1b UStG abzugsfähig waren.

ACHTUNG!

Die Beschränkung des Vorsteuerabzugs nach § 15 Abs. 1b UStG ist zum 1.1.2004 aufgehoben worden. Soweit der Berichtigungszeitraum für Fahrzeuge, für die Beschränkung nach § 15 Abs. 1b UStG angewandt wurde, ergibt sich über die Übergangsregelung des § 27 Abs. 5 UStG weiterhin die Vorsteuerberichtigung nach § 15a UStG

2.6 Besonderheiten bei nachträglichen Anschaffungs- oder Herstellungskosten

Bei einem Gegenstand, bei dem nachträgliche Anschaffungs- oder Herstellungskosten (nachträgliche Aufwendungen in Zusammenhang mit einem Gegenstand, die ohne Zusammenhang mit diesem Gegenstand zu Anschaffungs- oder Herstellungskosten führen würden) entstehen, ergibt sich für diese nachträglichen Anschaffungs- oder Herstellungskosten ein eigenständiger Berichtigungszeitraum, der grundsätzlich auch wieder fünf oder zehn Jahre läuft, soweit nicht eine geringere Verwendungsdauer für diesen Gegenstand in Betracht kommt.

3. Vorsteuerberichtigung bei Verkauf oder unentgeltlicher Lieferung eines Gegenstandes

Wird ein Gegenstand verkauft oder im Rahmen einer unentgeltlichen Lieferung nach § 3 Abs. 1b UStG aus dem Unternehmensvermögen entnommen, endet mit dieser Handlung nicht der Berichtigungszeitraum. Es muss somit auch in diesen Fällen eine Vorsteuerberichtigung geprüft werden. Dabei wird nach § 15a Abs. 6 UStG fiktiv davon ausgegangen, dass der Gegenstand bis zum Ende des maßgeblichen Berichtigungszeitraumes so für das Unternehmen verwendet wird, wie der Verkauf des Gegenstandes erfolgt. Damit können sich grundsätzlich nur zwei Möglichkeiten für diese fiktive Verwendung ergeben:

- Der Gegenstand wird steuerpflichtig verkauft. Dies wird der Regelfall bei beweglichen Wirtschaftsgütern sein. Diesem Ausgangsumsatz ist auch der Verkauf eines Gegenstandes gleichgestellt, der im Rahmen einer steuerfreien, aber den Vorsteuerabzug nicht ausschließenden Lieferung aus dem Unternehmensvermögen ausscheidet (z. B. bei einer steuerfreien Ausfuhrlieferung). In einem solchen Fall wird bei der Vorsteuerberichtigung so getan, als wenn der Gegenstand vom Verkauf bis zum Ablauf des Berichtigungszeitraumes in vollem Umfang für vorsteuerabzugsberechtigende Ausgangsumsätze verwendet worden ist.

- Der Gegenstand wird steuerfrei im Rahmen einer den Vorsteuerabzug ausschließenden Lieferung verkauft. Dies kann bei einem Verkauf eines Grundstückes in Betracht kommen, soweit keine nicht steuerbare Geschäftsveräußerung vorliegt und bei dem Verkauf nicht nach § 9 UStG auf die Steuerpflicht optiert wird. In einem solchen Fall wird bei der Vorsteuerberichtigung so getan, als wenn der Gegenstand vom Verkauf bis zum Ablauf des Berichtigungszeitraumes in vollem Umfang für vorsteuerabzugsschädliche Ausgangsumsätze verwendet worden ist.

Beispiel 10:

Der Unternehmer U hat Anfang Januar 2003 ein Fahrzeug erworben, das er auch zu 50 % für vorsteuerabzugsschädliche Vermietungsumsätze im Rahmen seines Unternehmens verwendet. Von der ihm in Rechnung gestellten Umsatzsteuer von 4.000 EUR kann er nur 2.000 EUR als Vorsteuer geltend machen. Anfang Januar 2004 veräußert der Unternehmer U das Fahrzeug. Der Verkauf des Fahrzeugs ist ein in vollem Umfang steuerpflichtiger Umsatz. Damit gilt der Gegenstand als bis zum Ende des Berichtigungszeitraums für vorsteuerabzugsberechtigende Umsätze verwendet. Der Unternehmer kann eine Vorsteuerberichtigung zu seinen Gunsten vornehmen. Da der U das Fahrzeug bisher 12 Monate verwendet hat, erfolgt noch eine Berichtigung für die restlichen 48 Monate (4 Jahre). Die Verwendungsänderung beträgt +50 %, da U 2003 nur zum Abzug von 50 % der Vorsteuer berechtigt war. Damit ergibt sich folgender Berichtigungsbetrag:

Vorsteuer aus Anschaffung		Berichtigungszeit		Verwendungsänderung		Berichtigungsbetrag
4.000 EUR	×	48/60	×	+ 50 %	=	1.600 EUR

WICHTIG!

Grundsätzlich erfolgt eine Vorsteuerberichtigung bei Verkauf oder Lieferung nach § 3 Abs. 1b UStG schon in der laufenden Umsatzsteuer-Voranmeldung des Monats, in dem der Verkauf stattgefunden hat, § 44 Abs. 4 UStDV.

4. Vorsteuerberichtigung bei Geschäftsveräußerung

Wenn ein Unternehmer ein Unternehmen insgesamt oder einen Teilbetrieb an einen anderen Unternehmer veräußert (vgl. → *Geschäftsveräußerung*), liegt nach § 1 Abs. 1a UStG ein nicht steuerbarer Umsatz vor. Der Erwerber tritt in die Rechtsposition des Verkäufers ein.

Damit muss der Erwerber die maßgeblichen Vorsteuerberichtigungszeiträume des Verkäufers fortführen. Im Ergebnis bedeutet dies, dass der Erwerber, in Abhängigkeit von der Verwendung eines Gegenstandes durch seinen Rechtsvorgänger, eine Vorsteuerberichtigung – zu seinen Lasten wie auch zu seinen Gunsten – vornehmen muss.

TIPP!

Soweit ein Unternehmer den Erwerb eines Betriebes oder eines Teilbetriebes plant, muss er notfalls bis zu zehn Jahre zurück alle Anschaffungen des Verkäufers umsatzsteuerlich beurteilen, da die Gefahr einer Belastung aus einer notwendigen Vorsteuerberichtigung vorliegt.

Beispiel 11:

Der Zahnarzt Z übernimmt zum 1.7.2003 eine Zahnarztpraxis. Der Verkäufer übergibt dem Z alle notwendigen Unterlagen. Nach Übernahme des Unternehmens stellt Z fest, dass in dem Unternehmensvermögen auch Gegenstände enthalten sind, die der Verkäufer früher im Rahmen zahntechnischer Leistungen verwendet hatte, für die er den Vorsteuerabzug ganz oder teilweise vorgenommen hatte. Bis zum Ablauf des Berichtigungszeitraumes für die einzelnen davon betroffenen Wirtschaftsgüter muss Z die Vorsteuerberichtigung zu seinen Lasten fortsetzen.

ACHTUNG!

Insbesondere im Zusammenhang mit Immobilien können sich wegen des zehnjährigen Berichtigungszeitraumes und der Höhe der Vorsteuerbeträge erhebliche Berichtigungsbeträge ergeben.

5. Vereinfachungsregelungen

Um bei geringfügigen Beträgen eine Vorsteuerberichtigung zu vermeiden, sind in § 44 UStDV die folgenden Vereinfachungsregelungen enthalten:

Vereinfachungsregelungen	
§ 44 Abs. 1 UStDV	Keine Anwendung der Vorsteuerberichtigung, wenn die gesamten Vorsteuerbeträge aus der Anschaffung oder Herstellung nicht 250 EUR übersteigen.

Vereinfachungsregelungen	
§ 44 Abs. 2 UStDV	Keine Berichtigung in einem Jahr, in dem sich die Nutzung im Vergleich zu den Verhältnissen des ursprünglichen Vorsteuerabzugs um weniger als 10 Prozentpunkte verändert hat, Ausnahme: Berichtigungsbetrag übersteigt 250 EUR.

ACHTUNG!

Die Vereinfachungsregelungen stellen kein Wahlrecht dar, sondern sind zwingend - auch zu Lasten des Unternehmers - anzuwenden.

5.1 Vereinfachung bei geringen Vorsteuerbeträgen

Soweit der Unternehmer Gegenstände erwirbt, die nur eine Umsatzsteuer in geringem Umfang bis zu 250 EUR enthalten, ist für diese Gegenstände eine Vorsteuerberichtigung nach § 15a UStG grundsätzlich ausgeschlossen.

WICHTIG!

Bei diesem Betrag handelt es sich um die gesamte Vorsteuer aus der Anschaffung oder Herstellung des Gegenstandes. Unerheblich ist, in welchem Umfang ein Vorsteuerabzug möglich war.

Damit können für Gegenstände die folgenden Anschaffungs- oder Herstellungskosten aufgewendet werden, ohne dass für diese Gegenstände eine Vorsteuerberichtigung geprüft werden muss:

Anschaffung	bei Regelsteuersatz	bei ermäßigten Steuersatz
vom 1.4.1998	brutto 3.625,- DM	brutto 7.642,85 DM
bis zum 31.12.2001	netto 3.125,- DM	netto 7.142,85 DM
ab 1.1.2002	brutto 1.812,50 EUR	brutto 3.821,42 EUR
	netto 1.562,50 EUR	netto 3.571,42 EUR

5.2 Vereinfachung bei geringfügiger Verwendungsänderung

Wenn sich bei einem Wirtschaftsgut die Verwendung im Verhältnis zu den Verhältnissen bei dem Vorsteuerabzug um weniger als 10 Prozentpunkte verändert hat, erfolgt für dieses Wirtschaftsgut in diesem Veranlagungszeitraum keine Vorsteuerberichtigung.

ACHTUNG!

Die Verwendungsänderung ist grundsätzlich immer im Vergleich zu den Verhältnissen beim Vorsteuerabzug zu ermitteln.

Beispiel 12:

Der Unternehmer U verwendet einen Gegenstand beim Erwerb in 2001 und auch tatsächlich zu 50 % für vorsteuerabzugsberechtigende Umsätze. Im Veranlagungszeitraum 2003 hat er den Gegenstand zu 40 % für vorsteuerabzugsberechtigende Umsätze verwendet, so dass für 2003 eine Vorsteuerberichtigung vorzunehmen ist. In 2004 verwendet er den Gegenstand zu 55 % für vorsteuerabzugsberechtigende Umsätze. In 2004 kommt eine Vorsteuerberichtigung nicht in Betracht, da sich die Verwendung im Vergleich zum erstmaligen Vorsteuerabzug um weniger als 10 Prozentpunkte verändert hat.

ACHTUNG!

Eine Vorsteuerberichtigung erfolgt aber auch bei einer Verwendungsänderung von weniger als 10 Prozentpunkten, wenn der Berichtigungsbetrag 250 EUR übersteigt.

Beispiel 12 (Fortsetzung):

Soweit sich bei der Verwendungsänderung in 2004 für den Unternehmer U ein Berichtigungsbetrag von mehr als 250 EUR ergeben würde, wäre eine Vorsteuerberichtigung nach § 15a UStG durchzuführen.

5.3 Zeitpunkt der Vorsteuerberichtigung

Der Zeitpunkt der Vorsteuerberichtigung ist davon abhängig, ob es sich um den Verkauf oder die Lieferung im Rahmen des § 3 Abs. 1b UStG handelt oder der Gegenstand im Unternehmen weiter verwendet wird. Darüber hinaus hat auch die Höhe der sich aus der Anschaffung oder Herstellung ergebenden Umsatzsteuer sowie die Höhe des Berichtigungsbetrages einen entscheidenden Einfluss auf den Zeitpunkt der Vorsteuerberichtigung. Der jeweilige Berichtigungszeitpunkt kann aus der folgenden Zusammenstellung entnommen werden:

Vorgang	Berichtigungszeitpunkt	Vorschrift
Ein Gegenstand wird verkauft oder nach § 3 Abs. 1b UStG geliefert	Sofortige Berichtigung in der Voranmeldung des Voranmeldungszeitraumes, in dem der Verkauf oder die Lieferung nach § 3 Abs. 1b UStG ausgeführt wird, zusätzlich Aufnahme in die Jahreserklärung	§ 44 Abs. 4 UStDV
Es ändert sich die Verwendung eines Gegenstandes, auf den bei der Anschaffung oder Herstellung mehr als 250 EUR, aber nicht mehr als 1.000 EUR Vorsteuer entfallen sind	Die Berichtigung für alle Kalenderjahre erfolgt erst in der Jahreserklärung des Jahres, in dem der Berichtigungszeitraum endet. Angegeben wird die Summe der Einzelbeträge, die sich in den einzelnen Jahren rechnerisch ergeben	§ 44 Abs. 3 UStDV
Es ändert sich die Verwendung eines Gegenstandes, auf den bei der Anschaffung oder Herstellung mehr als 1.000 EUR Vorsteuer entfallen sind und die Verwendungsänderung wird zu einem Berichtigungsbetrag in diesem Jahr von nicht mehr als 6.000 EUR führen	Die Berichtigung erfolgt erst in der jeweiligen Jahressteuererklärung des Unternehmers, eine Berichtigung kann noch nicht in den einzelnen Voranmeldungszeiträumen vorgenommen werden	§ 44 Abs. 4 S. 1 UStG
Es ändert sich die Verwendung eines Gegenstandes, auf den bei der Anschaffung oder Herstellung mehr als 1.000 EUR Vorsteuer entfallen sind und die Verwendungsänderung wird zu einem Berichtigungsbetrag in diesem Jahr von mehr als 6.000 EUR führen	Die Berichtigung erfolgt schon anteilig in den einzelnen Voranmeldungszeiträumen, darüber hinaus ist der Berichtigungsbetrag in der Jahreserklärung mit aufzunehmen	§ 18 Abs. 1 UStG und § 44 Abs. 4 UStDV

Vorsteuervergütung

Vorsteuervergütung auf einen Blick

1. Rechtsquellen

   § 18 Abs. 9 UStG

   § 59 bis § 61 UStDV

   Abschn. 240 bis Abschn. 245 UStR 2000

2. Bedeutung

   Im Ausland ansässige Unternehmer können in den Fällen, in denen sie im Inland nicht an dem normalen Besteuerungsverfahren teilnehmen, beim Bundesamt für Finanzen die Vergütung der im Inland angefallenen Vorsteuerbeträge beantragen. Bei Unternehmern, die im Drittlandsgebiet ansässig sind, sind die Möglichkeiten der Vergütung beschränkt.

3. Weitere Stichworte

   → *Umsatzsteuererklärung*, → *Umsatzsteuer-Voranmeldung*, → *Vorsteuerabzug*

1. Allgemeines

Soweit ein im Ausland ansässiger Unternehmer im Inland Leistungen in Anspruch nimmt, für die ihm Umsatzsteuer in Rechnung gestellt wird, hat der Unternehmer grundsätzlich einen → *Vorsteuerabzug* nach § 15 UStG. Die Vorsteuererstattung erfolgt dabei aber nicht im Rahmen der normalen Veranlagung (→ *Umsatzsteuererklärung* oder → *Umsatzsteuer-Voranmeldung*), wenn der ausländische Unternehmer in dem Vergütungszeitraum die folgenden Voraussetzungen des § 59 UStDV erfüllt:

- Der Unternehmer hat keine steuerbaren Lieferungen oder sonstigen Leistungen im Inland erbracht und auch keine innergemeinschaftlichen Erwerbe im Inland verwirklicht oder nur steuerfreie Umsätze im Rahmen grenzüberschreitender Güterbeförderungsleistungen nach § 4 Nr. 3 UStG erbracht.
- Der Unternehmer hat nur Umsätze im Inland erbracht, für die der Leistungsempfänger die Steuer nach § 13b UStG schuldet (vgl. → *Steuerschuldnerverfahren*), oder es wurde die Beförderungseinzelbesteuerung nach § 16 Abs. 5 UStG (vgl. → *Beförderungsleistungen*) durchgeführt.
- Der Unternehmer hat im Inland nur innergemeinschaftliche Erwerbe mit daran anschließenden Lieferungen im Rahmen eines → *innergemeinschaftlichen Reihengeschäftes* nach § 25b Abs. 2 UStG ausgeführt.

WICHTIG!

Die Vorsteuervergütung setzt grundsätzlich voraus, dass die Umsatzsteuer in einer Rechnung gesondert ausgewiesen worden ist und keine Abzugshindernisse nach § 15 UStG für den Vorsteuerabzug bestehen. Kleinbetragsrechnungen und Fahrausweise werden entsprechend den allgemeinen Regelungen anerkannt.

2. Der Antrag auf Erstattung

Der vergütungsberechtigte Unternehmer muss bei dem Bundesamt für Finanzen einen Antrag auf Erstattung stellen, den er eigenhändig zu unterschreiben hat. Der Antrag ist beim Bundesamt für Finanzen erhältlich, er kann auch über das Internet heruntergeladen werden (www.bff-online.de). Der Antrag ist zusammen mit allen Originalbelegen beim

Bundesamt für Finanzen
Friedhofstraße 1
53225 Bonn
(Hotline information VAT refund +49 228 4062880)

einzureichen.

ACHTUNG!

Dem Vergütungsantrag sind alle zum Vorsteuerabzug berechtigenden Belege (Rechnungen, Einfuhrbelege) im Original beizufügen.

Der Vergütungsantrag ist seit einigen Jahren fristgebunden und muss innerhalb von sechs Monaten nach Ablauf eines Kalenderjahres gestellt werden. Wird diese Frist überschritten, kann dem Unternehmer nur dann Wiedereinsetzung in den vorigen Stand nach § 110 AO gewährt werden, wenn er darlegen kann, dass ihn kein Verschulden an dem Versäumnis trifft.

Der Unternehmer muss darüber hinaus eine Bestätigung aus seinem Heimatstaat vorlegen, aus der sich eindeutig ergibt, dass er als Unternehmer unter einer Umsatzsteuernummer geführt wird. Die Bescheinigung kann auch in der Amtssprache eines anderen Mitgliedstaates ausgestellt sein.

Der Antrag auf Vergütung der Umsatzsteuer kann für das gesamte Kalenderjahr gestellt werden, er kann aber auch für einen kürzeren Vergütungszeitraum gestellt werden (mindestens drei Monate, dies gilt nicht für den letzten Vergütungszeitraum des Jahres), dabei sind bestimmte Mindestvergütungen zu beachten:

	Antragsteller aus dem übrigen Gemeinschaftsgebiet	Antragsteller aus dem Drittlandsgebiet
Kalenderjahr als Vergütungszeitraum	Mindestbetrag 25 EUR	Mindestbetrag 250 EUR
Vergütungszeitraum ist kürzer als Kalenderjahr, mindestens aber drei Monate – der letzte Vergütungszeitraum kann auch kürzer sein, in diesem Fall gelten die Mindestbeträge wie beim Kalenderjahr	Mindestbetrag 200 EUR	Mindestbetrag 500 EUR

3. Einschränkungen für im Drittlandsgebiet ansässige Unternehmer

Eine Vorsteuervergütung für im → *Drittlandsgebiet* ansässige Unternehmer kommt nur dann in Frage, wenn in dem Land, aus dem der ausländische Unternehmer stammt, eine Umsatzsteuer oder eine ähnliche Steuer nicht erhoben wird oder im Falle der Erhebung einem im Inland ansässigen Unternehmer auf Antrag erstattet wird (sog. Gegenseitigkeitsverfahren). Eine Aufstellung der in dieses Gegenseitigkeitsverfahren einbezogenen Staaten wird regelmäßig im Bundessteuerblatt (Teil I) veröffentlicht. Die Aufstellung ist auch unter www.bff-online.de im Internet abrufbar.

Darüber hinaus sind von der Erstattung für im Drittlandsgebiet ansässige Unternehmer grundsätzlich Vorsteuerbeträge aus dem Bezug von Kraftstoffen ausgeschlossen.

4. Vorsteuervergütung für inländische Unternehmer im Ausland

Soweit ein Unternehmer, der sein Unternehmen im → *Inland* betreibt, im Ausland Umsatzsteuer in Rechnung gestellt bekommt, kann diese Umsatzsteuer nur in dem Entstehungsland abgezogen werden.

WICHTIG!

Eine ausländische Umsatzsteuer kann grundsätzlich nie im Inland als Vorsteuer abgezogen werden.

Soweit der deutsche Unternehmer in diesem anderen Land nicht wegen der Ausführung von Umsätzen im allgemeinen Besteuerungsverfahren ist, kann er nach den jeweils in diesem Land anzuwendenden Rechtsvorschriften eine Vorsteuervergütung beantragen.

In aller Regel wird dieser Erstattungsantrag nach dem jeweils in diesem Land vorgeschriebenen Formular zu stellen sein. In der Europäischen Gemeinschaft sind die Antragsformulare vereinheitlicht und können im Internet beim Bundesamt für Finanzen (www.bff-online.de) heruntergeladen werden. Ebenfalls sind dort die für die Vergütung für deutsche Unternehmer jeweils zuständigen ausländischen Finanzbehörden erfasst, an die der Antrag zu senden ist.

Warengutscheine

Warengutscheine auf einen Blick

1. **Rechtsquellen**

   § 10 UStG

2. **Bedeutung**

   Gibt der Hersteller einer Ware Warengutscheine aus, die der Endverbraucher entweder bei ihm oder beim Einzelhändler einlösen kann, ergibt sich das Problem der Berücksichtigung bei der Bemessungsgrundlage. Nach der Rechtsprechung des EuGH mindern diese Gutscheine die Bemessungsgrundlage des Herstellers.

3. **Weitere Stichworte**

   → ***Bemessungsgrundlage***

1. Allgemeines

Schon in 1996 hatte der EuGH festgestellt (Urteil v. 24.10.1996, Rs. C-317/94), dass bei der Ausgabe von Warengutscheinen die Bemessungsgrundlage des Herstellers für die Lieferung an den Großhändler sich um diesen Nachlass mindert, selbst wenn die Gutscheine nicht in der Leistungskette durchgereicht werden. Die deutsche Finanzverwaltung hatte sich dieser Auffassung aus grundsätzlichen Erwägungen nicht angeschlossen. Nachdem der EuGH in einem Verfahren der Europäischen Kommission gegen Deutschland seine Auffassung bestätigt hatte (Urteil v. 15.10.2002, Rs. C-427/98), werden die Grundsätze jetzt auch in Deutschland angewandt. Ein ausgegebener Warengutschein mindert danach im Ergebnis die Bemessungsgrundlage beim Hersteller.

2. Preisnachlassgutschein

Bei einem Preisnachlassgutschein kann der Endverbraucher einen Gutschein bei dem Einzelhändler einlösen und damit einen geringeren Barbetrag aufwenden. Der Einzelhändler reicht den Preisnachlassgutschein direkt bei dem Hersteller ein. Der Einlösungsbetrag mindert die Bemessungsgrundlage bei dem Hersteller.

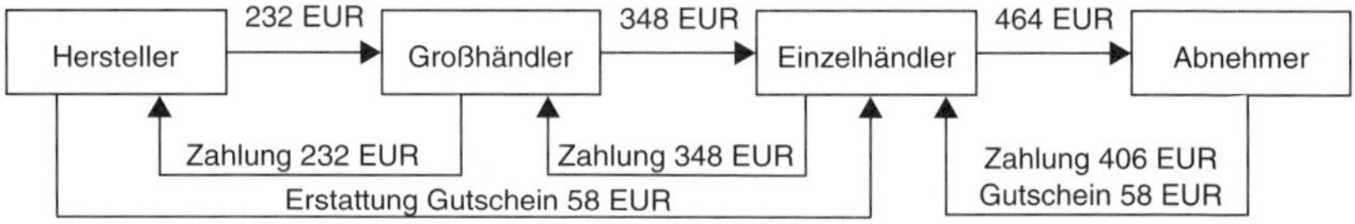

Beispiel 1:

Bei dem Preisnachlassgutschein ergibt sich für den Einzelhändler ein Bruttoentgelt in Höhe von 464 EUR, da er von seinem Kunden 406 EUR und die Erstattung auf Grund des Preisnachlassgutscheines vom Hersteller erhält. Damit muss der Einzelhändler 64 EUR Umsatzsteuer abführen. Bei dem Hersteller hat sich im Voranmeldungszeitraum der Erstattung an den Einzelhändler die Bemessungsgrundlage um (brutto) die an den Einzelhändler erstatteten 58 EUR gemindert. Damit entsteht bei dem Hersteller insgesamt eine Umsatzsteuer in Höhe von 24 EUR. Der Großhändler hat dennoch einen Vorsteuerabzugsanspruch aus der Rechnung des Herstellers in Höhe von 32 EUR. Eine Notwendigkeit zur Rechnungsberichtigung ergibt sich nicht.

3. Preiserstattungsgutschein

Bei einem Preiserstattungsgutschein erhält der Endverbraucher einen Gutschein mit der Ware, den der Verbraucher direkt bei dem Hersteller einlösen kann. Auch in diesem Fall ergibt sich eine Minderung der Bemessungsgrundlage beim Hersteller.

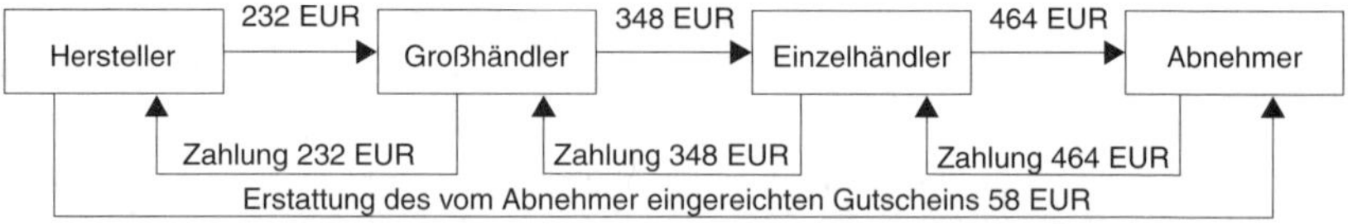

Beispiel 2:

Bei dem Preiserstattungsgutschein ergibt sich für den Einzelhändler ein Bruttoentgelt in Höhe von 464 EUR, da er von seinem Kunden 464 EUR erhält. Damit muss der Einzelhändler 64 EUR Umsatzsteuer abführen. Bei dem Hersteller hat sich im Voranmeldungszeitraum der Erstattung auf Grund des Preiserstattungsgutscheines an den Abnehmer die

Bemessungsgrundlage um (brutto) die erstatteten 58 EUR gemindert. Damit entsteht bei dem Hersteller insgesamt eine Umsatzsteuer in Höhe von 24 EUR. Der Großhändler hat dennoch einen Vorsteuerabzugsanspruch aus der Rechnung des Herstellers in Höhe von 32 EUR. Eine Notwendigkeit zur Rechnungsberichtigung ergibt sich nicht.

ACHTUNG!

Die Grundsätze der Rechtsprechung des EuGH zur Minderung der Bemessungsgrundlage sind allerdings dann nicht anzuwenden, wenn der mit dem eingelösten Gutschein verbundenen finanziellen Aufwand von dem Unternehmer aus allgemeinen Werbeinteresse getragen wird und nicht einem nachfolgenden Umsatz in der Leistungskette zugeordnet werden kann.

Beispiel 3:

Das Einkaufscenter E verteilt an seine Kunden Gutscheine zum Besuch eines im Einkaufscenter von einem fremden Unternehmer betriebenen Eissalons. Die ausgegebenen Gutscheine führen nicht zur Minderung der Bemessungsgrundlage bei E, da hier keine in der Leistungskette weitergegebene Leistung vorliegt – der Abnehmer wendet durch den erhaltenen Gutschein im Ergebnis nicht weniger für eine von E erbrachte Leistung auf.

Die Anerkennung der Minderung der Bemessungsgrundlage beim Hersteller setzt jedoch bestimmte Tatbestandsmerkmale voraus:

- Der Hersteller hat tatsächlich einen in der Leistungskette nachfolgenden Abnehmer den Nennwert des ausgestellten Gutscheins vergütet.
- Die Lieferung an den Abnehmer, der den Gutschein eingelöst hat, ist im Inland steuerpflichtig.

Die Voraussetzungen müssen darüber hinaus im Regelfall wie folgt nachgewiesen werden:

- Durch einen Beleg über die Erstattung; dieser Beleg soll auch eine Bezeichnung des Gutscheins (z. B. Registriernummer), den Namen und die Anschrift des Endverbrauchers und Angaben über die Vorsteuerabzugsberechtigung des Endverbrauchers enthalten.
- Einen Beleg des Einzelhändlers, aus dem sich ergibt, dass die Lieferung an den Endabnehmer im Inland steuerpflichtig war, bei einem Preisnachlassgutschein soll darüber hinaus der maßgebliche Steuersatz und Preis – aufgegliedert in Wert des Gutscheins und Barzahlung des Kunden – ersichtlich sein.

Die Voraussetzungen können sich auch jeweils aus anderen Unterlagen des Unternehmers ergeben, wenn sich die Angaben leicht und eindeutig nachprüfen lassen.

WICHTIG!

Die Grundsätze sind auch dann anzuwenden, wenn der Abnehmer ein ganz oder teilweise zum Vorsteuerabzug berechtigter Unternehmer ist. Der Preisnachlass führt bei ihm zu einer entsprechenden Verringerung des Vorsteuerabzugs.

Werkleistung

Werkleistung auf einen Blick

1. **Rechtsquellen**

   § 3 Abs. 4 und § 3 Abs. 10 UStG

   Abschn. 27 UStR 2000

2. **Bedeutung**

   Einheitliche Leistung, die sowohl Elemente einer Lieferung wie auch einer sonstigen Leistung enthält. Für Werkleistungen gelten dieselben Bestimmungen für den Ort der Leistung und für Steuerbefreiungen wie bei sonstigen Leistungen.

3. **Weitere Stichworte**

   → *Lohnveredelung*, → *sonstige Leistung*, → *Tausch*, → *Werklieferung*

Bei einheitlichen Leistungen, die sowohl Elemente von Lieferungen wie auch von sonstigen Leistungen umfassen, muss für die Bestimmung der Art der Leistung eine Zuordnung in → *Werklieferung* oder Werkleistung erfolgen. Eine Werkleistung liegt dann vor, wenn der leistende Unternehmer bei der Bearbeitung oder Verarbeitung eines Gegenstandes keine selbst beschafften Stoffe oder nur Stoffe verwendet, die als Nebensachen oder Zutaten anzusehen sind. Zur genauen Abgrenzung der Werklieferung von der Werkleistung vgl. → *Werklieferung*.

Wenn der Unternehmer nur Nebensachen oder Zutaten oder gar keine selbst beschafften Stoffe bei der Be- oder Verarbeitung eines Gegenstandes verwendet, gelten für diese Werkleistungen für die Bestimmung des Ortes der Leistung die Vorschriften für → *sonstige Leistungen*, als Steuerbefreiung im Drittlandsverkehr kommt insbesondere die → *Lohnveredelung* in Betracht.

Eine Werkleistung liegt nach § 3 Abs. 10 UStG auch dann vor, wenn ein Unternehmer für einen Auftraggeber aus überlassenen Stoffen einen Gegenstand herstellen soll, er dem Auftraggeber aber einen gleichartigen Gegenstand überlässt, wie er ihn aus solchen Stoffen üblicherweise herstellt, wenn das Entgelt nach Art eines Werklohnes unabhängig vom Unterschied zwischen dem Marktpreis des empfangenen Stoffes und dem des überlassenen Gegenstandes berechnet wird. Ohne diese Vorschrift würden solche Leistungen als → *Tausch* anzusehen sein.

Beispiel:

Der Landwirt bringt 10 Zentner Getreide zum Müller, um das Getreide mahlen zu lassen. Der Müller händigt dem Landwirt sofort eine entsprechende Menge Mehl aus. Obwohl der Landwirt nicht das Mehl seines Getreides erhalten hat, stellt die Leistung des Müllers eine Werkleistung dar. Die Bemessungsgrundlage seiner Leistung beschränkt sich auf das, was der Landwirt für die Dienstleistung aufwendet.

Werklieferung

Werklieferung auf einen Blick

1. Rechtsquellen

   § 3 Abs. 4 UStG

   Abschn. 27 UStR 2000

2. Bedeutung

   Einheitliche Leistung, die sowohl Elemente einer Lieferung wie auch einer sonstigen Leistung enthält. Für Werklieferungen gelten dieselben Bestimmungen für den Ort der Leistung und für Steuerbefreiungen wie bei Lieferungen.

3. Weitere Stichworte

   → *Ausfuhrlieferung*, → *Lieferung*, → *Lohnveredelung*, → *sonstige Leistung*, → *Werkleistung*

4. Besonderheiten

   Vereinfachungsregel zur Abgrenzung der Werklieferung von der Werkleistung nach Abschn. 144 Abs. 2 UStR 2000 für Reparaturarbeiten an Beförderungsmitteln.

1. Allgemeines

Das Umsatzsteuergesetz kennt nur Lieferungen und sonstige Leistungen als steuerbare Leistungen nach § 1 Abs. 1 Nr. 1 UStG. Einheitliche Leistungen, die sowohl Elemente der Lieferung wie auch Elemente von sonstigen Leistungen enthalten, müssen für die umsatzsteuerliche Erfassung entweder den Lieferungen oder den sonstigen Leistungen zugeordnet werden, da sich bei Lieferungen und sonstigen Leistungen – insbesondere bei Leistungen im Zusammenhang mit dem Ausland – unterschiedliche umsatzsteuerliche Ergebnisse ergeben können. Die Abgrenzung erfolgt dabei über die Begriffe Werklieferung oder Werkleistung.

2. Abgrenzung Werklieferung und Werkleistung

Die Abgrenzung der Werklieferung von der Werkleistung erfolgt unter Berücksichtigung der von dem leistenden Unternehmer verwendeten Stoffe:

- Werklieferung: Der leistende Unternehmer verwendet nicht nur Stoffe, die als Nebensachen oder Zutaten anzusehen sind (der Unternehmer verwendet also auch „Hauptstoffe"). Dabei reicht es aus, wenn der leistende Unternehmer nur einen Teil des Hauptstoffes oder einen Teil eines von mehreren Hauptstoffen stellt.
- Werkleistung: Der leistende Unternehmer verwendet für seine Leistung entweder keine eigenen Stoffe oder ausschließlich solche eigenen Stoffe, die als Nebensachen oder Zutaten anzusehen sind.

Für die Abgrenzung des Hauptstoffes kommt es nicht auf das Verhältnis des Wertes der Arbeit zum Wert der verwendeten Stoffe, sondern darauf an, ob diese verwendeten Stoffe nach dem Willen der Beteiligten oder ihrer Art nach als Hauptstoffe anzusehen sind.

Als sonstige Nebensachen oder Zutaten sind in aller Regel die folgenden Teile anzusehen:

- Kleinere technische Hilfsmittel (Schrauben, Nägel, Splinte etc.)
- Schmierstoffe, Farben

3. Rechtsfolgen

In Abhängigkeit der Einstufung als Werklieferung oder als Werkleistung ergeben sich die folgenden Rechtsfolgen:

	Werklieferung	**Werkleistung**
Behandlung als	Lieferung	sonstige Leistung
Ortsbestimmung	§ 3 Abs. 6 bis Abs. 8 UStG	§ 3a UStG
Besonderheit der Ortsbestimmung, wenn Gegenstand in das übrige Gemeinschaftsgebiet gelangt	Gegebenenfalls Verlagerung des Ortes in das andere Mitgliedsland nach § 3c UStG (Leistungsempfänger verwendet keine USt-IDNr.)	Gegebenenfalls Verlagerung des Ortes in das andere Mitgliedsland nach § 3a Abs. 2 Nr. 3c Satz 2 UStG (Leistungsempfänger verwendet USt-IDNr. aus anderem Mitgliedstaat)
Steuerbefreiungen, wenn bearbeiteter Gegenstand ins Drittland gelangt	§ 4 Nr. 1a i. V. m. § 6 Abs. 1 UStG → *Ausfuhrlieferung*	§ 4 Nr. 1a i. V. m. § 7 Abs. 1 UStG → *Lohnveredelung*

	Werklieferung	Werkleistung
Steuerbefreiungen, wenn bearbeiteter Gegenstand in das übrige Gemeinschaftsgebiet gelangt	§ 4 Nr. 1b i. V. m. § 6a Abs. 1 UStG, Voraussetzung: USt-IDNr. des Leistungsempfängers	keine Steuerbefreiung
Bemessungsgrundlage	Alles, was der Leistungsempfänger aufwendet, Beistellungen scheiden aus der Bemessungsgrundlage aus	Alles, was der Leistungsempfänger aufwendet, Beistellungen scheiden aus der Bemessungsgrundlage aus

Bei der Bestimmung der Bemessungsgrundlage für die Werklieferung wie auch für die Werkleistung scheiden sog. Beistellungen des Leistungsempfängers aus dem Leistungsaustausch aus. Eine Beistellung kann in Form von Hauptstoffen, aber auch in Form von Nebenstoffen oder sonstigen Beistellungen erfolgen (z. B. Strom, Betriebsmittel, Maschinen, Arbeitskräfte).

Beispiel 1:

Der Werkunternehmer W hat sich verpflichtet, für den Abnehmer A eine Lagerhalle zu errichten. Er verwendet dabei sowohl Holz, welches ihm der Abnehmer A zur Verfügung gestellt hat, sowie Strom des Abnehmers A. Bei der Zurverfügungstellung des Holzes durch den Abnehmer A handelt es sich um eine Materialbeistellung, bei der Verwendung des Stromes um eine sonstige Beistellung. Beide Beistellungen stellen keine Leistung des Abnehmers A an den Unternehmer W dar und scheiden somit aus dem Leistungsaustausch aus. Die Bemessungsgrundlage bestimmt sich somit ausschließlich mit dem, was der Abnehmer A dem leistenden Unternehmer W für die Leistung bezahlt, abzüglich der darin enthaltenen Umsatzsteuer.

4. Besonderheiten bei der Beistellung von Personal

Bei der Abgrenzung zwischen steuerbarer Leistung und nicht steuerbarer Beistellung von Personal des Auftraggebers ist unter entsprechender Anwendung der Grundsätze der so genannten Materialbeistellung (Abschn. 27 Abs. 2 bis 4 UStR 2000) darauf abzustellen, ob der Auftraggeber an den Auftragnehmer selbst eine Leistung (als Gegenleistung) bewirken oder nur zur Erbringung der Leistung durch den Auftragnehmer beitragen will. Soweit der Auftraggeber mit Beistellung seines Personals an der Erbringung der bestellten Leistung mitwirkt, wird dadurch zugleich auch der Inhalt der gewollten Leistung näher bestimmt. Ohne entsprechende Beistellung ist es Aufgabe des Auftragnehmers, sämtliche Mittel für die Leistungserbringung selbst zu beschaffen. Daher sind Beistellungen nicht Bestandteil des Leistungsaustauschs, wenn sie nicht im Austausch für die gewollte Leistung aufgewendet werden.

Eine nicht steuerbare Beistellung von Personal des Auftraggebers setzt voraus, dass das Personal nur im Rahmen der Leistung des Auftragnehmers für den Auftraggeber eingesetzt wird. Der Einsatz von Personal des Auftraggebers für Umsätze des Auftragnehmers an Drittkunden muss vertraglich und tatsächlich ausgeschlossen sein. Der Auftragnehmer hat dies sicherzustellen und trägt hierfür die objektive Beweislast. Die Entlohnung des überlassenen Personals muss weiterhin ausschließlich durch den Auftraggeber erfolgen. Ihm allein muss auch grundsätzlich das Weisungsrecht obliegen. Dies kann nur in dem Umfang eingeschränkt und auf den Auftragnehmer übertragen werden, soweit es zur Erbringung der Leistung erforderlich ist.

WICHTIG!

Die Finanzverwaltung fordert, dass ein anderweitiger Einsatz des überlassenen Personals auch vertraglich ausgeschlossen sein muss. Soweit im Einzelfall eine Mitarbeit von Personal des Leistungsempfängers geplant ist, sollte in dem Vertrag eine entsprechende Klausel aufgenommen werden, z. B. „Die Mitarbeit des Personals des Auftraggebers ist ausschließlich auf den vorliegenden Auftrag begrenzt, darüber hinausgehende Tätigkeiten für den Auftragnehmer sind ausgeschlossen".

Beispiel 2:

Der Unternehmer U beauftragt den Auftragnehmer A, bei ihm die Wartung einer Turbine des unternehmenseigenen Kraftwerkes vorzunehmen. Um die Arbeiten durchführen zu können, wird zwischen U und A vereinbart, dass fünf Arbeitnehmer des U bei der Demontage der Turbine mithelfen sollen. Es wird vereinbart, dass sich der Preis für die Leistung des A aus diesem Grund um 10.000 EUR auf insgesamt (netto) 50.000 EUR verringert. Darüber hinaus wird vertraglich ausgeschlossen, dass die Arbeitnehmer des U für andere Leistungen des A herangezogen werden.

Es handelt sich bei der Überlassung der fünf Arbeitnehmer an den A um eine sonstige Beistellung, die aus dem Leistungsaustauschprozess ausscheidet. Der Auftraggeber U erbringt an den Auftragnehmer A keine Leistung. Der Auftragnehmer A erbringt an den U eine sonstige Leistung, die Bemessungsgrundlage für diese Leistung beträgt nach § 10 Abs. 1 UStG 50.000 EUR.

5. Abgrenzung der Werklieferung bei Reparaturen an Beförderungsmitteln

Bei der Reparatur von Beförderungsmitteln (Fahrzeuge, Schiffe, Flugzeuge) ist die Abgrenzung der Werklieferung von der Werkleistung insbesondere dann von Bedeutung, wenn der bearbeitete Gegenstand nach der Reparatur in das Drittlandsgebiet gelangt. Im Falle der Werklieferung liegt im Regelfall eine Ausfuhrlieferung nach § 4 Nr. 1a i. V. m. § 6 Abs. 1 UStG vor. Soweit eine Werkleistung vorliegen sollte, wäre eine Lohnveredelung nach § 4 Nr. 1a i. V. m. § 7 Abs. 1 UStG nur gegeben, wenn der Gegenstand zum Zweck der Bearbeitung oder Verarbeitung in das Inland gelangt wäre oder zum Zweck der Bearbeitung hier erworben worden wäre. Um in diesen Fällen die Abgrenzung der Werklieferung von der Werkleistung zu vereinfachen, kann nach Abschn. 144 Abs. 2 UStR 2000 von einer Werklieferung immer dann ausgegangen werden, wenn das bei der Leistung verwendete Material mehr als die Hälfte des Wertes der gesamten Leistung ausmacht.

Zusammenfassende Meldung

Zusammenfassende Meldung auf einen Blick

1. Rechtsquellen

   § 18a und § 26a UStG

   Abschn. 245a bis Abschn. 245g UStR 2000

2. Bedeutung

   Zur Kontrolle des innergemeinschaftlichen Warenaustausches hat der Unternehmer für steuerfreie innergemeinschaftliche Lieferungen quartalsweise Zusammenfassende Meldungen abzugeben. In dieser Zusammenfassenden Meldung hat er die USt-IDNr. des Leistungsempfängers sowie die Höhe des Umsatzes anzugeben.

3. Weitere Stichworte

   → *innergemeinschaftliche Lieferung*, → *innergemeinschaftliches Dreiecksgeschäft*, → *innergemeinschaftliches Kontrollverfahren*, → *innergemeinschaftliches Verbringen*, → *Umsatzsteuer-Identifikationsnummer*, → *Umsatzsteuer-Voranmeldung*

4. Besonderheiten

   Die Zusammenfassende Meldung ist nicht bei dem zuständigen Finanzamt des Unternehmers, sondern beim Bundesamt für Finanzen, Außenstelle Saarlouis abzugeben.

Der innergemeinschaftliche Warenaustausch basiert auf dem Prinzip, dass eine Umsatzsteuer in dem Land entsteht, in dem die Ware ge- oder verbraucht wird („Bestimmungslandprinzip"). Im Binnenmarkt ist dieses Prinzip dadurch umgesetzt worden, dass der Unternehmer als Leistungsempfänger im Bestimmungsmitgliedstaat einen innergemeinschaftlichen Erwerb der Besteuerung zu unterwerfen hat. Eine Kontrolle dieser Besteuerungsverpflichtung kann nur von den für ihn zuständigen Finanzbehörden des Bestimmungslandes durchgeführt werden. Um sie von einer steuerfreien → *innergemeinschaftlichen Lieferung* in Kenntnis zu setzen, erfolgt im Rahmen des → *innergemeinschaftlichen Kontrollverfahrens* ein Datenaustausch zwischen den Mitgliedstaaten über steuerfreie innergemeinschaftliche Lieferungen und andere relevante Warenbewegungen.

Zur Abgabe einer Zusammenfassenden Meldung ist derjenige verpflichtet, der innergemeinschaftliche Warenlieferungen ausführt. Die Zusammenfassende Meldung ist immer unter der USt-IDNr. des leistenden Unternehmers abzugeben. Die Verpflichtung zur Abgabe der Zusammenfassenden Meldung und der Inhalt der Meldung können aus der folgenden Übersicht entnommen werden:

Vorgang	Angaben in der Zusammenfassenden Meldung
Der Unternehmer erbringt eine steuerfreie innergemeinschaftliche Lieferung an einen Abnehmer mit USt-IDNr.	▸ die USt-IDNr. eines jeden Erwerbers und ▸ für jeden Erwerber die Summe der Bemessungsgrundlagen der an ihn ausgeführten innergemeinschaftlichen Lieferungen
Der Unternehmer verbringt für eigene Zwecke Gegenstände in einen anderen Mitgliedstaat außer nur zu einer vorübergehenden Verwendung (→ *innergemeinschaftliches Verbringen*)	▸ die USt-IDNr. des Unternehmers aus dem Mitgliedstaat, in den der Gegenstand gelangt und ▸ die darauf entfallende Summe der Bemessungsgrundlagen
Der Unternehmer ist als mittlerer Unternehmer an einem → *innergemeinschaftlichen Dreiecksgeschäft* im Sinne des § 25b UStG beteiligt	▸ die USt-IDNr. des letzten Erwerbers aus dem Mitgliedstaat, in den der Gegenstand gelangt, ▸ für jeden letzten Abnehmer die Summe der Bemessungsgrundlagen der an ihn ausgeführten Lieferungen und ▸ einen Hinweis auf das Vorliegen des Dreiecksgeschäftes

Die Zusammenfassende Meldung ist von dem Unternehmer beim Bundesamt für Finanzen, Außenstelle Saarlouis, bis zum 10. Tag nach Ablauf eines Kalendervierteljahres einzureichen, wenn er in diesem Meldezeitraum meldepflichtige Warenbewegungen ausgeführt hat. In den Fällen einer gewährten → *Dauerfristverlängerung* verlängert sich die Abgabefrist für die Zusammenfassende Meldung entsprechend.

Wenn der Unternehmer von der Verpflichtung, Umsatzsteuer-Voranmeldungen abzugeben, befreit worden ist, so hat er die Zusammenfassende Meldung bis zum 10. Tag nach Ablauf jedes Kalenderjahres abzugeben, wenn die folgenden weiteren Voraussetzungen erfüllt sind:

- Die Summe seiner Lieferungen und sonstigen Leistungen hat im vorangegangenen Kalenderjahr 200.000 EUR nicht überstiegen und wird diese Grenze im laufenden Kalenderjahr voraussichtlich auch nicht übersteigen,
- die Summe seiner innergemeinschaftlichen Warenlieferungen hat im vorangegangenen Kalenderjahr 15.000 EUR nicht überstiegen und wird diese Grenze im laufenden Kalenderjahr voraussichtlich auch nicht übersteigen und

- es handelt sich bei der Warenlieferung nicht um die Lieferung eines neuen Fahrzeuges (→ *Fahrzeuglieferung*) an einen Abnehmer mit USt-IDNr.

ACHTUNG!

Auch Organgesellschaften müssen eine eigene Zusammenfassende Meldung abgeben.

Die Zusammenfassende Meldung (soweit sie in Papierform abgegeben wird) ist an das Bundesamt für Finanzen, – Außenstelle Saarlouis – 66738 Saarlouis zu senden. Soweit die Zusammenfassende Meldung auf Datenträgern (muss vom Bundesamt zugelassen worden sein) abgegeben werden kann, sind die Datenträger an das Bundesamt für Finanzen, 53221 Bonn zu senden.

Wenn der Unternehmer erkennt, dass eine von ihm abgegebene Zusammenfassende Meldung unrichtig oder unvollständig ist, so ist er verpflichtet, innerhalb von drei Monaten die Zusammenfassende Meldung zu berichtigen.

ACHTUNG!

Wer eine Zusammenfassende Meldung nicht, nicht richtig, nicht vollständig oder nicht rechtzeitig abgibt, handelt ordnungswidrig. Die Ordnungswidrigkeit kann mit einem Bußgeld bis zu 5.000 EUR geahndet werden.

Bei einer Berichtigung einer falsch gemeldeten Bemessungsgrundlage ist in der berichtigten Zusammenfassenden Meldung die korrekte Bemessungsgrundlage und nicht nur der Differenzbetrag zu melden.

Wurde versehentlich eine innergemeinschaftliche Lieferung, ein innergemeinschaftliches Verbringen oder eine Lieferung nach § 25b UStG gemeldet, obwohl ein solcher Umsatz nicht ausgeführt wurde, so ist ebenfalls eine berichtigte Zusammenfassende Meldung abzugeben, in der unter der angegebenen USt-IDNr. ein Umsatz in Höhe von null zu melden ist.

Bei einer Änderung der Bemessungsgrundlage ist § 17 UStG analog anzuwenden, § 18a Abs. 4 Satz 2 UStG. Dies bedeutet, dass die Änderung der Bemessungsgrundlage nicht rückwirkend zu einer berichtigten Zusammenfassenden Meldung führt, sondern in dem Meldezeitraum angegeben werden muss, in dem die Änderung erfolgt. Ist in dem Meldezeitraum keine Lieferung zu melden, so ist der Änderungsbetrag mit einem Minuszeichen zu versehen.

Solche Änderungen der Bemessungsgrundlage sind insbesondere die Gewährung von Skonti oder Rabatten oder die Uneinbringlichkeit der Forderungen.

WICHTIG!

Wenn ein Unternehmer in einem Meldezeitraum keine meldepflichtigen Warenlieferungen ausgeführt hat, braucht er keine Nullmeldung abzugeben.

Die innergemeinschaftlichen Warenlieferungen, die in den ersten beiden Monaten des Meldezeitraums ausgeführt worden sind, sind immer in der Zusammenfassenden Meldung dieses Meldezeitraumes zu melden. Auf den Zeitpunkt der Rechnungsausstellung kommt es in diesem Fall nicht an. Nur bei innergemeinschaftlichen Warenlieferungen, die im letzten Monat eines Kalendervierteljahres ausgeführt werden, ist auf den Zeitpunkt der Ausstellung der Rechnung abzustellen. Wird die Rechnung für diese Lieferung noch im laufenden Kalendervierteljahr ausgestellt, so ist dieser Vorgang in diesem Meldezeitraum zu melden. Wird die Rechnung für diese Lieferung erst nach Ablauf des Kalendervierteljahres ausgestellt, so hat die Meldung erst im nächsten Meldezeitraum zu erfolgen. Nur bei Lieferungen im Rahmen eines innergemeinschaftlichen Dreiecksgeschäftes sind die Meldungen immer in dem Meldezeitraum vorzunehmen, in dem diese Lieferungen ausgeführt worden sind.

Beispiel:

Der Großhändler G liefert an einen Kunden in Frankreich im Februar 2004 und im März 2004 Ware. Die Rechnungen für diese Lieferungen werden wegen eines Versehens erst im April 2004 ausgestellt. Die Lieferung aus dem Februar 2004 ist zwingend im ersten Quartal 2004 in der Zusammenfassenden Meldung zu melden. Die Lieferung aus dem März 2004 ist erst in der Zusammenfassenden Meldung des zweiten Quartals zu melden. Wenn G die Rechnungen zeitnah zu den Lieferungen ausgestellt hätte, wären beide Lieferungen im ersten Quartal zu melden gewesen.

Zuschuss

Zuschuss auf einen Blick

1. Rechtsquellen

   § 10 UStG

   Abschn. 150 UStR 2000

2. Bedeutung

   Ein Zuschuss, den ein Unternehmer erhält, kann Entgelt für eine Leistung sein, wenn der Zuschuss im Rahmen eines Leistungsaustausches gezahlt wird. Der Zuschuss kann aber auch eine nicht steuerbare Zahlung sein, wenn ein Leistungsaustauschverhältnis nicht gegeben ist.

3. Weitere Stichworte

   → *Bemessungsgrundlage*

1. Allgemeines

Ein Unternehmer, der von einem anderen eine Zahlung erhält, muss in jedem Fall prüfen, ob diese Zahlung in einem unmittelbaren oder einem mittelbaren Zusammenhang mit einer von ihm erbrachten Leistung steht. Wenn ein solcher Zusammenhang gegeben ist, ist die Zahlung bei der Ermittlung der → *Bemessungsgrundlage* mit zu berücksichtigen. Eine Zahlung kann aber auch außerhalb eines Leistungsaustauschprozesses stattfinden, z. B. bei der Zahlung von Zuschüssen der öffentlichen Hand an den Unternehmer.

Bei den Zuschüssen (auch: Zuwendungen, Beihilfen, Prämien, Ausgleichsbeträge o. Ä.) können sich grundsätzlich folgende Rechtsfolgen ergeben:

- Es handelt sich um ein Entgelt für eine Leistung des Unternehmers an den Zuschussgeber, in diesem Fall muss die Zahlung bei der Ermittlung der Bemessungsgrundlage mit berücksichtigt werden (unechter Zuschuss).
- Es handelt sich um ein zusätzliches Entgelt eines Dritten für eine Leistung des Unternehmers, in diesem Fall muss die Zahlung bei der Ermittlung der Bemessungsgrundlage mit berücksichtigt werden (unechter Zuschuss).
- Es handelt sich nicht um die Zahlung im Rahmen eines Leistungsaustausches. Die Zahlung stellt einen echten Zuschuss dar, der nicht steuerbar ist.

2. Unechte Zuschüsse

In der Regel liegen unechte Zuschüsse (also Entgelt für eine Leistung des Unternehmers) vor, wenn:

- ein Leistungsaustauschverhältnis zwischen dem leistenden Unternehmer und dem Zahlenden besteht,
- ein unmittelbarer Zusammenhang zwischen der erbrachten Leistung und dem Zuschuss besteht (der Unternehmer erbringt seine Leistung bei einem gegenseitigen Vertrag erkennbar um der Gegenleistung willen),
- der Zahlende einen Gegenstand oder einen sonstigen Vorteil erhält, aufgrund dessen er als Empfänger einer Lieferung oder einer sonstigen Leistung angesehen werden kann.

Unerheblich ist es dabei, ob die Zahlung direkt von dem Empfänger der Leistung oder von einem Dritten erfolgt (Zuzahlung eines Dritten).

Beispiel 1:

- **Zuschuss eines Mieters an den Vermieter bei der Errichtung einer Immobilie,**
- **Zahlung einer Gemeinde an einen Bauherren, der in einem Gebäude Stellplätze für die Allgemeinheit zur Verfügung stellt,**

- Erstattungen von Fahrgeldausfällen nach dem Schwerbehindertengesetz für die unentgeltliche Beförderung von behinderten Menschen,
- Zuschüsse von Gemeinden an Bauunternehmer, die gegenüber bestimmten Vereinigungen Bauleistungen erbringen,
- Essenszuschüsse von Arbeitgebern, die direkt an Gaststätten gezahlt werden,
- Zahlungen einer Gemeinde für die Übernahme von Erschließungsmaßnahmen.

3. Echte Zuschüsse

Wenn eine Zahlung außerhalb eines Leistungsaustauschprozesses erfolgt, liegt in der Regel ein nicht steuerbarer Zuschuss vor, der nicht zur Entstehung von Umsatzsteuer führt. Solche echten Zuschüsse sind anzunehmen, wenn die Zahlung nicht an bestimmte Umsätze anknüpft, sondern unabhängig von einer bestimmten Leistung gewährt wird.

Beispiel 2:

- Zahlungen der Bundesanstalt für Arbeit für bestimmte Unternehmer zu den Löhnen und Ausbildungsvergütungen,
- Zahlung einer Gemeinde an Arbeitgeber bei der Errichtung neuer Ausbildungsplätze,
- Investitionszulagen, soweit kein Leistungsaustausch zwischen dem Zahlenden und dem Zahlungsempfänger gegeben ist,
- Zahlung eines Filmpreises an einen Regisseur,
- Forschungszuschüsse, wenn der Forschende die Forschungsergebnisse selbst verwerten kann,
- Zuwendungen an einen Landwirt wegen Aufgabe der Milcherzeugung.

Hinweise auf Internet-Adressen

Fragestellung	Internet-Adressen
Steuersätze in anderen Mitgliedstaaten	www.bff-online.de www.berlin.ihk.de
Online-Bestätigung von USt-IDNr. ausländischer Unternehmer	www.bff-online.de
Adressen von ausländischen Handelskammern. Hier können Kontaktadressen erfragt werden, oftmals übernehmen diese Kammern auch die Funktion eines Fiskalvertreters oder stehen mit landesspezifischen Informationen zur Verfügung.	www.ahk.de
Anschriften von ausländischen Vergütungsstellen für die von deutschen Unternehmen im Ausland gezahlten Umsatzsteuerbeträge	www.bff-online.de
Aufstellung der Länder, für die Gegenseitigkeit bei der Vergütung von Umsatzsteuer gegeben ist. Betrifft ausländische Unternehmer, die im Inland einen Vergütungsantrag stellen wollen.	www.bff-online.de
Formulare für Vorsteuervergütung für ausländische Unternehmer in Deutschland	www.bff-online.de
Informationen über zuständige Finanzämter	www.finanzamt.de
Aktuelle Schreiben des Bundesfinanzministeriums	www.bundesfinanzministerium.de
Aktuelle Informationen zur Umsatzsteuer	www.umsatzsteuer-info.de
Aktuelle Urteile des Bundesfinanzhofes	www.bundesfinanzhof.de

Stichwortverzeichnis

D

E

F

G

M

N

O

P

R

S

V

Einfach Karte hier abtrennen!

Ja, ich möchte zum Thema Umsatzsteuer auf dem Laufenden bleiben. Informieren Sie mich, sobald es inhaltliche Änderungen gibt.

Das Buch habe ich gekauft am: ______________

❑ bei folgender Buchhandlung (bitte Name und Ort angeben): ❑ bei Hüthig Jehle Rehm

____

Wie zufrieden sind Sie mit diesem Produkt (bitte urteilen Sie anhand der „Schulnoten", 1 = sehr gut; 2 = gut; 3 = befriedigend; 4 = ausreichend; 5 = mangelhaft; 6 = ungenügend)

❑ 1 ❑ 2 ❑ 3 ❑ 4 ❑ 5 ❑ 6

Ihre Anregungen/Kritik: ______________________________

____

____

Haben Sie einen Internet-Zugang an Ihrem Arbeitsplatz? ❑ Ja ❑ Nein ❑ geplant

Können Sie E-Mails versenden und/oder empfangen? ❑ Ja ❑ Nein ❑ geplant

Bitte tragen Sie umseitig Ihre Anschrift ein, ggf. mit E-Mail-Adresse!

Personal info TOP

Jetzt registrieren und Vorteile nutzen!

Sollten Aktualisierungen z. B. aufgrund von Rechtsänderungen erforderlich werden, erhalten Sie automatisch weitere Informationen.

Schicken Sie deshalb bitte diese Karte ausgefüllt an die umseitig angegebene Adresse. Vielen Dank!